衆樂樂

新樂府

truthist

[中国音乐考古丛书]

王子初／主编

集安高句丽墓壁画的音乐考古学研究

王希丹／著

人民音乐出版社·北京

JI'AN GAOGOULI MU BIHUA DE YINYUE KAOGUXUE YANJIU

图书在版编目（CIP）数据

集安高句丽墓壁画的音乐考古学研究 / 王希丹著． --
北京 ： 人民音乐出版社，2019.5（2021.3 重印）
（中国音乐考古丛书 / 王子初主编）
ISBN 978-7-103-05673-8

Ⅰ．①集… Ⅱ．①王… Ⅲ．①高句丽（前 37-668）－
墓室壁画－音乐－考古学－研究－集安 Ⅳ．① K875.54

中国版本图书馆 CIP 数据核字（2019）第 074790 号

选题策划：赵易山　刘沐粟
责任编辑：李亚芳
责任校对：袁　蓓

人民音乐出版社出版发行

（北京市东城区朝阳门内大街甲 55 号　邮政编码：100010）

Http://www.rymusic.com.cn

E-mail:rmyy@rymusic.com.cn

新华书店北京发行所经销

北京新华印刷有限公司印刷

787×1092 毫米　　16 开　　43.25 印张

2019 年 5 月北京第 1 版　　2021 年 3 月北京第 3 次印刷

定价：138.00 元

"中国音乐考古丛书"总序

王子初

  "中国音乐考古丛书"由人民音乐出版社出版，当为中国音乐考古学科发展史上又一起值得关注的事件。虽然于此之前，已发表的中国音乐考古学专业的博士学位论文不下一二十部，但是作为丛书出版，则是首次！这是中国音乐考古学高层次专业人才培养成果的一次集中展示，也为学科的建设和发展，贡献出了一份耀眼的力量！

  音乐考古学无论在国际还是国内，都是一门较新的学科。1977年，在美国加州大学伯克利分校举办的国际音乐学会会议，首次将音乐学与考古学两个不同学科合而为一。伯克利的亚述专家基尔默（Anne D. Kilmer）将一首用胡里安人语言演唱的青铜时代晚期的赞美诗进行了解读，并转译成西方通用的注释系统而受到关注。在伯克利音乐学家克罗克（Richard L. Crocker）和乐器制作家布朗（Robert Brown）复制出苏美尔人七弦竖琴的同时，基尔默提出的胡里安人赞美诗的演唱版本也被记录下来。受此启发，在一次圆桌会议上，"音乐与考古"的议题被提出来，各国专家受邀讨论古代文化中的音乐遗存问题。这一事件，被看作是国际音乐考古学会建立的缘起。1981年，在韩国汉城（今首尔）举办的国际传统音乐学会（ICTM）的会议期间，成立了国际音乐考古学会。

不过，从严格意义上讲，基尔默对古代诗歌的解读，并非欧亚传统意义上的"考古学"研究。何为现代学科意义上的"考古学"？英国学者 D.G. 赫果斯（D.G.Hogarth）认为考古学是"研究人类过去物质遗存的科学"；法国学者 S. 列纳克（S.Reinach）认为考古学是"根据造型或加工的遗物来解明过去的科学"；苏联时期的学者 A.B. 阿尔茨霍夫斯基（A.B.Apыxcbckųǔ）对考古学的定义为"根据地下的实物史料来研究人类历史上的过去的科学"；日本学者滨田耕作说考古学是"研究过去人类物质遗物的科学"①。这四位较有国际影响的考古学家在"研究人类过去的物质遗存"这一点上，有着明显的一致性。《中国大百科全书·考古学》中有关考古学的定义更为完整："考古学是根据古代人类通过各种活动遗留下来的实物以研究人类古代社会历史的一门科学。"②基尔默对古代诗歌的解读，并非人类物质遗存的研究；而是带有浓重的"美国式"的理解：美国的"考古学"，可以摩尔根对印第安人的研究为标志，属"民族学"范畴。

在中国，真正意义上的音乐考古学研究的出现，有着极其深厚和肥沃的历史文化土壤。它比国际音乐考古学会的成立要早得多，可以追溯到 20 世纪 30 年代。但它的前身，更可上溯到北宋以来的"金石学"。如薛尚功的《历代钟鼎彝器款识法帖》③和王厚之的《钟鼎款

---

① 参见蔡凤书、宋百川主编《考古学通论》，山东大学出版社 1988 年版，第 13 页。
② 参见夏鼐、王仲殊《考古学》，载《中国大百科全书·考古学》卷，中国大百科全书出版社 1986 年版，第 2 页。
③ ［南宋］薛尚功《历代钟鼎彝器款识法帖》，中华书局 1986 年版。

识》[①]，都注意到了当时出土于湖北安陆的两件楚王熊章钟（又作曾侯之钟）。其中薛氏不仅著录最早，还正确地指出两件编钟上的铭文是用来标示"所中之声律"。当然，薛氏对铭文的具体含意，还一时说不清楚。这个千古之谜随着1978年湖北随县曾侯乙编钟出土，才被真正揭开谜底。[②]

在金石学卵翼下经历了八百余年的漫长岁月，中国音乐考古学诞生了！学者刘复（半农）于1930年至1931年的两年间，发起并主持了对北京故宫和天坛所藏清宫古乐器的测音研究，著成《天坛所藏编钟编磬音律之鉴定》[③]一文，应为中国音乐考古史上的标志性事件。

刘复在故宫的测音研究历时一年有余。所测的乐器种类较多，单是编钟、编磬两项，达五百多件。他以音叉为定律的标准器，以三张"审音小准"为测音工具，测定了清康熙、乾隆间所造编钟、编磬各一套。他的手法是，先取其各音音高的弦长值，换算成频率数；再算出三准数据的平均数，进而换算成音分数，并将这些数据列表，与国际通行的十二平均律、中国传统的三分损益律做了比较；最后又将测音结果与上述两种律制绘成图像，从而使清宫乐悬的音律混乱情况，让人一目了然。刘复的研究，已经完全摆脱了旧学陋习，引进了现代物理学

[①] ［宋］王厚之撰《钟鼎款识》，载《宋人著录金文丛刊》，中华书局1985年版，第65页。

[②] 参见王子初《论宋代安陆出土"曾侯钟"之乐律标铭》，《音乐研究》2015年第3期。

[③] 刘复《天坛所藏编钟编磬音律之鉴定》，载《国立北京大学国学季刊》第三卷第二号，出版于中华民国二十一年（1932年）六月。本书作者所藏为中国艺术研究院音乐研究所藏抽印本，封面有半农手书"颖兄惠存弟复廿二年三月一日"，墨迹甚草。据手迹及该书出版日期，可订正正文末尾落款"（二十一年十一月十九日北平）"。其中"二十一年"应为"二十年"之误。出版日期及赠书日期无疑应在测音工作本身及刘复著文之后。

的原理和计算方法，引进了诸如英国比较音乐学家埃里斯所创的音分数计算法。在介绍西方自公元前6世纪古希腊学者毕达哥拉斯以来的重要乐律学理论的同时，首次在现代科学的意义上精辟地阐述了中国明代朱载堉的划时代伟大发明，即今天通行世界的十二平均律的数理原理——新法密率。特别是，他考察这些古乐器的目的，不再局限于它们的外观、重量、年代及铭文训诂，而是转向其音乐性能，即他的研究目标转向了音乐艺术本身。这应是中国音乐考古学脱胎于旧学而逐步成形的起端和界碑。[①]

当然，刘复此时的研究对象还比较单一（局限于清宫乐器），研究范围比较狭窄（限于音律），研究手段比较原始（用音准测音），尚未建立起一定数量和质量的专家队伍和学术成果（仅有几个"知音"和为数不多的考察研究论文），更没有形成本学科系统的基本理论和方法，以及进入作为考古学主体的发掘领域。但这些都不足以否定他在中国音乐考古学上的先驱和奠基人的地位，也不能否认中国音乐考古学学科的诞生！

国际音乐考古学会（The International Study Group on Music Archaeology，简称ISGMA），由德国柏林的东方考古研究所（DAI）和柏林民族博物馆民族音乐学部门主持创立，后多次参加国际学术会议。中国学者吴钊、王子初、李幼平等多次出席了会议，并向国际学者展示了中国音乐考古学研究的重要成果。1996年在塞浦路斯举行的利马索尔会议上，音乐考古学会决定脱离国际传统音乐学会，而与音

---

① 参见王子初《中国音乐考古学》，福建教育出版社2003年版，第15页。

乐考古学家结成更紧密的学术团体。国际音乐考古学会第一届会议以后，与德国柏林考古研究所密切合作，出版了《音乐考古学研究》（*Studien zur Musikarchäologie*）系列丛书，发表了国际音乐考古学会的会议报告。2010年9月20—25日，首次由中国天津音乐学院主持，成功地举办了第七届国际音乐考古学会的会议。

2012年10月20—25日，经笔者筹划，由东亚音乐考古学会的所在地中国人民大学（苏州校区），联合中国音乐学院共同主办，在苏州、北京两地召开了国际音乐考古学会第八届会议暨东亚音乐考古学会年会的"世界音乐考古大会"。致力于音乐考古学研究的与会国外学者近70人，来自36个国家和地区，他们与中国学者共襄盛举，参加了这一次规模空前的国际盛会。它不仅向世界展示了中国音乐考古的巨大资源优势和八十年来所取得的丰硕成果[1]，也标志着中国在这个学科领域内获得了举足轻重的地位。

中国传统的治史方法和理念，连同既有的中国古代音乐史学科的发展趋向，显然已到了一个转折的关口。自叶伯和、顾梅羹直至集大成者杨荫浏，中国古代音乐史学科已有近一个世纪的历程。传统以文献为史料、以"引经据典"为基本的治史方法，这于前辈们是得心应手；就他们的古文献功底而言，我今后辈自难望其项背。仅于此，古代音乐史学科的发展，再着眼于前人的疏遗来发掘新的文献史料，难度可以想见。即是说，运用传统的研究方法，要使整个中国古代音乐史学科获得较大的、甚至突破性的开拓，已有相当的难度。另外，中国现

---

[1] 参见王子初等著《中国音乐考古80年》，上海音乐学院出版社2012年版。

代考古学学科的百年建设，尤其是近四十年来相关研究的急剧深入，对数代人以文献史料建立起来的古代音乐史，提出了诸多质疑，特别是对它的前半部，产生了巨大的冲击，改写历史的重大考古发现与成果接踵而来！诸如曾侯乙编钟及钟铭的发现，几乎彻底推倒了一部先秦乐律学史；河南舞阳贾湖七音孔骨笛的成批出土，从根本上改写了远古的音乐文明史！至于能够填补古代音乐历史中的某段空白，或是开拓某个研究新领域的考古发现，比比皆是。诚如"中国音乐考古丛书"首次推出的六部著作：1996年之后新疆出土的且末箜篌、鄯善箜篌和近来又发掘出土的大批哈密箜篌，这种即便在其发源地西亚的两河流域、古埃及等地也难以一见的古乐器实物与1960年以来集安高句丽墓音乐壁画的发现，分别直接造就了贺志凌、王希丹的博士学位论文的卓越选题。曾侯乙编钟堪称人类青铜时代最伟大的作品，但它不是突然从天上掉下来的，2002年春，河南省叶县许灵公墓编钟的出土，为曾侯乙编钟的横空出世提供了重要先绪，也为陈艳的博士学位论文提供了宝贵的写作契机。2004年，南京博物院发掘了无锡鸿山越墓，出土的400件礼仪乐器，鲜明地呈现了"中原"和"越族"两个系统乐器在当时的越国贵族宫廷里并存的场面。它无疑与隋郁、马国伟及朱国伟等人的博士学位论文选题息息相关！本辑六部专著，为一部历经数代人、数十年建立起来的中国古代音乐史研究，各自从不同的角度开创了一小片却是发人深省的崭新畛域，中国音乐考古学学科的独特价值跃然纸上。而且，与文献中多见的似是而非的文字描述相比，考古发现都是历史上遗留下来的实物，所携带的是来自当时社会音乐生活的直接信息，其学术意义自不待言。

本次推出的六部著作，均是博士学位论文，有的曾获得中国音乐史学会全国优秀论文评选博士组的一等奖或二等奖。它们的学术价值和影响，已获得了社会的认可。我在辅导他们的论文选题与写作中，多次申述了如下观点：中国传统的治史方法是"引经据典"，而中国传统的经和典，是以中原文献或说汉族文献为主体的。故而传统的中国历史，仅是一部地道的"中原史"或"汉族史"。诚如上述两周时期吴越先民在我国东南一带开疆拓土，为构筑丰富多彩的华夏文明作出了重要的贡献；传统的历史却没有给生活在中国南部的百越民族留下应有的空间，这显然不符合历史事实！同样是中华民族历史的共同创造者，就音乐史来说，我们目睹了鸿山的实证，虽然还只是百越民族社会音乐生活之一角，但联系迄今发现的越民族：浙江一带的于越，江西、湖南一带的杨越，广东的南越，福建的闽越，云南的滇越……丰富的音乐考古成果，我们已经可以勾勒出越人社会音乐生活的大致情貌，应是有理由、也有可能还古代越人在中国音乐史上的一席之地！

　　中华民族的历史是由各族人民共同创造的！要让中国历史真正体现这样的思想，似乎还任重道远，那么就先让音乐考古学者从中国古代音乐史的研究做起，从百越民族的社会音乐生活研究做起，从无锡鸿山越墓的音乐考古学研究做起！乃至从新疆出土的箜篌、叶县许公墓编钟、集安高句丽音乐壁画墓等音乐考古发现的专题研究做起吧！

2017年8月18日

于郑州大学音乐考古研究院

目录

绪论

本书以集安高句丽壁画墓中的乐舞、乐器图像为研究对象，从中国古代音乐史视角出发，在对集安高句丽壁画墓中音乐考古资料进行全面整理、分类、辨析工作的基础上，将其纳入公元4—7世纪的东亚音乐历史视野中进行探讨，并在相关乐舞、乐器研究中进行纵向历史的比较分析，从而获得对公元4—7世纪高句丽社会音乐生活的认识。

一、集安高句丽壁画墓的发现与研究

高句丽，既是民族名，也是县名、地方政权名称，随着历史的变迁，"高句丽"的内涵也在发生着变化。《汉书·地理志》云："玄菟、乐浪，武帝时置，皆朝鲜、濊貉、句骊蛮夷。"[①]此时提到的"句骊"，是指高句

---

① [汉]班固撰，[唐]颜师古注《汉书·地理志》，中华书局1962年版，第1658页。

丽民族,此时在玄菟郡亦有高句骊县①,该县约位于今辽宁省新宾县兴京老城附近②。公元前37年,高句丽建国,定都纥升骨城(今辽宁省桓仁县附近),王室以"高"为姓,国号为"高句丽"。公元5世纪左右,高句丽改称"高丽"③,直至公元668年,高句丽政权为唐王朝和新罗联军所灭。至此,作为政权名称的"高句丽"消失。

清光绪初年,边疆垦荒,怀仁县书启关山月发现了一座高耸的石碑,它靠近禹山、面对鸭绿江,由一整块巨型角砾凝灰岩制成,高达6.39米,呈不规则方柱形。柱上刻字,自东南面起,共计四面,约一千七百七十五字④。根据柱上文字,该石碑被称为"好太王碑",而距其200米左右的巨大积石墓,即为高句丽第十九代王好太王之陵。自此,"高句丽"重新回归人们的视野之中,集安高句丽遗物遗迹的神秘面纱被逐渐揭开。高句丽政权自公元前37年建立,至公元668年灭亡,历705年,传二十八王。⑤其活动的中心区域在今辽宁省东南部、吉林省西南部和朝鲜半岛北部地区,其盛期疆域曾雄踞中国东北地区和朝鲜半岛大同江、载宁江流域,是东北亚历史上颇具影响力的地方政权。高句丽王朝在历史上定都四次,分别为纥升骨城(今辽宁省桓仁

---

① 《后汉书·高句骊》载:"武帝灭朝鲜,以高句骊为县,使属玄菟,赐鼓吹伎人。"[南朝刘宋]范晔撰、[唐]李贤等注《后汉书·高句骊》,中华书局1965年版,第2813页。

② 谭其骧主编《中国历史地图集》(释文汇编·东北卷),中央民族学院出版社1988年版,第19—20页。

③ 魏存成《中原、南方政权对高句丽的管辖册封及高句丽改称高丽时间考》,《史学集刊》2004年第1期第73—79页。

④ 魏存成《高句丽遗迹》,文物出版社2002年版,第169页。

⑤ 同注释④,前言第3页。

县附近）、国内城（今吉林省集安市附近）、平壤（今朝鲜平壤附近）①和长安城（今朝鲜平壤附近）②，这同样也是四次文化中心的迁移，因此，这四个地区成为研究高句丽国家文化发展的焦点。随着公元7世纪的王朝覆灭，属于高句丽的遗迹被掩埋在历史的荒芜之中，直到19世纪吉林集安好太王碑及王陵的发现，使得这一东北边城迅速进入国际社会的视野，引起了中国、朝鲜半岛国家、日本等东亚国家学者的广泛关注。高句丽考古及研究的内容多着眼于都城、山城、墓葬及出土遗物、相关遗物等方面，集安高句丽壁画墓及相关遗迹的调查工作以1949年为界，大致可以分为两个时期。其一，1949年之前以日本学者为主的调查研究。对其进行调查的相关学者主要包括早期的日本学者鸟居龙藏、关野贞、池内宏、梅原末治、三上次男、黑田源次等，中国学者金毓黻也较早地进行了集安高句丽壁画墓及相关遗迹的调查研究，在此期间陆续出版的关于集安高句丽壁画墓的重要调查报告如《南满洲调查报告》《满洲辑安县及平壤附近的高句丽时代遗迹》《大正六年度古迹调查报告》《通沟》等，主要调查墓葬包括舞踊墓、四神墓、三室墓、散莲花墓、龟甲墓、将军坟、太王陵、角骶墓、通沟12号墓、五盔坟5号墓等。其二，1949年之后中国文博部门进行的调查及发掘。

---

① 魏存成《高句丽遗迹》，文物出版社2002年版，第54页。

② 《三国史记·高句丽》载："（高句丽）自朱蒙立都纥升骨城，历四十年，孺留王二十二年（前18），移都国内城，……都国内，历四百二十五年；长寿王十年（427），移都平壤，历一百五十六年；平原王二十八年（586），移都长安城，历八十三年。宝藏王二十七年（668）而灭。"［高丽］金富轼撰、孙文范等校勘《三国史记·高句丽》，吉林文史出版社2003年版，第443页。

绪论

1949年之后，吉林省对集安地区进行了重点考古发掘工作。1960年、1962年先后清理了五盔坟4号墓、5号墓和通沟12号墓，1963年发掘了麻线沟1号墓；1968至1970年发掘的七百多座墓葬中包括著名的长川1号墓；其后发掘的壁画墓还包括长川2号墓、禹山下41号方坛阶梯石室壁画墓等[1]。

截至2017年8月，中国境内共发现高句丽壁画墓32座，其中辽宁省抚顺市1座、桓仁县1座，吉林省集安市附近30座[2]。集安高句丽壁画墓主要分布于洞沟古墓群和长川古墓群之中，洞沟古墓群东起下解放，西至麻线沟，南自通沟盆地中部，北至通沟河河谷、麻线沟沟谷地区，分为六个墓区，包括禹山墓区、山城下墓区、万宝汀墓区、七星山墓区、麻线墓区、下解放墓区，目前发现壁画墓共计27座[3]；长川古墓群

---

[1] 相关著述参见魏存成《高句丽遗迹》，文物出版社2002年版，第8—10页；耿铁华《高句丽古墓壁画研究》，吉林大学出版社2008年版，第4—6页。魏存成《新中国成立以来高句丽考古的主要发现与研究》，《社会科学战线》2014年第2期。

[2] 魏存成《新中国成立以来高句丽考古的主要发现与研究》，《社会科学战线》2014年第2期，第232页注释④。另该文提到，耿铁华《高句丽古墓壁画研究》一书又增添6座墓葬，但介绍简单、且无线图，因此本文暂未列入，包括JYM2174号、JWM0709号、JWM1022号、JSM0491号、JSM1020号，JSM0725号。

[3] 根据以往截至1984年的调查发现集安地区古墓群包括71处、墓葬12358座，其中绝大多数是高句丽墓葬（吉林省考古研究室、集安县博物馆《集安高句丽考古的新收获》，《文物》1984年第1期）。根据1997年的统计，洞沟古墓群共有墓葬10782座，其中现存6854座，注销墓3928座（吉林省文物考古研究所、集安市博物馆：《洞沟古墓群1997年调查测绘报告》，科学出版社2002年版，第13页）。本文所指27座墓葬乃为洞沟古墓群中壁画墓的数量，在已发掘的高句丽墓葬中占有较小的比例，但因其反映的丰富内涵而获得了研究者们的重视。

即长川墓区,位于集安市东北约20公里处,目前发现壁画墓3座①。由此可将集安高句丽壁画墓墓区分布、墓葬名称及数量列表如下:

表绪-1　集安高句丽壁画墓墓区分布、墓葬名称及数量列表②

墓区名称	墓葬名称	墓葬数量
禹山墓区	角觝墓、舞踊墓、马槽塚(通沟12号墓)、三室墓、散莲花墓、四神墓、五盔坟4号墓、五盔坟5号墓、禹山下41号墓、禹山3319号墓	10
万宝汀墓区	万宝汀645号墓、万宝汀1368号墓	2
山城下墓区	龟甲莲花墓、美人墓、折天井墓、东大坡365号墓、山城下332号墓、山城下798号墓、山城下983号墓、山城下1305号墓、山城下1405号墓、山城下1407号墓、山城下1408号墓	11
麻线墓区	麻线沟1号墓	1
下解放墓区	冉牟墓、下解放31号墓、环纹墓	3
长川墓区	长川1号墓、长川2号墓、长川4号墓	3

关于集安高句丽壁画墓的年代分期问题是壁画研究的起点和重点,多年来受到东亚学者的广泛关注,中、日、韩、朝具有代表性观点的学者包括中国的魏存成、日本的东潮、韩国的全虎兑、朝鲜的朱荣宪等,研究也随着材料的发现、思考的加深而不断推进。本文首先以魏存成先生的"四期说"为基础进行讨论,如下:

---

① 考古学界一般将长川古墓群出土的壁画墓与洞沟古墓群出土的壁画墓合称为集安高句丽壁画墓,本文沿用此观点。参见吉林省文物考古研究所、集安市博物馆《洞沟古墓群1997年调查测绘报告》,科学出版社2002年版,第17页,注释①。

② 相关参考资料包括魏存成《高句丽遗迹》,文物出版社2002年版,第187—197页;耿铁华《高句丽古墓壁画研究》,吉林大学出版社2008年版,第7—10页。

表绪-2 集安主要高句丽壁画墓分期与年代表[1]

分期	年代	代表墓葬	墓区
第一期	4 世纪中叶到 5 世纪初	角觝墓、舞踊墓	禹山墓区
第二期	5 世纪	马槽塚（通沟 12 号墓）	禹山墓区
		长川 2 号墓	长川墓区
		山城下 332 号墓、山城下 983 号墓	山城下墓区
		万宝汀 645 号墓、万宝汀 1368 号墓	万宝汀墓区
		麻线沟 1 号墓	麻线墓区
第三期	5 世纪末到 6 世纪中叶	散莲花墓、三室墓	禹山墓区
		长川 1 号墓、长川 4 号墓	长川墓区
		龟甲莲花墓	山城下墓区
		下解放 31 号墓、冉牟墓、环纹墓	下解放墓区
第四期	6 世纪中叶至 7 世纪初	四神墓、五盔坟 4 号墓、五盔坟 5 号墓	禹山墓区

　　由上表可知，集安高句丽壁画墓的产生年代约在公元 4 世纪中叶至 7 世纪初，其间可以分为四个主要阶段，时间先后的不同，其所在墓区也有所差异。同时，通过上表分析可知，禹山墓区中的壁画墓贯穿于整

----

　　① 高句丽壁画墓的年代分期学者们研究颇多，本图表是选取魏存成于《高句丽遗迹》中所列"四期说"整理而成（魏存成《高句丽遗迹》，文物出版社 2002 年版，第 187—197 页）。参考资料包括魏存成《新中国成立以来高句丽考古的主要发现与研究》，《社会科学战线》2014 年第 2 期；耿铁华《高句丽古墓壁画研究》，吉林大学出版社 2008 年版，第 7—10 页。笔者指出，关于部分集安地区高句丽壁画墓的年代划分还有进一步的新探讨，如赵俊杰《从壁画中轺车图像的演变看三座高句丽壁画墓的编年》文中对通沟 12 号墓、角觝墓、舞踊墓、长川 1 号墓、麻线沟 1 号墓等的年代均提出了不同见解（赵俊杰《从壁画中轺车图像的演变看三座高句丽壁画墓的编年》，《北方文物》2012 年第 2 期），笔者会将此方面的探讨作为参考，同时在本文中结合对朝鲜半岛公元 4—7 世纪壁画墓葬、公元 4—7 世纪中国地区壁画墓葬相关音乐材料的分析提出笔者对于集安高句丽壁画墓年代分期的倾向。因此，笔者指出，本部分中的分期乃是以魏存成先生的分期为"基础"进行展开的，并不全部代表笔者的观点，其分析部分将在之后的内容中进行展开。

个集安高句丽壁画墓发展时期，是重要的墓区代表；长川墓区、山城下墓区的墓葬多为公元5世纪至6世纪中叶修建，是高句丽壁画墓中期的重要代表；万宝汀墓区、麻线墓区的主要壁画墓产生于公元5世纪，属于高句丽第二期壁画墓葬，而下解放墓区的代表性墓葬则为公元5世纪末到6世纪中叶墓葬。当然，这只是对集安代表性壁画墓葬的粗略划分，并不可将各墓区中的墓葬进行绝对化的理解。然而将产生年代、代表墓葬与墓区进行联系，也是本书进一步探讨的基础之一。高句丽壁画墓的研究主要集中在墓室类型及演变、墓室形制、随葬品、壁画内容等方面。中国境内的32座高句丽壁画墓中，桓仁米仓沟将军坟和抚顺施家墓群1号墓为封土石室墓；集安的30座墓葬中除6座为积石墓之外，其余皆为封土石室墓，本书所涉及的带有音乐图像的壁画墓皆为封土石室墓。集安高句丽壁画墓主室多为方形，少数为长方形；部分有前室，部分有耳室，墓室顶部结构有穹窿叠涩、平行叠涩、抹角叠涩等几种；墓中出土随葬品较少，多为陶器、青瓷器、铁器、鎏金铜器，另有少数织锦、漆皮残片；目前已发表的集安高句丽墓壁画资料中，主要内容包括宴居图、出行、狩猎、战争等人物风俗图案，亦有莲花、王字云纹、环纹等装饰图案，另有日月星云、奇禽异兽、四神等[①]，以壁画的内容主题可以将其分为人物风俗、四神、人物风俗与四神兼有三种类型，壁画主题内容的转变体现了高句丽墓葬文化的变迁，亦是高句丽文化生活内容转变的

[①] 参见孙力楠《东北地区2—6世纪墓葬壁画研究》，吉林大学2008年博士学位论文，第114—125页；魏存成《新中国成立以来高句丽考古的主要发现与研究》，《社会科学战线》2014年第2期。

直观体现，可以作为社会风俗、神明意识、日常生活等多方面的研究材料，当然也蕴藏着高句丽美术、音乐等多方面的历史信息。

二、乐舞与乐器图像

史载高句丽"其民喜歌舞，国中邑落，暮夜男女群聚，相就歌戏"[①]。集安高句丽墓壁画中既包含了高句丽社会音乐生活的图景，亦有精神信仰之中的奏乐飞仙画面，是我们了解高句丽音乐历史的重要材料。截至2017年8月，公开发表的集安高句丽壁画墓考古资料中，包含音乐壁画内容的墓葬共有7座，它们是舞踊墓、麻线沟1号墓、通沟12号墓、长川1号墓、三室墓、五盔坟4号墓和五盔坟5号墓。上述7座墓葬皆为封土石室墓，且皆为贵族及以上阶层墓葬。从保存情况上看，舞踊墓、三室墓、长川1号墓、五盔坟4号墓和五盔坟5号墓保存较好，通沟12号墓存在一定程度的损坏，麻线沟1号墓墓顶有漏洞，现已塌毁。现分述如下：

（一）舞踊墓中的群舞图与伎乐仙人图

舞踊墓位于禹山墓区，是一座封土石室墓，舞踊墓最初由日本学者池内宏、梅原末治等调查、测绘于1935年，并详细著录于《通沟》[②]。

---

① ［晋］陈寿撰，［宋］裴松之注《三国志·高句丽》，中华书局1959年版，第843页。

② ［日］池内宏、梅原末治合著《通沟："满洲国"通化省辑安县高句丽遗迹（上、下）》，"日满文化协会"1938、1940年版。

1949年之后，集安文保单位对该墓进行了保护与封存。目前学界一般认为舞踊墓的产生年代在公元4世纪中叶到5世纪初[1]，这座墓葬的封土为覆斗形，边长17米，高4米，墓室由墓道、甬道、耳室和主室组成，两耳室顶部相连成为一体，主室为叠涩穹窿结构。耳室、前室和主室均绘制有壁画：墓道绘有犬图，两耳室均绘影作木结构、一斗三升；左耳室绘有房屋、树木、蔓草，右耳室绘有鞍马人物；主墓室主壁绘有墓主人夫妇宴飨图，右壁绘有牛车出行图、狩猎图、树木，左壁绘有家居、进食、群舞图，前壁绘有大树，四隅和梁枋绘有影作木结构、一斗三升，主室顶部绘有日月星云、火焰、莲花、青龙、白虎、朱雀、奇禽异兽、人物、伎乐仙人等[2]（图绪-1为舞踊墓平、剖面图）。

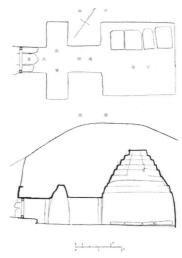

图绪-1　舞踊墓平、剖面图[3]

---

① 以下所涉7座集安高句丽壁画墓产生年代的资料出处见本书表绪-2《集安主要高句丽壁画墓分期与年代表》，文中不再赘述。

② 参见〔日〕池内宏、梅原末治合著《通沟："满洲国"通化省辑安县高句丽遗迹（下）》，"日满文化协会"，1940年版，第63—66页；魏存成《高句丽遗迹》，文物出版社2002年版，第174—175页。

③ 图绪-1见〔日〕池内宏、梅原末治合著《通沟："满洲国"通化省辑安县高句丽遗迹（下）》，"日满文化协会"1940年版，第7页，图二。

舞踊墓中包含音乐内容的壁画均位于主墓室之中，分为两种类型：其一为反映社会音乐生活的群舞图，见于主墓室左壁；其二为反映精神信仰生活的仙人奏乐图，包括主墓室上方天井壁画所见的仙人弹卧箜篌图和仙人吹角图。其中的群舞图1幅，涉及乐器1种；伎乐仙人图包括弹卧箜篌图2幅、吹角图2幅，涉及乐器包括卧箜篌、大角2种。由此可知，舞踊墓壁画中涉及舞蹈图像1幅、乐器图像4幅，共计5幅。

（二）麻线沟1号墓男子双人舞图

集安麻线沟1号墓是一座封土石室墓，1962年、1963年，吉林省博物馆集安考古队先后两次对麻线沟1号墓进行了清理工作。该墓约产生于公元5世纪，封土周长约50米，高约5米，墓室分为墓道、甬道、南北侧室和墓室几个部分。左耳室为覆斗形，右耳室为覆斗加小抹角，主室为覆斗形，中心顶有石柱。麻线沟1号墓早年被盗，又因淤泥扰乱，遗物已非原位，出土的遗物包括金饰、鎏金铜器、骨饰、铁器、黄釉陶器等，是高句丽墓葬研究的重要材料；该墓室两耳室、主室、甬道均绘有壁画，中心圆柱和棺座上皆有彩绘，总体脱落严重，许多壁画已不可见。墓道顶部绘有莲花，左耳室绘影作木结构，仓廪、牛舍，顶部绘有莲花；右耳室绘影作木结构，狩猎、庖厨等内容，顶绘莲花；主室主壁绘有墓主人夫妇宴饮图，左壁绘舞蹈图，右壁绘铠马骑士，顶绘莲花[①]（图绪-2为麻线沟1号墓平、剖面图）。

---

① 参见吉林省博物馆辑安考古队：《吉林集安麻线沟一号墓》，《考古》1964年第10期；魏存成《高句丽遗迹》，文物出版社2002年版。

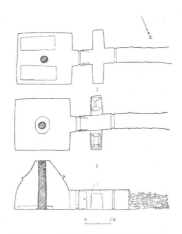

图绪-2　麻线沟1号墓平、剖面图[①]

在主墓室左壁东端绘有男子双人舞图像。由于麻线沟1号墓壁画脱落严重，目前我们只在留存的壁画中看到与音乐内容有关的舞蹈图1幅。

（三）通沟12号墓乐舞图

通沟12号墓又称"马槽塚"，位于禹山墓区，是一座封土双室墓。"马槽塚"之名，乃由墓中有厩舍壁画而得名，命名者为日本人黑田源次。"通沟12号墓"之名，可能是"伪满时期"测绘编号"112号墓"的简称，沿用至今。1937年，日本人黑田源次曾打开此墓，但其后没有

①　图绪-2见吉林省博物馆辑安考古队：《吉林集安麻线沟一号墓》，《考古》1964年第10期。

将材料公之于世。1962年，吉林省博物馆集安考古队对此墓进行了清理、实测和维修，发现其已破坏严重。该墓产生年代约在公元5世纪，封土原呈截尖方锥形，周长90余米，高4.6米，墓室分为南北二室，各有墓门和甬道，南室稍大，为平行叠涩顶，北室略小，为覆斗形顶。目前残留的壁画中，墓道两侧绘狩猎图；南室甬道右侧龛室绘有马厩、人物，左侧龛室绘有作画图、侍女等；北室绘有影作枋结构，主壁绘墓主人夫妇对坐图，右壁为狩猎图，左壁为战斗图，已剥落不清，前壁绘门犬、饮馔器物图，皆不甚清晰，藻井部分绘有莲花；南室后壁绘屋宇、墓主人夫妇坐像，左右两壁绘礼辇图，尚见礼辇、侍从，前壁墓门两侧绘有舞乐、守门犬，墓室四隅绘影作木结构，藻井部绘有莲花[①]（图绪-3为通沟十二号墓平、剖面图）。

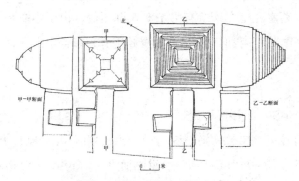

图绪-3　通沟12号墓平、剖面图[②]

① 参见王承礼、韩淑华《吉林辑安通沟第十二号高句丽壁画墓》，《考古》1964年第2期；魏存成：《高句丽遗迹》，文物出版社2002年版，第174—175页。

② 图绪-3见通沟12号墓平、剖面图，《吉林辑安通沟第十二号高句丽壁画墓》，《考古》1964年第2期。

通沟 12 号墓中的舞蹈图见于南室前壁墓室门两侧, 共两处, 分别为主室前壁右侧乐舞图、主室前壁左侧舞蹈图。由此可知, 通沟 12 号墓中具有音乐内容的壁画包括乐舞图 1 幅、舞蹈图 1 幅, 共计 2 幅。

（四）长川 1 号墓乐舞图与伎乐仙人图

长川 1 号墓位于长川墓区, 是一座封土双室墓。该墓早年已遭盗掘, 随葬品洗劫一空, 石门也遭到了破坏。1970 年间, 由于长川 1 号墓墓门外露, 泥水浸灌, 因此当年 8 月, 吉林省博物馆、集安县文物保管所对其进行了清理发掘。目前认为该墓产生于公元 5 世纪末至 6 世纪中叶, 封土呈截尖方锥形, 周长 88.8 米, 高约 6 米, 墓室分为墓道、前室、甬道、后室几个部分, 耳室、前室室顶均为平行叠涩加小抹角结构, 主室室顶为平行叠涩。从总体上看, 前室和后室形成了厅堂与居室的格局设计, 墓室的前室、后室、甬道、石门、棺床皆绘有彩绘。前室后壁左右各绘一门吏, 左壁绘有舞蹈、进食, 右壁绘有百戏伎乐、狩猎, 前壁左右各绘一卫士, 四隅绘影作木结构, 顶部绘有四神、拜佛、菩萨、莲花、伎乐仙人、奇禽异兽等图案; 主室石门外甬道两侧各绘一侍女, 室内各壁绘满莲花, 顶绘莲花, 盖顶石绘日月星云, 并有 "北斗七青" 四字[①]（ 图绪 -4 为长川 1 号墓平、剖面图 ）。

---

① 参见吉林省文物工作队、集安县文物保管所《集安长川一号壁画墓》,《东北考古与历史》1982 年第 1 期; 魏存成《高句丽遗迹》, 文物出版社 2002 年版, 第 178—179 页。

绪论

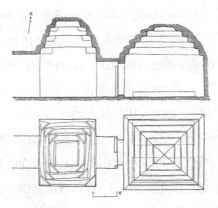

图绪-4 长川1号墓平、剖面图[①]

长川1号墓中包含音乐内容的壁画包括前室左壁的群舞图,右壁的乐舞图、备舞图以及前室天井的飞天伎乐。总结来看,长川1号墓中的音乐图像包括舞蹈图、伎乐仙人图两大类。其中舞蹈图包括群舞图1幅、乐舞图1幅、备舞图1幅,共计3幅;伎乐仙人图为飞天伎乐,约6幅以上,包括吹横笛、弹琵琶类乐器、弹琴筝类乐器、吹角、吹竖笛类乐器伎乐等,涉及乐器包括横笛、竖笛类乐器、阮咸、其他琵琶类乐器、琴筝类乐器、角等约6种。

(五)三室墓伎乐仙人图

三室墓位于禹山墓区,因该墓葬有三间墓室,由此得名"三室墓",是一座封土石室墓。1913年日本学者关野贞对其进行了考察,并于1914

---

① 图绪-4见吉林省文物工作队、集安县文物保管所《集安长川一号壁画墓》,《东北考古与历史》1982年第1期。

年发表文章《"满洲"集安县及平壤附近高句丽时代遗迹》[①]，其后池内宏等学者在《通沟》中对三室墓进行了记录。1975年由集安县文物保管所、吉林省文物工作队进行了科学清理发掘工作，出土随葬品包括钵、耳杯、四耳陶壶、灶等共8件釉陶，及部分铁钉、兽骨。三室墓约产生于公元5世纪末到6世纪中叶，各室均绘有壁画。第一室以社会风俗为主，四壁绘有墓主人家居图、狩猎图、攻城图、卫士，天井部绘有卷云、朱雀、玄武等。第二室通道两侧各绘一卫士，主室四壁绘托梁力士、卫士，天井部绘有四神、奇禽异兽、伎乐仙人、莲花、日月星辰等。第三室通道亦各绘一位卫士，主室四壁绘有托梁力士、卫士，天井绘有四神、奇禽异兽、莲花、祥云、星宿等图案[②]（图绪-5为三室墓平、剖面图）。

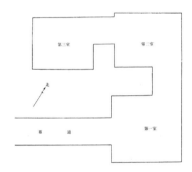

图绪-5 三室墓平、剖面图[③]

---

① ［日］关野贞《"满洲"集安县及平壤附近高句丽时代遗迹》，《考古学杂志》第五卷第三号，1914年。

② 参见李殿福《集安洞沟三室墓壁画著录补正》，《考古与文物》1981年第3期。魏存成《高句丽遗迹》，文物出版社2002年版，第180—181页。

③ 图绪-5见集安县文物保管所、吉林省文物工作队《吉林集安洞沟三室墓清理记》，《考古与文物》1981年第3期。

三室墓第二室天井第一重、第二重皆绘有仙人,有莲花仙子、飞仙等,其中天井第一重东南角抹角石上绘有伎乐仙人,包括仙人吹角图1幅、仙人弹阮咸图1幅,共计2幅,涉及乐器包括大角、阮咸2种。

（六）五盔坟4号墓伎乐仙人图

在禹山墓区中部,有五座高大的封土墓,当地人称为"五盔坟",如今自西向东分别编为1、2、3、4、5号。其中的4号、5号由于早年受到了发掘破坏,因此对其进行了研究与清理,其余三座墓葬仍未开启（图绪-6为五盔坟分布位置示意图）。

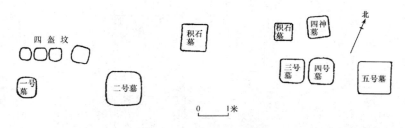

图绪-6　五盔坟分布位置示意图①

1962年,吉林省博物馆、集安县文管所对五盔坟4号墓进行了清理发掘,五盔坟4号墓约产生于公元6世纪中叶到7世纪初,该墓封土呈覆斗形,周长160米,高8米,是一座封土石室墓,由墓道、甬道、墓室

_____

① 图绪-6见吉林省博物馆《吉林集安五盔坟四号和五号墓清理略记》,《考古》1964年第2期。

组成。由于墓葬已经扰乱,因此清理出土物极少,仅有鎏金铜扣、帽钉、薄片、铁钉等物,另有棺木残段发现。该墓四壁均绘有壁画,且保存较为完好。墓道两侧各绘一卫士,墓室四壁按方位绘有青龙、白虎、朱雀、玄武四神,并衬以莲花忍冬网纹,网纹内绘有人物形象,天井绘以日月星云、日月神、牛首人、伎乐仙人等,顶绘盘龙,整座壁画色彩依然明艳动人 [①](图绪-7 为五盔坟 4 号墓平、剖面图)。

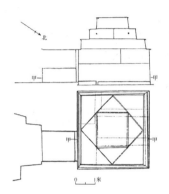

图绪-7 五盔坟 4 号墓平、剖面图 [②]

　　五盔坟 4 号墓的墓室四壁第二重顶石皆绘有日月星辰、伎乐仙人等图景,包括击细腰鼓、弹卧箜篌、吹奏排箫、吹奏横笛、吹角等仙人演奏乐器的图像,共计约 5 幅。

---

　　① 参见吉林省文物工作队《吉林集安五盔坟四号墓》,《考古学报》1984 年第 1 期。魏存成《高句丽遗迹》,文物出版社 2002 年版,第 182—183 页。

　　② 图绪-7 见吉林省博物馆《吉林集安五盔坟四号和五号墓清理略记》,《考古》1964 年第 2 期。

绪论

（七）五盔坟5号墓伎乐仙人图

五盔坟5号墓与4号墓同期，最早被日本学者称为通沟"第十七号墓"，今在日本、朝韩学者许多引用材料上仍可看到，伪满时期亦曾称其为"第六十二号墓""四叶塚"。1962年，吉林省博物馆、集安县文管所对其进行了清理发掘。该墓约产生于公元6世纪中叶到7世纪初，原比五盔坟4号墓略大，是一座由甬道、墓道、墓室构成的封土石室墓。五盔坟5号墓甬道两侧亦各绘一卫士，主墓室为抹角叠涩结构，四壁按方位绘青龙、白虎、朱雀、玄武四神，亦衬以莲花忍冬网纹，但其间无人物形象装饰，天井亦绘以日月星辰、日月神、伎乐仙人等图案，顶绘龙虎[1]（图绪-8为五盔坟5号墓平、剖面图）。

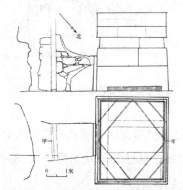

图绪-8　五盔坟5号墓平、剖面图[2]

---

① 参见吉林省博物馆《吉林集安五盔坟四号和五号墓清理略记》，《考古》1964年第2期。魏存成《高句丽遗迹》，文物出版社2002年版，第182—183页。

② 图绪-8见吉林省博物馆《吉林集安五盔坟四号和五号墓清理略记》，《考古》1964年第2期。

墓室第二重顶石四面皆绘有乘龙伎乐仙人，包括吹奏横笛、角、排箫、弹奏阮咸、卧箜篌、击细腰鼓等图像共计6幅，涉及乐器约6种。

通过以上论述，我们可以列出目前所知集安高句丽壁画墓中的音乐图像总表如下：

表绪-3　集安高句丽壁画墓音乐图像总表^①

年代	壁画墓名	音乐壁画内容	涉及乐器类型	墓室类型	墓区
4世纪中叶至5世纪初	舞踊墓	群舞 伎乐仙人图	阮咸、卧箜篌、角	带有两耳室的单室墓	禹山墓区
5世纪	麻线沟1号墓	双人舞	———	带有两耳室的单室墓	麻线墓区
	通沟12号墓	舞蹈、乐舞	琴筝类乐器	分别带有耳室的双室墓	禹山墓区
5世纪末至6世纪中叶	长川1号墓	群舞； 百戏（乐舞、备舞）； 伎乐仙人图	琴筝类乐器、横笛、竖笛类乐器、阮咸、其他琵琶类乐器、角	双室墓	长川墓区
	三室墓	伎乐仙人图	阮咸、角	三室墓	禹山墓区
6世纪中叶至7世纪初	五盔坟4号墓	伎乐仙人图	细腰鼓、卧箜篌、排箫、横笛、角	单室墓	禹山墓区
	五盔坟5号墓	伎乐仙人图	横笛、角、排箫、阮咸、卧箜篌、细腰鼓	单室墓	禹山墓区

---

① 详细总表见本书附录一《集安高句丽墓音乐壁画总表》。

（八）可能存在音乐图像的集安高句丽壁画墓

上述所记为目前所知正式发表过的集安高句丽壁画墓中的音乐图像内容。基于多种原因，在上述7座墓葬涉及的音乐壁画之外，集安高句丽壁画墓中可能还存在音乐图像。例如，四神墓中曾被记录存在仙人持乐器图，而在未开发的五盔坟1、2、3号墓中亦可能有伎乐仙人图的存在。在此介绍如下：

1.四神墓仙人图

四神墓位于禹山墓区，是一座封土石室墓，位于五盔坟4号墓向北约50米处，最早关于四神墓的调查亦由日本学者池内宏、梅原末治等完成，并著录于《通沟："满洲国"通化省辑安县高句丽遗迹》（简称《通沟》）。四神墓约产生于公元6世纪中叶至7世纪初，封土呈覆斗形，由墓道、甬道、墓室组成，主室天井为抹角叠涩结构。"四神墓"各组成部分中皆绘有壁画，"四神墓"之名也得自于主室四壁绘有大型四神图，目前所见，其墓道两侧各绘一卫士；主室四壁按方位绘有四神，并衬以云纹图案，主室四隅绘有怪兽托梁、缠枝忍冬纹饰，天井部分绘有日月星云、莲花、奇禽异兽、仙人等，藻井顶部绘盘龙[1]。《通沟》载："西壁者，左手携有细长螺形物，似乐器，并当是护墓之神人。"[2]朝鲜学者全畴农认为此图可能是文献中高丽乐记载的

---

[1] 参见[日]池内宏、梅原末治合著《通沟："满洲国"通化省辑安县高句丽遗迹（下）》，"日满文化协会"1940年版，第75—78页；魏存成《高句丽遗迹》，文物出版社2002年版，第180—181页。

[2] [日]池内宏、梅原末治合著《通沟："满洲国"通化省辑安县高句丽遗迹（下）》，"日满文化协会"1940年版，第77页。

乐器"贝"①。

2.五盔坟1、2、3号墓

禹山墓区的五盔坟位于南坡,自西向东一字排开,其封土均为覆斗形②。五盔坟4、5号墓已经被打开和清理发掘,其中可以看到绘制精美的壁画,色彩鲜艳。其余的1号、2号、3号墓还没有打开,高句丽考古专家魏存成教授认为其中也应有壁画③。通过前文我们知道,五盔坟4号、5号墓的墓室均以四神为主题,天井中绘有伎乐仙人、奇禽异兽等图案。因此本书认为,五盔坟1号、2号、3号很有可能也有类似的伎乐仙人图。

由此我们可知,集安高句丽墓壁画的音乐考古学研究是一个开放的题目,或许在未来的时日中,随着被发现的集安高句丽壁画墓数量的增加、得到确认的音乐图像的增多,将使我们获得对集安地区高句丽音乐发展的更多认识,并推进整个高句丽音乐历史的研究进程。

三、国内外研究现状综述

集安高句丽墓壁画研究始于20世纪初,由于特殊的时代背景,

---

① "这种乐器是在四神冢羡道西壁上发现的,它的形状像一种长长的海螺。……这似乎就是文献中所说的'贝'。"[朝]全畴农著、奚传绩译《关于高句丽古坟壁画上乐器的研究》,《音乐研究》1959年第3期,第94页注释③。关于朝鲜学者田畴农的名称翻译国内学界不甚统一,田畴农、全畴农系同一人,后文引用中,尊重第一翻译作者的意见,并不再赘述。——笔者注。

② 见本书图绪-6《五盔坟分布位置示意图》。

③ 魏存成《高句丽遗迹》,文物出版社2002年版,第206页。

从研究之初便有着国际化的特点，日本学者最先对其进行了考察，其后中国、朝鲜、韩国及欧美学者陆续发表了研究成果。关于集安高句丽墓壁画中音乐内容的研究，也是由日本音乐学者先行，目前看到最早发表的文章是岸边成雄的《鸭绿江畔高句丽遗迹壁画上所见的歌舞音乐资料》[①]。其后朝鲜半岛学者宋锡夏发表论文《辑安高句丽古坟和乐器》[②]，中国学者中较早对其进行专题研究的文章是方起东的《集安高句丽墓壁画中的舞乐》[③]。由于笔者搜集资料的局限，此部分中占有最多研究文章的是中文文献，韩文文献次之，日、英文献较少。针对集安高句丽古墓壁画中的音乐图像研究情况，本书主要对截至2017年8月搜集到的中文、韩文文献进行综述，并涉及少量的日文、英文文献[④]，试图梳理集安高句丽壁画墓音乐考古学研究的现状。

（一）中国的集安高句丽壁画墓音乐图像研究综述

中文资料中对集安高句丽壁画墓中的音乐内容进行专题研究的论文共计10篇，尚无专著出版。根据研究主题可以将论文分为概述及综合研究、乐舞研究、乐器研究、对比研究四个类别。

---

① 〔日〕岸边成雄《鸭绿江畔高句丽遗迹壁画上所见的歌舞音乐资料》，《东洋音乐研究》1937年第1期。

② 〔朝〕宋锡夏《辑安高句丽古坟和乐器》，《春秋》第2卷，1941年，第439—442页。

③ 方起东《集安高句丽墓壁画中的舞乐》，《文物》1980年第7期。

④ 其中涉及的多种语言发表或翻译的研究文章，以最初发表的语言作为划分标准。限于搜集困难及笔者有限的韩语、日语水平，搜集文章难免挂一漏万，疏漏之处还请方家不吝指正。——笔者注

其一，概述及综合研究。涉及论文3篇。耿铁华在《高句丽民俗概述》[①]中分六个部分介绍了高句丽民俗，其中在"歌舞习俗"部分中结合文献记载和考古资料介绍了高句丽音乐，所引文献较少，所用音乐图像资料来自集安高句丽壁画墓。王希丹的《集安高句丽音乐文化研究》一文从舞蹈、乐器、伎乐天人图三个方面对集安地区的高句丽壁画墓音乐资料进行了探讨[②]，该文将集安高句丽壁画墓中涉及的乐器分为世俗生活场景图使用乐器、伎乐天人图使用乐器进行探讨。田小书《长川一号墓壁画在高句丽音乐史上的价值》[③]一文对长川1号墓前室壁画中的乐器演奏图进行了辨析，并探讨了该壁画的音乐史价值。

其二，乐舞研究。涉及论文5篇。方起东先生的《集安高句丽壁画中的舞乐》[④]一文是中国学者对集安高句丽壁画墓音乐内容研究最早的专论，影响较大。作者在文章中探讨了舞踊墓、长川1号墓、麻线沟1号墓、通沟12号墓的乐舞图像，根据上述材料总结了公元4、5世纪高句丽乐舞的五个特点。方先生在文中指出，文献记载的高丽乐多反映为公元7—9世纪高句丽舞蹈的发展状况，并将其与公元4、5世纪反映的特点相比较，总结了高句丽舞蹈在公元7—9世纪的四个变

---

① 耿铁华《高句丽民俗概述》，《求是学刊》，1986年第5期。
② 王希丹《集安高句丽音乐文化研究》，《第三届东亚音乐考古学国际研讨会论文集》，2011年，第160—168页。（其后修改发表于《乐府新声》2014年第1期。）
③ 田小书《长川1号墓壁画在高句丽音乐史上的价值》，《交响》2015年第4期。
④ 方起东《集安高句丽墓壁画中的舞乐》，《文物》1980第7期。

化。耿铁华《高句丽民族的长袖舞》①一文中，按照产生年代将舞踊墓、麻线沟1号墓、通沟12号墓和长川1号墓分成四个时期进行探讨，并将其与现在中国朝鲜族的"长袖舞"、中国历史上的汉民族长袖舞进行比较，总结了高句丽长袖舞的四个特点和发展的三个阶段。杨育《谈高句丽壁画中的舞蹈》②一文分为三部分，在第一部分"高句丽壁画中舞蹈的产生与发展"中介绍了舞踊墓等四座集安高句丽壁画墓的音乐图像，第二部分总结了高句丽舞蹈的功利性、自娱性、古朴性和写实性四个社会特征，第三部分艺术特征探讨了高句丽音乐风格、表现形式、旋律运动三方面的特征。赵霞《高句丽乐舞与吴越文化的渊源窥探》③一文在分析四座集安高句丽壁画墓中音乐图像的基础上探讨了高句丽乐舞与吴越白纻舞之间的关系，作者认为高句丽民族与吴越民族具有许多相同的习俗，在乐舞发展中有相互的影响。王希丹《论集安高句丽墓乐舞图中的舞姿》④一文分为集安高句丽墓乐舞图概述、舞姿分类、文献记载中的高句丽舞姿和结论四个部分，该文将集安高句丽壁画墓中所见乐舞图的舞姿分为六式，并探讨了舞姿之间的关系及在壁画中的组合方式。

其三，乐器研究。涉及论文1篇。王希丹《论集安高句丽墓

---

① 耿铁华《高句丽民族的长袖舞》，载《古民俗研究》第1集，吉林文史出版社1990年版，第125—137页。

② 杨育《谈高句丽壁画中的舞蹈》，载《高句丽历史与文化研究》，吉林文史出版社1997年版，第227—286页。

③ 赵霞《高句丽乐舞与吴越文化的渊源窥探》，《绍兴文理学院学报》2002年第6期。

④ 王希丹《论集安高句丽墓乐舞图中的舞姿》，《乐舞研究》第2卷，陕西师范大学出版总社2016年版，第60—74页。

壁画中的细腰鼓》一文从"高句丽使用细腰鼓类乐器名称考辩"
和"从4—10世纪周边细腰鼓实物、图像看其在高句丽的流传"两
方面入手，探讨了高句丽使用细腰鼓类乐器的名称、形制和传入
时间[1]。

其四，对比研究。涉及论文1篇。李殿福《唐代渤海贞孝公主墓
壁画与高句丽壁画比较研究》[2]一文中对贞孝公主墓壁画所见乐器与
集安高句丽壁画中所见乐器进行了简单比较。

通过上述分析可知，中国境内发表的集安高句丽墓壁画的音乐考
古学研究专题文章为数较少，且以乐舞方面的研究文章较为多见。统
观中国学者的高句丽音乐研究文章，多将集安高句丽壁画墓与朝鲜半
岛公元4—7世纪大同江、载宁江流域壁画墓材料结合起来共同探讨，
该类文章亦涉及概述及综合研究、乐舞研究、乐器研究、对比研究等
多种类别，涉及论文约7篇，涉及著作1本的部分章节，尚无专著出版。
如下：

张志立的《高句丽风俗研究》[3]一文中，在"高句丽民间文学艺
术与习俗"部分对高句丽的音乐（主要探讨内容为乐器）、舞蹈进行
了探讨，作者认为高句丽乐器至少有21种，分为弦乐、吹奏、打击乐
三类；舞蹈包括独舞、双人舞、四人舞、群舞等多种形式。田小书的

---

[1] 王希丹《论集安高句丽墓壁画中的细腰鼓》，《音乐研究》2016年第2期。
[2] 李殿福《唐代渤海贞孝公主墓壁画与高句丽壁画比较研究》，《黑龙江文物丛刊》
1983年第2期。
[3] 张志立《高句丽风俗研究》，张志立、王宏刚主编《东北亚历史与文化》，辽沈书社
1991年版，第224—285页。

《高句丽乐刍议》①梳理并分析了高句丽墓中的音乐壁画和文献中的高丽乐记载。徐杰《高句丽音乐研究及其价值》②对高句丽音乐研究资料及价值进行了探讨。王丽萍《浅析高句丽舞乐在历史上的地位和作用》③探讨了高句丽舞乐的历史地位、对高句丽社会文化生活的影响和在历史上的作用。其中在第一部分探讨中加入了集安高句丽壁画墓、朝鲜半岛公元4—7世纪壁画墓的音乐图像材料。孙作东、李树林的文章《论"高丽乐舞"产生的历史条件》④探讨了"高丽乐舞"产生的历史因素的文献学分析和考古学依据，文中所依据的音乐图像材料仍是以集安高句丽壁画墓为主。李晓燕《高句丽宫廷舞蹈的历史文化》⑤一文指出高句丽的宫廷舞蹈包括长袖舞、胡旋舞和舞象帽三种。宋娟《长白山鼓吹乐初探——以高句丽鼓吹乐为中心》⑥是在鼓吹乐这一单一乐种的历史背景之下，结合文献与考古资料对高句丽鼓吹乐进行的研究，文中主要依据的是集安高句丽壁画墓所见伎乐天人图使用乐器、朝鲜半岛安岳3号墓大行列图中的使用乐器。王放歌《高句丽古墓壁画中的乐器》一文分为三部分，包括文献中的高句丽乐器、古墓壁画中的高句丽乐器、高句丽乐器的源流和影响。其中根据作者自己的注释，古墓壁画中的高句丽乐器研

---

① 田小书《高句丽乐刍议》，《通化师范学院学报》2016年第6期。
② 徐杰《高句丽音乐研究及其价值》，《通化师范学院学报》2008年第5期。
③ 王丽萍《浅析高句丽舞乐在历史上的地位和作用》，《社会科学战线》2001年第6期。
④ 孙作东、李树林的文章《论"高丽乐舞"产生的历史条件》，《音乐创作》2013年第8期。
⑤ 李晓燕《高句丽宫廷舞蹈的历史文化》，《乐府新声》2015年第2期。
⑥ 宋娟《长白山鼓吹乐初探——以高句丽鼓吹乐为中心》，《东北史地》2009年第1期。

究材料主要来自朝鲜全畴农先生的文章《关于高句丽古坟壁画上乐器的研究》。韩国学者徐海淮《〈乐学轨范〉唐部乐器图说之研究》[①]一书中第一章为"韩国古三国时期在朝鲜半岛存在的乐器",其中第一节为"从高句丽（公元前37—公元668年）传下来的乐器",该节中第二部分"高句丽古墓壁画奏乐图中出现的乐器"中将集安高句丽壁画墓、朝鲜半岛公元4—7世纪壁画墓分为四个时期,在每个时期之内将壁画中的乐器图像分为弦乐器、管乐器、打击乐器进行探讨。

（二）朝鲜、韩国的集安高句丽壁画墓音乐图像研究综述

高句丽作为朝鲜半岛三国时代重要的国家之一,其音乐历史是朝鲜半岛音乐历史中的重要内容。因此涉及高句丽的研究论著、文章可谓汗牛充栋。然而朝鲜半岛的研究文章中专门探讨集安高句丽墓壁画中音乐内容的文章则较为少见,共计五篇,尚无专著发表,这些文章可以分为乐器研究、舞蹈研究两类。

其一,乐器研究,共计四篇。宋锡夏于1941年发表的《集安高句丽古坟和乐器》[②]是目前所知韩文文献中首篇对集安高句丽壁画墓音乐内容进行研究的文章,该文简介了集安高句丽壁画墓发现的情况,并探讨了来自舞踊墓和通沟17号墓（即今五盔坟5号墓）壁画中的

---

① [韩]徐海淮《〈乐学轨范〉唐部乐器图说之研究》,华中师范大学出版社2015年版。
② [朝]宋锡夏《集安高句丽古坟和乐器》,《春秋》第2卷第十一号,1941年,第439—442页。

阮咸、角笛、琴、箫和笛五件乐器。宋芳松的论文《长川1号墓中的高句丽乐器》^①针对中国考古报告《集安长川一号壁画墓》^②的图像资料提出了他对长川1号墓中所见乐器的新观点，宋芳松认为长川1号墓壁画中所见乐器为8种，包括横笛、五弦琵琶、玄琴、大角、阮咸、长箫、筚篥等，进而他将高句丽乐器发展分为公元5世纪之前、公元5世纪之后进行探讨，并讨论了高句丽对西域乐器的接受问题。该文1985年发表于《韩国古代音乐史研究》一书，是较为少见的专门探讨集安高句丽单座壁画墓音乐图像的论文，此后1991年宋芳松自译的英文版发表于《亚洲音乐》，其观点有所修正，所述乐器增加为10种^③。黄美衍的《对于集安五盔坟四号墓的奏乐图研究》^④一文专门对五盔坟4号墓的伎乐仙人图所持乐器进行了讨论，针对乐器辨识、乐器名称、乐器数量提出了自己的看法。金咏文的《长川1号坟五弦乐器的再考察》^⑤

---

① 〔韩〕宋芳松《长川1号坟的音乐史学检讨》《韩国古代音乐史研究》，韩国一志社，1985年，第2—36页。（中文翻译本：宋芳松著，顾铭学译《从音乐史上考察长川1号坟——以壁画的乐器为中心》，《东北亚考古资料译文集》第4辑，北方文物杂志社2002年版，第113—127页。）

② 吉林省文物工作队等《集安长川一号壁画墓》，《东北考古与历史》1982年第1期。

③ Song, Bang-song. "Koguryo Instruments in Tomb No. 1 at Ch'ang-ch'uan, Manchuria", *Musica asiatica*, 1991, 6, pp1-17.

④ 〔韩〕黄美衍《对于集安五盔坟四号墓的奏乐图研究》，《民族音乐学报》10号，韩国民族音会，1997年，第79—104页。

⑤ 〔韩〕金源文《长川1号坟五弦乐器上"对"的再考察》，《韶岩权五圣博士花甲纪念音乐学论丛》，韩国论丛刊行委员会，2000年，第193—208页。

一文在宋芳松、孙英姬①文章的基础上提出自己对这件五弦乐器的新见解。

其二，舞蹈研究一篇。权五圣《高句丽安岳第3号坟和舞俑冢壁画舞乐图的音乐图像学再检讨》②一文探讨了安岳3号坟、舞踊墓舞乐壁画图像与甘肃酒泉部分壁画墓中奏乐图的联系，并探讨了高句丽舞蹈与亚美尼亚舞蹈Shimdi的关系。

由于朝鲜半岛的音乐研究文章中将朝鲜半岛公元4—7世纪大同江、载宁江流域壁画墓与集安壁画墓结合起来探讨的文章亦较为常见，因此本部分列举了具有代表性的8篇，可以分为概述及综合研究、乐器研究、舞蹈研究、研究反思四类。第一类，概述及综合研究。《高句丽的音乐、舞蹈和杂技》③一文由高洁摘译自1982年出版的日文版《高句丽文化》④第六章，全文分为乐器、舞蹈、杂技三方面内容，文中指出高句丽乐器包括弦乐、管乐和打击乐器36种，舞蹈包括两类七种以上，并对杂技中的伴奏乐器也有所描述。该篇文章使用了为数不少的集安高句丽壁画墓材料与朝鲜半岛地区壁画墓材料，遗憾的是没有插图，因此只能通过文字对这些材料进行了解。第二类，乐器研究。

① [韩]孙英姬《对五弦琴的名称和演奏姿势的考察》，《韩国音乐学论集》，韩国音乐史学会，1994年，第589—603页。该文"五弦琴"进行名称和演奏历史的探讨，其中涉及长川1号墓壁画中的"五弦琴"。——笔者注

② [韩]权五圣《高句丽安岳第3号坟和舞俑冢壁画舞乐图的音乐图像学再检讨》，《第5届东亚细亚音乐考古学国际学术会议论文集》，第15—30页。

③ 高洁译《高句丽的音乐、舞蹈和杂技》，《历史与考古信息（东北亚）》，1990年第1期。

④ [朝]朝鲜民主主义人民共和国社会科学院考古研究所编，吕南喆、金洪圭译《高句丽文化》，韩国同朋舍1982年版。

全畴农的《关于高句丽古坟壁画上乐器的研究》[①]发表于1957年，于1959年由奚传绩译成中文发表。全文分为序论、提供音乐资料的壁画的种类及其性质、乐器类别论、乐器的编制和年代、从乐器资料看高句丽音乐的源流五个部分，并在乐器类别论部分重点探讨了玄琴、琵琶、角、长笛、横笛、箫、螺贝、建鼓和齐鼓、悬鼓、羽葆鼓、担鼓、担钟、腰鼓、揩鼓、鼗鼓、铙等乐器。全畴农文中提到的高句丽墓葬共计11个：包括集安地区的舞踊墓、三室墓、通沟17号墓（即今五盔坟5号墓）、四神墓，共4个；朝鲜半岛地区的安岳1号墓、安岳3号墓、平壤车站前古坟、台成里古坟、双楹塚、龛神塚、江西大墓，共7个。该文叙述详尽、资料丰富，是较早发表的高句丽壁画墓乐器研究中影响较大的文章，也是较为典型的将集安高句丽壁画墓与朝鲜半岛公元4—7世纪大同江、载宁江流域壁画墓共同作为高句丽壁画墓进行探讨的研究文章。李惠求的《高句丽音乐与西域乐》[②]一文探讨了高句丽乐在中国、日本和本国的资料留存，和西域乐的关系，西域乐输入的路线，乡乐、高丽乐和西域乐的关系等方面的内容，也是以乐器探讨为主的论文。此外，昔贤珠的《乐浪高地和集安的高句丽音乐——以句丽古坟壁画的乐器为中心》[③]、李晋源《关于高句丽横吹管乐器的研究》[④]和《壁画中

[①]〔朝〕全畴农《关于高句丽壁画中出现的乐器研究（1）（2）》，《文化遗产》1957年第1—2期。（中文译本见《音乐研究》1959年第3—4期。

[②]〔韩〕李惠求《韩国音乐研究》，国民音乐研究会1957年版，第191—224页。

[③]〔韩〕昔贤珠《乐浪高地和集安的高句丽音乐——以句丽古坟壁画的乐器为中心》，《艺术论文集》第11辑，釜山大学校，1996年，第219—252页。

[④]〔韩〕李晋源《关于高句丽横吹管乐器的研究》，《韩国音乐研究》第30辑，韩国国乐学会，2001年，第279—297页。

看到的高句丽音乐和乐器》^①也是近年来对朝鲜半岛公元4—7世纪大同江、载宁江流域壁画墓和集安高句丽壁画墓音乐材料的综合研究，也具有相似的研究方法，并在所处研究时段具有一定的代表性。第三类，高句丽舞蹈研究。李爱珠《高句丽舞蹈民俗学的研究》^②运用了集安高句丽壁画墓中的舞踊墓、通沟12号墓、长川1号墓、麻线沟1号墓和朝鲜半岛地区的安岳3号墓所见的舞蹈图进行高句丽舞蹈的研究。第四类，研究反思。李晋源的《高句丽音乐研究的难题》^③探讨了朝鲜半岛古籍、中国古代典籍在研究高句丽音乐问题中的局限性。作者认为保存在日本的高丽乐可能存在高句丽的音乐因素，高句丽壁画中的琵琶乐器是作者的研究关注点，他指出，高句丽跟东南亚的音乐交流值得重视、受汉朝影响的高句丽是否使用了黄钟律及音高问题也是值得重视的内容。

（三）日本及欧美集安高句丽壁画墓音乐图像研究综述

诚如前文所言，目前所知最早的集安高句丽壁画墓音乐考古研究文章为岸边成雄先生的《鸭绿江畔高句丽遗迹壁画上所见的歌舞

---

① 〔韩〕李晋源《壁画中看到的高句丽音乐和乐器》，《高句丽研究》第17辑，高句丽研究会，2004年，第161—191页。

② 〔韩〕李爱珠《高句丽舞蹈民俗学的研究》，韩国学术振兴财团，1997年第3期，第111—157页。

③ 〔韩〕李晋源《高句丽音乐研究的难题》，首尔国立大学亚洲音乐研究学会期刊，2006年第28卷。

音乐资料》[①]，该文较为短小，主要介绍了池内宏、原田淑人等日本学者对当时集安地区高句丽遗迹的调查、指出这些壁画资料的研究意义，并刊登了舞踊墓群舞图、仙人吹角图。有中国学者对日本语材料中的"高句麗"题名进行文献搜索，可知截至2013年5月1日，在日本国立国会图书馆馆藏电子目录中包含图书196条，期刊论文283条，博士论文1条[②]。由于笔者的日语功底浅薄，目前获得日本音乐学界对集安高句丽壁画墓研究文章的相关信息较少，然而在有限的日本音乐研究资料中，《东亚乐器考》[③]《唐代音乐史》[④]《古代丝绸之路的音乐》[⑤]等书籍均不同程度的涉及集安高句丽壁画的音乐图像，文中开阔的东亚学术视野也是值得学习借鉴的内容，亦说明高句丽音乐发展对日本音乐发展曾产生一定影响。关于欧美学界对高句丽的研究状况，赵欣在2015年发表的论文中指出，西方学者有关高句丽的相关研究专著共计30余部、学位论文20篇、期刊论文近百篇[⑥]。然而目前搜集到直接与本论题相关的文章仅1篇，是宋芳松先生发表的关于长川1号墓的研究文章[⑦]，其文最初由韩文发表，后亦有中

① 〔日〕岸边成雄《鸭绿江畔高句丽遗迹壁画上所见的歌舞音乐资料》，《东洋音乐研究》1937年第1期。

② 白玉梅《日本高句丽研究史综述》，东北师范大学2013年硕士学位论文，前言第3页。

③ 〔日〕林谦三著，钱稻孙译，曾维德、张思睿校注《东亚乐器考》，人民音乐出版社2013年版。

④ 〔日〕岸边成雄著，梁在平、黄志炯译《唐代音乐史的研究》，台湾中华书局1973年版。

⑤ 〔日〕岸边成雄著、王耀华译《古代丝绸之路的音乐》，人民音乐出版社1988年版。

⑥ 赵欣《西方学者的高句丽研究》，《东北史地》2015年第1期。

⑦ Song, Bang-song. "Koguryo Instruments in Tomb No. 1 at Ch'ang-ch'uan, Manchuria", *Musica asiatica*, 1991, 6, pp1—17.

文译本,这里不再赘述。

（四）研究得失总结

前面已经提过,中国学界对集安高句丽壁画墓音乐内容的研究以往并不多见,目前所见的研究主要集中于乐舞方面就学科范围而言,早期研究主要以考古学者为主,其后中国音乐史学者逐渐增多。由于以往研究材料的不足和书籍篇幅所限,大部分的中国古代音乐史书籍中主要是针对高句丽音乐的文献记载进行了阐述。如杨荫浏《中国音乐史纲》[①]、廖辅叔《中国古代音乐简史》[②]、夏野《中国古代音乐史简编》[③]、金文达《中国古代音乐史》[④]、刘再生《中国古代音乐史简述（修订版）》[⑤]、郑祖襄《中国古代音乐史》[⑥]等。早在杨荫浏先生的《中国古代音乐史稿》中即出现了集安高句丽壁画墓的图片资料。该书在第五编第九章"繁盛的燕乐和衰微的雅乐"中提及高句丽音乐,指出其是"外国音乐",并依据文献记载进行了分析[⑦]。其实该书中最早一处提到集安（当时称辑安）是在第四编第五章的秦汉部分,在论述阮咸的历史时提及"辽宁辑安古墓壁画中的汉琵琶",并

① 杨荫浏《中国音乐史纲》,上海万叶书店1952年版,第116页。
② 廖辅叔《中国古代音乐简史》,人民音乐出版社1964年版,第33、41、66页。
③ 夏野《中国古代音乐史简编》,上海音乐出版社1989年版,第89页。
④ 金文达《中国古代音乐史》,人民音乐出版社1994年版,第140—143页,第192—195页。
⑤ 刘再生《中国古代音乐史简述（修订版）》,人民音乐出版社2006年版,第275页。
⑥ 郑祖襄《中国古代音乐史》,高等教育出版社2008年版,第73、103页。
⑦ 杨荫浏《中国古代音乐史稿》（上册）,人民音乐出版社1981年版,第215页。

附图①。这里杨先生所提的就是集安高句丽墓壁画，但是可能由于掌握材料的缺乏，他并未将其与其后的"高丽乐"研究联系起来。本文认为，首先，高句丽政权成立之初是中国古代边疆政权，集安高句丽壁画墓的音乐考古学研究是中国古代音乐历史的重要研究内容，笼统的将"高丽乐"称为外国音乐是不合适的；其次，以目前的考古发掘报告来看，集安地区并没有发现其他汉魏时期壁画墓，因此，杨先生书中这幅图画就是高句丽古墓壁画。第三，这幅图片为反映了佛道思想融合的伎乐仙人图，其使用的乐器为圆形音箱琵琶，正是杨先生所说的"汉琵琶"，也就是后世所说的"阮咸"，而这幅图正是集安五盔坟5号墓墓室第二重顶石西北端的伎乐仙人图像。据现在的考古研究来看，集安高句丽墓壁画的年代约在4世纪至7世纪，结合集安高句丽墓的其他阮咸图像可知，这幅图可作为探讨阮咸传入高句丽、而后传入朝鲜半岛地区的宝贵资料。此外，冯文慈先生的《中外音乐交流史》②对高句丽音乐的研究也具有一定的代表性。该书第二编第二章第一节"朝鲜歌曲《公无渡河》与箜篌瑟"、第三编第五章第一节"与高句丽、百济、新罗的音乐交流"中均提到高句丽音乐。从内容来看，作者受到20世纪50年代将高句丽作为古代朝鲜历史观点③的影响，直接将高句丽音乐作为"外国音乐"对待。同时，书中明确地将高句丽墓壁画与文献结合起来进行研究，是该方面研究方法上的突破。该书的高句

---

① 杨荫浏《中国古代音乐史稿》（上册），人民音乐出版社1981年版，第131页，图55。

② 冯文慈《中外音乐交流史：先秦—清末》，人民音乐出版社2013年版。

③ 马大正《中国学者的高句丽归属研究评析》，《东北史地》2004年第1期。

丽研究资料来源包括部分古代文献典籍及相关研究著作、图片集，如《中国音乐史图鉴》[①]《东亚乐器考》《朝鲜音乐》[②]和全畴农先生的文章《关于高句丽古坟壁画上乐器的研究》等。近年来，中国学者的集安高句丽墓壁画的音乐考古学研究有着多视角、多层次发展的研究趋势，论文数量亦有所增长。与此同时，对于将集安高句丽墓与朝鲜半岛公元4—7世纪大同江、载宁江流域壁画墓所见材料进行共同探讨的文章亦占有一定比例。

　　由于高句丽历史的特殊性，朝鲜半岛的音乐历史书籍中将集安高句丽壁画墓材料作为重要的研究内容之一，并呈现出与朝鲜半岛公元4—7世纪大同江、载宁江流域壁画墓材料共同进行研究的特点。著作如宋芳松《韩国音乐通史》[③]、张师勋《韩国音乐史》[④]、金圣惠《三国时代音乐史研究》[⑤]等。张师勋的《韩国音乐史》是韩国学界较为常用的音乐史书目，现有中译本出版发行。该书第二章"三国时代的乐舞"第一节为"高句丽的音乐"，在该章节运用了集安舞踊墓、通沟12号墓以及部分朝鲜半岛公元4—7世纪壁画墓的材料。尤为值得一提的是其中的安岳3号坟音乐图像研究并未归于高句丽时期，而是放在

---

① 中国艺术研究院音乐研究所《中国音乐史图鉴》，人民音乐出版社1988年版。

② 〔朝鲜〕文河源、文钟祥著、柳修彰等译《朝鲜音乐》，音乐出版社1962年版。

③ 〔韩〕宋芳松《韩国音乐通史》，韩国一潮阁1984年版，第42—55页。

④ 〔韩〕张师勋著、朴春妮译《韩国音乐史（增补）》，中央音乐学院出版社2008年版，第12—37页。（原书韩文版为〔韩〕张师勋《增补韩国音乐史》，世光音乐出版社1986年版，第29—56页。）

⑤ 〔韩〕金圣惠《三国时代音乐史研究》，韩国民俗馆2009年版，第59—100页，第135—156页。

其前一历史时期的探讨之中。金圣惠的《三国时代音乐史研究》以学术史的方式梳理了韩国学界对高句丽、百济和新罗为代表的三国时代音乐研究情况,是对韩国音乐学界三国时代音乐研究成果的集成性著作,其中的第一章、第二章分别有关于高句丽音乐的章节。此外,在前文中已经提到,朝鲜半岛的音乐研究论文中将集安高句丽壁画墓与朝鲜半岛公元4—7世纪大同江、载宁江流域壁画墓结合起来探讨的文章较为常见,且在乐器探讨方面展开较为详尽,舞蹈方面展开较少。

日本、欧美学界方面因为目前搜集资料中涉及论著较少,因此尚难进行得失总结,留待未来进行进一步的讨论。

四、可以继续解决的问题

笔者认为,集安高句丽壁画墓的音乐考古学研究是一个适宜在中国学术语境下展开的课题,同时随着近些年来高句丽考古、历史等诸多方面研究的深入发展,对其进行音乐考古学研究已经成为可能。在前人研究工作的基础上,可以继续解决的问题如下:

(一)对本书所用名词"高句丽""高句丽墓""高句丽音乐"的界定

高句丽民族历史悠久,高句丽政权的存在跨越七个世纪之久,因此为了研究需要,笔者对在本书中涉及的相应名词予以界定。首先,本书中所指"高句丽",乃指公元前37年建国至公元668年灭国的高句丽政权。第二,书中所指"高句丽墓"乃指高句丽政权存在期间在高句丽政权疆域范围内所见之墓葬。第三，本书中所指"高句丽音乐"乃指高句丽政权存在期间在其疆域内流行的音乐文化形态，既包括高句丽王族的音乐文化，也包括高句丽政权疆域内的音乐制度、民俗音乐、宗教音乐等内容。因此，本书中的"高句丽音乐"并非狭义指高句丽民族的音乐，而是高句丽政权存在期间其疆域内的多种音乐文化形态的综合体。如有其他不同述及，笔者会在文中相应指出。

（二）集安高句丽墓壁画的"版本"问题。

高句丽墓的考古工作始于20世纪初，其间该地区经历了政治变迁、战争毁坏乃至人为的有意破坏，使得不同时期所采集的高句丽壁画资料有着不小的差异。同时，由于目前高句丽壁画墓分属于中国和朝鲜境内，由于书籍、资料流通及语言问题的限制，中、日、朝、韩及欧美学者所看到的古墓壁画资料亦有所差异，因此出现了研究内容的差异性。现举例如下：

笔者将查找到中国学者记载的集安高句丽墓壁画中乐器图像资料情况与根据徐海淮《〈乐学轨范〉唐部乐器图说之研究》[1]一书中运用的朝韩学者文中所载集安高句丽墓壁画中的乐器图像资料加以对比，如下：

---

① ［韩］徐海淮《〈乐学轨范〉唐部乐器图说之研究》，华中师范大学出版社2015年版，第20—25页。

表绪–4　中国境内高句丽壁画墓乐器图像资料研究情况比较表

集安地区高句丽墓	中国论著记载 [1]	朝韩论著记载
舞踊墓	阮咸	四弦玄琴（卧箜篌）、阮咸、大角、小角、马上鼓
通沟 12 号墓（马槽墓）	琴	四弦玄琴、大鼓
三室墓	琵琶	阮咸
四神墓	贝	贝
五盔坟 4 号墓	琴（卧箜篌）、腰鼓、排箫、笛、竽、胡角	四弦玄琴、横笛、箫、大角、腰鼓、钲
五盔坟 5 号墓 [2]	横笛、箫、长角、阮咸、腰鼓、筝	四弦玄琴、阮咸、横笛、箫、笙、大角、腰鼓
长川 1 号墓	横笛、阮咸、琴（卧箜篌）、长角	四弦玄琴、阮咸、五弦、横笛、长笛、筚篥、大角

　　由上图可知，中国论著与朝韩论著中对集安地区高句丽壁画墓中音乐图像的记载有较大差异，抛开学术观点的不同，图像资料本身的差异性也是不可忽视的问题所在。如前所述，高句丽古墓的考古工作首由日本学者进行，而后中国、朝鲜、韩国及欧美学者进入该研究领域，由于调查的时间不同，图像的毁坏程度也存在一定的差别。因此关于壁画资料搜集的清理与甄别问题值得重视，具体操作方法可分为以下几点：首先，以早期的图像拍摄为准，尽可能搜集早期学者所拍摄、描绘的古墓壁画资料。其次，在无法找到图片的情况下，

----

　　① 本表乐器著述的参考资料主要包括吉林省文物考古研究所《吉林集安高句丽墓葬报告集》，科学出版社 2009 年版；耿铁华《高句丽古墓壁画研究》，吉林大学出版社 2008 年版。

　　② 参考徐书图四"集安第 17 号坟壁画中出现的乐器玄琴和腰鼓"（[韩]徐海淮《〈乐学轨范〉唐部乐器图说之研究》，华中师范大学出版社 2015 年版，第 24 页）辨析可知，徐文中所列"集安第 17 号坟"即五盔坟 5 号墓，此亦与本文前述内容相一致，另徐文所列"通沟 4 号坟"即五盔坟 4 号墓，因此该书表六"7 世纪高句丽古坟壁画中所出现的乐器"（第 24 页）中"集安第 17 号坟""通沟 4 号坟"两墓内容不再重复列出。

以早期的发掘报告记载为准，并可根据同一古墓不同时间的发掘报告记载对图像资料的内容进行整理和甄别。第三，在找不到发掘报告的情况下，以研究论文的先后顺序、转引资料的情况判定该图像存在的可能性。

（三）乐器图像的归类问题

高句丽墓壁画的研究学者认为，早期的集安高句丽墓壁画趋向于对社会生活的描绘，中后期开始出现装饰图案、四神图、受佛道思想影响的伎乐仙人等图像①。本文认为，以往高句丽古墓壁画的音乐图像研究中将社会生活中的使用乐器图像与伎乐仙人使用乐器图像混为一处进行讨论，是有待商榷的。伎乐仙人图中的使用乐器可能来源于高句丽的真实生活，有些也可能是基于宗教信仰或者仅仅是出于模仿的壁画装饰形式，亦存在图像演变问题，因此应对其进行进一步的甄别与分析，在此基础上进行音乐问题的探讨。

（四）舞蹈壁画的问题

在舞蹈壁画的研究方面，以方起东先生为代表的高句丽乐舞研究特别重视将其与朝鲜族舞蹈的舞姿、动作进行比较研究，此类研究需要进行审慎的思考与辨析（实际上这也涉及高句丽民族与现代朝鲜族关系问题的探讨）。首先，根据学者研究指出，高句丽的人口流向包括中国东北地区、中原地区、朝鲜半岛等不同地区，它的文化特

---

① 魏存成《高句丽遗迹》，文物出版社2002年版，第187—198页。

征可能在唐王朝、渤海国、新罗国乃至日本国中都有所保留，但是并没有将全部的民族和文化直接为朝鲜半岛的某一个国家所承袭[①]。高句丽民族是一个历史民族，其与当今的朝鲜族并不等同，将与之相隔1300年之久的20世纪朝鲜族舞蹈与高句丽古墓壁画所反映的舞蹈进行比较的过程中，需要进行多方面、多层次的深入辨析。其次，壁画墓中的舞蹈图像也需要根据整座壁画墓的图像逻辑关系进行分析，不可轻易"断图取义"，需要在此判断的前提下，对舞蹈图像进行进一步的解析。舞蹈图像的内容通常包括舞者、伴奏者、观者，涉及问题如舞者的队列、舞姿形态、伴奏乐器、观者身份等方面。然而由于壁画墓图像具有的功能性特点，舞蹈场景中的诸种要素未必会在遇到的研究材料中有完整的体现，同时图像的写实性也需要进行进一步甄别。因此对舞蹈图像中音乐内涵的解读是需要谨慎的，同时从舞蹈图像所获得的音乐信息去阐释其所处时期的舞蹈发展状况也需要进行进一步的甄别。

因此，本书所涉及的舞蹈图像研究主要包括以下几个内容：其一，乐舞场景的陈述；其二，舞姿特点的概括；其三，伴奏乐器的探讨；其四，舞蹈渊源的分析。除此之外，舞者的服饰、装扮、使用道具等要素也会成为判断舞者文化属性的重要依据。通过结合文献、墓葬壁画材料，获得对高句丽舞蹈文化的点滴认识。

---

① 李德山《高句丽族人口去向考》，《社会科学辑刊》2006年第1期。

（五）集安高句丽墓音乐壁画与朝鲜半岛公元4—7世纪大同江、载宁江流域音乐壁画的关系

朝鲜半岛与中国东北地区的族群迁徙、文化交融古来有之。较早的事例如箕子入朝鲜。战国晚期，北方居民不断向朝鲜半岛迁徙，至秦汉时期，移民人数剧增。其后随着政权争夺、移民迁居、文化交融等因素的发展，朝鲜半岛北部地区在汉魏晋时期呈现出多种势力制衡的动荡局面，其间历经了汉武帝灭卫氏朝鲜，设立乐浪、临屯、玄菟、真番四郡，东汉光武帝罢边郡都尉，曹魏灭公孙氏割据政权、收复乐浪带方二郡，至公元313年高句丽占领乐浪、带方二郡①。公元427年高句丽长寿王迁都平壤，高句丽政治、文化中心东移，直至公元668年高句丽灭国，朝鲜半岛北部的政治格局重新被打破，进入统一新罗时代。

高句丽作为建立于中国东北地区的地方政权，在公元前37年建国之后，其政权版图不断扩大，经历了开疆扩土的过程，面对西部、北部的进展屡受挫败的事实，使得其将目光逐渐转向了东部的朝鲜半岛北部地区，并于公元5世纪上半叶逐渐控制了朝鲜半岛大同江、载宁江流域的政治、文化主导权，完成了自身的中心转移，扩大了疆域，并维持了二百余年的稳定局面。以往学界通常将朝鲜半岛公元4—7世纪大同江、载宁江流域所发现的壁画墓笼统地称为高句丽壁画墓，然而随着研究的不断深入，这些墓葬的文化属性也在获得重新解读。赵俊杰指出，目前朝鲜境内的"高句丽壁画墓"中可能有相当一部分为

---

① 王培新《乐浪文化——以墓葬为中心的考古学研究》，科学出版社2007年版，绪论第1—2页。

汉系壁画墓,墓主人可能是汉人或高句丽化的汉人。在公元4—7世纪的三百余年时间中,朝鲜半岛北部曾经存在着不同民族集团之间的势力消长,朝鲜半岛西北部的乐浪、带方郡覆亡后,残存的汉人集团仍然存在,并形成相对独立的"自治领",而高句丽迁都平壤之后,也面临着逐步统合当地民族集团势力的过程。因此,直到高句丽集权制社会完全确立之后,集安地区与朝鲜半岛西北部地区的壁画墓形制、主题才逐渐趋同①。因此可以说,朝鲜半岛北部公元4—7世纪壁画墓的政权所指、文化归属更加复杂,在形成真正的"高句丽壁画墓"之前,还有一个从多元并存到逐渐交融的过程。当然,不可否认的是,首先,朝鲜半岛北部公元4—7世纪的壁画墓中必然有高句丽壁画墓的存在,但时期偏晚;其次,朝鲜半岛北部早期的壁画墓可能与中原地区的汉系壁画墓有着更为密切的关系。基于这样的认识,本文保守地将这部分壁画墓称为"朝鲜半岛公元4—7世纪大同江、载宁江流域壁画墓"(本文中简称朝鲜半岛壁画墓),在材料使用中对引用墓葬的"高句丽化"问题给予具体分析,并在本论题的研究中对集安高句丽壁画墓音乐壁画与朝鲜半岛公元4—7世纪大同江、载宁江流域壁画墓音乐壁画的关系进行探讨。

(六)中国音乐史视域下的公元4—7世纪高句丽音乐历史研究

集安高句丽壁画墓的音乐考古学研究是中国音乐历史研究中的

---

① 赵俊杰、梁建军《朝鲜境内高句丽壁画墓的分布、形制与壁画主题》,《边疆考古研究》2013年第13期。

重要内容，也是历史上少数民族音乐历史研究的有力推进。魏存成先生指出，高句丽政权是中国历史上的边疆民族政权，同时也是朝鲜半岛北部历史上的重要政权，从现今国界框架来看，高句丽史应该有区别地分别写入中国历史和朝鲜半岛国家历史之中[①]。高句丽是发源于中国东北地区的古老少数民族，他与其他民族一起为中华文明的创造做出了自己的贡献。诚然，高句丽音乐全史研究是中国、朝鲜半岛国家学者共同关注的学术内容，然而集安高句丽壁画墓的音乐考古学研究是中国音乐学者应该做出的学术贡献，借以推进对公元4—7世纪高句丽音乐历史的认识，为高句丽音乐全史研究打下基础。本文在对集安高句丽墓壁画中音乐考古资料的全面清查、整理和甄别工作的基础上，借鉴相关的国内外高句丽墓壁画音乐考古的研究成果，进行集安高句丽音乐考古资料的对比研究，解析高句丽音乐特征及其演变；进而在中国音乐历史的背景下描绘较为客观与细致的公元4—7世纪高句丽音乐历史图景，推进中国古代少数民族音乐历史研究，并将其放入丝绸之路音乐文化交流的历史语境中，深化对东亚音乐历史的认识。

---

① 魏存成《如何处理和确定高句丽的历史定位》，《吉林大学社会科学学报》2011年第4期。

五、本书的基本论点

（一）本书将集安高句丽墓中的音乐壁画分为乐舞图和伎乐仙人图两大类进行探讨。

（二）乐舞图是高句丽世俗音乐生活的体现，通过图像分析，本书指出乐舞图的特点、并认为高句丽乐舞与中原地区的长袖舞具有一定的渊源关系。

（三）手持乐器的仙人图景既是宝贵的音乐研究材料，又是重要的信仰依托，因其不同于反映世俗生活图像的乐舞图而具有研究上的特殊性与含义的丰富性。

（四）集安高句丽墓中的音乐壁画是目前所知最为典型的高句丽壁画墓音乐图像，凸显了高句丽音乐文化特征。朝鲜半岛公元4—7世纪壁画墓具有"高句丽化"的过程，并非简单的"高句丽壁画墓"。集安高句丽壁画墓音乐图像的研究是高句丽壁画墓音乐考古研究的基础，并对未来朝鲜半岛壁画墓音乐图像研究的展开具有推进作用。

（五）集安高句丽壁画墓体现了公元4—7世纪高句丽国家社会音乐生活、精神信仰生活的丰富内容，通过与其他材料结合进行探讨，我们可以获得对公元4—7世纪高句丽音乐历史的一定认识。

（六）至迟在公元5世纪之后，高句丽与中国中原地区、朝鲜半岛国家及日本存在音乐的交流互动，在公元668年高句丽灭国后，其音乐在唐王朝、新罗、日本均继续传承，直到公元9世纪，高丽乐逐渐消失、融入到各地新的音乐形式之中。

六、理论意义与实践价值

首先，本书对于高句丽音乐历史研究具有重要意义。高句丽定都集安附近的时期在高句丽历史时间中最长，因此对该地区古墓壁画中音乐内容的研究具有重要意义，也为高句丽的音乐全史研究提供了有力的基础。集安是高句丽王族桂娄部的中心，它与桓仁同为高句丽民族早期的重要活动地区。高句丽政权于汉平帝元始三年（公元3年）自桓仁迁都集安，在此定都历425年，公元427年迁都平壤城，可以说，定都"国内城"（集安附近）这一时间是高句丽政权的发展盛期，其后高句丽政权虽然迁都到平壤，但是集安作为"别都"，仍列高句丽"三京"①之一。因此，高句丽考古学者魏存成先生指出，分布于集安的高句丽文化遗产最为集中、齐全和典型②，由此可知，集安高句丽墓壁画的音乐考古学研究在高句丽音乐历史研究中具有重要的学术价值，是高句丽音乐全史研究的坚实基础。

第二，本书是对中国古代少数民族音乐历史研究的积极推进。历史上在当今中国的疆域内曾生活着许多不同的民族，他们共同创造了辉煌灿烂的中华文明。同样，中国的音乐历史也并非是单一的汉民族音乐历史，亦是由多民族人民共同创造发展而来。高句丽民族作为重

---

① 《隋书·高丽》载三京为"长安城""国内城""汉城"。"其国东西二千里，南北千余里。都于平壤城，亦曰长安城，东西六里，随山屈曲，南临浿水。复有国内城、汉城，并其都会之所，其国中呼为'三京'。"（[唐]魏征等《隋书·东夷列传》，中华书局，1975年版，第1814页。）

② 魏存成《集安在高句丽历史上的重要地位及其遗产表现》，《吉林大学社会科学学报》2004年第2期。

要的东北古代少数民族之一，在汉魏乃至隋唐时期发展、壮大，建立了自己的民族政权、创造了既与汉文化相联系又独具特色的高句丽音乐文化。虽然其后它消失于历史舞台，但是它的文化基因融入了中国音乐历史长河、传承于东亚艺术文化之中。我们应该重视、承认它从过去到现在、对整个中华民族音乐历史的贡献，并站在这样的学术立场之上，推进中国古代音乐历史中的少数民族音乐历史研究。

第三，本书对朝鲜半岛三国时期音乐历史研究具有重要意义，也是对东亚音乐交流史研究的深入细化。作为横跨中国东北部地区与朝鲜半岛的政权，高句丽具有重要的政治与文化影响力，一方面，其与北朝政权、南朝政权保持着密切的文化交流，并以独树一帜的文化特色与强大的军事力量受到关注；另一方面，作为朝鲜半岛三国时期的最为兴盛者，在公元4—7世纪保持着强势的领导地位，以绝对的经济和文化优势对百济、新罗二国有着深远的影响，甚至远渡扶桑，余波仍存。特别是公元427年之后，高句丽迁都平壤，此时的政治中心转移直接影响到了朝鲜半岛北部地区文化生活的变化，即高句丽文化与乐浪地区固有文化的融合、"高句丽化"的确立等等，因此本书对于朝鲜半岛的高句丽音乐历史研究具有重要意义，同时作为古代东亚音乐文化交流的重要枢纽，集安高句丽墓壁画的音乐考古学研究同样也对深化公元4—7世纪东亚地区乃至亚洲地区的音乐历史具有重要意义。

第四，本书是对图像类音乐考古研究的有益尝试。集安高句丽墓壁画的产生时期约在公元4—7世纪，跨越魏晋至隋唐初期，该时期我国留存有大量的壁画墓、石窟寺等图像资料，针对这一时期的资料特点，图像类文物的音乐考古学研究成为该时期的重要研究内容，因此本书试图以集安高句丽壁画墓为切入点，探讨该时期图像类文物的音乐考古学研究方法。

　　第五，本书试图从音乐历史视角看待高句丽文化归属问题，增添高句丽研究中学科交叉的新内容，进而对高句丽的整体研究有所推进。当前中外学者对高句丽文化研究的诸多方面具有一定程度的争议，本书试图从音乐历史的视角逐层分析，力求客观看待高句丽的文化归属问题，希望能够对高句丽的整体研究有所裨益。

第一章
集安高句丽墓乐舞图研究

　　《毛诗序》有言:"情动于中而形于言,言之不足,故嗟叹之,嗟叹之不足,故咏歌之,咏歌之不足,不知手之舞之、足之蹈之也。"[①]上述形容中,情之所至、外化于肢体动作的表现形式,可以说是对舞蹈艺术本质的精准表达。舞蹈艺术的历史源远流长,有学者对目前留存的岩画进行研究,认为分布于云南、内蒙古、广西、新疆等地的岩画图像中包含了远古舞蹈的场景[②];此外,早期陶器上绘制的图案也传递着古老的舞蹈讯息,如属于新石器时代的青海上孙家寨彩陶盆,有学者认为其记录了群体舞蹈活动的场景:如图1-1所见,陶盆的内侧由弧线纹分成三组,每组内有五人手牵手,每人头侧各绘有一斜线,似发辫;五人牵手并行,最外侧两人的手臂画有两条线,有学者认为是意指其手臂动作频繁;每人身下双腿旁绘一斜线,可能是衣物饰品;整个画面展

---

　　① [汉]毛亨传、[汉]郑玄笺、[唐]孔颖达疏、龚抗云等整理《毛诗正义》,北京大学出版社1999年版,第6页。
　　② 陈兆复《中国岩画发现史》,上海人民出版社1991年版,第78页。

现出舞蹈欢歌的场景，不禁使人联想起《吕氏春秋》所载"三人操牛尾，投足以歌八阕"的葛天氏之乐[①]。

图1-1　青海上孙家寨彩陶盆[②]

　　人类舞蹈的历史亘古绵长，对于这种饱满情绪的绽放展现在肢体的灵动中、记载于文字典册之上、也描绘于斑驳的图像里。学者们在过去的时光记忆中摩挲，试图捕捉祖先乐舞的痕迹。中国舞蹈艺术题材多样、历史悠久。魏晋时期中原大地群雄崛起、政权更迭，舞蹈也展现出了丰富多姿的争艳场面。高句丽乐舞，便是在这样的历史背景下，自本国流传而来。高句丽国民喜爱歌舞。高句丽国内王族为高句丽族，然其国民来源多样、民族混居，文献记载中指出高句丽具有喜爱歌舞的国家风尚。以《三国志·东夷·高句丽》记载为代表，其载：

---

　　① 吉联抗辑译《〈吕氏春秋〉中的音乐史料》，上海文艺出版社1963年版，第18页。
　　② 图1-1见青海省文物管理处考古队《青海大通县上孙家寨出土的舞蹈纹彩陶盆》，《文物》1978年第3期。

"其民喜歌舞,国中邑落,暮夜男女群聚,相就歌戏。"①类似记载见于
《后汉书·东夷·高句骊》《梁书·东夷·高句骊》《魏书·高句丽》《南
史·东夷·高句丽》《魏略辑本》《通典·高句丽》《通志·高句丽》《文
献通考》《太平御览》之中。《日本书纪·雄略天皇》中载:"八年(公
元463年)……高丽王即发军兵,屯聚筑足流城,(或本云,都久斯歧
城。)逐歌舞兴乐。于是,新罗王夜闻高丽军四面歌舞,知贼尽入新罗
地,……"②其中虽然所记为高丽与新罗战争之事,然而其描述高丽军
队"歌舞兴乐",亦可反映出其国民对歌舞的喜爱与热忱之情。

　　集安高句丽壁画墓是魏晋南北朝时期墓葬壁画中东部一隅的重
要墓葬群体,它们用五彩斑斓的形式呈现出遥远的高句丽生活镜像,
包括社会生活、宗教蕴藉、天国想象等等,其中也包含了为数不少的乐
舞场景。集安高句丽壁画墓的乐舞图像部分地反映了高句丽音乐、舞
蹈风俗,使我们对文字记载中喜爱歌舞的高句丽人有了更为感性的认
识。但是首先,作为葬俗中的一部分,墓葬壁画中的乐舞图像承载着
颇为丰富的文化内涵;其次,绘画作为二维空间艺术,它所反映的舞
蹈肢体语言有着许多限制;因此,试图通过乐舞图与文献记载的分析
去获知高句丽乐舞的历史讯息确实具有不小的困难,也可能具有片面
性。然而尽管有诸多的局限和缺憾,目前为止,集安高句丽壁画墓所
见乐舞图像是我们解读公元4—7世纪高句丽乐舞发展历史的主要途
径和宝贵资源,因此值得认真加以对待。

---

① [晋]陈寿撰,[宋]裴松之注《三国志·高句丽》,中华书局1959年版,第843页。
② [日]舍人亲王等《日本书纪·雄略天皇》,岩波书店新日本古典文学大系本。

第一节　乐舞图概述及分类

截至2017年8月，在公开发表的考古资料中，集安共有30座壁画墓，其中有4座中绘有乐舞场面，共7处，本节中将以群舞图、双人舞、单人舞图的顺序分别进行论述。

一、群舞图

群舞图是高句丽墓壁画中发现较早的乐舞壁画，今见于舞踊墓和长川1号墓。其形式为一人领舞，其他人共舞，另有伴奏或者伴唱。

（一）舞踊墓群舞图

舞踊墓位于禹山墓区，是一座封土石室墓，目前学界一般认为舞踊墓的产生年代在公元4世纪中叶到5世纪初[①]。舞踊墓的耳室、前室和主室均绘制有壁画：其中墓室左壁绘有家居、进食、群舞图。图1-2为舞踊墓墓室主室左壁壁画。

[①] 本书正文中所涉集安高句丽壁画墓的产生年代资料及来源参见表绪-2《集安主要高句丽壁画墓分期与年代表》。——笔者注

图1-2　舞踊墓墓室主室左壁壁画①

　　由壁画左侧的房舍可以判断出，墓室左壁壁画描绘的是室外的情景，底部约有四分之一的部分已经漫漶不清。壁画左侧上部的房舍中鱼贯而出三位女性仆从，手持托盘，里面盛着两碗食物，似乎是走向主壁的宴饮图中。左壁画面中部靠下绘有一位骑马的男性人物，他的左侧跟随一位男性仆从，右侧有猎犬相伴，他面朝右方，似乎正驻足欣赏。而他所欣赏的，便是群舞表演了。图1-3为舞踊墓主室左壁壁画局部线描图。

图1-3　舞踊墓主室左壁壁画局部线描图②

────────────

① 图1-2见［日］池内宏、梅原末治《通沟："满洲国"通化省辑安县高句丽遗迹（下）》，"日满文化协会"1940年版，图版六。

② 图1-3见方起东《集安高句丽墓壁画中的舞乐》，《文物》1980年第7期。

第一章　集安高句丽墓乐舞图研究

"舞踊墓"之名，也是由这幅图像而来。如上图所见：壁画中央上部，一位男性舞者着黑点纹长袖短襦，带束腰，下着黑点纹肥筒束口裤，足蹬黑面白底靴，双臂后举，面朝左方看去；在他的斜左方，一队舞者与他相向而舞，为首是一位男性舞者，头戴白色帻冠，上插鸟羽，上身着黑点纹短襦，下身着黑点纹肥筒束口裤；其后是两位女性，第二位女子着黑点纹合衽褶裙，里穿肥筒束口裤，脚蹬白靴，第三位女子着黑点纹合衽褶裙，里穿肥筒束口裤，白皮靴；之后又是两位男性舞者，第四位男子、第五位男子衣着皆为黑点纹长袖短襦，带束腰，下着肥筒束口裤，足蹬乌皮白底靴，五人皆向后平举双臂，右脚前伸，与壁画中央上部的舞者相呼应；在五位舞者队伍的上方，可以看到遗留的图像，从其双脚的姿态来看，不似正在跳舞的舞者，从《通沟》中的记载中可知，按照最初的壁画描摹图像，这是一位弹奏阮咸的器乐演奏者[①]，因此可知可能是伴奏者；而壁画右侧的下部，还有七个人物，他们亦是有男有女，为首的两位男性头戴帻冠，身着黑点纹长袖短襦，下裤已漫漶不清，第三、四、五位为女性，皆着黑点纹衣，最后两位为男性，一位着黑色短襦，一位着黑点纹短襦，由于壁画下部毁坏，因此下半身图像皆已不可知。这一队七人中，为首一位轻举右臂置于胸前，除第三位回望第四位女性之外，其余六位皆面向男性主人而立，如果将其解释为观者或显有些多余，因舞踊墓乃是贵族墓葬，按其主室正壁为宴饮图、右壁为狩猎图来看，皆描绘的是墓主人夫妇的事迹，因此方起东先生

---

　　① "据最初发墓时所模草图，此人面向舞众而奏阮咸也。"〔日〕池内宏、梅原末治《通沟："满洲国"通化省辑安县高句丽遗迹（下）》，"日满文化协会"1940年版，第64—65页。

指出,左壁的舞蹈图中,下方其人可能是歌唱者①。因此这可能是由六位舞者、一位伴奏者、七位歌唱者组成的歌舞场面,共计表演者14人。舞踊墓的产生年代被认为是公元4世纪中叶至5世纪初,因此以往研究认为这是公元4世纪的高句丽群舞图壁画②,但赵俊杰认为舞踊墓的产生年代会向后推至5世纪后叶③。考古学家们关于舞踊墓产生年代的讨论将会继续,我们不妨先从高句丽壁画墓中不同的群舞图来对其产生时代进行探讨,进而通过这些图像去解读高句丽舞蹈的发展历程。

由图1-3可知,群舞图中所反映的是户外歌舞的场面,其中有歌唱者、舞蹈者、伴奏者和歌者之分工,舞蹈者更有领舞者与群舞者的分别,伴奏乐器为阮咸。由于原图中的阮咸已不可见,因此我们还需根据其他的材料对伴奏乐器的使用进行进一步的分析,但通过以上总结可知,舞踊墓群舞图反映的是至迟公元5世纪后叶高句丽民俗歌舞的场景,且内容丰富,从舞姿、排列、服饰等方面均可看出颇具民族特色,伴奏乐器阮咸的使用,又说明其对外来音乐、外来乐器的吸收与融入。因此舞踊墓群舞图可能已经反映出了高句丽本民族乐舞、外来音乐交流两方面的问题,在后文中将进一步进行探讨分析。

---

① 方起东《集安高句丽墓壁画中的舞乐》,《文物》1980年第7期。

② 同注释①。

③ 赵俊杰《从壁画中辎车图像的演变看三座高句丽壁画墓的编年》,《北方文物》2012年第2期。

（二）长川1号墓群舞图

长川1号墓位于长川墓区，是一座封土双室墓，目前认为该墓产生于5世纪末至6世纪中叶。长川1号墓前室左壁绘有舞蹈、进食，右壁绘有百戏伎乐、狩猎图，其中群舞图位于左壁之中。

群舞图位于长川1号墓前室左壁，前室左壁以界栏方式绘有四组图画。其自上而下，分别为男女歌手、侍从、群舞场面、宴饮图，第四界栏壁画已无存。如下图（图1-4）：

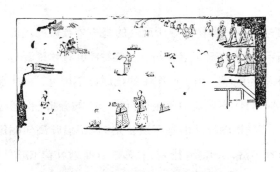

图1-4　长川1号墓前室左壁群舞、宴饮图①

左壁上部左端绘有凉亭，男女主人坐于其中。界栏第一栏，可辨认出是10人左右。从服装来看，前方四位为男子，之后的六位皆为女子：第一位男歌者头戴白色帻冠，插以鸟羽，上身不可辨，下身着肥筒束口裤；第二人亦为男子，头戴白色帻冠，插以鸟羽，其身不可辨；第三人可见花上襦；第四人不可辨，但可看到头部帻冠所插

---

① 图1-4见吉林省文物工作队、集安县文物保管所《集安长川一号壁画墓》,《东北考古与历史》1982年第1期。

鸟羽尾部；第五、六人皆为女歌者，服饰不可见；第七、八位为女子，身着白衣，带有黑色肩帔，下身不可辨识；第九、十位女子着白底黑点纹襦。他们面向左方的男女主人。在一行人右侧，还有五位侍女并立。

第二界栏所绘是舞蹈场面，总共可辨识出10人。一男子为领舞，只见他头戴白色帻冠，上身着白底黑点纹长袖短襦，下身着肥筒束口裤；在壁画右侧有并列的六位舞者，前几位多剥落，只见局部，在领舞者左方，可看到着点纹肥筒花裤二人，两人皆向后伸展双臂，下半身动作不清；之后几位皆模糊不清，队列最后的两名女舞者留存较为完整，这两位女舞者着白底黑点纹长袖花襦，下着肥筒花裤，带有束腰，她们向后平举手臂，与领舞者相向而舞；因此这应是一组七人组成的舞蹈队伍。舞队后方还有三位男性侍从。此外，在领舞者身后尚有残留人物足部痕迹，不知是伴奏者还是其他人物。

第三界栏中，从残留的人物来看，为进馔图，因此整个前室左壁所表现的为室外场合的歌舞宴饮图。

将上述长川1号墓群舞图与舞踊墓群舞图加以对比，以壁画图像所处位置来说，舞踊墓的群舞图位于墓葬主室，而长川1号墓中群舞图则位于壁画前室，其后方主室中则全部绘为莲花，莲花纹饰的广泛应用代表着佛教思想在高句丽丧葬绘画中的外化体现，并不仅仅从长川1号墓开始。舞踊墓主室壁画的整体布局从左至右为：馔饮、群舞图—墓主夫妇宴饮图—牛车出行图、狩猎图；长川1号墓前室壁画的整体布局与其相近，从左至右为：馔饮、群舞图—石门（旁边各绘一门吏）—百戏、狩猎图，如果我们将长川1号墓的整个后室看作是放大了的"墓主人夫妇图"的话，那么便可知两墓壁画之间是具有相似的逻辑性设计的。因此两幅群舞图可以作为不同时期高句丽墓葬壁画中的群舞图进行比较。

首先，两幅图呈现出了许多的相似性。第一，舞蹈者均分为领舞者和群舞者两部分，且舞姿相近；第二，从服饰等方面可以看出，观者与表演者处于不同的社会地位；第三，关于伴奏者的存在；第四，歌唱队伍存在的可能性讨论。

其次，两幅图亦有许多不同之处。其中界栏区分是非常重要的一点。长川1号墓中馔饮、舞蹈图使用了界栏的分区方式，将正面墙分为四格，使得图像内容得以区分，在平面中，并未运用散点透视的方式去呈现一个立体的场景，而是运用了一种分段展示的方式进行描绘，因此各界栏内部的绘画既是相互区分的，又有着密切的逻辑关系。舞踊墓图中没有界栏使用的问题，画面以一种更为朴拙的方式展开。界格的使用在中原战国至汉代壁画中较为常见，除了可能帮助进行两幅乐舞图的年代区分之外，界格的划分对判断长川1号墓群舞图中是否出现了歌者尤为重要。

总体上来说，长川1号墓墓室左壁的群舞图，与舞踊墓群舞图所绘制的表演场合皆为室外，其表现均为歌舞结合的音乐场面（两图并置对比如下，见图1-5）。

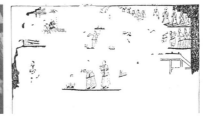

图1-5　舞踊墓及长川1号墓群舞对比图

如果以集安高句丽壁画墓的年代分期来说,上述两幅群舞图具有一定的间隔时间,至少半个世纪之久,但是从画面构图、表现题材上来说却相当一致。史载高句丽"其民喜歌舞,国中邑落,暮夜男女群居,相就歌戏",集安舞踊墓、长川1号墓壁画中所反映的室外歌舞活动与文献记载相契合,说明歌舞活动是高句丽重要的习俗,其中包含的歌、舞、乐三位一体的音乐形式,展现了高句丽乐舞的多方面特点。

二、双人舞、单人舞图

除了群舞场面,集安高句丽墓壁画中可以看5处双人舞、单人舞的图像。见于麻线沟1号墓、通沟12号墓和长川1号墓。由于壁画损毁的缘故,有些单人舞图是否原是双人舞图尚不清楚,因此将这两种图像放在一起进行讨论。

(一)麻线沟1号墓双人舞图

集安麻线沟1号墓是一座封土石室墓,位于麻线墓区,约产生于公元5世纪。墓室主室左壁绘舞蹈图。

在主墓室左壁东端绘有男子双人舞图像。左端一男子头戴帻冠，上身为长袖短襦，下身为点纹大口裤，足蹬靴鞋，平展双臂向前，面向右端男子；右端男子头戴帻冠，冠上有镶边，上身为带翻领长袖短襦，下身为肥筒束口裤，他于画面右方相向而立，身体向左扭胯，左臂平展，右侧小臂平伸在胸前，上身顺势右倾，形成S型的身姿曲线。可以看出这是两人相向而舞的场面（图1-6）。

图1-6　麻线沟1号墓双人舞图[①]

麻线沟1号墓整体的墓室形制与舞踊墓更为接近。如发掘报告中所示，由于壁画剥落严重，因此报告中没有较为完整的主墓室壁面描绘，但从其所留存的壁画材料来看，其主墓室从左至右，呈现出舞踊图—墓主人对坐图—铠马武士图的逻辑设计形态，因此该主墓室整体的壁画描绘布局与前述舞踊墓、长川1号墓相似。遗憾的是，我们只能看到残留壁画，无法详尽地对壁画图像布局进行分析。但是显然，麻

---

① 图1-6见吉林省博物馆集安考古队《吉林集安麻线沟一号壁画墓》，《考古》1964年第10期，图三·4。

线沟1号墓双人舞图所反映的舞蹈形态有着之前群舞图所不具备的讯息。

（二）通沟12号墓单人舞图、双人舞图

通沟12号墓又称"马槽墓"，位于禹山墓区，是一座封土石室墓，产生年代约在公元5世纪。南室前壁墓门两侧绘有舞乐、守门犬等图像，如下：

1. 主室前壁右侧单人舞图。按照壁画摹本（图1-7·1）可以看到，图中为一位男子着襦裤，全身衣着有点纹装饰，其上衣袖部下垂，遮挡住双手尚有余，他向前方平举双臂，左脚向前踏步，右脚抬起，做舞蹈状；在他的旁边，有一位男子正在抚琴。由于无法看到原壁画的图像，摹本中已看不出其琴上是否有品、柱等形状。

2. 主室前壁左侧双人舞图。此处绘有一位男子舞蹈的形象（图1-7·2），男子着襦裤，上身衣着有点纹装饰，他的左臂平伸，右侧小臂弯曲平伸至胸前，可看到他平放于胸前的手臂亦隐于长袖之中，袖口微微下垂，明显没于手腕，男子上身重心向右方倾斜，并向左方扭胯，使左腿为身体重心，右脚点地，形成一种动势。这一动作与麻线沟1号墓中所见男子跳舞的动作十分相近。另据发掘报告中记载，在这位男子的右侧还有一位着长裙者，已无法识别[1]，因此这最初可能是一个双人舞图。

---

[1] 王承礼、韩淑华《吉林集安通沟十二号高句丽壁画墓》，《考古》1964年第2期。

图1-7　通沟12号墓乐舞图[1]

以目前所留存的通沟12号墓壁画材料来看，南室整个墓室的壁画布局（包括前壁）从左至右为舞乐、守门犬—礼辇图—墓主人坐像—礼辇图—舞乐、守门犬，呈现出了对称的题材特点，但具体的描绘内容还是有所区别。北室的壁画布局为饮食器具、守门犬—战斗图—墓主人坐像—狩猎图—守门犬，其布局逻辑与南室相当，但北室并无舞乐图像出现。

（三）长川1号墓单人舞图、备舞图

除了上一部分介绍的群舞图外，长川1号墓前室右壁的百戏图中亦有舞蹈壁画（如图1-8）。

---

① 王承礼、韩淑华《吉林集安通沟十二号高句丽壁画墓》，《考古》1964年第2期。

图1-8　长川1号墓前室右壁百戏图[①]

前室右壁壁画可分为两个部分,上部为百戏伎乐图,下部为狩猎图,但是两部分没有如前所述的同墓室左壁群舞、馈饮图像那样用界栏分开,而是整个画面融为一体,在空白处还不时用小朵莲花进行装饰。在这幅百戏伎乐图中,以中部右侧的树下戏猴图为中心,在中部靠左侧的位置有两组舞蹈图:单人舞图和备舞图。

1. 单人舞图

在壁画靠中部左侧位置,可以看到一位男子在跳舞。只见他头戴白色帻冠,身穿白地红十字纹长袖花襦,带束腰,下着白地黑点纹肥筒束口花裤,右臂向身子侧方平举,左侧小臂弯曲置于胸前,上身中心左倾,腰胯部重心右移,左脚脚尖着地,形成以右腿为重心的态势,整体上看他上身略微前倾,臀部微微翘起,动态十足。在他的左方,有一位女子,正在轻抚琴弦,此女子着白色长裙,裙为合衽,带有黑色肩帔,右

───────────

① 图1-8见吉林省文物工作队、集安县文物保管所《集安长川一号壁画墓》,《东北考古与历史》1982年第1期。

手置于靠近琴头部位,左手轻抚琴弦,"琴"的尾部靠近演奏者方向内侧有并排凸起的两个柄状物,可能是弦轸(图1-9·1)。

1   2

图1-9　长川1号墓单人舞图、备舞图[①]

2.备舞图

在上述乐舞图的正上方,有着这样一幅画面:左侧站立一位男子,头戴白色帻冠,冠后缀有红缨,上身着白地绿色菱形纹长袖花襦,带束腰,下着白地红色方格纹肥筒束口滚边裤,脚蹬白靴,只见他右臂自然下垂,左手拈一花苞,置于胸前;在他的旁边是一位盛装女子,女子面部施以白粉,眉间点有红色,两颊亦有胭脂,身着黑色肩帔合衽长裙,带束腰,下身为裙,她双手并置于胸前握住两朵莲花茎部,两朵莲花在其身两侧支出,整个样态十分安静;在女子的右侧另有一位女子,她身着白底黑点纹裙,双手托起一件乐器,该乐器顶部两侧分别有两个、

---

① 图1-9·1见〔日〕朝鲜画报社《高句丽古坟壁画》,朝鲜画报社出版部1985年版,第205幅局部。图1-9·2见徐光冀主编《中国出土壁画全集·辽宁吉林黑龙江卷》,科学出版社2012年版,第151图局部。书中称为女主仆图,笔者认为不甚合适,原因待后文探讨。

三个柄状物,应为弦轸,琴面有通品数个,通品上方绘有琴弦,共四根。这三个人物应为一组。其中间女子应为舞者,而左方男子可能亦为舞者,或者是导引侍从,最右方女子应为伴奏者（图1-9·2）。

三、小结

至此可知,吉林集安高句丽古墓壁画中的乐舞图像可列表总结如下:

表1-1 集安高句丽壁画墓乐舞图像总表

年代	墓葬名	图像位置	绘制内容
4世纪中叶至5世纪初	舞踊墓	主室左壁	群舞图（阮咸）
5世纪	麻线沟1号墓	主室左壁	双人舞图
5世纪	通沟12号墓	南室前壁右侧	单人舞图（琴筝类乐器）
		南室前壁左侧	双人舞图?
5世纪末至6世纪初	长川1号墓	前室左壁	群舞图
		前室右壁	单人舞图（琴筝类乐器）；备舞图（琴筝类乐器）

综上所述,集安高句丽壁画墓中的7幅乐舞图像具体包括群舞图2幅,双人舞图约2幅,单人舞图2幅,备舞图1幅。以上乐舞图中,已有的两幅群舞图皆有舞、唱的组合,伴奏乐器一幅可见、一幅不可见;双人舞图无伴奏,另所知通沟12号墓的主室前壁左侧的男子舞蹈图旁有一位女子像已不清晰,因此推测这幅独舞图可能是双人舞图;两

幅单人舞图都是一人跳舞、一人伴奏的形式。

第二节　乐舞图的特点

一、歌唱

高句丽人是如何歌唱的？

相较于典籍文献，高句丽墓壁画带来的是对高句丽历史、文化解读的视觉冲击，从另一个方面传递着关于它的历史讯息。但是，作为有声艺术的音乐，如何在壁画中得以表达？无法留下形象的歌唱，又如何在集安的壁画中得以体现？它存在吗？要解答这一问题，要从高句丽"歌舞"融合的表现形式入手。在集安高句丽壁画墓的乐舞图像中，我们看到这样的人物形象，他们存在于舞者周边，列为一排，这样的图像见于舞踊墓、长川1号墓之中。

（一）集安高句丽壁画墓中的"歌者"

1. 舞踊墓中的"歌者"

舞踊墓群舞图是集安高句丽壁画墓中颇为经典的场面，乃至该墓葬以此图像命名。首先，我们看舞踊墓中后室左壁的壁画布局[1]，由图可见，舞踊墓后室左壁的壁画布局中，左面的房屋相连组成进馔图，右

---

① 全图参见本章图1-2舞踊墓墓室主室左壁壁画。

侧为位于室外的歌舞场景。在第一节的分析中，我们指出位于右下角
有一行七人，细节图1-10如下：

图1-10　舞踊墓群舞图局部[①]

　　图中所见一行七人，其中除第三人扭头看向第四人外，其余六人
均看向前方，即面向骑马者。为首一人右臂抬起，抚于胸前。他们是
否是歌唱者？亦或也是观者？在对群舞图的整体理解中，本文认为其
可能是歌唱者。原因有二：第一，从群舞图布局中可以看出，舞蹈者居
于中心地位，左上角有领舞者一人，右侧中间部位有共舞者五人；舞蹈
队伍上部为一伴奏者；舞蹈队伍左侧偏下方为骑马观看者，包括其侍
从、猎犬；而位于群舞图下部中、右侧，即是站立的一行七人，那么从绘
图平衡来说，舞蹈者上方是伴奏者，左方是观者，那么右下方则很有可
能是歌唱者；第二，高句丽有着悠久的歌舞风俗历史，因此在这样大型
的舞蹈场面中，有歌有舞是可以理解的。也有一种看法，理解这七位
也为观者，而舞蹈者本身"载歌载舞"，这也是有可能的。那么有没有

---

　　①［日］池内宏、梅原末治《通沟："满洲国"通化省辑安县高句丽遗迹（下）》，"日满
文化协会"1940年版，图版八局部。

　　第一章　集安高句丽墓乐舞图研究

可能没有歌唱？仅为乐器伴奏的舞蹈形式？也是有可能的。综上所述，舞踊墓群舞图中可能存在歌唱者，如果存在，可能是舞者本身，也可能是壁画下部的一行七人。

2. 长川1号墓中的"歌者"

再来看长川1号墓群舞图的情况①，右壁同样融合了进馈和舞蹈内容。第三层界栏为进馈侍女，已多不清晰；上两层界栏组成舞蹈宴饮场面：位于画面左侧是墓主人夫妇坐于亭树下方，中部和右侧为歌舞队伍等。现在对第一、二界栏的中、右侧人群进行进一步的分析，细节图1-11如下：

图1-11　长川1号墓群舞图②

上图中可看到，领舞者位于第二界栏左侧，旁边为若干共舞者，已不甚清晰，领舞者与共舞者并列于一排，这一点上与舞踊墓不同；第一界栏上部有一行约十人、与靠近右侧的五人相区分，从残存的头部装

①　前室右壁全图见本章图1-4长川1号墓前室左壁群舞、宴饮图。
②　图1-11见吉林省文物工作队、集安县文物保管所《集安长川1号壁画墓》，《东北考古与历史》1982年第1期。

饰来看,其装扮与第一界栏后五人亦不相同,可视该十人为一个群体,可能是歌者;第一界栏右侧五人与第二界栏右侧三人或可认为是侍从,具体不详。目前残留的长川1号墓壁画中,并未见到伴奏者。

集安这两幅群舞图中,都有这样一行人群,站在舞蹈队伍旁边。如果说舞踊墓群舞图中下方的七人可能是观者的话,那么长川1号墓不但有第一界栏中部的约十人,更有位于第一、二界栏右侧的八人,如果同为观者,似乎不必将其进行位置、服饰的严格区分,因此,笔者认为长川1号墓群舞图第一界栏中部的十人可能为歌唱者。

图像静默无声,高句丽人是如何歌唱的? 我们还需在文献中寻找答案。

(二)文献中的高句丽歌唱资料拾遗

1.《芝栖》与《歌芝栖》

宫廷乐部高丽伎中提到的高句丽乐曲名首见于《隋书》,其载:"高丽,歌曲有芝栖,舞曲有歌芝栖。乐器有弹筝、卧箜篌、竖箜篌、琵琶、五弦、笛、笙、箫、小筚篥、桃皮筚篥、腰鼓、齐鼓、担鼓、贝等十四种,为一部。工十八人。"①相似记载见于《通志·乐略》中。其中提到高丽伎中歌曲有《芝栖》,舞曲有《歌芝栖》,其具体含义已不详。

另《唐会要·四夷乐》中载:"高丽百济乐,宋朝初得之。……贞观中灭二国,尽得其乐。至天后时,高丽乐犹二十五曲。贞元末,唯能习一曲,衣服亦渐失其本风矣。其百济至中宗时,工人死散。开元中,

---

① [唐]魏征等《隋书·音乐志》,中华书局1973年版,第380页。

岐王范为太常卿，复奏置焉。"①相似记载还见于《旧唐书》《通典》《乐书》《文献通考》《太平御览》《三国史记》之中，其言唐朝武后时还有二十五曲流传，至贞元末年，仅存一曲，可知宫廷乐部高丽伎乐曲至公元9世纪初时几乎衰落殆尽。

通过以上材料可知：隋时高丽伎中即有歌曲《芝栖》、舞曲《歌芝栖》；唐朝十部乐中的高丽伎所奏乐曲最初应超过25首，其中包括歌曲、舞曲；至公元7世纪中叶至8世纪初，高丽伎仅存25曲，到了公元9世纪初，则仅有一曲留存，而且已经失去了原有的风格特点。目前我们可知隋唐高丽伎中歌曲曲名仅《芝栖》一首，且其可能也有歌舞融合的表演形式《歌芝栖》，由此可知，前述武后时期的25曲高句丽乐曲中也可能存在歌曲的形式，目前已不可知。

2.《高丽》与《高句丽》

《唐会要·诸乐》载："天宝十三载七月十日，太乐署供奉曲名，及改诸乐名。……黄钟商，时号越调：破阵乐，天授乐，无为，倾杯乐，文武九华，急九华，大叠瑞蝉曲，北雏归淳，庆淳风，杜兰乌多回改为兰山吹，老寿改为天长宝寿，春莺转吹，急兰山，高丽改为来宾引，耶婆地胡歌改为静边引……"②其中所说《高丽》曲改名为《来宾引》之事。此处所提之《高丽》曲来源不详，具体内容亦不可知，但从曲名来看，应与高句丽音乐关系密切，可能就是在天宝年间仍然在宫廷中流行并使用的高句丽音乐。乐曲改名可认为是音乐进一步融合的结

---

① ［宋］王溥《唐会要·东夷二国乐》，上海古籍出版社2006年版，第723页。
② 同注释①，第718—720页。

果，也说明此《高丽》曲也获得了进一步的流传与发展。《乐书》卷一百五十八载："傀儡并越调夷宾曲，英公破高丽所進也。"①。其中所说之《宜宾曲》应为《来宾引》之曲。另《乐府诗集》中载："《通典》曰：'高句丽，东夷之国也。其先曰朱蒙，本出于夫余。朱蒙善射，国人欲杀之，遂弃夫余，东南走，渡普述水，至纥升骨城居焉。号曰句丽，以高为氏。'按：唐亦有《高丽曲》，李勣破高丽所进，后改《夷宾引》者是也。"②其中所载，则天宝年间更改乐名的《高丽》之曲乃是有李勣攻破高丽所获，后改曲名，称"夷宾引"。此曲应即是《唐会要》中所提之《来宾引》。《夷宾曲》的记载还见于《文献通考》之中。

《册府元龟》载："总章元年十月癸丑，文武官献食，贺破高丽。帝御玄武门之观德殿，宴百官，设九部乐，极欢而罢，赐帛各有差。"③其中所说即是公元668年高句丽灭国之事。高句丽灭国，唐王朝获得高句丽乐师并带入宫廷之中，是可以理解的，天宝年间改名的《高丽》曲是否确为李勣破高丽所得还有待进一步讨论，但自战争俘获乐师、获得乐器是魏晋以降较为常见的音乐流传方式，即便《高丽》曲并非李勣破高丽所得，天宝年间更改乐名的《高丽》曲仍可能是保留在唐王朝宫廷中的高句丽音乐。此外，随着公元668年高句丽灭国，高句丽王族被迫内迁中原，人口流散，其国内流行的音乐随之流散传播也是必

---

① [宋]陈旸《乐书·高丽》，影印文渊阁四库全书，（台湾）商务印书馆，第211册，第728页。

② [宋]郭茂倩编《乐府诗集·高句丽》，中华书局1979年版，第1095页。

③ [宋]王钦若等编撰、周勋初等校订《册府元龟·宴享》，凤凰出版社2006年版，第1196页。

然,虽然目前没有此方面的记载,然而可以推之,高句丽的音乐流传应不仅仅限于唐朝宫廷之中。

由此可知,上述所说《高丽》《来宾引》《宜宾曲》《夷宾引》应为同一乐曲。

另有一条记载时间更晚,见于《通志·乐略》,其载"蕃胡四曲",名为《于阗采花》《高句丽》《纪辽东》和《出蕃曲》。按其标题,《高句丽》一曲应与高句丽国有关,且属于"蕃胡"之曲,可能是来自高句丽的音乐,或者自高句丽音乐改编的音乐形式。但由于本记载已出于南宋,因此其可信程度较前述有所降低,而前述关于高句丽音乐乐曲材料中亦无法找出与之相关的联系,因此阙疑,有待进一步探讨。相似记载还见于明代《古乐苑》之中。

3.《黄鸟歌》

与高句丽音乐有关的歌曲与诗歌可以分为两类,一种是认为流传自高句丽的歌曲、诗歌,另一种是描写高句丽音乐的歌曲、诗歌。这些方面的记载甚少,笔者目前所见只有《乐府诗集》《三国史记》《高丽史》中。在本节前文中已提到,高句丽歌曲《芝栖》、舞曲《歌芝栖》《高丽》《高句丽》是所知的四个有名称记写的高句丽乐曲名,且内容、形式记载均语焉不详。本部分所谈到的是可能流传自高句丽的歌曲、诗歌,见于《三国史记》和后文提到的《高丽史》之中。

《三国史记·高句丽本纪》中载琉璃明王的二妃争宠之事,其载:"三年(前17)冬十月,王妃松氏薨。王更娶二女以继室,一曰禾姬,鹘川人之女也;一曰雉姬,汉人之女也,二女争宠不相和,王于凉谷造东西二宫,各置之。后,王田于箕山,七日不返。二女争斗,禾姬骂雉姬曰：'汝汉家婢妾,何无礼之甚乎?'雉姬惭恨亡归。王闻之,策马追之,雉姬怒不还。王尝息树下,见黄鸟飞集,乃感而歌曰：'翩翩黄鸟,雌雄相依。念我之独,谁其与归?'"[1]其中提及琉璃明王因感作诗,后世称之为《黄鸟歌》。

高句丽作为地方政权,其王族是高句丽族,国中民族多样杂居,因此其使用语言也是学界一直比较关注的研究课题。文字记载中,高句丽国有接受汉文化的传统,其留存的好太王碑、新出土的高句丽碑均为汉文记写,然而对于高句丽是否存在本国语言的问题仍在进一步探讨之中。自断烂朝报中分析中古时期的民族语言问题确实十分不易,根据现有留存词汇进行的量化分析也未必可以得出较为确凿的结论,但此方面的分析亦可以作为其他研究的参照、并提供新的思路。

《三国史记》所载《黄鸟歌》为汉文四言诗,关于此首诗歌是否是高句丽所传,还可以进一步进行分析：其一,琉璃明王时期的高句丽贵族是否具备了用汉文写诗的能力? 按照《三国史记》所载,《黄鸟歌》为琉璃明王做于公元前17年。从文体而言,此种类型的四言诗与诗经中的文体较为接近,或可作为较早的汉诗文体理解。高句丽国家的确吸收接受了汉文化,并应用汉文字,但是琉璃明王是否已经具备了汉文写诗的能力却不得而知。其二,《黄鸟歌》是汉体诗还是汉译

---

① 〔高丽〕金富轼撰、孙文范等校勘《三国史记·高句丽本纪·琉璃明王》,吉林文史出版社2003年版,第177页。

诗歌？对此文体的探讨前提是认为高句丽民族有自己的使用语言①，为此还有学者将《黄鸟歌》与朝鲜半岛史籍《东史·东史列传》中的《黄鸟之歌》进行比较，探讨两者作为汉诗与汉译诗的可能性②。本文认为，首先，目前学界对于高句丽是否有自己的语言尚无定论，因此《黄鸟歌》作为汉文诗歌体裁未必会涉及汉体诗或汉译诗的问题；第二，《黄鸟歌》的文体接近《诗经》，或可说明其历史悠久，但是这也不能够作为琉璃明王写作此首诗歌的证据；第三，《黄鸟歌》是仅为诗歌，还是原为可以歌唱的，此问题还有待商榷。因此《黄鸟歌》目前无法直接判定为高句丽留存的歌词，但是可能是高句丽流传下来的诗歌。

4.《来远城》《延阳》《溟洲》

有关高句丽诗歌、歌曲留存的第二处记载见于《高丽史·三国俗乐》。其载高丽时期仍有新罗、百济、高句丽三国的音乐流传，并称为"三国俗乐"。其中高句丽音乐部分包括《来远城》《延阳》《溟州》三曲。文中载："新罗、百济、高句丽之乐，高丽并用之，编之乐谱，故附著于此，词皆俚语。"③由此可知，文中所写高句丽等国音乐都是有曲、有词的。然而考其下方高句丽三曲所附文字部分，是否为歌词还

---

① 本方面的探讨很多，较为详尽综合的讨论如张士东《从高句丽语看高句丽与周边民族关系》，吉林大学2012年博士学位论文。

② 张哲俊《高句丽琉璃王〈黄鸟歌〉:汉诗还是汉译诗？》，《外国文学评论》2014年第1期。

③ 〔朝鲜〕郑麟趾等《高丽史·乐志》，奎章阁藏本，第43—47页。以下《来远城》《延阳》《溟州》三及解题皆出于此，不再重复注释。

可以进行进一步的分析：

《来远城》条载："来远城，在静州，即水中之地。狄人来投，置之于此。名其城曰来远，歌以纪之。"其文辞不押韵，文体也为散文，就其文意来说也似解释歌曲来源，有解题之意。此种文字是不宜作为歌词使用的。《延阳》又称《延山府》，其条载："延阳有为人所收用者，以死自效，比之于木，曰木之资火，必有戕贼之祸，然深以收用为幸，虽至于灰烬所不辞也。"其形式与《来远城》相似，笔者认为此亦为解题。《溟州》条载："世传书生游学至溟州，见一良家女，美姿色，颇知书。生每以诗桃之，女曰，妇人不妄从人，待生擢第，父母有命，则事可谐矣。生即归京师习举业，女家将纳婿，女平日临池养鱼，鱼闻謦咳声必来就食。女食鱼，谓曰：'吾养汝久，宜知我意。'将帛书投之，有一大鱼跳跃，舍书悠然而逝。生在京师，一日为父母具馔，市鱼而归，剥之得帛书，惊异，即持帛书及父书径诣女家，婿已及门矣。生以书示女家，遂歌此曲，父母异之，曰：'此精诚所感，非人力所能为也。'遣其婿而纳生焉。"由上述材料可知，其所记乃为一故事，更不似歌词形式。综上所述，《高丽史·三国俗乐》中所记有高丽时期仍留存的高句丽乐曲名称，但并没有其歌词记载，原来可能有乐谱记载，现已不传。由此可知，高丽王朝时期仍有高句丽音乐在宫廷中流传，其存有乐曲至少包括三首，为《来远城》《延阳》《溟州》，最初其存在歌唱的内容，目前尚有乐曲解题留存，然乐谱、歌词内容已不存。

通过如上分析，我们可知，公元7世纪下半叶至8世纪上半叶，唐朝宫廷中高丽乐部仍有25曲留存，其中包括歌曲《芝栖》，舞曲《歌芝栖》；天宝十三年（公元754年），太乐署曾将黄钟商调乐曲《高丽》

改名为《来宾引》，可知此时尚有此曲留存，后世文献中所指《宜宾曲》《夷宾引》均为此首乐曲；至公元9世纪初，高丽乐部中仅能演奏一曲，曲目不详。《高丽史》中留存有高句丽乐曲名《来远城》《延阳》《溟州》，原本可能存在歌唱的内容，然而目前乐曲解题犹存，乐谱、歌词已不详。《黄鸟歌》是否是高句丽流传下来的歌曲形式有待进一步考证，乐曲《高句丽》是否是高句丽流传而来的乐曲亦尚需进一步分析。

隋唐时期宫廷高丽伎中的《芝栖》是中国文献典籍中唯一所知的对高句丽歌曲名称的记载，其歌词已不可知。《芝栖》亦可作为舞蹈的伴唱，该舞蹈曲名为《歌芝栖》，可见两曲具有密切的关系，从中亦可知高句丽音乐风俗中歌与舞之间的密切关系。《高丽史》中所记的《来远城》《延阳》《溟州》三曲，按文中所记都是有曲、有词，且"词皆俚语"，但是现在记载中歌词已不可见，仅留有解题。目前，这三曲称为"乐曲"更为合适，因为对其是否包含舞蹈形式，情况不明，因此目前不可限定称为"歌曲"，但可以肯定的是，其有歌唱的部分。通过分析，我们可以获得对三首乐曲的如下认知：其一，这是三首流传到高丽时代的高句丽乐曲，并存有曲名。其二，通过留存的解题我们可以获知三首乐曲所表达的内容。由此可知，通过文献我们所知的高句丽歌曲有《歌芝栖》《来远城》《延阳》《溟州》四首。第一首流传于隋唐宫廷，并与舞曲《歌芝栖》关系密切；第二、三、四首流传在朝鲜半岛直至高丽时代，是否与舞蹈相关并不可知，但仍可了解乐曲的描述内容。

在对乐舞图像进行辨析的时候，对舞姿、伴奏乐器、服饰等的讨论更容易获得较为准确的信息,对于歌唱的讨论是比较艰难的。但是正是由于以上材料的存在,使得本文进行了如上探讨。由此可知,在集安舞踊墓群舞图、长川1号墓群舞图中可能存在歌唱者,形成歌、舞一体或者歌、舞、器乐一体的表演形式。在公元7世纪以后的文献中我们获知的高句丽乐曲名包括《芝栖》《歌芝栖》《高丽》(来宾引、宜宾曲、夷宾引)《来远城》《延阳》《溟州》六曲,可知为歌曲或包含歌唱内容的有《芝栖》《来远城》《延阳》《溟州》四曲,然而具体的歌唱形式目前已不可知,这使得文献记载与图像中"歌者"的探讨无法进一步继续,通过史籍、诗歌乃至壁画,我们可以领略高句丽舞蹈的美感,然而遗憾的是,目前为止,高句丽人的歌唱却只留给了我们无限遐想的空间。

二、舞姿

七幅高句丽乐舞图中展现了高句丽乐舞的多种形式,舞者亦呈现出多种姿态,本部分中,将对其中所见的舞姿进行探讨。

(一)集安高句丽墓壁画中的高句丽舞姿

我们将集安高句丽墓壁画乐舞图像中的舞姿进行分式探讨,如下:

1. I式。双臂向身体两侧靠后部平展,以右腿为身体重心,左脚点地(见图1-12·I式)。由于壁画描绘创作是一种二维空间,因此壁画上看起来舞者的双臂极端的向后方举起,呈90度角,而且两只手臂呈平行状。显然这是不符合人体的动态规律，而结合李白诗中的"似鸟海东来"一句，可知其上身舞姿应是向身体两侧靠后方挥动双臂，如鸟儿展翅之状。I式舞姿见于舞踊墓群舞图的领舞者。

2. II式。双臂向身体两侧靠后部平展，以左腿为身体重心，右脚点地（见图1-12·II式）。在舞踊墓群舞图中，领舞者与共舞者相向而立，姿态相反，II式即是共舞者的舞姿形态。从舞踊墓群舞图中亦可看出，这一动作男女舞者皆同。而长川1号墓群舞图中，队列中的舞者与舞踊墓群舞图中舞者的动作相同，领舞者却与其相异，是另一种姿态（见图1-12·IV式）。

3. III式。左手臂平伸，右侧的小臂弯曲平举置于胸前，两手心朝下，上身重心右移，身体重心在左腿，向左微扭胯，右腿轻曲，右脚点地（见图1-12·III式）。这一姿态中很好地体现了人体的曲线美。这一姿态见于通沟12号墓和麻线沟1号墓，皆为男性舞者。

4. IV式。与姿态III式相反。右手臂平伸，左侧的小臂弯曲平举置于胸前，两手心朝下，上身重心左移，身体重心在右腿，向右微扭胯，左腿轻曲，左脚点地。见于长川1号墓群舞图的领舞者，长川1号墓百戏伎乐图中的独舞者，皆为男性舞者（见图1-12·IV式）。

5. V式。双臂以约45度角向身体前方举起，上身微向前倾，臀部微提起，左脚在前，右脚在后，重心居中。这一姿态见于麻线沟1号墓，为男性舞者（见图1-12·V式）。

6. VI式。双臂平举，伸向前方，微微提臀，以左腿为重心，右脚抬起。这一姿态见于通沟12号墓（见图1-12·VI式），从图中着装来看，这是一位男性舞者。

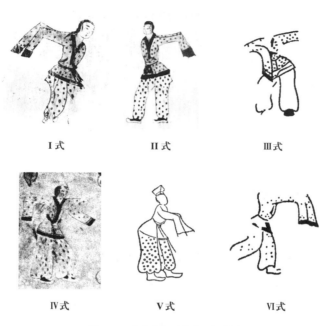

I式　　　　　II式　　　　　III式

IV式　　　　　V式　　　　　VI式

图1-12　集安高句丽墓所见舞姿图

从集安高句丽墓所见的乐舞图来看，男性舞者的姿态描绘颇多，上述五种姿态皆有。而女性舞者仅有一种姿态（II式）。通过上图（图1-12）也可以看出，六式舞姿之间也具有联系:I式与II式属于一对方向相反的动作;III式与IV式亦是一对方向相反的动作;V式与VI式在手臂动作上具有幅度上的区别，同时脚部姿态也不相同，总体来看VI式动作幅度比V式要大。由此可以看出，六式舞姿之间具有紧密的联系,它们大约可以继续合并成三种类型。

按六式舞姿分类，我们可以得出集安高句丽壁画墓中乐舞图像舞

第一章　集安高句丽墓乐舞图研究

姿组合分析如下：

表1-2 集安高句丽壁画墓中乐舞图像舞姿组合表

墓葬名称	图像类型	舞姿排列图示
舞踊墓	群舞图	I式 II式 II式 II式 II式 II式 领舞者 共舞者（5人）
麻线沟1号墓	双人舞图	V式 III式
通沟12号墓	单人舞图	VI式
	双人舞图?	III式 不清
长川1号墓	群舞图	IV式 不清 II式 不清 II式 II式 II式 领舞者 共舞者（约6人）
	单人舞图	IV式
	备舞图	不知①

图像的表现是静态的，然而根据上述壁画图像的描绘，我们仍然可以得出集安高句丽墓乐舞图中所见的六式舞姿和相应的舞姿组合形式。与此同时，文字记载之中亦有关于高句丽舞蹈的描写，丰富着我们对高句丽乐舞的理解与想象。

（二）文献中的高句丽舞蹈描写

通过对文献的整理可知，与高句丽舞蹈记载相关的文献包括10种14条，其中可以分成三类：第一，高丽乐部中舞者的相关记写，以《旧唐书》为最早，包括《新唐书》《通典》《乐书》《文献通考》《三国史记》，共涉及典籍6本，文献7条；第二，对杨再思跳高丽舞舞姿的

---

① 由于备舞图中舞者尚未开始表演，因此其舞姿形式尚不清楚。

记写,以《旧唐书》为最早,包括《新唐书》《大唐新语》《资治通鉴》《太平御览》,共涉及典籍5本、文献5条,后三种典籍中并未有具体的舞蹈动作描写,舞姿描写仅见于《旧唐书》《新唐书》之中;第三,诗歌中所记的高句丽舞姿,见于《乐府诗集》等,包括王褒《高句丽》、李白《高句骊》两首。现按类别将文献整理、分析如下:

1. 高丽伎中舞者的记写

《旧唐书·音乐志》载:"高丽乐,……舞者四人,椎髻于后,以绛抹额,饰以金珰。二人黄裙襦,赤黄袴,极长其袖,乌皮靴,双双并立而舞。"① 其中包括了对高丽伎舞者数量、服饰的记写,同时指出舞蹈是由两人为一组、分为两组进行表演的。相似记载见于《通典》《乐书》《文献通考》《三国史记》。

此外,《新唐书·礼乐志》中高丽乐部有此记载:"胡旋舞,舞者立毯上,旋转如风"②。这是否说明高丽乐舞中有胡旋舞?目前所见对"胡旋"一词的最早记载见于《旧唐书·音乐志》。其载:"康国乐,工人皂丝布头巾,绯丝布袍,锦领。舞二人,绯袄,锦领袖,绿绫浑裆袴,赤皮靴,白袴帑。舞急转如风,俗谓之胡旋。"③ 由此条文献可知,胡旋舞特点为急速旋转,且是来自康国(今中亚乌兹别克斯坦共和国境内撒马尔罕一带④)的舞蹈形式,多见于西域乐种。高丽伎中使用"胡旋舞"的记载还见于《文献通考》。参考以上文献和乐舞壁画材料可知,

---

① [后晋] 刘昫等《旧唐书·音乐志》,中华书局1975年版,第1069—1070页。

② [宋] 欧阳修、宋祁撰《新唐书·礼乐志》,中华书局1975年版,第470页。

③ 同注释①,第1071页。

④ 刘再生《中国古代音乐史简述》(修订版),人民音乐出版社2006年版,第277页。

高丽乐舞中没有胡旋舞,《新唐书》与《文献通考》关于这条内容的记载可能为讹误所致。

2. 杨再思的高丽舞

自北朝时期,高句丽音乐流入宫廷,隋唐时期更是位列乐部,其受欢迎程度可见一斑。尽管作为宫廷音乐的高丽伎可能较难在民间流传,然而对于出入宫廷的王族贵胄而言,有许多机会可以接触到高句丽音乐。在涉及的记载中,也多次提到一件事例,可以说明此问题。

《旧唐书·杨再思传》中载:"再思为御史大夫时,张易之兄司礼少卿同休尝奏请公卿大臣宴于司礼寺,预其会者皆尽醉极欢。同休戏曰:'杨内史面似高丽。'再思欣然,请剪纸自帖于巾,欲披紫袍,为高丽舞,萦头舒手,举动合节,满座嗤笑。"[1]杨再思(公元634—709年)历武周、唐中宗时期,官至宰相。史载其"为人巧佞邪媚,能得人主微旨,主意所不欲,必因而毁之,主意所欲,必因而誉之。"[2]言其奉迎阿谀,为"佞相"之本色。《旧唐书》所言之事似也可见一斑。其时杨再思为御史大夫,张易之兄弟张同休于司礼寺宴请公卿,杨再思亦在邀请之列。张易之、张同休兄弟同为武则天面首,却一时权倾朝野,引不少公卿贵戚巴结。宴会上张同休戏言杨再思"面似高丽",杨再思便顺水推舟,拟装扮高句丽服饰、跳起高句丽舞蹈,其谄媚之态尽显,使得"满座嗤笑"。

虽然书中记载此事迹是为了描写杨再思的为人,但却保留了关

---

① [后晋]刘昫等《旧唐书·杨再思传》,中华书局1975年版,第2919页。
② 同注释①,第2918页。

于高句丽音乐的珍贵记载。由本条文献可知，其一，宫廷中高丽伎盛行，使得王公显贵对于高句丽音乐、舞蹈是非常熟悉的；其二，宫廷中的高句丽乐舞具有服饰上的民族特点，因此杨再思会有"剪纸自贴于襟""披紫袍"的装扮；其三，杨再思的姿态"紧头舒手，举动合节"虽是贬义的描写，但也可作为探索高句丽舞蹈姿态的研究材料。关于杨再思跳高丽舞的记载还见于《新唐书·杨再思传》《大唐新语》《资治通鉴》《太平御览》《万历野获编》等之中。

3. 诗歌中的高句丽舞姿

《乐府诗集》中描写高句丽乐舞的诗歌包括两首，可以对舞者舞姿、服饰、文化内涵等多方面进行进一步的分析。

第一首为北周王褒所做《高句丽》，诗曰：

"萧萧易水声波，燕赵佳人自多。

倾杯覆碗滩滩，垂手奋袖婆娑。

不惜黄金散尽，只畏白日蹉跎。"①

王褒（约公元513—576年）字子渊，为琅琊王氏之后，其"识量渊通，志怀沉静。美风仪，善谈笑，博览史传，尤工属文。"②可知是出自名门的饱学之士。王褒初于梁元帝朝（公元508—554年、公元552—554年在位）为官，后因江陵沦陷，乃与其他士子共入北朝为官。初入

_____

① [宋]郭茂倩编《乐府诗集·高句丽》，中华书局1979年版，第1095页。

② [唐]令狐德棻等《周书·王褒传》，中华书局1971年版，第729页。

西魏，公元557年北周代西魏，王褒亦于北周为官，颇受器重。初时，孝闵帝（公元542—557年，仅在位一个月）好文学，对来自南朝的王褒与庾信颇为亲近，"每游宴，命褒等赋诗谈论，常在左右"。其后高祖（公元543—578年）亦颇为称赏王褒，认为其"有器局，雅识治体。"其后更参朝议、草大诏册，乃至"乘舆行幸，褒常侍从"[①]，其于六十四岁卒。王褒留存诗作约46首[②]。

《隋书·音乐志》载："疏勒、安国、高丽，并起自后魏平冯氏及通西域，因得其伎。后渐繁会其声，以别于太乐。"[③]《旧唐书·音乐志》载："宋世有高丽、百济乐。魏平冯跋，亦得之而未具。周师灭齐，二国献其乐。隋文帝平陈，得清乐及文康礼毕曲，列九部伎，百济伎不预焉。"[④]由此可知，一方面，高句丽音乐在约公元5世纪上半叶已经在北燕、北魏地区流行，北魏平北燕之时所得高丽、百济乐并未齐备，而北周灭北齐之时（公元577年），高丽、百济来献乐，始得较为完备的二国音乐；另一方面，南朝宋（公元420—479年）即有高丽、百济音乐流传。由此可知，至迟在公元5世纪中叶，高句丽音乐已经在中原地区获得了较为广泛的流传，北方与之交往密切的北燕、南方的宋可以作为目前所知高句丽音乐外传的最早历史定点。因此王褒是有机会在北朝宫廷中欣赏流传至北周的高句丽音乐的，所以其诗作应为有感而发，其中既有对高句丽舞蹈的描写，亦有诗人的寓意。"倾杯覆碗漼

① [唐] 令狐德棻等《周书·王褒传》，中华书局1971年版，第729—731页。
② 逯钦立辑校《先秦汉魏晋南北朝诗·王褒》，中华书局1983年版，第2329—2343页。
③ [唐] 魏征等《隋书·音乐志》，中华书局1973年版，第380页。
④ [后晋] 刘昫等《旧唐书·音乐志》，中华书局1975年版，第1069页。

灈,垂手奋袖婆娑"之句,是对高句丽舞姿的细致描写,而诗中"垂手奋袖婆娑"一句与杨再思传中的"萦头舒手"一句相合,可反映出高句丽乐舞中头部的动作特点,同时也呈现了舞者头部与上臂动作相结合的舞姿形态。

第二首《高句骊》的诗作为唐朝李白所做,其诗曰:

> 金花折风帽,白马小迟回。
> 翩翩舞广袖,似鸟海东来。[①]

李白(公元701—762年)字太白,唐朝诗人,可谓至今在中国仍然家喻户晓的人物,其流传诗作千首[②]。史载李白"少有逸才,志气宏放,飘然有超世之心",贺知章初见更惊为"天上谪仙人也"[③]。天宝初年,李白得唐玄宗青睐,出入唐朝宫廷。天宝年间虽然高句丽已经灭国,但是高丽伎仍在宫廷中继续演出,直到唐德宗贞元年间仍存有一曲,因此,李白有生之年于唐朝宫廷亲眼见过高丽伎表演是可能的,《高句骊》一诗可能即写于此一时间。

这首诗主要是对高句丽舞者的描写,可以作为认识公元8世纪中叶唐朝宫廷中保留的高句丽舞蹈的宝贵材料,其中包含了对舞者服饰、舞姿形态的描写。诗中所说的"白马小迟回"一句中"马"原应

---

① [清]王琦注《李太白全集·高句骊》,中华书局1977年版,第346页。
② [清]王琦注《李太白全集》,中华书局1977年版。
③ [后晋]刘昫等《旧唐书·李白传》,中华书局1975年版,第5053页。

为"鳥"字①,当因繁体"馬"与"鳥"相似而记错,其本意应为一种加木底的双层鞋②。"迟回"原为"迟疑、徘徊"③之意,该诗句说明舞蹈动作中有脚部放缓的舞步。

(三)小结

高句丽舞蹈的舞姿,可以从文献中的点滴记载说起,可以在集安古墓壁画中识别。无论是王子渊的深邃,还是李太白的恣意,无论是舞踊墓的相就歌戏,还是通沟12号墓的双双并立,都可从中领略高句丽乐舞的风姿。

文字中的高句丽乐舞记写多出现较晚、且多是对流传于外地的高丽乐进行描述,难免涉及音乐风格的变化,而集安高句丽墓乐舞图中的描绘则更可能接近本地的舞蹈生活。通过前述的综合分析,我们可以总结如下:集安高句丽墓壁画中所反映的高句丽舞姿共有六式;舞蹈组合形式有单人舞、双人舞、群舞等多种形式;舞者男、女皆有;其舞蹈动作中有头部动作与上臂姿态的配合,有脚步较迟缓的舞步。

---

① 此说由方起东先生首次提出,见其文章《唐高丽乐舞札记》,载《博物馆研究》1987年第1期。

②《古代汉语词典编写组》编《古代汉语词典》,商务印书馆,第1682页。另乐浪考古遗存中有类似"鳥"发现,参 [日] 梅原末治等编《朝鲜古文化综鉴》第2卷,养德社1948年版,图版第五十。

③《古代汉语词典编写组》编《古代汉语词典》,商务印书馆,第195页。

三、伴奏乐器

在集安的高句丽乐舞图像中可以看到的伴奏乐器分为两类：其一为琵琶类乐器阮咸，其二为琴筝类乐器，首先我们将其统称为"琴"。两类伴奏乐器图像分布如下：

表1-3　集安高句丽墓乐舞图伴奏乐器表

乐器名称 墓葬名称	阮咸	"琴"
舞踊墓	●	
通沟 12 号墓		●
长川 1 号墓		●
		●

由上表可知，集安乐舞图中所知伴奏乐器图像可以分为两类，共计4幅。第一类为琵琶类乐器阮咸。目前在群舞图壁画中仅能看到位于共舞队伍上方有男子双脚的痕迹，据《通沟》中的记载这里原为一弹阮咸的男子；第二类乐器称为"琴"，并非指现在我们所指的"古琴"，乃是指通称的"琴"类乐器（琴筝类乐器）。郑德渊在其著作《中国乐器学》中指出，弹拨乐器指以手指（或拨子）弹（拨）弦，及以琴杆系弦而发音的乐器。根据乐器形制、性能和演奏方法，又可以归为四类：琴筝族、琵琶族、扬琴族和箜篌族。其中琴筝族的共同点是有一长方形共鸣琴体，张以琴弦，平放弹奏[①]。本文在其分类的基础上提

---

① 郑德渊《中国乐器学：中国乐器的艺术性与科学理论》，台湾声韵出版社1984年版，第201页。

出,琴筝类乐器包括古琴、古筝、卧箜篌等弹拨乐器①。因此本类中所指"琴类乐器"可以缩小范围,称为琴筝类乐器,见于通沟12号墓、长川1号墓壁画中,共3幅。现将两类乐器分而述之。

(一)阮咸

琵琶一词在中国历史上是一类乐器的总称,并非单指一件乐器,其中包括圆形音箱、梨形音箱的样式,五弦、四弦的区分,直项与曲项的不同。梨形音箱琵琶乃是外来乐器,包括五弦直项琵琶、四弦曲项琵琶等,其中的五弦直项琵琶又称作五弦。圆形音箱琵琶指的就是阮咸,汉代有种直项琵琶,被认为是此种乐器的前身,源自弦鼗,乃是依照梨形音箱琵琶的样式发展而来②。

在集安高句丽壁画墓群舞图中,只有一幅阮咸的图像,那便是舞踊墓中的伴奏图,遗憾的是仅仅留下文字记述,而无法看到图像。在舞踊墓的群舞图中,仅能看到演奏者的双脚,如下图1-13:

图1-13 舞踊墓"伴奏者"③

---

① 郑德渊先生书中将卧箜篌分类为"箜篌类",笔者认为它不满足原书中所提"箜篌类"的"弦平面与地面成垂直"的特点,因此将卧箜篌放入"琴筝类"之中。——笔者注
② 郑祖襄《汉代琵琶起源的史料及其分析考证》,《中国音乐学》1993年第4期。
③ 图1-13见 [日] 池内宏、梅原末治合著《通沟:"满洲国"通化省辑安县高句丽遗迹(下)》,"日满文化协会",1940年版,图版第八局部。

那么高句丽究竟是否可能使用了乐器阮咸？最初的描摹报告中指出舞踊墓的伴奏乐器是"阮咸"，因不能见到线描本，只能推测其判断的依据应主要是直项圆形音箱。集安的高句丽壁画墓图像中，乐舞图中仅有此一处出现了阮咸。虽然舞踊墓中"阮咸"之图已经无法看到，然而在本文绪论中已提及，杨先生的《中国古代音乐史稿》中曾引用集安高句丽壁画墓中一幅仙人图，并指明其中乐器为"阮咸"[①]。纵观集安高句丽壁画墓所有音乐图像材料，也可以发现伎乐仙人图中确有保留的弹奏阮咸图像，位于长川1号墓、三室墓和五盔坟5号墓壁画之中。尽管伎乐仙人图中的使用乐器是否就是高句丽民俗生活中的实用乐器是值得探讨的，但这些材料的出现无疑增加了高句丽本国流传乐器阮咸的可能性；再进一步来说，将舞踊墓与其余3座墓葬根据所处时期进行比较分析，或者可以得知关于阮咸在高句丽国内流传发展的时间脉络。

走出墓葬壁画、翻阅史籍记载，我们对高句丽音乐相关文献中琵琶类乐器名称进行梳理，可知高句丽音乐中可能使用了"琵琶""蛇皮琵琶""五弦"三种琵琶类乐器。如下表：

表1-4　古典文献中高句丽音乐使用琵琶类乐器名称表[②]

典籍名	所属卷册	乐器名		
《隋书》	卷十五·音乐志·高丽伎	琵琶		五弦
	卷八十一·东夷传·高丽			五弦

---

① 参见本文绪论。

② 本表格引用文献参见本文附录二《中日韩高句丽音乐史籍汇要》。

典籍名	所属卷册	乐器名		
《北史》	卷九十四·高丽传			五弦
《旧唐书》	卷二十九·音乐志·高丽乐	琵琶		
《新唐书》	卷二十一·礼乐志·高丽伎	琵琶		五弦
《唐六典》	卷十四·太常寺·高丽伎	琵琶		五项
《通典》	卷一百四十六·四方乐·高丽乐	琵琶		五弦
	卷一百八十六·高句丽			五弦
《通志》	卷一百九十四·高句丽			五弦
《乐书》	卷一百二十九		蛇皮琵琶	
	卷一百五十八·高丽①	琵琶		五弦
《文献通考》	卷一百三十七		蛇皮琵琶	
	卷一百四十六·高丽乐		（蛇皮）琵琶	五弦
	卷三百二十五·高句丽			五弦
《太平御览》	卷七百八十三·东夷·高句丽			五弦
《册府元龟》	卷九百五十九·外臣部·高句骊			五弦
《太平寰宇记》	卷一百七十二·东夷·高句丽			五弦
《三国史记》	卷三十二·乐志	琵琶		五弦

　　由上述文献可知，高句丽音乐中使用"琵琶""五弦"的记载最早出现于《隋书》，这类记载可以分为两种：其一是俗乐部高丽伎中使用乐器"琵琶、五弦"的记载，其二是在高句丽风俗记写中提到使用了乐器"五弦"；"蛇皮琵琶"的记载则最早见于《乐书》，另见于《文献通考》之中。

　　郑祖襄先生指出，汉代是琵琶发展的滥觞期，《释名》把梨形音

---

　　① 此处记载虽题名为"高丽"，但所列乐器大致与前述隋唐俗乐"高丽伎"相同，由此可知为"高句丽"之简称，非后世朝鲜半岛王氏高丽（公元918—1392年）。——笔者注

箱琵琶称为"枇杷",《风俗通义》把圆形音箱琵琶称为"批把",沈约的《宋书》乃是最早使用"琵琶"二字的文献。南北朝时期南方流行的是圆形音箱琵琶,当时文献中称"琵琶",北方流行的是梨形音箱琵琶(直项、曲项、五弦),唐人书中称"琵琶"多指此。圆形音箱琵琶后世被称为"秦汉子",宋代文献开始,多称圆形音箱琵琶为阮咸。阮咸之名得自魏晋名士阮咸,因其善弹此乐器,人们称这件乐器为"阮咸"[①]。按郑先生的研究,《隋书》中的"琵琶"可能指梨形音箱琵琶,而"琵琶"与"五弦"并列的情况可知,此"琵琶"所指的梨形音箱琵琶可能是曲项琵琶或其他弦数的直项琵琶,但并非指"阮咸"。那么乐器"阮咸"的形制如何?

傅玄(公元217—278年)《琵琶赋》的序中首次提及阮咸形制,其言:"中虚外实,天地象也。盘圆柄直,阴阳序也。柱有十二,配律吕也。四弦,法四时也。以方语目之,故云琵琶。"[②]其中明确说明了阮咸的形制特点:圆形音箱,有直柄,十二柱,四弦。同时文中也指出此时这种乐器称为"琵琶"。现在日本奈良正仓院中仍保存着目前世界上最古老而保存完整的阮咸,共计两件。其一为唐嵌螺钿紫檀阮,其二为桑木阮咸[③]。唐代阮咸虽与傅玄所记阮咸相隔百余年,但是其形制却

---

① 郑祖襄《汉代琵琶起源的史料及其分析考证》,《中国音乐学》1993年第4期,第43—48页。

② [清]陈元龙等编《御定历代赋汇·琵琶赋》,影印文渊阁四库全书第1421册,(台湾)商务印书馆,第106页。

③ [日]日本国立剧场芸能部《古代楽器の復元》,音楽之友社1991年版。转引自黎家棣:《古代阮与现代阮的比较——阮的身份、定位和发展》,上海音乐学院2011年硕士学位论文,第32页。

与《琵琶赋》序中所记有着相同之处（图1-14）。《琵琶赋》序中没有提到阮咸的弹奏方法，通过正仓院桑木阮咸捍拨的留存，我们可知它是由捍拨进行演奏的（图1-15）。

图1-14　唐紫檀螺钿阮咸①　　　　　图1-15　桑木阮咸捍拨②

此外，甘肃武威唐弘化公主墓中出土了两件弹弦乐器残件，经研究可知其可能为阮咸的琴颈与弦轸留存③。尽管如此，我们所知留存的阮咸实物是非常少见而宝贵的。对于早于唐代的阮咸讯息，我们更多的要通过文字和图像去寻找。以集安为坐标点，我们将时间段拉长至公元3—7世纪，同时将视野扩大到黄河以北地区。在这样的视域之下，描绘现实生活场景中的多处阮咸图像便映入眼帘：从嘉峪关魏晋墓奏乐画像砖、酒泉西沟村魏晋7号墓奏乐画像砖、酒泉丁家闸宴居行乐图，到山西大同北魏宋绍祖墓、江苏南京西善桥竹林七贤画像

① 图1-14见韩昇《正仓院》，上海人民出版社2007年版，第65页，图91-1。
② 图1-15同注释①，第66页，图92。
③ 参见庄壮《唐代"武氏阮咸"》，《中国音乐》1990年第4期；《中国音乐文物大系》总编辑部《中国音乐文物大系·甘肃卷》，大象出版社1998年版，第62页。

砖等,乃至福建南安皇冠山南朝墓中亦发现了为数不少的阮咸纹画像砖,这些材料无不说明阮咸在公元3—7世纪流传广泛、受到欢迎,同时这些材料也可以进行进一步的分析:比如上述几处阮咸画像可以进一步分为两类,一类音箱与直项之间有过度的弧度,但音箱整体仍呈圆形;另一类则音箱呈正圆形,直项宽度趋于一致,没有弧形过度。这是否只是画工描绘的不同? 或者说明"圆形音箱琵琶"类型经历了形制的变迁? 在绪论中我们指出,集安高句丽壁画墓中有为数不少的伎乐仙人图,其中亦包含有阮咸图像,这一部分的讨论我们将在下一章中得以进行,本部分中则着重探讨高句丽壁画墓生活场景图像中所描绘的阮咸图像。

此外,由表1-4分析可知,高句丽音乐的记写中对"五弦"的记载颇多。《新唐书》载:"五弦,如琵琶而小,北国所出,旧以木拨弹,乐工裴神符初以手弹,太宗悦甚,后人习为搊琵琶。"① 五弦属于外来的梨形音箱琵琶类乐器,高句丽地区流行"五弦"的记载与郑先生所指南北朝时期北方流行"琵琶"(即唐人记载中的梨形音箱琵琶)的历史情况相符,高句丽与北方王朝互有征战、文化融通,五弦琵琶随着北朝音乐传入高句丽也是可以理解的,此部分的具体分析亦将会在下一章中进行展开。

(二)"琴"

在集安高句丽墓壁画的考古报告中,对琴筝类乐器的称呼是相对

---

① [宋] 欧阳修、宋祁《新唐书·礼乐志》,中华书局1975年版,第471页。

模糊而缺乏统一的,有"琴",亦有"筝";中国音乐学者的研究中将其中所见乐器进行甄别,主要针对部分乐器提出了"卧箜篌"之说;另有日本、朝韩学者提出了"玄琴"或"卧箜篌"之说。诸家各执一端,讨论热烈[1]。这样的研究现状表明,集安高句丽墓壁画中的"琴筝类"乐器图像对解开中国辽东地区到朝鲜半岛乃至日本的该类乐器传播环节具有重要意义,因此这也是本文讨论的重点内容之一,本节中着重讨论的是作为舞蹈伴奏出现的"琴筝类"乐器。

查阅历史文献,记载中高句丽音乐使用的琴筝类乐器名称如下:

表1-5　古典文献中高句丽音乐使用琴筝类乐器名称表[2]

典籍名	所属卷册	乐器名						
《隋书》	卷十五·音乐志			弹筝			卧箜篌		
	卷八十一·高句丽	琴	筝					
《北史》	卷九十四·高丽传	琴	筝					
《旧唐书》	卷二十九·音乐志			弹筝	搊筝		卧箜篌		
《新唐书》	卷二十一·礼乐志			弹筝	搊筝		卧箜篌		
《唐六典》	卷十四·太常寺			弹筝			卧箜篌		
《通典》	卷一百四十六·四方乐			弹筝	搊筝		卧箜篌		
	卷一百八十六·高句丽	琴	筝					
《通志》	卷一百九十四·高句丽	琴	筝					

---

① 已公布的考古报告参见吉林省文物考古研究所《吉林集安高句丽墓葬报告集》,科学出版社2009年版。中国、朝韩学者研究情况参见本文绪论。

② 引用资料来源参见本文附录二《中日韩高句丽音乐史籍汇要》。

典籍名	所属卷册	乐器名						
《乐书》	卷一边二十八·卧箜篌				搊筝		卧箜篌	
	卷一百二十九·高丽乐			弹筝		卧筝		
	卷一百五十八·高丽			弹筝			卧箜篌	
《文献通考》	卷一百三十七·乐考			弹筝	搊筝	卧筝		
	卷一百四十六·高丽伎			弹筝	搊筝		卧箜篌	
	卷三百二十五·高句丽	琴	筝					
《太平御览》	卷七百八十三·高句丽	琴	筝					
《册府元龟》	卷九百五十九·高句骊	琴	筝					
《太平寰宇记》	东夷·高句丽	琴	筝					
《三国史记》	卷三十二·乐志①	琴	筝	弹筝	搊筝②		卧箜篌	玄琴
《日本后纪》	卷十七·平城天皇							箪篌③

由上表中所知，文献中记载的高句丽音乐使用琴筝类乐器名称包

---

① 本部分中的乐器来自《三国史记》卷第三十二中的不同条目。其中，"玄琴"为单独条目；弹筝、搊筝、卧箜篌、琴、筝来自"高句丽乐"条目。而"高句丽乐"条目中的乐器又可分为两类，其一，弹筝、搊筝、卧箜篌引自《通典》；琴、筝引自《册府元龟》。（［高丽］金富轼撰、孙文范等校勘《三国史记》，吉林文史出版社2003年版，第408—409；第411页。）

② 孙文范点校本中作："搊筝"，考其引自《通典》，因此应为"搊筝"之误，故改之。——笔者注

③ 日本文献记载的高句丽和百济音乐中有"箪篌"之称，其与"玄琴""卧箜篌"的关系有待进一步讨论。（［韩］张师勋著、朴春妮译《韩国音乐史（增补）》，中央音乐学院出版社2008年版，第43页。）

括筝、弹筝、搊筝、卧筝、卧箜篌、筚篌、玄琴和琴，共8个名称。根据文献来源的不同，这些乐器在高句丽音乐中的使用也有所不同。上述8种乐器名称来源于四种不同文献类型：其一，风俗记写中的高句丽使用乐器。在这一类记载中，琴筝类乐器提到的是"筝""琴"两种。其二，隋唐俗乐高丽伎里面提到的使用乐器，其中琴筝类乐器包括弹筝、搊筝、卧筝[1]、卧箜篌。其三，朝鲜半岛高丽时期《三国史记》中所提到的"玄琴"，"玄琴"之名不见于其他中国史籍。其四，日本《三国后纪》中所记的高句丽乐器"筚篌"，亦不见于中国、朝鲜半岛史籍记载[2]。

　　文献典籍中高句丽使用的琴筝类乐器名称多样，然而通沟12号墓单人舞图、长川1号墓单人舞图、备舞图中的乐器，在考古报告中都被称为"琴"，朝韩学者多指其为玄琴[3]。首先我们将其统称为乐器"琴"，对这3件乐器进行分别探讨与辨析。

　　1. 通沟12号墓壁画中的"琴"

　　通沟12号墓壁画中的"琴"见于后室墓门右侧的单人舞图。左

---

　　① 文中所提"卧筝"不知为何种形制乐器，参考其他记载高丽乐文献，仅有《乐书》《文献通考》提及"卧筝"，其他文献中均无，将其进行对比，可知不载"卧筝"的文献均载有"卧箜篌"，因此笔者认为这两者可能指同种乐器，但有待进一步讨论，因此没有在表格中贸然统一列出，具体待后文分析。——笔者注

　　② 关于高句丽音乐中使用琴筝类乐器的具体辨析将会在第二章中展开，这里暂不讨论。——笔者注。

　　③ 朝韩音乐学者多持此观点，如［朝］全畴农撰、奚传绩译：《关于高句丽古坟壁画上乐器的研究》，《音乐研究》1959年第3—4期。［韩］郑花顺：《关于玄琴的原型的再考查》，《汉唐音乐史国际研讨会》，2009年10月，第340—356页。

侧一男子舞蹈,右侧一男子踞坐弹一琴筝类乐器（图1-16）。

图1-16　通沟12号墓单人舞图伴奏乐器[①]

由上图可见,这件乐器仅可见其头部轮廓,尾部图像已不完整,乐器中部、靠近尾部的面板正中皆绘有黑线,可能是为了表示弦的部分。上图中演奏者将琴头置于两腿之上,琴尾部似置于地上。从演奏者的姿态来看,似左手按压琴弦,右手弹奏。从演奏者留存的服饰来看,演奏者为男子。由以上信息,我们可以判断这件乐器为琴筝类乐器,然而由于乐器形制不完整,琴弦、琴面图像不清晰,因此仅对此图将不做进一步的结论,而称其为"琴筝类乐器"。

2. 长川1号墓壁画中的"琴"

长川1号墓中单人舞图、备舞图所见的伴奏乐器较为清晰,且形制相近,现分述如下:

（1）单人舞图中的"琴"

单人舞图的伴奏者是一位女子,她身着高句丽民族服装,踞坐弹

---

① 图1-16见王承礼、韩淑华《吉林集安通沟十二号高句丽壁画墓》,《考古》1964年第2期。

第一章　集安高句丽墓乐舞图研究

奏。她所奏乐器的琴头置于双腿之上，琴尾似置于地上，乐器形制完整，琴面张弦数根，数目不清，靠近琴尾部分可以看到约5个通品，琴尾处可以清晰地看到三个琴轸，位于靠近伴奏者一侧。女子右手靠近琴头处，左手伸向琴尾靠近通品处。由此可知，图中所见乐器"琴"特点如下：长方形共鸣琴体，琴面张弦，靠近琴尾处有通品约5个，琴尾处有琴轸约3个，乐器平放演奏（图1-17·1）。

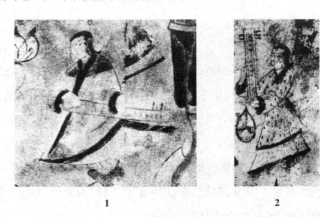

1   2

图17　长川1号墓单人舞图、备舞图伴奏乐器"琴"①

（2）备舞图中的"琴"

备舞图中的最右侧，一女子站立，手捧一件乐器。该乐器琴体呈长方形，朝上一方绘有共五个琴轸，靠近女子一面三个、另一面两个，

———————

　①　图1-17·1见［日］朝鲜画报社《高句丽古坟壁画》，朝鲜画报社出版部1985年版，第205幅；图1-17·2见徐光冀主编《中国出土壁画全集·辽宁吉林黑龙江卷》，科学出版社2012年版，第151图。

琴面绘有四根琴弦,另琴面自下方约三分之一处开始有通品,向上一直排列至有弦轸处,共有通品约9个（图1-17·2）。由图所示,这件乐器有琴弦四根,弦轸5个,显然这并非实用乐器真实形制的描绘。

长川1号墓中的两幅琴筝类乐器图像均处于墓室前室右壁,且应为同一类型乐器。总体上来看,两件乐器均为弹拨乐器,平置演奏,琴上有通品,琴尾部分有琴轸。只是由于具有意象化的描绘,或者由于壁画年代久远,色彩变异、图像漫漶,使得这两件乐器显示出的细节有许多不同。而在壁画中显示,这种乐器可用于舞蹈伴奏,且长川1号墓所见两件伴奏乐器的演奏者均为女子。

（3）长川1号墓伴奏乐器"琴"的综合探讨

长川1号墓"琴"图像的形制特征中有一个重要的结构——通品。所谓"通品",是指在乐器面板部位带有的贯穿数根琴弦的琴码。在目前中国境内可知的古代乐器中,琵琶类乐器、卧箜篌具有这样的"通品"结构,而琴筝类中的横卧类乐器中,目前明确所知具有"通品"形制的横卧类齐特尔乐器便是卧箜篌了。

卧箜篌在中国的存在历史久远,西汉时文献中所提的"坎侯""箜篌"均指我们现在所说的卧箜篌。《通典》载卧箜篌形制如下:"旧说一依琴制,今按其形,似瑟而小,七弦,用拨弹之,如琵琶也。"[①] 其中"似瑟而小"点明卧箜篌乃属于琴筝类乐器,"如琵琶也",可能是指其弹奏方法和通品的形制特点而言。图1-18所示是一件三国后期的卧箜篌陶俑,从中我们可知三国后期卧箜篌的基本形制,如下:

---

① [唐] 杜佑撰、王文锦等点校《通典·乐典》,中华书局1988年版,第3680页。

图1-18　湖北鄂州弹卧箜篌俑[①]

　　上图为湖北鄂州七里界4号墓出土的青瓷乐俑。公元221年，东吴孙权自公安迁都武昌（即今日之鄂州）。此地手工业发达，青瓷烧造盛行。七里界4号墓是长方形券顶砖室墓，出土青瓷乐俑等器物，时代属于三国后期。如上图所示，原物原为击鼓俑（左方）与卧箜篌俑（右方）的组合形式，以长方形底座相连，出土后击鼓俑人失落，仅余鼓，右方为弹卧箜篌俑人。由图1-18可见，该乐器呈长方形，上有六条通品清晰可见，且品上依次绘有四条弦痕。俑人踞坐演奏，右手轻抬，左手似按压琴弦，动态逼真。然《通典》所记"用拨弹之"的演奏方式，在这件卧箜篌俑人中并没有体现，可见此乐俑的演奏情态亦可能具有一定的写意性。依乐器形制判断，学者多认为其为久已失传的卧箜篌。

　　那么长川1号墓百戏图中的两件乐器是否是卧箜篌呢？与我们

　　① 图1-18见《中国音乐文物大系》总编辑部《中国音乐文物大系·湖北卷》，大象出版社1996年版，第173页。

所列举的上述卧箜篌材料相比，长川1号墓壁画中的"琴"又多出一个特点——弦轸。

壁画图像中的乐器描绘并非是精确的形制复制，因此带有不同程度的随意性，这是我们在探讨乐器图像材料时候需要时刻保持谨慎的原因。长川1号墓中两张"琴"也反映出了如上所说的特点。一方面，"备舞图"中"琴"尤其明显，图中所见这件乐器有五个弦轸、四根琴弦，那么显然这两个特征必有一个在数量上出现了错误，或者两者都不是精确的描述；另一方面，"备舞图"与"单人舞图"中的两件乐器虽在琴弦数量、弦轸排列上有所不同，但依据其三个基本形态特点（长方形琴体、通品、弦轸），我们可以判定两者描绘的为同一种乐器。日本东京博物馆藏金铜灌顶幡天盖透雕（图1-19）中可见一琴筝类乐器形象。由图中可见，一横卧类乐器置于天人膝上。天人头梳高髻，颈环璎珞，赤裸上身，下着长裙，身带披帛，凌空飞舞，其膝上置一长方形齐特尔乐器，有四根琴弦，琴面有通品11个，在琴尾位置上部突起两物，似弦轸。

图1-19　日本法隆寺透雕[①]

---

① 图1-19见［日］林谦三著，钱稻孙译，曾维德、张思睿校注《东亚乐器考》，上海书店出版社2013年版，第214页，图71。

　　　　　第一章　集安高句丽墓乐舞图研究

这件透雕原藏于日本法隆寺，为飞鸟时代（约公元592—710年）作品。林谦三先生认为这是一件卧箜篌，图中右手按弦，左手执拨弹奏的方式应为透雕的反面表现[①]。首先，此件乐器是否就是卧箜篌，在本章中暂不做定论，然其同时具备通品、弦轸的结构特点，与长川1号墓所见的两幅乐器图像颇有相通之处，而长川1号墓中所见的弦轸结构位于乐器两侧，日本金铜灌顶幡天盖透雕所见的弦轸结构位于乐器上部，弦轸位置亦有所区别，尚需进一步进行分析讨论；其次，长川1号墓产生年代为公元5世纪末至6世纪中叶，日本金铜灌顶幡天盖透雕则最早产生于公元6世纪末，两者年代存在一定距离，因此即使是同件乐器在流传中发生形制上的改变也是有可能的。尽管目前尚未对上述长川1号墓舞蹈壁画所见琴筝类乐器、日本东京博物馆藏金铜灌顶幡天盖透雕所见乐器进行定名，然而从两处描绘乐器的基本结构来看，两者具有较强的相似性，可能为同种乐器的流传见证。那么此件乐器是否是卧箜篌，或者是卧箜篌的变体？这部分讨论将在本文第二章的卧箜篌章节继续展开。

另一件日本留存的相关乐器现藏于日本奈良的正仓院南仓，该院《棚别目录》载其名为"桐木琴残阙"（图1-20）。这件乐器槽的全长120厘米，头部宽约18.6厘米，尾部约17.5厘米，在接近尾部的下方列有七孔，现存六根琴轴，通体无琴徽。此件乐器有"东大寺"铭刻，且弦痕和使用磨痕明显，是日本奈良时代（公元710—794年）使用过的

---

① [日] 林谦三著，钱稻孙译，曾维德、张思睿校注《东亚乐器考》，上海书店出版社2013年版，第214页。

乐器。林谦三先生认为，这件乐器是日本仿照唐乐器制作的七弦准，其功用是用于调音①。

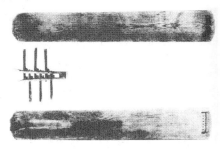

图1-20　日本正仓院"七弦琴"②

　　本文认为，对于此件乐器的判定可以从以下几个方面进行：首先，此件乐器在日本文献中没有名称记载，林谦三先生认为可能来自于唐，但亦没有文献上的所得。本文认为，此件乐器形制既然非日本所固有，那么判断其为外来乐器（或者按照外来乐器仿制）是可以成立的。那么这件乐器来自何方？自西或自东？奈良时代的世界航运尚难横亘太平洋，因此这件乐器来自日本西方的亚欧大陆无疑。那么问题接踵而至，这件乐器是来自于中亚，还是中原王朝，或者朝鲜半岛及其他地区？林谦三先生指出，在求诸唐朝文献寻找这件乐器源流的时候，没有找到线索。那么通过上文中所指出的长川1号墓中"琴"图像的形制特点，本文提出，这件乐器是否有可能来自朝鲜半岛地区国家？或者进一步提出，这种类型的乐器是否有可能来自高句丽？其

　　①［日］林谦三著，钱稻孙译，曾维德、张思睿校注《东亚乐器考》，上海书店出版社2013年版，第159—163页。
　　②图1-20同注释①，第160页，图59。

　　　　　　　　　　　第一章　集安高句丽墓乐舞图研究

次，此件乐器被判定为奈良时代（公元710—794）使用的乐器，那么可知，至迟在公元8世纪末，这一形制的乐器已经流传至日本。根据上述第一条的推论，本文认为这件乐器可能来自朝鲜半岛。公元668年，高句丽灭国，朝鲜半岛进入统一新罗时代，公元9世纪末朝鲜半岛群雄并起，直至公元918年王建建立高丽，后逐渐统一半岛。因此，此件乐器流传的最迟时间公元8世纪末，仍处于统一新罗初期。如果这件乐器来自朝鲜半岛，那么这件乐器可能来自新罗。那么这是否是新罗乐器？我们已知，朝鲜半岛三国之中，高句丽的文化最为发达，对百济、新罗也有较大的影响。高句丽灭国之时，唐王朝曾带回部分乐人，但也有部分乐人流向他国，这其中就包括了日本①。公元8世纪末，日本宫廷仍有高句丽乐师。那么这件乐器是否有可能是高句丽乐器？在本部分关于"箜篌"乐器名称的分析中，日本高丽乐记载中有一件乐器名为"簟篌"，关于这种乐器的形制目前学界尚无定论，有指为玄琴，有指为卧箜篌，有指皆不是。那么日本正仓院的此件乐器有可能是"簟篌"么？当然，此件乐器与长川1号墓壁画中所见乐器尚有区别，就在于这件乐器没有图中所见的"通品"。因此，是否是同一件乐器目前我们仍不得而知。第三，此件乐器有明显的弦痕和使用磨痕，说明这是一件实用乐器，或者说这是一件曾发挥过使用功能的与音乐相关的器物。

---

① "高丽百济乐、宋朝初得之。……贞观中灭二国，尽得其乐。"（[宋]王溥撰《唐会要·东夷二国乐》，上海古籍出版社2006年版，第723页。）"奏……高丽、百济、新罗三国乐于庭中。"（[日]舍人亲王等《日本书纪·天武天皇》，岩波书店新日本古典文学大系本。）

通过以上分析，我们可知，正仓院所藏这件乐器的原型是来自亚欧大陆的外来乐器，它在公元8世纪的奈良时代被使用，其名称不详。这件乐器的基本形制特点为：呈长方形，有七个弦轸，琴面无徽、无通品。本文认为，这件乐器与长川1号墓壁画所见乐器"琴"有相似之处，可能有一定的关系。韩国学者宋芳松先生认为长川1号墓中备舞图所绘是一件五弦琴，为正仓院七弦琴的早期形制[①]。但是，正仓院所藏七弦琴是否有通品痕迹目前并无所知，那么无法解释长川1号墓壁画中的乐器为何带有通品，而后期流传到日本的七弦琴反而没有。日本学者中安真理认为，长川1号壁画墓中所见乐器可能是百济的"韩琴"，并认为此"韩琴"与日本正仓院的七弦琴可能有关[②]。长川1号墓属于高句丽中晚期壁画墓，此一时期高句丽的政权中心已经位于朝鲜半岛平壤地区，但是集安作为"三京"之一，仍具有重要的政治地位，因此亦有大型贵族墓葬发现。以往的研究中，较多的关注到中原文化对于周边地区文化的影响，但是交流是相互的，亦是多元交叉的，高句丽作为一个具有特色的少数民族政权，它在中后期与百济、新罗的文化交流中吸收、学习他们的乐器、舞蹈也是可能的。

3. 小结

综上所述，我们可知，长川1号墓壁画中的"琴"与卧箜篌有着相似的"通品"结构；与日本东京博物馆藏金铜灌顶幡天盖透雕所

[①] Song, Bang-song. "Koguryo Instruments in Tomb No. 1 at Ch'ang-ch'uan, Manchuria", *Musica asiatica*, 1991, 6, p13.

[②] [日] 中安真理《卧箜篌小考》，《汉唐音乐史国际研讨会》，2009年10月，第679—683页。

见乐器有着相近的通品、弦轸结构，然而弦轸设置数量、方向均有所不同；与正仓院七弦乐器有着相似的"弦轸"结构，但是卧箜篌或者正仓院七弦乐器均与其不完全相同；而文献中记写的"箪篌"之名，林谦三先生认为"箪篌"即卧箜篌①，那么名称的改变是否意味着形制也可能随之改变？这一名称与上述四者又是怎样的关系？长川1号墓壁画中所见的乐器图像具有的意向性，更使得我们的判定变得困难。因此本文认为，长川1号壁画墓中所见的两件伴奏乐器同时具备了长方形琴体、通品、弦轸三个基本形制特点，目前不应直接定名为卧箜篌，暂称为"五弦琴"较为合适。

目前我们所知的乐器名称、乐器形制尚有许多可以继续探讨的空间，而历史上曾流行过又失传的琴筝类乐器或者比目前我们所知的要丰富得多。比如《旧唐书》载："宋世有绕梁，似卧箜篌。今并亡矣。"②其中所说的乐器"绕梁"，指其形制与卧箜篌相似，本文认为可能意指其具有通品结构，也可能指其演奏方法，然而因其他方面信息不详，故无法进一步判定。由《旧唐书》所载我们可知，公元5世纪中后半叶"绕梁"流行于刘宋地区，且此时期卧箜篌乐器亦存在并流行。由此可见，图像中暂时无法与文献名称相对应的乐器可以暂作阙疑，留待未来的进一步解读。在当今带有通品的齐特尔乐器家族中，缅甸的鳄琴mi gyaun（密穹），它有像琵琶那样的固定柱，类似卧箜篌（图

---

① ［日］林谦三著，钱稻孙译，曾维德、张思睿校注《东亚乐器考》，上海书店出版社2013年版，第206页。

② ［后晋］刘昫等《旧唐书·音乐志》，中华书局1975年版，第1079页。

1-21）。林谦三先生在《东亚乐器考》中也提到了这种乐器^①。

图1-21　密穹^②

图1-22　带通品的齐特尔乐器^③

　　除此之外，斯洛伐克、匈牙利、法国也有类似同时带有通品、弦轴的齐特尔乐器（图1-22）。上述乐器中均可以看到兼具通品和弦轴结构，这与前述日本飞鸟时代所见的透雕所见乐器具有相似的结构特点，也与集安长川1号墓百戏乐舞图中所见的两件乐器具有极为相似的特点。诚然，相隔千年，这些乐器与历史上乐器之间的关系需要进一步谨慎的分析。

四、其他

　　在前面三个部分中，本节分析了高句丽乐舞图像的舞姿、歌唱和伴奏乐器方面的特点，本部分中将对其他的相关问题进行论述，包括

---

①［日］林谦三著，钱稻孙译，曾维德、张思睿校注《东亚乐器考》，上海书店出版社2013年版，第474页。

②图1-21见［英］鲁斯·米德格雷著、关肇元译《世界乐器》，中国青年出版社2004年版，第221页。

③图1-22同注释②，第223页。

舞蹈人数组合、舞者的性别及组合、表演者的服饰及妆容、使用道具等方面内容。在文献记载方面,对高丽伎乐工人数、服饰、化妆等方面的记写最早见于《旧唐书·音乐志》,相似记载还见于《通典·四方乐》《乐书》《文献通考》《三国史记》等,这些材料可以与墓葬壁画材料进行综合的对比分析,亦可作为判断高句丽音乐变化发展的旁证,现分述如下:

(一)舞者的人数

《旧唐书·音乐志》谈及高丽伎载:"高丽乐,工人紫罗帽,饰以鸟羽,黄大袖,紫罗带,大口袴,赤皮靴,五色绦绳。舞者四人,椎髻于后,以绛抹额,饰以金珰,二人黄裙襦,赤黄袴,极长其袖,乌皮靴,双双并立而舞。"[①]这里指明了舞者的人数,亦说明了舞蹈的组合形式乃是二人为一组,达到"双双并立而舞"的效果,这可能与唐初宫廷俗乐舞蹈中的人数要求有一定的关系,表1-6即以《旧唐书》俗乐乐部为例对舞蹈人数进行比较,如下:

表1-6 《旧唐书》俗乐十部乐中舞蹈人数比较表[②]

乐部	燕乐	清商乐	西凉乐	高丽乐	扶南乐	高昌乐	龟兹乐	疏勒乐	安国乐	康国乐
舞蹈人数	20人	4人	白舞1人;方舞4人	4人	2人	2人	4人	2人	2人	2人

---

① [后晋]刘昫等《旧唐书·音乐志》,中华书局1975年版,第1069—1070页。
② 引用资料来源参见注释①,第1061—1074页。

相比之下,集安高句丽壁画墓中见到的舞蹈人数组合形式更为多样,应更符合高句丽国内乐舞的多样化形式特点。表1-7为集安高句丽墓壁画中舞蹈人数比较表,如下:

表1-7　集安高句丽墓壁画中舞蹈人数比较表

年代分期	墓葬名称	图像名称	舞蹈人数
4世纪中叶至5世纪初	舞踊墓	群舞图	1+5　共6人
5世纪	麻线沟1号墓	双人舞图	2人
5世纪	通沟12号墓	单人舞图	1人
		双人舞图?	2人?[①]
5世纪末6世纪中叶	长川1号壁画墓	群舞图	1+6? 约7人
		单人舞图	1人
		备舞图	1或2人

通过上表可知,集安高句丽壁画墓中所见舞者的表演人数约包括1人、2人、6人、7人等形式,较隋唐宫廷中的高丽伎记载来看,集安地区高句丽乐舞的表演规模呈现出了多种样态。

（二）舞者的性别

由《旧唐书》记载可知其中舞者为四位女性。王褒诗中所记服饰[②],无法判定是男舞者还是女舞者。李白诗中谈到"金花折风帽,白鸟小迟回"。《三国志·高句丽》中载"其公会,衣服皆锦绣金银以自

---

① 原报告记载"其身后还有一着长裙者,已不能识。"（王承礼、韩淑华《吉林辑安通沟第十二号高句丽壁画墓》,《考古》1964年第2期。）因此,可能这是双人舞的形式。

② 该诗见本章前述王褒《高句丽》。

饰。大加主簿头著帻，如帻而无余，其小加著折风，形如弁。"① 据郑春颖考证，认为折风最初是高句丽贵族小加的专属冠帽，其后逐渐普及为平民所戴的冠帽②。由此可知，李白诗中所描绘的为男性舞者。

相比之下，在集安高句丽墓壁画中，可以看到的舞者中男女皆有，其中双人舞与单人舞图中犹以男性居多，如下表：

表1–8　集安高句丽壁画墓中舞蹈人物性别组合一览表

墓葬名称	图像名称	舞蹈人数	舞者性别
舞踊墓	群舞图	1+5　共6人	男＋男 女 女 男 男
麻线沟1号墓	双人舞图	2人	男＋男
通沟12号墓	单人舞图	1人	男
	双人舞图？	2人？	男（＋女？）
长川1号壁画墓	群舞图	1+6？ 约7人	男＋男？ 不清 不清 不清 男 男
	单人舞图	1人	男
	备舞图	1或2人	女或女＋男

通过上表可知，集安高句丽壁画墓乐舞图中单人舞、双人舞形式的性别组合多样，既可能有女子独舞、男子独舞，亦有二男子对舞、男女对舞的形式；而群舞图中，舞踊墓呈现的舞队是由男女舞者共同组成的表演群体，长川1号墓群舞图由于中间部分残缺，目前看到的舞者中男子居多，另有部分舞者图像已无法辨识，因此无法进行整体判断。

---

① ［晋］陈寿撰，［宋］裴松之注《三国志·高句丽》，中华书局1959年版，第844页。
② 郑春颖《高句丽服饰研究》，中国社会科学出版社2015年版，第58页。

（三）表演者的服饰、发饰及妆容

高句丽有着自己的民族服饰,集安高句丽墓壁画乐舞图中充分地体现了高句丽的民族服饰特点,发饰、妆容也可与文献相互印证,有着自己的特色。

1.表演者的服饰

首先,集安高句丽墓乐舞图中的表演者有着自己的服饰特点。关于高句丽遗存中的服饰研究,郑春颖有着比较详尽的讨论。她将十二家正史《高句丽传》及其他各类文献中的高句丽服饰记载进行了分析,并将这些文献分成四类,认为其反映了高句丽自民族形成、国家建立至公元7世纪的服饰发展情况[①]。同时,她对目前留存高句丽壁画墓中的衣着服饰进行了细致的比较分析。并由此提出了关于高句丽国家发展中的服饰变迁历史。以《北史·高丽传》为例,其载:"人皆头著折风,形如弁,士人加插二鸟羽。贵者,其冠曰苏骨,多用紫罗为之,饰以金银。服大袖衫、大口袴、素皮带、黄革履。"[②]其中提到了高句丽男子的三类头饰,一为头戴折风,二为折风加插鸟羽,三为苏骨冠;同时也指出了高句丽男子服饰的特色,即大袖上衣,大口裤,素色皮带,黄色皮履。《旧唐书·音乐志》中较为详尽地对唐代宫廷俗乐高丽伎表演者(乐工、舞者)的服饰进行了记述。岸边成雄先生曾将高丽伎乐工服饰与隋唐俗乐乐部中其他乐部表演者的着装进行对比,可知高

---

① 郑春颖《高句丽服饰研究》,中国社会科学出版社2015年版,绪论第2—4页。

② [唐]李延寿《北史·高丽传》,中华书局1974年版,第3115页。

丽乐部的着装确实有着独特的服饰特色①。在集安高句丽壁画墓所见的乐舞图中，表演者的服饰亦具有着鲜明的"高句丽"风格；以舞踊墓的群舞图为例，男士头戴折风，上插鸟羽的形象与史籍相符；从服装上来看，确实也是男子长袖衫、大口裤、束着腰带，女子长袖衣裙、束腰带。值得一提的是，高丽伎传入宫廷之后，其服饰会更具装饰性，那么首选就是穿上本民族"贵者"的服装，于是可以解释出现"工人紫罗帽，饰以鸟羽，黄大袖，紫罗带，大口裤，赤皮靴，五色绦绳"的打扮，也可知杨再思之"反披紫袍"的来历，更可与李白诗中"金花折风帽、白马小迟回"的装束相呼应。

其次，"极长其袖"的服饰特点形成了高句丽乐舞的独特之处。《旧唐书》载俗乐高丽伎舞者"极长其袖"，这一特点在壁画中也可以看到。由壁画所见，高句丽舞者的衣袖长于手部，略垂向地面。因此可知，其舞蹈中双袖的飘舞会形成独特的动势。这样的记载与王褒之"垂手奋袖"、李白之"翩翩舞广袖，似鸟海东来"的诗句相互呼应。诚然，中原地区长袖舞的历史源远流长，有学者认为高句丽乐舞中"极长其袖"的特点是受到两汉时期中原长袖舞的影响②。高句丽民族服饰的衣袖为何种样式？《周书·高丽传》载"丈夫衣同袖衫"，

---

① 比较列表见〔日〕岸边成雄著，梁在平、黄志炯译：《唐代音乐史》下册，（台湾）中华书局1973年版，第568—569页。

② 如赵霞《高句丽乐舞与吴越文化的渊源窥探》，《绍兴文理学院学报》2002年第6期，第31—35页；马大正、李大龙、耿铁华、权赫秀《古代中国高句丽历史续论》，中国社会科学出版社2003年版，第222—223页。

《旧唐书·高丽传》载为"筒袖"①。集安壁画中所见的高句丽民族服饰多为窄筒袖。那么此种衣袖特色是否能够成为高句丽民族舞蹈的特色之一？与其他乐舞服饰有何相异之处？我们可以通过《旧唐书·音乐志》中十部乐的舞蹈服饰来进行比较分析，如下：

表1-9 《旧唐书·音乐志》中十部乐舞蹈服饰、人数比较表②

乐部名	舞蹈人数	舞蹈服饰
清乐	舞四人	碧轻纱衣，裙襦大袖，画云凤之状。漆鬟髻，饰以金铜杂花，状如雀钗，锦履
俗乐（宴乐）	舞二十人，分为四部	
	景云乐，舞八人	景云乐，花锦袍，五色绫袴，云冠，乌皮靴
	庆善乐，舞四人	庆善乐，紫绫袍，大袖，丝布袴，假髻
	破阵乐，舞四人	破阵乐，绯绫袍，锦衿褾，绯绫裤
	承天乐，舞四人	承天乐，紫袍，进德冠，并铜带
西凉乐	白舞一人	白舞今阙
	方舞四人	方舞四人，假髻，玉支钗，紫丝布褶，白大口袴，五彩接袖，乌皮靴
高丽乐	舞者四人	椎髻于后，以绛抹额，饰以金珰。二人黄裙襦，赤黄袴，极长其袖，乌皮靴，双双并立而舞
天竺乐	舞二人	辫发，朝霞袈裟，行缠，碧麻鞋
高昌乐	舞二人	白袄锦袖，赤皮靴，赤皮带，红抹额
龟兹乐	舞者四人	红抹额，绯袄，白袴帑，乌皮靴
疏勒乐	舞二人	白袄，锦袖，赤皮靴，赤皮带
康国乐	舞二人	绯袄，锦领袖，绿绫浑裆袴，赤皮靴，白袴帑
安国乐	舞二人	紫袄，白袴帑，赤皮靴

---

① 转引自郑春颖《高句丽服饰研究》，中国社会科学出版社2015年版，第99—10页。

② 引用资料来源参见［后晋］刘昫等《旧唐书·音乐志》，中华书局1975年版，第1061—1071页。

由上述表格可以清晰地看出十部乐中提到舞者衣袖服饰的包括清乐、俗乐、西凉乐、高丽乐、高昌乐、疏勒乐、康国乐七个乐部。其中清乐、俗乐《庆善乐》舞者为"大袖"，应为汉人服饰中的博袖；西凉乐舞者为"五彩接袖"，应为在衣袖之外另置一袖；高丽乐舞者的衣袖以"极长其袖"来表述，可知在十部乐中，高丽舞者的衣袖是较长的，且非"接袖"，为"博袖"的可能性也较低。隋唐时期，朝鲜半岛百济、新罗乐亦传入宫廷。《新唐书》载："中宗时，百济乐工人亡散，岐王为太常卿，复奏置之，然音伎多阙。舞者二人，紫大袖裙襦、章甫冠、衣履。乐有筝、笛、桃皮觱篥、箜篌、歌而已。"[1]上述所说的百济乐舞者，亦着"大袖"，可知其与高丽舞者的衣袖样式也有所不同。

2.表演者的发饰、妆容

舞踊墓中舞女的发饰（图1-23）与《旧唐书》中的"椎髻于后"相互对应。长川1号墓中备舞图的女演员脸颊抹有胭脂，前额眉宇之间还染有一小点红色（图1-24）。集安高句丽墓壁画人物中，妇女施胭脂并不鲜见[2]，但额前抹红这种妆扮却是集安壁画墓中仅见的一例。而这恰与《旧唐书》所载的"高丽乐"舞者"以绛抹额"相互印证。郑春颖认为，高句丽墓壁画中的这种"以绛抹额"的面妆与来源自佛教面妆的额黄有一定关系[3]。

---

① [宋]欧阳修、宋祁等《新唐书·礼乐志》，中华书局1975年版，第479页。
② 郑春颖《高句丽服饰研究》，中国社会科学出版社2015年版，第49页。
③ 同注释②，第50页。

图1-23 舞女发饰① 　　　　　　　1-24 舞女妆容②

（四）道　具

在长川1号墓前室右壁中部的壁画中，等待表演的双人舞者分别手持莲花,这可能是高句丽乐舞中使用的道具（图1-25）。

图1-25 乐舞中可能使用的道具③

① 图1-23见〔日〕池内宏、梅原末治《通沟:"满洲国"通化省辑安县高句丽遗迹（下）》,"日满文化协会" 1940年版,图版八。

② 图1-24见徐光冀主编《中国出土壁画全集·辽宁吉林黑龙江卷》,科学出版社2012年版,第151图局部。

③ 图1-25同注释②。

关于为何道具为莲花可有两种解释：其一，长川1号墓中呈现出浓厚的佛教气息，而莲花是佛教中重要的装饰纹样，故此可能舞蹈内容与佛教有关，女子"以绛抹额"的面妆也印证了此说。其二，集安地区盛产莲花，莲花乃是高句丽人较为常见的欣赏花卉，故此舞蹈中加入莲花作为道具也是有可能的①。目前为止，我们所看到的高句丽壁画墓乐舞图中，仅此一处可能是运用了道具的舞蹈形式，而长川1号壁画墓中备舞图的独特之处，在于舞蹈的道具、舞者的面妆、伴奏者的乐器等诸多方面都呈现出自己的特色。

第三节　相关乐舞图比较分析

本节中将集安高句丽壁画墓乐舞图与朝鲜半岛公元4—7世纪大同江、载宁江流域壁画墓乐舞图、辽阳汉魏壁画墓乐舞图、十六国北朝乐舞文物进行比较分析，探讨高句丽乐舞与中原袖舞的关系，并探寻高句丽乐舞自身的发展历程。

一、朝鲜半岛公元4—7世纪壁画墓中的乐舞图

朝鲜半岛公元4—7世纪大同江、载宁江流域壁画墓存在的舞蹈图像中可能存在高句丽舞蹈的内容，也是探讨公元4—7世纪高句丽

---

① 王纯信《高句丽民族"爱莲尚莲"滥觞考论》，《吉林艺术学院学报》1999年第4期。

乐舞不可或缺的对比材料,同时将使集安高句丽墓壁画中反映的乐舞讯息获得更好的理解。诚然,墓葬壁画中乐舞图的描绘位置、与整体壁画内容的关系也是需要注意的问题,因为这可能意味着乐舞图的表现意义与功能有所不同,体现了乐舞图像表意性的一面。

朝鲜半岛公元4—7世纪大同江、载宁江流域壁画墓(简称“朝鲜半岛壁画墓”)分布于朝鲜人民共和国境内,包括黄海北道、黄海南道、平安南道、平壤市和南浦市附近,墓葬共计约83座,均为封土石室墓,其中经过正式发表的壁画墓有63座,其余尚有20座壁画墓资料未发表,只有零星资料披露[①]。这些壁画墓的墓室类型可以分为多室墓、二室墓与单室墓三大类,墓室壁画主题分为人物风俗、人物风俗与四神并存、四神三种,题材包括墓主人家居生活、车马行列、狩猎、战争、日月星云、装饰纹样、四神图、仙人、奇禽异兽等。目前为止,朝鲜半岛壁画墓中涉及音乐壁画的墓葬共计15座,图像约19幅。从涉及图像题材来看,包括行列图、乐舞图、群舞图、百戏、狩猎图、踞坐奏乐图、墓主人像旁奏乐图、仙人图等多种类型,其中行列图数量为最。朝鲜半岛壁画墓中的乐舞图包括4处,也可分为群舞图、单人舞和双人舞图等不同类型。

(一)朝鲜半岛壁画墓乐舞图

1. 安岳3号墓乐舞图

安岳3号墓位于朝鲜黄海南道,1949年由朝鲜文化遗物调查委员

---

① 赵俊杰、梁建军《朝鲜境内高句丽壁画墓的分布、形制与壁画主题》,《边疆考古研究》2013年。

会与中央历史博物馆等联合发掘，1958年由平壤科学院出版社出版《安岳第三号坟发掘报告》[①]。安岳3号墓是一座封土石室墓，亦是一间多室墓，由前室、中室（左右各有一侧室）、后室及回廊组成。前室天井为抹角叠涩结构，中、后室天井为平行叠涩与抹角叠涩结构，中室左右侧室以四角柱相隔，中室与后室以4柱相隔，后室左、右两侧皆有回廊。安岳3号墓墓室壁画以人物风俗为主，包括墓主夫妇坐像、仪仗行列、鼓吹乐等世俗生活情境，亦包括云气、日月、莲花等装饰纹样，其中最引人注意的是墓中的多处墨书题记：前室绘有仪仗行列；中室右侧室内绘墓主人夫妇，左侧室绘家内生活、府库等；中室绘歌舞行列；后室左壁绘舞乐，天井绘有莲花；回廊绘大行列图。前述墓中的墨书题记位于前室右壁，可知该墓主人为前燕司马冬寿。冬寿原是前燕慕容皝的左司马，后投慕容仁，咸康二年（公元336年）仁败，冬寿奔高句丽，于永和十三年（公元357年）卒[②]。壁画中的墨书题记所出现的"永和十三年"字样成为安岳3号墓断代的重要依据，可知该墓葬出现的明确年代为公元357年。

冬寿墓后室左壁墙上绘有一幅乐舞图。右侧一位男子独舞，左侧三位伴奏者。独舞男子舞步与前述集安壁画墓中的任何一处都不同。这位男子双脚相交，微曲膝盖，双手击掌，从其面容来看，其鼻梁较高，似胡人面孔。左边三位伴奏者，自左方第一位弹奏琴筝类乐器，由于原图已经模糊不清，线描图中并不知此乐器是否有品柱；第二位弹奏

---

① 〔朝〕科学院考古学与民俗学研究所《遗迹发掘调查报告第3集——安岳第3号坟发掘报告》，科学院出版社1958年版。

② 宿白《朝鲜安岳所发现的冬寿墓》，《文物参考资料》1952年第1期。

直柄圆形音箱琵琶,应是阮咸;第三位吹竖笛类乐器（图1-26）。

图1-26　安岳3号墓乐舞图[①]

　　安岳3号墓中的乐舞图形式在集安高句丽壁画墓中并未见到。无论是胡人舞蹈的舞姿、服饰,还是琴筝类乐器、阮咸、竖笛类乐器的踞坐演奏组合,都未在集安高句丽壁画墓中见到,演奏者的服饰也具有汉族服饰的特点。

　　公元313年高句丽占领乐浪、带方二郡,公元427年长寿王迁都平壤。在这一百多年的时间里,朝鲜半岛的政权势力经历了诸多的接触与融合,高句丽初占二郡之时,此地尚有不止一处的"汉人自治领"（汉族权力集团）、当地地方权力集团存在。安岳3号墓产生年代为公元357年,此时尚属高句丽东扩早期,安岳3号墓墓葬形制、壁画内容所反映的文化类型并非高句丽国家、高句丽民族葬俗文化,乃是承袭了汉魏墓葬形制的类型。上述乐舞图亦反映了此种特点,同时说明,公元4世纪中叶的朝鲜半岛北部呈现出多元音乐文化并存的局面。

　　① 图1-26见［朝］全畴农撰,奚传绩译《关于高句丽古坟壁画上乐器的研究》,《音乐研究》1959年第3期。

2. 东岩里壁画墓舞蹈图

东岩里壁画墓即是1916年调查的"检山洞古坟"，位于平安南道顺川市区域，是一座封土石室墓，包括前、后二室。墓中壁画几乎剥落殆尽，但留有碎块，前室可辨认墓主、侍从等人物形象，亦有庖厨、行列、舞蹈、狩猎、家居生活等多种场面，后室只可看到装饰纹样、星象，其他已不可识，总体上看以人物风俗为主。东岩里壁画墓的产生时间约在公元4世纪后叶至5世纪末①。虽然我们可知其前室壁画中有舞蹈图，但位置、样式已不可知②。

3. 玉桃里壁画墓群舞图

这一时期朝鲜半岛两江流域所见壁画墓中，目前仅知一幅群舞图图像，见于玉桃里壁画墓。2010年，朝鲜社会科学院考古研究所和延边大学人文社会科学处联合发掘了包括玉桃里壁画墓在内的26座封土石室墓、1座石棺墓等，并于2011年出版了《玉桃里高句丽壁画墓》③《玉桃里——朝鲜南浦市龙冈郡玉桃里一代历史遗迹》④。玉桃里壁画墓是玉桃里墓群中的唯一一座壁画墓，位于南浦市龙冈郡，是一座前、后二室的封土石室墓，产生年代约为公元5世纪上半叶⑤。墓道、前室、

---

① 本文所涉朝鲜半岛公元4—7世纪大同江、载宁江流域壁画墓的年代分期来源见赵俊杰《4—7世纪大同江、载宁江流域封土石室墓研究》，吉林大学2009年博士学位论文，第249—256页附表2。以下不再赘述。——笔者注

② 赵俊杰《4—7世纪大同江、载宁江流域封土石室墓研究》，吉林大学2009年博士学位论文，第14页。

③〔韩〕东北亚历史财团《玉桃里高句丽壁画墓》，2011年版。

④ 朴灿奎等《朝鲜南浦市龙冈郡玉桃里一带历史遗迹》，亚洲出版社2011年版。

⑤ 王策《朝鲜玉桃里高句丽墓葬研究》，吉林大学2013年硕士学位论文，第25页。

墓顶均坍塌,推测可能为穹窿顶。壁画主题为人物风俗、四神;右侧龛有影作木结构残迹;前室四隅有影作木结构,壁画已不清晰;主室后壁为墓主夫妇家居生活图,左壁为行列、歌舞图,右壁为狩猎图,天井中四神、莲花、云纹、蟠螭等装饰图案。墓室出土铁棺钉、铁棺环若干。玉桃里壁画墓主室左壁中部绘有约七名歌者和九名舞者规模的群舞图(图1-27):主室左壁上分出了界栏,其中第一界栏中七人侍立;第二界栏中左端有七人站在一处,其中包括四位男子,三位女子,在旁为九名舞者翩翩起舞,为首的一位男舞者帽插鸟羽,双臂向前方抬起,左腿为重心,右脚轻轻点地,向着右方的舞队望去,在他旁边一位男性舞者与他动作相像,方向相反,相对而舞,后方有约七位舞者,有男有女,皆双臂向后伸展,动作整齐。朝鲜半岛玉桃里壁画墓中的群舞图情态与集安高句丽壁画墓中舞踊墓、长川1号墓中群舞图情态相近,其第二界栏内左方站立者也可能为歌唱者。由于第三界栏已不清,因此无从得知是否有伴奏者在其中。

图1-27　玉桃里壁画墓乐舞图①

---

① 图1-27见王策《朝鲜玉桃里高句丽墓葬研究》,吉林大学2013年硕士学位论文,第53页,图十九。

第一章　集安高句丽墓乐舞图研究

从画面布局来看，玉桃里壁画墓主室壁画布局图从左至右为：行列歌舞图—墓主人夫妇坐像—狩猎图，这一布局结构与舞踊墓非常相近，与长川1号墓也有相通之处。以群舞图壁画来看，玉桃里壁画墓同样使用了界栏分区的方式，与长川1号墓的群舞图构图方式相同。目前所知的高句丽壁画墓中群舞图的图像仅见这三幅，三者之间具有密切的联系。

从墓葬产生的时间顺序来看，三幅群舞图所在壁画墓的时间排序为舞踊墓—玉桃里壁画墓—长川1号墓；从绘画布局手法上看，舞踊墓并未使用界栏，玉桃里、长川1号墓使用了界格分栏；从绘画内容上看，舞踊墓群舞图为墓主人进馔、欣赏舞蹈场景，玉桃里壁画墓为行列、歌舞场景（底部内容不详），长川1号墓为馔饮、群舞场景，三者的内容差异可能是由于玉桃里壁画墓中壁画内容的缺失造成的，总体上看，三者具有密切的关联，以墓葬壁画的形式反映着公元5至6世纪高句丽群舞的艺术形态。

4. 高山洞10号墓三人舞蹈图

高山洞10号墓位于高山洞墓群之中，是一座二室封土墓，前室带左右侧室。该墓葬约产生于公元5世纪末至6世纪初。墓中出土有金、铜制品。高山洞10号墓的图画以人物风俗为主，其壁画保存不多，可看到后室前壁左侧有纹饰带，其下方绘有舞蹈图，可辨认为两男子舞者与一女子舞者[1]（图1-28）。

---

① 赵俊杰《4—7世纪大同江、载宁江流域封土石室墓研究》，吉林大学2009级博士学位论文，第27页。赵俊杰、梁建军《朝鲜境内高句丽壁画墓的分布、形制与壁画主题》，《边疆考古研究》2013年第13期。

图1-28　高山洞10号墓舞蹈图[1]

　　三位舞者并立而舞，左边为一位男性舞者，上身图像已不清晰，可判断他张开双臂，其两臂衣袖微微下垂，下身左脚向前点地，右脚抬起，似乎正轻展双臂，举步向前；中间一位女舞者，亦抬起双臂，约上呈30度角，衣袖飘垂，下着裙襦，裙摆高低不等，意为表现其动态；右边一位亦为一位男性舞者，上身动作与前两位舞者相同，腿部依稀可辨，脚部已看不清楚。高山洞舞蹈图中的舞者身着高句丽民族服饰，舞蹈动作亦是在以往集安高句丽墓中没有看到的新姿态，颇有"翩翩舞广袖，似鸟海东来"之风采。

　　5. 小结

　　由此可知，目前所知的朝鲜半岛壁画墓中，乐舞图有4幅，列表如下：

---

　　① 图1-28见赵俊杰《4—7世纪大同江、载宁江流域封土石室墓研究》，吉林大学2009级博士学位论文，第220页。

表1–10　朝鲜半岛公元4—7世纪大同江、载宁江流域壁画墓乐舞图列表

年代分期	墓葬名	墓室类型	图像位置	绘制内容
公元 357 年	安岳 3 号墓	多室墓	后室左壁	乐舞图（琴筝类乐器、阮咸、竖笛类乐器）
4 世纪后叶至 5 世纪末	东岩里壁画墓	二室墓	前室，位置不详	舞蹈图
5 世纪上半叶	玉桃里壁画墓	二室墓	后室（主室）左壁	群舞图
5 世纪末至 6 世纪初	高山洞 10 号墓	二室墓	后室前壁下方	三人舞蹈图

　　朝鲜半岛公元4—7世纪大同江、载宁江流域绘有乐舞图的壁画墓共计4座，为安岳3号墓、东岩里壁画墓、玉桃里壁画墓和高山洞10号墓，其产生年代自公元5世纪中叶至6世纪末，包括乐舞图像共计4幅，其中与高句丽舞蹈相关图像3幅，可见2幅，为群舞图、三人舞蹈图，目前未见伴奏乐器；另一幅时间最早的安岳3号墓乐舞图反映的并非高句丽乐舞形式，需另作探讨。

（二）乐舞图的特点及文化属性

　　本部分在前文集安高句丽壁画墓乐舞图与朝鲜半岛壁画墓乐舞图对比的基础上，首先总结了朝鲜半岛乐舞图的特点，包括舞姿、舞者组合方式、伴奏乐器等内容；其次探讨朝鲜半岛壁画墓乐舞图的文化属性，进而说明其与集安高句丽壁画墓乐舞图的关系，及其在公元4—7世纪高句丽音乐历史中的价值。

1. 乐舞图的特点

（1）舞姿

本章第二节中曾分析了集安高句丽墓乐舞图的六式舞姿，其中的
II式、VI式舞姿（图1-12）也出现在朝鲜半岛壁画墓中，此外还出现
了三种新的舞姿，我们将其称为VII式、VIII式和IX式（图1-29）。

图1-29　朝鲜半岛壁画墓所见舞姿图

在此基础上，我们对朝鲜半岛壁画墓中的舞姿进行分析，可以列
表如下：

表1-11　朝鲜半岛壁画墓乐舞图舞姿组合表

墓葬名称	图像类型	舞姿排列图示
安岳3号墓	乐舞图	IX式
东岩里壁画墓	舞蹈图	不详
玉桃里壁画墓	群舞图	VI式　　VII式　II式　不清　II式　II式　II式　II式　不清 领舞者　共舞者（8人）
高山洞10号墓	舞蹈图	VIII式　VIII式　VIII式

由上图分析可知，朝鲜半岛的高句丽舞蹈图中，玉桃里壁画墓群
舞图中描绘了VI式、II式舞姿，另有一种新舞姿，本文称为VII式，它与

集安壁画墓中Ⅵ式舞姿是相反方向的姿态。高山洞10号墓中的三人舞蹈图,三人呈统一姿势,为之前集安壁画墓没有出现过,可称为Ⅷ式。Ⅷ式舞姿,舞者两臂伸长,向身体两侧抬起,手肘略低,手掌高度略接近头部,左脚向前,右脚点地。整个动势舒展、平衡,颇有“似鸟海东来”之态。Ⅷ式舞姿在集安地区舞蹈壁画中没有出现过,参考高山洞10号墓的产生时间在公元5世纪末至6世纪初,属于高句丽壁画墓较晚时期的墓葬,因此该种舞姿可能与高句丽舞蹈在朝鲜半岛地区与其他舞蹈文化的融合有关。Ⅸ式舞姿出现在安岳3号墓乐舞图中,为三种新舞姿中出现最早者,然而将其列为Ⅸ式,排于最末,其原因有二:第一,安岳3号墓目前被确认为汉魏体系的墓葬,其墓主人也为投奔高句丽的汉人,因此需将其从高句丽文化属性的墓葬中区分开来;第二,安岳3号墓乐舞图中演奏者、舞者的服饰皆与前述玉桃里、高山洞10号墓等不同,并不属于高句丽民族服饰,因此其表演的舞姿为高句丽舞姿的可能性也会降低,但基于谨慎的材料整合,本处仍将安岳3号墓所见舞姿以Ⅸ式的身份列出,并在后文中进一步进行探讨。

（2）伴奏乐器

集安壁画墓出现的伴奏乐器有阮咸、琴筝类乐器两大类,其中琴筝类乐器中长川1号墓图像中的五弦琴在上一节中曾经做过详细探讨。但在目前所见集安高句丽壁画墓乐舞图中,并未出现乐器组合的形式,均为单一乐器演奏形式。在上述四座朝鲜半岛壁画墓的乐舞图中,只有安岳3号墓的乐舞图目前存有伴奏乐器,包括琴筝类乐器、阮咸和竖笛类乐器3种（图1-30）。

图1-30　安岳3号墓乐舞图中伴奏者①

原图中有三位乐者,可知为一个合奏组合,第一位乐人弹琴筝类乐器,第二位弹奏阮咸,第三位吹竖笛类乐器,且乐人均为汉族服饰打扮,跽坐弹奏。这样的演奏形式与舞踊墓群舞图的伴奏形式十分不同。以乐舞形式来说,安岳3号墓乐舞图中的胡人舞者单独歌舞的样态也与所知高句丽壁画墓中众人欢歌的场面大相径庭。

如何看待安岳3号墓中出现的乐器组合? 前文已经提到,安岳3号墓的产生年代为公元357年,相较于出现乐舞图的4座集安高句丽壁画墓,安岳3号墓的年代更早。而在这座墓葬中,却出现了三件乐器的伴奏组合,这在集安乐舞图、其余的朝鲜半岛壁画墓乐舞图中均未出现。三位乐人身着汉民族服饰、跽坐弹奏,其所使用的竖笛类乐器在前述集安高句丽壁画墓乐舞图中亦没有出现。

安岳3号墓乐舞图中的阮咸图像说明,至迟在公元4世纪中叶,朝鲜半岛北部地区的汉人聚集区中是存在阮咸乐师的,这件乐器在此时也已经自中原传到了遥远的朝鲜半岛地区。此外,上一节中曾经提到,

① 图1-30见[朝]全畴农撰、奚传绩译《关于高句丽古坟壁画上乐器的研究》,《音乐研究》1959年第3期。

阮咸是集安高句丽乐舞中所见的伴奏乐器，见于舞踊墓群舞图，可惜图像已不存。在朝鲜半岛乐舞图中，仅安岳3号墓乐舞图中出现了阮咸。然而在朝鲜半岛德兴里壁画墓、八清里壁画墓的生活场景中也出现过阮咸图像，这无疑为阮咸乐器在朝鲜半岛地区的传入增加了可能性[①]。从伴奏乐器组合的使用来看，安岳3号墓体现的是公元4世纪中叶可能传入朝鲜半岛北部地区的音乐形式。琴筝类乐器、阮咸和竖笛类乐器的组合形式在比其年代稍早的辽阳棒台子1号墓乐舞图中可以看到，这一部分的探讨将在接下来的"公元2—7世纪中国境内壁画墓中的乐舞图"部分展开。

（3）舞者人数、性别等组合方式

除了上述舞姿、伴奏乐器方面的探讨，我们可以获得以上4座朝鲜半岛壁画墓舞蹈人数、性别组合方面的讯息，分别列于表1-12、表1-13，并分而述之。

表1-12　4座朝鲜半岛壁画墓舞蹈人数比较表

年代分期	墓葬名称	图像名称	舞蹈人数	壁画墓来源地
公元357年	安岳3号墓	乐舞图	1	朝鲜半岛
4世纪后叶至5世纪末	东岩里壁画墓	舞蹈图	不详	朝鲜半岛
5世纪上半叶	玉桃里壁画墓	群舞图	1+1+7 共9	朝鲜半岛
5世纪末6世纪初	高山洞10号墓	舞蹈图（残）	3人（残）[①]	朝鲜半岛

---

① 该部分将在第二章中具体展开。——笔者注

② 前述高山洞10号墓中的壁画保存情况不好，除了后室可看到四隅影作木结构、横向纹饰带之外，仅在前壁左侧下方留存纹饰带和三人舞蹈图，因此，此处的"3人"不一定是完整的舞蹈人数组合形式。——笔者注

按照图像类别，我们可以将上表数据与前文所述集安高句丽壁画墓中的舞蹈人数进行比较：第一类，群舞图。从舞蹈人数来看，舞踊墓群舞图中舞者约6人，长川1号墓群舞图舞者约7人，玉桃里壁画墓舞者约9人。按照目前所知的年代顺序，为舞踊墓、玉桃里壁画墓、长川1号墓。第二类，舞蹈图。集安高句丽壁画墓目前所见的非群舞图舞者人数有1人、2人的舞蹈形式，而朝鲜半岛壁画墓中高山洞10号墓所见包含3人的舞蹈形式。

关于4座壁画墓舞者性别组合方式亦可以分析如下：

表1-13　4座朝鲜半岛壁画墓舞蹈人物性别组合表

墓葬名称	图像名称	舞蹈人数	舞者性别
安岳3号墓	乐舞图	1	男
东岩里壁画墓	舞蹈图	不清	不清
玉桃里壁画墓	群舞图	1+1+7 共9人	男+男+男　不清　女　女　男　男　不清
高山洞10号墓	舞蹈图（残）	3人（残）	男　女　男

通过上述分析我们可知，朝鲜半岛公元4—7世纪大同江、载宁江流域壁画墓中共有四座壁画墓有乐舞图像，其中的玉桃里壁画墓群舞图与集安舞踊墓、长川1号墓群舞图均具有一定的相似性，高山洞10号墓舞蹈图三人的组合在目前所见集安高句丽墓壁画乐舞图中尚未出现，上述两座朝鲜半岛壁画墓中均出现了新的舞姿。安岳3号墓乐舞图的表演者服饰、舞姿均较为独特，参考安岳3号墓的墓葬形制、墓主人身份、表演者服饰等资料可知，安岳3号墓可能不是表现了高句丽乐舞的舞姿及表演组合形式。

2. 文化属性辨析

通过对集安高句丽壁画墓和朝鲜半岛壁画墓的比较，我们可知，两地墓葬虽然产生时期相近，然而所绘内容上有所不同。集安地区高句丽壁画墓所见音乐图像主要分为乐舞图和伎乐仙人图两大类，而朝鲜半岛所见除了乐舞图、伎乐仙人图外，有相当数量的行列图。现将两地图像类型对比如下：

表1-14 中国集安地区、朝鲜半岛壁画墓音乐壁画类型对比表[①]

地区 \ 图像类型	群舞	舞蹈	乐舞	百戏	伎乐仙人图	单独器乐演奏图	跽坐奏乐图	行列图	狩猎图	墓主像旁奏乐图
集安地区	2[①]	2	1	2	5	无	无	无	无	无
朝鲜半岛	1	2	1	1	1	1	1	11	1	1

本文认为，两地壁画墓所呈现的音乐图像种类的不同与两地文化归属的不同紧密相关。这一论题将结合下一章内容继续探讨。

---

① 主要参考资料包括 [朝] 全畴农撰、奚传绪译《关于高句丽古坟壁画上乐器的研究》，《音乐研究》1959 年第 3—4 期。吉林省文物考古研究所《吉林集安高句丽墓葬报告集》，科学出版社 2009 年版。赵俊杰《4—7 世纪大同江、载宁江流域封土石室墓研究》，吉林大学 2009 年博士学位论文。[韩] 徐海淮《〈 乐学轨范 〉唐部乐器图说之研究》，华中师范大学出版社 2015 年版。赵俊杰、梁建军《朝鲜境内高句丽壁画墓的分布、形制与壁画主题》，《边疆考古研究》2013 年第 13 期。另包括相关高句丽壁画图册、考古报告等。

② 本部分数字表示音乐图像的"幅"数，并非舞蹈人数、乐器数量等，如舞蹈墓群舞图 1 幅，包含舞者 6 人，歌唱者 7 人和伴奏者 1 人。——笔者注

在乐舞图的探讨过程中,首先需要将其作为墓葬壁画中的组成部分进行研究,因为它是作为整体的墓葬壁画的一部分。在这样的意义剥离基础之上,我们才能审慎地看待乐舞图所反映的音乐历史讯息。通过对上述乐舞图的对比分析,我们既看到了乐器使用的共性,也看到了舞蹈表演的差异性。从以上诸多的对比中,我们可以看出集安高句丽壁画墓中的乐舞图具有较为鲜明的个性化特点,这体现在使用乐器、舞蹈场景等多个方面。而关于朝鲜半岛的乐舞壁画中,玉桃里壁画墓与集安地区高句丽壁画墓的乐舞图具有相似的文化属性,较早的安岳3号墓则更多体现着汉魏的乐舞图像风格,这也与安岳3号墓墓主人所属的文化属性颇相契合。赵俊杰指出,"丧葬观念是一种约定俗成的社会观念,是一个民族文化中最顽固的内核,它并不会在短时间内因外来文化的导入轻易地被改变。"[①]冬寿墓的墓室构造与辽阳汉魏晋石室壁画墓关系密切,壁画的绘画主题也与辽西地区壁画墓较为相似,而冬寿作为北燕司马的墨书题记也确证他的汉人身份,因此可知安岳3号墓中乐舞图所体现的并非具有高句丽特色的舞蹈景象。类似具有汉魏文化性质的朝鲜半岛壁画墓还有德兴里壁画墓等。安岳3号墓、德兴里壁画墓所反映的音乐材料更多地体现了公元4—5世纪朝鲜半岛北部的多文化融合现象。

综上所述,本文认为,朝鲜半岛公元4—7世纪大同江、载宁江流

---

① 赵俊杰《4—7世纪大同江、载宁江流域封土石室墓研究》,吉林大学2009年博士学位论文,第56页。

域壁画墓中的确留存有高句丽壁画墓音乐图像，但也有反映其他文化系统的墓葬音乐图像，因此需要对其进行甄别与辨析，并及时吸收其他学科的研究成果进行综合判断。在涉及乐舞图像的四座墓葬中，玉桃里壁画墓群舞图、高山洞10号墓三人舞图或从舞姿、形式上，或从服饰上均可以认为是高句丽舞蹈图像；东岩里壁画墓舞蹈图尚未得见，因此阙疑；安岳3号墓具有汉魏壁画墓的文化传承性质，因此该墓葬中的乐舞图并非反映了高句丽民族的乐舞形式，那么在公元4世纪中叶，高句丽国内是否已经流行了这种胡人乐舞、乐师跽坐伴奏的表演形式，还可以进一步探讨。安岳3号墓作为汉魏形制墓葬却出现了胡人乐舞的表演内容，可以说明高句丽东扩之时朝鲜半岛北部音乐文化多元交融，这无疑为高句丽东迁后的音乐文化繁荣发展、兼收并蓄奠定了良好的基础。因此我们可以说，目前所知朝鲜半岛壁画墓中，绘有乐舞图像的玉桃里壁画墓、高山洞10号墓为所知较为明确的高句丽墓葬，其乐舞表现形式反映了高句丽民族乐舞的特色，是集安高句丽壁画墓乐舞图研究不可缺少的对比材料和有效补充。

二、公元2—7世纪中国境内壁画墓中的乐舞图

本部分选取公元2—7世纪中国境内壁画墓中的乐舞图与集安高句丽壁画墓乐舞图进行对比分析。作为魏晋时期壁画墓葬中的图像呈现，我们试图将视野拉宽、时间放大，在探讨这些乐舞图自身特点的基础上，以更为广阔的视域理解集安高句丽乐舞的特点及其与周边舞蹈文化的关系。本部分所选取的例子包括东北地区辽东汉魏壁画墓

乐舞图、十六国北朝相关乐舞文物等内容。

（一）辽东汉魏壁画墓中的乐舞图

东北地区两汉至南北朝时期的壁画墓主要包括辽东汉魏晋壁画墓、辽西三燕壁画墓和集安高句丽壁画墓，其中集安高句丽壁画墓数量最多，作为与之地域关系密切的辽东、辽西壁画墓，也可能是理解集安高句丽壁画墓音乐图像发展渊源的重要材料，值得认真加以分析。目前所知辽西三燕壁画墓材料中无乐舞图资料，辽东壁画墓中则出现了乐舞图像。

辽东壁画墓主要集中在辽宁省辽阳和大连地区，截至2017年8月，共发现约34座[①]，时间约从东汉末年至十六国末期（即五世纪初）。其中大连地区只发现营城子2号墓一座壁画墓，其余均分布于辽阳地区。在已发表的辽东壁画墓中，有4座壁画墓中有乐舞图像，包括北园1号墓、北园3号墓、棒台子1号墓和鹅房1号墓，其产生年代均处于公孙氏割据及稍前的东汉晚期后段至魏前期，即公元2世纪70—80年代至3世纪30年代[②]。现分述如下：

---

① 据孙力楠《东北地区2—6世纪墓葬壁画研究》（吉林大学2008年博士学位论文，第14页）和李林《石室丹青——辽东汉魏墓室壁画研究》（中央美术学院2011年博士学位论文，第4页）统计，辽阳汉魏壁画墓约30座。2014年5月开始，辽宁省文物考古所在辽阳市发掘了92座汉魏墓葬，其中包括4座壁画墓。（网址：http://www.chinanews.com/cul/2015/01-22/6996347.shtml 中新网2015年1月22日新闻，查阅时间2017年8月18日）截止到2017年8月，新发掘的辽阳汉魏墓葬资料中并未披露是否具有音乐内容。

② 刘未《辽阳汉魏晋壁画墓研究》，《边疆考古研究》2003年第2期。

1. 乐舞图

（1）北园1号墓乐舞图

北园1号墓后廊左后壁上，有杂技乐舞图。其中描绘倒立、反弓、舞轮、跳剑、弄丸等。乐舞图中部靠左有一建鼓，鼓旁有击鼓者，击鼓者下方有长袖舞者正在跳舞，舞者脚下似有盘状物两个，可能原为"盘舞"画面（图1-31）。

图1-31　北园1号墓乐舞图①

（2）北园3号墓乐舞图

北园3号墓小室中的乐舞图画面上方帷帐内踞坐三人，似为观者。画面下方共绘五人，皆着红衣：左侧有二人，面前各有一物；中部一人做长袖舞，右方有二人并座，由于下部图像细部不甚清晰，因此是否有所执乐器等已不得而知（图1-32）。

---

① 图1-31见李林《石室丹青——辽东汉魏墓室壁画研究》，中央美术学院2011年博士论文，第61页，图2·3·6。

图1-32　北园3号墓乐舞图[①]

（3）棒台子1号墓乐舞图

棒台子1号墓墓门左右两壁分别绘有乐舞图像。左壁图中表演者约26人：第一列乃是乐工，自右向左，依次为弹琴筝类乐器、吹竖笛类乐器、弹奏琵琶，最左方二人做拍手状；第二列为五位歌手；另还有其余百戏表演者。仔细观察棒台子1号墓所见乐器，其中的琵琶乃是梨形音箱，从图来看，似是以手弹之。因此从演奏组合上来说，其具备了琵琶（梨形音箱）、竖笛类乐器、琴筝类乐器三种及以上乐器合奏的形式[②]（图1-33）。

---

① 图1-32见李林《石室丹青——辽东汉魏墓室壁画研究》，中央美术学院2011年博士论文，第61页，图2·3·7。

② 因左侧两人姿态、乐器不甚清晰，因此笔者将其认定为上述三件乐器"及以上"的组合形式。其中最左边第一位可能是打鼓者。——笔者注

图1-33　棒台子1号墓左壁乐舞图①

　　右壁图中表演者约23人。图上方描绘乐师可分为两组：左方一组有五位乐人，共坐一席，自左至右第五位旁置一建鼓，乐人做敲击状，其余乐师动作多不可辨；右方一组有四位乐人，自左第一人演奏乐器已不清晰，第二人弹琵琶，第三人吹竖笛类乐器，第四人弹琴筝类乐器。其中第二人所弹为梨形音箱琵琶，在摹绘本中可以看到八个弦轸，可能绘画所误。其琴筝类乐器可以看到较为明显的七个通品，可能是卧箜篌类乐器。因此从演奏组合上来说，图中具备了包括建鼓、琵琶（梨形音箱）、竖笛类乐器和卧箜篌及以上乐器的组合形式。画面中部及下部有鼓上舞、舞轮、跳丸等多位表演者（图1-34）。

图1-34　棒台子1号墓右壁乐舞图②

---

① 图1-33见李文信《辽阳发现的三座壁画古墓》，《文物参考资料》1955年第5期。
② 图1-34同注释①。

（4）鹅房1号墓乐舞图

鹅房1号墓左耳室前壁绘有宴饮图。画面左侧二人跽坐毡上，右侧三人跽坐毡上，中间一舞者倒立作舞，下方一毡，上置一鼓。两侧人物前各置一盘（图1-35）。

图1-35　鹅房1号墓乐舞图[①]

由此可以获知辽阳汉魏壁画墓中的乐舞图像材料，列表如下：

表1-15　辽阳汉魏壁画墓乐舞图列表

所属年代	墓葬名称	乐舞图	所处位置
2世纪70—80年代至3世纪30年代	北园1号墓	建鼓、长袖舞等	后廊左后壁
	北园3号墓	长袖舞等	小室
	棒台子1号墓	左壁：琴筝类乐器、竖笛类乐器、梨形音箱琵琶、歌者等	墓门左壁
		右壁：建鼓等 卧箜篌、竖笛类乐器、梨形音箱琵琶等 鼓上舞蹈	墓门右壁
	鹅房1号墓	倒置立鼓上舞蹈	左耳室前壁

---

① 图1-35见李林《石室丹青——辽东汉魏墓室壁画研究》，中央美术学院2011年博士论文，第61页，图2·3·9。

辽阳汉魏壁画墓的年代早于集安高句丽壁画墓，其乐舞图的内容也与其有所区别，通过对乐舞图特点及文化属性的比较分析可将其区别阐述得更为清晰。

2. 乐舞图的特点及文化属性

东北地区墓葬壁画中，辽阳汉魏壁画墓的产生年代较早，由上述乐舞图所见，建鼓、长袖舞等音乐图像特点体现了汉魏音乐文化的特征。其中，棒台子1号墓中的音乐图像尤为丰富，提供了乐器组合方面的宝贵资料，见于墓门两侧壁画中的竖笛类乐器、梨形音箱琵琶、卧箜篌等乐器图像为探索该时期东北地区乐器的流传情况提供了重要讯息。本部分中分舞蹈类型、伴奏、文化属性等方面将辽阳汉魏壁画墓乐舞图与集安高句丽乐舞图进行比较分析。

（1）舞蹈类型

尽管舞姿、舞蹈道具方面有所不同，辽阳汉魏壁画墓乐舞图的舞蹈类型主要是以汉代袖舞为主。"袖舞"指中国传统舞蹈中的以舞袖为特征的舞蹈。具体包括以舞长袖和博袖为特征的舞蹈[1]。汉民族的袖舞历史悠久，彭洁波指出，袖舞的历史最早可以追溯到商代[2]。汉代袖舞并非某一种特定的舞蹈类型，而是具有多种的样式。同时，考古所获的汉代乐舞图像资料往往与杂技混于同一画面[3]，这也对袖舞的演出场合、相关表演内容等方面提供了一定讯息。

---

① 彭洁波《宋前袖舞演变考》，湖南师范大学2009年硕士学位论文，绪论，第1页。

② 同注释①，第5页。

③ 萧亢达《汉代乐舞百戏艺术研究（修订版）》，文物出版社2010年版，第155页。

诚如上述4座辽阳壁画墓所见，上述4处的袖舞多为1人表演，舞者衣袖较长，呈飞舞飘逸之态，旁边亦出现稍具规模的伴奏乐队。相比之下，集安高句丽壁画墓的乐舞图中舞者衣袖虽长于手臂，但衣袖以自然下垂形态为主，长度较辽阳壁画墓所见也短小许多，如下图（图1-36）：

图1-36　舞踊墓与北园1号墓局部舞者比较图

　　此外，从乐舞表演形式、人数来说，集安高句丽壁画墓乐舞图所见的群舞图、双人舞等形式在辽阳汉魏壁画墓中均没有见到。特别是颇具特色的高句丽群舞图，是集安高句丽壁画墓乐舞图区别于辽阳汉魏壁画墓乐舞图的重要内容之一。

　　综上所述，从舞姿、舞蹈人员组合等方面来看，辽阳汉魏壁画墓乐舞图所展现的舞蹈是较为典型的汉魏袖舞，而集安高句丽壁画墓乐舞图所展现的是具有高句丽民族特色的乐舞场景，两者具有较大的不同。那么，高句丽乐舞与中原袖舞是否具有一定的渊源关系，将在下一节中具体进行探讨。

　　（2）伴奏乐器及组合

　　集安高句丽壁画墓乐舞图中所见的伴奏乐器包括阮咸、琴筝类乐器两种。辽阳汉魏壁画墓所见的伴奏乐器种类较为多样，且已经形成了较有规模的乐器组合形式。参见下表：

表1-16　辽阳汉魏壁画墓乐舞图中伴奏乐器列表

墓葬名称		主要伴奏乐器		
		弹拨乐器	吹奏乐器	打击乐器
北园1号墓				建鼓
北园3号墓				
棒台子1号墓	左壁	琴筝类乐器 梨形音箱琵琶	竖笛类乐器	
	右壁	卧箜篌 梨形音箱琵琶	竖笛类乐器	建鼓
鹅房1号墓				

　　结合上表我们可知,辽阳汉魏壁画墓乐舞图中的伴奏乐器主要见于北园1号墓、棒台子1号墓的乐舞图中,其中,北园1号墓乐舞图中出现了建鼓,而棒台子1号墓乐舞图的伴奏乐器类型丰富,出现了弹拨、吹奏、打击乐器的组合形式。本部分将辽阳汉魏壁画墓乐舞图中的伴奏乐器分为弹拨、吹奏、打击乐器三类,并结合乐器组合方面问题与集安高句丽壁画墓乐舞图的伴奏乐器进行对比探讨,分述如下:

　　首先,辽阳汉魏壁画墓乐舞图中出现的弹拨乐器包括琴筝类乐器和琵琶类乐器两大类。其中,琴筝类乐器包括琴筝类乐器（无法进一步辨识）、卧箜篌两种,见于棒台子1号墓乐舞图中。其中的乐器卧箜篌图像是公元3世纪辽东地区卧箜篌乐器流传的重要资料,虽然集安高句丽壁画墓乐舞图中没有出现乐器卧箜篌,但是在伎乐仙人图中则较为多见,且几乎贯穿公元4—7世纪多个时期的集安高句丽墓葬,因此,棒台子1号墓乐舞图中出现的卧箜篌图像为探索高句丽卧箜篌乐器的传入问题提供了宝贵资料。此外，辽阳壁画墓所见琵琶类乐器为梨形音箱琵琶，亦见于棒台子1号墓乐舞图中。

第二，棒台子1号墓乐舞图中出现了竖笛类乐器，并与其他乐器形成乐器组合为舞蹈伴奏。集安高句丽壁画墓乐舞图中没有出现竖笛类乐器，然而在集安高句丽壁画墓伎乐仙人图中曾经出现，见于长川1号墓壁画之中。

第三，北园1号墓、棒台子1号墓乐舞图中均出现了建鼓。集安高句丽壁画墓乐舞图中没有此种乐器，伎乐仙人图中也未曾出现。朝鲜半岛平壤驿前二室墓壁画中出现了乐器建鼓（图1-37），但并非作为乐舞伴奏，而是作为鼓吹行列使用乐器出现，与角等乐器共同使用。

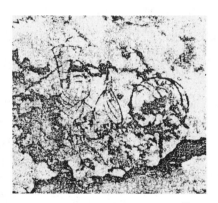

图1-37　平壤驿前二室墓击建鼓图[①]

---

① 图1-37见［朝］科学院考古学与民俗学研究所《平壤驿前二室坟发掘报告》，《考古学资料集第1集——大同江流域古坟发掘报告》，朝鲜科学院出版社1958年版，第17—24页，图36。

方建军指出,建鼓是东周和汉代考古中发现的一种桶体双面击奏膜鸣乐器,在汉代的建鼓图像资料中,柱顶多加有"羽葆""流苏"之类的装饰①。建鼓图像的出现体现着汉民族音乐文化的特点,这也从侧面印证了朝鲜半岛壁画墓所反映的音乐内容具有多元性。因此在探讨高句丽音乐文化过程中,集安高句丽墓的音乐壁画具有典型性和代表性,以此为基础,我们可以对朝鲜半岛墓葬中的音乐壁画进行进一步的辨识与分析。

　　总体而言,集安高句丽壁画墓乐舞图的伴奏乐器仅使用了弹拨乐器,包括阮咸和琴筝类乐器两类,且均为单一乐器进行伴奏,与辽阳汉魏壁画墓中所体现的多种乐器组合的形式相区别。虽然棒台子1号墓乐舞图中丰富的伴奏乐器组合没有在集安高句丽壁画墓乐舞图中出现,但是与朝鲜半岛安岳3号墓乐舞图的乐器组合具有相似之处,如下:

表1-17　棒台子1号墓与安岳3号墓乐舞图乐器组合比较表

所属年代	墓葬名称		主要使用乐器及组合形式		
			弹拨乐器	吹奏乐器	打击乐器
2世纪70—80年代至3世纪30年代	棒台子1号墓	左壁	琴筝类乐器梨形音箱琵琶	竖笛类乐器	
		右壁	卧箜篌梨形音箱琵琶	竖笛类乐器	建鼓
公元357年	安岳3号墓		琴筝类乐器阮咸	竖笛类乐器	

_____

① 方建军《中国古代乐器概论（远古—汉代）》,陕西人民出版社,第41—43页。

从上表可知，上述两座墓葬乐舞图的乐器组合形式具有较强的相似性，其中弹拨乐器、吹奏乐器的使用较为广泛，呈现出琴筝类乐器、琵琶类乐器和吹奏乐器组合的形式。前述安岳3号墓为汉魏形制墓葬，在此处体现的伴奏乐器组合内容上，安岳3号墓也与棒台子1号墓具有较强的一致性。因此可知，从乐舞图伴奏乐器组合来看，安岳3号墓呈现出较强的汉魏乐舞图特点，不是以集安高句丽壁画墓乐舞图为代表的典型高句丽乐舞伴奏形式。

（二）十六国北朝时期的乐舞文物

高句丽乐舞曾在北燕、北周、隋、唐、刘宋等地流传，虽然对于上述王朝及地区乐舞文化对高句丽乐舞的影响目前我们知之不多，不过可以肯定的是它们之间有着频繁接触的机会与可能。十六国及北朝文献资料中对于乐舞舞姿、伴奏的具体记载并不多见，但是通过考古资料我们可以获悉部分前凉、东魏、北齐、北周乐舞的具体形象，其中既有女舞者的身姿、亦有男舞者的风采。

1. 十六国北朝时期乐舞文物举要

本部分所探讨的十六国北朝乐舞文物主要包括丁家闸5号墓乐舞图、北朝舞俑、北齐黄釉瓷扁壶乐舞图三方面的内容，以在一定程度上了解十六国北朝时期的乐舞发展情况，在下一部分中与集安地区高句丽的乐舞发展状况进行对比。

（1）丁家闸5号墓乐舞图

甘肃酒泉丁家闸5号墓产生年代为魏晋时期，下限不会晚于前凉①（公元314/320—376年），其主室后壁有燕居行乐图（图1-38）。图中所见界栏中的图像可以分成以下几个部分：左侧上部有乐师四人，皆踞坐，自左至右分别击细腰鼓、吹竖笛类乐器、弹梨形音箱琵琶、奏琴筝类乐器；左侧下部二人于毡上做倒置状；乐师右侧有二人做舞蹈状，其旁见一桌几，两旁分别立一人；向右侧有一人击鼗鼓；最右侧坐于屋宇中有观舞者像，其后二侍从。

图1-38　丁家闸5号墓乐舞图②

（2）北朝舞俑

本部分的探讨内容包括北陈村北魏墓舞俑、北魏元邵墓舞俑、茹茹公主墓舞俑、东魏尧赵氏舞俑、磁县湾漳大墓舞俑等，现分而述之：

洛阳孟津北陈村北魏墓出土伎乐俑5件。其中乐俑4件，舞俑1件。舞俑头部已残缺（图1-39·1），如图所见，舞俑其身着短袖衫，下着及地长裙，肩部有披巾，腰系宽腰带。俑人上身向左弯曲，左手向下垂侍，似欲提裙，右手置于胯部。其姿态与茹茹公主墓所见女乐俑姿态（图

---

①　韦正《试谈酒泉丁家闸5号壁画墓的时代》，《文物》2011年第4期。
②　图1-38见《中国音乐文物大系》总编辑部《中国音乐文物大系·甘肃卷》，大象出版社1998年版，第255页。

1-39·3）有相似之处。北陈村北魏墓同出乐俑均为击鼓俑，其鼓为小扁鼓^①。

　　北魏元邵墓出土了100余件陶俑，其中包括骑马鼓吹俑、击鼓俑、伎乐俑、舞俑等。舞俑着长裙，双手扶膝盖，轻抬右脚，似舞蹈状（图1-39·2）。同出伎乐俑6件，均跽坐演奏，乐器多失，其中尚可辨认的有排箫、琴筝类乐器等^②。

　　茹茹公主墓出土了陶俑1064件，包括伎乐骑俑、伎乐俑、舞俑、陶编钟、陶编磬等音乐文物，其中包括女舞俑5件。图1-39·3为393号舞俑，该舞女梳高髻，长衫右衽，长裙及地，左膝轻抬，左手提裙，右手置于胯部，似舞蹈状。由于该墓早期遭到盗掘，所出陶俑又数量众多，因此舞俑与伎乐俑等相关音乐文物的组合关系尚需进一步讨论^③。

　　河北磁县东陈村东魏尧赵氏墓所见舞俑（图1-39·4）梳双发辫，着长裙，衣服左衽，右手提裙，轻抬右脚，左臂垂侍，似舞蹈状。该墓同出击扁鼓乐俑9件。由于尧赵氏墓早年遭盗掘，因此陶俑摆放位置及与其他乐俑的组合关系已不得而知^④。

————————

① 洛阳市文物工作队《洛阳孟津北陈村北魏壁画墓》,《文物》1995年第8期。

② 洛阳博物馆《洛阳北魏元邵墓》,《考古》1973年第4期。

③ 磁县文化馆《河北磁县东魏茹茹公主墓发掘简报》,《文物》1984年第4期。

④ 磁县文化馆《河北磁县东陈村东魏墓》,《考古》1977年第6期。

图1-39　北朝女舞俑[①]

　　前述多为北朝所见女舞者的形象，考古材料所见亦有部分男舞者的形象。河北磁县湾漳村编号106号大墓出土陶俑达1805件，其中包括鼓乐仪仗俑、乐舞俑等乐俑。其中所见舞俑共16件，根据其动作可以分为A、B两型（图1-40），各8件。图1-40·1为舞蹈俑标本775号，为A型。舞俑身着右衽长袍，身体略向前倾，左膝微微弯曲，双臂向外欲张开，博袖，两袖口有小圆孔，可能原有执物。图1-40·2为舞蹈俑标本1268号，为B型。舞俑同样身着右衽长袍，左膝微微弯曲，左臂抬起伸向左前方，右臂后摆，博袖飘舞，两袖口亦皆有小圆孔，似有执物[②]。

---

　　① 图1-39·1见洛阳市文物工作队《洛阳孟津北陈村北魏壁画墓》，《文物》1995年第8期。图1-39·2见洛阳博物馆《洛阳北魏元邵墓》，《考古》1973年第4期。图1-39·3见磁县文化馆《河北磁县东魏茹茹公主墓发掘简报》，《文物》1984年第4期。图1-39·4见《中国音乐文物大系》总编辑部《中国音乐文物大系II·河北卷》，大象出版社2008年版，第180页。
　　② 中国社会科学院考古研究所、河北省文物研究所《磁县湾漳北朝壁画墓》，科学出版社2003年版。

1   2

图1-40　磁县湾漳大墓舞俑[①] 图1-41　北齐黄釉瓷扁壶[②]

（3）北齐黄釉瓷扁壶乐舞图

　　河南安阳北齐范粹墓出土的黄釉瓷扁壶是北齐重要的音乐文物资料，被广为引用，该墓出土黄釉瓷扁壶4件，其中有2件损毁[③]。此外，还有北齐洛阳乐舞扁壶[④]、北齐孟津平乐乡扁壶[⑤]各1件，其纹饰与范粹墓黄釉瓷扁壶一致。此类扁壶双面皆有乐舞图，内容相同（图1-41）。画面中共有五人，四人伴奏，一人舞蹈，皆为男子。画面中心一男子着胡服，于莲花座上舞蹈，只见其屈膝翘臀，右臂高抬，左肩微微耸起，头部看向左方；围绕着他的是四名乐师，左侧一人弹五弦琵

---

　　① 图1-40·1见《中国音乐文物大系》总编辑部《中国音乐文物大系II·河北卷》，大象出版社2008年版，第172页；图1-40·2见《中国音乐文物大系II·河北卷》，第173页。

　　② 图1-41见《中国音乐文物大系》总编辑部《中国音乐文物大系·河南卷》，大象出版社1996年版，第154页。

　　③ 河南省博物馆《河南安阳北齐范粹墓发掘简报》，《文物》1972年第1期。

　　④ 洛阳市文物工作队《洛阳近几年来搜集的珍贵历史文物》，《中原文物》1984年第3期。

　　⑤ 李随林、刘航宇《绿釉乐舞扁壶时代考》，《中州古今》1993年第4期。

琶、一人击铙钹,右侧一人吹横笛、一人似击掌相和,击掌者也可能进行伴唱。画面中所见的乐舞服装与上述北魏、东魏乃至磁县湾漳北朝墓所见皆不同,具有较为鲜明的西域特点。

综合上述讯息,可以列出十六国北朝乐舞文物列表如下:

表1-18　十六国北朝时期乐舞文物列表[①]

产生年代	墓葬名称	音乐文物名称	乐舞内容		所属地域
			舞人(人数)	乐人(人数)	
不晚于前凉(公元 314/320—376 年)	丁家闸 5 号墓	乐舞图	女舞人(2)	细腰鼓、竖笛类乐器、梨形音箱琵琶、琴筝类乐器(4)	甘肃
北魏武泰元年(公元 528 年)	北魏元邵墓	乐舞俑	女舞人(1)	排箫、琴筝类乐器等(6)	河南
北魏太昌元年(公元 532 年)	洛阳孟津北陈村北魏墓	乐舞俑	女舞人(1)	小扁鼓?(4)	河南
东魏武定五年(公元 547 年)	河北磁县东陈村东魏尧赵氏墓	乐舞俑	女舞人(1)	不清	河北
东魏武定八年(公元 550 年)	茹茹公主墓	乐舞俑	女舞人(1)	不清	河北
北齐	河北磁县湾漳大墓第 106 号	乐舞俑	男舞人(16)	不清	河北
北齐	不详	北齐瓷扁壶	男舞者(1)	五弦琵琶、铙、横笛、拍手(4)	河南

通过上述图表我们可知,本部分列举的七种北朝乐舞图像文物中以乐舞俑占有的比例最多;其舞人形象包括男舞人、女舞人,其中女舞人形象较多;伴奏乐器方面的资料由于出土乐俑位置的扰乱而讯息较

---

① 相关资料见前述"十六国北朝时期音乐文物举要"部分注释说明。——笔者注

少，主要以丁家闸5号墓、北魏元邵墓和北齐瓷扁鼓等资料为主，其乐器使用与组合问题还可进一步分析。当然，由于北朝本身历史文化的多元性，上述所列乐舞相关文物之间仍可以进行诸多详细的讨论，本文仅举要与集安高句丽壁画墓乐舞图做整体的比较，进而管中窥豹，获得公元4—7世纪北朝乐舞文化与集安高句丽乐舞文化发展、交流、对比的相关讯息，北朝乐舞图的进一步探讨，有待未来在他文中进一步详细论述。

2. 十六国北朝时期乐舞文物的特点

本部分中将上述7种北朝乐舞文物与集安高句丽壁画墓乐舞图进行比较分析。由于十六国北朝时期乐舞所具有的文化多元性与丰富性，因此本部分中暂不对其文化归属问题过多涉及，而是着重于具体舞姿、伴奏乐器等特点的比较分析。

（1）舞姿

十六国北朝时期北方群雄并起，文化交流频繁，奠定了隋唐文化盛世的基础。上述所列的十六国北朝乐舞文物中以女性舞者形象居多，其中北魏元邵墓、茹茹公主墓、东魏尧赵氏墓所见女舞俑的姿态趋于一致，丁家闸5号墓乐舞图为两位女性舞者同舞，其姿态与前述三者相异，孟津北陈村北魏墓女舞者姿态与上述四者均相异；磁县湾漳大墓、北齐黄釉瓷扁壶所见均为男舞者形象，其服饰、姿态均有很大区别，其中北齐黄釉瓷扁壶所绘为胡人乐舞形象。

十六国北朝时期是北方诸多民族征战频仍、交流发展的时期，也是南、北方文化互相影响的重要时期，高句丽作为东北部地区的重要民族政权，在此时期也参与到了南北朝的音乐文化交流之中。《隋书·音乐志》载："疏勒、安国、高丽,并起自后魏平冯氏及通西域,因得其伎。后渐繁会其声,以别于太乐。"[1]由此条记载可知:其一,高句丽音乐在约公元5世纪上半叶已经在北燕、北魏地区流行。依《隋书》所载,北魏灭北燕冯氏(公元436年)、并与西域地区相通,因此获得了疏勒、安国和高丽乐。疏勒、安国皆位于中原以西,而高句丽位于东部。北燕与高句丽互有征战、关系密切,其文化上的互通与交流也是不争的事实。因此,北燕地区有高丽乐的流传是可以理解的。而后北魏破北燕,高丽乐随之获得更加广泛的流传。《旧唐书·音乐志》的记载也值得注意。其载:"宋世有高丽、百济乐。魏平冯跋,亦得之而未具。周师灭齐,二国献其乐。隋文帝平陈,得清乐及文康礼毕曲,列九部伎,百济伎不预焉。"[2]该文中指出高句丽音乐的流传范围更为广泛。第一,南朝宋(公元420—479年)即有高丽、百济音乐流传;其二,北朝的高丽、百济乐的流传情况,如下:北魏平北燕之时所得高丽、百济乐并未齐备,而北周灭北齐之时(公元577年),高丽、百济来献乐,始得较为完备的二国音乐。由此或可认为,十六国时期战乱频仍带来了文化的多元发展与接触,至迟在公元5世纪中叶,高句丽音乐已经在中原地区获得了较为广泛的流传,北方与之交往密切的北燕、南方的宋地区可以作为目前所知高句丽音乐外传的最早历史定点。

　　回顾考古资料中的具体讯息,目前我们对高句丽乐舞与十六国北

---

① [唐]魏征等《隋书·音乐志》,中华书局1973年版,第380页。
② [后晋]刘昫等《旧唐书·音乐志》,中华书局1975年版,第1069页。

朝乐舞的交互影响发展难以从舞姿上获得更为具体的认识。我们将甘肃酒泉丁家闸5号墓乐舞图与集安麻线沟1号墓双人舞图的舞姿进行比较,如下（图1-42）:

图1-42　丁家闸5号墓与麻线沟1号墓双人舞对比图[①]

丁家闸5号墓乐舞图左方舞者呈弓字步，左手臂向正前方平举，右手臂高高抬起、大臂靠于右耳侧,向后看向右方舞者,右方舞者左臂向身体左侧舒展抬起,右臂抬起并曲肘、袖口靠于右耳侧,亦看向画面右方;麻线沟一号墓双人舞图中,左侧舞者上身略向前倾,双臂同时向身体前方抬起,右侧舞者左臂向身体左侧水平位置抬起,右肘弯曲,手臂平举于身体前方,身体重心右倾,胯部向左倾斜,形成身体的S形曲线。对比两者,虽然均为两位舞者共舞,然其舞姿特点相异。此外,从

① 图1-42·1见甘肃省文物考古研究所编《酒泉十六国墓壁画》,文物出版社1989年版,图版女舞伎。图1-42·2为通沟12号墓双人舞图,见吉林省博物馆集安考古队《吉林集安麻线沟一号壁画墓》,《考古》1964年第10期。

服饰上来看,丁家闸5号墓乐舞图所着服饰接近汉族服饰,麻线沟1号墓双人舞图所见是较为典型的高句丽服饰;从舞者性别组合来说,丁家闸5号墓乐舞图为两位女性舞者共舞,麻线沟1号墓为两位男性舞者共舞。

除丁家闸5号墓乐舞图所见,前述其他十六国北朝乐舞形象的舞姿中亦难以找到与集安高句丽壁画墓所见舞姿的相似之处(图1-43):

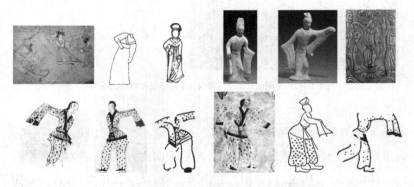

图1-43　十六国北朝时期乐舞文物与集安高句丽壁画墓舞姿对比图

诚然,一方面,舞蹈作为一种动态的艺术,当它以静止的方式呈现在图像文物中之时,本身就受到了不小的局限,加之绘画质量、艺术风格等方面的影响,亦会使得舞姿的辨识更加困难;另一方面,十六国北朝时期文化多元,本身便是一个音乐文化丰富发展的时期,将其本身的乐舞文化进行整体归纳已非易事,同时过多篇幅的探讨也会偏离本部分比较的关键之所在。在本部分舞姿的对比分析中,虽然我们并未获得十六国北朝乐舞文物与集安高句丽壁画墓乐舞图中乐舞形象中

的共通之处，或许，舞蹈形态具有更强烈的民族风格，又或许，未来的
进一步探索中可以获知它们之间的联系，然而在伴奏乐器方面，我们
却可以寻找到文化交流的蛛丝马迹。

（2）伴奏乐器

集安高句丽壁画墓乐舞图所见的伴奏乐器有琴筝类乐器（包括
五弦琴）、阮咸两类，并未见到伴奏乐器的组合形式。本部分所见十六
国北朝时期乐舞文物中的伴奏乐器可以列表如下：

表1-19　十六国北朝时期乐舞文物中伴奏乐器列表

产生年代	墓葬名称	伴奏乐器		
		弹拨乐器	吹奏乐器	打击乐器
不晚于前凉①（公元314/320—376年）	丁家闸5号墓乐舞图	梨形音箱琵琶；琴筝类乐器	竖笛类乐器	细腰鼓
北魏武泰元年（公元528年）	北魏元邵墓乐舞俑	琴筝类乐器	排箫	不清
北魏太昌元年（公元532年）	洛阳孟津北陈村北魏墓乐舞俑			小扁鼓？
东魏武定五年（公元547年）	河北磁县东陈村东魏尧赵氏墓	不清		
东魏武定八年（公元550年）	茹茹公主墓	不清		
北齐	河北磁县湾漳大墓第106号	不清		
北齐	北齐瓷扁壶	五弦琵琶	横笛	铙

由上表可知，本部分所述乐舞伴奏乐器主要见于丁家闸5号墓乐

---

① 韦正《试谈酒泉丁家闸5号壁画墓的时代》,《文物》2011年第4期。

舞图、北魏元邵墓乐俑和北齐黄釉瓷扁壶乐舞图^①之中。其中所涉乐
器包括弹拨、吹奏、打击乐器三大类,包括琴筝类乐器、梨形音箱琵琶、
五弦琵琶、竖笛类乐器、排箫、横笛、细腰鼓、钹,共计约8种,其乐器组
合形式也十分丰富。

　　在与集安高句丽壁画墓乐舞图伴奏乐器的比较中我们可知,琴筝
类乐器是两者均涉及的伴奏乐器种类,现对比如下(1-44):

1　　　　　　　2　　　　　　3　　　　　　　4

图1-44　琴筝类乐器对比图^②

　　如前文所述,丁家闸5号墓乐舞图中,左上方描绘有四位乐师,均
踞坐演奏乐器。第四位为男性乐师(图1-44·1),他将琴筝类乐器首
部置于膝上,另一端置于地上,右手置于乐器首部,左手置于中部,呈

---

　　① 本文认为,孟津北辰村北魏墓所出扁鼓疑为鼓吹仪仗所用乐器,因此存疑,暂不列入
探讨。——笔者注
　　② 图1-44·1见甘肃省文物考古研究所编:《酒泉十六国墓壁画》,文物出版社1989年
版,图版男乐伎。图1-44·2见洛阳博物馆《洛阳北魏元邵墓》,《考古》1973年第4期。图
1-44·3为通沟12号墓乐舞图局部,见王承礼、韩淑华《吉林集安通沟十二号高句丽壁画墓》,
《考古》1964年第2期,第70页,图三·4。图1-44·4为长川1号墓备舞图局部,见〔日〕朝鲜
画报社《高句丽古坟壁画》,朝鲜画报社出版部1985年版,第205幅局部。

弹奏状。这件乐器可知为琴筝类乐器，但目前所见图像中品柱不甚清晰，因此是筝或卧箜篌尚不可知。北魏元邵墓中有踞坐奏乐俑6人，其中目前可辨识的使用乐器仅有排箫、琴筝类乐器等，其中奏琴筝类乐器俑（图1-44·2）踞坐，乐器置于双膝之上，乐俑左手抚琴，右手抬起，呈演奏状，乐器呈横卧类长方形，上绘琴弦若干，没有明显的品柱痕迹，因此仅可知为琴筝类乐器，无法进一步进行判断。图1-44·3、图1-44·4分别来自集安通沟十二号墓、长川1号墓乐舞图，前者判断为琴筝类乐器，后者目前定名为"五弦琴"。从演奏方式来看，四者具有相似性，均为左手按弦，右手弹奏。关于右手部分是否使用拨子，目前尚不可知。诚然，一方面，尽管同样使用了琴筝类乐器，然而上述乐器的辨识具有一定的模糊性，因此无法进行进一步的比对；另一方面，图1-44·1、图1-44·2所见乐器均作为伴奏组合乐器之一出现，而不似集安两墓均为单一伴奏乐器，因此在表演方式上也有所不同。

除此之外，前述十六国北朝时期乐舞文物伴奏乐器组合中出现的细腰鼓、排箫、横笛虽然在集安高句丽壁画墓乐舞图中没有出现，然而在伎乐仙人图中却得以见到，这些也可能是高句丽存在的实用乐器，但是否曾经用于舞蹈伴奏，目前尚不明确。

（3）小结

通过对舞姿、伴奏乐器、舞者组合、服饰、道具等多方面的分析，我们可知，集安高句丽壁画墓乐舞图集中地反映了具有高句丽特色的乐舞文化。然而任何一种文化都不可能是孤立的存在，无论是接受周边文化的影响，抑或是输出自身的文化特色，高句丽独特的舞蹈文化自然也经历着这样的发展过程，其中舞姿、乐器作为重要的媒介承载着文化传播的作用，这在与辽阳汉魏壁画墓、十六国北朝时期乐舞文物的对比中可以获知点滴讯息。

举步继续向西，在新疆吐鲁番阿斯塔纳古墓群中我们找到了一幅魏晋时期的乐舞图像。新疆吐鲁番阿斯塔那古墓群位于高昌古城的西北部地区，包括高昌郡时期到唐代的贵族墓葬。下图1-45的纸画来自一座高昌郡时期墓葬，时间为公元5世纪，现藏于印度德里中亚博物馆。由图中可见，帷帐之内，有贵族踞坐、侍女像等，其画面中部有一舞女，旁有乐师2人，纸画中下部还有牛车、炊具等内容。中部舞女梳双髻，面颊部有面靥妆容，头部发带飘扬，舞者着长裙，两臂平伸，袖筒呈飘逸之态；舞女左侧有两乐师踞坐，皆为男性，短衣长裤，其中一人击扁鼓，一人吹奏竖笛类乐器。

图1-45　阿斯塔那古墓乐舞图[1]

除范粹墓黄釉瓷扁壶乐舞图、阿斯塔纳古墓纸画乐舞图之外，上

---

① 图1-45见《中国音乐文物大系》总编辑部《中国音乐文物大系·新疆卷》，大象出版社1999年版，第183页。

述所列的舞者服饰多为博袖，只有范粹墓、阿斯塔纳墓所见舞者形象为筒袖，且只有阿斯塔纳墓纸画中舞者筒袖飘垂，颇有"袖舞"之姿。这座墓葬虽然是上述材料中距离吉林集安最远者，然而却与集安高句丽壁画墓有着共时性，且舞者的"筒袖"特点也与集安高句丽墓壁画所见有着相似之处。然而本文仅能说明两者具有相似之处，目前仍无法说明两者之间的关系，还需要根据其他的材料进行综合研究。

第四节　高句丽乐舞文化渊源及自身发展历程

高句丽并非孤立存在。《汉书·地理志》云："玄菟、乐浪，武帝时置，皆朝鲜、涉貉、句骊蛮夷。"[①]此时提到的"句骊"，是指高句丽民族，由此可知，早在建国前，高句丽民族便与其他民族、族群混居在一起。公元前37年建国之时，高句丽便是一个多民族混居的国家，其国内民族构成也不仅限于高句丽人，亦有古朝鲜人、汉人、鲜卑人、契丹人、百济人等[②]，因此其国内的文化面貌也是多样而融合的。

自古以来，中原大地上呈现出多民族混居、文化多元的局面，至北朝时期各民族、族群或战或合，文化触碰频繁，因此欲探讨高句丽乐舞文化，不可忽略在其存在时段中与其共生的周边民族的乐舞文化发展。在本章第二节中我们将其与朝鲜半岛公元4—7世纪大同江、载宁

---

① [汉]班固撰、[唐]颜师古注《汉书·地理志》下，中华书局1962年版，第1658页。
② 杨保隆《高句骊族族源与高句骊人流向》，《民族研究》1998年第4期。

江流域壁画墓乐舞图、十六国北朝时期乐舞文物进行了对比分析，本节中将探讨高句丽乐舞所展现的"极长其袖"等特点与中原古老的长袖舞之间的关系，或可得到对于高句丽乐舞发展、形成的线索。因此，本节中将对高句丽乐舞文化进行溯源，在此基础上对高句丽乐舞自身的发展历程进行总结。

一、高句丽乐舞与中原袖舞

在本部分的界定中，"袖舞"指中国传统舞蹈中以舞袖为特征的舞蹈。具体包括以舞长袖和博袖为特征的舞蹈[1]。汉民族的袖舞历史悠久，彭洁波指出，袖舞的历史最早可以追溯到商代[2]。《韩非子·五蠹》有言，"鄙谚曰：长袖善舞，多钱善贾。"[3]可知长袖舞已于此时流行。《周礼·春官》载有六小舞，用于教授国子，"有帗舞、有羽舞、有皇舞、有羽舞，有皇舞，有旄舞，有干舞，有人舞。"[4]郑玄指出，"人舞者，手舞"，又说"人舞无所执，以手袖为威仪。"[5]由此可知，六小舞中的人舞，乃是运用长袖为特色进行表演的舞蹈。杨荫浏先生在《中国古代音乐史稿》中也指出，人舞乃为"舞者运用长袖而舞"[6]。长袖而舞的

---

① 彭洁波《宋前袖舞演变考》，湖南师范大学2009年硕士学位论文，绪论，第2页。
② 同注释①，第5页。
③ [战国] 韩非《韩非子·五蠹》，上海古籍出版社1989年版，第157页。
④ [清] 孙诒让《周礼正义·春官》，中华书局1987年版，第1796页。
⑤ 同注释④，第1796页、第1799页。
⑥ 杨荫浏等著《中国古代音乐史稿》上册，人民音乐出版社1981年版，第36页。

形象在实物资料中有所体现,如下:

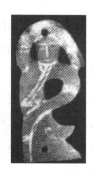

图1-46　周代双玉舞人图[①]　　　1-47　西周玉舞人[②]

上图1-46为安徽阜阳专区博物馆藏的周代双玉舞人,图1-47为现藏于美国佛格博物馆的西周玉舞人。图1-46中两玉舞人相向而舞,屈膝翘臀,一手垂侍,一手抛袖;图1-47中的玉舞人与双玉舞人左侧者动作一致。此两处玉舞人所反映的肢体形态,可能就是《周礼》六小舞中的"人舞"了。

（一）高句丽乐舞与汉代袖舞

汉代袖舞留下的文献、图像资料颇多。《西京杂记》载:"高帝戚夫人善鼓瑟击筑,帝常拥夫人倚瑟而弦歌。毕,每泣下流连。夫人善为翘袖折腰之舞,歌《出塞》《入塞》《望归》之曲,侍妇数百皆习之,

---

① 图1-46见董锡玖、刘峻骧《中国舞蹈艺术史图鉴》,湖南教育出版社1997年版,第28页,图1-3-4。

② 图1-47同注释①,图1-3-5。

后宫齐首高唱,声入云霄。"[1]其中所说翘袖折腰之舞,可能就是袖舞的一种。汉代袖舞并非某一种特定的舞蹈类型,而是具有多种形式。彭洁波认为,汉代袖舞舞者的衣袖具有长袖、博袖、博袖与长袖结合演变出的服饰等类型,袖舞的风格亦分为两种:一种为奔放型,舞者多着长裤,多用鼓乐伴奏;另一种为婉约型,舞者多着长裙,以弦乐器伴奏[2]。本文认为,汉代袖舞的确可能分为不同的风格,然而由于获得文献、图像资料的局限性,是否限于以上所说奔放型、婉约型这两种袖舞类型可以进行进一步的探讨。萧亢达在其著作《汉代乐舞百戏艺术研究》中指出,考古所获的汉代乐舞资料与杂技往往混于同一画面,因此在研究此类材料的时候是否将乐舞、杂技作为演出群体进行研究是需要注意的[3],本文赞同此说。以图1-48为例,下图为山东沂南北寨乐舞百戏图画像石局部。

图1-48　山东沂南北寨乐舞百戏图画像石局部[4]

---

① [汉]刘歆撰,[晋]葛洪集,向新阳、刘克任校注《西京杂记校注》,上海古籍出版社1991年版,第12页。

② 彭洁波《宋前袖舞演变考》,湖南师范大学2009年硕士学位论文,第16—31页。

③ 萧亢达《汉代乐舞百戏艺术研究(修订版)》,文物出版社2010年版,第155页。

④ 图1-48见《中国音乐文物大系》总编辑部《中国音乐文物大系·山东卷》,大象出版社2001年版,第314页。

由图中所见，乐舞百戏画像石画面左侧上方有二人进行杂技表演，左下方有一舞者长袖飞扬，似乎是进行盘舞表演，杂技艺人右侧开始为乐器演奏。在画面的上部，杂技艺人右侧依次为建鼓、编钟、编磬演奏，而盘舞舞者右侧依次踞坐三排乐人，所持乐器可辨识的包括鼓、排箫、横笛、琴类乐器等。踞坐演奏者右侧又绘有其他类型的图像。而这仅仅是画像石的局部内容。该画面左下角的舞者长袖飘扬，踏盘而舞，画面所见乐队更是钟磬整齐、琴瑟和鸣，反映了汉代沂南地区乐舞表演的部分历史信息。

内蒙古乌审八音格尔2号汉墓前室北壁有乐舞图一幅（图1-49）。下图为一位舞者及伴奏乐队。只见舞者上着蓝衣，下着白裙，右臂上举，左臂向前伸出，长袖飘扬，两腿一向前弯曲，一向后蹬直，舞者回望后方，姿态婀娜。右侧有伴奏者三人，皆踞坐。为首一位弹奏琴筝类乐器（似为筝）；第二位双手举于胸前，似击掌状，第三位右手击鼓。

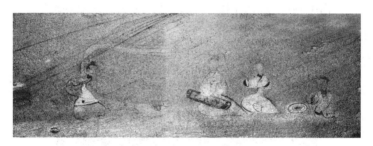

图1-49　乌审八音格尔2号汉墓乐舞图[①]

---

① 图1-49见《中国音乐文物大系》总编辑部《中国音乐文物大系 II·内蒙古卷》，大象出版社2007年版，第198页。

　　　　　　　　　　　　第一章　集安高句丽墓乐舞图研究

前述辽阳壁画墓中，北园1号墓、北园3号墓和棒台子1号墓中皆有袖舞的形象，其中北园1号墓、棒台子1号墓中的袖舞均与百戏位于同一画面之中，从伴奏乐器来说，建鼓、琴筝类乐器等乐器的使用也与图1-48、图1-49所见具有较强的一致性。由此可知，在汉魏初期，汉民族的袖舞可能已经在辽东半岛流传。集安高句丽壁画墓产生的年代主要在公元4—7世纪，其中没有留存汉魏初期是否传入袖舞的资料，然而时间靠后的长川1号墓中出现了百戏图，其中有乐舞图、备舞图，其乐舞百戏图的绘画传统可能是受到了汉魏乐舞百戏图的影响，但是图中的使用乐器、舞者舞姿、服饰均已具有较为鲜明的高句丽风格。

（二）高句丽乐舞与魏晋袖舞

魏晋南北朝时期多元文化交融发展。在上一节中我们将集安高句丽乐舞图与十六国北朝时期乐舞文物进行了比较，本部分中则来看看与邓县南朝画像砖乐舞图的异同。图1-50为河南邓县画像砖之一，如下：

图1-50　河南邓县画像砖乐舞图[①]

① 图1-50见《中国音乐文物大系》总编辑部《中国音乐文物大系·北京卷》，大象出版社1999年版，第185页。

图中所见自左至右，包括四位乐器演奏者和两位舞者。四位伴奏者站立，左起第一位吹笙，第二位击钹，第三位击细腰鼓，第四位似执毀。右侧两位女舞者相向而舞，舞者头梳双髻，宽袍博袖。从此画像砖的描绘内容，我们可知关于南朝流行的以博袖为特征的舞蹈形式，表演者为女性，伴奏乐器包括笙、钹、细腰鼓和毀鼓等。

本章第二节中已经指出，至迟在公元5世纪上半叶，北燕已有高丽乐流传，其后高丽乐传入北魏，至公元5世纪下半叶，高丽乐已经传入刘宋。由此可见，高句丽乐舞在公元5世纪时已经形成自己的稳定风格，并逐渐流入中原南朝、北朝疆域。由于高句丽与北朝诸多政权征战频繁，与南朝交好来往，因此其音乐文化的交流是可能的，前述高句丽音乐传入南北朝的记载恰恰也说明，南朝、北朝的音乐也有可能进入高句丽地区，从而影响到高句丽音乐的发展。作为一个例证的出现，是上述画像砖中的乐器细腰鼓，虽然没有在集安高句丽乐舞图像中出现，但是在五盔坟4号墓、5号墓伎乐仙人图中均有所描绘，增加了此件乐器流传在高句丽的可能性。那么袖舞经过南朝文化的浸润而后传入高句丽、并影响高句丽的乐舞发展，也是有可能的。但目前这还只是推测，留待未来进一步验证。

（三）高句丽乐舞与隋唐袖舞

隋唐时期乐舞融合，胡旋舞、胡腾舞等多种舞蹈形式流行，各个乐舞形式在中原王朝宫廷中争放异彩，形成了花团锦簇的乐舞繁荣局面。在这些舞蹈形式中，亦有以袖作为舞蹈部分特征的舞蹈，现试举几例进行探讨。下图1-51为唐苏思勖墓壁画中的乐舞图：

图1-51　唐苏思勖墓乐舞图[①]

　　这幅乐舞图位于墓室东壁。图中见一男子在毡上舞蹈,两旁为伴奏乐队。画面左侧六人,其中三人站立,二人跽坐,一人盘坐:站立的三人中,自左第一人右手垂侍,左臂伸向前方,第二人持拍板,第三人吹横笛;跽坐者自左至右,第一人击铙钹,第二人吹笙;盘坐者奏梨形音箱琵琶。画面右侧五人,其中二人站立,三人坐:站立二人中,自左第一人左手垂侍,右臂伸向前方,其动作与左侧伴奏乐队站立第一人动作相向,其身后一人站立吹排箫;呈坐姿者自左起第一人弹竖箜篌,第二人弹琴筝类乐器,第三人吹筚篥。在两组伴奏者之间,便是一男子正在起舞。该舞者身着圆领胡衣,带尖顶胡帽,足踏小靴,浓眉多髯,高鼻深目,似为胡人形象。只见舞者左脚踏地,右腿抬起,似"吸腿"的动作,左臂高举,右臂伸展,侧身回望,头部略低,看向右下方。舞者胡衣双袖虽不似前朝所见袖舞的长袖长度,但仍有飘扬之态,动感十

---

　　① 图1-51见陕西考古所唐墓工作组《西安东郊唐苏思勖墓清理简报》,《考古》1960年第1期。

足。学者的研究中提出此幅图可能是"胡腾舞"的形象展现①，对于此舞蹈是否是胡腾舞在本文中不进行深入探讨，本文着重强调的是，在此"胡腾舞"的图像中仍可以看出袖子的运用在这种舞蹈中的意义，因此笔者按照前文中对"袖舞"的界定，将这种舞蹈也定义为宽泛的"袖舞"范畴。

类似的舞蹈样式还见于2014年抢救发掘的陕西韩休墓乐舞图中。韩休墓中的乐舞图（图1-52）位于墓室东壁，其西壁绘六扇屏风树下高士图，南壁绘朱雀图等，北壁绘玄武图、山水图。乐舞图中所见亦为两侧有伴奏乐队、与苏思勖墓乐舞图相近，所不同的是图像中间为一对男女对舞。

图1-52　唐韩休墓乐舞图②

① 持胡腾舞观点的文章如熊培庚《唐苏思勖墓壁画舞乐图》，《文物》1960年增刊；陈海涛《胡旋舞、胡腾舞与柘枝舞——对安伽墓与虞弘墓中舞蹈归属的浅析》，《考古与文物》2003年第3期。

② 图1-52见《考古与文物》编辑部《"唐韩休墓出土壁画学术研讨会"纪要》，《考古与文物》2014年第6期。

第一章　集安高句丽墓乐舞图研究

由上图可见，乐队、舞者皆于毡上表演，周围花树环绕，可知这是一个室外的表演场景。全图中可见伴奏乐人约九人^①。左侧毯上踞坐女子四人，分别吹笙、弹竖箜篌、击拍板、弹筝；右侧毯上踞坐男子约五人，分别吹奏排箫、竖笛类乐器、弹梨形音箱琵琶、击铙钹、弹竖箜篌，右侧毯前端放有一件琴筝类乐器。其中左侧女子为典型唐人装扮，右侧男子为胡人装扮。中间有两处小毡，上各有一舞者。左侧为女子，右侧为男子，两人相向而舞。女子着长裙，身戴披帛，左臂向外伸展，右臂弯曲，轻抬右肩，举头回望右侧；男子右脚着地，左脚抬起，左手肘带动左臂弯曲，左手靠近颈部，右臂向右方伸展，抬头回望右侧，二人动作相向，然而目视同一方向，似有所呼应，两人皆衣袖飘垂。仔细观察，其二人舞蹈中衣袖的运用与苏思勖墓中舞者具有相似之处，特别是男舞者的腿部动作与苏思勖墓男舞者几近相同，手部动作幅度虽相异，然而高低动态也有相同之处。

我们可以将上述两墓乐舞图的主要内容进行对比如下：伴奏乐器的基本重合，也可知两处乐舞图描绘的应为同种舞乐场景。这种舞蹈既有单人舞蹈的形式，也有双人舞蹈的形式。将上述所列伴奏乐器与唐代十部乐中的诸种乐部相比较，可知其与西凉伎较为接近。本文认为，唐苏思勖墓、韩休墓乐舞图中的伴奏乐队接近于西凉乐队的编制，那么由此是否可能进一步得出结论，两墓乐舞图中的舞蹈可能是西凉

---

① 因韩休墓中的乐舞图有明显改绘的痕迹，因此这里是依据目前所见较为明显的改绘后的人物进行计算，对于画面仍留有痕迹但不包含于改绘后图景的人物暂不进行探讨，包括左侧毯前站立的两人、右侧后部似坐的一人和右下角站立的一人。——笔者注

舞蹈，且此种舞蹈中，运用了衣袖作为舞蹈的特色之一？本章第二节中曾经对唐代十部乐中的舞者衣袖服饰记载进行比较①。其中清乐、俗乐《庆善乐》舞者为"大袖"，应为前文中所提到的博袖；西凉乐舞者为"五彩接袖"，应为在衣袖之外另置一袖的效果；高丽乐舞者的衣袖以"极长其袖"来表述，可知在十部乐中，高丽舞者的衣袖是较长的，且非"接袖"，而是接近于夸张表现的"筒袖"样式。上述两墓中虽接近于西凉乐舞的形式，然其并没有体现"五彩接袖"的服装特点，可知进入宫廷乐部之后服饰将会进一步发展修饰，因此隋唐宫廷乐部中"高丽乐"舞者的"极长其袖"也并非是原汁原味高句丽乐舞本身服饰的特色，而可能是进入隋唐宫廷后的发展变化。留存于高句丽集安地区本地的乐舞形式，其舞袖的特色可能更接近于集安壁画墓中所见，呈现"垂手奋袖"之态，而难以达到"翩翩舞广袖"之姿。"极长其袖""广袖"之姿，则体现了公元6至7世纪中原地区流行的高丽乐舞姿、服饰的变化。

（四）高句丽乐舞与五代袖舞

　　类似袖舞的画面还可以在敦煌莫高窟第156窟张议潮、宋国夫人出行图中看到。敦煌莫高窟第156窟建于唐咸通五年（公元864年），是为纪念张议潮收复河西走廊而建的功德窟，也是晚唐的代表性洞窟之一。在洞窟的南壁下方绘有《张议潮统军出行图》（图1-53），北壁下方绘有《宋国河内郡夫人宋氏出行图》（图1-54），其中均有乐

---

　　① 见本章表1-9"《旧唐书·音乐志》中十部乐舞蹈服饰、人数比较表"。

舞场景。《张议潮统军出行图》画面上下各有骑士,图像右侧上、下方各有二骑兵吹长角,二骑兵击鼓,另有仪仗队伍行进,威风凛凛。在图像中央靠左侧的地方,有一室外的乐舞场面。

图1-53　张议潮统军出行图[①]　　　　　图1-54　宋国河内夫人宋氏出行图[②]

　　图中左侧为伴奏乐队,中间为舞者八人,分成两行,右侧为队列,为首的二位骑马者正驻足观看表演。左方伴奏者约有十二人,自下而上演奏乐器包括大鼓、梨形音箱琵琶、竖笛、细腰鼓、不详、横笛、笙?、竖箜篌、拍板和大鼓。其中两侧的大鼓演奏皆为一人背鼓、一人在其后演奏的形式。中间的舞者分为两列,一列四人,皆面朝骑马者,动作较为一致。上方四位舞者左臂抬起,右臂弯曲向下,左腿向前弯曲做主力腿,右腿在后做曲腿的动作;下方四位舞者与上方四位动作相向,为右臂高抬,左臂向下,右腿为主力腿弯曲,左腿向后呈弓步。值得注

---

　　① 图1-53见《中国音乐文物大系》总编辑部《中国音乐文物大系·甘肃卷》,大象出版社,第166页。
　　② 图1-54同注释①,第167页。

意的是,两列舞者皆衣袖飘扬。

位于同窟北壁的《宋国河内郡夫人宋氏出行图》中也有衣袖飘飞的舞蹈画面。在画面中央位置,有四位女舞者相对而舞,旁边有伴奏乐队七人,分别演奏竖笛类乐器、细腰鼓、梨形音箱琵琶、鸡娄鼓？、横笛、笙、拍板。画面左下角还有一组乐队,包括吹横笛、负大鼓演奏和击拍板。图中央的四位女舞者身戴披帛、袖舞蹁跹。

从上述张议潮统军出行图的画面结构可以看出,这是一个行军仪仗的场面,而画面中部的舞乐人群似乎是在表示对行军者的欢迎。从图画的构图和描绘内容来看,使人联想起集安舞踊墓中的群舞图。当然,舞踊墓的群舞图产生年代最迟在公元5世纪后叶,但仍然比莫高窟第156窟张议潮统军出行图要早近三个世纪。本文所关注的问题在于,这两幅乐舞图的题材有着相似之处,同时舞者衣袖飘飞的情态也历三百年而不衰。

图1-55　舞踊墓群舞图与莫高窟第156窟张议潮统军出行图对比图

由上述对比图（1-55）可知,两处乐舞图有许多相似之处。如驻足观赏者皆骑马而行,皆为舞、乐合奏。当然年代湮远,也有许多不同之处。舞踊墓群舞图中骑马者仅有一侍从随行,而后者则有浩浩荡荡的行军队列,且有鼓吹、卤簿相随;前者乐舞图中有歌、有舞、有单一乐器伴奏,后者歌舞队列形式与前者不同,且伴奏乐器丰富多样。本文并不试图刻意说明两者之间的绝对联系,但或可说明,以袖舞为特点的舞蹈形式不但为汉民族舞蹈中广为流传,从苏思勖墓、韩休墓、莫高窟第156号洞窟的乐舞图中可知,以袖做舞也是其他民族舞蹈中常见的舞蹈语汇,高句丽作为魏晋隋唐时期活跃于东北地区及朝鲜半岛北部的民族政权,其乐舞特征也包含着广义的袖舞特征,这与其服饰特点、外来音乐文化影响等都可能有一定的关系,是综合作用的结果。

二、高句丽乐舞的发展历程

通过文献、壁画材料我们获知了一些高句丽乐舞的历史讯息,其资料的年代跨度自公元前至公元7世纪。尽管这些材料并非作为较为完善的音乐历史资料得以保存,但是通过层层分析,我们仍然可以获知为数不少的关于高句丽乐舞发展的讯息,进而初步得出关于高句丽乐舞发展历程的模糊线条。为了不将所得材料分析得过于机械,本文在此处并不对高句丽乐舞发展历程进行较为详尽的排序描述,而是针对高句丽乐舞发展中目前获知的较为明确的时间点和变化特征进行总结。

首先,高句丽民族喜好歌舞。在高句丽建国之时（公元前37年）,国内歌舞盛行。此一时期可以称为歌舞风俗时期,简称风俗期。

第二,至迟在公元5世纪上半叶,高句丽乐舞向周边国家、地区流传,在北方少数民族政权地区可以见到,在南朝也有流传。至迟在公元 5 世纪上半叶,高丽乐在北燕流传,其后传入北魏,至公元 5 世纪下半叶,高丽乐在刘宋地区流传。此时期正值高句丽向朝鲜半岛北部东扩之时,因此高句丽乐舞可能在此时期传入朝鲜半岛北部,但目前尚未有明确材料可以证明。此一时期,可以称为初盛期。

第三,约在公元 5 世纪中叶至 7 世纪中叶,高句丽壁画墓中保留了多处乐舞图像,且具有较为鲜明的文化特色。公元 6 世纪开始,高句丽乐舞进入隋、唐宫廷,成为宫廷俗乐重要的组成部分,但是通过研究可以发现,处于宫廷中的高句丽乐舞与同一时期在墓葬壁画所看到的材料有着较大的区别,这体现在伴奏乐器、舞者组合、服饰等方面。此一时期是目前我们掌握高句丽乐舞材料较为丰富的时期,除壁画墓乐舞图之外,此时期还存在着高句丽本国风俗描述、隋唐宫廷乐部记载等多种高句丽乐舞文献资料,通过分析,我们可以获得对此时期高句丽乐舞更为地域化的认识。本文认为,集安高句丽壁画墓乐舞图较为忠实地反映了高句丽乐舞的原貌,隋唐宫廷高丽乐中的乐舞是其在宫廷中发展变化的类型。此一时期,可以称为全盛期。

第四,高句丽灭国以后(公元 668 年),高句丽乐舞在唐朝宫廷仍然有所保留,日本亦有高句丽乐师留存。此时期几乎没有墓葬壁画材料,从文献记载我们可知,高丽乐在唐朝宫廷中仍有留存,高丽乐所奏乐曲最初应超过 25 首,其中包括歌曲、舞曲,可知曲名有歌曲《芝栖》,舞曲《歌芝栖》;至公元 7 世纪中叶至 8 世纪初,高丽乐仅存 25 曲;到了公元 9 世纪初,则仅有一曲留存,而且已经失去了原有的风格特点。日本的相关记载中指出,此时期日本留有高句丽乐师,然而乐舞流传情况不详;朝鲜半岛典籍《高丽史》中留有高丽乐曲名和解题,由此可知公元7世纪之后的统一新罗可能也留有部分高句丽乐师、舞师，但是目前没有更详尽的资料可以对此问题进行阐述[①]。此一时期，可以称为衰退期。

综上所述，自高句丽民族形成，到高句丽建国、灭国，在漫长的时间长河中，高句丽乐舞作为高句丽民族沉淀而出的文化瑰宝经历了其自身的发展历程。在其建国的705年中，高句丽政权自身经历了一个发展、扩大、衰败的过程。高句丽与周边国家来往密切，包括中原地区政权更迭中的诸多王朝、东部朝鲜半岛的百济、新罗，东渡的岛国日本等。在与周边国家或战或和的关系变化之中，高句丽与周边的文化也得到了触碰和融合。从目前对高句丽乐舞材料的掌握来看，公元4—7世纪是高句丽乐舞发展较为重要的阶段，这一时期的研究材料中包括重要的墓葬留存、文献记载，可以看到高句丽本国（墓葬）、隋唐宫廷（文献）、日本（文献）等多种视角的材料，使得我们对于高句丽乐舞的认识较为具体而丰富，并得以根据所获认识进行进一步的对比研究。我们已知公元5世纪中叶以后，高句丽乐舞流行于北朝、南朝宫廷，其后成为隋唐俗乐中唯一的一个东北少数民族乐部，其音乐发展水平可见一斑。"极长其袖"也可称为高句丽乐舞的一大特色。通过目前的研究材料分析，我们认为高句丽乐舞"舞袖"的特点与汉民族的"袖舞"有异曲同工之处。同时，通过对与其共时存在的北魏、东魏、北齐等乐舞资料的整理，从服饰、舞姿等方面来看，我们可知高句丽"舞袖"的特点均与目前所见的北朝乐舞形象有相异之处，亦与南

---

① 本部分内容将在第四章中详细讨论。——笔者注

朝邓县画像砖所见舞女形象相异，而与新疆吐鲁番阿斯塔纳墓地所见公元5世纪纸画所绘舞女服饰、舞姿有相通之处。公元427年高句丽定都平壤可以看作高句丽政权文化中心东移的标志，其后朝鲜半岛北部逐渐出现较为典型的高句丽壁画墓乐舞图，如玉桃里壁画墓乐舞图、高山洞10号墓乐舞图等。与此同时，高句丽与百济、新罗、日本的音乐交流也可能更加频繁。王褒、李白的诗作体现了高句丽乐舞在北周政权、唐朝宫廷中的流传情况，隋唐时期的俗乐乐部记载反映了高丽乐中发展变化的乐舞内容，而在唐朝宫廷之中，高句丽乐舞也经历了一个发展到衰败的过程，并最终消失于历史舞台。

第二章
集安高句丽墓伎乐仙人图研究

　　集安高句丽墓中的壁画内容大致可以分为两大类,一类是描绘世俗生活的图景,如常见于墓室主室的墓主人夫妇对坐图、狩猎图、乐舞图、馔饮图等等,另一类便是想象中的世界,这体现在天井壁画中的四神图、仙人图、日月星云、奇禽异兽图像之中。集安高句丽墓壁画中有为数不少的仙人图,一般描绘于天井之中,与莲花、云朵、日月星辰为伴,这些仙人有的凌空飞舞、有的执幡前行,更有手执乐器演奏者、引起音乐学者的关注。这些伎乐仙人图景既是重要的信仰依托,同时也是宝贵的音乐研究材料,因其具有研究上的特殊性与含义的丰富性、不能与属世俗生活图像的乐舞图归为一类进行讨论,因此单列一章进行叙述。

　　集安高句丽壁画墓中,有四座壁画墓中绘有伎乐仙人图,分别是舞踊墓、长川1号墓、五盔坟4号墓和五盔坟5号墓,伎乐仙人图像包括弹卧箜篌、吹角、吹横笛、击细腰鼓图像等等,现分述如下:

　　1. 舞踊墓仙人弹卧箜篌图与吹角图

　　舞踊墓四壁上方直至墓室顶部皆逐层绘有图案,包括日月星云、火焰、莲花、青龙、白虎、朱雀、奇禽异兽、人物等，其中即包括伎乐仙人图。

　　舞踊墓主墓室左壁上方天井壁画第三层中绘有弹卧箜篌图（图2-1，图中圆圈位置所示）。

图2-1　舞踊墓主室左壁上方天井图[①]

　　由图2-1可以看到，两人位于左壁左方位置，自下而上数位于第三层。两人以树相隔，皆左手按弦，右手抚琴。仙人周围有莲花、奇兽、月轮作装饰。位于左方的演奏者为一男性，披发高冠，身着对襟加襈大袖长袍，束腰带，着羽裤，跣足。男子微微低头，踞坐抚卧箜篌，衣袖与袍身均随风飞舞，显飘逸之态（图2-2·1）。位于右方的演奏者为一女性，头梳双顶髻，身着宽袖袍，外罩圆领半袖褙子，高束腰，下着长

---

　　① 图2-1见〔日〕平山郁夫、早乙女雅博《高句丽壁画古坟》，共同通信社2005年版，第260页。

　　　　　　　　　　　　　　第二章　集安高句丽墓伎乐仙人图研究

裙,亦是踞坐弹卧箜篌[①]（图2-2·2）。

1   2

图2-2　舞踊墓弹卧箜篌图[②]

舞踊墓主壁上方天井中有两幅吹角图（图2-3,圆圈所示）。

———————————

　　① 本章集安高句丽壁画墓伎乐仙人描述中的服饰研究主要参考资料包括［日］池内宏、梅原末治《通沟》（下），"日满文化协会"，1940年版。吉林省博物馆《吉林辑安五盔坟四号和五号墓清理略记》，《考古》1964年第2期。集安县文物保管所、吉林省文物工作队《吉林集安洞沟三室墓清理记》，《考古与文物》1981年第3期。李殿福《集安洞沟三室墓壁画著录补正》，《考古与文物》1981年第3期。吉林省文物工作队等《集安长川一号壁画墓》，《东北考古与历史》1982年第1期。吉林省文物工作队《吉林集安五盔坟四号墓》，《考古学报》1984年第1期。郑春颖《高句丽服饰研究》，中国社会科学出版社2015年版。以下不再赘述。——笔者注

　　② 图2-2见［日］池内宏、梅原末治《通沟》（下），"日满文化协会"1940年版，图版二十七。

图2-3 舞踊墓主室主壁上方天井图[①]

　　舞踊墓主墓室主壁上方天井壁画第四重有一幅吹角图。只见一男子披发高冠，身着红色对襟黑襟羽衣，身着灰色羽裤，跣足。男子手持长角吹奏，角为棕黑色。仙人衣袖飘扬，着装与同墓所见群舞图迥异（图2-4·1）。第六重顶石下方亦绘有一幅吹角图。男子亦披发，冠已不清，身着羽衣羽裤，其身左侧有太阳状物，仙人面向右侧吹角，此角比第四重所见角略长，且吹筒尾部有多重不等式结构（图2-4·2）。

---

① 图2-3见〔日〕平山郁夫、早乙女雅博《高句丽壁画古坟》，共同通信社2005年版，第273页。

　　　　　　　　　　　　第二章　集安高句丽墓伎乐仙人图研究

1　　　　　　　　　　　　　2

图2-4　舞踊墓吹角图①

综上所述，舞踊墓中的伎乐仙人图包括男仙人弹卧箜篌图、女仙人弹卧箜篌图、仙人吹角图，涉及乐器包括卧箜篌、大角2种。

2. 三室墓仙人吹角图与弹阮咸图

三室墓第一室天井部绘有卷云、朱雀、玄武等；第二室天井部绘有四神、奇禽异兽、伎乐仙人、莲花、日月星辰等；第三室天井绘有四神、奇禽异兽、莲花、祥云、星宿等图案。其中，三室墓第二室天井第一重东南角抹角石上绘有伎乐仙人。石上左侧一仙人梳顶髻，着羽衣，跣足，右手执角吹奏，右侧一仙人亦顶髻，着袍服，跣足，仙人手持圆形音

---

① 图2-4·1见［日］池内宏、梅原末治《通沟》（下），"日满文化协会" 1940年版，图版二十八。图2-4·2见［朝］全畴农、奚传绩译《关于高句丽古坟壁画上乐器的研究》，《音乐研究》1959年第3期。全畴农先生文章插图五"舞踊塚出现的音乐资料'飞天'吹角图（大角）"中除上述两位吹角仙人外，还绘有两位仙人。参考《通沟》等图片中资料可以知道，这两位仙人在原图中并非与前述两位吹角仙人并置为一处，而是各自位于舞踊墓天井其他部分。本文认为，从这两位仙人姿态和所持物品无法判断为演奏大角或其他乐器，因此在本文中没有提及。——笔者注

箱琵琶类乐器,右手拨弦,左手按弦,从图中可看出该乐器具备圆形音箱、直柄、四弦四轸结构,可以判断其为阮咸(图2-5)。弹阮咸仙人身后有项光,两仙人身上皆有披帛,飞舞灵动。

图2-5 三室墓伎乐仙人图①

综上所述,三室墓中的伎乐仙人图包括仙人吹角图、仙人弹阮咸图,涉及乐器包括大角、阮咸2种。

3. 长川1号墓伎乐仙人图

长川1号墓前室藻井部分绘四神、拜佛、菩萨、莲花、飞天伎乐②、奇禽异兽等。其中,长川1号墓前室藻井部分的第四重顶石东、南、西、北四面皆绘有飞天,第六重顶石亦以飞天伎乐为主,东、北侧各可辨识三位飞天伎乐,南侧可辨识一位,西侧因壁画剥落已不存。

东壁上方第六重顶石绘有三位飞天伎乐(图2-6为东壁顶石局部,飞天伎乐见圆圈所示部分)。

---

① 图2-5见徐光冀主编《中国出土壁画全集·辽宁吉林黑龙江卷》,科学出版社2012年版,第154页。

② 长川1号墓中的伎乐仙人可以判定为具有佛教思想内涵的飞天伎乐,因此本处给予了准确的名称,没有使用全文宽泛的"伎乐仙人"名称,同时长川1号墓所代表的"飞天伎乐"亦包含在了具有多重思想内涵的"伎乐仙人"名称之内。——笔者注

图2-6　长川1号墓东壁天井图①

　　自左至右,第一位梳顶髻,有项光,袒露上身,红披帛,白色长裤,
跣足,手握横笛吹奏;第二位梳顶髻,脑后披发,有项光,袒露上身,戴
披帛,下着红底黑条纹长裙,跣足,弹奏琵琶类乐器②,音箱形状已不清

---

　　① 图2-6见徐光冀主编《中国出土壁画全集·辽宁吉林黑龙江卷》,科学出版社2012年版,第171页。

　　②《集安长川一号壁画墓》中认为第二位仙人是演奏乐器"阮咸"(集安县文物保管所:《集安长川一号壁画墓》,《东北考古与历史》1982年第1期),宋芳松《从音乐史上考察长川1号坟——以壁画的乐器为中心》文中根据上述考古报告的线描图认为此件乐器有五个线轴,因此是"五弦琵琶"([韩]宋芳松著、顾铭学译《从音乐史上考察长川1号坟——以壁画的乐器为中心》,《东北亚考古资料译文集》第4辑,北方文物杂志社2002年版,第114页,另见宋芳松先生英文文章,观点与前文一致,Song, Bang-song. "KoguryoInstruments in Tomb No. 1 at Ch'ang-ch'uan, Manchuria", *Musica asiatica*, 1991, 6, p1-17)。目前所见长川1号墓东壁藻井第六重顶石图以《集安长川一号壁画墓》中线描图、《中国出土壁画全集·辽宁吉林黑龙江卷》(徐光冀主编《中国出土壁画全集·辽宁吉林黑龙江卷》,科学出版社2012年版,第171页)彩图最为清晰,笔者认为,两图中可看到第二位仙人所持为直项琵琶类乐器,但音箱形状已不可辨识,不能判断是圆形音箱还是梨形音箱,此外,根据线描图判断琴头处有5个弦轴也略有牵强,因此本文认为,在没有其他更为清晰准确的判断依据之前,将此乐器定名为"琵琶类乐器"较为合宜。

晰;第三位亦顶髻,有项光,袒露上身,黑披帛,下着白色长裤,跣足,抚琴筝类乐器^①(图2-7为东壁第六重顶飞天伎乐线描图)。

图2-7　东壁飞天伎乐图^②

北壁上方第六重顶石绘有三位飞天伎乐 (图2-8为北壁顶石局部,飞天伎乐见圆圈所示部分)。

---

①《集安长川1号壁画墓》中认为第三位仙人是演奏乐器"琴"(集安县文物保管所《集安长川1号壁画墓》,《东北考古与历史》1982年第1期),宋芳松《从音乐史上考察长川1号坟——以壁画的乐器为中心》文中认为这件乐器是"玄琴"([韩] 宋芳松著、顾铭学译《从音乐史上考察长川1号坟——以壁画的乐器为中心》,《东北亚考古资料译文集》第4辑,北方文物杂志社2002年版,第114页,另见宋芳松先生英文文章,观点与前文一致,Song, Bang-song. "Koguryo Instruments in Tomb No. 1 at Ch'ang-ch'uan, Manchuria", *Musica asiatica*, 1991,6, p1-17)。目前所见长川1号墓东壁藻井第六重顶石图以《集安长川1号壁画墓》中线描图、《中国出土壁画全集·辽宁吉林黑龙江卷》彩图最为清晰,其中第三位仙人所奏乐器为横卧、长方形乐器,符合琴筝类乐器的特点,但该乐器面板部分细节已看不清楚,因此无法判断是否为"古琴""古筝"或"玄琴"。此外,关于集安高句丽墓壁画中带有通品的横卧类乐器的名称问题,中、朝、韩学者有着"卧箜篌""玄琴"等称呼的不同,本文关于此方面的观点会在本章第二节中详细论述。

② 图2-7见吉林省文物工作队、集安县文物保管所《集安长川一号壁画墓》,《东北考古与历史》1982年第1期。

图2-8　长川1号墓北壁天井图①

　　自左至右,第一位头部描绘已不清晰,有项光,袒露上身,戴披帛,下身与足部图像已不清晰,吹奏乐器角;第二位头部描绘亦不清晰,有项光,袒露上身,戴披帛,下身图像已漫漶不清,似弹琵琶类乐器,音箱形状似圆形,直项,可能是乐器阮咸;第三位只知袒露上身,戴披帛,吹竖笛类乐器②,余图画已不清楚（图2-9为北壁第六重顶飞天伎乐线描图）。

_____

　　① 图2-8见徐光冀主编《中国出土壁画全集·辽宁吉林黑龙江卷》,科学出版社2012年版,第168页。
　　②《集安长川1号壁画墓》中认为此处为竖笛（吉林省文物工作队、集安县文物保管所《集安长川1号壁画墓》,《东北考古与历史》1982年第1期）,宋芳松先生认为应为洞箫（[韩]宋芳松著、顾铭学译《从音乐史上考察长川1号坟——以壁画的乐器为中心》,见《东北亚考古资料译文集》,北方文物杂志社,2002年版,第115页,另见宋芳松先生英文文章,观点与前文一致,Song, Bang-song. "KoguryoInstruments in Tomb No. 1 at Ch'ang-ch'uan, Manchuria", *Musica asiatica*, 1991,6, p1-17）,本文认为称为竖笛类乐器较为合宜,理由在本章第三节详述。

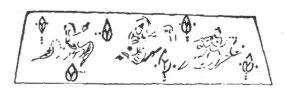

图2-9　北壁飞天伎乐图[1]

　　南壁上方第六重顶石可能绘有三位飞天伎乐（图2-10为南壁顶石局部，飞天伎乐见圆圈所示部分）。

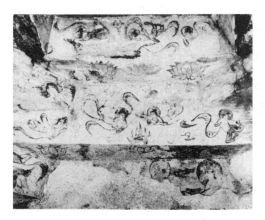

图2-10　长川1号墓南壁天井图[2]

　　自左至右，第一位、第二位皆梳顶髻，有项光，身戴披帛，余不清；第

---

　　① 图2-9见吉林省文物工作队、集安县文物保管所《集安长川一号壁画墓》，《东北考古与历史》1982年第1期。

　　② 图2-10同注释①。

第二章　集安高句丽墓伎乐仙人图研究

三位发饰不清,有项光,身戴披帛,手持"细棍状物"[1],余图画已不清楚,本文认为可能是横笛（图2-11为南壁第六重顶飞天伎乐线描图）。

图2-11　南壁飞天伎乐图[2]

第六重顶石西侧壁画剥落,因此已不知是否有飞天伎乐,从目前已知的第六重顶石三面绘画内容来看,长川1号墓前室西侧第六重顶石也可能是飞天伎乐,不过遗憾的是我们已经无从知晓它的内容了。

综上所述,长川1号墓中所见伎乐仙人图为飞天伎乐,包括吹横笛、弹琵琶类乐器、弹琴筝类乐器、吹角、吹竖笛类乐器伎乐等,涉及乐器包括横笛、竖笛类乐器、阮咸、其他琵琶类乐器、琴筝类乐器、角等约6种。

---

① 《集安长川一号壁画墓》发掘报告中认为这是"细棍"（吉林省文物工作队、集安县文物保管所《集安长川一号壁画墓》,《东北考古与历史》1982年第1期。）韩国音乐学者宋芳松先生认为长川1号墓南面第六重顶石上第三位仙人应为吹奏筚篥（［韩］宋芳松著、顾铭学译《从音乐史上考察长川1号坟——以壁画的乐器为中心》,见《东北亚考古资料译文集》,北方文物杂志社2002年版,第115页。另见宋芳松先生英文文章,观点与前文一致,Song, Bang-song. "KoguryoInstruments in Tomb No. 1 at Ch'ang-ch'uan, Manchuria",*Musica asiatica*, 1991,6, p1-17）,本文认为,该乐器作"筚篥"解则乐器形制过长,同时从目前所见的拍摄照片与线描图来看,仙人手持物均较为模糊,笔者认为从仙人的手臂姿态来看,所持可能是横笛。

② 图2-11见吉林省文物工作队、集安县文物保管所《集安长川一号壁画墓》,《东北考古与历史》1982年第1期。

4. 五盔坟4号墓伎乐仙人图

五盔坟4号墓墓室天井绘有日月星云、日月神、牛首人、伎乐仙人等,其中第二重顶石绘有日月星辰、伎乐仙人等图景,现分述如下:

北面绘有三位伎乐仙人:左边第一位仙人梳顶髻,着黄襦对衽茶色宽袖褐色袍服,身戴披帛,左手执卷轴,右手托碗,面朝右侧望去;中间一位天人梳顶髻,着红襦对衽黄色宽袖袍服,身带披帛,身挂细腰鼓,左手欲击鼓,右手高抬似已击奏完毕,动态十足;右侧一位天人头顶莲花冠,身着黄襦合衽宽袖褐色袍服,身带披帛,脚穿矮腰翘尖鞋,仙人右手弹一琴筝类乐器,左手按弦,可看到乐器上有明显的品柱,因此这应为卧箜篌。三人均束发髻,着长袍,飘带飞舞,周身以北斗星座、云纹装饰(图2-12)。

图2-12　北面天井伎乐仙人图[①]

东面绘太阳与伎乐仙人。东面正中为日轮,内有三足乌,扬尾展翅。左边为一乘龙仙人,梳顶髻,着黄襦宽袖茶色袍服,右手执幡,左手执排箫吹奏,回望举幡,似做导引;右面一驾凤仙人,梳顶髻,着黄襦合衽宽袖茶色羽衣,手腕、脚踝皆佩戴红黄两色手镯,迎面向前,双手

---

① 图2-12见吉林省文物工作队《吉林集安五盔坟四号墓》,《考古学报》1984年第1期。

执横笛吹奏,日轮与仙人间绘有云纹装饰（图2-13）。

图2-13　东面天井伎乐仙人图[①]

　　南面绘南斗六星与二仙人,左边一位仙人驾孔雀,此仙人梳顶髻,着对衽茶色短袖羽衣,足登矮腰翘尖黑鞋,手腕、脚踝皆佩戴红镯,右手托钵;中间绘南斗六星,右边一仙人梳顶髻,着黄襟合衽宽袖茶色袍服,足登矮腰翘尖黑鞋,身戴披帛,右手似握披帛,左手置于膝盖处,呈踞坐姿态[②],周身有云纹装饰（图2-14）。

图2-14　南面天井伎乐仙人图[③]

---

　　① 图2-13见吉林省文物工作队《吉林集安五盔坟四号墓》,《考古学报》1984年第1期。
　　②《吉林集安五盔坟4号墓》中认为这位仙人吹奏乐器"竽",另《中国出土壁画全集·辽宁吉林黑龙江卷》亦指其为"吹竽仙人",笔者认为有误,关于五盔坟4号墓这幅仙人图是否可能是演奏乐器"竽"将在后文中详述。(吉林省文物工作队《吉林集安五盔坟四号墓》,《考古学报》1984年第1期;徐光冀主编《中国出土壁画全集·辽宁吉林黑龙江卷》,科学出版社2012年版,第190页。)
　　③ 图2-14同注释①。

西面为圆月与伎乐仙人。画面正中为月轮，内有蟾蜍。月轮左边为一乘龙仙人，飞龙舞动向左前行，仙人梳顶髻，着黄襦合衽茶色羽衣，内有白色圆领，束白带，脚登矮腰翘尖黑鞋，手腕、脚踝皆戴黄镯，仙人双手执角吹奏，回望月轮方向；月轮右方一位仙人乘鹤而来，面向月轮方向，仙人头戴白冠，着黄襦对衽褐色宽袖袍服，内有白色曲领，足登矮腰翘尖黑鞋，手腕、脚踝皆戴红黄两色镯，两仙人周身皆有云纹装饰（图2—15）。

图2-15　西面天井伎乐仙人图[①]

综上所述，五盔坟4号墓所见伎乐仙人图3幅，涉及乐器包括细腰鼓、卧箜篌、排箫、横笛、角等约5种。

5. 五盔坟5号墓伎乐仙人图

五盔坟5号墓主室天井绘有日月星辰、日月神、伎乐仙人等图案，其中墓室第二重顶石四面皆上绘有乘龙伎乐仙人，现分述如下：

东南面绘二位乘龙仙人。左方乘龙仙人梳顶髻，着褐襦合衽宽袖

① 图2-15见吉林省文物工作队《吉林集安王盔坟四号墓》，《考古学报》1984年，第1期。

黄色袍服,戴绿色披帛,手中不执物品;右方乘龙伎乐仙人梳顶髻,上身裸露,着黄裙,身戴披帛,吹横笛(图2-16)。

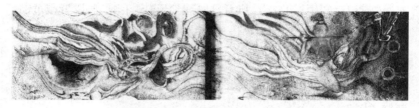

图2-16　东南面天井伎乐仙人图[①]

东北面绘二位乘龙伎乐仙人。左方乘龙伎乐仙人梳顶髻,着黄襈合衽宽袖褐色袍服,戴绿色披帛,吹角(图2-17·1);右方乘龙仙人梳顶髻,着褐襈合衽宽袖黄色袍服,戴红色披帛,吹排箫(图2-17·2)。

1　　　　　　　　　　　　　2

图2-17　东北面天井伎乐仙人图[②]

西北面绘二位乘龙仙人。左方乘龙仙人头顶莲花冠,着黄襈宽袖褐色袍服,腰饰兜巾,未执物;右方乘龙伎乐仙人梳顶髻,着红襈宽袖

---

①　图2-16见〔日〕朝鲜画报社《高句丽古坟壁画》,朝鲜画报社1985年版,图222。
②　同注释①,图225、图226。

黄色袍服,戴褐色披帛,弹阮咸（图2-18）。

图2-18　西北面天井伎乐仙人图[①]

西南面绘二位乘龙伎乐仙人。左方乘龙伎乐仙人梳顶髻,上身裸露,着褐色裙,戴绿色披帛,手击细腰鼓;右方乘龙伎乐仙人梳顶髻,上身裸露,着绿色裙,戴红色披帛,弹奏卧箜篌[②]（图2-19）。

---

① 图2-18见中国音乐研究所《中国音乐史参考图片·第8辑》,音乐出版社1959年版,第3页。

② 《吉林集安五盔坟四号和五号墓清理略记》中认为右方仙人"弹筝"（吉林省博物馆《吉林集安五盔坟四号和五号墓清理略记》,《考古》1964年第2期,第65页）,笔者查阅的较为清晰的右方仙人图片包括《朝鲜古文化综鉴》第四卷图31([日]《朝鲜古文化综鉴》第4卷,养德社,昭和41年版)《高句丽古坟壁画》图228([日]《高句丽古坟壁画》,朝鲜画报社,1985年版)《东亚乐器考》图70([日]林谦三著,钱稻孙译,曾维德、张思睿校注《东亚乐器考》,上海书店出版社2013年版,第212页)和上述《吉林集安五盔坟四号和五号墓清理略记》所见线描图。其中,《朝鲜古文化综鉴》为摄影图,《高句丽古坟壁画》为绘本,《清理略记》《东亚乐器考》所见为线描图。四者中,摄影图、线描图均只可见右方仙人所持为一横卧类长方形乐器,绘本中所见的乐器上似乎有通品结构,《东亚乐器考》中线描图中可明确看到通品结构,本文依后两者所见,将该乐器定名为卧箜篌,详述内容及图片见本章第二节。——笔者注

图2-19　西南面天井伎乐仙人图①

综上所述，五盔坟5号墓所见伎乐仙人图约4幅，涉及乐器包括横笛、角、排箫、阮咸、卧箜篌、细腰鼓等约6种。

由此，我们可以将集安高句丽壁画墓伎乐仙人图分布情况列表如下：

表2-1　集安高句丽壁画墓伎乐仙人图总表

年代	墓葬名称	图像位置	绘制内容
4世纪中叶至5世纪初	舞踊墓	主墓室左壁天井第三重顶石	弹卧箜篌男仙人 弹卧箜篌女仙人
		主墓室主壁天井第四重顶石	吹角仙人
		主墓室主壁天井第六重顶石	吹角仙人
5世纪末至6世纪中叶	三室墓	第二室天井第一重东南角抹角顶石	吹角仙人 弹阮咸仙人
5世纪末至6世纪中叶	长川1号墓	前室天井东面第六重顶石	飞天伎乐：吹横笛、弹琵琶类乐器、弹琴筝类乐器
		前室天井北面第六重顶石	飞天伎乐：吹角、弹阮咸、吹竖笛类乐器
		前室天井南面第六重顶石	飞天伎乐：吹横笛

---

① 图2-19见吉林省博物馆《吉林集安五盔坟四号和五号墓清理略记》，《考古》1964年第2期。

年代	墓葬名称	图像位置	绘制内容
6 世纪中叶 至 7 世纪初	五盔坟 4 号墓	墓室天井北面第二重顶石	击细腰鼓、弹卧箜篌仙人
		墓室天井东面第二重顶石	吹排箫、吹横笛仙人
		墓室天井西面第二重顶石	吹角仙人
6 世纪中叶 至 7 世纪初	五盔坟 5 号墓	墓室天井东南第二重顶石	吹横笛仙人
		墓室天井东北第二重顶石	吹角、排箫仙人
		墓室天井西北第二重顶石	弹阮咸仙人
		墓室天井西南第二重顶石	击细腰鼓、弹卧箜篌仙人

由图表可知，集安高句丽壁画墓中共有5座墓葬绘有伎乐仙人图，包括舞踊墓、三室墓、长川1号墓、五盔坟4号墓和五盔坟5号墓，墓葬产生年代约为公元4世纪中叶至公元7世纪初。伎乐仙人图均绘于墓室天井顶石之上，描绘乐器共计三类，包括弹拨乐器、吹奏乐器、打击乐器，涉及乐器9种，共计24件，其中弹拨乐器包括卧箜篌、其他琴筝类乐器、阮咸、其他琵琶类乐器；吹奏乐器包括大角、横笛、竖笛类乐器、排箫；打击乐器包括细腰鼓。在本章中将分节对伎乐仙人使用乐器进行讨论，包括每类中每种乐器的定名、形制、在高句丽的流传状况等问题，同时结合文献探讨其他可能在高句丽流传的弹拨、吹奏和打击乐器，并涉及乐器组合问题，进而梳理公元4—7世纪高句丽使用乐器及乐器的发展历程。

第一节　弹拨乐器

在第一章第二节的分析中，本文针对舞踊墓、通沟12号墓和长川

1号墓所见琴筝类伴奏乐器探讨了高句丽可能使用弹拨乐器的部分内容。在本节中将重点论述集安高句丽墓伎乐仙人图所见的弹拨乐器，并结合前文探讨高句丽使用弹拨乐器的情况。集安高句丽墓伎乐仙人图中所见的弹拨乐器主要包括琴筝类乐器、琵琶类乐器两大类，其中包括卧箜篌、其他琴筝类乐器、阮咸、其他琵琶类乐器四个子类，共计图像9幅，现分述如下：

一、琴筝类乐器

在集安高句丽壁画墓伎乐仙人图中可见仙人弹卧箜篌图像4幅，仙人弹其他琴筝类乐器图像1幅，共计5幅。

（一）卧箜篌

在集安高句丽壁画墓中，仙人弹卧箜篌图像见于舞踊墓、五盔坟4号墓和五盔坟5号墓之中。

1. 集安高句丽壁画墓伎乐仙人图中的卧箜篌图像

（1）舞踊墓弹卧箜篌图

舞踊墓左壁天井第三重顶石中，两仙人以树相隔，分别弹奏卧箜篌。舞踊墓中所见两人所弹乐器形制比较清晰。右方男子所持乐器琴体呈长方形，上面弦数不甚清晰，约为四、五根，乐器面板自中段至尾部有通品若干，清晰可辨，约10个。男子跪坐，将乐器一方置于双膝之上，另一方置于地面，男子左手中指、无名指、小指翘起，似用食指按弦,右手做握拳状,似执某物^①（图2-20）。

图2-20　舞踊墓男仙人弹卧箜篌图局部^②

　　女子与男子姿势相近,亦以左手按弦,与男子手势相近,但更清晰,只见其左手大指隐于后方,食指按压琴弦,右手似以食指拨弦,女子所执乐器有四根琴弦,清晰可辨,另自仙人左端乐器尾部四分之一处起,琴面有通品,共计约17个（图2-21）。此外如前文所述,在舞踊墓主室天井壁画中亦见吹角仙人两位。

图2-21　舞踊墓女仙人弹卧箜篌图局部^③

---

　　① 林谦三先生认为舞踊墓两位弹卧箜篌仙人为"奏者各右手拿着细拨状的东西在弹着弦。"（[日]林谦三著,钱稻孙译,曾维德、张思睿校注《东亚乐器考》,上海书店出版社2013年版,第212页）其所依据图像为日本学者池内宏、原田淑人报告《辑安县高句丽遗迹》,图版XXII,和《通沟》下,第33页图版。本文依据《通沟》《中国出土壁画全集·辽宁吉林黑龙江卷》等图版,认为两位仙人似手执物弹奏,但是所执物图像不清,因此做如上描述。——笔者注

　　② 图2-20见徐光冀主编《中国出土壁画全集·辽宁吉林黑龙江卷》,科学出版社2012年版,第137页。

　　③ 图2-21见[日]池内宏、梅原末治《通沟:"满洲国"通化省辑安县高句丽遗迹（下）》,"日满文化协会"1940年版,图版第二十七。

（2）五盔坟4号墓弹卧箜篌图

五盔坟4号墓中北面第二重顶石中第三位伎乐仙人亦为弹卧箜篌。乐器呈斜置，琴头置于仙人右腿之上，琴尾似触及左脚，乐器上张弦，数目不清，琴面有通品约12个。仙人左手手指张开，大指似固定位置，以食指按弦，其余手指轻轻翘起，右手置于琴头部，手指形态已不得而知（图2-22）。此外，五盔坟4号墓北面第二重顶石另绘有一位击细腰鼓仙人，东面第二重顶石绘有吹排箫、横笛仙人，西面第二重顶石绘有吹角仙人。

图2-22　五盔坟4号墓弹卧箜篌图局部①

（3）五盔坟5号墓弹卧箜篌图

五盔坟5号墓西南面第二重顶石仙人图中，右边一位仙人弹奏卧箜篌。仙人所弹乐器呈横卧状，长方形琴体，斜向放置；仙人左手置于距琴尾约三分之一处，以食指按弦，大指及其他手指翘起；右手置于琴头处，小指翘起，左手似执某物拨奏，乐器琴面有琴弦若干，上有品柱

---

① 图2-22见徐光冀主编《中国出土壁画全集·辽宁吉林黑龙江卷》，科学出版社2012年版，第193页。

约13个（图2-23）。此外，主墓室天井第二重顶石上还有西南面一位击细腰鼓仙人，西北面弹阮咸仙人，东北面有吹角、排箫仙人，东南面吹横笛仙人。

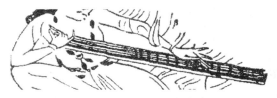

图2-23　五盔坟5号墓弹卧箜篌图局部[①]

　　在集安高句丽墓壁画中，明确可辨识的仙人奏卧箜篌乐器图像为上述4幅。由此可以列出集安高句丽墓伎乐仙人图弹卧箜篌乐器图像表如下：

表2-2　集安高句丽墓仙人弹卧箜篌图像表

年代	墓葬名	图像位置	绘制内容	乐器名	乐器形制	演奏方法	同墓其他乐器图像
4世纪中叶至5世纪初	舞踊墓	左壁天井第三重顶石	伎乐仙人	卧箜篌	横卧，长方形琴体，张弦4—5根，通品约10个	左手按弦，右手似执某物演奏	角
				卧箜篌	横卧，长方形琴体，张弦4根，通品约17个	左手按弦，右手似执某物演奏	
6世纪中叶至7世纪初	五盔坟4号墓	北壁天井第二重顶石	伎乐仙人	卧箜篌	横卧，长方形琴体，弦数不清，通品约12个	左手按弦，右手姿态不清	细腰鼓；排箫、横笛；角

　　① 图2-23见〔日〕林谦三著，钱稻孙译，曾维德、张思睿校注《东亚乐器考》，上海书店出版社2013年版，第212页，图70。

年代	墓葬名	图像位置	绘制内容	乐器名	乐器形制	演奏方法	同墓其他乐器图像
6世纪中叶至7世纪初	五盔坟5号墓	西南天井第二重顶石	伎乐仙人	卧箜篌	横卧，长方形琴体，弦数不清，通品约13个	左手按弦，右手似执某物演奏	细腰鼓；阮咸；角、排箫；横笛

通过图表可知，集安高句丽壁画墓所见仙人弹卧箜篌图共4幅，产生年代约在公元4世纪中叶至7世纪初，见于舞踊墓、五盔坟4号墓和五盔坟5号墓主室天井顶石壁画之中。下表中将4幅所见卧箜篌乐器的结构特征、表演方式列举如下：

表2-3　集安高句丽墓卧箜篌图像显示结构及表演方式列表

墓葬名称	年代	结构特征				表演方式	
		琴体	琴弦（根）	通品（个）	拨子	演奏方式	同见于天井壁画的乐器
舞踊墓	4世纪中叶至5世纪初	长方形	四至五	约十	可能有	琴头置于膝上，琴尾置于地上；横弹	卧箜篌；角；角
		长方形	四	约十七	可能有	琴头置于膝上，琴尾置于地上；横弹	卧箜篌；角；角
五盔坟4号墓	6世纪中至7世纪初	长方形	不清	约十二	不清	琴头置于膝上，琴尾置于地上；横弹	与细腰鼓同见于北面天井；四面天井还包括乐器排箫、横笛、角
五盔坟5号墓	6世纪中至7世纪初	长方形	不清	约十三	可能有	琴头置于膝上，琴尾置于地上；横弹	与细腰鼓同见于西南面天井；四面天井还包括乐器阮咸、角、排箫、横笛

从所见卧箜篌乐器形制及演奏法方面来看，上述4幅图所见卧箜篌乐器图像均为横卧、长方形琴体，弦数约为4—5根，琴面具通品10—17个、数量不等；乐器一头置于演奏者膝上，一头置于地面进行演奏；演奏方法可知为左手按弦，右手似执某物演奏。

　　从乐器组合方面来看，上述三墓顶石壁画中皆有其他仙人执乐器演奏图像，舞踊墓可见两幅仙人吹角图，五盔坟4号墓第二重顶石包括仙人击细腰鼓、吹排箫、横笛、角演奏图，五盔坟5号墓第二重顶石包括仙人击细腰鼓、弹阮咸、吹角、排箫、横笛等演奏图。其中五盔坟4号墓、五盔坟5号墓所见仙人执奏乐器较为类似，且两墓地理位置相邻、年代相近，其具有的密切关系可想而知。五盔坟4号墓、5号墓中仙人执卧箜篌演奏图皆与击细腰鼓演奏图位于顶石同一面，可能具有乐器组合的意义，而乐器阮咸、角、排箫、横笛作为伎乐仙人图中的乐曲组合出现也可能体现了公元6世纪中叶至7世纪初高句丽音乐文化的进一步发展。

　　在本文第一章中论述了集安高句丽壁画墓乐舞图的伴奏乐器，其中包括琴筝类伴奏乐器，见于通沟12号墓和长川1号墓之中。其中通沟12号墓所见仅可知为琴筝类乐器，具体不详。长川1号墓前室右壁百戏图中所描绘的单人舞图、备舞图各见一琴筝类乐器，具有通品结构、带有弦轸，图像描绘清晰（图2-24）。

1   2

图2-24　长川1号墓琴筝类乐器图^①

　　上述两图见于同墓同一壁面,绘画风格一致,乐器结构相近。可知上述长川1号墓单人舞图、备舞图所见为同一类乐器(细节相异,疑为图像绘制误差所致),这件乐器为横卧类弹拨乐器,具有长方形琴体,琴面有通品若干,琴尾处有弦轸,演奏时将琴头处置于演奏者膝上,琴尾置于地上,左手按弦,右手进行演奏(是否执物不清)。在前述第一章中,本文将长川1号墓所见上述两图中的乐器与湖北鄂州七里界4号墓卧箜篌俑、日本东京博物馆藏金铜灌顶幡天盖透雕、日本正仓院七弦琴进行了对比,并指出,关于长川1号墓单人舞图、备舞图所见这件琴筝类乐器目前定名为"五弦琴"较为合宜。为了进一步研究的方便,兹将上述第一章琴筝类伴奏乐器的分析资料列表如下:

---

　　① 图2-24·1见〔日〕朝鲜画报社《高句丽古坟壁画》,朝鲜画报社出版部1985年版,第205幅。图2-24·2见徐光冀主编《中国出土壁画全集·辽宁吉林黑龙江卷》,科学出版社2012年版,第151图。

表2-4　本文第一章相关琴筝类乐器资料表①

特征 地点	名称	年代	结构特征					表演方式	
			琴体	琴弦 （根）	通品 （个）	弦轸 （个）	拨子	演奏方式	乐器组 合及表 演形式
湖北 鄂州	七里界4 号墓卧箜 篌俑	三国后期	长方形	四	六	无	不明	琴头置于 膝上，琴 尾置于地 上；横弹	与扁鼓 合奏
吉林 集安	长川1号 墓备舞图 所见琴筝 类乐器	5世纪末至 6世纪中	长方形	四	约九	五	不明	不清	单独为 舞蹈伴 奏
	长川1号 墓单人舞 图所见琴 筝类乐器		长方形	不清 （三 以上）	约五	约三	不明	琴头置于 膝上，琴 尾置于地 上；横弹	单独为 舞蹈伴 奏
日本	东京博物 馆藏金铜 灌顶幡天 盖透雕所 见乐器	飞鸟时代 （约公元 592-710 年）	长方形	四	十一	二	有	琴头置于 膝上；横 弹	无
日本	正仓院七 弦琴	奈良时代 （公元 710-794）	长方形	七	无（不 清）	七	不明	不清	不清

　　在上表中，我们对比了出土地点、文物名称、产生年代、乐器结构特征和表演方式，其中结构特征包括琴体、琴弦、通品、弦轸和拨子五个方面，表演方式包括演奏方式、乐器组合及表演形式等方面。上述长川1号墓单人舞图、备舞图所见"五弦琴"同时具备通品结构和弦

---

① 相关资料引用参见本文第一章。

轸结构，弦轸结构并不见于湖北鄂州青瓷俑人所弹的乐器卧箜篌之上；而日本东京博物馆藏金铜灌顶幡天盖透雕亦同时具备了通品、弦轸结构，虽弦轸位于面板琴尾处，与长川1号墓所见图像相异，但在整体结构上有相通之处；日本正仓院所藏七弦琴具有明显的弦轸结构，然而是否具有通品结构目前不知，这件乐器为日本模造乐器残件^①，且具有使用痕迹，为公元8世纪的实用乐器，该件乐器可能与长川1号墓所见"五弦琴"具有一定的关系。综上所述，目前所见的中国及日本琴筝类乐器图像及实物中，没有既具有通品结构、又具有弦轸结构的横卧类弹拨乐器，依据上述的主要形制特点，与其最具有明显渊源关系的乐器便是卧箜篌了。以往对《通典》中所云卧箜篌"如琵琶也"的解读中，我们认为是说明卧箜篌具有与琵琶相似的"品"结构，那么除此之外，是否卧箜篌也可能具有"如琵琶也"的琴轸结构？在本部分关于卧箜篌乐器的充分探讨之后，我们将把长川1号墓单人舞图、备舞图中的"五弦琴"加入到讨论之中。

2. 卧箜篌在高句丽的出现及流传

卧箜篌最初称为"坎侯""空侯"，早期文献记载见于《世本》《释名》《史记》《汉书》等。西汉以前文献中所说的"箜篌"，即指卧箜篌。《后汉书》曰："灵帝好胡服、胡帐、胡床、胡坐、胡饭、胡空侯、胡笛、胡舞，京中贵戚皆竞为之。"^②，其中所说"胡空侯"是指竖箜篌，

---

① ［日］林谦三著，钱稻孙译，曾维德、张思睿校注《东亚乐器考》，上海书店出版社2013年版，第161页。

② ［南朝刘宋］范晔撰、［唐］李贤等注《后汉书·五行志》，中华书局1965年版，第3272页。

由此可知东汉之时，竖箜篌已传入中原地区，此后逐渐区分出"卧箜篌""竖箜篌"之名。

文献中关于卧箜篌的形制记载并不多见。中国古籍文献中以《通典》为最早，日本古籍《体源抄》中也有关于卧箜篌的记载。《通典》云："箜篌，……旧说一依琴制。今按其形，似瑟而小，七弦，用拨弹之，如琵琶也。"①《通典》由杜佑（734—812）历时三十六年，于唐德宗贞元十七年（公元801年）完成②。由上述引文可知，《通典》中所说的"箜篌"，即卧箜篌，我们亦可获知至公元9世纪初，卧箜篌的形制似瑟略小，上有七弦，其演奏形式与琵琶相似，以拨弹之。日本古籍《体源抄》中记载："卧箜篌，长二尺九寸，上阔六寸，下阔五寸一分，其形似琴而小，施五弦，用拨弹之。但今图四弦也；柱诚似琵琶。"③《体源抄》产生于公元15、16世纪之间，由上述记载可知，至公元15、16世纪之时，在日本的卧箜篌形制如上所述，琴体一头略宽、一头略窄，琴面张五弦，以拨弹之。而《体源抄》图中所见卧箜篌为四弦，上绘通品14个（图2-25）。由此记载与文献的描述不同可知，至公元15、16世纪之时，记载于日本文献的卧箜篌乐器可能包括四弦、五弦两种形制。

---

① ［唐］杜佑撰、王文锦等点校《通典·乐典》，中华书局1988年版，第3680页。
② 同注释①，前言，第1页。
③ ［日］林谦三著，钱稻孙译，曾维德、张思睿校注《东亚乐器考》，上海书店出版社2013年版，第216页。《体源抄》为日本笙演奏家丰原统秋（1459—1524年）所撰，记录日本雅乐、舞乐相关资料。

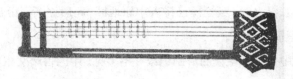

図2-25 《体源抄》卧箜篌图①

现将两书所记卧箜篌形制对比如下：

表2-5 《通典》《体源抄》卧箜篌形制比较表

文献名称	产生时间	卧箜篌形制特征			
《通典》	公元9世纪		似瑟而小	七弦	用拨弹之	如琵琶也
《体源抄》	公元15、16世纪	长二尺九寸，上阔六寸，下阔五寸一分	其形似琴而小	施五弦，但今图四弦也	用拨弹之	柱诚似琵琶

通过上述表格对比我们可知，虽然两处文献相距甚远，然而其所关于卧箜篌乐器的记载多有相同之处，在乐器形状上指出似琴、瑟而小，琴面有柱，张弦数根，以拨来进行演奏；两者记载的不同之处有二：其一，《体源抄》明确记载了卧箜篌的尺寸；其二，两者所述张弦数目有所不同，《通典》载卧箜篌有七弦，《体源抄》载有四弦、五弦两种。

诚然，文献材料中对于卧箜篌的记载相对匮乏，截至目前亦没有卧箜篌实物乐器出土，然而考古发现中仍使我们获得了为数不少的图像资料，使得卧箜篌的研究可以获得进一步的推进。除集安高句丽壁

---

① 图2-25 [日] 林谦三著，钱稻孙译，曾维德、张思睿校注《东亚乐器考》，上海书店出版社2013年版，第216页。

画墓中伎乐仙人图所见4幅卧箜篌图像外，目前所知中国境内的卧箜篌考古资料还有8处（图2-26），包括辽宁辽阳棒台子1号墓乐舞图中的乐师奏卧箜篌图像（图2-26·1）、湖北鄂州七里界4号墓卧箜篌俑（图2-26·2）、南京江宁上坊孙吴墓卧箜篌俑（图2-26·3）、甘肃省嘉峪关魏晋1号墓宴乐画像砖（图2-26·4）、嘉峪关魏晋3号墓奏乐画像砖（图2-26·5）、酒泉西沟村魏晋7号墓弹卧箜篌画像砖（图2-26·6）、敦煌辛店台晋墓弹卧箜篌画像砖（图2-26·7）、云冈石窟第十二窟弹卧箜篌天宫伎乐（图2-26·8）。如下：

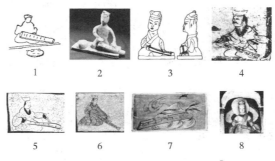

图2-26　中国境内其他卧箜篌乐器图像①

---

　　① 图2-26·1李文信《辽阳发现的三座壁画古墓》，《文物参考资料》1955年第5期。图2-26·2见《中国音乐文物大系》总编辑部《中国音乐文物大系·湖北卷》，大象出版社1999年版，第173页。图2-26·3见南京市博物馆、南京市江宁区博物馆《南京江宁上坊孙吴墓发掘简报》，《文物》2008年第12期。图2-26·4见徐光冀主编《中国出土壁画全集·甘肃宁夏新疆卷》，科学出版社2012年版，第11页。图2-26·5见《中国音乐文物大系》总编辑部《中国音乐文物大系·甘肃卷》，大象出版社1998年版，第243页。图2-26·6见《中国音乐文物大系·甘肃卷》，第246页。图2-26·7见《中国音乐文物大系·甘肃卷》，第247页。图2-26·8见《中国音乐文物大系》总编辑部《中国音乐文物大系·山西卷》，大象出版社2000年版，第320页。

现将上述中国境内的12幅卧箜篌图像的所属年代、墓葬名称、考古资料类型、图像位置、形制数据等资料列表如下：

表2-6　国内存见卧箜篌图像详细资料表[①]

产生年代	墓葬名称或石窟寺名称	考古资料类型	卧箜篌图像或乐俑位置	形制数据等	所属省、市
公元2世纪70—80年代至3世纪30年代	棒台子1号墓	杂技图弹卧箜篌乐师	墓门右壁	无	辽宁辽阳
曹魏甘露二年（公元257年）	嘉峪关魏晋1号墓	宴乐画像砖弹卧箜篌图	前室南壁西侧第一层左第一砖	长34.5、宽17.0、厚5.5厘米	甘肃嘉峪关
三国后期	七里界4号墓	卧箜篌俑	不清	卧箜篌俑人高19.5厘米，乐器音箱长12.8、宽2.8厘米	湖北鄂州
孙吴晚期	南京江宁上坊孙吴墓	卧箜篌俑（M1:58）	后室之西侧耳室	底座长10.8、宽7.4、通高14厘米	江苏南京

---

① 参考资料包括：李文信《辽阳发现的三座壁画古墓》，《文物参考资料》1955年第5期。南京市博物馆、南京市江宁区博物馆《南京江宁上坊孙吴墓发掘简报》，《文物》2008年第12期。朱国伟《南京江宁上坊孙吴墓所处"抚琴俑"辨析》，《交响》2011年第4期。《嘉峪关壁画墓发掘报告》，文物出版社1985年版。《中国音乐文物大系》总编辑部《中国音乐文物大系·甘肃卷》，大象出版社1998年版。甘肃省文物考古研究所《甘肃酒泉西沟村魏晋墓发掘报告》，《文物》1996年第7期，第4—38页。中国考古学会《中国考古学年鉴·1988》文物出版社1989年版。[日]池内宏、梅原末治《通沟："满洲国"通化省辑安县高句丽遗迹（下）》，"日满文化协会"1940年版，第63—66页。吉林省博物馆《吉林辑安五盔坟四号和五号墓清理略记》，《考古》1964年第2期。吉林省文物工作队《吉林集安五盔坟四号墓》，《考古学报》1984第1期。

产生年代	墓葬名称或石窟寺名称	考古资料类型	卧箜篌图像或乐俑位置	形制数据等	所属省、市
西晋（公元266—316）	嘉峪关魏晋3号墓	奏乐画像砖弹卧箜篌图	前室西壁上数第四层左第三砖	长约34.0、宽5.5厘米	甘肃嘉峪关
魏晋（公元220—420）	酒泉西沟村魏晋7号墓	奏乐图	前室东壁第四层	砖长35.0、宽5.0厘米	甘肃酒泉
西晋末凉初（319—324）	敦煌辛店台133号晋墓	弹卧箜篌画像砖	墓门照墙下部近墓门处	砖长33.0、宽17.3厘米	甘肃敦煌
4世纪中叶至5世纪初	舞踊墓	仙人弹卧箜篌图	墓室左壁天井第三重顶石	无	吉林集安
		仙人弹卧箜篌图		无	
北魏中期（公元5世纪中后叶）	云冈石窟第十二窟	弹卧箜篌天宫伎乐	北壁上层天宫伎乐龛	无	山西大同
6世纪中叶至7世纪初	五盔坟4号墓	仙人弹卧箜篌图	墓室北壁天井第二重顶石	无	吉林集安
6世纪中叶至7世纪初	五盔坟5号墓	仙人弹卧箜篌图	墓室西南天井第二重顶石	无	吉林集安

　　由上表可知，截至2017年8月，中国境内公开发表的卧箜篌图像共计约12幅，时间跨度在公元2世纪至公元7世纪之间。其中最早见于辽宁辽阳的汉魏壁画墓，时间为公元2世纪70—80年代至3世纪30年代；至公元3世纪中叶左右，甘肃省西北部、江苏省南部、湖北省东北部墓葬中出现卧箜篌图像或弹奏卧箜篌陶俑；约在公元4—7世纪，吉林集安高句丽墓葬、云冈石窟寺中出现卧箜篌图像。

　　兹将上述集安高句丽墓之外的8幅卧箜篌乐器图像出土地点、名称、产生年代、结构特征及表演方式列表如下，用以与前述集安卧箜篌图像进行对比研究：

表2-7　中国境内其他8幅卧箜篌乐器结构及表演方式列表[①]

特征 地点	名称	年代	结构特征				表演方式	
			琴体	琴弦 （根）	通品 （个）	拨子	演奏方式	乐器组合 及表演 方式
辽宁辽阳	棒台子1号墓乐舞图弹卧箜篌乐师像	公元2世纪70—80年代至3世纪30年代	长方形	不清	7	不清	琴头置于膝上，琴尾置于地上；横弹	与建鼓、梨形音箱琵琶、竖笛类乐器等进行合奏。
甘肃嘉峪关	嘉峪关魏晋1号墓宴乐画像砖弹卧箜篌图	曹魏甘露二年（公元257年）	长方形	2	约5	不清	琴头置于膝上，琴尾置于地上；横弹	独奏
湖北鄂州	七里界4号墓卧箜篌俑	三国后期	长方形	4	6	不明	琴头置于膝上，琴尾置于地上；横弹	与扁鼓合奏
江苏南京	南京江宁上坊孙吴墓卧箜篌俑（M1:58）	孙吴晚期	长方形	4	5个以上	无	琴头置于膝上，琴尾置于地上；横弹	可能与扁鼓共同演奏
甘肃嘉峪关	嘉峪关魏晋3号墓奏乐画像砖卧箜篌图	西晋（公元266—316）	长方形	1	6	无	琴头置于膝上，琴尾置于地上；横弹	与竖箜篌合奏

---

① 引用资料来源同本章表2-6《国内存见卧箜篌图像详细资料表》。

特征 地点	名称	年代	结构特征				表演方式	
			琴体	琴弦（根）	通品（个）	拨子	演奏方式	乐器组合及表演方式
甘肃酒泉	酒泉西沟村魏晋7号墓弹卧箜篌画像砖	魏晋（公元220—420年）	长方形	2	7	无	琴头置于膝上，琴尾置于地上；横弹	与圆形音箱琵琶合奏
甘肃敦煌	敦煌辛店台133号晋墓弹卧箜篌画像砖	西晋末前凉初（319—324年）	长方形	4或5	7	无	琴头置于膝上，琴尾置于地上；横弹	独奏
山西大同	云冈石窟第12窟弹卧箜篌天宫伎乐	北魏中期（公元5世纪中后叶）	长方形	不清	3以上	无	琴头置于膝上，琴尾置于地上；横弹	北壁上层天宫伎乐龛，另有琴筝类乐器、琵琶、横笛、法螺、细腰鼓、竽篥、竖箜篌等

通过上表可以较为详细地了解国内所见其他8幅卧箜篌图像、陶俑的形制、乐器组合等状况。结合前述集安高句丽壁画墓所见4幅卧箜篌图像的形制、表演方式等资料，我们可以获知卧箜篌形制在不同时期的发展特点，主要体现在琴弦数量、通品数量、乐器组合形式等方面。当然，图像、陶俑作为非实用乐器，不能将通品、琴弦数量作为绝对的考量标准，因此，我们试图将视野放宽，将镜头拉远，俯瞰中国境内卧箜篌图像的分布情况，如下：

图2-27　中国境内存见公元2—7世纪卧箜篌图像省份分布图①

　　从上图中可以清晰地看到目前所知公元2—7世纪之间中国境内
卧箜篌图像的分布情况。如上所见，存见卧箜篌图像主要分布于东北
辽宁、吉林地区；甘肃西北部的敦煌、酒泉、嘉峪关地区；山西、湖北、
江苏亦包括其中。从时间上来看，如前所述，以辽宁辽阳汉魏壁画墓
所见为最早；甘肃、湖北、江苏次之；山西、吉林又次之。以上述的时间
与空间定位，仅仅从目前我们所能看到的卧箜篌图像分布情况来看，
这件乐器在公元2—7世纪的发展及流传路径亦未必如此简单。李娜
认为，卧箜篌与中国南越民族有着较为密切的联系，并认为它可能是

_____

　　① 该分布图由笔者根据前述《中国音乐文物大系》《中国出土壁画全集》及相关报告
等资料搜集整理的材料绘制而成。主要包括已经出版的《中国音乐文物大系》覆盖省份包
括北京、天津、福建、甘肃、河南、湖北、湖南、江苏、江西、内蒙古、山东、陕西、山西、上海、四川、
新疆、广东和河北；《中国出土壁画全集》覆盖省份包括河北、山西、内蒙古、山东、河南、陕西、
辽宁、吉林、黑龙江、甘肃、宁夏、新疆、北京和江苏；及其他部分发掘报告等资料。

一种产生于南越或西南少数民族地区的弦乐器①。从本分布图所见来看，公元2世纪之时卧箜篌便出现在辽阳汉魏壁画墓壁画之中，并与建鼓、梨形音箱琵琶、竖笛类乐器等进行合奏，可知此时卧箜篌已经从中原流传到边疆地区；而至公元3、4世纪，由甘肃、湖南、江苏所见卧箜篌图像及陶俑，可知此时卧箜篌的流传应不仅限于此三个地区，而是已经较为广泛流传；山西大同、吉林集安所见材料，可以说明直到公元4、5世纪，卧箜篌仍是中原地区的常见乐器；而至公元5—7世纪，卧箜篌在东北部的高句丽政权范围得以继续流传，继而继续向东。

3. 卧箜篌与玄琴的关系

如今，朝鲜半岛的传统乐器"玄琴"被认为与卧箜篌有着密切的关系。《三国史记》载："玄琴，象中国乐部琴而为之。按《琴操》曰：'伏牺作琴以修身理性，反其天真也。'……新罗古记云：初，晋人以七弦琴送高句丽。丽人虽知其为乐器，而不知其声音及鼓之之法，购国人能识其音而鼓之者，厚赏。时，第二相王山岳存其本样，颇改易其法制而造之，兼制一百余曲以奏之。于时玄鹤来舞，遂名玄鹤琴。后但云玄琴。"②《三国史记》成书于公元12世纪，上述文献中指出玄琴的形制及象征意义，同时也援引了《新罗古记》中玄琴诞生的传说。此说中认为，玄琴产生于高句丽。晋人送高句丽的七弦琴，被高句丽第二相王山岳改造并制曲，因玄鹤来舞，因此名为玄鹤琴，又名玄琴。依

---

① 李娜《关于卧箜篌几个问题的探讨》，天津音乐学院2007年硕士学位论文，第16页。李娜《卧箜篌起源探微》，《天籁》2009年第3期。

② 金富轼撰、孙文范等校勘《三国史记·乐志》，吉林文史出版社2003年版，第408页。

上述文献所载,此玄琴可能为七弦。

　　成书于公元15世纪的朝鲜音乐书籍《乐学轨范》中亦有玄琴的形制图（图2-28）。由图中可知,该玄琴与仲尼式古琴的基本形制相似,然而在张弦、通品、系弦等方面与古琴区别开来:其上张弦6根,琴面有通品（《乐学轨范》中又称为"棵"）16个,琴尾处有雁柱（《乐学轨范》中又称"歧棵"）3个。该书中亦谈及制造玄琴的材料、工艺等内容,并指出演奏用"匙"[1]。

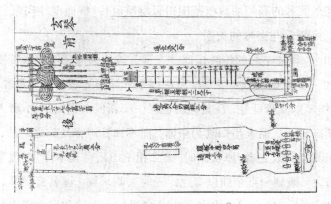

图2-28　《乐学轨范》玄琴图[2]

　　上述《乐学轨范》中所见的玄琴形制,与林谦三先生《东亚乐器考》中所见的玄琴形制一致,如下图（图11）:

----

[1] "案:造玄琴之制,前面用桐木,后面用粟木,棵用……。匙用坚刚海竹。"〔朝鲜〕成伣等撰《乐学轨范·乡部乐器图说》,蓬左文库本,第19页。

[2] 图2-28见〔朝鲜〕成伣等《乐学轨范·乡部乐器图说》,蓬左文库本,第13页。

图2-29 《东亚乐器考》玄琴图①

　　林谦三先生在《东亚乐器考》中称玄琴的通品为"柱",并指出玄琴的形制特点为六弦、十六柱(楔)、三个移柱(歧楔),演奏用"匙"。他指出,《三国史记》中所引的《新罗古记》之说只是记载了高句丽人的俗传,或是后来改造为玄琴的追记②。

　　尽管《新罗古记》中所言玄琴乃是由"琴"改制发展而来,然而学界多指出玄琴与卧箜篌有着更为密切的关系,部分朝韩学者认为集安高句丽墓壁画中带有通品的横卧类弹拨乐器便可以称为"玄琴"③,亦有学者将集安高句丽壁画墓所见这类乐器进行了分类、分时期的探讨,指出其中既包含了卧箜篌、亦包含了玄琴的原型④。本文认为,卧箜篌在西汉之时已经在中原地区出现,在前述分布图中可以清晰看出,至公元2—7世纪卧箜篌已经流布于当今中国的辽宁、吉林、山西、甘

---

　　① 图2-29见〔日〕林谦三著,钱稻孙译,曾维德、张思睿校注《东亚乐器考》,上海书店出版社2013年版,第211页。

　　② 同注释①,第210页;218页。

　　③ 〔朝〕全畴农撰、奚传绩译《关于高句丽古坟壁画上乐器的研究》,《音乐研究》1959年第3—4期。〔韩〕徐海准《〈乐学轨范〉唐部乐器图说之研究》,华中师范大学出版社2015年版。〔韩〕宋芳松《长川一号坟的音乐史学检讨》,《韩国古代音乐史研究》,韩国一志社1985年版,第2—36页。

　　④ 〔韩〕郑花顺《关于玄琴的原型的再考查》,《汉唐音乐史国际研讨会》,2009年10月,第340—356页。该文中指出,五盔坟4、5号墓中的乐器可以解释为玄琴,并说明了相关理由。

肃、江苏、湖南等地区，而以目前掌握的资料来看，在卧箜篌的发展流传过程中，卧箜篌自身的形制也可能发生着变化。林谦三先生认为，唐之前的卧箜篌应为四弦①，本文认为这一结论还可以进行更为细致的探讨；从形制、琴弦、通品、演奏方式等方面来进行对比，郑花顺提出的五盔坟4、5号墓中为弹奏"玄琴"图像的理由亦不充分；因此本文认为集安高句丽壁画墓所见的4幅为卧箜篌图像，这些图像说明了公元4—7世纪卧箜篌在高句丽的流传。《箜篌引》中所说乐器"箜篌"即为卧箜篌②。由此可知卧箜篌在公元4世纪之前已经在朝鲜半岛北部得以流传。遗憾的是，以笔者目前有限的资料搜集中，朝鲜半岛大同江、载宁江流域公元4—7世纪壁画墓中并未见到完整的卧箜篌图像，唯一所见有伎乐仙人图的江西大墓中仅见到仙人弹琴筝类乐器图③。因此目前本文尚没有获得早期乐浪地区、高句丽迁都时期卧箜篌流传的有力根据。《日本后记》载："高丽乐师四人，横笛、箜篌、莫目、舞等师也。"④结合《日本后纪》所载日本飞鸟时代透雕所见的卧箜篌乐器图像，可知卧箜篌乐器在唐以前可能已经传入日本，其后在"三

---

① 〔日〕林谦三著，钱稻孙译，曾维德、张思睿校注《东亚乐器考》，上海书店出版社2013年版，第219页。

② 《箜篌引》又作《公无渡河》，其事载《古今注》，见〔晋〕崔豹：《古今注·音乐卷》，中华书局1985年版，第10页。

③ 在目前笔者搜集的资料中，朝鲜半岛安岳3号墓、八清里壁画墓、台成立1号墓和江西大墓中均有琴筝类乐器图像，部分朝鲜、韩国学者的研究文章中将其称为"卧箜篌"。但是目前笔者搜集到的图片资料来看，上述图像中乐器的"通品"结构并不鲜明，因此本文中将上述乐器保守的称为"琴筝类乐器"。——笔者注

④ 〔日〕藤原冬嗣等撰《日本后纪·平城天皇》，集英社译注本。

韩乐"中得以保留。

　　玄琴的形制究竟何时形成，这一问题在本文中无法进一步展开。毋庸置疑，玄琴与卧箜篌具有密切的渊源关系，然而将集安高句丽壁画墓中所见乐器称为"玄琴"尚不具有充分依据。通过上述分析我们已经知道，朝鲜半岛地区、日本地区在唐以前均可能有卧箜篌流传，日本文献中对高句丽传入的这件乐器称为"篳篌"也说明了这件乐器并未在此时被称为"玄琴"。这与郑花顺文中所指的自长寿王时期"玄琴"改制形成的观点也不相吻合。同时，在七部伎、九部伎、十部伎的记载中，高丽乐明确使用了"卧箜篌"，亦没有关于"玄琴"名称的介绍；在诸乐部中，西凉伎、高丽伎、燕乐伎对卧箜篌的使用又与前文所做分布图中的部分地区相契合。由此可知，至唐时，高句丽所使用的带有通品的横卧类弹拨乐器仍为"卧箜篌"。它对"玄琴"的产生有着重要的影响，而以目前的材料分析所得，本文不赞同"玄琴"产生或起源于高句丽时期的观点，"玄琴"的产生时间应可做进一步的探讨，当然这已超出了本文的讨论范围。在集安长川1号墓乐舞百戏图中所见的两件"五弦琴"也具有通品的特征，然而同时具有弦轴。在第一章中，本文结合湖北鄂州卧箜篌俑、正仓院七弦琴等材料对这件乐器进行了探讨，通过本部分的分析我们可知，这两件"五弦琴"也不可能是产生的"玄琴"。

（二）其他琴筝类[①]乐器

1、长川1号墓伎乐仙人图中其他琴筝类乐器图像

集安高句丽壁画墓伎乐仙人图中其他琴筝类乐器图像见于长川1号墓主室东壁天井第六重顶石之上，其中最右面第一名仙人所弹为琴筝类乐器：图中只见伎乐仙人所执乐器近乎水平放置，乐器呈长方体，仙人左手置于乐器中部似按弦状，右手置乐器一端似弹奏状，不甚清晰，琴面似有琴弦，数目不详，琴面其他描绘内容亦不详，因此据目前所见仅可判断其为琴筝类乐器（图2-30）。

图2-30　长川1号墓其他琴筝类乐器图[②]

2、公元4—7世纪其他琴筝类乐器在高句丽的出现及流传

方建军指出，琴、瑟、筑在中国南方和北方均曾使用，但出土实物的弦乐器多在中国南方的楚、越文化分布地区[③]。王子初认为，其主要

---

① 本名词指除卧箜篌之外的其他琴筝类乐器。——笔者注

② 图2-30见吉林省文物工作队、集安县文物保管所《集安长川一号壁画墓》，《东北考古与历史》1982年第1期。

③ 方建军《中国古代乐器概论（远古—汉代）》，陕西人民出版社1996年版，第160页。

原因是琴筝类乐器多用竹木类材质制成，不易长久保存。[①]因此考古发现的琴筝类乐器实物极为珍贵，琴、筝乐器实物的出土又较瑟更为少见，它们均成为获知上古时期中国琴筝类乐器流传、发展的重要资料。目前所知的早期琴包括曾侯乙墓出土的十弦琴、湖北荆门郭店出土的七弦琴等；早期筝包括江西贵溪崖墓古筝、江苏吴县长桥古筝等。

由于气候、地理等因素的影响，中国中古时期琴筝类乐器的实物遗存在北方出现亦较少，然而在留存的画像砖、壁画中仍可窥其风采。公元2—7世纪之时，琴、筝、卧箜篌等琴筝类乐器均有图像可窥其流传与发展情况，由于上一部分中本文集中探讨了卧箜篌在高句丽集安地区的流传状况，因此本部分主要侧重于琴、筝等其他不包括卧箜篌在内的琴筝类乐器在高句丽集安地区流传的可能性，由于图像的意向性、残损等特殊特点，本节中将其统称为"其他琴筝类乐器"。

本文第一章第三节提及辽阳棒台子1号壁画墓墓门左壁乐舞图中曾出现琴筝类乐器（图2-31），同墓还见到一幅弹奏卧箜篌乐器图像，该墓产生年代约为公元2世纪70—80年代至3世纪30年代。结合辽阳汉魏墓群所反映的文化属性和综合信息我们可知，至迟在公元3世纪上半叶，辽阳地区已出现琴筝类乐器伴奏的音乐表现形式，并与竖笛类乐器、梨形音箱琵琶等组成乐器组合。与其距离相距甚远的甘肃酒泉丁家闸5号墓乐舞图所见伴奏乐器中也有一件琴筝类乐器（图2-32），这座墓葬的产生年代为魏晋时期，由此可知此地区至迟在公元

---

① 王子初《中国音乐考古学》，福建教育出版社2003年版，第236页。

4世纪中叶便已出现琴筝类乐器伴奏的音乐表现形式,并与细腰鼓、梨形音箱琵琶、洞箫组成器乐组合。

图2-31　棒台子1号墓弹琴筝类乐器图①　图2-32　丁家闸5号墓弹琴筝类乐器图②

　　如果说丁家闸5号墓弹奏琴筝类乐器图像说明了琴筝类乐器在公元4世纪之时流传地域之广,那么辽阳棒台子1号墓弹奏琴筝类乐器图像则说明公元3世纪上半叶之时,在辽东地区可能也流传有除卧箜篌之外的其他琴筝类乐器,这无疑增加了高句丽存在其他琴筝类乐器的可能性。探讨公元4—7世纪其他琴筝类乐器在高句丽的出现及流传问题,我们将从同时期朝鲜半岛其他琴筝类乐器的流传、文献记载中的高句丽使用其他琴筝类乐器辨析两方面进行。

　　(1)公元4—7世纪其他琴筝类乐器在朝鲜半岛的出现及流传

　　公元4—7世纪朝鲜半岛其他琴筝类乐器图像主要见于安岳3号墓、台城里1号墓和江西大墓之中③。

---

　　① 图2-31见李文信《辽阳发现的三座壁画古墓》,《文物参考资料》1955年第5期。

　　② 图2-32见甘肃省文物考古研究所《酒泉十六国墓壁画》,文物出版社1989年版,图版前室西壁男乐伎。

　　③ 徐海淮论著中曾提及八清里壁画墓中有弹卧箜篌图,笔者翻阅考古报告等资料目前尚未得见图像或文字,因此暂不列入其中。([韩]徐海淮《〈乐学轨范〉唐部乐器图说之研究》,华中师范大学出版社2015年版,第22页,表4。)

1）安岳3号墓弹琴筝类乐器图

安岳3号墓乐舞图中有三位伴奏乐人，其中一位即弹奏琴筝类乐器（图2—33·1）。其与吹竖笛类乐器乐人、弹阮咸乐人一起，为独舞者伴奏。

2）台城里1号墓弹琴筝类乐器图

台城里1号墓位于南浦市江西区域的台城里墓群之中，其产生年代约在公元4世纪中叶到5世纪初。台城里1号墓为封土石室墓，是由前室及左右侧室、后室组成的二室墓，天井呈平行叠涩与抹角叠涩结构。墓室壁画损坏严重，以人物风俗主题为主，甬道绘有骑马行猎，前室左侧室绘有庖厨、仓库、牛车等，右侧室绘有墓主、侍从，后室左壁绘有人物图，右壁残存抚琴人物图[①]。图2—33·2为位于后室右壁的抚琴人物线描图。图中描绘为一件横卧类长方形弹拨乐器，其上张弦若干，可知为琴筝类乐器。图中所见乐人为跽坐，其上身描绘已不甚清晰。这幅图中乐人将乐器置于身体右侧弹奏，类似图像在集安高句丽壁画墓中并未得见。

3）江西大墓弹琴筝类乐器图

江西大墓、江西中墓、江西小墓合称为江西三墓，位于南浦市江西区域，呈三角形布局，三座墓葬的产生年代约在公元6世纪末至7世纪初。江西大墓位于南侧。大墓为铲形单室封土墓，天井呈平行叠涩和

---

① 参考资料：赵俊杰《4—7世纪大同江、载宁江流域封土石室墓研究》，吉林大学2009年博士学位论文，第39页。赵俊杰、梁建军《朝鲜境内高句丽壁画墓的分布、形制与壁画主题》，《边疆考古研究》2013年第13期。[朝]科学院考古学与民俗学研究所《遗迹发掘报告第5集——台城里古坟群发掘报告》，科学院出版社1959年版。

抹角叠涩结构,墓室内左右有花岗岩棺台,上绘忍冬纹,室内出土漆片可知原有彩绘木棺。江西大墓四壁绘有青龙、白虎、朱雀、玄武四神,天井绘有缠枝忍冬纹、伎乐仙人、山岳、奇禽异兽、莲花等图案,天井顶部盖石为云龙纹[①]。江西大墓天井所绘伎乐仙人图是目前所知朝鲜半岛公元4—7世纪大同江、载宁江流域壁画墓中所见唯一的伎乐仙人图,包括吹角、吹横笛、弹琴筝类乐器、弹阮咸等内容。其中图2—33·3为仙人弹琴筝类乐器图,仙人双手轻抚一横卧类长方形弹拨乐器,可知为琴筝类乐器,但具体形制不详。

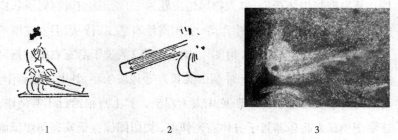

1   2   3

图2-33　朝鲜半岛壁画墓弹琴筝类乐器图[②]

由此可将朝鲜半岛公元4—7世纪墓葬壁画中其他琴筝类乐器图

①　参考资料:赵俊杰《4—7世纪大同江、载宁江流域封土石室墓研究》,吉林大学2009年博士学位论文,第40—41页。赵俊杰、梁建军《朝鲜境内高句丽壁画墓的分布、形制与壁画主题》,《边疆考古研究》2013年第13期。〔日〕朝鲜总督府《朝鲜古迹图谱》二,1915年版。

②　图2-33·1、图2-33·2见〔朝〕全畴农撰、奚传绩译《关于高句丽古坟壁画上乐器的研究》,《音乐研究》1959年3期,第98页、第103页。图2-33·3见〔日〕平山郁夫、早乙女雅博《高句丽壁画古坟》,共同通信社2005年版,第201页。

像列表如下:

表2-8 朝鲜半岛壁画墓所见琴筝类乐器图像表

年代	墓葬名	图像位置	绘制内容	乐器名	乐器形制	演奏方法
公元357年	安岳3号墓	后室左壁	乐舞图	琴筝类乐器	长方体,横卧,张弦若干	琴头置于双膝之上,琴尾置于地上,左手按弦,右手演奏
公元4世纪中叶至5世纪初	台城里1号墓	后室右壁	抚琴人物	琴筝类乐器	长方体,横卧,张弦若干	琴头置于双膝之上,琴尾置于地上,似右手按弦,左手演奏
公元6世纪末至7世纪初	江西大墓	墓室天井	伎乐仙人图	琴筝类乐器	长方体,横卧,弦数不清	琴头置于双膝之上,似左手按弦,右手演奏

由上表可知,朝鲜半岛壁画墓中所见琴筝类乐器图像主要见于安岳3号墓、台城里1号墓和江西大墓中,其中安岳3号墓和台城里1号墓出现时间较早,约在公元4世纪中叶至5世纪初,其中的琴筝类乐器图像见于跽坐奏乐图或乐舞图之中;江西大墓出现时间较晚,约在公元6世纪末至7世纪初,其中的琴筝类乐器图像见于墓室天井之中,所绘题材为伎乐仙人图。由于上述图像中所见乐器弦数、品柱皆不清晰,因此按其乐器的基本形制和演奏方法将其称为其他琴筝类乐器。如前所述,目前所知朝鲜半岛壁画墓中并未见到带有品柱的卧箜篌图像,因此上述3幅琴筝类乐器图像是目前所知朝鲜半岛此时期唯一的3幅横卧长方形弹拨乐器图像。

(2)文献中高句丽使用琴筝类乐器辨析

在本文第一章的伴奏乐器讨论中,我们曾经列举了古典文献中高句丽音乐使用琴筝类乐器名称表[①]。在列举的14种文献中，共列举了8种乐器名称，包括筝、弹筝、搊筝、卧筝、卧箜篌、筆篌、玄琴和琴。前文曾经指出，这8种乐器名称出自四种不同类型的文献：其一，风俗记写中的高句丽使用乐器。在这一类记载中，琴筝类乐器提到的是筝、琴两种。其二，隋唐俗乐高丽伎的使用乐器，其中琴筝类乐器包括弹筝、搊筝、卧筝、卧箜篌。其三，朝鲜半岛高丽时期史籍《三国史记》中所提到的"玄琴"。"玄琴"之名不见于其他中国史籍，可能是乐器名称不同的缘故，亦可能是后世发展而来的乐器名称。其四，日本史籍《日本后纪》中所记的高句丽乐器"筆篌"，亦不见于中国、朝鲜半岛史籍记载。上述所列四种文献来自三国，其中第一种、第二种来自中国文献记写；第三种来自朝鲜半岛史籍；第四种来自日本古籍。现将上述所见高句丽音乐使用琴筝类乐器名称与文献类型对照表列举如下：

表2-9　高句丽音乐使用琴筝类乐器名称与文献类型对照表

文献类型		乐器名称				
中国史籍	风俗性记写	琴	筝			
	高丽伎			弹筝	搊筝	卧箜篌／卧筝	
韩国史籍						玄琴	
日本史籍							筆篌

按照乐器的具体分类，结合本文第二章及本章的研究分析，上述

---

① 见本文第一章表1-5《古典文献中高句丽音乐使用琴筝类乐器名称表》。

8种乐器名称可以将其按照乐器形制特点分为三类：其一，乐器名称"琴"。此乐器名称单独为一类；其二，筝类，包括筝、搊筝、弹筝三个乐器名称；其三，卧箜篌类，包括卧箜篌、卧筝①、玄琴、篳篥四个乐器名称。下面分而述之。

第一，乐器"琴"。"琴"名称出现在中国文献关于高句丽的风俗记写之中，首见于《隋书·高丽》，其载："乐有五弦、琴、筝、篳篥、横吹、箫、鼓之属，吹芦以和曲。"②其中所涉及的琴筝类乐器包括"琴""筝"两种。有学者将句子中的"五弦、琴"指为同一乐器名称，即"五弦琴"，并将其理解为横卧类弹拨乐器③。本文认为"五弦""琴"为两件乐器的名称，同时对于"五弦""琴"的形制也有不同意见，现分述如下：其一，"五弦琴"作为乐器的专有名称在文献中出现的次数屈指可数，特别是隋唐之前文献中，没有"五弦琴"作为乐器专有名称出现的例证。《史记·乐书》有言："昔者舜作五弦之琴，以歌南风；夔始作乐，以赏诸侯。"④其中提出了"五弦之琴"的乐器。《宋史·乐志》中载："丝部有五：曰一弦琴，曰三弦

---

① 本文第一章已提及，此"卧筝"与"卧箜篌"应指同见乐器，"卧筝"见于《乐书》《文献通考》，其余文献不见，且"卧筝""卧箜篌"记载没有同时出现，有"卧箜篌"记载之文献均不见"卧筝"，因此这里将"卧筝"名称放入卧箜篌类乐器名称之中。——笔者注

② ［唐］魏征等《隋书·高丽》，中华书局1973年版，第1814页。

③ 如［韩］宋芳松《长川1号坟的音乐史学检讨》，《韩国古代音乐史研究》，韩国一志社1985年版，第2—36页。（英文版本：Song, Bang-song. "Koguryo Instruments in Tomb No. 1 at Ch'ang-ch'uan, Manchuria", *Musica asiatica*, 1991, 6, pp1—17；中文翻译本：宋芳松著、顾铭学译《从音乐史上考察长川1号坟——一以壁画的乐器为中心》，《东北亚考古资料译文集》第4辑，北方文物杂志社2002年版，第113—127页。

④ ［汉］司马迁《史记·乐书》，中华书局1959年版，第1197页。

　　　　第二章　集安高句丽墓伎乐仙人图研究

琴,曰五弦琴,曰七弦琴,曰九弦琴,曰瑟。其说以谓:汉津诵其师之说曰:'古者,圣人作五等之琴,琴主阳,一、三、五、七、九,生成之数也。'"①由上述文献可知,《宋史》明确提出了"五弦琴"之名称。隋唐时期,"五弦琴"之名称并非一个固有乐器的名称,《全唐诗》中提及一次,见于《秦中吟·五弦》,其称"五弦,一作五弦琴"②。然而由诗中"赵叟抱五弦,宛转当胸抚"之句,可知其所谈为赵璧谈五弦之典故,而"抱五弦""当胸抚"的描写也说明此诗描绘的乐器为琉特类乐器"五弦琵琶"。由上述分析可知,"五弦琴"作为一个乐器专有名称在隋唐时期并不常见,而"五弦"作为五弦五轸的梨形音箱琵琶的特有名称,在隋唐时期却较为常见,并有被称为"五弦琴"的例证。其二,上述《隋书·高丽》的文献条目中,"琴"已经作为独立的乐器名称,并可以解释为当今的古琴。李纯一先生指出,目前所知的上古古琴,"是一种带长尾的半箱体、弹奏、弦鸣乐器,有弦7—10根。"③。而由湖南长沙马王堆3号墓出土乐器可知,七弦古琴的形制在汉初已经出现④。隋唐时期,七弦古琴的形制已经稳定,唐代传世的名琴如"九霄环佩""大圣遗音""枯木龙吟"等均为七弦形制,此时还出现了"西蜀雷氏"这样的制琴世家。《隋

---

① [元]脱脱等《宋史·乐志》,中华书局1977年版,第3009—3010页。
② 中国舞蹈艺术研究会舞蹈史研究组编《全唐诗中的乐舞资料》,人民音乐出版社1996年版,第99—100页。
③ 李纯一《中国上古出土乐器综论》,文物出版社1996年版,第448页。
④ 相关研究参见李纯一《中国上古出土乐器综论》,文物出版社1996年版,第448—454页。郑祖襄《中国古代音乐史》,高等教育出版社2008年版,第70页。

书·乐志》载:"高祖既受命,定令,宫悬四面各二虡,通十二镈钟,为二十虡。虡各一人。建鼓四人,祝敔各一人。歌、琴、瑟、箫、筑、筝、搊筝、卧箜篌、小琵琶,四面各十人,在编磬下。"[①]由此条文献可知,"琴""瑟""筑""筝""卧箜篌"等在隋代已成为专有的乐器名称,而其中"琴"即为区别于瑟、筑、筝、卧箜篌等的弦乐器。《通典·乐典》载:"琴,世本云:'神农所造。'琴操曰:'伏羲作琴,所以修身理性,反其天真。'白虎通曰:'琴,禁也,禁止于邪,以正人心也。'广雅曰:'琴长三尺六寸六分,象三百六十六日;五弦象五行。大弦为君,宽和而温;小弦为臣,清廉不乱。文王、武王加二弦,以合君臣之恩也。'"[②]此条文献中所说的"琴"即指七弦琴,如今称为"古琴"。同理可知,前述《隋书·高丽》《隋书·乐志》两条文献中所说的乐器"琴"均指如今的古琴。由此可以得出结论,由《隋书·高丽》等对高句丽风俗记写文献的记载可知,乐器"琴"在高句丽得以流行,此件乐器即指唐时形制稳定的七弦琴,如今称为"古琴"。《三国史记·乐志》中记载玄琴的产生虽不可信,然其所言"晋人以七弦琴送高句丽"之事却与《隋书》之后的记载相合,也可作为高句丽可能流传"琴"(今古琴)的一个例证。

第二,筝类乐器。前述文献中记载的高句丽音乐使用的筝类乐器名称包括"筝""弹筝""搊筝"。此三种名称的援引文献有两种:"筝"首见于《隋书·高丽》;"弹筝""搊筝"见于隋唐时期俗乐部高丽伎的

① [唐]魏征等《隋书·音乐志》,中华书局1973年版,第343页。
② [唐]杜佑撰、王文锦等点校《通典·乐典》,中华书局1988年版,第3677—3678页。

使用乐器记载，"弹筝"首见于《隋书·音乐志》，"搊筝"首见于《旧唐书·音乐志》。《通典·乐典》载："筝，秦声也。傅玄筝赋序曰：'代以为蒙恬所造。今观其器，上崇似天，下平似地，中空准六合，弦柱拟十二月，设之则四象在，鼓之则五音发，斯乃仁智之器，岂蒙恬亡国之臣能关思哉！'（今清乐筝并十有二弦，他乐皆十有三弦。轧筝以片竹，润其端而轧之。弹筝用骨爪，长寸余，以代指。）"① 由此可知，区别于琴的带有雁柱的横卧类长方形弹拨乐器此时称为"筝"，并有"清乐筝""轧筝""弹筝"等区分。《隋书·高丽》记载中说明，高句丽地区流行乐器"筝"，此筝的具体种类目前不可知。而高丽伎中使用"弹筝"见于《隋书》《旧唐书》《新唐书》《唐六典》等记载之中，"搊筝"见于《旧唐书》《新唐书》等记载中，关于弹筝、搊筝乐器的区分目前尚不可知，按上述《通典》所记"筝"条目可知两种筝应均为十三弦，两者的进一步区别或可以"搊""弹"二字的解释推断一二。在《通典·乐典》中曾谈及"旧弹琵琶，皆用木拨弹之，大唐贞观中始有手弹之法，今所谓搊琵琶者是也。"② 由此可知，唐时"弹"琵琶即为用拨演奏，"搊"琵琶即用手指直接演奏。推及筝的演奏方式，"弹筝"可能为用拨或其他工具演奏，"搊筝"为用手指直接演奏。本文认为，作为宫廷俗乐乐部的高丽伎，在使用乐器方面存在宫廷乐器编配的可能，因此高丽伎所用的全部乐器未必均在高句丽地区有所流传。以《唐六典·太常寺》载十部乐使用乐器为例，"弹筝"用于西

---

① ［唐］杜佑撰、王文锦等点校《通典·乐典》，中华书局1988年版，第3678—3679页。
② 同注释①，第3679页。

凉伎、高丽伎，"搊筝"用于俗乐伎、西凉伎①。至《旧唐书》所见，"搊筝"亦用于高丽伎。本文中对上述两种乐筝在隋唐俗乐部的应用情况不做进一步探讨，但我们已知弹筝、搊筝均见于西凉伎使用乐器中。"自周、隋以来，管弦杂曲将数百曲，多用西凉乐，鼓舞曲多用龟兹乐，其曲度皆时俗所知也。"②《通典》此句指出西凉伎、龟兹伎对宫廷乐部组合具有较大的影响，因此上述"弹筝""搊筝"是否作为具体的筝种类流行于高句丽地区尚需更有力的材料去证明。综上所述，我们可以得出的结论是，如《隋书·高丽》所言，高句丽此时期有乐器筝流传，但其具体形制目前尚不清楚。

　　第三，卧箜篌类乐器。此类包括的乐器名称有卧箜篌、卧筝、玄琴和篳篌。此四个乐器名称来自三国的古典文献记载：高句丽音乐中使用卧箜篌、卧筝的记载见于中国典籍，"卧箜篌"首见于《隋书·音乐志》，"卧筝"首见于《乐书》；高句丽有"玄琴"流传的记载见于《三国史记·乐志》；篳篌记载见于《日本后纪》。"卧筝"一词在文献中出现极少，主要见于《乐书》《文献通考》之中。《乐书》载："高丽乐，器用弹筝一、搊筝一、卧筝一。自魏至隋，并存其器。至于制度之详，不可得而知也。"③《文献通考》中载"卧筝"之条目与《乐书》相同。且均对"卧筝"的具体形制语焉不详。《乐书》中有"卧筝"图（图2—34），如下：

---

① 见本文附录四《〈唐六典·太常寺〉载十部乐使用乐器表》。

② ［唐］杜佑撰、王文锦等点校《通典·乐典》，中华书局1988年版，第3718页。

③ ［宋］陈旸《乐书·卧筝》，影印文渊阁四库全书第211册，（台湾）商务印书馆，第572页。

图2-34 《乐书》卧筝图①

由上图可知,《乐书》的"卧筝"图像为横卧类长方形弹拨乐器,其上张弦若干。由上述材料中已知,"卧筝"仅见于高丽乐的使用乐器描述中。本文前文中已经提及,自《隋书》开始,高丽乐的记载中多次出现"卧箜篌"乐器名称,而"卧筝"仅见于《乐书》《文献通考》所载高丽乐的使用乐器之中,且上述二书谈及乐器"卧箜篌"时并未提及高丽乐。因此本文认为,《乐书》《文献通考》中所言高丽乐使用的乐器"卧筝"应为"卧箜篌",《乐书》中所传的"卧筝"图片也不能作为体现"卧筝"形制的例证。

乐器"玄琴"之名称主要见于朝鲜半岛史籍,如《三国史记》《高丽史·乐志》《乐学轨范》等。本节卧箜篌部分中已经对"玄琴"进行了一定程度的探讨。本文认为,卧箜篌在公元4世纪之前已经流行于朝鲜半岛北部地区,玄琴与卧箜篌具有渊源关系,两者同样属于带有通品的横卧类长方形弹拨乐器,执物(拨或匙)弹奏的表演方式也有相通之处;集安高句丽壁画墓中所见的带有通品的横卧类弹拨乐器主要为卧箜篌(除长川1号墓所见),不可将这些图像称为玄琴,同时,本文认为玄琴并非产生或起源于高句丽,但卧箜篌乐器对于玄琴的产生具有重要影响。

---

① 图2-34见［宋］陈旸《乐书·卧筝》,影印文渊阁四库全书第211册,(台湾)商务印书馆,第572页。

高句丽音乐使用乐器"箜篌"的记载见于日本史籍《日本后纪》，在本文第一章中探讨了"箜篌"与正仓院七弦琴、集安长川1号墓所见五弦琴之间的关系。前述在公元2—7世纪之间，高句丽集安地区壁画墓中可见4幅卧箜篌图像、1幅琴筝类乐器图像，朝鲜半岛地区高句丽壁画墓（江西大墓）可见1幅琴筝类乐器图像。结合前文对"箜篌"的探讨，本文赞同林谦三先生提出的观点，即"箜篌"是自高句丽传入日本的乐器"卧箜篌"的名称，这件乐器同样流传在百济，并随百济乐师传入日本。《日本后纪》成书于承和七年（公元840年），此时距王建建立"高丽"还有半个世纪之久，由此可知《日本后纪》所记载之"高丽"确为公元5世纪后改称的"高句丽"，亦可知乐器"箜篌"最迟在公元7、8世纪时已传入日本，而这件乐器最有可能是来自于中国文献记载中的"卧箜篌"。以"箜篌"之名传入日本的卧箜篌乐器在形制上是否发生了变化目前尚不可知，由于笔者所掌握的日本乐器材料有限，这一问题有待未来进行进一步探讨。

由此可知，本部分"卧箜篌类"所列举的4个乐器名称中，"卧箜篌""卧筝"均指"卧箜篌"乐器；"箜篌"可能是高句丽、百济地区流行的卧箜篌，也可能是卧箜篌的变体，因此可以将"箜篌"纳入宽泛的"卧箜篌"的乐器名称之下；"玄琴"的发展受到卧箜篌的影响，但"玄琴"并非起源于高句丽，目前也没有在高句丽相关文献、考古资料中发现与"玄琴"形制、名称相对应的乐器，因此"玄琴"不能称为高句丽使用乐器。

在以上分析的基础上，我们可以得出高句丽使用琴筝类乐器文献记载与考古资料比较表如下：

表2-10　高句丽使用琴筝类乐器文献记载与考古资料比较表

	乐器名称							
文献记载	琴	筝	弹筝	搊筝	卧箜篌	卧筝	筚篌	玄琴
考古资料	其他琴筝类乐器				卧箜篌			

　　由此可知，文献记载的高句丽使用琴筝类乐器名称包括上述8
种，前文已分三类对其进行了分析；考古资料中所见高句丽使用的琴
筝类乐器包括卧箜篌、（其他）琴筝类乐器两类。综合上述分析，本文
认为自高句丽建国至公元7世纪，高句丽境内流传的主要琴筝类乐器
可能包括琴、筝、卧箜篌三种，另长川1号墓壁画中的五弦琴可能是此
三种之外、公元6、7世纪流行于高句丽的琴筝类乐器。

（三）小结

　　综上所述，集安高句丽壁画墓伎乐仙人图中共计描绘琴筝类乐器
5幅。前述第一章谈到了集安壁画墓乐舞图中为舞蹈伴奏的琴筝类乐
器，见于通沟12号墓和长川1号墓之中。由此我们可以列出集安高句
丽墓壁画中琴筝类乐器图像总表如下：

表2-11　集安高句丽墓中所见琴筝类乐器图像表

年代	墓葬名	图像位置	绘制内容	乐器名	数量
4世纪中叶至 5世纪初	舞踊墓	左壁天井第三重顶石	伎乐仙人	卧箜篌	1
				卧箜篌	1
5世纪	通沟12号墓	主室前壁右侧	单人舞图	琴筝类乐器	1
5世纪末至6 世纪中叶	长川1号墓	前室右壁	单人舞图	五弦琴	1
			备舞图	五弦琴	1
		东壁第六重顶石	伎乐仙人	琴筝类乐器	1

年代	墓葬名	图像位置	绘制内容	乐器名	数量
6世纪中叶至7世纪初	五盔坟4号墓	北壁天井第二重顶石	伎乐仙人	卧箜篌	1
6世纪中叶至7世纪初	五盔坟5号墓	西南面天井第二重顶石	伎乐仙人	卧箜篌	1

由此可知，集安高句丽墓壁画所见琴筝类乐器见于两种壁画题材：其一，乐舞图，用于舞蹈伴奏乐器，见于通沟12号墓、长川1号墓中；其二，伎乐仙人图，见于舞踊墓、长川1号墓、五盔坟4号墓、五盔坟5号墓中。这两种题材所见的琴筝类乐器可以分为三类：其一，卧箜篌，见于舞踊墓、五盔坟4号墓、五盔坟5号墓之中；其二，带有通品和弦轴的横卧类弹拨乐器，本文称"五弦琴"，见于长川1号墓之中；其三，仅可辨识为琴筝类乐器的图像，本文称"其他琴筝类乐器"，见于通沟12号墓、长川1号墓之中。

同时结合文献分析，本文认为，自高句丽建国至公元7世纪，高句丽境内主要流传的琴筝类乐器可能包括琴、筝、卧箜篌三种，另长川1号墓壁画中的五弦琴可能是此三种之外、在公元6、7世纪流行于高句丽的琴筝类乐器。

二、琵琶类乐器

在集安高句丽壁画墓伎乐仙人图中，可见仙人弹阮咸图像3幅，仙人弹其他琵琶类乐器（图像不完整）1幅。

（一）阮咸

仙人弹奏阮咸图像见于三室墓、长川1号墓和五盔坟5号墓之中。

1. 集安高句丽壁画墓伎乐仙人图中的阮咸图像

（1）三室墓弹阮咸图

三室墓第二室顶天井第一重顶石绘仙人所执乐器具有圆型音箱，细长直项，琴头有四个弦轸、每面两个，琴面绘有琴弦约四根，圆形音箱琴面中部两侧各绘有黑圆形装饰纹样。仙人左手执项中部、似按弦状，右手弹奏，乐器约呈水平放置。通过以上分析可知所奏乐器为阮咸（图2-35）。

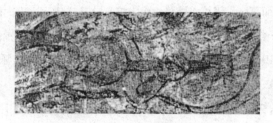

图2-35　三室墓弹阮咸图[①]

（2）长川1号墓弹阮咸图

长川1号墓前室北面第六重顶石上第二位伎乐仙人所执乐器已不完整，可知其约呈水平放置，由音箱剩余部分可知约为圆型，细长直项，琴头部有琴轴，数目不清，约为4个。仙人左手执项中部按弦，右手

---

① 图2-35见徐光冀主编《中国出土壁画全集·辽宁吉林黑龙江卷》，科学出版社2012年版，第154页。

弹奏。据以上材料分析,该仙人所奏乐器可能为阮咸（图2-36）。

图2-36　长川1号墓弹阮咸图[①]

（3）五盔坟5号墓弹阮咸图

五盔坟5号墓第二重顶石西北面第二位仙人所执乐器为圆形音箱,音箱面板中部两侧可见黑色圆形状物,细长直项与圆形音箱相接,琴头部可见琴轴四个,分为两面。仙人左手执项上部约三分之一处、似按弦状,右手轻扬,做演奏状。仙人所执乐器呈略向左上方倾斜。通过以上分析,可知演奏乐器应为阮咸（图2-37）。

图2-37　五盔坟5号墓弹阮咸图[②]

在集安高句丽墓乐舞图中, 仅有《通沟》中记载, 群舞图有弹阮

---

① 图2-36见吉林省文物工作队、集安县文物保管所《集安长川一号壁画墓》,《东北考古与历史》,1982年第1期。

② 图2-37见［日］《朝鲜古文化综鉴》第4卷,养德社,昭和41年（1966）版,图第十七。

咸者伴奏,可惜图像已不存。因此,上述3幅仙人弹阮咸图像弥补了集安壁画墓中阮咸乐器图像资料的不足。综上可知,集安高句丽壁画墓中阮咸图像包括舞踊墓所见群舞图伴奏乐器、三室墓、长川1号墓、五盔坟5号墓伎乐仙人弹奏阮咸图,共计4幅,可见者3幅,可列表如下:

表2-12　集安高句丽墓中所见阮咸图像表

年代	墓葬名	图像位置	绘制内容	乐器名	乐器形制	演奏方法
4世纪中叶至5世纪初	舞踊墓	主室左壁	群舞图	阮咸	不知	不知
5世纪末至6世纪中叶	三室墓	第二室天井第一重顶石	伎乐仙人	阮咸	圆形音箱,直项,四弦轸,音箱面板中部两侧有黑色圆状装饰。	左手按弦,右手演奏。
5世纪末至6世纪中叶	长川1号墓	前室北面第六重顶石	伎乐仙人	阮咸	圆形音箱,直项,约四弦轸,余不清晰。	左手按弦,右手演奏。
6世纪中叶至7世纪初	五盔坟5号墓	西北面天井第二重顶石	伎乐仙人	阮咸	圆形音箱,直项,四弦轸,音箱面板中部两侧有黑色圆状装饰。	左手按弦,右手演奏。

在本文第一章中已经讨论过舞踊墓群舞图壁画的伴奏乐器阮咸,可惜其图已不可见。在伎乐仙人图中,可以看到如上3幅阮咸的图像,通过对比可知,三室墓所绘阮咸项部最为粗短;长川1号墓所绘阮咸不甚清晰,然项部比三室墓略长;而五盔坟5号墓所绘阮咸项部细长。从三墓的产生时代来看,三室墓与长川1号墓略早,产生于公元5世纪末至6世纪中叶,五盔坟5号墓最晚,约产生于公元6世纪中叶至7世纪初。排除画工绘制风格相异的因素,三处阮咸的基本形制具有较高的一致性,如下:

表2–13　三室墓、长川1号墓、五盔坟5号墓阮咸图像形制及演奏方法比较表

形制及演奏方法 墓葬名称	音箱形制	项部	弦、轸	演奏方法
三室墓	圆形音箱	直项	四弦四轸	左手按弦，右手演奏
长川1号墓	圆形音箱	直项	四轸	左手按弦，右手演奏
五盔坟5号墓	圆形音箱	直项	四弦四轸	左手按弦，右手演奏

由上表可知，三室墓、长川1号墓、五盔坟5号墓所见的阮咸图像均为直项圆形音箱琵琶，基本具备四弦四轸结构，演奏方法为左手按弦、右手弹奏。三处阮咸图像虽跨越公元5世纪至公元7世纪，但是其形制、演奏方法具有较强的一致性。前述舞踊墓群舞图中出现弹奏阮咸的伴奏者形象，是集安高句丽墓壁画世俗音乐题材中唯一出现的阮咸乐器形象，其产生年代略早于三室墓、长川1号墓和五盔坟5号墓，提供了乐器应用场合的宝贵资料，但遗憾的是图片现已不存，对于描绘的阮咸乐器形制已无法确知。伎乐仙人图中三幅阮咸图像的出现增加了集安地区使用阮咸的可能性，同时也较为准确的提供了当地流行的阮咸形制特征。至此，我们可以对阮咸在高句丽的出现及流传问题进行进一步的探讨。

2. 阮咸在高句丽的出现及流传

本文第一章伴奏乐器阮咸的分析部分已经指出，“阮咸”产生于汉代，最初混称为“琵琶”，将“阮咸”之名用于指圆形音箱琵琶乃从唐代而起。阮咸乐器音箱呈圆形，直项四弦十二柱。高句丽音乐中使用琵琶的记载首见于《隋书》高丽伎之中，其言：“高丽，歌曲有芝栖，舞曲有歌芝栖。乐器有弹筝、卧箜篌、竖箜篌、琵琶、五弦、笛、笙、箫、小筚篥、桃皮筚篥、腰鼓、齐鼓、担鼓、贝等十四种，为一部。工十八

人。"[1]其中所说的"琵琶"可能是指阮咸,也可能是四弦曲项琵琶等类型。如果说伴奏乐器中出现的唯一一幅阮咸图像略显单薄,那么集安伎乐仙人图中连续出现的3幅阮咸图像提供了高句丽流传阮咸的更多可能性,它们的出现时间在公元5世纪至7世纪之间,此时尚没有"阮咸"之名,仍称为"琵琶"。那么阮咸是何时传入高句丽,又如何应用,这需要结合阮咸在中原地区和朝鲜半岛地区的流传与发展进行探讨。

（1）公元2—10世纪中原地区阮咸的出现及流传

本部分将中原地区阮咸的出现及流传时间界限定在公元2—10世纪之内,即约为汉魏隋唐五代时期。结合已出版的《中国音乐文物大系》《中国出土壁画全集》及相关考古报告等资料,本文对其中的阮咸实物及图像资料进行了初步的搜集整理,目前所知最早的阮咸乐器图像资料是四川乐山琵琶伎乐画像石,1940年发现于乐山市虎头湾东汉崖墓墓门枋上,雕刻时间为东汉时期[2]。目前所知,公元2—10世纪存见阮咸图像约在56处以上,其中东汉时期1处,魏晋南北朝时期阮咸图像较多,约36处;隋唐五代时期次之,约18处;宋元明清时期较少,约2处。公元2—10世纪留存的阮咸乐器实物及残件主要是保存在正仓院的两件阮咸和甘肃武威弘化公主墓弹拨乐器残件。由此可知,阮咸在魏晋隋唐时期的乐器图像中较为常见,其数目相当于本文搜集资料总数的九成以上。综上所述,目前所知公元2—10世纪存见阮咸实物及残件4例,存见的阮咸乐器图像见于新疆、甘肃、陕西、

---

① [唐]魏征等《隋书·音乐志》,中华书局1973年版,第380页。
② 《中国音乐文物大系》总编辑部《中国音乐文物大系·四川卷》,大象出版社1996年版,第182页。

山西、内蒙古、河北、山东、吉林、河南、江苏和福建等多个省份,其中新疆、甘肃尤为多见。图2-38为中国境内存见公元2—10世纪阮咸实物及图像省份分布图,如下:

图2-38　中国境内存见公元2—10世纪阮咸实物及图像省份分布图①

　　前述已知,公元2—10世纪存见阮咸乐器实物及残件主要指正仓院的两件阮咸实物和甘肃武威弘化公主墓出土弹拨乐器残件,均为唐

　　① 该分布图由笔者根据前述《中国音乐文物大系》《中国出土壁画全集》及相关报告等资料搜集整理的材料绘制而成。主要包括已经出版的《中国音乐文物大系》覆盖省份包括北京、天津、福建、甘肃、河南、湖北、湖南、江苏、江西、内蒙古、山东、陕西、山西、上海、四川、新疆、广东和河北;《中国出土壁画全集》覆盖省份包括河北、山西、内蒙古、山东、河南、陕西、辽宁、吉林、黑龙江、甘肃、宁夏、新疆、北京和江苏;及其他部分发掘报告等资料。

代遗物。正仓院所存一件为螺钿紫檀阮咸（图2-39）四弦十四柱[1]，全长100.4厘米，琴头长24.4厘米，琴颈33.3厘米，弦轸长14.8厘米[2]；另一件为桑木阮咸，全长100.1厘米[3]。

图2-39　正仓院螺钿紫檀阮咸[4]

1980年，位于甘肃武威市南营乡青嘴湾的唐代吐谷浑王族墓地6号墓出土弹拨乐器残件2种。该墓主人为唐弘化公主，开元二十四年（737年）迁葬于此。同墓还出土彩绘木俑、木马俑、象牙雕刻棋子、莲花铜碗、彩绘陶罐、宝石镶嵌牛角梳等文物[5]。2件弹拨乐器残件中，其中一件（称为1号）为琴头、弦轸和琴颈部分（图2-40·1），其上镶嵌骨制梅花，音箱已不存，通长28.5厘米，琴头长14.3厘米，琴颈长12.2厘米，榫长2.0厘米，

---

① 林谦三先生认为，原应为十三柱，第十四柱本应为"孤柱"，并未通柱，为修复之误。（［日］林谦三著，钱稻孙译，曾维德、张思睿校注《东亚乐器考》，上海书店出版社2013年版，第534页。）

②［日］日本国立剧场芸能部《古代楽器の復元》，音乐之友社1991年版，第42页。（转引自黎家棣《古代阮与现代阮的比较——阮的身份、定位和发展》，上海音乐学院2011年硕士学位论文，第38页。）

③［日］林谦三著，钱稻孙译，曾维德、张思睿校注《东亚乐器考》，上海书店出版社2013年版，第534页。

④ 图2-39图片来源http://shosoin.kunaicho.go.jp/ja-JP/Treasure?id=0000010077（正仓院官网）查阅日期2017年8月18日。

⑤ 黎大祥《武威出土的唐代乐器》，《乐器》1991年第2期。

弦轸长7.2厘米。另一件（称为2号）留存琴颈（图2-40·2）与弦轸（图2-40·3）部分，音箱、琴头均不存，琴颈残长13.0厘米，弦轸长约6.5厘米[①]。

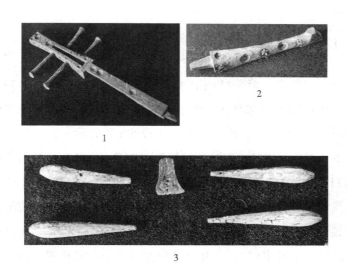

图2-40　存见唐弘化公主墓阮咸残件[②]

根据以上资料，可以列举存见唐代阮咸及阮咸残件形制数据对比表如下：

---

① 《中国音乐文物大系》总编辑部《中国音乐文物大系·甘肃卷》，大象出版社1998年版，第62页。

② 图2-40·1见《中国音乐文物大系》总编辑部《中国音乐文物大系·甘肃卷》，大象出版社1998年版，第62页。图2-40·2、2-40·3见该书第63页。

表2-14　存见唐代阮咸及阮咸残件形制数据对比表

乐器名称	通长（cm）	琴头（cm）	琴颈（cm）	榫（cm）	弦轸（cm）	音箱直径（cm）
紫檀螺钿阮咸	100.4	24.4	33.3		14.8	39.6
桑木阮咸	100.1					
武威阮咸1号（残）	28.5	14.3	12.2	2.0	7.2	
武威阮咸2号（残）			13.0		6.5	

　　由上表可知，紫檀螺钿阮咸的琴头长24.4厘米，琴颈33.3厘米，由此可知该阮咸琴头与琴颈长共计57.7厘米，占据全部通长100.4的约五分之三。武威出土阮咸残件1号的琴头、琴颈通长共计约26.5厘米，其通长约是紫檀螺钿阮咸琴头、琴颈通长的二分之一；再比较紫檀螺钿琵琶的弦轸长约14.8厘米，武威阮咸1、2号残件的弦轸长度分别为7.2厘米、6.5厘米，可知亦约为正仓院所藏紫檀螺钿阮咸弦轸长度的二分之一；正仓院所藏桑木阮咸其通长与紫檀螺钿阮咸基本相当，因此可推知其各部分形制数据应相近。由此可知，紫檀螺钿阮咸、桑木阮咸的形制大于甘肃武威弘化公主墓出土的两件阮咸（残件），两者接近倍半关系。由此可知，唐时阮咸的形制有大小之别，关于其演奏的乐曲、演出形式、场合是否有别目前尚不可知。

　　公元2—10世纪的阮咸乐器实物屈指可数，然而图像资料却丰富得多，主要见于石窟寺壁画、墓葬壁画、画像砖、伎乐石刻等之中。根据阮咸图像资料的特点，本部分分为魏晋南北朝时期阮咸图像、隋唐五代时期图像两个阶段进行分别探讨。

魏晋南北朝时期阮咸图像资料较为丰富，共计包括约36处，图像出现的地域亦跨越南北、精彩纷呈。仔细分析这些图像资料，可以对阮咸的形制、演奏手法、乐器组合进行进一步的分析。排除其中乐器图像不清晰、演奏手法不清晰者，剩余约23处图像，其中按照演奏手法可以将其分成手指弹奏、拨子弹奏两类，现分述如下：

　　第一类，手指弹奏阮咸图像。手弹阮咸图像超过20处，且资料来源分布广泛，包括新疆克孜尔第14窟伎乐天人图、克孜尔第38窟天宫伎乐图、克孜尔第118窟伎乐天人图（图2-41·1）麦积山第4窟飞天伎乐图（图2-41·2）、麦积山第127窟石雕佛背光伎乐图、麦积山第154窟飞天伎乐图（图2-41·3），敦煌莫高窟第288窟天宫伎乐图、酒泉西沟村魏晋7号墓音乐画像、洛阳石棺床栏板伎乐图、山西大同北魏宋绍祖墓弹阮咸图、江苏丹阳金家村竹林七贤画像砖、江苏丹阳吴家村竹林七贤画像砖弹阮咸图（图2-41·4）、南京西善桥竹林七贤画像砖等，其共同特点是以手指拨奏琴弦进行演奏，从图像来源可知其在南朝、北朝等阮咸演奏图像中均可见到。

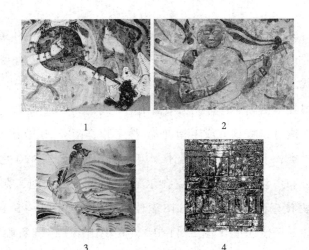

1   2

3   4

图2-41　魏晋南北朝时期手指弹奏阮咸图像举例①

　　第二类，拨子弹奏阮咸图像。魏晋南北朝时期目前所知用拨子弹奏阮咸的图像数量并不多见，为3例，且均为北朝石窟寺雕刻所见，包括河北邯郸北齐南响堂山7号窟伎乐石刻（图2-42·1、细节图2-42·2）、巩义石窟寺第1窟伎乐人（图2-42·3，图2-42·4）和巩义石窟寺第3窟伎乐人（图2-42·5）。4幅图中均可看到乐人右手持拨子进行演奏的情景。这三例图像一处见于北齐伎乐石刻，两处见于北魏伎乐石刻，目前所知南朝时期阮咸图像中没有使用拨子演奏的图像，因此这种奏法可能是受到了使用拨子的梨形音箱琵琶的影响。

────────────

　　① 图2-41·1见《中国音乐文物大系》总编辑部《中国音乐文物大系·新疆卷》，大象出版社1999年版，第78页。图2-41·2见《中国音乐文物大系》总编辑部《中国音乐文物大系·甘肃卷》，大象出版社1998年版，第233页。图2-41·3见《中国音乐文物大系·甘肃卷》，第232页。图2-41·4《中国音乐文物大系》总编辑部《中国音乐文物大系·上海卷·江苏卷》，大象出版社1996年版，第303页。

图2-42　魏晋南北朝时期拨子弹奏阮咸图像举例[①]

　　隋唐五代时期阮咸图像约14处，其中弹奏方法较为清晰的图像约5处，亦可分为手指弹奏和拨子弹奏两类。第一类，手指弹奏阮咸图像，共计4处，包括莫高窟第98窟供养人伎乐图（图2-43·1）、莫高窟第112窟乐舞图（图2-43·2）、莫高窟第172窟乐舞图（图2-43·3）和山东青州女乐俑（图2-43·4）。第二类，拨子弹奏阮咸图像，见于济南神通寺伎乐石刻基台奏阮咸图（图2-43·5）中。

　　① 图2-42·1、2-42·2见《中国音乐文物大系》总编辑部《中国音乐文物大系II·河北卷》，大象出版社1996年版，第203页。图2-42·3、2-42·4、图2-42·5见《中国音乐文物大系》总编辑部《中国音乐文物大系·河南卷》，大象出版社1996年版，第234、235、236页。

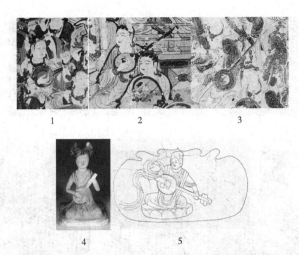

图2-43　隋唐五代时期手指弹奏阮咸、拨子弹奏阮咸图像举例①

　　综合以上分析我们可知，魏晋至隋唐五代时期留存阮咸图像中的
弹奏手法包括手指弹奏和拨子弹奏两种，其中手指弹奏阮咸图像出现
较多，且在南北方均有见到；拨子弹奏阮咸图像较少，在北魏、北齐石
窟寺伎乐图中见到，隋唐时期在济南神通寺伎乐石刻中有见到。目前
可见留存最早的两幅阮咸弹奏图像也均为手弹。结合文献我们可知，
阮咸最初应为手弹，这种演奏方法在魏晋南北朝时期较为流行，但北
朝受到西域传入的梨形音箱琵琶影响，可能也出现了用拨子弹奏阮咸

---

　　① 图2-43·1见《中国音乐文物大系》总编辑部《中国音乐文物大系·甘肃卷》，大象出
版社1998年版，第177页。图2-43·2见《中国音乐文物大系·甘肃卷》，第144页。图2-43·3
见《中国音乐文物大系·甘肃卷》，第136页。图2-43·4见《中国音乐文物大系》总编辑部《中
国音乐文物大系·山东卷》，大象出版社2001年版，第214页。图2-43·5见《中国音乐文物大
系·山东卷》，第251页。

的方法，这种方法在隋唐五代时期仍继续流传，但是手弹阮咸仍然是较为主流的演奏方法。

魏晋南北朝时期阮咸乐器流传广泛，高句丽与北朝、南朝均有往来，阮咸随着文化的交流传入高句丽是十分可能的，舞踊墓、三室墓、长川1号墓、五盔坟5号墓贯穿了公元4至7世纪，可知阮咸至迟在公元4世纪中叶已经传入高句丽，并成为较为流行的弹拨乐器，其弹奏手法以手指弹奏为主。那么，作为高句丽东部与之息息相关的地区，公元4—7世纪的朝鲜半岛是否存在阮咸乐器流传的痕迹，阮咸是否可能是由高句丽传入此地，或是双向传播、互相影响？由此我们进入下一部分，探讨阮咸在公元4—7世纪朝鲜半岛的出现及流传。

（2）阮咸在公元4—7世纪朝鲜半岛的出现及流传

公元4—7世纪朝鲜半岛壁画墓中所见的阮咸图像包括世俗音乐图像和伎乐天人图像两种，其中世俗弹奏阮咸图像主要见于安岳3号墓、德兴里壁画墓和八清里壁画墓之中，伎乐天人弹奏阮咸图像见于江西大墓之中。

① 安岳3号墓弹阮咸图

位于朝鲜半岛的安岳3号墓乐舞图中使用了阮咸（图2-44）。原图中有三位乐者，可知为一个合奏组合，第一位乐人弹琴筝类乐器，第二位弹奏阮咸，第三位吹竖笛类乐器，且乐人均为汉族服饰打扮，跽坐弹奏。在第一章中我们曾提及安岳3号墓乐舞图中的胡人舞者独舞与舞踊墓群舞图众人欢歌的场面是两种迥然不同的音乐形式，其中也具有文化属性的不同。安岳3号墓乐舞图中的阮咸图像说明至迟在公元4世纪中期，朝鲜半岛北部地区的汉人聚集区中可能存在阮咸乐师，这件乐器在此时可能已经自中原传到了朝鲜半岛。

图2-44　安岳3号墓弹阮咸图①

②德兴里壁画墓弹阮咸图

德兴里壁画墓位于朝鲜半岛北部南浦市江西区域，与江西三墓、药水里壁画墓、水山里壁画墓等相邻。德兴里壁画墓为带有前室、后室的二室墓，产生年代为公元408年。德兴里墓壁画以人物风俗为主，墓道、甬道绘有莲花、怪兽、人物、墨书题记等，前室绘有墓主人坐像、十三郡太守、行列图等内容，多有墨书题记，前室天井绘有狩猎、日月星云、仙人、奇禽异兽、云纹、墨书题记等；甬道绘有马车、牛车出行；七宝供养图、楼阁图、马厩、牛棚、墓主人家内生活等内容，天井绘云纹、莲花、火焰纹等②。其中前室后壁的墓主帐房生活图中绘有乐师形象（图2-45·1）。墓主人坐于帐中，右手执塵尾，屏风后有五位侍者。

---

① 图2-44见〔朝〕全畴农、奚传绩译《关于高句丽古坟壁画上乐器的研究》，《音乐研究》1959年第3期。

② 赵俊杰《4—7世纪大同江、载宁江流域封土石室墓研究》，吉林大学2009年博士学位论文，第41页。赵俊杰、梁建军：《朝鲜境内高句丽壁画墓的分布、形制与壁画主题》，《边疆考古研究》2013年第13期。

屏风左侧后方有女性侍者两人，左数第一人执一圆形音箱琵琶演奏，第二人执障扇；屏风右侧后方有侍者三人，左数第一人亦执障扇，第二人吹奏横笛，第三人左手执黑色物，姿态不详。其中，屏风左侧后方第二位女性侍者所执乐器为圆形音箱，直项，琴头可见四个弦轸，项上可见品若干，由此可知演奏乐器为阮咸（图2-45·2）。此外，所见阮咸、横笛的演奏组合也可进一步进行探讨。

1   2

图2-45　德兴里壁画墓墓主人图及局部（乐师弹阮咸图）[①]

　　德兴里壁画墓产生年代较早，根据墨书题记可知为公元408年。此时高句丽的政权中心并未完成东移。公元5世纪之时，朝鲜半岛北部地区高句丽人、汉人、当地集团实力此消彼长，高句丽并未获得朝鲜半岛北部的实际控制权，因此这或许可以解释德兴里壁画墓墓葬特点为何具有较为明显的汉魏墓制特征，且墓主某镇亦为汉人。此外，德兴里壁画墓墓葬的墓室形制、壁画内容、墓葬人物服装所体现的汉文化特征也与具有同样汉文化特点的安岳3号墓较为接近，因此本文认

---

　　① 图2-45·1、2-45·2见［日］朝鲜画报社《高句丽古坟壁画》，朝鲜画报社出版部1985年版，图54。

为德兴里壁画墓中的乐器描绘、乐器组合特点可能不具备高句丽文化的典型特点，而是汉魏时期墓葬描绘内容的体现，亦可能融合了部分朝鲜半岛北部地区文化的特点，诚然，墓葬壁画中体现的乐器演奏内容为公元5世纪初期阮咸、横笛等乐器在朝鲜半岛北部的流传增加了可能性。

③八清里壁画墓弹阮咸图

八清里壁画墓位于朝鲜半岛大同江下游的平安南道大同郡，是一座封土墓，产生年代约在5世纪末至6世纪初。该墓分为前、后二室，为叠涩天井。

八清里壁画墓两室均绘有壁画，主题为人物风俗、四神：前室四隅绘有影作木结构，左壁绘有行列、鼓吹、百戏，右壁绘有墓主人接受觐见图，前壁绘牛车、马匹；甬道左壁绘肉库；后室左壁绘楼阁、人物、青龙，右壁绘牛棚、人物，后壁绘墓主人家内生活场景；隔开两室的柱子绘莲花柱头，绘云纹、怪兽等。墓中发现遗物银簪1枚，棺钉4个[1]。如下图所示，前室左壁壁画中描绘了骑马行列、鼓吹和百戏图景（图2-46·1）。画面上部可辨认一行4位骑马者，正向左方奔驰而去；画面左方中部可辨认一骑马者，骑马者面朝左方，右手举起一弯形号角吹奏；位于吹号角者下方，可辨认出两人正在朝左方向步行，两人中间有一物，经辨认应为鼓类乐器，并带有华盖，从两人姿势判断，画面左

---

① 赵俊杰《4—7世纪大同江、载宁江流域封土石室墓研究》，吉林大学2009年博士学位论文，第19—20页。赵俊杰、梁建军《朝鲜境内高句丽壁画墓的分布、形制与壁画主题》，《边疆考古研究》2013年第13期，第240—241页。

方应还有一人，其与后者共同抬鼓，而位于鼓下方的人可能是击鼓演奏者；画面中间可以辨认出是百戏场景：画面中部骑马吹角者右侧，有一人做屈膝下蹲状，右手叉腰，左手扶额，扭头看向后方；在他前方有一男子站立，左、右两臂抬起与肩同高，右臂伸直、右手上扬，左手肘弯曲，左手置于左胸前；两人下方一男子站立，手执一圆形音箱琵琶类乐器，依稀可辨其左手执琴柄，右臂弯曲，可推其右手作弹奏状（图2-46·2）；在演奏者左侧，另有一男子正在表演百戏。

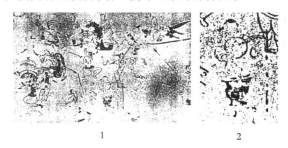

图2-46　八清里壁画墓前室左壁壁画及局部（弹阮咸图）[①]

　　图中所见的圆形音箱琵琶类乐器，就是阮咸。这也是目前所见朝鲜半岛壁画墓百戏场景中出现的唯一一幅阮咸图像。八清里壁画墓的产生时间并不算早，公元427年高句丽已经迁都平壤，可知此时高句丽政权已经基本获得了朝鲜半岛北部的政治核心地位，这或许意味着"汉人自治领"的逐渐消失，但未必说明整个半岛北部的文化皆唯高句丽文化"马首是瞻"，更何况高句丽本身亦具有多元融

　　① 图2-46·1、2-46·2见〔朝〕田畴农《大同郡八清里壁画墓》，载《考古学资料集第3集——各地遗迹整理报告》，科学院出版社1963年版，图2。

合的文化特点。因此，八清里壁画墓产生之时的朝鲜半岛北部音乐文化应处于一种逐步融合的状态，这在本座壁画墓的乐器图像中获得了直接的反映。首先，在第一章第三节中我们指出，行列图在集安高句丽壁画墓中是没有出现过的，然而在朝鲜半岛壁画墓中却颇为常见，我们指出这反映了文化属性的不同，八清里壁画墓的鼓吹行列图也反映着这样的特点；其次，百戏图中出现了阮咸演奏者，在他上方还有两位可能是舞蹈者的人物出现，百戏图虽然在集安长川1号壁画墓中有所见到，但是其中的舞蹈表演、乐器表演却并非如此，代表着汉魏音乐文化内涵的阮咸图像的出现反映了朝鲜半岛公元5—6世纪音乐的交流融合。因此，八清里壁画墓百戏图中的阮咸演奏图像为我们探讨公元5世纪末至6世纪初高句丽国内已有阮咸流行再次提供了有力的一证。

④江西大墓弹阮咸图

朝鲜半岛壁画墓中所见大多为世俗音乐图景中的弹奏阮咸图像，仙人弹阮咸图目前仅见于江西大墓之中。江西大墓伎乐仙人图位于天井部分，包括吹角、吹横笛、弹琴筝类乐器等内容。如图所见，一位仙人正在演奏一琵琶类乐器，该乐器为圆形音箱，直项，琴头已不存，仙人左手

图2-47　江西大墓弹阮咸图[①]

---

① 图2-47见〔朝〕全畴农、奚传绩译《关于高句丽古坟壁画上乐器的研究》，《音乐研究》1959年第3期。

执柄,右手弹奏,是否用拨子弹奏已不可知,由乐器的基本形制可知这件琵琶类乐器为阮咸（图2-47）。

由此可知,朝鲜半岛壁画墓中所见阮咸图像可列表如下:

表2-15　朝鲜半岛壁画墓所见阮咸图像表

年代	墓葬名	图像位置	绘制内容	乐器名	乐器形制	演奏方法	同墓所见乐器图像
公元357年	安岳3号墓	后室左壁	乐舞图	阮咸	圆形音箱,直项、弦轸数量不清,琴头有饰物	左手按弦,右手演奏	乐舞图:琴筝类乐器、竖笛类乐器
公元408年	德兴里壁画墓	前室后壁	墓主人坐像、侍从等	阮咸	圆形音箱,直项、四弦轸,项上有品状物	左手按弦,右手演奏	横笛
5世纪末至6世纪中叶	八清里壁画墓	前室左壁	百戏、鼓吹行列等	阮咸	圆形音箱,直项,余不清晰	左手按弦,右手演奏	不清
公元6世纪末至7世纪初	江西大墓	墓室天井	伎乐仙人图	阮咸	圆形音箱,直项,余不清晰	左手按弦,右手演奏	角,琴筝类乐器,横笛

综上所述,朝鲜半岛壁画墓中存在阮咸图像,一类见于世俗音乐场景,包括安岳3号墓、德兴里壁画墓、八清里壁画墓弹阮咸图,且图像出现的时间较早,在公元4世纪中叶至公元6世纪中叶之间;另一类见于伎乐仙人场景,见于产生年代较晚的江西大墓之中,与其同时出现的乐器还有角、琴筝类乐器和横笛。多幅阮咸图像的出现增加了朝鲜半岛这一地区在公元4—7世纪流传乐器阮咸的可能性,同时也可

以说明，公元4—7世纪之间，高句丽集安地区使用乐器阮咸可能也具有一定的普遍性。

3. 小结

综上所述，"阮咸"之名出现于公元7—8世纪之间，在此之前，圆形音箱、直项四弦的琵琶类乐器仍称为"琵琶"。魏晋隋唐五代时期，存见唐代阮咸实物及残件见于甘肃省2例、日本正仓院保存2件，存见阮咸乐器图像见于新疆、甘肃、陕西、山西、内蒙古、河北、山东、吉林、河南、江苏和福建等多个省份，其中新疆、甘肃尤为多见，主要见于石窟寺壁画、墓葬壁画、画像砖、伎乐石刻等等之中。通过实物分析可知，正仓院所藏紫檀螺钿阮咸、桑木阮咸的形制大于甘肃武威弘化公主墓出土的两件阮咸（残件），两者接近倍半关系。由此可知，唐时阮咸的形制有大小之别，关于其演奏的乐曲、演出形式、场合是否有别目前尚不可知。通过图像分析可知，魏晋隋唐五代时期阮咸的弹奏手法包括手指弹奏和拨子弹奏两种，其中手指弹奏阮咸图像出现较多，且在南北方均有见到；拨子弹奏阮咸图像较为少见，在北魏、北齐石窟寺伎乐图、唐时济南神通寺伎乐石刻中有见到。目前可见留存最早的两幅阮咸弹奏图像均为手弹。结合文献我们可知，阮咸最初应为手弹，这种演奏方法在魏晋南北朝时期较为流行，北朝受到西域传入的梨形音箱琵琶影响，可能也出现了用拨子弹奏阮咸的方法，这种方法在隋唐五代时期仍继续流传，但是手弹阮咸的方法仍然是较为主流的演奏方法。朝鲜半岛壁画墓中，我们找到了阮咸的演奏图像，这为我们确定阮咸作为琵琶类乐器的一种在此时期流行于高句丽国内提供了更多的定点与证明；集安高句丽壁画墓伎乐仙人图中阮咸的多次出现增加了其后阮咸乐器在其疆域流传的可能性，朝鲜半岛公元4—7世纪多幅世俗场景演奏阮咸图像的留存增加了此时期朝鲜半岛北部使用阮咸的可能性，同时进一步证明了公元4—7世纪高句丽集安地区可能存在阮咸的流传。

（二）其他琵琶类乐器[①]

在集安高句丽壁画墓伎乐仙人图中，除了仙人弹奏阮咸的图像，在长川1号墓伎乐仙人图中还有一幅仙人弹奏其他琵琶类乐器的图像，本部分将对这件乐器进行辨识，同时探讨其他琵琶类乐器在公元4—7世纪高句丽集安地区流传与发展的可能性。

1. 长川1号墓伎乐仙人图中其他琵琶类图像

集安高句丽壁画墓伎乐仙人图中描绘的其他琵琶类乐器图像仅见于长川1号墓之中。长川1号墓前室东面第六重顶石之上，第二位伎乐仙人所执乐器的音箱形状已看不清楚，细长直项，琴头部有弦轸若干，分为两面。仙人左手执项中部，右手已看不清楚。乐器琴头朝仙人左上方倾斜放置，本文认为其为直项琵琶类乐器，但因音箱无法辨识，因此无法进一步进行判定（图2-48）。

图2-48　长川1号墓其他琵琶类乐器图[①]

---

① 本名词指阮咸之外的其他琵琶类乐器。——笔者注
② 图2-48见吉林省文物工作队、集安县文物保管所《集安长川一号壁画墓》，《东北考古与历史》，1982年第1期。

长川1号墓伎乐仙人图中这样一件直项琵琶类乐器，由于音箱形状已经看不清楚，因此无法判断是梨形音箱还是圆形音箱琵琶类乐器，由此本文将其称为直项琵琶类乐器；同时本文认为该伎乐仙人所持乐器的弦轸也不甚清晰，因此无法依据线描图判断其具有"五个弦轸"，因此不可称之为"五弦"①。那么除了阮咸之外，高句丽集安地区是否还流传着其他的琵琶类乐器，又有哪些？这是本部分中要继续探讨的话题，同时也将有助于解开长川1号墓这幅直项琵琶类乐器的真身之谜。

2. 其他琵琶类乐器在高句丽的出现及流传

本部分中将以高句丽音乐使用琵琶类乐器名称考辨、公元2—7世纪中国境内直项琵琶类乐器的流传、朝鲜半岛公元4—7世纪其他琵琶类乐器的流传三个方面对其他琵琶类乐器在高句丽的出现及流传问题进行探讨。

（1）高句丽音乐使用琵琶类乐器名称考辨

在第一章伴奏乐器部分的分析中我们指出，高句丽音乐中使用"琵琶""五弦"的记载最早出现于《隋书》，这类记载可以分为两种：其一是俗乐部高丽伎中使用的弹拨乐器，记载中提及"琵琶""五弦"两种乐器；其二是在高句丽风俗记写中提到使用了乐器"五弦"。在其后关于高句丽使用乐器的文献记载中，出现的弹拨乐器还有"蛇皮琵琶"，记载最早见于《乐书》，另见于《文献通考》之中。下面对三个乐器名称分而述之：

---

① 持此观点的代表性学者如韩国学者宋芳松先生。

①琵琶

由本章分析可知，公元4—7世纪之时，"琵琶"一词仍为多种琵琶类乐器的混称，其中包括阮咸、多种梨形音箱琵琶等。结合前述对阮咸的分析可知，阮咸在公元7—8世纪才得此名，并广泛运用于宋代的文献记载之中。查阅本文附录三《八种文献中高丽乐使用乐器表》，高丽乐中使用过的琵琶类乐器仅有"琵琶"和"五弦"两种，"五弦"属于直项梨形音箱琵琶，而"琵琶"则可能是指曲项琵琶或者阮咸。那么进一步来说，"琵琶"是否可能是指曲项梨形音箱琵琶（曲项琵琶）呢？以隋书为例，查阅各乐部使用乐器，可以将其中使用过的琵琶类乐器列表如下：

表2-16 《隋书·音乐志》九部乐使用琵琶类乐器名称表①

乐部名称	清乐	西凉	龟兹	天竺	康国	疏勒	安国	高丽	礼毕
琵琶类乐器名称	琵琶	琵琶	琵琶	琵琶		琵琶	琵琶	琵琶	
		五弦	五弦	五弦		五弦	五弦	五弦	

由上表可知，《隋书·音乐志》记载，在隋代九部乐中使用的琵琶类乐器只有琵琶、五弦两种。其中"琵琶"使用于清乐、西凉、龟兹、天竺、疏勒、安国和高丽乐之中，"五弦"使用于西凉、龟兹、天竺、疏勒、安国和高丽乐之中。前文中提到，此时的"琵琶"一词可能指曲项琵琶或阮咸，如果所指为"曲项琵琶"的话，那么将其作为清乐的演奏乐器则颇为奇怪，而如果将"琵琶"做"阮咸"解释的话，则既

---

① [唐] 魏征等《隋书·音乐志》，中华书局1973年版，第377—380页。

可以解释清乐中对"琵琶"的使用，也可将其看作进入宫廷中的乐部进行乐器编配的结果。因此本文认为，隋唐宫廷乐部高丽乐中所说的乐器"琵琶"可能是指阮咸。

②五弦

由第一章表1—4《古典文献中高句丽音乐使用琵琶类乐器名称表》可知，高句丽的音乐记载中对"五弦"的记载颇多，既见于音乐风俗记写中，又见于隋唐宫廷高丽乐之中。在宫廷乐部高丽乐中，"琵琶"与"五弦"同时出现，可以说明五弦是区别于"琵琶"的另一件乐器。

那么乐器五弦形制如何？《新唐书》载："五弦，如琵琶而小，北国所出，旧以木拨弹，乐工裴神符初以手弹，太宗悦甚，后人习为搊琵琶。"①由此可知，五弦属于外来的梨形音箱琵琶类乐器，广泛流传于北方地区，由上表2-16《〈隋书·音乐志〉九部乐使用琵琶类乐器名称表》便可窥其一斑。高句丽与北方王朝互有征战、文化融通，五弦琵琶随着北朝音乐传入高句丽也是可以理解的，特别是关于高句丽的风俗记写、宫廷高丽乐中均出现了乐器五弦，更增加了此件乐器在高句丽地区流传的可能性。

③蛇皮琵琶

关于高丽乐中使用蛇皮琵琶的记载见于《乐书》《文献通考》等记载之中。《乐书》载："扶南、高丽、龟兹、疏勒、西凉等国，其乐皆有蛇皮琵琶，以蛇皮为槽，厚一寸余，鳞介具焉，亦以楸木为面，其掉拨以

---

① [宋]欧阳修、宋祁《新唐书·礼乐志》，中华书局1975年版，第471页。

象皮为之，图其国王骑象，象其精妙也。近代以琵琶旋宫，但历均调不分，清浊倍纮，应律多非，正声华音所不取也"①。该条目中谈及，扶南、高丽、疏勒、西凉等国音乐中均使用了蛇皮琵琶，并谈及蛇皮琵琶的形制、演奏方式、音乐应用场合等内容。参考本文附录三《八种文献高丽乐使用乐器表》可知，高丽乐使用乐器的记载中，《隋书·音乐志》《旧唐书·音乐志》《新唐书·礼乐志》《唐六典·太常寺》《通典·四方乐》《文献通考》《三国史记》的记载中均未载入"蛇皮琵琶"一项，连《乐书》自身所载的高丽乐使用乐器中也没有记载"蛇皮琵琶"。蛇皮琵琶的记载在上述隋唐乐部记载中均未出现，而仅仅在《乐书》的"蛇皮琵琶"条目中谈及多种乐部均使用这一乐器，《文献通考》显然亦是承自《乐书》的记载，那么蛇皮琵琶之条从何而来呢？

蛇皮琵琶的记载首见于《乐府杂录》，其"俳优"条载："大别有夷部乐，即有扶南、高丽、高昌、骠国、龟兹、康国、疏勒、西凉、安国；乐即有单龟头鼓及筝、蛇皮琵琶——盖以蛇皮为槽，厚一寸余，鳞介具焉，亦以楸木为面，其捍拨以象牙为之，画其国王骑象，极精妙也——凤头箜篌、卧箜篌——其工颇奇巧——三头鼓、铁拍板、葫芦笙。"②联系上下文，此条文献之意并未说明上述所列夷部乐中均使用了以下包括蛇皮琵琶等所载乐器。因此本文认为，宫廷高丽乐中使用蛇皮

---

① ［宋］陈旸《乐书·蛇皮琵琶》，影印文渊阁四库全书第211册，（台湾）商务印书馆第571页。

② 中国戏曲研究院编《中国古典戏曲论著集成（一）》，中国戏剧出版社1959年版，第49页。

琵琶的可能性较小,蛇皮琵琶不应是高句丽音乐中使用的乐器。

综上所述,通过文献分析可知,隋唐宫廷乐部高丽乐中所说的乐器“琵琶”可能是指阮咸;乐器五弦出现在关于高句丽的风俗记写、宫廷高丽乐中,其在高句丽地区的流传具有较大的可能性;蛇皮琵琶应不是高句丽音乐中使用的乐器。阮咸在上一部分我们已经有了较为详尽的讨论,那么接下来我们将探讨公元2—10世纪中国境内五弦琵琶的流传与发展,以期获得关于五弦琵琶在高句丽集安地区存在的更多可能性。

（2）公元2—10世纪中国境内五弦琵琶的流传

由目前搜集的资料可知,公元2—10世纪中国境内五弦琵琶实物、图像留存共计约50处,其中中国境内实物1处。此外,日本正仓院保存唐代螺钿紫檀五弦琵琶实物,可与中国境内发现五弦琵琶实物结合进行讨论。现对公元2—10世纪存见五弦实物及图像分而述之:

目前所知存见公元2—10世纪五弦琵琶实物为2件。其一,唐代螺钿紫檀五弦琵琶,现存于日本正仓院,该五弦琵琶为梨形音箱,直项,上张五弦,琴颈处有五柱,周身镶嵌螺钿装饰,捍拨处以螺钿镶嵌一胡人骑骆驼奏曲项琵琶像,整件乐器通长108.1厘米（图2-49·1）。其二,邗江蔡庄五代墓出土五弦琵琶残件,现藏于江苏扬州博物馆,1975年出土于邗江县原杨庙公社殷湖大队蔡庄五代墓中,五弦琵琶出土于墓室前东侧室,另有乐器残件和拨子,根据出土残件可知同室还曾有一四弦曲项琵琶,同墓出土四弦曲项琵琶明器1件,拍板6片。邗江蔡庄五弦琵琶琴头部分已腐朽,乐器残长46.0厘米,梨形音箱宽

26.0厘米[①]（图2-49·2）。

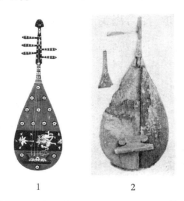

图2-49　存见公元2—10世纪琵琶实物[②]

　　尽管邗江蔡庄五弦琵琶为残件，但是可以通过比例分析的方法将两琵琶所存数据进行对比，通过分析可知，邗江蔡庄五弦琵琶要略小于正仓院所藏螺钿紫檀五弦琵琶，且均为用拨子进行演奏。

　　公元2—10世纪五弦乐器实物目前存见如上2例，且为唐、五代留存实物，关于在此之前五弦在中原地区的流传与发展，还需要通过图像讯息来进行探讨。以《中国音乐文物大系》为主，结合《中国出土壁画全集》、相关考古报告等材料，本文搜集整理了魏晋隋唐时期五弦琵琶图像约49处，这些五弦琵琶图像存见于石窟寺壁画、伎乐石雕、

　　① 扬州博物馆《江苏邗江蔡庄五代墓清理简报》，《文物》1980年第8期，第41—47页。《中国音乐文物大系》总编辑部《中国音乐文物大系·上海卷·江苏卷》，大象出版社1996年版，第254页。

　　② 图2-49·1见韩昇《正仓院》，上海人民出版社2007年版，第60页。图2-49·2见扬州博物馆《江苏邗江蔡庄五代墓清理简报》，《文物》1980年第8期。

墓葬壁画、乐俑、器皿绘画等资料之中，主要分布于新疆、甘肃、山西、陕西、河南、四川等地，结合出土于江苏邗江的蔡庄琵琶残件，可以绘制出国内存见公元2—10世纪五弦琵琶实物与图像省份分布图（图2-50）如下：

图2-50　中国境内存见公元2—10世纪五弦琵琶实物与图像省份分布图①

　　上文我们提到，本文搜集整理了魏晋隋唐时期五弦琵琶图像约49处，其中魏晋南北朝时期20处，隋唐时期29处，现分而述之：

---

　　① 该分布图由笔者根据前述《中国音乐文物大系》《中国出土壁画全集》及相关报告等资料搜集整理的材料绘制而成。主要包括已经出版的《中国音乐文物大系》覆盖省份包括北京、天津、福建、甘肃、河南、湖北、湖南、江苏、江西、内蒙古、山东、陕西、山西、上海、四川、新疆、广东和河北;《中国出土壁画全集》覆盖省份包括河北、山西、内蒙古、山东、河南、陕西、辽宁、吉林、黑龙江、甘肃、宁夏、新疆、北京和江苏; 及其他部分发掘报告等资料。

目前搜集获得魏晋南北朝时期五弦琵琶图像约20处，其中最早的五弦琵琶图像见于公元4世纪的克孜尔第38窟天宫伎乐图[①]中。在本类五弦琵琶图像中，仅成都万佛寺观音造像伎乐石刻属南朝梁时期，其余19处五弦琵琶图像均发现于北方，自新疆克孜尔石窟天宫伎乐，到西千佛洞飞天伎乐、大同北魏司马金龙墓伎乐人石棺床、北齐黄釉瓷扁壶、北齐徐显秀墓五弦琵琶图等。本文按照演奏方式将上述图像进行归纳，其中较为清晰者10处，按演奏方式可以分为手指弹奏和拨子弹奏两种。

其一，手指弹奏五弦琵琶图。共计5处，包括四川成都万佛寺观音造像伎乐石刻（图2-51·1）、河南安阳范粹墓黄釉瓷扁壶（3件，其一为图2-51·2）和洛阳乐舞扁壶，其中4件乐舞扁壶的图像一致，由此可知，手指弹奏五弦琵琶的不重复图像实际共计为2幅。

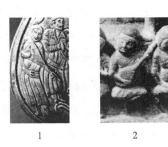

1   2

图2-51　魏晋南北朝时期手指弹奏五弦琵琶图像举例[②]

① 《中国音乐文物大系》总编辑部《中国音乐文物大系·新疆卷》，大象出版社1999年版，第37—39页。

② 图2-51·1见《中国音乐文物大系》总编辑部《中国音乐文物大系·四川卷》，大象出版社1996年版，第183页。图2-51·2见《中国音乐文物大系》总编辑部《中国音乐文物大系·河南卷》，大象出版社1996年，第154页。

其二，拨子弹奏五弦琵琶图。共计6处，包括北魏北石窟寺第165窟伎乐图、北魏西千佛洞第9窟飞天伎乐图（图2-52·1）、北魏大同司马金龙墓伎乐人石柱础（图2-52·2）和石棺床、北魏淳化方里乡奏乐图石雕、北齐徐显秀墓壁画（图2-52·3）。

1   2   3

图2-52　魏晋南北朝时期拨子弹奏五弦琵琶图像举例①

由上图所见，图像中五弦琵琶的拨子形状趋于一致，而从两种演奏方法的图像数量上看，本文中所列举的魏晋时期五弦琵琶图像中，拨子弹奏五弦琵琶图像要多于手指弹奏图像。接下来我们看隋唐五代时期的情况。目前本文搜集的隋唐时期五弦琵琶演奏图像约29处，其中排除不鼓自鸣乐器图像、演奏手法不清晰图像后，剩余图像13幅，可以按照演奏手法将其分为手指弹奏和拨子弹奏两类。

其一，手指弹奏五弦琵琶图。共计2处，见于新疆克孜尔第8窟

　　① 图2-52·1见《中国音乐文物大系》总编辑部《中国音乐文物大系·甘肃卷》，大象出版社1998年版，第213页。图2-52·2见《中国音乐文物大系》总编辑部《中国音乐文物大系·山西卷》，大象出版社2000年版，第180页。图2-52·3见山西省考古研究所、太原市文物考古研究所《太原北齐徐显秀发掘简报》，《文物》2003年第10期，图三十。

伎乐天人图（图2—53·1）和克孜尔第80窟伎乐天人图（图2—53·2）中。

1   2

图2-53　隋唐五代时期手指弹奏五弦琵琶图像举例[①]

其二，拨子弹奏五弦琵琶图。共计11处，包括新疆克孜尔第206窟伎乐图、新疆森木塞姆第42窟伎乐天人图、敦煌莫高窟第61窟伎乐图、敦煌莫高窟第85窟伎乐百戏图、莫高窟第220窟乐舞图、西千佛洞第15窟《西方净土变》乐舞图、唐李寿墓石椁奏乐图（图2-54·1）、河南安阳张盛墓弹奏俑（图2-54·2）、四川成都万佛寺琵琶伎乐石刻、陕西石刻奏乐图佛座（图2-54·3）和琵琶乐俑。

① 图2-53·1见《中国音乐文物大系》总编辑部《中国音乐文物大系·新疆卷》，大象出版社1999年版，第57页。图2-53·2见《中国音乐文物大系·新疆卷》，第56页。

图 2-54　隋唐五代时期拨子弹奏五弦琵琶图像举例①

　　通过上述分类可知，隋唐五代时期五弦琵琶演奏图像中，拨子演奏五弦琵琶图像数量远远超过手指弹奏的数量。综合魏晋隋唐五代时期五弦琵琶演奏图像，拨子演奏类型的图像数量也占有绝对性的优势，因此通过公元2—10世纪的图像资料分析，本文认为，此一时期的五弦琵琶应以拨子演奏为主要演奏方法。这与前述两件五弦乐器实物相关的演奏方法推论也相一致。

　　通过图像的分析可知，五弦琵琶的形制可能略小与曲项琵琶，此类图像见于徐显秀墓奏乐图（图2-55·1）、李寿墓石椁奏乐图（图2-55·2）、张盛墓奏乐图（图2-55·3）等图像资料中，也与《新唐书》所载"如琵琶而小"的特点相一致。前述现存两件五弦琵琶的形制亦有大小之别，因此同时期五弦琵琶是否具有不同大小的形制种类目

　　① 图2-54·1见《中国音乐文物大系》总编辑部《中国音乐文物大系·陕西卷·天津卷》，大象出版社1999年版，第142页。图2-54·2见《中国音乐文物大系》总编辑部《中国音乐文物大系·河南卷》，大象出版社1996年版，第214页。图2-54·3见《中国音乐文物大系·陕西卷·天津卷》，第134页。

前尚不可知,还有待未来进一步讨论。

图2-55　五弦琵琶、曲项琵琶形制对比举例①

　　综上所述,目前所知公元2—10世纪保存完好的五弦琵琶实物留存于日本正仓院之中,中国境内存见公元2—10世纪五弦琵琶实物及图像共计约49处,其中国内存见五弦琵琶实物残件仅见江苏邗江蔡庄五代时期五弦琵琶1例,五弦琵琶图像见于石窟寺壁画、伎乐石雕、

　　① 图2-55·1见山西省考古研究所、太原市文物考古研究所《太原北齐徐显秀发掘简报》,《文物》2003年第10期,图二十九。图2-55·2见《中国音乐文物大系》总编辑部《中国音乐文物大系·陕西卷·天津卷》,大象出版社1999年版,第141页。图2-55·3见《中国音乐文物大系》总编辑部《中国音乐文物大系·河南卷》,大象出版社1996年版,第213页。

墓葬壁画、乐俑、器皿绘画等图像资料之中，主要分布于新疆、甘肃、山西、陕西、河南、四川等地地区，按照演奏方法可以分为手指弹奏和拨子弹奏两类，其中拨子弹奏为图像所见的主要演奏方法，同时通过研究我们发现，部分图像之中存在五弦琵琶的形制要小于曲项琵琶的情况，这与《新唐书》所载的"如琵琶而小"的情况相一致，但关于五弦琵琶的形制大小、同时期五弦琵琶形制种类等问题还可进一步探讨。

上文中我们重点分析了公元2—10世纪五弦琵琶在中国境内留存的实物与图像资料，由此可知，在公元4—7世纪的时光中，五弦琵琶在北朝盛行，南朝亦有五弦琵琶出现，结合高句丽使用乐器中对"五弦"的记载，使得高句丽流传"五弦"的可能性更为增加。

在此还要谈到一个例证，那便是辽阳棒台子1号墓乐舞图中的两幅琵琶图像（图2-56·1、图2-56·2）。

图2-56　辽阳棒台子1号墓乐舞图弹梨形音箱琵琶图[①]

---

① 图2-56·1见李文信《辽阳发现的三座壁画古墓》，《文物参考资料》1955年第5期。图2-56·2见该文第18页插图六。

由图中所见，棒台子1号墓乐舞图中所见的两件琵琶类乐器均具有梨形音箱、直项的特点。特别是图2-56·1（墓门右壁图）中的琵琶，其琴头处有较为明显的弦轴描绘。当然作为线描图，通过图像无法讨论其是否为五弦琵琶，然而我们可以结合其他材料进行进一步的分析。棒台子1号墓的产生年代约为公元2世纪70—80年代至3世纪30年代，此时正处于公孙氏割据及稍前的东汉晚期后段至魏前期[①]。前述我们指出，目前我们所知最早的五弦琵琶图像见于公元4世纪的克孜尔石窟之中。棒台子1号墓中的梨形音箱琵琶图像是否为五弦，还可进一步进行论证，因为我们不确定是否此时的梨形音箱直项琵琶仅有五弦，但辽阳地区梨形音箱直项琵琶图像的出现增加了高句丽出现梨形音箱直项琵琶的可能性。

（3）公元4—7世纪朝鲜半岛其他琵琶类乐器的流传

目前在存见的朝鲜半岛壁画墓中，琵琶类乐器图像仅见阮咸，并没有发现五弦或其他梨形音箱琵琶的图像。然而通过文献记载可知，新罗乐中使用了琵琶，这种琵琶可能为五弦琵琶。

《三国史记》卷三十二载："新罗乐，三竹、三弦、拍板、大鼓。歌舞：舞二人，放角幞头，紫大袖，公襕红鞓，镀金銙腰带，乌皮靴。三弦，一玄琴，二加耶琴，三琵琶。三竹：一大笒，二中笒，三小笒。"[②] 其中所说的"三弦"中包括一件乐器名为"琵琶"，这件"琵琶"形制如何？

---

① 刘未《辽阳汉魏晋壁画墓研究》，《边疆考古研究》2003年第2期。

② ［高丽］金富轼撰、孙文范等校勘《三国史记·乐志》，吉林文史出版社2003年版，第407页。

同卷载："琵琶，《风俗通》曰：'近代乐家所作，不知所起。长三尺五寸，法天、地、人与五行。四弦象四时也。'释曰：'琵琶本胡中马上所鼓。推手前曰琵，引手却曰琶，因以为名。'乡琵琶与唐制度大同而少异，亦始于新罗，但不知何人所造。其音有三调：一宫调，二七贤调，三凤皇调，共二百一十二曲。"①这里谈到了"乡琵琶"，并指出其与唐制度所用琵琶类似，始于新罗，有宫调、七贤调、凤皇调三调，有乐曲二百一十二曲。

《高丽史·乐志》载，高丽睿宗九年（约1114年），宋赐乐器，其中包括琵琶四面、五弦二面②，这是朝鲜半岛史籍中所见关于五弦琵琶的较早记载。《高丽史》中提及，大乐中有乡琵琶业师、唐琵琶业师③，由此可知高丽时代宫廷中流行的琵琶分为乡琵琶、唐琵琶两种，其中乡琵琶主要用于演奏本国的音乐，其称谓在新罗时代已经使用④，唐琵琶主要用于唐乐演奏中，即相对于乡乐而言的、新罗以后传入唐、宋、元、

---

① ［高丽］金富轼撰、孙文范等校勘《三国史记·乐志》，吉林文史出版社2003年版，第409—410页。

② ［朝鲜］郑麟趾等《高丽史·乐志》，奎章阁本，第28—29页。其载："睿宗九年六月甲辰朔安稷崇还。……今因信使安稷崇回俯赐卿新乐。……琵琶四面，金镀鍮石凤钩朱漆缕金架子、金镀银铎子绦结并缕金拨子、紫罗夹带全；五弦二面，金镀鍮石凤钩朱漆缕金架子、金镀银铎子绦结并缕金拨子、紫罗夹带全……。"

③ ［朝鲜］郑麟趾等《高丽史·食货志》，奎章阁本，第15页。其载："大乐管弦房米一科十石（唐舞业兼唱词业一、笙业师一、唐舞师校尉一），八石（御前两部都厅）、七石（琵琶业师校尉阁门使同正），二科八石（杖鼓业师二、唐笛业师二、乡、唐琵琶业师各一，方响业师校尉一、筚篥业师一……"

④ ［韩］张师勋著、朴春妮译《韩国音乐史（增补）》，中央音乐学院出版社2008年版，第114页。

明时期的中国系统的音乐①。在《乐学轨范》中可以看到流传至朝鲜时代的唐琵琶与乡琵琶的形制（图2-57），如下：

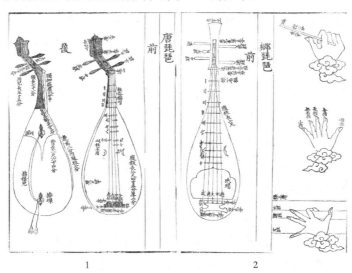

1　　　　　　　　　　2

图2-57　《乐学轨范》唐琵琶、乡琵琶图②

由上图所见，唐琵琶为四弦梨形音箱琵琶，而乡琵琶为五弦梨形音箱琵琶，比较乡琵琶的弦轴位置，其与正仓院所见的唐代琵琶弦轴位置有所不同，拨子的形状也与唐五代时期五弦琵琶相异。

综上所述，朝鲜半岛公元4—7世纪的材料中目前没有看到关于五弦或其他梨形音箱琵琶类乐器的资料，因此这一时期关于梨形音箱

---

① ［韩］张师勋著、朴春妮译《韩国音乐史（增补）》，中央音乐学院出版社2008年版，第126页。

② 图2-57·1见［朝鲜］成俔等《乐学轨范·唐部乐器图说》，蓬左文库本，第4页。图2-57·2见《乐学轨范·乡部乐器图说》，蓬左文库本，第21页。

琵琶的流行情况目前尚不可知。新罗乐中使用的"琵琶"可能是五弦琵琶,"五弦"名称较早出现于朝鲜半岛史籍是见于《高丽史》之中,《乐学轨范》中的"乡琵琶"可能为五弦琵琶在朝鲜半岛发展的变体。

3. 小结

在长川1号墓伎乐仙人图中有一幅仙人弹奏琵琶类乐器的图像,由于图像不甚清晰,仅可知为梨形音箱、直项琵琶类乐器,本部分以此为起点,对这件乐器进行了辨识,同时探讨了其他琵琶类乐器在公元4—7世纪高句丽集安地区流传与发展的可能性。

通过文献分析我们可知,隋唐宫廷乐部高丽乐中所说的乐器"琵琶"可能是指阮咸;乐器五弦出现在关于高句丽的风俗记写、宫廷高丽乐中,其在高句丽地区流传具有较大的可能性;蛇皮琵琶应不是高句丽音乐中使用的乐器。通过对公元2—10世纪五弦琵琶实物及图像资料的分析可知,目前所知公元2—10世纪保存完好的五弦琵琶实物留存于日本正仓院之中,中国境内存见公元2—10世纪五弦琵琶实物及图像资料共计约49处,其中国内存见五弦琵琶实物残件仅见江苏邗江蔡庄五代时期五弦琵琶1例,五弦琵琶图像见于石窟寺壁画、伎乐石雕、墓葬壁画、乐俑、器皿绘画等图像资料之中,主要分布于新疆、甘肃、山西、陕西、河南、四川等地区,按照演奏方法可以分为手指弹奏和拨子弹奏两类,其中拨子弹奏为图像所见的主要演奏方法,同时通过研究我们发现,部分图像之中存在五弦琵琶的形制要小于曲项琵琶的情况,这与《新唐书》所载"如琵琶而小"的情况相一致,但关于五弦琵琶的形制大小、同时期五弦琵琶形制种类等问题还可进一步探讨。朝鲜半岛公元4—7世纪材料中目前没有看到关于五弦或其他梨形音箱琵琶类乐器的资料,因此这一时期关于梨形音箱琵琶的流行情况目前尚不可知。新罗乐中使用的"琵琶"可能是五弦琵琶,"五弦"名称较早出现于朝鲜半岛史籍是见于《高丽史》之中,《乐学轨范》中的"乡琵琶"可能为五弦琵琶在朝鲜半岛发展的变体。此外,值得一提的是,目前我们所知最早的五弦琵琶图像见于公元4世纪的克孜尔石窟之中,然而在辽阳棒台子1号墓乐舞图中存在两幅梨形音箱琵琶图像,其年代至迟在公元3世纪时,此处梨形音箱直项琵琶的出现增加了高句丽出现梨形音箱直项琵琶的可能性。

三、其他弹拨乐器

在前述两个部分中,我们以集安高句丽壁画墓伎乐仙人图中所见弹拨乐器为对象,对高句丽可能使用的琴筝类乐器、琵琶类乐器进行了分析。除此之外,在高句丽使用乐器记载中,还有两件弹拨乐器未谈及,那便是属于箜篌类乐器的竖箜篌与凤首箜篌。

(一)竖箜篌

竖箜篌,又名擘箜篌、胡箜篌。在本节第一部分卧箜篌部分分析中提及,西汉以前文献中所说的"箜篌",即指卧箜篌。《后汉书》曰:"灵帝好胡服、胡帐、胡床、胡坐、胡饭、胡空侯、胡笛、胡舞,京中贵戚皆竞为之。"①，其中所说"胡空侯"是指竖箜篌，由此可知东汉之时，竖箜篌已经传入中原地区。"竖箜篌"之名，正史首见于《隋书·音乐志》，其载九部伎中使用了"竖箜篌"乐器，同卷指出："今曲项琵琶、竖头箜篌之徒，並出自西域，非华夏旧器。"②由此可知，唐时已经逐渐区分出了"卧箜篌""竖箜篌"之名。《通典》载："竖箜篌，胡乐也。汉灵帝好之。体曲而长，二十二弦，竖抱于怀中，用两手齐奏，俗谓之擘箜篌。"③此条文献指出，唐时竖箜篌的基本形制为体曲而长，置二十二弦，演奏时将其竖起抱入怀中，双手齐奏，《通典》此条文献亦说明，唐时竖箜篌亦有擘箜篌之名。

竖箜篌在高丽乐中的使用记载首见于《隋书》，由本文附录三《八种文献中高丽乐使用乐器表》可知，竖箜篌在《隋书》《唐六典》《通典》《旧唐书》《新唐书》《乐书》《文献通考》《三国史记》记载的高丽乐中均有出现。目前所知，竖箜篌之名在关于高句丽音乐的风俗记写中並未出现，仅见于高丽伎的使用乐器记写中。那么竖箜篌是否是高丽伎中的特色乐器？现将《隋书》《唐六典》《通典》《旧唐书》和《新唐书》中俗乐乐部使用竖箜篌的情况列表如下：

---

① ［南朝刘宋］范晔撰、［唐］李贤等注《后汉书·五行志》中华书局1965年版，第3272页。

② ［唐］魏征等《隋书·音乐志》，中华书局1973年版，第378页。

③ ［唐］杜佑撰、王文锦等点校《通典·乐典》，中华书局1988年版，第3680页。

表2-17　五种文献中俗乐乐部竖箜篌乐器使用表[1]

文献　＼　乐部	西凉乐	高丽乐	龟兹乐	安国乐	疏勒乐	高昌乐
《隋书》	●	●	●	●?	●	
《唐六典》	●	●	●	●	●	●
《通典》	●	●	●	●	●	●
《旧唐书》	●	●	●	●	●	
《新唐书》	●	●	●	●		●

　　上表所列文献中，《隋书》中所列九部乐中尚无高昌乐，《旧唐书·音乐志》载："西魏与高昌通，始有高昌伎。我太宗平高昌，尽收其乐"。[2] 由此可知，高昌乐初于西魏流传，唐太宗贞观十四年（公元640年）平定高昌后[3]，高昌乐始进入唐朝宫廷。因此上表中《隋书》所见九部乐使用竖箜篌乐器的乐部中自然少了"高昌乐"；安国乐的使用乐器中，《隋书》载包括"箜篌"，然并未标明是卧箜篌还是竖箜篌，考虑《隋书·音乐志》中诸乐部使用的箜篌类乐器名称有箜篌、卧箜篌、竖箜篌和凤首箜篌四种，因此暂未将其列入并阙疑。

　　由上表可知，对比5种文献所载俗乐乐部中竖箜篌乐器的使用情况，其中均记载使用了竖箜篌的俗乐乐部包括西凉乐、高丽乐、龟兹乐、安国乐和疏勒乐。除了高丽乐，四者均来自西部地区。竖箜篌亦为自西域传入，那么为什么会出现在东夷高丽乐的使用乐器之中？这是否说明地处东部的高句丽也可能存在竖箜篌乐器的流传？

---

　　① 引用资料来源参见《隋书》卷十五《唐六典》卷十四《通典》卷一百四十六《旧唐书》卷二十九《新唐书》卷二十一。相关版本见本文末参考文献，此处不再赘述。

　　② ［后晋］刘昫等《旧唐书·音乐志》，中华书局1975年版，第1069页。

　　③ ［后晋］刘昫等《旧唐书·太宗本纪》，中华书局1975年版，第51页。

《隋书·音乐志》载："疏勒、安国、高丽，并起自后魏平冯氏及通西域，因得其伎。后渐繁会其声，以别于太乐。"[①]由此条文献可知，一方面，高句丽音乐在约公元5世纪上半叶已经在北燕、北魏地区流行。依《隋书》所载，北魏灭北燕冯氏（公元436年），并与西域地区相通，因此获得了疏勒、安国和高丽乐。疏勒、安国皆位于中原以西，而高句丽位于东部。北燕与高句丽互有征战、关系密切，其文化上的互通与交流也是不争的事实。因此，北燕地区有高丽乐的流传是可以理解的。其后北魏破北燕，高丽乐随之获得更加广泛的流传。另一方面，宫廷中的高丽乐经历了逐渐发展的过程。前述"后渐繁会其声，以别于太乐"[②]正是说明了这一问题。随着外来音乐的增多，对这些音乐形式进行了相应的调整，可以想见"繁会"的重要方面可能是为了更好地演奏效果，因此乐器的编配、舞者的规模都可能会进行相应的改变，在这个过程中，宫廷俗乐"七部伎""九部伎""十部伎"逐渐登场。虽然这些乐部保留了原来的名称，但是已经是经过加工改造的新的宫廷乐部，因此已经不是单纯的外来音乐而是融合体了。所以以这些材料来分析各乐部名称所代表的音乐形式的时候，需要将这些改编因素考虑进来。在这样的因素考虑之下，流传于北朝地区的高丽乐在演奏中加入了该地区较为常见的竖箜篌来扩充乐器编制是有可能的。

---

① [唐]魏征等《隋书·音乐志》，中华书局1973年版，第380页。

② 关于"以别于太乐"，岸边成雄认为是"以列于太乐"之误，参见[日]岸边成雄《唐代音乐史的研究》，梁在平、黄志炯译，台湾中华书局1973年版，第533页。此处涉及对"太乐"的理解，笔者认为此问题可待进一步讨论，因不涉及对本文的直接探讨，所以仅以此处标出，留待未来进一步解答。——笔者注

《旧唐书·音乐志》载："宋世有高丽、百济乐。魏平冯跋，亦得之而未具。周师灭齐，二国献其乐。隋文帝平陈，得清乐及文康礼毕曲，列九部伎，百济伎不预焉。"[①]由此条文献可知，隋唐时期的高丽乐是经过北朝、南朝宫廷流传的高丽乐加工而来，其使用的乐器未必全部都是高句丽地区真正流传使用的乐器。

目前中国境内所知历史上流传的箜篌类乐器主要包括卧箜篌、竖箜篌和弓形箜篌三类。其中所见的最早实物是新疆且末县格拉克勒克乡扎滚鲁克墓地出土的2件弓形箜篌[②]。竖箜篌的乐器图像主要见于新疆、甘肃、山西、陕西和河南地区的石窟寺壁画、造像、和墓室壁画等之中，目前所知集安高句丽墓的音乐壁画中并未见到竖箜篌的身影。在公元4—7世纪朝鲜半岛壁画墓中亦没有发现竖箜篌乐器的图像资料。《旧唐书》载："百济乐，中宗之代，工人死散。岐王范为太常卿，复奏置之，是以音伎多阙。舞二人，紫大袖裙襦，章甫冠，皮履。乐之存者，筝、笛、桃皮筚篥、箜篌、歌。"[③]其中提到的"箜篌"是否为竖箜篌亦不可知。其余关于朝鲜半岛新罗、百济的记载中目前亦未见到有关竖箜篌流传的记载。

综上所述，本文认为，竖箜篌主要出现于隋唐宫廷乐部的高丽乐使用乐器之中，并亦见于西凉乐、龟兹乐、疏勒乐、安国乐、高昌乐等乐部的使用乐器之中，竖箜篌并非高丽乐中的特色乐器，而可能是受到

---

① ［后晋］刘昫等《旧唐书·音乐志》，中华书局1975年版，第1069页。
② 王子初《且末扎滚鲁克箜篌的形制结构及其复原研究》，《文物》1999年第7期。贺志凌《新疆出土箜篌的音乐考古学研究》，中国艺术研究院2005年博士学位论文。
③ 同注释①，第1070页。

早期流行于北朝的高丽乐的影响加入进来的乐器，高句丽集安地区的壁画图像中目前未见竖箜篌图像，在朝鲜半岛壁画墓资料中亦未见到，因此综合上述因素，高句丽集安地区流传竖箜篌乐器的可能性较小。

（二）凤首箜篌

凤首箜篌之名首见于《隋书》，载于天竺乐使用乐器之中[1]。《旧唐书》载："凤首箜篌，有项如轸。"[2]凤首箜篌出现在高丽乐的记载中见于《新唐书》，在其他关于高句丽地区风俗的音乐记载中没有见到这件乐器的名称。现将《隋书》《唐六典》《通典》《旧唐书》和《新唐书》中俗乐乐部使用凤首箜篌的情况列表如下：

表2-18　五种文献中俗乐乐部凤首箜篌乐器使用表[3]

文献\乐部	《隋书》	《唐六典》	《通典》	《旧唐书》	《新唐书》
天竺乐	●	●	●	●	●
高丽乐					●

由上表所见，隋唐俗乐乐部记载中，《隋书》等五种文献中均指出天竺乐使用了凤首箜篌，而高丽乐中使用凤首箜篌的记载仅见于《新唐书》一处。

---

① [唐]魏征等《隋书·音乐志》，中华书局1973年版，第379页。

② [后晋]刘昫等《旧唐书·音乐志》，中华书局1975年版，，第1077页。

③ 引用资料来源参见《隋书》卷十五、《唐六典》卷十四、《通典》卷一百四十六、《旧唐书》卷二十九、《新唐书》卷二十一。相关版本见本文末参考文献，此处不再赘述。

唐贞观十七年至十八年间，曾有著名的骠国献乐一事，《新唐书》中对其所用乐器的描述颇为详尽，其中谈到了骠国流传的凤首箜篌："雍羌亦遣弟悉利移城主舒难陀献其国乐，至成都，韦皋复谱次其声。以其舞容、乐器异常，乃图画以献。……有凤首箜篌二，其一长二尺，腹广七寸，凤首及项长二尺五寸，面饰虺皮，弦一十有四，项有轸，凤首外向；其一顶有条，轸有鼍首。"[①]该条记载中详细记录了骠国所传凤首箜篌的形制、纹饰，同时我们可知凤首箜篌除用于天竺乐之中，亦用于骠国乐。《乐书》载："凤首箜篌，出于天竺伎也，其制作曲颈、凤形焉。扶娄、高昌等国凤首箜篌，其上颇奇巧也。"[②]通过《乐书》此条文献亦可知，凤首箜篌除流行于天竺之外，还可能流行于扶娄、高昌等国。

综上所述，凤首箜篌使用于天竺乐、骠国乐，另可能流行于高昌等地，高丽伎中使用凤首箜篌的记载首见于《新唐书》，然而对比其余隋唐俗乐乐部使用乐器记载、凤首箜篌流传记载可知，高丽乐使用乐器的5种记载中仅有《新唐书》中加入了凤首箜篌，且仅以隋唐俗乐乐部记载为范围，则凤首箜篌为天竺乐的特色乐器，因此在高丽乐中出现的可能性较小，可能为《新唐书》中对高丽乐误加的乐器。通过上述凤首箜篌流行地域的记载可知，公元4—7世纪之间其流行于西域地区和南亚国家，中原地区尚较少见到。目前所见集安高句丽壁画墓之中亦没有发现凤首箜篌的图像。因此凤首箜篌流传于高句丽集安

---

① [宋]欧阳修、宋祁等《新唐书·南蛮列传》，中华书局1975年版，第6312页。
② [宋]陈旸《乐书·凤首箜篌》，影印文渊阁四库全书第211册，（台湾）商务印书馆，第566页。

地区的可能性较小。

第二节　吹奏乐器

　　集安高句丽壁画墓伎乐仙人图中吹奏乐器图像包括角、笛类乐器、排箫等，涉及墓葬五座，乐器图像共计约12处。本节中按照角、笛类乐器、排箫及其他文献记载乐器四个方面分而述之。

一、角

　　本部分首先对集安高句丽壁画墓所见的角图像进行梳理，之后结合角的名称考辨、公元2—7世纪中国境内角的出现及流传、朝鲜半岛地区角的出现及流传等方面，探讨角在高句丽的出现及流传问题。

　　（一）集安高句丽壁画墓所见仙人吹角图
　　仙人吹角图见于舞踊墓、三室墓、长川1号墓、五盔坟4号墓和五盔坟5号墓壁画之中，共计6幅。现分述如下：
　　1. 舞踊墓吹角图
　　舞踊墓正壁上方第四重顶石绘有一幅仙人图，仙人左手接近吹口部，右手接近角筒中部，持角吹奏。角为赭石色，弯曲弧度大，乐器长度较长，且自吹口处至号角口逐渐变粗（图2-58·1）。

1   2

图2-58　舞踊墓吹角图①

　　正壁上方第六重顶石亦绘有一仙人吹角图，该角形制与第四重所绘之角形制相近，亦有不同。这位仙人所奏角亦为赭石色，长度较长，具有一定的弯曲弧度，乐器自吹口至号角口逐渐变粗。与第四重顶石仙人所持角之不同之处在于，这件乐器体长约三分之一至号角口处分为三个层次（图2-58·2）。

　　2. 三室墓吹角图

　　三室墓第二室天井第一层东南角，弹阮咸仙人左边，即有一位仙人吹角。仙人右手持角吹奏。角呈橙黄色，自吹口处至号角口逐渐变粗，与舞踊墓所绘号角比较，三室墓所绘号角较为短小（图2-59）。

---

　　① 图2-58·1见［日］池内宏、梅原末治《通沟："满洲国"通化省辑安县高句丽遗迹（下）》，"日满文化协会"1940年版，图版二十八。图2-58·2见［日］平山郁夫、早乙女雅博《高句丽壁画古坟》，共同通信社2005年版，第273页。

277

图2-59　三室墓吹角图①

図2-60　长川1号墓吹角图②

3. 长川1号墓吹角图

在长川1号墓北面第六重顶石仙人图中，左第一位仙人已漫漶不清，自仙人面部至左上方有弯形弧线，似是乐器角（图2-60）。

4. 五盔坟4号墓吹角图

五盔坟4号墓第二重顶石西面第一位仙人双手执长角吹奏，角呈赭石色，仙人右手执近吹口处，左手执近吹筒约三分之一处，长角弧度较大，与舞踊墓第四重顶石所见角图像类似（图2-61）。

 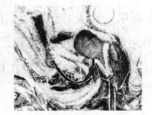

图2-61　五盔坟4号墓吹角图③　　图2-62　五盔坟5号墓吹角图④

---

① 图2-59见徐光冀主编《中国出土壁画全集·辽宁吉林黑龙江卷》，科学出版社2012年版，第154页。

② 图2-60见吉林省文物工作队、集安县文物保管所《集安长川一号壁画墓》，《东北考古与历史》，1982年第1期。

③ 图2-61同注释①，第187页。

④ 图2-62见［日］朝鲜画报社《高句丽古坟壁画》，朝鲜画报社出版部1985年版，图225。

5. 五盔坟5号墓吹角图

五盔坟5号墓第二重顶石东北面左数第一位乘龙仙人执角吹奏，角为赭石色，仙人左手执近吹口处，右手执靠近角筒约三分之一处，角弧度较大，自吹口至角筒逐渐变粗，号角长度与舞踊墓第四重顶石所见角相似，亦与五盔坟4号墓所见角相近（图2-62）。

综上所述，兹将集安高句丽壁画墓伎乐仙人图乐器角图像列表如下：

表2-19　集安高句丽墓仙人吹角图像表

年代	墓葬名	图像位置	绘制内容	乐器名	乐器形制	演奏方法
4世纪中叶至5世纪初	舞踊墓	主墓室主壁天井第四重顶石	伎乐仙人	角	角为赭石色，弯曲弧度大，乐器长度较长，且自吹口处至号角口逐渐变粗	左手接近吹口部，右手接近角筒中部，吹奏
		主墓室主壁天井第六重顶石	伎乐仙人	角	角为赭石色，具有一定的弯曲弧度，乐器自吹口至号角口逐渐变粗，自号角口约三分之一处分为三个层次，直至号角口	姿态不详
5世纪末至6世纪中叶	三室墓	第二室天井第一重东南角	伎乐仙人	角	角呈橙黄色，自吹口处至号角口逐渐变粗，号角较为短小	右手持角吹奏
5世纪末至6世纪中叶	长川1号墓	前室天井北面第六重顶石	伎乐仙人	角	仙人面部至左上方有弯形弧线，似是乐器角	姿态不详

年代	墓葬名	图像位置	绘制内容	乐器名	乐器形制	演奏方法
6世纪中叶至7世纪初	五盔坟4号墓	墓室天井第二重顶石西面	伎乐仙人	角	角呈赭石色，角弧度较大，自吹口至角筒逐渐变粗	右手执近吹口处，左手执近吹筒约三分之一处，吹奏
6世纪中叶至7世纪初	五盔坟5号墓	墓室天井第二重顶石东北	伎乐仙人	角	角为赭石色，角弧度较大，自吹口至角筒逐渐变粗	左手执近吹口处，右手执近角筒约三分之一处，吹奏

  通过以上分析可知，集安高句丽墓壁画之中，角图像最早出现于舞踊墓伎乐仙人图之中，最晚见于五盔坟5号墓伎乐仙人图，出现年代约为公元4世纪中叶至7世纪初[①]，涉及墓葬5处，图像6幅。其中，三室墓壁画中的角较为短小，其余所见角均较细长，形体具有较大弧度；三室墓壁画所见角为单手执奏，其余所见多为双手执奏。由此可知，三室墓壁画中的乐器角在形制、演奏方法上都与其余4处墓葬壁画显示出了不同，这是否意味着仙人图中使用的角有不同的种类，在后文中会进一步分析。目前所知，记载高句丽音乐的文献中并未出现角的名称，然而在留存的集安高句丽壁画墓中，伎乐仙人图中的角数量为吹奏乐器种类中之最。

---

  ① 由于舞踊墓的年代判定还具有一定的争议，因此本文目前选择了较为宽泛的时间记载。但通过以下分析，可能会有所变化，通过大角图像的分析，本文对于舞踊墓时间的判断倾向于认为公元5世纪后叶。——笔者注

（二）角在高句丽的出现及流传

如前所述，在记载高句丽音乐内容的历史文献中，并未出现角的名称。集安高句丽壁画墓中，角出现于伎乐仙人图之中。那么在公元4—7世纪的时光中，角是否在高句丽集安地区得以流传？这一问题要从文献探寻、公元4—10世纪中国境内角类乐器图像留存和公元4—7世纪朝鲜半岛角类乐器流传三方面入手进行分析。

1. 名称考辨

在中国历史文献中，角类乐器历史悠久。历史上的角类乐器也包含了不同的来源、形制和名称。《晋书》载："鼓角横吹曲。鼓，案周礼'以鼖鼓鼓军事'。角，说者云，蚩尤氏帅魑魅与黄帝战于涿鹿，帝乃始命吹角为龙鸣以御之。其后魏武北征乌丸，越沙漠而军士思归，于是减为中鸣，而尤更悲矣。"[①]虽然在《晋书》之时才出现乐器名称"角"，然而从其所记关于角的记载可知，黄帝之时即有角，并用于军乐之中。魏武帝之时亦用乐器角，但在使用上有所变化。虽然关于黄帝的传说未必可信，但却由此可知角在中国历史的存在甚为久远，其后用于军队用乐之中。晋时有"鼓角横吹曲"，亦是来自于军乐。《晋书》亦载："胡角者，本以应胡笳之声，后渐用之横吹，有双角，即胡乐也。张博望入西域，传其法于西京，惟得摩诃兜勒一曲。李延年因胡曲更造新声二十八解，乘舆以为武乐。后汉以给边将，和帝时，万人将军得用之。魏晋以来，二十八解不复具存，用者有黄鹄、陇头、出关、入关、出塞、入

_____

① [唐] 房玄龄等《晋书·乐志》，中华书局1974年版，第715页。

塞、折杨柳、黄覃子、赤之杨、望行人十曲。"①其中所提"胡角",可能为从西域传入的另一种角类乐器,其形制与中原原有的角有所区别,因此称为"胡角"。《宋书》载:"角,书记所不载。或云出羌胡,以惊中国马。或云出吴越。"②《宋书》亦言,关于乐器角的早期历史记载不详,因此对其来源亦众说纷纭。《隋书》中出现"大角"③之名,《旧唐书》指出,"按今大角,此即后魏世所谓簸逻回者是也。"④那么历史上的角到底包括哪些形制、类型和名称,兹以二十四史为基础,加以《乐书》《文献通考》,列举角类乐器名称、功用及出处如下:

表2-20　二十四史及《乐书》《文献通考》所载角类乐器名称表

文献名称	角类乐器名称	主要功用	出处
《晋书》	角、胡角、警角	卤簿、军乐	⑤
《宋书》	角	军乐	⑥
《隋书》	长鸣（长鸣色角）、中鸣（次鸣色角）、大角、角、青角、赤角、黑角	卤簿、军乐	⑦
《旧唐书》	铜角、大角（簸逻回）、角	高昌乐；北狄乐；鼓吹署	⑧
《新唐书》	角、铜角、大角（簸逻回）	大傩之礼；高昌乐；北狄乐；鼓吹乐；军乐	⑨

---

① [唐] 房玄龄等《晋书·乐志》,中华书局1974年版,第715—716页。

② [梁] 沈约《宋书·乐志》,中华书局1974年版,第559页。

③《隋书》卷八、卷十四、卷十五。([唐] 魏征等撰:《隋书》,中华书局1973年版。)

④ [后晋] 刘昫等《旧唐书·音乐志》,中华书局1975年版,第1072页。

⑤ 参见《晋书》卷二十三、卷三十七。([唐] 房玄龄等《晋书》,中华书局1974年版。)

⑥ 同注释②,第533—563页。

⑦《隋书》卷八、卷十四、卷十五。([唐] 魏征等《隋书》,中华书局1973年版。)

⑧ 同注释④,第1059—1088页。

⑨《新唐书》卷十六、卷二十二、卷三十七。[宋] 欧阳修、宋祁等撰:《新唐书》,中华书局,1975年版 。

文献名称	角类乐器名称	主要功用	出处
《宋史》	大角、角、中鸣、画角	卤簿	①
《辽史》	角、长鸣	卤簿	②
《金史》	角	卤簿	③
《清史稿》	角、画角、大铜角、小铜角	卤簿	④
《乐书》	双角（长鸣）、中鸣（簇逻回）、警角、铜角、石角、青角、赤角、黑角、龙头角	卤簿；军乐；高昌乐；	⑤
《文献通考》	角、铜角、龙头角、双角（长鸣角）、中鸣（簇逻回）、警角、胡角、石角	卤簿；高昌乐；军乐等	⑥

　　如上表所列，《晋书》中首次出现乐器"角"之名，至《宋书》《旧唐书》《新唐书》等正史中角类乐器名称包括角、大角、簇逻回、铜角、胡角、中鸣（中鸣色角）、长鸣（长鸣色角）、画角、大铜角、小铜角等，主要用于军乐、卤簿用乐之中。其中《旧唐书》《新唐书》所见之"铜角"，为用于俗乐乐部高昌乐之中的乐器，簇逻回之名则与北狄乐密切相关。较正史所列，《乐书》中所列角类乐器名称多出"警角、青角、赤角、黑角"之名。《文献通考》则多出"龙头角、石角"之名。由此可知，正史及《乐书》《文献通考》所见角类乐器名称主要包括角、

---

　　①《宋史》卷一百四十、一百四十八等。[元]脱脱等撰：《宋史》，中华书局1977年版。

　　②[元]脱脱等《辽史·乐志》，中华书局1974年版，第881—898页。

　　③[元]脱脱等《金史·仪卫志》，中华书局1975年版，第921—947页。

　　④赵尔巽等《清史稿》，中华书局1977年版。

　　⑤《乐书》卷一百二十五、一百三十、一百三十五、一百三十六、一百四十。[宋]陈旸《乐书》，影印文渊阁四库全书第211册，（台湾）商务印书馆。

　　⑥《文献通考》卷一百二十九、一百三十五、一百三十六、一百三十八、一百四十二、一百三十六等。[元]马端临《文献通考》，中华书局1986年版。

大角、簸逻回、铜角、胡角、中鸣（中鸣色角）、长鸣（长鸣色角）、龙头角、警角、石角、画角、大铜角、小铜角、青角、赤角、黑角共计约16种。

文献中对上述角类乐器的形制描写不甚全面，兹以正史及《乐书》《文献通考》综合分析上述角类乐器形制如下：

（1）角

此为泛称，首见于《晋书》，形制不详。

（2）大角

乐器名称大角与长鸣、中鸣同首见于《隋书》，其载："前部鼓吹一部，大鼓、小鼓及鼙、长鸣、中鸣等各十八具，㧱鼓、金钲各二具。后部铙吹一部，铙二面，歌箫及笳各四具，节鼓一面，吴吹筚篥、横笛各四具，大角十八具。"[1]《旧唐书》指出，"按今大角，此即后魏世所谓簸逻回者是也，其曲亦多"可汗"之辞。"[2] 由此可知，大角、簸逻回为同种乐器。簸逻回之形制《乐书》载其为胆瓶状（图2-63·1），并称其为"中鸣"。《律吕正义后编》载："案画角之制，谓始于龙吟水中。以载籍考之，则汉魏以来固有之矣。隋代以前不言尺寸，段成式言角长五尺，陈旸谓大者名簸逻回，马端临谓制类胆瓶。今画角形制颇为近似，所吹字谱亦与三余赘笔所记略同，然则今世所传固即汉唐之遗制欤。"[3] 并附"画角"如图（图2-63·2）。由此可知，《律吕正义后编》认为，《清史稿》中所说之"画角"与《乐书》所说"大角""簸逻回"

---

① ［唐］魏征等《隋书·礼仪志》，中华书局1973年版，第160页。
② ［后晋］刘昫等《旧唐书·音乐志》，中华书局1975年版，第1072页。
③ ［清］允禄等《御制律吕正义后编·乐器考》，影印文渊阁四库全书第217册，（台湾）商务印书馆，第181—182页。

为同种乐器，与《文献通考》所说之"中鸣""簸逻回"亦为同种乐器，皆为"胆瓶状"角，属直筒型角类乐器。《乐书》所绘"簸逻回"乐器形制可做参考，《律吕正义后编》所绘"画角"形制应较为可靠。隋时出现"大角"之名，《旧唐书》指出"大角"为魏时之"簸逻回"，亦是"簸逻回"乐器名称首次出现，从其运用于北狄乐可知其来源于北方地区，此说可信。然《乐书》所载簸逻回是为"中鸣"，清时"画角"是否即是隋时"大角"、唐时"簸逻回"所指乐器形状则尚不可知。

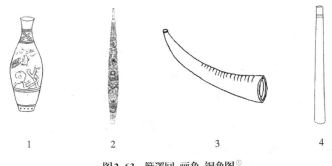

图2-63　簸逻回、画角、铜角图[①]

（3）胡角

首见于《晋书》，指其有"双角"特征，其载："胡角者，本以应胡笳之声，后渐用之横吹，有双角，即胡乐也"[②]。

---

① 图2-63·1见 [宋] 陈旸《乐书·中鸣》，影印文渊阁四库全书第211册，（台湾）商务印书馆，第578页。图2-63·2见 [清] 允禄等《御制律吕正义后编·乐器考》，影印文渊阁四库全书第217册，（台湾）商务印书馆，第180页。图2-63·3见《乐书·铜角》，第544页；图2-63·4《乐书·铜角》，第607页。

② [唐] 房玄龄等《晋书·乐志》，中华书局1974年版，第715页。

（4）铜角

正史首见于《旧唐书》，其载高昌乐用之[①]，另言："西戎有吹金者，铜角是也。长二尺，形如牛角。"[②]由此可知，旧唐书所载"铜角"为弯形角。《乐书》卷一百二十五·胡部所列"铜角"（图2—63·3）与其记载、形制相一致。然《乐书》俗部另载"铜角"乐器，为直筒型乐器（图2-63·4）。

（5）长鸣（长鸣色角、双角）

长鸣、中鸣与大角同首见于《隋书》，其言："前部鼓吹一部，大鼓、小鼓及鼙、长鸣、中鸣等各十八具，㧓鼓、金钲各二具。后部铙吹一部，铙二面，歌箫及笳各四具，节鼓一面，吴吹笮篥、横笛各四具，大角十八具。"[③]由此可知，长鸣、中鸣、大角在隋时为三种可以并置使用的乐器，其形制当有所区分。《隋书·音乐志》有"长鸣色角""次鸣色角"之语，分析可知"长鸣"应与"长鸣色角"同器、"中鸣"应与"次鸣色角"同器。《通典》中出现"长鸣角"一词，《乐书》中首次将"长鸣"之名与"双角"相联系，并附图如下（图2-64·1）。由图可知，《乐书》认为"长鸣"乐器为"双角"，即两只角类乐器组成，且为弯形角。然从《隋书》所载来看，长鸣、中鸣应为具有相应联系的乐器，且与"大角"有一定区别，如果长鸣如《乐书》所言为双角，那么中鸣如《乐书》

---

① 《旧唐书》载："高昌乐，舞二人，白袄锦袖，赤皮靴，赤皮带，红抹额。乐用答腊鼓一腰鼓一，鸡娄鼓一，羯鼓一，箫二，横笛二，笮篥二，琵琶二，五弦琵琶二，铜角一，箜篌一。箜篌今亡。"（［后晋］刘昫等《旧唐书·音乐志》，中华书局1975年版，第1070—1071页。）

② 同注释①，第1079页。

③ ［唐］魏征等《隋书·礼仪志》，中华书局1973年版，第160页。

所载为"胆瓶状"乐器，则长鸣、中鸣乐器之间联系甚少，且无法与大角相区分，因此本文认为，《乐书》所载"长鸣""中鸣"应有一图有误。长鸣、中鸣可能皆为胆瓶状角类乐器，亦有可能同为弯形角，目前尚无法定论。

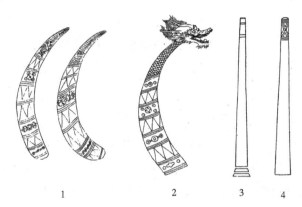

1　　　　　2　　　3　　4

图2-64　双角、龙头角、警角、石角图①

（6）中鸣（次鸣色角）

如前所述，长鸣、中鸣与大角同首见于《隋书》，另《隋书》所载"次鸣色角"亦应指中鸣。《乐书》认为中鸣为"簸逻回"，并指其形制如图（图2-63·1）。

（7）龙头角

记载见于《乐书》，其言为晋安帝时所用，记载不见于正史。按《乐书》所载之形，乐器吹口处有龙头型，器身略呈弯角型（图2-64·2）。

---

① 图2-64·1见［宋］陈旸《乐书·双角》，影印文渊阁四库全书第211册，（台湾）商务印书馆，第577页。图2-64·2见《乐书·龙头角》，第544页。图2-64·3见《乐书·警角》，第579页。图2-64·4见《乐书·石角》，第621页。

（8）警角

正史首见于《晋书》卷三十七，其言："敬王恬字元愉，少拜散骑侍郎，累迁散骑常侍、黄门郎、御史中丞。值海西废，简文帝登阼，未解严，大司马桓温屯中堂，吹警角，恬奏劾温大不敬，请科罪。温视奏叹曰：'此儿乃敢弹我，真可畏也。'"[1]文中所列"警角"乃因功用而得此名，其形制无法知晓，《乐书》中指其形制为直筒型角类乐器，证据不甚充分（图2-64·3）。

（9）石角

正史首见于《北齐书·平秦王归彦传》，其载："魏时山崩，得石角二，藏在武库。文宣入库，赐从臣兵器，特以二石角与归彦。谓曰：'尔事常山不得反，事长广得反，反时，将此角吓汉归。'"[2]《乐书》指石角亦为直筒型角类乐器（图2-64·4），据目前文献所见证据不甚充分。

（10）青角、赤角、黑角

正史记载首见于《隋书》，其言："诸州镇戍，各给鼓吹乐，多少各以大小等级为差。诸王为州，皆给赤鼓、赤角，皇子则增给吴鼓、长鸣角，上州刺史皆给青鼓、青角，中州已下及诸镇戍，皆给黑鼓、黑角。乐器皆有衣，并同鼓色。"[3]由此可知，青角、赤角、黑角为表现鼓吹乐等级之差，其区别在于颜色，形制上可能皆相同，且角与鼓同为一套。然此角形制不详。《乐书》所载图为直筒型乐器（图2-65）。

---

① ［唐］房玄龄等《晋书·宗室列传》，中华书局1974年版，第1107页。

② ［唐］李百药《北齐书·平秦王归彦传》，中华书局1972年版，第188页。

③ ［唐］魏征等《隋书·音乐志》，中华书局1973年版，第331页。

④ 图2-65见［宋］陈旸《乐书·青角、赤角、黑角》，影印文渊阁四库全书第211册，（台湾）商务印书馆，第646页。

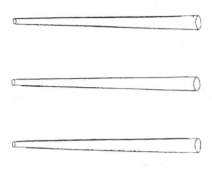

图2-65　青角、赤角、黑角图①

（11）画角

正史记载首见于《宋史》，其载："良夜永，玉漏正迟迟。丹禁肃，周庐列，羽卫绕皇闱。严鼓动，画角声齐。"①其形制见于《清史稿》（图2-63·2），其载："画角，木质，中虚腹广，两端锐。长五尺四寸六分一厘二豪，上下束以铜，中束以藤五就，髹以漆。以木哨入角端吹之，哨长七寸二分九厘。"②由形制记载及《律吕正义后编》所见，画角为直筒型角类乐器。

（12）大铜角、小铜角

正史记载首见于《清史稿》，其载："大铜角，一名大号，范铜为之，上下二截，形如竹筒，本细末大，中为圆球。纳上截于下截，用则引而伸之，通长三尺六寸七分二厘。小铜角，一名二号，范铜为之，上下二截。上截直，下截哆，各有圆球相衔，引纳如大铜角，通长四尺一寸四

① ［元］脱脱等《宋史·乐志》，中华书局1977年版，第3307页。

② 赵尔巽等《清史稿·乐志》，中华书局1977年版，第2994页。

厘。大角体巨声下，小角体细声高，不以长短论。"①《律吕正义后编》载其形制如下（图2-66），可知为直筒型角类乐器。

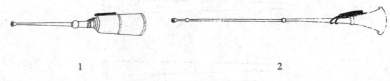

1   2

图2-66 大铜角、小铜角图②

由此可知，正史及《乐书》《文献通考》所见角类乐器名称主要包括角、大角、簸逻回、铜角、胡角、中鸣（中鸣色角）、长鸣（长鸣色角）、龙头角、警角、石角、画角、大铜角、小铜角、青角、赤角、黑角共计约16种。其中按照形制可以分为直筒型角和弯角型角两类。其中，目前所知，画角、大铜角、小铜角为直筒型角类乐器，隋唐时"铜角"为弯角型角，龙头角、警角、石角、青角、赤角、黑角形制均不详，大角与簸逻回指同种乐器，该种乐器以"大角"之名在隋时与"中鸣""长鸣"相对而言，列为三部，且与北狄乐息息相关。通过如上分析，我们可以列出角类乐器名称与正史、《乐书》及《文献通考》中首见文献的对应表，如下：

① 赵尔巽等《清史稿·乐志》，中华书局1977年版，第2994页。
② 图2-66见［清］允禄等《御制律吕正义后编·乐器考》，影印文渊阁四库全书第217册，（台湾）商务印书馆，第182—183页。

表2-21　角类乐器名称及首见正史文献对照表[①]

乐器名称	文献名称
角、胡角、警角	《晋书》
石角	《北齐书》
大角、长鸣（长鸣色角）、中鸣（次鸣色角）、青角、赤角、黑角	《隋书》
铜角、簸逻回	《旧唐书》
龙头角	《乐书》
画角	《宋史》
大铜角、小铜角	《清史稿》

由于本文涉及的集安高句丽壁画墓时期在公元4—7世纪，因此本文在上述结论中侧重于对公元4—7世纪角类乐器名称的认定，即上表中《晋书》《北齐书》《隋书》《旧唐书》《乐书》中角类乐器的名称。由上表分析可知，"胡角"之称见于《晋书》；"大角"之称见于《隋书》，而《旧唐书》称为"簸逻回"。因此本文认为，除《旧唐书》所列"铜角"乐器为弯角型乐器外，胡角可能亦为弯角型乐器，隋时大角、长鸣、中鸣既有联系又有一定区别，可能均为弯角型角。大角至唐时称为"簸逻回"，其与北狄乐息息相关。目前这一结论仅为根据文献记写进行的推论，尚需通过公元2—7世纪之间中国境内角类乐器的出现及流传来了解此一时期弯角型角的名称、形制及流传问题。

2. 中国境内公元2—7世纪弯形角的出现及流传

以已出版的《中国音乐文物大系》《中国出土壁画全集》及相关

---

① 引用资料来源参见本文表2-20《二十四史及〈乐书〉〈文献通考〉所载角类乐器名称表》。

考古报告等资料为基础，本文对中国境内留存的角类乐器实物及图像进行整理。根据上述资料整理分析可知，存见角类乐器可以分为A型和B型两型，A型指弯角型角类乐器，B型指直角型角类乐器。其中A型又可以分为I式和II式：I式角为细且长、角体弧度较大的A型角；II式角为粗而短、角体弧度较小的A型角。如图（图2-67）：

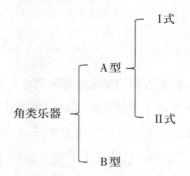

图2-67 远古至明清存见角类乐器形制分类图

由此可知，集安高句丽壁画墓所见的角类乐器为AI式，因此本部分中着重对存见A型角与之进行对比探讨。角类实物最早见于远古时期，魏晋隋唐至明清时期皆有A型角图像及实物留存，共计约30处。现分述如下：

目前存见远古时期A型角约4件，皆为II式，见于陕西、山东、河南地区，最早一件为陕西华县井家堡陶角（图2-68·1），为仰韶时期文化遗存；其次为河南禹州谷水河陶号角（图2-68·2），为龙山时期文化遗存；另有山东大朱陶角（图2-68·3）、莒县陵阳河陶角（图2-68·4），皆为大汶口文化晚期遗存。

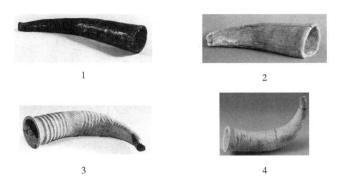

1   2

3   4

图2-68 存见远古时期号角^①

上述4件均为陶号角，均产生于新石器时代。其中，陕西华县景
家堡陶角出土时位于墓主骨架左侧偏上处；山东莒县陵阳河陶角出土
位于成年男性墓主骨架右侧；大朱陶角出土时位于成年男性主骨架腹
部^①；河南禹州谷水河陶号角出土地点不详。上述四件乐器的出土说
明A型角至迟在新石器时代已经开始应用，且兼具礼器、乐器的功能。

商周时期亦有A型角发现，亦为Ⅱ式。如江苏丹徒烟墩山出土宜
侯矢墓铜角，年代为西周早期（图2-69·1）。此外，湖北江陵天星观1
号楚墓出土一对木质角（图2-69·2），湖北枝江姚家港2号楚墓亦出
土A型角（图2-69·3），两处角类乐器产生时代均为战国中期。由图
可知，湖北两处战国A型角形制相似，其近两端处各有一圆形突棱，乐
器整体形制上A型弧度也较小，可能是材质原因。

<hr />

① 李纯一《中国上古出土乐器综论》，文物出版社1996年版，第409—410页。

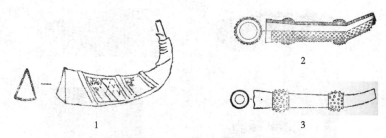

图2-69　商周时期弯形角乐器举例①

　　魏晋隋唐时期留存的A型角图像约15处。其中,魏晋南北朝时期约8处,隋唐时期约7处。

　　目前所见魏晋南北朝时期A型角图像共计约8处,其中北朝时期约6处,南朝约2处,其中角类图像不清者包括敦煌莫高窟第249窟伎乐图1处②。目前所知魏晋南北朝时期最早的A型角吹奏图像见于北凉时期的莫高窟第275窟菩萨伎乐与供养人伎乐图(图2-70·1),该石窟的北壁下方绘有一组供养人像,每身均持乐器演奏,自左而起,两人吹奏弯形角,两人吹排箫,两人吹竖笛类乐器,两人吹横笛。其中的两只弯形角体型长大,筒口处饰以璎珞。见于北朝的A型角吹奏图像还有草场坡北朝墓乐俑(图2-70·2)、麦积山第127窟石雕佛背光伎乐图(图2-70·3)、甘肃北石窟寺第165窟吹奏伎乐图(图2-70·4)

　　① 图2-69·1见李纯一《中国上古出土乐器综论》,文物出版社1996年版,第409页,图二四二·3。图2-69·2、图2-69·3见该书第410页,图二四三。
　　②《中国音乐文物大系》总编辑部《中国音乐文物大系·甘肃卷》,大象出版社1998年版,第78页。

和甘肃庄浪石塔乐舞图（图2-70·5）。[1]

图2-70　魏晋南北朝时期弯形角乐器图像[1]

　　在上述北朝A型角图像中，莫高窟第275窟供养人吹角图、草场坡北朝吹角俑中所见的弯形角体型较大，其弯角细而长，且第275窟供养

　　① 图2-70·1见《中国音乐文物大系》总编辑部《中国音乐文物大系·甘肃卷》，大象出版社1998年版，第79页。图2-70·2见陕西省文物管理委员会《西安南郊草厂坡村北朝墓的发掘》，《考古》1959年第6期，图版三·6。图2-70·3见《中国音乐文物大系·甘肃卷》，第230页。图2-70·4见《中国音乐文物大系·甘肃卷》，第238页。图2-70·5见《中国音乐文物大系·甘肃卷》，第264页。

人所吹角口部饰有璎珞；而麦积山第127窟石雕佛背光伎乐图、北石窟寺第165窟吹奏伎乐图和甘肃庄浪石塔乐舞图中所见的弯形角类乐器则角体较粗而短，与新石器时代陶号角形制较为接近。由此可知，北朝存在的弯形角类乐器可能包括I式、II式两种形制，可能与乐器制作的材质有关。观察两种A型角类乐器的出现场合，莫高窟第275窟伎乐人吹角图、草场坡北朝吹角俑所见AI式角均与鼓吹行列内容相关，而北石窟寺第165窟伎乐、庄浪石塔乐舞图所见AI式角则多与世俗舞蹈伎乐相关，因此两式A型角的使用可能具有场合、音乐功能上的区分。

南朝吹角图像主要见于2处，包括淅川吹角画像砖（图2-71·1）和邓县彩色乐舞画像砖（图2-71·2、图2-71·3），均见于今河南西南部地区。

由上图中所见，淅川吹角画像砖中，右侧一男子持缰牵马而行，其后一男子持伞随从，在持伞男子身后，两男子并排吹角而行，皆右手持角，左手持吹口吹奏，此件弯角形乐器体型细长，为I式，这一画面似为鼓吹行列中的一部分。邓县彩色画像砖中有2种画像砖图像中有A型角，其一为图2-71·2所示，五人组成鼓吹乐队，其中自右而起，乐人吹横笛、排箫、角和筚篥，其中的持角吹奏动作与淅川吹角画像砖所见相近；其二为图2-71·3所示，图中绘鼓吹乐者4人，2人吹角、2人击鼓播鼗，所持角类乐器与图2-71·2所见基本一致，皆为I式，角体较细而长，然而在吹奏方式上有所不同，两位乐人双手持乐器近吹口处，角口高昂，近于角口处亦有璎珞装饰。上述3处南朝所见吹角图像中的角均属较细而长的类型，即AI式角，且应用场合均为鼓吹行列，这与北朝目前所见较细而长的AI式角的使用相一致。

1

2   3

图2-71　南朝弯形角乐器图像^①

　　隋唐时期所见A型角图像约7处，其中角类乐器形制不清者包括
广东唐奏乐俑和西安豁口唐墓骑马乐俑2处；清晰者包括山西太原虞
弘墓吹角图（图2-72·1）、新疆库车苏巴什佛寺乐舞图舍利盒吹角图
（图2-72·2）、山东神通寺伎乐石刻基台吹角图（图2-72·3）、唐伎乐
图玉带板（图2-72·4）、四川仁寿能仁寺伎乐组像石刻（图2-72·5）
共5处。

---

　　① 图2-71·1见《中国音乐文物大系》总编辑部《中国音乐文物大系·河南卷》，大象出
版社1996年版，第199页。图2-71·2、图2-71·3见《中国音乐文物大系》总编辑部《中国音
乐文物大系·北京卷》，大象出版社1999年版，第184页。

图2-72 隋唐五代时期弯形角乐器图像[①]

① 图2-72·1见太原市文物考古研究所《隋代虞弘墓》，文物出版社2005年版，图39。图 2-72·2见《中国音乐文物大系》总编辑部《中国音乐文物大系·新疆卷》，大象出版社1999年版， 第183页。图2-72·3见《中国音乐文物大系》总编辑部《中国音乐文物大系·山东卷》，大象出 版社2001年版，第252页。图2-72·4见《中国音乐文物大系》总编辑部《中国音乐文物大系·上 海卷·江苏卷》，大象出版社1996年版，第148页，图2-72·5见《中国音乐文物大系》总编辑部 《中国音乐文物大系·四川卷》，大象出版社1996年版，第187页。图2-72·6见《中国音乐文物大 系》总编辑部《中国音乐文物大系·陕西卷·天津卷》，大象出版社1999年版，第160页。

在上述所见隋唐时期A型角图像中，亦可看到两式乐器形制。其中，除广东奏乐俑、西安豁口骑马乐俑所持角乐器形制类型不可知；新疆苏巴什佛寺奏乐图舍利盒、仁寿能仁寺伎乐石刻吹角图所见为AI式角；虞弘墓吹角图、山东神通寺伎乐石刻吹角图、唐玉带伎乐板吹角图中所见均为AII式角。由此可以绘制公元4—10世纪A型角图像遗存省份分布图如下：

图2-73　中国境内存见公元4—10世纪弯形角图像省份分布图①

---

① 该分布图由笔者根据前述《中国音乐文物大系》《中国出土壁画全集》及相关报告等资料搜集整理的材料绘制而成。主要包括已经出版的《中国音乐文物大系》覆盖省份包括北京、天津、福建、甘肃、河南、湖北、湖南、江苏、江西、内蒙古、山东、陕西、山西、上海、四川、新疆、广东和河北；《中国出土壁画全集》覆盖省份包括河北、山西、内蒙古、山东、河南、陕西、辽宁、吉林、黑龙江、甘肃、宁夏、新疆、北京和江苏；及其他部分发掘报告等资料。

由上图所见,目前所知公元4—10世纪中国境内存见的A型角图像主要见于吉林、山东、山西、陕西、甘肃、宁夏、湖北、四川和新疆等地区。

宋元明清时期A型角留存实物与图像约11处,其中实物约8处。其中湖南(图2-74·1)、江西(图2-74·2)、北京(图2-74·3)这三处所见清时期铜号角的形制与前述AI式角形制相当。由此可知,AI式角一直有所流传。

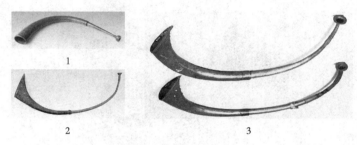

图2-74 清时期铜号角[①]

此外,在对文献的分析中我们对B型角类乐器进行了基本的梳理,在考古资料中,目前所知公元4—10世纪B型角类乐器图像主要包括北齐娄睿墓吹角图(图2-75·1)、北齐徐显秀墓吹角图(图2-75·2)、隋初虞弘墓石刻(图2-75·3)、晚唐莫高窟第156窟张议潮、宋国夫人出行伎乐图(图2-75·4)和五代莫高窟第61窟伎乐图(图2-75·5)等。由此可知,此一时期所见的B型角类乐器图像主要见于

---

① 图2-74·1见《中国音乐文物大系》总编辑部《中国音乐文物大系II·湖南卷》,大象出版社2006年版,第233页。图2-74·2见《中国音乐文物大系》总编辑部《中国音乐文物大系II·江西卷·续河南卷》,大象出版社2009年版,第11页。图2-74·3见《中国音乐文物大系》总编辑部《中国音乐文物大系·北京卷》,大象出版社1999年版,第118页。

山西、陕西和甘肃地区，在所知的5幅图像中，有4幅图像中的B型角见于鼓吹行列之中，由此可知B型角可能主要用于军乐。

图2-75　公元4—10世纪直筒型角类乐器图像举例①

综上所述，公元4—10世纪中国境内图像留存的角类乐器包括A型和B型两类。其中A型角图像见于吉林、山东、山西、陕西、甘肃、宁夏、湖北、四川和新疆等地区，分布略广；B型角图像主要见于山西、陕

---

① 图2-75·1见山西省考古研究所、太原市文物考古研究所《北齐东安王娄睿墓》，文物出版社2006年版，彩版四十九。图2-75·2见山西省考古研究所、太原市文物考古研究所《太原北齐徐显秀发掘简报》，《文物》2003年第10期，图二二。图2-75·3见太原市文物考古研究所《隋代虞弘墓》，文物出版社2005年版，图32、33。图2-75·4见《中国音乐文物大系》总编辑部《中国音乐文物大系·甘肃卷》，大象出版社1998年版，第166页。图2-75·5见《中国音乐文物大系·甘肃卷》，第174页。

西和甘肃地区。在前文分析中，正史及《乐书》《文献通考》所见的角类乐器名称包括角、胡角、警角、青角、赤角、黑角、石角、大角、长鸣、中鸣、铜角、画角、簸逻回、龙头角、大铜角和小铜角，共计16种；经进一步分析可知，其中胡角、警角、石角、龙头角、青角、赤角、黑角均无法进行进一步的形制分析，角为角类乐器泛称，铜角为西戎乐器，形似牛角，由此可知其为A型角，因此本处集中于对胡角、长鸣、中鸣、大角、簸逻回的名实分析。

在上一部分角类名称考辨中，本文指出，"胡角"之称见于《晋书》，"大角"之称见于《隋书》，而《旧唐书》称为"簸逻回"，因此本文认为，《晋书》所列"胡角"可能为A型角，在隋时可能称为"大角"，与长鸣、中鸣相区别，至唐时称为"簸逻回"，其与北狄乐息息相关。

通过本部分的分析，可以将公元4—10世纪角类乐器图像（直筒型角类与弯形角类）列表如下：

表2-22　存见公元4—10世纪角类乐器图像资料表

年代	名称	角类乐器类型	
北凉	莫高窟第275窟供养人伎乐图		AI式
北朝早期	草厂坡北朝墓乐俑		AI式
北魏	麦积山第127窟佛背光伎乐图		AII式
北魏	庄浪石塔乐舞图		AII式
北魏（509）	北石窟寺第165窟吹奏伎乐图		AII式
西魏	莫高窟第249窟伎乐图		不清
北齐	娄睿墓	B型	
北齐	徐显秀墓	B型	
南朝	淅川吹角画像砖		AI式
南朝	邓县彩色乐舞画像砖（2种）		AI式
隋	太原虞弘墓	B型	AII式
公元7世纪	库车苏巴什佛寺乐图舍利盒		AI式
唐	神通寺伎乐石刻		AII式

年代	名称	角类乐器类型		
唐	伎乐图玉带板		AⅡ 式	
唐	广东唐奏乐俑			不清
唐	仁寿能仁寺伎乐组合石刻		AⅠ 式	
唐（724）	西安豁口唐墓骑马乐舞陶俑			不清
晚唐	莫高窟第 156 窟张议潮、宋国夫人出行图	B 型		
五代	莫高窟第 61 窟伎乐图	B 型		

　　如上表所列，公元 4—10 世纪中国境内目前留存较为清晰的角类乐器图像共计约 19 处，其中包括 A 型角图像约 11 处，贯穿南北朝、隋唐时期；B 型角图像约 5 处，见于北齐、晚唐和五代图像之中；另有 3 处图像中角类乐器的类型尚不清晰，需进一步查阅。由此可知，A 型角和 B 型角在南北朝隋唐时期应呈并存之势，从目前所见图像资料来看，A 型角的出现要早于 B 型角。结合本部分中对新石器时代、西周、战国时期角类乐器的探讨我们可知，A 型角应为中国本土所有之乐器，其在新石器时代已经出现。

　　再次回顾文献分析，《晋书》中出现的"胡角"应指外来乐器，至隋时与长鸣、中鸣并列，称为"大角"，旧唐书又称为"簸逻回"，与北狄乐相关，联系本部分图像分析，本文认为，"胡角""大角""簸逻回"所指乐器可能为 B 型角类乐器，长鸣、中鸣可能指中原固有的 A 型角类乐器。两类乐器在北朝均盛行，然而目前所见南朝仅发现 A 型角类乐器，至隋唐时期，尽管有几处 B 型角类乐器发现，然而虞弘墓、敦煌莫高窟或接近西北地区、或所属非中原文化，因此似可认为其所见的 B 型角类乐器正是外来之器。那么，集安高句丽壁画墓中所见的乐器为AI式角,按其所属时期为公元4—7世纪,此时将其称为"角",区别于B型的"胡角"是合宜的。

3. 公元4—7世纪朝鲜半岛弯形角的出现及流传

集安高句丽壁画墓中,角出现在伎乐天人图像之中。我们已知,在同时,南北朝世俗生活图像中均出现了角,且多为鼓吹行列描绘。与高句丽东部接壤的朝鲜半岛地区,在公元4—7世纪大同江、载宁江流域壁画墓中角也十分多见。目前所知,朝鲜半岛公元4—7世纪墓葬中有吹角图约9处,均为AI式,出现的场合早期以鼓吹行列为主,晚期出现在伎乐仙人图之中,包括安岳3号墓鼓吹行列图(图2-76·1)、大型鼓吹行列图(图2-76·2)、德兴里壁画墓吹角图(图2-76·3)、平壤驿前二室墓吹角图(图2-76·4)、龛神冢吹角图(图2-76·5)、药水里壁画墓吹角图(图2-76·6、图2-76·7)、八清里壁画墓吹角图(图2-76·8)、水山里壁画墓吹角图(图2-76·9)、大安里壁画墓吹角图(图2-76·10)和江西大墓仙人吹角图(图2-76·11),共计约12幅。

1　　　　　2　　　　　　3　　　　　4

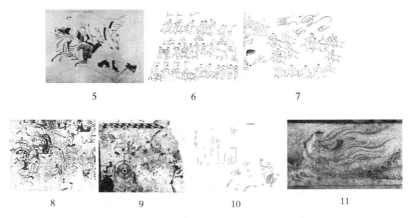

图2-76　朝鲜半岛壁画墓所见角类乐器图像①

　　上图中所见角类乐器均为AI式，即弯形角中较细而长者，除江西大墓所见之外，皆为骑马鼓吹、行列鼓吹等使用乐器，与鼓等其他乐器相配合，另部分图中所见角口处饰以璎珞，与南朝邓县彩色画像砖所见角装饰相近。根据上述资料，可列朝鲜半岛壁画墓角类乐器图像列

---

　　① 图2-76·1、2-76·2见〔朝〕全畴农撰，奚传绩译《关于高句丽古坟壁画上乐器的研究》，《音乐研究》1959年第3期。图2-76·3见〔日〕朝鲜画报社《高句丽古坟壁画》，朝鲜画报社出版部1985年版，图61。图2-76·4见〔朝〕全畴农撰，奚传绩译《关于高句丽古坟壁画上乐器的研究》，《音乐研究》1959年第3期，图七·3。图2-76·5见〔日〕朝鲜总督府《朝鲜古迹图谱》二，1915年版，图四九八。图2-76·6、图2-76·7见〔朝〕朱荣宪《药水里壁画墓发掘报告》，载《考古学资料集第3集——各地遗迹整理报告》，科学院出版社1963年版，图21、22。图2-76·8见〔朝〕田畴农《大同郡八清里壁画墓》，载《考古学资料集第3集——各地遗迹整理报告》，科学院出版社1963年版，图2。图2-76·9见〔日〕朝鲜画报社：《高句丽古坟壁画》，朝鲜画报社出版部1985年版，图109。图2-76·10见〔朝〕考古学与民俗学研究所：《平安南道龙冈郡大安里1号墓发掘报告》，载《考古学资料集第2集——大同江与载宁江流域古坟发掘报告》，科学院出版社1959年版，图21。图2-76·11见〔日〕平山郁夫、早乙女雅博《高句丽壁画古坟》，共同通信社2005年版，图168。

表如下：

表2-23　朝鲜半岛壁画墓角类乐器图像列表[1]

年代	墓葬名	图像位置	绘制内容	乐器名	形制	演奏方法	同墓所见乐器图像
公元357年	安岳3号墓	前室南壁	鼓吹行列	角	较为长大，弧度较大	双手持接近吹口部吹奏	鼓、铙、排箫、钟；阮咸，竖笛类乐器，琴筝类乐器
		回廊东壁至北壁	鼓吹行列	角	较为长大，弧度较大	双手持接近吹口部吹奏	
公元408年	德兴里壁画墓	前室	鼓吹行列	角	赭石色，较为长大，弧度大	手持吹奏	大鼓、鼗鼓等；横；笛，阮咸
5世纪中叶	平壤驿前二室墓	前室右壁	鼓吹行列	角	较为长大，筒口处饰以璎珞	双手持角吹奏	建鼓，竖笛类乐器？
5世纪后叶	龛神冢	前室前壁/甬道	鼓吹行列	角	较为长大，弧度大	双手持角吹奏	竖笛类乐器，鼓等
5世纪后叶至5世纪初	药水里壁画墓	前室	鼓吹行列	角	较为长大，弧度大	双手持角吹奏	鼗鼓，鼓等
				角	较为长大，弧度大，筒口饰以璎珞	双手持角吹奏	

---

[1] 本表中朝鲜半岛壁画墓产生年代主要参考赵俊杰《4—7世纪大同江、载宁江流域封土石室墓研究》，吉林大学2009年博士学位论文，第249—256页附表2。

年代	墓葬名	图像位置	绘制内容	乐器名	形制	演奏方法	同墓所见乐器图像
5 世纪末至 6 世纪初	八清里壁画墓	前室左壁	鼓吹行列、百戏	角	较为长大，弧度大	单手持角吹奏	阮咸，鼓等
6 世纪初	水山里壁画墓	后室	鼓吹行列	角	较为长大，弧度大	手持吹奏	鼓
6 世纪前叶	大安里 1 号墓	前室	鼓吹行列	角	较为长大，弧度大	手持吹奏	暂无
6 世纪末至 7 世纪初	江西大墓	后室天井	伎乐仙人	角	赭石色，较为长大，弧度大	右手持近吹口处，左手持角中段，吹奏	琴筝类乐器、横笛、阮咸

　　综上所述，目前所见朝鲜半岛壁画墓中角类乐器图像见于安岳 3 号墓、德兴里壁画墓、平壤驿前二室墓、龛神墓、药水里古墓、八清里古墓、大安里 1 号墓、水山里古墓和江西大墓之中，共计 9 处、约 12 幅。其中所见角均为 AI 式角，除江西大墓之外，均见于鼓吹、行列队伍之中，与鼓等乐器共同使用；江西大墓产生时期最晚，其伎乐仙人图中包括吹角图，另有仙人弹琴筝类乐器、吹横笛、弹阮咸等图像。

　　除朝鲜半岛北部的乐浪故地之外，地属朝鲜半岛南部的百济、新罗亦有关于角类乐器的记载。《隋书》载："（百济）俗尚骑射，读书史，能吏事，亦知医药、蓍龟、占相之术。以两手据地为敬。有僧尼，多寺塔。有鼓角、箜篌、筝、竽、箎、笛之乐，投壶、围棋、樗蒲、握槊、弄珠之戏。"[1] 参考上一部分中的文献分析，可知《隋书》所记"角"应指 A 型角。

----

① [唐] 魏征等《隋书·东夷列传》，中华书局 1973 年版，第 1818 页。

此外，朝鲜半岛乐浪地区、新罗地区皆有关于鼓角自鸣的传说。《三国史记·高句丽本纪·大武神王》载："十五年（32）夏四月，王子好童游于沃沮。乐浪王崔理出行，因见之，问曰：'观君颜色，非常人，岂非北国神王之子乎？'遂同归，以女妻之。后好童还国，潜遣人告崔氏女曰：'若能入而国武库，割破鼓角，则我以礼迎，不然则否。'先是，乐浪有鼓角，若有敌兵则自鸣，故令破之。于是，崔女将利刀潜入库中，割破鼓面角口，以报好童。好童劝王。袭乐浪，崔理以鼓角不鸣，不备，我兵掩至城下，然后知鼓角皆破，遂杀女子出降。（或云，欲灭乐浪遂请婚，娶其女为子妻，后使归本国，坏其兵物）"。[1] 文中所指乐浪国的两件乐器鼓与角具有护国神力，若有兵至乐浪，则两器不击自鸣，高句丽王子好童设计将两器破坏，因此使得乐浪土地收归高句丽版图之内。本段记载中的另一种简短说法指出乃为乐浪女子"坏兵物"使得乐浪兵败似乎更为可信，然而好童之故事恰恰说明了当时的高句丽、乐浪地区对于鼓、角乐器在战争中使用功能的理解，可以说以颇具神话色彩的形式强调了两器在战争中的重要作用。另见《三国史记》载："孝昭王八年（699）九月，东海水战，声闻王都。兵库中鼓角自鸣。"[2] 此条文献所说为新罗，然所讲之鼓角自鸣的事例却与前述乐浪地区鼓角自鸣之事相似。虽然这些故事可能为后世附会，然可作为公元4—7世纪朝鲜半岛地区鼓、角乐器流传的参考。在朝鲜半岛壁画墓中，我

---

① 〔高丽〕金富轼撰、孙文范等校勘《三国史记·高句丽本纪·大武神王》，吉林文史出版社2003年版，第186页。

② 〔高丽〕金富轼撰、孙文范等校勘《三国史记·新罗本纪·孝昭王》，吉林文史出版社2003年版，第109页。

们明确可知角类乐器已经在此地流传，并且主要用于鼓吹行列之中，与军事、制度等级等方面有着密不可分的关系。在公元4—7世纪的时光之中，高句丽与朝鲜半岛北部地区来往密切，以公元427年迁都平壤为界，高句丽在公元5世纪中叶获得了朝鲜半岛北部地区的政治主导权，然而文化的交流发展是相互的，原乐浪地区诸多汉人新移民的到来及融入、本地区文化的互动、高句丽文化的加入等诸多因素在公元4—7世纪的朝鲜半岛大同江、载宁江流域不断地影响着当地经济文化的发展。朝鲜半岛壁画墓中的角类乐器图像仅仅是一个定点，它代表的是具有等级定制与军事意义的鼓吹行列在当地的广泛应用，这也是公元5世纪中叶之前汉文化在当地融入与发展的缩影，直到高句丽获得此地的主导权，行列图中的吹角者便逐渐淡出视野，而是腾跃于天井顶石之上，如在集安一样，成为仙人的手中之物。

（三）小结

集安高句丽壁画墓所见乐器角为AI式，其乐器特点为弯角型，较细且长。仙人吹角图像见于舞踊墓、三室墓、长川1号墓、五盔坟4号墓和五盔坟5号墓壁画之中，共计6幅。

在中国历史文献中，角类乐器的历史悠久，历史上的角类乐器也包含了不同的来源、形制和名称。通过本文分析可知，正史及《乐书》《文献通考》所见角类乐器名称主要包括角、大角、簸逻回、铜角、胡角、中鸣（中鸣色角）、长鸣（长鸣色角）、龙头角、警角、石角、画角、大铜角、小铜角、青角、赤角、黑角共计约16种。其中按照形制可以分为A型角和B型角两类。

目前所知，隋唐时"铜角"为A型角；"画角、大铜角、小铜角"为B型角类乐器；"龙头角、警角、石角、青角、赤角、黑角"形制均不详；"大角"与"簸逻回"指同种乐器，该种乐器以大角之名在隋时与"中鸣、长鸣"相对而言。因此本文认为，除《旧唐书》所列"铜角"乐器为A型角，"中鸣、长鸣"可能为A型角。

以已出版的《中国音乐文物大系》《中国出土壁画全集》及相关考古报告等资料为基础，本文对中国境内留存的弯形角乐器实物及图像进行整理，角类实物最早见于远古时期，魏晋隋唐至明清时期皆有图像及实物留存共计约33处。其中，目前存见远古时期弯形角约4件，见于陕西、山东、河南地区，属新石器时代，皆为A型Ⅱ式，较粗而短。商周时期亦有A型角发现。魏晋隋唐时期留存的A型角图像约15处，其中，魏晋南北朝时期约8处，隋唐时期约7处。北朝存在的A型角包括Ⅰ式、Ⅱ式两种形制，可能与乐器制作的材质有关。观察两种A型角的出现场合，莫高窟第275窟伎乐人吹角图、草场坡北朝吹角俑均系与鼓吹行列内容相关，而北石窟寺第165窟伎乐、庄浪石塔乐舞图则多与世俗舞蹈伎乐相关，因此不同类型的A型角可能具有使用场合、音乐功能上的区分。3处南朝所见吹角图像中的角均属较细而长的类型，且应用场合均为鼓吹行列，这与北朝目前所见较细而长的AⅠ式角使用相一致。隋唐时期A型角图像中，亦可看到两式形制。此外，通过整理分析我们可知，公元4—10世纪所见的B型角类乐器图像主要见于山西、陕西和甘肃地区，在所知的5幅图像中，有4幅图像中的B型角见于鼓吹行列之中，由此可知B型角可能主要用于军乐。综上所述，中原公元4—10世纪中国境内留存的角类乐器图像包括A型角和

B型角两类,其中A型角图像见于吉林、山东、山西、陕西、甘肃、宁夏、湖北、四川和新疆等地区,分布略广;B型角图像主要见于山西、陕西和甘肃地区。

结合文献与图像分析可知,A型角和B型角在南北朝隋唐时期应呈并存之势,从目前所见图像资料来看,A型角的出现要早于B型角。结合本部分中对新石器时代、西周、战国时期角类乐器的探讨我们可知,A型角应为中国本土所有之乐器,其在新石器时代已经出现。《晋书》中出现的"胡角"应指外来乐器,至隋时与长鸣、中鸣并列,称为"大角",旧唐书又称为"簸逻回",与北狄乐相关,联系本部分图像分析,本文认为,"胡角""大角""簸逻回"所指乐器可能为B型角类乐器,长鸣、中鸣可能指中原有的A型角类乐器。两类乐器在北朝均盛行,然而目前所见南朝仅发现A型角图像资料,至隋唐时期,尽管有几处B型角图像的发现,然而虞弘墓、敦煌莫高窟或接近西北地区、或所属非中原文化,因此似可认为其所见的B型角正是外来之器。那么,集安高句丽壁画墓中所见的乐器为AI式角,按其所属时期为公元4—7世纪,此时将其称为"角",区别于B型的"胡角"。

集安高句丽壁画墓中,角出现在伎乐天人图像之中。我们已知,与此同时,南北朝世俗生活图像中均出现了角,且多为鼓吹行列描绘。与高句丽东部接壤的朝鲜半岛地区,在公元4—7世纪大同江、载宁江流域壁画墓中角也十分多见。目前所知,朝鲜半岛壁画墓中有吹角图约9处,且出现的角均为A型I式,此外,地属朝鲜半岛南部的百济、新罗亦有关于角类乐器的记载。朝鲜半岛乐浪地区、新罗地区皆有关于鼓角自鸣的传说。

《三国志》有言："汉时赐鼓吹伎人，……其民喜歌舞，国中邑落，暮夜男女群聚，相就歌戏。"①《后汉书》载："武帝灭朝鲜，以高句骊为县，使属玄菟，鼓吹伎人。其俗淫，皆洁净自熹，暮夜辄男女聚为倡乐。"② 由此可知，高句丽地区汉时即接受赐封，按照等级接收鼓吹伎人，作为鼓吹用器中较为常见的乐器，角随之传入高句丽地区是有可能的，此其一；高句丽民族能征善战，在其存在的8个世纪时间里征战不断，因此在其修筑都城之时亦同时修有便于防卫的山城，鼓、角等器作为具有较强军事作用的响器广为应用也是有可能的，此其二；从目前所知魏晋时期资料来看，北朝所见角类乐器有A型、B型两种，南朝所见为A型，朝鲜半岛壁画墓中所见亦为A型，通过如上图像资料分析我们可知，魏晋南北朝时期A型角在南北朝及朝鲜半岛北部地区广为流传，而身居北朝与朝鲜半岛地区之间的高句丽，既与南朝、北朝相往来，又与朝鲜半岛北部地区时有触碰，其有A型角传入是有极大可能的，集安高句丽壁画墓所见角类乐器图像正是为其提供了明证，此其三。综上所述，尽管记载高句丽音乐的文献中并未出现角的名称，然而多方材料证明，以高句丽集安地区为代表，公元4—7世纪高句丽使用了角类乐器，且主要为A型I式，在此时称"角"。高句丽使用的角类乐器可能主要用于行列、军事之用，集安高句丽壁画墓仙人吹角图的频繁出现，是高句丽集安地区真实生活中常见军事、仪礼

---

① [晋] 陈寿撰，[宋] 裴松之注《三国志·乌丸鲜卑东夷传》，中华书局1959年版，第843页。

② [南朝刘宋] 范晔，[西晋] 司马彪撰《后汉书·东夷列传》，中华书局1965年版，第2813页。

用器的体现。

二、笛

笛，是远古时期便已出现的单管吹奏乐器。在德国发现距今35000年的骨笛，是目前世界范围所知的笛类乐器最早者[1]。在中国的笛类乐器中，目前所知最早的是距今8300年历史的河南舞阳贾湖骨笛[2]。方建军研究指出，"笛"字约出现在东汉时期，在此之前又作"篴"，亦有"篴""篪""荻"等名称[3]。正史中首次出现"笛"字的记载，见于《后汉书》之中，其载："灵帝好胡服、胡帐、胡床、胡坐、胡饭、胡箜篌、胡笛、胡舞，京都贵戚皆竞为之。"[4]由此可知，笛类乐器早已存在，"胡笛"乃为新传入的、不同于旧有中原地区使用乐器"笛"的新乐器。在中国历史上，"笛"为乐器类别的总称，其中包括不同类型的单管吹奏乐器。根据吹奏方式的不同，笛类乐器可以分为A型和B型两型，A型即为竖吹型笛类乐器，B型即为横吹型笛类乐器。在集安高句丽壁画墓中，上述两种类型的笛类乐器均出现于伎乐仙人图之中，其中A型笛见于长川1号墓伎乐仙人图中，B型笛见于长川1号墓、五盔坟4号墓和五盔坟5号墓伎乐仙人图之中，

① 孙海《德国出土的"万年骨笛"》，《人民音乐》2003年第10期；周菁葆《德国发现了世界最早的骨笛》，《乐器》2011年第3期。

② 王子初《说有容易说无难——对舞阳出土骨笛的再认识》，《音乐研究》2014年第2期。

③ 方建军《中国古代乐器概论（远古—汉代）》，陕西人民出版社1996年版，第129页。

④ [南朝刘宋]范晔撰、[唐]李贤等注《后汉书·五行志》，中华书局1965年版，第3272页。

共计约5处。

（一）集安高句丽壁画墓所见笛类乐器

1. 长川1号墓A型笛图像

集安高句丽壁画墓中，A型笛图像仅见于长川1号墓伎乐仙人图中。该图像位于前室北面第六重顶石之上。仙人双手持竖笛类乐器吹奏，左手持靠近吹口处，右手持乐器底部近三分之一处，乐器整体略呈倾斜状（图2-77）。

                       1   2

图2-77　吹竖笛图[①]　　　　　　图2-78吹横笛图[②]

2. 长川1号墓B型笛图像

长川1号墓中东壁第六重顶石上左数第一位仙人双手执横笛吹奏，横笛向仙人左方，呈水平放置，此种B型笛基本置于身体单侧的演奏姿态可称为Ⅰ式（图2-78·1）。长川1号墓南壁第六重顶石上方第

① 图2-77见吉林省文物工作队等《集安长川1号壁画墓》，《东北考古与历史》1982年第1期。
② 图2-78·1、图2-78·2同注释①，第159页图三局部、第161页图五局部。

三位仙人，其面部向左横置一细棍状物，从仙人手臂姿势判断，似演奏横笛，亦为I式（图2-78·2）。

3. 五盔坟4号墓B型笛图像

五盔坟4号墓第二重顶石东面右边仙人双手执横笛吹奏，横笛向仙人右方呈水平放置，为I式（图2-79·1）。

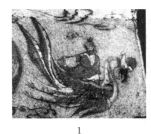 

1   2

图2-79　五盔坟5号墓吹横笛图[①]

五盔坟5号墓东南面右边为吹横笛仙人，仙人双手执横笛吹奏，横笛向右方呈水平放置，横笛左方留有余地较多，图中所见该笛吹口位于中央部位，约为笛长二分之一处，此种演奏方法称为II式（图2-79·2）。

综上所述，可列出集安高句丽壁画墓中所见笛类乐器图像表如下：

---

① 图2-79·1见徐光冀主编《中国出土壁画全集·辽宁吉林黑龙江卷》，科学出版社2012年版，第197页。图2-79·2见［日］朝鲜画报社《高句丽古坟壁画》，朝鲜画报社1985年版，图222。

　　　　　　　　　　　第二章　集安高句丽墓伎乐仙人图研究

表 2-24　集安高句丽墓仙人吹笛类乐器图像表

产生年代	墓葬名	图像位置	绘制内容	乐器类别	乐器形制	演奏方法
5世纪末至6世纪中叶	长川1号墓	北壁第六重顶石	伎乐仙人	A型	管状	乐器略呈斜型放置，双手执奏。
		东壁第六重顶石	伎乐仙人	B型I式	赭石色，管状	仙人左持，呈水平放置，双手执奏。
		南壁第六重顶石	伎乐仙人	B型I式	管状	仙人右持，呈水平放置，姿态不详
6世纪中叶至7世纪初	五盔坟4号墓	第二重顶石东面	伎乐仙人	B型I式	赭石色，管状	仙人右持，约呈水平放置，双手执奏。
6世纪中叶至7世纪初	五盔坟5号墓	第二重顶石东南	伎乐仙人	B型II式	管状	约呈水平放置，双手执奏，吹口处约为笛长二分之一处。

　　由此可知，集安高句丽壁画墓中，A型笛图像仅见于长川号墓伎乐仙人图中，只此一处；B型笛图像见于长川1号墓、五盔坟4号墓和五盔坟5号墓三座墓葬的伎乐仙人图中，共计笛类乐器图像5幅，其中长川1号墓、五盔坟4号墓所见均为单面吹奏横笛，称为AI式笛，而五盔坟5号墓所见则为双手执奏，吹口在中央的乐器形制，可称为AII式笛（图2-80）。所涉墓葬的时代跨度在公元5世纪末至7世纪初，属于集安高句丽壁画时期中第三、四期的墓葬。

图2-80　集安高句丽墓壁画中笛类乐器形制分类表

（二）高句丽使用笛类乐器名称考辨

如前文所述,笛类乐器之名又作"篴",亦有"箋""篴""荻"等之称，称"笛"字约出现于东汉时期。"横笛"之名正史首见于《北齐书·尒朱文略传》,其载:"平秦王诉之于文宣,系于京畿狱。文略弹琵琶、吹横笛、谣咏,倦极便卧唱挽歌。"[1]按其名为"横笛",可知其吹奏方法应为横置进行演奏的横吹乐器。另《旧唐书·音乐志》载:"腰鼓,大者瓦,小者木,皆广首而纤腹,本胡鼓也。石遵好之,与横笛不去左右。"[2]其中指出,在公元4世纪上半叶之时已经存在了细腰鼓、横笛的乐器组合形式。"竖笛"之名,文献之中最早见于《乐书》,其载:"箫管之制,六孔旁一孔,加竹膜焉,足黄钟一均声。或谓之尺八管,或谓之竖笛,或谓之中管。尺八,其长数也,后世宫悬用之;竖篴,其植如篴

---

① [唐]李百药《北齐书·外戚列传》,中华书局1974年版,第667页。

② [后晋]刘昫等《旧唐书·音乐志》,中华书局1975年版,第1079页。

也;中管,居长篴、短篴之中也。今民间谓之箫管,非古之箫与管也。"①

就文中所言,竖笛类乐器的名称在宋时包括:"尺八管、竖笛、中管、尺八、箫管"等。虽然"竖笛"之名在宋代典籍中才获得记载,然而中国境内所见最早的笛类乐器贾湖骨笛便是竖吹笛类乐器②,可知此类乐器历史悠久。

本部分中,以高句丽音乐记载中出现的笛类乐器名称为基础,对其中涉及的乐器名称、形制进行分类梳理,作为探讨高句丽使用笛类乐器分析的基础,兹列举古典文献中高句丽音乐使用笛类乐器名称表如下:

表2-25　古典文献中高句丽音乐使用笛类乐器名称表③

文献名	卷册	乐器名称							
《隋书》	卷十五	笛			小筚篥	桃皮筚篥			
	卷八十一		横吹				筚篥		芦
《北史》	卷九十四		横吹				筚篥		芦
《旧唐书》	卷二十九			大筚篥	小筚篥	桃皮筚篥		义嘴笛	
《新唐书》	卷二十一			大筚篥	小筚篥	桃皮筚篥		义嘴笛	

---

① [宋]陈旸《乐书·箫管》,影印文渊阁四库全书第211册,(台湾)商务印书馆,第685页。

② 关于远古笛类乐器的吹奏方式问题目前学界具有一定共识,然而尚有许多问题仍在继续探讨。以贾湖骨笛为例,学者多认为其演奏方式为"斜吹",在本文中定义为宽泛的"竖吹"范围之内;而河姆渡骨笛的吹奏方式则目前尚不确定为竖吹或横吹。(参见李纯一《中国上古出土乐器综论》,文物出版社1996年版。方建军《中国古代乐器概论(远古—汉代)》,陕西人民出版社1996年版。王子初《中国音乐考古学》,福建教育出版社2003年版。)

③ 引用资料来源参见本文附录三《八种文献中高丽乐使用乐器表》。

文献名	卷册	乐器名称							
《唐六典》	卷十四	横笛			小筚篥	桃皮筚篥			
《通典》	卷一百四十四					桃皮筚篥			
	卷一百四十六	横笛		大筚篥	小筚篥	桃皮筚篥		义嘴笛	
	卷一百八十六		横吹				筚篥		
《通志》	卷一百九十四		横吹				筚篥		
《乐书》	卷一百三十							义嘴笛	
	卷一百三十二					桃皮筚篥			
	卷一百五十八	横笛			小筚篥	桃皮筚篥			
	卷一百七十四							义嘴笛	
《文献通考》	卷一百三十八							义嘴笛	
	卷一百三十九					桃皮筚篥			
	卷一百四十六			大筚篥	小筚篥	桃皮筚篥		义嘴笛	
	卷三百二十五		横吹				筚篥		芦
《太平御览》	卷七百八十三		横吹						芦
《册府元龟》	外臣部·高句骊		横吹				筚篥		芦
《太平寰宇记》	东夷·高句丽		横吹				筚篥		
《三国史记》	卷三十二	横笛	横吹	大筚篥	小筚篥	桃皮筚篥	筚篥	义嘴笛	芦
《日本后纪》	卷十七	横笛							

由上表可知，文献中记载高句丽音乐中使用的笛类乐器名称主要包括笛、横笛、横吹、大筚篥、小筚篥、桃皮筚篥、筚篥、义嘴笛和芦，共计9个，现分而述之。

1. 笛。在高句丽使用笛类乐器中，"笛"的记载首见于《隋书》高丽伎使用乐器。此处"笛"的形制并未有明确说明。查阅《隋书》

卷册中以"笛"为名称的乐器记载如下：

表2-26 《隋书》中包含"笛"字乐器名称列表[1]

所属卷册	包含"笛"字的乐器名称
卷八·礼仪志	横笛
卷十三·音乐志	笛
卷十四·音乐志	笛，长笛，横笛
卷十五·音乐志	笛，横笛，
卷十六·律历志	笛
卷四十九·牛弘传	笛
卷八十一·东夷列传	笛
卷八十二·南蛮列传	笛
卷八十三·西域列传	笛；长笛

　　由上表可知，《隋书》中出现包含"笛"字的乐器名称主要包括笛、横笛、长笛三种。其中，以"笛"字为名的笛类乐器在《隋书》中出现于七处卷册之中，按其记写内容尚无法明确判断其所属的笛类乐器类型，然而"横笛""长笛"则可以得到基本的解答。"横笛"已知正史首见于《北齐书》中，由其名称可知为横笛类乐器，因此不再赘述。"长笛"之名正史首见于《晋书·律历志》，其载："问协律中郎将列和，辞：'昔魏明帝时，令和承受笛声以作此律，欲使学者别居一坊，歌咏讲习，依此律调。至于都合乐时，但识其尺寸之名，则丝竹歌咏，皆得均合。歌声浊者用长笛长律，歌声清者用短笛短律。凡弦歌调张清浊之制，不依笛尺寸名之，则不可知也。'"[2] 由

① ［唐］魏征等《隋书》，中华书局1973年版。

② ［唐］房玄龄等《晋书·律历志》，中华书局1974年版，第480页。

此处可知，"长笛"之名乃由"短笛"之名相对而来，表明使用的笛类乐器有形制长短之分。《隋书》中"长笛"之名见于卷十四和卷八十三，其中卷十四载："高祖既受命，定令，宫悬四面各二虡，通十二镈钟，为二十虡。虡各一人。建鼓四人，柷敔各一人。歌、琴、瑟、箫、筑、筝、搊筝、卧箜篌、小琵琶，四面各十人，在编磬下。笙、竽、长笛、横笛、箫、筚篥、篪、埙，四面各八人，在编钟下。舞各八佾。"[①]由此记载可知，长笛、横笛同时出现，可知其所描述为两种不同的笛类乐器，"横笛"顾名思义为横置吹奏乐器，《隋书》卷十四中所载之"长笛"则应为竖吹笛类乐器。《隋书》卷八十三中载："附国者，蜀郡西北二千余里，即汉之西南夷也。……人皆轻捷，便于击剑。漆皮为牟甲，弓长六尺，以竹为弦。妻其群母及嫂，儿弟死，父兄亦纳其妻。好歌舞，鼓簧，吹长笛……"[②]文中所载隋时西南"附国"之风俗中，谈及其爱好歌舞，并有笙、长笛等乐器流传，根据《隋书》卷十四中的分析结论我们可知，《隋书》卷八十三中的"长笛"可能指竖吹笛类乐器。

虽然《隋书》中名为"笛"的乐器形制无法得到明确的解答，但是我们可以将俗乐部中"笛"乐器的使用列表进行进一步分析，如下：

①［唐］魏征等《隋书·音乐志》，中华书局1973年版，第343页。
②［唐］魏征等《隋书·西域列传》，中华书局1973年版，第1858页。

表2-27 《隋书》九部伎笛类乐器使用表^①

表2-27 《隋书》九部伎笛类乐器使用表①

乐部名称	乐器名称			
清乐	笛			篪
西凉乐		横笛	长笛	
龟兹乐	笛			
天竺乐	笛			
康国乐	笛			
疏勒乐	笛			
安国乐	笛			
高丽乐	笛			
礼毕	笛			篪

　　由上表可知，《隋书》九部伎记载中，西凉伎被记载使用了"横笛"，其余诸伎中均出现乐器"笛"之名，而西凉伎中因有"横笛"，便没有再出现"笛"之名，由此可知，《隋书》俗乐诸伎中的"笛"可能为横笛类乐器。

　　2. 横笛。高丽乐中使用乐器"横笛"的记载，见于《唐六典》《通典》《三国史记》和《日本后纪》之中。其中，《三国史记》中高丽乐的记载本就引自《通典》，因此所记一致。《唐六典》中，列举俗乐诸部使用笛类乐器如下：

---

① ［唐］魏征等《隋书·音乐志》，中华书局1973年版，第376—380页。

表2-28 《唐六典》俗乐乐部笛类乐器使用表[1]

乐部名称	乐器名称								
燕乐伎	长笛			尺八	大筚篥	小筚篥			
清乐伎	长笛								篪
西凉伎	长笛	短笛			大筚篥	小筚篥			
天竺伎			横笛						
高丽伎			横笛			小筚篥	桃皮筚篥		
龟兹伎			横笛					筚篥	
安国伎			横笛		大筚篥		双筚篥		
疏勒伎			横笛					筚篥	
高昌伎			横笛					筚篥	
康国伎			横笛						

如上表所载,《唐六典》俗乐十部伎中天竺伎、高丽伎、龟兹伎、安国伎、疏勒伎、高昌伎和康国伎中均使用了乐器"横笛"。

3. 横吹。"横吹"一词正史首见于《晋书·乐志》,其载:"鼓角横吹曲。鼓,按周礼'以鼖鼓鼓军事'。角,说者云,蚩尤氏帅魑魅与黄帝战于涿鹿,帝乃命始吹角为龙鸣以御之。其后魏武北征乌丸,越沙漠而军士思归,于是减为中鸣,而尤更悲矣。胡角者,本以应胡笳之声,后渐用之横吹,有双角,即胡乐也。张博望入西域传其法于西京,惟得摩诃兜勒一曲。李延年因胡曲更造新声二十八解,乘舆以为武乐。后汉以给边将,和帝时,万人将军得之。魏晋以来,二十八解不复具存。"[2]其中提出了"横吹"一词,可知其意为军乐,所使用乐器有鼓、角等。

---

① [唐] 李林甫等撰、陈仲夫点校《唐六典·太常寺》,中华书局1992年版,第404—405页。
② [唐] 房玄龄等《晋书·乐志》,中华书局1974年版,第715页。

《乐书》载:"古者更卤簿作鼓吹之乐,在魏晋则轻,在江左则重。至隋始分为四等,一□鼓,二铙鼓,三大横吹,四小横吹。唐又别为五部,一鼓吹,二羽葆,三铙吹,四大横吹,五小横吹。大驾则晨严夜警施之,卤簿为前后部,皇后、皇太子以下咸有等差。迨于圣朝总号鼓吹云。"[1] 在同卷中,《乐书》指出:"大横吹、小横吹,并以竹为之,笛之类也。"[2] 可见,在宋时,"横吹"亦成为笛类乐器的名称,用来代指横笛,这一名称的来源与鼓吹乐"横吹"之中横笛的重要性密切相关。统观前述高句丽音乐使用笛类乐器的文献列表中,"横吹"首见于《隋书·东夷·高丽》,《隋书》中对"横吹"的记载见于五卷之中,如下:

表2-29 《隋书》中"横吹"相关记载列表[3]

所属卷册	"横吹"相关记载
卷十四·音乐志	皇太子轩悬,去南面,设三镈钟于辰丑申。三建鼓亦如之。其登歌,去兼歌者,减二人。其簨虡金三博山。乐器漆者,皆朱漆之。其余与宫悬同。 大鼓、小鼓、大驾鼓吹,并朱漆画。大鼓加金镯,凯乐及节鼓,饰以羽葆。其长鸣、中鸣、横吹,皆五采衣幡,绯掌,画交龙,五采脚。大角幡亦如之。大鼓、长鸣工人,皂地苣文;金钲、棡鼓、小鼓、中鸣、吴横吹工人,青地苣文;凯乐工人,武弁,朱褠衣,横吹,绯地苣文。并为帽、袴褶。大角工人,平巾帻、绯衫,白布大口袴。内宫鼓乐服色,皆准此。

① [宋] 陈旸《乐书·大横吹》,影印文渊阁四库全书第211册,(台湾)商务印书馆第583页。

② [宋] 陈旸《乐书·小横吹》,影印文渊阁四库全书第211册,(台湾)商务印书馆第584页。

③ [唐] 魏征等《隋书》,中华书局1973年版,第344—345;382—383;395—396;1814;1845页。

所属卷册	"横吹"相关记载
卷十四·音乐志	皇太子，铙及节鼓，朱漆画，饰以羽葆。余鼓吹并朱漆。大鼓、小鼓无金镯。长鸣、中鸣、横吹，五采衣幡，绯掌，画蹲兽，五采脚。大角幡亦如之。大鼓、长鸣、横吹工人，紫帽，绯袴褶。金钲、㭒鼓、小鼓、中鸣工人，青帽，青袴褶。铙吹工人，武弁，朱褠衣。大角工人，平巾帻，绯衫，白布大口袴。 正一品，铙及节鼓，朱漆画，饰以羽葆。余鼓吹并朱漆。长鸣、中鸣、横吹，五采衣幡，绯掌，画蹲兽，五采脚。大角幡亦如之。大鼓、长鸣、横吹工人，紫帽，赤布袴褶。金钲、㭒鼓、小鼓、中鸣工人，青帽，青布袴褶。铙吹工人，武弁，朱褠衣。大角工人，平巾帻，绯衫，白布大口袴。三品以上，朱漆铙，饰以五采。驺、哄工人，武弁，朱褠衣。余同正一品。四品，铙及工人衣服同三品。余鼓皆绿沈。金钲、㭒鼓、大鼓工人，青帽，青布袴褶。
卷十五·音乐志	至大业中，炀帝制宴飨设鼓吹，依梁为十二案。案别有錞于、钲、铎、军乐鼓吹等一部。案下皆熊罴㹇豹，腾倚承之，以象百兽之舞。其大驾鼓吹，并朱漆画。大驾鼓吹、小鼓加金镯、羽葆鼓、铙鼓、节鼓，皆五采重盖，其羽葆鼓，仍饰以羽葆。长鸣、中鸣、大小横吹，五采衣幡，绯掌，画交龙，五采脚。大角幡亦如之。大鼓、长鸣、大横吹、节鼓及横吹后笛、箫、筚篥、笳、桃皮筚篥等工人服，皆绯地苣文为袍袴及帽。金钲、㭒鼓，其钲鼓皆加八角紫伞。小鼓、中鸣、小横吹及横吹后笛、箫、筚篥、笳、桃皮筚篥等工人服，并青地苣文袍袴及帽。羽葆鼓、铙及歌、箫、笳工人服，并武弁，朱褠衣，革带。大角工人，平巾帻，绯衫，白布大口袴。其鼓吹督帅服，与大角同。以下准督帅服，亦如之。 ……大横吹，二十九曲供大驾，九曲供皇太子，七曲供王公。其乐器有角、节鼓、笛、箫、筚篥、笳、桃皮筚篥。 小横吹，十二曲供大驾，夜警则十二曲俱用。其乐器有角、笛、箫、筚篥、笳、桃皮筚篥。
卷十六·律历志	汉初兴也，而张苍定律，乃推五胜之法，以为水德。……至于后汉，尺度稍长。……左晋之后，渐又讹谬。至梁武帝时，犹有汲冢玉律，宋苍梧时，钻为横吹，然其长短厚薄，大体具存。
卷八十一·东夷	高丽，……乐有五弦、琴、筝、筚篥、横吹、箫、鼓之属，吹芦以和曲。
卷八十三·西域	党项羌者，三苗之后也。……有琵琶、横吹、击缶为节。

　　由上表所见，《隋书》中所记"横吹"见于上述四卷之中。卷

十四中，"横吹"与"长鸣""中鸣""小鼓"等乐器并列；参卷十五可知，长鸣、中鸣所指并非单件乐器，以"大横吹""小横吹"为例，大横吹使用乐器包括角、节鼓、笛、排箫、筚篥、笳和桃皮筚篥；小横吹使用乐器包括角、笛、排箫、筚篥、笳和桃皮筚篥。可知两种鼓吹乐的不同在于大横吹中使用了"节鼓"。此时文中的"大横吹""小横吹"均指鼓吹乐部而言；再看卷十六中所言，能够"钻为横吹，然其长短厚薄，大体具存"，知其所言为一物，而非鼓吹乐部，联系上下文可知，其所指为笛类乐器，因称其为"横吹"，可知为横笛类乐器；《隋书》卷八十一与卷八十三中所列，均为东夷、西域等诸地区风俗列传，其中"高丽"条目中所列五弦、琴、筝、筚篥、箫、鼓均为乐器名称，因此"横吹"列于其中亦可能为乐器名称，可能为"横笛"，卷八十三中同理，亦为记载党项有横笛流传。通过如上分析可知，《隋书》中"横吹"的含义有两种，其一，"横吹"意指鼓吹乐部，见于卷十四、卷十五之中，代表特定编制，其中使用乐器中包含"笛"，按其与筚篥、笳等竖管类乐器并举，可知大、小横吹中所用之笛应为横笛类乐器；其二，指具体笛类乐器，见于卷十六、卷八十一、卷八十三之中，按其形制所指应为横笛类乐器。

4. 义嘴笛。《旧唐书·音乐志》载高丽伎用"义觜笛"，这是此件乐器首见于正史文献之中，其后《新唐书》《通典》《文献通考》《三国史记》中亦有相关记载。《旧唐书》同卷载："之横笛皆去嘴，其加嘴者谓之义嘴笛。"[1] 由此可知，义嘴笛为横置吹奏的笛类乐器。《乐

<hr>

① [后晋] 刘昫等《旧唐书·音乐志》，中华书局1975年版，第1075页。

书》载:"义嘴笛,如横笛而加嘴,西凉乐也,今高丽亦用焉。"[1] 目前所见文献记载中的西凉乐是否使用了义嘴笛? 兹可以根据《隋书》《旧唐书》《新唐书》《唐六典》《通典》《乐书》六种文献列表如下:

表2-30　六种文献中西凉乐使用笛类乐器表[2]

文献 / 乐器	《隋书》	《旧唐书》	《新唐书》	《唐六典》	《通典》	《乐书》
大筚篥	●			●	●	●
筚篥		●	●			
长笛	●			●	●	
短笛				●		
笛		●	●			
竖笛						●
小筚篥	●	●	●	●	●	
横笛	●	●	●		●	
横吹						●
共计	4	4	4	4	4	4

由上表可知,《隋书》等六种文献中记载的西凉乐中使用笛类乐器包括大筚篥、小筚篥、长笛、横笛等,虽然各处记载有所出入,但其中均未提到"义嘴笛"。如前文所述,高丽乐中使用"义嘴笛"的记载首见于《旧唐书》,其后《新唐书》《通典》《文献通考》《三国史记》中都有高丽乐使用义嘴笛的记载。通过对《隋书》等六种文献中西

———————

① [宋] 陈旸《乐书·义嘴笛》,影印文渊阁四库全书第211册,(台湾)商务印书馆,第585页。

② 引用资料来源参见《隋书》卷十五《旧唐书》卷二十九《新唐书》卷二十一、《唐六典》卷十四《通典》卷一百四十六《乐书》卷一百五十八。相关版本见本文末参考文献,此处不再赘述。

凉乐使用乐器的分析我们可知，义嘴笛并未出现在上述文献之中，且仅出现于《通典》《旧唐书》《新唐书》所载的高丽乐部之中。《乐书》中有义嘴笛的描绘（图2–81），按其乐器的形制，有学者指出云冈石窟中有义嘴笛的身影，这在下一部分分析中我们会进一步探讨。

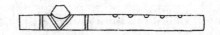

图2–81　《乐书》义嘴笛图①

　　5. 筚篥。又名觱篥、悲篥等。《通典》载："筚篥，本名悲篥，出于胡中，声悲（或云，儒者相传，胡人吹角以惊马。后乃以笳为首，竹为管）。"②《通志》亦有相同记载③。由此记载可知，乐器筚篥为西域传来乐器，称筚篥，亦有说称为笳管，其管身以竹制，首部以芦制成。正史中"筚篥"首见于《隋书》之中，应用于鼓吹行列、俗乐乐部之中，其中俗乐乐部中使用的筚篥又有"筚篥""大筚篥""小筚篥""桃皮筚篥"等4种类型。由此可知，至隋唐时期筚篥已经发展出多种形制，应用于不同的音乐场合。《乐书》中"筚篥"条载："觱篥，一名悲篥，一名笳管，羌胡、龟兹之乐也。以竹为管，以芦为首，状类胡笳而九窍，所法者角音而已。其声悲栗，胡人吹之以惊中国马焉。……圣朝元会乘舆行幸并进之，以冠雅乐，非先王下管之制也。然其大者九窍，以觱篥名之，

---

　　① 图2–81见［宋］陈旸《乐书·义嘴笛》，影印文渊阁四库全书第211册，（台湾）商务印书馆，第585页。
　　② ［唐］杜佑撰、王文锦等点校《通典·乐典》，中华书局1988年版，第3683页。
　　③ ［宋］郑樵《通志·乐略》，中华书局1987年版，第643页。

小者六窍，以风管名之。六窍者犹不失乎中声，而九窍者其失，盖与太平管同矣。"①《乐书》中记载的至宋出现的筚篥类型还包括漆筚篥、双筚篥、银字筚篥等，并指出宋时筚篥分为九孔、六孔两种。为了便于其后分析，兹将《隋书》等六种文献中俗乐乐部使用筚篥类乐器列表如下：

表2-31　六种文献中俗乐乐部筚篥类乐器使用表②

筚篥类乐器名称 文献名称及卷册	筚篥	大筚篥	小筚篥	桃皮筚篥	双筚篥
《隋书》卷十五		西凉乐	西凉乐		
	龟兹乐				
	疏勒乐				
	安国乐				安国乐
			高丽乐	高丽乐	
《旧唐书》卷二十九	西凉乐		西凉乐		
		燕乐	燕乐		
		高丽乐	高丽乐	高丽乐	
	天竺乐				
	高昌乐				
	龟兹乐				
	疏勒乐				
	安国乐				

---

① [宋] 陈旸《乐书·筚篥》，影印文渊阁四库全书第211册，（台湾）商务印书馆，第573—574页。

② 《隋书》《旧唐书》《通典》中记为"筚篥"等相应名称，《新唐书》《唐六典》《乐书》中记为"觱篥"等相应名称。引用资料来源参见《隋书》卷十五、《旧唐书》卷二十九、《新唐书》卷二十一、《唐六典》卷十四、《通典》卷一百四十六、《乐书》卷一百五十八。相关版本见本文末参考文献，此处不再赘述。——笔者注

筚篥类乐器名称 文献名称及卷册	筚篥	大筚篥	小筚篥	桃皮筚篥	双筚篥
《新唐书》卷二十一	西凉乐		西凉乐		
	天竺乐				
		燕乐	燕乐		
		高丽乐	高丽乐	高丽乐	
	龟兹乐				
	安国乐				
	疏勒乐				
	高昌乐				
《唐六典》卷十四		燕乐	燕乐		
		西凉乐	西凉乐		
			高丽乐	高丽乐	
	龟兹乐				
		安国乐			安国乐
	疏勒乐				
	高昌乐				
《通典》卷一百四十六		高丽乐	高丽乐	高丽乐	
		燕乐	燕乐		
	天竺乐				
	高昌乐				
	龟兹乐				
	疏勒乐				
		安国乐			安国乐
		西凉乐	西凉乐		
《乐书》卷一百五十八			高丽乐	高丽乐	
		西凉乐	西凉乐		
			安国乐	安国乐	安国乐
	疏勒乐				
	龟兹乐				
	高昌乐				

由上表可知，结合《隋书》《旧唐书》《新唐书》《唐六典》《通典》

和《乐书》记载,隋唐俗乐乐部中所使用的筚篥类乐器主要包括筚篥、大筚篥、小筚篥、桃皮筚篥和双筚篥5种。其中,筚篥主要见于龟兹、疏勒、天竺、安国、高昌等乐部的使用乐器之中。

6. 大筚篥。又称大觱篥。"大筚篥"之名正史首见于《隋书》,用于俗乐乐部西凉乐之中。其后《旧唐书》中记载坐部伎乐部、高丽乐中均使用了大筚篥。《新唐书》载高丽乐使用为"大筚篥"。《通典》载宴乐(俗乐)、高丽乐、安国乐、西凉乐中均使用了大筚篥。《唐六典》中载俗乐、西凉伎、高丽伎、安国伎中使用了大觱篥,《乐书》记载俗乐、西凉乐中使用了大觱篥。《文献通考》中载俗乐部、高丽乐中使用大觱篥。均可知为异名同器①。

7. 小筚篥。又称小觱篥。"小筚篥"之名正史首见于《隋书》,西凉乐、高丽乐用之。《旧唐书》载西凉乐、高丽乐中使用"小筚篥"。《新唐书》载高丽伎使用"小觱篥"。《通典》载西凉乐、高丽乐中使用小筚篥。《唐六典》载俗乐、西凉乐、高丽乐使用小觱篥。《通典》载西凉乐、高丽乐用小筚篥。《乐书》载西凉乐、高丽乐、安国乐使用了小觱篥。均可知为异名同器。通过如上记载可知,载隋唐俗乐部中,小筚篥主要应用于西凉乐和高丽乐,另有俗乐、安国乐使用小筚篥的记载,可进一步进行分析。

8. 桃皮筚篥。桃皮筚篥名称亦首见于《隋书》,通观《隋书》《旧

---

① 引用资料来源参见《隋书》卷十五、《旧唐书》卷二十九、《新唐书》卷二十一、《唐六典》卷十四、《通典》卷一百四十六、《乐书》卷一百五十八。相关版本见本文末参考文献,此处不再赘述。——笔者注

唐书》《新唐书》《唐六典》《通典》和《乐书》的记载，前五种文献的俗乐乐部记载中，桃皮筚篥均只见于高丽乐部，《乐书》中记载安国乐使用了桃皮筚篥。《旧唐书》载："百济乐，中宗之代，工人死散。岐王范为太常卿，复奏置之，是以音伎多阙。舞二人，紫大袖裙襦，章甫冠，皮履。乐之存者，筝、笛、桃皮筚篥、箜篌、歌。"[1] 由此可知，桃皮筚篥在高句丽及朝鲜半岛地区均有流传。《通典》载："东夷有卷桃皮，似筚篥也。"[2] 其中所说应为隋唐俗乐乐部之中应用的桃皮筚篥，并指出东夷有此乐器。参考高句丽、安国的位置，高句丽地处东部，而安国位于今中亚地区，因此上述文献所指的"东夷"应指高句丽、百济等国而言。此外，通观前述六种文献中的安国乐使用筚篥类乐器，其使用的筚篥、双筚篥出现较多，桃皮筚篥仅见《乐书》记载之一处，另参《乐书》桃皮筚篥条载："桃皮卷而吹之，古谓之管，本亦谓之桃皮觱篥。其声应箫、笳、横吹之，南蛮、高丽之乐也。今鼓吹部其器亦存焉。"[3] 由此可知，桃皮筚篥为高丽乐特色乐器。《乐书》所载桃皮筚篥形制图（图2-82）如下：

图2-82 《乐书》桃皮筚篥图 [4]

---

① ［后晋］刘昫等《旧唐书·音乐志》，中华书局1975年版，第1070页。

② ［唐］杜佑撰、王文锦等点校《通典·乐典》，中华书局1988年版，第3683页。

③ ［宋］陈旸《乐书·桃皮筚篥》，影印文渊阁四库全书第211册，（台湾）商务印书馆，第592页。

④ 同注释③，第591页。

9. 芦。自《隋书》始载高句丽地区"吹芦以和曲"，其后见于《北史》《文献通考》《册府元龟》《三国史记》之中。另相似文献条目记载中，《旧唐书》《新唐书》《通典》《通志》《乐书》等材料中均不见此句。《乐书》卷一百三十载："（芦笳）胡人卷芦叶为笳，吹之以作乐。汉《筝篴录》有其曲，李陵有胡笳互动之说，是也。……芦管之制，胡人截芦为之，大概与觱篥相类，出于北国者也。"[①] 参考《乐书》所载，《隋书》中所记载"芦"可能为芦笳或芦管之类的吹奏乐器。

综上所述，文献中出现高句丽使用乐器的名称首见于《隋书》，《隋书》及其他文献记载共出现高句丽使用笛类乐器名称9个，包括笛、横笛、横吹、觱篥、大觱篥、小觱篥、桃皮觱篥、义嘴笛和芦，文献来源主要包括高句丽风俗记写和隋唐俗乐部中的高丽伎使用乐器两种。根据上述分析我们可知，文献中所见的高句丽音乐使用笛类乐器包括竖笛类和横笛类两大类，《隋书》以降的高句丽音乐记载中，"笛"可能指横笛类乐器；横笛、横吹、义嘴笛均指横置吹奏的笛类乐器；觱篥、大觱篥、小觱篥均为觱篥子类的竖笛类乐器，可能具有形制上的差异；芦可能为芦笳或芦管。此外，义嘴笛、桃皮觱篥是隋唐宫廷俗乐乐部高丽伎中出现的特色乐器，关于两者的来源及在高句丽集安地区是否传入及流传等相关问题将在后文中进一步探讨。

---

① ［宋］陈旸《乐书·芦笳、芦管》，影印文渊阁四库全书第211册，（台湾）商务印书馆，第580—581页。

（三）公元4—10世纪中国境内笛类乐器的流传及高句丽流传的笛类乐器

以本文对《中国音乐文物大系》《中国出土壁画全集》相关考古报告的搜集，目前所知中国境内所见的笛类乐器图像约580余处，其中竖笛类乐器（A型笛）图像超过360处，横笛类乐器（B型笛）图像约为220余处。按照时代划分，魏晋隋唐时期A型笛图像约175处，主要分布于江苏、四川、新疆、甘肃、河南、陕西、山西、福建、湖南、湖北、河北、内蒙古等地区；B型笛图像约145处，主要分布于新疆、甘肃、河南、山西、陕西、山东、河北、四川和江苏等地。由此可知魏晋隋唐时期横笛类、竖笛类乐器均使用广泛。魏晋隋唐时期传世的笛类乐器实物主要是见于日本正仓院的横笛与尺八①。

目前留存中国境内的笛类乐器历史资料包括实物乐器和图像资料两大类，其中在图像资料中，根据描绘乐器的形制又分为A型笛（竖笛类）和B型笛（横笛类）两个类型。目前所知中国境内最早出现的笛类乐器，是河南舞阳贾湖裴李岗文化墓葬出土的贾湖骨笛，就其吹奏方法而言，是属于竖吹类笛乐器。由此可知，竖吹笛类乐器在中国的历史可能较早。从目前所知的图像资料来看，竖笛类乐器图像的出现也要早于横笛类乐器。目前所知中国境内最早的竖笛类乐器演奏图像见于战国时期的宴乐渔猎纹铜壶（图2-83），在壶中部的奏乐图像中，编钟下方左起第三人，正在吹奏竖笛类乐器。

---

① 王子初《中国音乐考古学》，福建教育出版社，第425—426页。

图2-83　宴乐渔猎纹铜壶局部①

　　横笛在中国历史上的流传也较为久远。在发现的笛类实物中，曾侯乙墓出土的横吹笛类乐器篪、湖南长沙马王堆M3所见的西汉早期横笛均可证明横笛类乐器在"横吹"传入之前便已使用，随着鼓吹乐传入的横笛类乐器可能是与早期运用于中国地区的横笛类乐器具有形制区别的横笛类乐器。

　　1. 乐器图像中的"义嘴笛"

　　在高句丽使用乐器记载中，义嘴笛是较为特殊的类型。隋唐俗乐部使用乐器中，只有高丽乐使用了此件乐器，按《乐书》所载，该件乐器的形制特点为"横笛加嘴"，可知吹口处为凸起状。在目前所见的横笛类乐器图像中，有这样形制的乐器存在，见于云冈石窟、巩义石窟等石窟寺飞天伎乐之中，包括云冈石窟第6窟第三组（图2-84·1）、第12窟第一组伎乐人（图2-84·2、图2-84·3）、巩义石窟寺第1窟伎乐人（图2-84·4）等。

---

　　① 图2-83见《中国音乐文物大系》总编辑部《中国音乐文物大系·北京卷》，大象出版社1999年版，第168页。

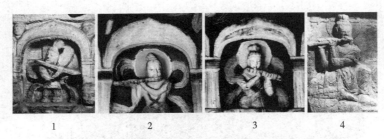

图2-84　云冈石窟、巩义石窟飞天伎乐吹义嘴笛浮雕[1]

　　云冈石窟第6窟、第10窟均建于北魏中期，巩义石窟寺第1窟亦建造于北魏时期。由此可知，这种笛口凸起的横置笛类乐器可能是在北魏中期存在的横笛类乐器。按其形制，可能即为文献中所说的"义嘴笛"。《乐书》曾指义嘴笛用于西凉乐，前述查找《隋书》等六种文献所载的隋唐俗乐部西凉乐中均未见到，由此可知《乐书》所指之西凉乐非隋唐俗乐部中之西凉乐，可能为北朝地区音乐的泛指，这与北魏石刻中发现义嘴笛的情况也基本符合。至于义嘴笛如何成为高丽乐中的使用乐器，可能也是源自其原为北朝地区音乐使用乐器，前述隋唐初期高丽乐部得自北朝，由此可知，北朝演奏的高丽乐中使用本地乐器加入乐器编配也是有可能的。

　　2. 集安高句丽墓BII式笛与"异形笛""两头笛""吐良"

　　集安高句丽壁画墓所见BII式笛是较为引人注目的横笛类乐器类型，见于五盔坟5号墓之中，该墓葬产生年代在公元6世纪中叶至7世

　　① 图2-84·1、图2-84·2、图2-84·3见《中国音乐文物大系》总编辑部《中国音乐文物大系·山西卷》，大象出版社2000年版，第315页、第319页、第320页。图2-84·4见《中国音乐文物大系》总编辑部《中国音乐文物大系·河南卷》，大象出版社1996年版，第234页。

纪初，同墓所见的伎乐仙人还包括吹角、吹排箫、奏阮咸、击细腰鼓等音乐内容。这种吹奏横笛的图像亦见于云冈石窟第10窟第三组的伎乐天人图中，佛龛中一位仙人双手执奏横置笛类乐器，吹口位于笛近中央处，集安五盔坟5号墓所见较为相似，亦为BII式笛，其右侧还有一伎乐仙人，其所持乐器似笙（图2-85）。

图2-85　云冈石窟第10窟伎乐图①

云冈第10窟为北魏中期开凿，然而前述第三组乃为清代补绘。云冈第10窟第三组所见的这件横笛类乐器最大的特点是吹口位于乐器中央，双手手掌向里、持乐器两端进行吹奏，从图中所见吹口处并无外加装置，在研究中有学者称其为"异形笛"②，有称其为"吐良"③。

据学者研究，在目前所见的笛类乐器实物中，双手手掌向里吹奏的横笛类乐器确实可能存在。李纯一指出，湖北随县曾侯乙墓出土的

---

① 图2-85见《中国音乐文物大系》总编辑部《中国音乐文物大系·山西卷》，大象出版社2000年版，第318页。

② 赵昆雨《云冈石窟乐舞雕刻研究》，《敦煌研究》2007年第2期。

③《中国音乐文物大系》总编辑部《中国音乐文物大系·山西卷》，大象出版社2000年版，第318页。

乐器篪（图2-86·1）、湖南长沙马王堆汉墓出土的笛（图2-86·2）均为双手向里、横持吹奏的横笛类乐器，并指出两者关系密切[1]。可见通过对乐器实物形制的判断、吹奏法的理解和推测，战国及秦汉时期横笛类乐器的演奏法是可能存在BII式演奏方式的。湖南长沙杨家湾汉墓6号墓出土的乐俑中，有一件吹笛俑，其演奏动作亦为双手向里、横持吹奏（图2-86·3）。

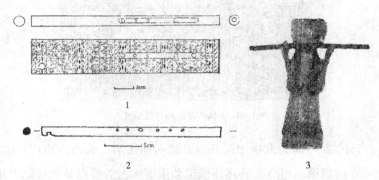

图2-86　先秦及汉代笛类乐器及乐俑举例[2]

据报告可知，杨家湾汉墓6号墓出土俑人约50个，多已腐蚀，手部脱落，按姿态可以分为站、坐两类，根据同时出土的所持器具，报告中

① 李纯一《中国上古出土乐器综论》，文物出版社1996年版，第363—367页；另见方建军《中国古代乐器概论（远古—汉代）》，陕西人民出版社1996年版，第132—133页。
② 图2-86·1、图2-86·2见方建军《中国古代乐器概论（远古—汉代）》，陕西人民出版社1996年版，第130页、第131页，图2-86·3见湖南省文物管理委员会《长沙出土的三座大型木椁墓》，《考古学报》1957年第1期。

指出这些乐俑包括司厨俑、乐俑等①。由于出土时乐俑多有腐朽、脱落现象，是否此件乐俑的笛是出土时已见，或为其后将乐俑及出土器具相匹配而成，亦不得而知，即便出土时乐俑握笛姿势如此，那么是否横笛未遭移动，是吹口位于中间，亦无法知晓。

关于吹口在中部的笛的相关记载，主要见于骠国乐的"两头笛"。《旧唐书》载："骠国乐，贞元中，其王来献本国乐，凡一十二曲，以乐工三十五人来朝。乐曲皆演释氏经论之辞。"②《新唐书》载："有两头笛二，长二尺八寸，中隔一节，节左右开冲气穴，两端皆分洞体为笛量。左端应太蔟，管末三穴：一姑洗，二蕤宾，三夷则。右端应林钟，管末三穴：一南吕，二应钟，三大吕。下托指一穴，应清太蔟。两洞体七穴，共备黄钟、林钟两均。"③林谦三、吴南薰④等学者曾根据新唐书的记载描绘过两头笛（图2-87），如下：

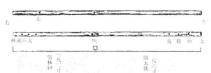

图2-87 《东亚乐器考》两头笛图⑤

---

① 湖南省文物管理委员会《长沙出土的三座大型木椁墓》，《考古学报》1957年第1期。

② ［后晋］刘昫等《旧唐书·音乐志》，中华书局1975年版，第1070页。

③ ［宋］欧阳修、宋祁等《新唐书·南蛮列传》，中华书局1975年版，第6313页。

④ ［日］林谦三著，钱稻孙译，曾维德、张思睿校注《东亚乐器考》，上海书店出版社，2013年版，第480页；春明亮《"两头笛"和"双音笛"剖析》，《乐器》1984年第5期，第7—8页；屠式璠：《双音笛与两头笛、叉手笛——谈古代管乐器对我们的启发》，《乐器》1984年第6期，第7—8页。

⑤ 图2-87见［日］林谦三著，钱稻孙译，曾维德、张思睿校注《东亚乐器考》，上海书店出版社2013年版，第480页。

骠国乐是何时传入长安的？前述《旧唐书》所载为贞元年间，《唐会要》的记载与《旧唐书》相近："骠国乐，贞元十八年正月，骠国王来献，凡有十二曲，以乐工三十五人来朝，乐曲皆演释氏经论之词。"[1]贞元为唐德宗年号，可知已是公元8世纪末，若贞元18年则更是要到公元802年，已是9世纪初。此时距离公元705年高句丽灭国已经有一个世纪之久。目前研究认为，五盔坟5号墓的建造时间为公元6世纪中叶至7世纪初，骠国乐要在公元8世纪末才可能出现在长安，那么五盔坟5号墓中出现的BII式笛类乐器便不大可能是骠国乐中的两头笛。

云南少数民族乐器中，景颇族横笛类乐器吐良引起了音乐学者的注意，认为其可能与两头笛具有一定的渊源关系。杨民康指出，骠国乐曾经流传于当时的南诏地区，并经由南诏和唐代地方管理的引荐，到唐朝都城进行献乐活动。他认为，现在流行于云南的景颇族吐良（图2-88·1）、傣族两头笛（图2-88·2）可能是骠国两头笛在民间长期留存的原生类型。[2]

1   2

图2-88　云南吐良、两头笛图[3]

① [宋]王溥《唐会要·南蛮诸国乐·骠国》，上海古籍出版社2006年版，第723—724页。
② 杨民康《唐代进入长安的缅甸佛教乐舞〈骠国乐〉——乐器篇》，《交响》2010年第3期。
③ 图2-88·1见薛宗明《中国音乐史·乐器篇》（上），（台湾）商务印书馆1983年版，第372页。图2-88·2见杨民康《唐代进入长安的缅甸佛教乐舞〈骠国乐〉——乐器篇》，《交响》2010年第3期。

然而两者的演奏方式均与集安壁画墓所见有一定相异之处。吐良在吹奏时,虽然吹口在中间,然而一手向内横卧笛端,另一手以掌心对笛另一端,靠以掌心对笛之手的变换动作调音发声,这与前述集安高句丽墓BII式笛、骠国乐两头笛的按孔发声原理均不相同;傣族两头笛乐器亦为中间吹口,然而目前所存的这类乐器并不开按孔,主要是吹奏筒音,因此也与前述两种笛有着不小的区别。

综上所述,集安高句丽墓五盔坟5号墓所见的BII式笛,在云冈石窟第10窟第三组伎乐飞天中看到与此类似的图像,然而此石窟第三组伎乐飞天为清代补绘,其原存乐器图像是否作为摹本原样描绘已不可知;虽然我们目前所知战国、汉代有双手向内、横持吹奏的笛类乐器实物类型,但是均为吹口在一侧,目前并没有吹口在中间的笛类实物类型出现;汉代杨家湾6号墓所见的乐俑中有一乐俑持横笛、在近中间吹口处吹奏,然因原报告说出土时乐俑多已腐朽,因此乐俑所持横笛的姿势是否为原出土时所见还有待进一步了解;骠国乐两头笛在长安出现的时间要在公元8世纪末,此时距离五盔坟5号墓BII式笛图像出现已有1个世纪之久,因此五盔坟所见的这件乐器不大可能是由自唐朝传入高句丽的骠国乐两头笛变化而来;目前存见的景颇族吐良在演奏方法上与五盔坟5号墓BII式笛不相一致,傣族两头笛与其吹奏方式相近,然仅演奏筒音,可能是其同源乐器。

3. 棒台子1号墓中的竖笛类乐器与高句丽地区竖笛类乐器的流传

时代处于东汉晚期至魏晋前期的辽阳汉魏壁画墓棒台子1号墓乐舞图中,可以清晰的看到演奏竖笛类乐器(A型笛)的场面(图2-89)。

图2-89　棒台子1号墓墓门两壁百戏宴乐图局部[1]

　　在上述两幅图中，可以清晰地看到琴筝类乐器、梨形音箱琵琶和竖笛类乐器合奏的场景。其中墓门右壁的百戏宴乐图中琴筝类乐器带有明显的7个通品结构，应为卧箜篌。在本章弹拨乐器部分卧箜篌讨论中曾经谈及，辽阳棒台子1号墓出现的卧箜篌图像为卧箜篌乐器传入高句丽集安地区提供了一个重要的时间和地理定点，由此可知，图中竖笛类乐器的出现亦可能对高句丽集安地区B型笛的传入及发展研究有着同样的地位和作用。

　　（四）朝鲜半岛公元4—7世纪笛类乐器的流传

　　在朝鲜半岛壁画墓所见笛类乐器图像中，两型笛类乐器均可见到，见于安岳3号墓、德兴里壁画墓和江西大墓之中。

　　朝鲜半岛壁画墓A型笛图像见于安岳3号墓乐舞图之中[2]。由图中所见，这幅乐舞图中的三位伴奏者分别持琴筝类乐器、阮咸和竖笛

----

　　① 图2-89·1见李文信《辽阳发现的三座壁画古墓》，《文物参考资料》1955年第5期。图2-89·2见该文第18页，插图六。

　　② 徐海准著作中记平壤驿前二室墓、龛神塚中有"纵笛"（[韩] 徐海准《〈乐学轨范〉唐部乐器图说之研究》，华中师范大学出版社2015年版，第21页），笔者查阅原始考古报告记及相关资料，目前未见两幅"纵笛"图，暂不列出。

类乐器,为旁边的一位男性舞者伴奏(图2-90)。

图2-90 安岳3号墓乐舞图[①]

在朝鲜半岛壁画墓中,可见两处B型笛图像,均为I式,见于德兴里壁画墓和江西大墓之中。德兴里壁画墓前室后壁墓主人坐像右侧,一乐师执横笛吹奏(图2-91·1),左侧一乐师弹阮咸,各立于执障扇者旁。江西大墓墓室天井北侧第二重顶石伎乐仙人图中的横笛图像是此时期唯一一处仙人吹横笛图像(图2-91·2)。德兴里壁画墓、江西大墓吹横笛者姿态相同,皆为双手执笛,横笛约呈水平方向置于吹奏者身体左侧,吹口位于横笛靠近右端处,可知其为BI式笛。

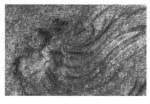

1   2

图2-91 朝鲜半岛壁画墓吹横笛图[②]

---

① 图2-90见〔朝〕全畴农、奚传绩译《关于高句丽古坟壁画上乐器的研究》,《音乐研究》1959年第3期。

② 图2-91·1见〔日〕朝鲜画报社《高句丽古坟壁画》,朝鲜画报社出版部1985年版,图54。图2-91·2见〔日〕平山郁夫、早乙女雅博《高句丽壁画古坟》,共同通信社2005年版,图167。

由此我们可以列出朝鲜半岛壁画墓中横笛类乐器图像表如下：

表2-32　朝鲜半岛壁画墓笛类乐器图像表

年代	墓葬名	图像位置	绘制内容	乐器类型	形制	演奏方法	同所见乐器图像
公元357年	安岳3号墓	后室左壁	乐舞图	A型	管状，较长	竖置，双手持奏	琴筝类乐器、阮咸、竖笛类乐器、男舞者
公元408年	德兴里壁画墓	前室后壁	墓主人帐房生活	BI式	赭石色，管状	横置，双手持奏	阮咸
6世纪末至7世纪初	江西大墓	后室天井	伎乐仙人	BI式	赭石色，管状	横置，双手持奏	琴筝类乐器、阮咸、角

由上表可知，朝鲜半岛壁画墓中所见笛类乐器图像包括A型笛和B型笛两种，其中A型笛见于安岳3号墓世俗音乐场景的乐舞图中，同见乐器包括琴筝类乐器和阮咸，三位跽坐乐人为一男性舞者伴奏；B型笛见于德兴里壁画墓和江西大墓壁画之中，其中德兴里壁画墓中横笛见于墓室前室后壁的墓主人坐像后方，左右方各有奏乐侍者，共计2人，左方一位弹阮咸，右方一位吹横笛；江西大墓中的横笛图像见于后室天井壁画的伎乐仙人图中，同墓天井亦见到仙人弹琴筝类乐器、阮咸、吹角等图像。上述3座墓葬中，安岳3号墓、德兴里壁画墓出现时间均较早，在公元4世纪下半叶至公元5世纪初，且均为目前所知较为明确的汉魏制式墓葬，其中所见的笛类乐器图像均见于世俗音乐图景；江西大墓出现时间在公元6世纪末至7世纪初，其墓葬主题以四神为主，另天井中有多幅伎乐仙人图像，与集安所见的五盔坟4号墓、5

号墓题材、内容有相近之处，产生年代也较为接近，由此可知江西大墓与五盔坟4号墓、5号墓同样属于较为典型的高句丽中晚期壁画墓，三者壁画中亦有较多共同出现的乐器，BII式笛便是其中之一，因此增加了该种乐器在高句丽地区流传的可能性。

《旧唐书》载俗乐部中的百济乐，曾谈及："百济乐，中宗之代，工人死散。岐王范为太常卿，复奏置之，是以音伎多阙。舞二人，紫大袖裙襦，章甫冠，皮履。乐之存者，筝、笛、桃皮筚篥、箜篌、歌。"[1]相似记载还见于《新唐书》《文献通考》等文献之中。由此可知，宫廷俗乐部中百济乐使用的吹奏乐器包括笛、桃皮筚篥等。

产生于朝鲜王朝时期的音乐书籍《乐学轨范》中记载了为数不少流传于15世纪朝鲜的笛类乐器，其中记载于雅乐部的乐器篪，其形制如下（图2-92）

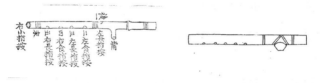

图2-92 《乐学轨范》篪图[①]　　　图2-93 《乐书》义嘴笛图[②]

由图中所见，这件乐器"篪"的形制与中国文献记载中的义嘴笛较为相近，将其与《乐书》中的义嘴笛图像（图2-93）相比较，可

---

① [后晋] 刘昫等《旧唐书·音乐志》，中华书局1975年版，第1070页。

② 图2-92见 [朝鲜] 成伣等《乐学轨范·雅部乐器图说》，蓬左文库本，第19页。

③ 图2-93见 [宋] 陈旸撰《乐书·义嘴笛》，影印文渊阁四库全书第211册，（台湾）商务印书馆，第585页。

知虽然两者开孔数目不同，然义嘴笛最为重要的"横笛加嘴"结构在《乐学轨范》所载乐器篪中得以体现。李纯一曾经指出，唐人的一些说法中篪笛不分，而且认为某种程度上笛或横笛是篪的今（唐）名[①]。由此可知，记载于文献中的高句丽使用乐器"义嘴笛"可能与《乐学轨范》中所载乐器"篪"具有渊源关系。

（五）小结

通过本部分的分析可知，集安高句丽壁画墓中所见的笛类乐器图像包括A型笛（竖笛类）、和B型笛（横笛类）两种，其中A型笛见于长川1号墓伎乐仙人图中，B型笛见于长川1号墓、五盔坟4号墓和五盔坟5号墓伎乐仙人图中，共计5处；其中长川1号墓、五盔坟4号墓所见均为单面吹奏横笛，可称为BI式笛，五盔坟5号墓所见则为双手执奏，吹口在中央的横笛形制，可称为BII式笛。所涉墓葬的时代跨度在公元5世纪末至7世纪初，属于集安高句丽壁画墓中第三、四期的墓葬。

笛类乐器历史悠久。笛之名又作"篴"，亦有"篎""篪""荻"等之称，称"笛"字约出现于东汉时期。"横笛"之名正史首见于《北齐书·尔朱文略传》，另据《旧唐书·音乐志》可知，公元4世纪上半叶之时已经存在了细腰鼓、横笛的乐器组合形式。"竖笛"之名，文献之中最早见于《乐书》，虽然"竖笛"之名在宋代典籍中才获得记载，然而中国境内所见最早的笛类乐器贾湖骨笛便是竖吹笛类乐器，可知竖

---

① 李纯一《中国上古出土乐器综论》，文物出版社1996年版，第369页。

吹笛类乐器历史悠久。文献中出现高句丽使用乐器的名称首见于《隋书》，《隋书》及其他文献中共记载高句丽使用笛类乐器名称9个，包括笛、横笛、横吹、筚篥、大筚篥、小筚篥、桃皮筚篥、义嘴笛和芦，文献来源主要包括高句丽风俗记写和隋唐俗乐部中的高丽伎使用乐器两种。根据前述分析我们可知，文献所载高句丽使用的笛类乐器包括横笛类、竖笛类两大类，《隋书》以降的高句丽音乐记载中，"笛"可能指横笛类乐器；横笛、横吹、义嘴笛均指横置吹奏的笛类乐器；筚篥、大筚篥、小筚篥均为筚篥类的竖笛类乐器，可能具有形制上的差异；芦可能为芦笳或芦管。其中，义嘴笛、桃皮筚篥是隋唐宫廷俗乐乐部高丽伎中的特色乐器。

以本书对《中国音乐文物大系》《中国出土壁画全集》及相关考古报告的搜集，目前所知中国境内所见的笛类乐器图像约580余处，其中竖笛类乐器图像超过360处、横笛类乐器图像约为220余处。按照时代划分，魏晋隋唐时期竖笛图像约175处、横笛图像约145处，可知魏晋隋唐时期竖笛类、横笛类乐器均使用广泛。

在高句丽音乐使用乐器记载中，义嘴笛是较为特殊的类型，属横笛类乐器（B型笛）。隋唐俗乐部使用乐器中，只有高丽乐使用了此件乐器，按《乐书》所载该种乐器的形制特点可知，目前所见的横笛类乐器图像中，有类似形制的乐器存在，见于云冈石窟、巩义石窟等石窟寺飞天伎乐之中。通过分析可知，这种笛口凸起的横置笛类乐器可能是在北魏中期存在的横笛类乐器。按其形制，可能即为文献中所说的"义嘴笛"。《乐书》曾指义嘴笛用于西凉乐，前述查找《隋书》等六种文献所载的隋唐俗乐部西凉乐中均未出现义嘴笛，由此可知《乐书》所指之西凉乐非隋唐俗乐部中之西凉乐，可能为北朝地区音乐的泛指。前述隋唐初期高丽乐部得自北朝，由此可知，北朝演奏的高丽乐中使用本地乐器加入乐器编配是有可能的。

　　集安高句丽壁画墓所见BII式笛较为引人注目，见于五盔坟5号墓之中。在云冈石窟第10窟第三组伎乐飞天中看到与此类似的图像，然而此石窟第三组伎乐飞天为清代补绘，其原存乐器图像是否如此已不可知；虽然我们目前所知战国、汉代有双手向内、横持吹奏的笛类乐器实物类型，但均为吹口在一侧，目前并没有吹口在中间的笛类实物类型出现；汉代杨家湾6号墓所见的乐俑中有一乐俑持横笛、在近中间吹口处吹奏，然因原报告提及出土时乐俑多已腐朽，因此乐俑所持横笛的姿势是否为原出土时所见还有待进一步了解；骠国乐两头笛在长安出现的时间要在公元8世纪末，此时距离五盔坟5号墓BII式笛图像的出现已有1个世纪之久，因此五盔坟所见的这件乐器不大可能是由自唐朝传入高句丽的骠国乐两头笛变化而来；目前存见的景颇族吐良在演奏方法上与五盔坟5号墓BII式笛不相一致，傣族两头笛与其吹奏方式相近，然仅演奏筒音，可能是其同源的乐器。综上所述，本文认为五盔坟5号墓壁画中的BII式笛并不能确认为高句丽地区的实际使用乐器，其存在可能性较低。

　　此外，处于东汉晚期至魏晋前期的辽阳棒台子1号墓乐舞图中出现的竖笛类乐器图像（A型笛）为公元4世纪之后高句丽集安地区竖笛类乐器图像（A型笛）的出现提供了一个重要的时间和地理定点，提供了可能的传播路线。

三、排箫

本部分探讨了集安高句丽壁画墓所见排箫乐器图像,结合排箫的乐器名称考辨、公元2—7世纪中国境内排箫的出现及流传、朝鲜半岛地区排箫的出现及流传等方面,对排箫在高句丽的出现及流传问题进行分析。

（一）集安高句丽墓壁画中的排箫

集安高句丽墓壁画中,仙人吹排箫图见于五盔坟4号墓和五盔坟5号墓壁画之中。

1. 五盔坟4号墓吹排箫图

五盔坟4号墓中墓室东面第二重顶石绘有吹排箫乘龙仙人。仙人左手执排箫一端吹奏,右手执幡,向后回望。仙人所执排箫形制为左端箫管较长,逐渐向中心缩短,整体呈单翼型形态,箫管数目不清（图2-94）。

图2-94　五盔坟4号墓吹排箫图① 　　图2-95　五盔坟5号墓吹排箫图②

---

① 图2-94见吉林省文物工作队《吉林集安五盔坟四号墓》,《考古学报》1984年第1期。
② 图2-95见〔日〕朝鲜画报社《高句丽古坟壁画》,朝鲜画报社1985年版,图226。

2.5 盔坟 5 号墓吹排箫图

五盔坟 5 号墓中墓室东北第二重顶石绘有吹排箫乘龙仙人。仙人双手执排箫吹奏、衣带飘扬。仙人左手执排箫左端最长管，右手执排箫右端短管。从排箫形制上看左端箫管极长，然后迅速缩短，自中部箫管开始至右部，各箫管几乎是同样长度，整体呈单翼型形态，箫管数量不清（图 2-95）。

表 2-33　集安高句丽墓仙人吹排箫图像表

年代	墓葬名	图像位置	绘制内容	乐器名	乐器形制	演奏方法
6 世纪中叶至 7 世纪初	五盔坟 4 号墓	东面第二重顶石	伎乐仙人	排箫	左端箫管最长，逐渐向中心缩短，箫管数目不清（单翼型）	左手执排箫吹奏
6 世纪中叶至 7 世纪初	五盔坟 5 号墓	东北第二重顶石	伎乐仙人	排箫	左端箫管极长，然后迅速缩短，自中部箫管开始至左部，各箫管几乎同样长度，箫管数量不清（单翼型）	双手执排箫吹奏

由上述图表可知，五盔坟 4 号墓、5 号墓年代相近，排箫图像见于相同题材的伎乐仙人图中，亦皆绘于墓室天井第二重顶石之上。然而就排箫形制而言，两墓所见壁画有所不同：五盔坟 4 号墓仙人吹奏排箫的箫管呈中间短、两边长的形制；五盔坟 5 号墓所见排箫箫管则为一端较长，逐渐过渡，至另一端最短的形制，虽整体上皆属于单翼型，然而因此不排除两墓描绘的可能是两种单翼型排箫。

（二）排箫在高句丽的流传及发展

本部分中从三个方面对排箫在高句丽的流传及发展进行探讨，包括排箫名称考辩、公元2—7世纪中国境内排箫的流传及发展和朝鲜半岛公元4—7世纪大同江、载宁江流域排箫的流传及发展。

1. 排箫名称考辨

《诗经·周颂·有瞽》曰："既备乃奏，箫管备举。"[①]其中所说之"箫"即为排箫，这是目前所知对于排箫乐器名称的较早记载。《世本》载："箫，舜所造。其形参差象凤翼，十管，长二尺。"[②]其中所说之"箫"亦为排箫，此条文献中谈及了排箫的形制。正史中，"排箫"之名首见于《元史》，其载："云和乐一部：署令二人，分左右。次前行戏竹二，次排箫四，次箫管四，次板二，次歌四，并分左右。"[③]其中"排箫""箫管"之名并列而出，可知两者为不同乐器。宋时的"箫管"乐器形制于《乐书》中有载，其言："箫管之制，六孔旁一孔，加竹膜焉，足黄钟一均声。或谓之尺八管，或谓之竖笛，或谓之中管。尺八，其长数也，后世宫悬用之；竖篴，其植如篴也；中管，居长篴、短篴之中也。今民间谓之箫管，非古之箫与管也。"[④]由此可知，宋时"箫管"为竖笛类乐器，有六吹孔，另旁有一孔加膜，可吹奏黄钟

---

① ［汉］毛亨传、［汉］郑玄笺、［唐］孔颖达疏、龚抗云等整理《毛诗正义》，北京大学出版社1999年版，第1330页。

② 吉联抗《〈世本·作篇〉乐事类钞》，《音乐研究》1980年第4期，第107页。

③ ［明］宋濂等《元史·礼乐志》，中华书局1976年版，第1683页。

④ ［宋］陈旸《乐书·箫管》，影印文渊阁四库全书第211册，（台湾）商务印书馆，第685页。

均的全部音高，又称为尺八管、竖笛、中管，宋时民间称为箫管。通过上述分析可知，元代之前文献中所说的"箫"指排箫。虽然《世本》所载的"舜造排箫"为传说，然而由此可知，排箫的历史久远。《史记》载："于是夔行乐，祖考至，群后相让，鸟兽翔舞，箫韶九成，凤凰来仪，百兽率舞，百官信谐。"[1]其中指出，舜时的韶乐之中即运用了乐器"箫"，即排箫。汉时排箫的应用十分广泛，除六代乐舞中之韶乐运用了排箫之外，亦在民间音乐中得以体现、起到功能性的作用。《史记·绛侯周勃世家》载："绛侯周勃者，沛人也。其先卷人，徙沛。勃以织薄曲为生，常为人吹箫给丧事，材官引强。"[2]西汉开国将领周勃早年出身微寒，常帮人吹箫以办丧事，由此可知，汉时丧乐中亦使用乐器排箫。

排箫在历史上有多种名称，根据使用场合不同、形制的差异而有所区别，如箫、洞箫、短箫、大箫、小箫、歌箫等。李纯一指出，战国汉晋以来，箫有雅箫、颂箫的大小之分，亦有有底（闭管）、无底（开管）的制式区别，宋元之时，无底之箫称为洞箫，有底之箫称为底箫[3]。

在记载高句丽音乐的古典文献之中，我们可以整理其中提及乐器"箫"名称表如下：

---

① ［汉］司马迁《史记·夏本纪》，中华书局1959年版，第81页。

② ［汉］司马迁《史记·绛侯周勃世家》，中华书局1959年版，第2065页。

③ 李纯一《上古出土乐器总论》，文物出版社1996年版。第372页。

表2-34　古典文献中高句丽音乐使用排箫名称表[①]

文献名	卷册	乐器名
《隋书》	卷十五·音乐志	箫
	卷八十一·东夷·高丽	箫
《北史》	卷九十四·高丽传	箫
《旧唐书》	卷二十九·音乐志	箫
《新唐书》	卷二十一·礼乐志	箫
《唐六典》	卷十四·太常寺	箫
《通典》	卷一百四十六·乐六	箫
	卷一百八十六·高句丽	箫
《通志》	卷一百九十四·高句丽	箫
《乐书》	卷一百三十二	箫
《册府元龟》	外臣部·高句骊	箫
《太平寰宇记》	东夷·高句丽	箫
《文献通考》	卷一百三十九·乐考十二	箫
	卷一百四十六·乐考十九	箫
	卷三百二十五·四裔考二	箫
《三国史记》	卷三十二·乐志	箫

　　由上述列表可知，高句丽音乐记载中"箫"首见于《隋书》，且宫廷俗乐高丽乐、风俗记写中均有记述，通过前述文献分析可知，《隋书》所记之乐器"箫"即为"排箫"。

　　排箫在汉代已经广为流传，那么在隋唐俗乐部中又是如何应用，排箫是否是高句丽音乐中的特色乐器？兹以《唐六典》为例，将俗乐部中排箫使用情况列表如下：

---

① 引用资料来源参见本文附录二《中日韩高句丽音乐史籍汇要》。

表2-35 《唐六典·太常寺》载十部乐使用排箫表[①]

乐部 乐器	俗乐伎	清乐伎	西凉伎	天竺伎	高丽伎	龟兹伎	安国伎	疏勒伎	高昌伎	康国伎
箫		● 2	●		●	●		●	●	
大箫	●									
小箫	●									
共计										
种类	2	1	1		1	1		1	1	
数量	2	2	1		1	1		1	1	

由上表可知,《唐六典》所列俗乐诸乐部中共运用了3种排箫,其中俗乐伎中使用了"大箫、小箫";清乐伎、西凉伎、高丽伎、龟兹伎、疏勒伎、高昌伎中均使用了"箫"。《乐书》卷七十一载:"大箫谓之言,以其管二十四无底而善应故也。小者谓之筊,以其管十六有底而交鸣故也。大管谓之篪,以其声大而高也。小者谓之箹,以其声小而深也。"[②]由此可知,大箫、小箫具有形制上的区别,然而均为排箫类乐器,上表所见诸多乐部使用的乐器箫亦为排箫,然其形制应与大箫、小箫有所不同。同时,排箫广泛应用于诸多外来乐部中,因此并不算是高句丽的特色吹奏乐器,可能是乐器编配需要加入进来。《隋书·高丽》载:"乐有五弦、琴、筝、筚篥、横吹、箫、鼓之属,吹芦以和曲。"[③]其中指出高

---

① 引用资料来源参见本文附录四《〈唐六典·太常寺〉载十部乐使用乐器表》。

② [宋]陈旸《乐书·诗训义》,影印文渊阁四库全书第211册,(台湾)商务印书馆,第308页。

③ [唐]魏征等《隋书·东夷列传》,中华书局1973年版,第1814页。

句丽有横吹、箫、鼓等乐器流传,相似记载见于《北史》及后世《通典》《通志》等文献之中。由上述文献可知,至迟在公元6世纪下半叶高句丽集安地区可能已有排箫流传,该时期与集安五盔坟4号墓、5号墓的产生年代基本相符,使得公元6世纪下半叶之后高句丽集安地区排箫的流传增加了进一步的可能性。

然而在公元6世纪之前,集安地区是否有可能有排箫的使用?《三国志》有言:"汉时赐鼓吹伎人,……其民喜歌舞,国中邑落,暮夜男女群聚,相就歌戏。"[1]《后汉书》载:"武帝灭朝鲜,以高句骊为县,使属玄菟,鼓吹伎人。其俗淫,皆洁净自熹,暮夜辄男女聚为倡乐。"[2]由此可知,汉代曾赐鼓吹伎人给高句丽。《三国志·吴志·士燮传》有言:"燮兄弟并为列郡,雄长一州,偏在万里,威尊无上。出入鸣钟磬,备具威仪,笳箫鼓吹,车骑满道,胡人夹毂焚烧香者常有数十。"[3]由此可知,三国吴地鼓吹乐队风行之盛,亦可知三国时一州所用鼓吹乐包括钟、磬、笳、箫、鼓等多种乐器,其中的箫即为排箫。由此可以推知,汉代赐高句丽的鼓吹伎人中可能也包括吹排箫伎人。除此之外,公元3年高句丽迁都集安附近,至公元427年高句丽迁都平壤,在公元1至5世纪的时光中,集安地区是高句丽文化、政治、经济的中心,历时400余年,在此期间集安的音乐文化特色也应能够代表高句丽音乐文化的

---

① [晋]陈寿撰,[宋]裴松之注《三国志·乌丸鲜卑东夷传》,中华书局1959年版,第843页。

② [南朝刘宋]范晔,[西晋]司马彪《后汉书·东夷列传》,中华书局1965年版,第2813页。

③ [晋]陈寿撰,[宋]裴松之注《三国志·士燮传》,中华书局1959年版,第1192页。

发展水平，因此，排箫在汉时已经在高句丽集安地区获得流传也是很有可能的，然而本部分仅为通过文献分析得出的结论，还需要结合考古发现进行综合探讨。

2. 公元2—7世纪中国境内排箫的流传及发展

目前本文搜集的排箫实物及音乐图像资料中，所见排箫实物最早者为西周初年河南鹿邑太清宫长子口墓骨排箫，历经各朝至明清，图像、实物共计约270余处，其中两周时期共计5处，汉约66处，魏晋南北朝63处，隋唐五代101处，宋元明清共计约41处。目前所知的排箫实物主要见于东周时期排箫、日本正仓院所传排箫和清时期排箫，共计约11处，其余所得的大量资料均为排箫演奏图像。根据所见类型，中国境内存见排箫分为A、B、C三种类型：其一，A型，为单翼型。指排箫箫管自一侧至另一侧逐渐边长，如鸟之单翼。其二，B型，为等长型。指排箫箫管长度相等。其三，C型，双翼型。指排箫中部箫管最短，之后逐渐至两侧渐长，如鸟之双翼。前述集安高句丽墓壁画中所见仙人吹排箫图中的排箫均为A型，即单翼型排箫。

（1）存见中国排箫实物及明器研究

本部分着重对公元2—7世纪中国境内排箫的出现及流传情况进行探讨，然而由于排箫的留存实物有限，因此本部分的实物乐器探讨中将放宽时代界限，兹将东周至五代时期排箫实物留存进行探讨，目前此时期所见的排箫实物主要包括河南鹿邑太清宫长子口墓出土骨排箫（图2-96·1）、河南光山宝相寺黄君孟夫人墓出土排箫（图2-96·2）、山西长子牛家坡晋下大夫夫人墓出土排箫（已朽、无图）、河南淅川下寺出土排箫（图2-96·3）、湖北曾侯乙墓出土排箫（图

2-96·4）和正仓院所藏排箫（图2-96·7），此外，河南新郑郑韩故城后端湾春秋墓群3号墓、9号墓各出土一件玉排箫（图2-96·5、2-96·6），为明器，亦列于其中进行讨论。

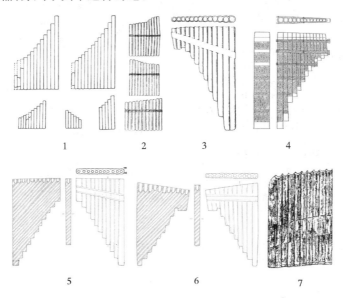

图2-96　东周至五代排箫实物及明器举例①

———————————

　　① 图2-96·1见河南省文物考古研究所、周口市文化局编《鹿邑太清宫长子口墓》，中州古籍出版社2000年版，第193页。图2-96·2见河南信阳地区文管会、光山县文管会《春秋早期黄君孟夫妇发掘报告》，《考古》1984年第4期，第328页。图2-96·3见《中国音乐文物大系》总编辑部《中国音乐文物大系·河南卷》，大象出版社1996年版，第15页。图2-96·4见《中国音乐文物大系》总编辑部《中国音乐文物大系·湖北卷》，大象出版社1999年，第287页。2-96·5见《中国音乐文物大系》总编辑部《中国音乐文物大系 II·江西卷·续河南卷》，大象出版社2009年版，第316页。图2-96·6见《中国音乐文物大系·江西卷·续河南卷》，第317页。图2-96·7见〔日〕林谦三著，钱稻孙译曾维德、张思睿校注《东亚乐器考》，上海书店出版社2013年版，第539页。

为了进一步分析需要，兹将上述两周至隋唐存见排箫实物及明器资料列表如下：

表2-36　两周至隋唐五代存见排箫实物及明器资料列表

年代	名称	材质	件数	管数	类型	出土位置	出处
西周初年	河南鹿邑太清宫长子口墓骨排箫	骨	5	5-13 根不等	A 型	西椁室南部，旁有陪葬者	①
春秋早期	河南光山宝相寺黄君孟夫人墓出土排箫	竹	4	11	B 型？	墓主人右脚下	②
春秋晚期	山西长子牛家坡晋下大夫夫人墓出土排箫	竹	1	6		墓主人左腿侧	③
春秋晚期	河南淅川下寺出土排箫	石	1	13	A 型	墓室中部	④
春秋	新郑后端湾 3 号墓玉排箫（明器）	汉白玉	1	11	A 型		⑤
春秋	新郑后端湾 9 号墓玉排箫（明器）	汉白玉	1	11	A 型		⑥
战国早期	湖北曾侯乙墓出土排箫	苦竹	2	13	A 型	中椁室	⑦
唐[⑧]	正仓院藏排箫	竹	2	7-12（残）	B 型		⑨

---

　　① 河南省文物考古研究所、周口市文化局编《鹿邑太清宫长子口墓》，中州古籍出版社2000年版，第192—193页。

　　② 河南信阳地区文管会、光山县文管会《春秋早期黄君孟夫妇墓发掘报告》，《考古》1984年第4期。

　　③ 山西省考古研究所《山西长子县东周墓》，《考古学报》1984年第4期，第503—529页。

　　④ 淅川县文管会、信阳地区文管会《河南淅川下寺一号墓发掘简报》，《考古》1981年第2期。

　　⑤《中国音乐文物大系》总编辑部《中国音乐文物大系Ⅱ·江西卷·续河南卷》，大象出版社2009年版，第316页。

　　⑥ 同注释⑤，第317页。

　　⑦ 随县擂鼓墩一号墓考古发掘队《湖北随县曾侯乙墓发掘简报》，《文物》1979年第7期。湖北省博物馆《随县曾侯乙墓》，文物出版社1980年版。

　　⑧ 据献物帐所记为"天平胜宝八岁"所记"甘竹箫"，此年为天平胜宝八年，即唐玄宗天宝十五年，公元756年。（〔日〕林谦三著，钱稻孙译曾维德、张思睿校注《东亚乐器考》，上海书店出版社2013年版，第507—508页。）

　　⑨〔日〕林谦三著，钱稻孙译曾维德、张思睿校注《东亚乐器考》，上海书店出版社2013年版，第538—539页。

由上表可知，目前所见两周至隋唐存见排箫实物及明器共计8种，其中两周时期占据7种，唐时期1种。前文中提到，两周时期目前所见排箫实物中，以河南鹿邑太清宫长子口骨排箫为最早，该墓虽产生于西周初年，然其墓主长子口为殷商贵族，周初亦为封君，因此其墓制中呈现出了商、周文化交融的特点，排箫出土于西椁室内，东椁室另出土编铙2套、石磬1个，颇具殷商音乐文化特色。该墓出土骨排箫5件，管数有5、6、10、13管不等，以编管长度排列而成，呈参差状，若鸟之单翼，故可称为"单翼型"[①]，本文称A型。长子口排箫不仅是目前所知的最早排箫实物，同时也是目前所知唯一的骨质排箫实物。除此之外，目前所知两周时期排箫亦包括4种，其中春秋晚期淅川下寺楚墓出土排箫为石制，其余三例为竹质，管数亦有6—13不等，黄君孟出土排箫由于出土时已散乱，因此对其进行了重新编排[②]，由此我们看到图2-96·2呈现的排箫编管排列略呈平齐，由于无法测音，因此对此番重新排列是否合宜无法进行验证，然从其余3例两周时期排箫编管排列可知，山西长子牛家坡晋下大夫夫人墓出土排箫、淅川下寺楚墓出土排箫和曾侯乙墓排箫均为A型。此外，春秋时期新郑后端湾3号墓、9号墓出土的玉排箫明器亦为A型排箫。正仓院所藏两支唐时排箫，称为"甘竹箫"，从图2-96·7中所见，其排列编管基本等长，结合林谦三先生指出其为有底箫，则可知正仓院所见排箫并不以箫管长度调节音

---

① 方建军称此型排箫为"单翼型"。方建军《中国古代乐器概论（远古—汉代）》，陕西人民出版社1996年版，142—146页。

② 河南信阳地区文管会、光山县文管会《春秋早期黄君孟夫妇墓发掘报告》，《考古》，1984年第4期。

高，因此其形制呈现出编管等长的特点，称为"等长型"，本文称B型排箫。

在本文搜集的资料中，清时期目前所见排箫实物约5处[1]，主要见于朱漆描金排箫（图2-97·1）、凤翼排箫（图2-97·2）、曲阜孔府排箫（图2-97·3）、德阳孔庙排箫（图2-97·4）和凤箫（图2-97·5）。

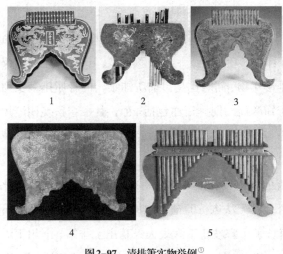

图2-97　清排箫实物举例[1]

---

① 由于年代相近，清时期留存排箫实物可能不止此数，但就目前发现排箫的形制类型来说较为统一，均为C型，即双翼型排箫。——笔者注

② 图2-97·1见《中国音乐文物大系》总编辑部《中国音乐文物大系·北京卷》，大象出版社1999年版，第122页。图2-97·2见《中国音乐文物大系》总编辑部《中国音乐文物大系II·福建卷》，大象出版社2011年版，第89页。图2-97·3见《中国音乐文物大系》总编辑部《中国音乐文物大系·山东卷》，大象出版社2001年版，第195页。图2-97·4见《中国音乐文物大系》总编辑部《中国音乐文物大系·四川卷》，大象出版社1996年版，第111页。图2-97·5见《中国音乐文物大系》总编辑部《中国音乐文物大系II·湖南卷》，大象出版社2006年版，第247页。

兹将上述清时期排箫实物形制列表如下：

年代	名称	材质	件数	管数	类型	出土位置	出处
清	朱漆描金排箫	竹	2	16	C 型	清宫旧藏	①
清	凤翼排箫	竹	1	9（残）	C 型	传世品	②
清	曲阜孔府排箫（凤箫）	竹	1	16	C 型	曲阜孔府旧藏	③
清	德阳孔庙排箫	木	1	16	C 型	德阳孔庙旧藏	④
清光绪年间	凤箫	竹	4	24	C 型	浏阳古乐部	⑤

上述5处清时期排箫实物以竹木材质制作为主，编管数目自16—24不等，形制与前述两种形制均有所不同，其编管自中心处向两侧呈对称式排列，中间最短，两侧最长，似鸟之双翼，因此可归类为双翼型排箫，本文称C型。上述5处清时期排箫中，朱漆描金排箫为清中和韶乐所用，⑥凤翼排箫、曲阜孔庙排箫、德阳孔庙排箫均为文庙旧藏或文

---

①《中国音乐文物大系》总编辑部《中国音乐文物大系I·北京卷》，大象出版社1999年版，第123页。

②《中国音乐文物大系》总编辑部《中国音乐文物大系II·福建卷》，大象出版社2011年版，第89页。

③《中国音乐文物大系》总编辑部《中国音乐文物大系·山东卷》，大象出版社2001年版，第195页。

④《中国音乐文物大系》总编辑部《中国音乐文物大系·四川卷》，大象出版社1996年版，第111页。

⑤《中国音乐文物大系》总编辑部《中国音乐文物大系II·湖南卷》，大象出版社2006年版，第246—247页。

⑥ 同注释①，第123页。

庙大典所用，①凤箫为浏阳古乐所用，亦为礼乐用器。目前搜集资料表明，此类C型排箫实物主要见于清时期礼仪用乐之中。

综上所述，目前所知中国境内排箫乐器实物共计约10处，另日本奈良正仓院存唐时排箫1种，共计约11种排箫实物存世。其中最早者为西周初年的河南鹿邑长子口墓出土骨排箫，另有春秋战国时期竹排箫、石排箫存世，共计两周时期存世排箫实物5处，此后存见唐时排箫1处、清时期排箫5处，共计存世11处约24件，另有明器2件。两周时期排箫为A型排箫（单翼型），有骨、竹、石制等不同材质，编管数量在5—13根（有残）不等；正仓院所藏唐时排箫2只，为B型排箫（等长型），为竹制，编管数量在7—12根（有残）之间；清留存排箫为C型（双翼型），多为竹制，编管数量在9—24根（有残）不等，多为礼乐用器。通过如上分析可知，目前所知的中国排箫实物可以分为A、B、C三种类型，其呈现出的乐器形制、编管数量均有所不同，在一定程度上反映了不同时期排箫发展的状况。出土排箫实物及明器数量不多、所获信息亦有限，然而对其分析研究是排箫研究的有力基础，以此为基点，留存于世、数量可观的排箫乐器图像研究可以进一步进行展开。

（2）中国境内2—7世纪存见排箫图像

通过对存见排箫乐器实物及明器的分析，我们可将目前所见排箫实物分类三个类型：A型（单翼型）、B型（等长型）和C型（双翼型）。

---

① 《中国音乐文物大系》总编辑部《中国音乐文物大系II·福建卷》，大象出版社2011年版，第89页。《中国音乐文物大系》总编辑部《中国音乐文物大系·山东卷》，大象出版社2001年版，第195页。《中国音乐文物大系》总编辑部《中国音乐文物大系·四川卷》，大象出版社1996年版，第111页。

按照编管形制特点，集安高句丽壁画墓所见排箫属于 A 型排箫。由此我们对汉魏晋至隋唐五代的排箫图像进行分类，探讨所见的排箫形制和乐器组合方式。前文提出，两汉、魏晋南北朝、隋唐五代排箫图像出现均较多，三者中隋唐五代数量为最。现分而述之，以窥其特点。

目前所见两汉时期排箫乐器图像、乐俑约66处，其中图像较为清楚者约53处，所见排箫基本为 A 型。根据所见排箫的演奏方式与乐器组合特点，上述53处排箫图像可以分类两种类型：其一，乐人一手持排箫，一手拨弄鼗鼓，即"吹箫播鼗"，称为 I 式；其而，乐人单独吹奏排箫，并与其他乐器组成合奏，称为 II 式。

第一类，I 式。该类吹奏排箫图像约有25处，亦可以按产生时间分为两类，其中西汉时期11处，均见于河南省地区，包括河南新野张家楼鼓舞吹箫画像砖（图2-98·1）、新野吊窑鼓舞取鼎画像砖（图2-98·2）、郑州南仓西街2号墓画像砖（图2-98·3）、汉郁平大尹冯君墓乐舞画像砖（图2-98·4）等；东汉时期14处，见于今湖北、河南、山东等地，包括河南南阳崔庄乐舞画像石（图2-98·5）、山东嘉祥纸坊乐舞图画像石（图2-98·6）、湖北枝江姚家港建鼓百戏画像砖（图2-98·7）、湖北当阳半月1号墓建鼓舞画像砖（图2-98·8）等。从演出场合来说，均为宴飨乐舞百戏等图像，无鼓吹乐图像。

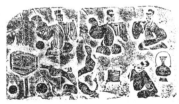 

1   2

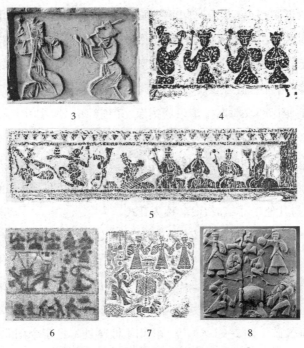

图2-98　两汉时期单翼型Ⅰ式排箫图像举例①

第二类,Ⅱ式。该类排箫吹奏图像约有28处:年代断定为

---

①　图2-98·1见《中国音乐文物大系》总编辑部《中国音乐文物大系·河南卷》,大象出版社1996年版,第193页。图2-98·2见《中国音乐文物大系·河南卷》,第190页。图2-98·3见《中国音乐文物大系·河南卷》,第185页。图2-98·4见《中国音乐文物大系·河南卷》,第161页。图2-98·5见《中国音乐文物大系·河南卷》,第165页。图2-98·6见《中国音乐文物大系》总编辑部《中国音乐文物大系·山东卷》,大象出版社2001年版,第299页。图2-98·7见《中国音乐文物大系》总编辑部《中国音乐文物大系·湖北卷》,大象出版社1999年版,第170页。图2-98·8见《中国音乐文物大系·湖北卷》,第168页。

汉时的2处，包括河北定州严家庄78号汉墓乐舞杂技图（图2-99·1）和江苏沛县建鼓乐舞画像石（图2-99·2）；西汉1处，见于山东滕州市马王建鼓乐舞画像石（图2-99·3）；东汉25处，其中根据演奏场合可以进一步分为两类，其一为鼓吹乐图，见于2处，包括四川成都青杠坡鼓吹画像砖（图2-99·4）和四川新都鼓吹画像砖（图2-99·5），其二为乐舞图，包括23处，主要分布于山东、河南、江苏、四川等省份，如山东嘉祥齐山舞蹈杂技图画像石（图2-99·6）、成都乐舞画像砖（图2-99·7）、江苏铜山洪楼鼓乐百戏画像石（图2-99·8）、河南洛阳苗南新村乐舞俑（图2-99·9）等。

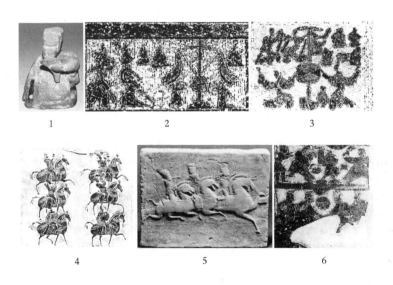

1   2   3

4   5   6

7　　　　　　　　　8　　　　　　　　　9

图2-99　两汉时期单翼型 II 式排箫图像举例①

　　通过上述分析可知，两汉时期图像中所见的排箫形制为单翼型，本文称 A 型，其演奏方式见于两种类型：I式为吹箫播鼗，并与其他乐器进行组合，多见于宴飨乐舞百戏图之中，此种演奏方式出现较早，见于西汉、东汉时期，在目前所知的25处图像资料中，西汉11处，均见于今河南省地区；东汉14处，见于今湖北、河南、山东等地；II式为演奏者单独吹奏乐器排箫，并可能与其他乐器组合，演奏场合包括乐舞百戏图和鼓吹两种，在目前所知的28处资

---

① 图2-99·1见《中国音乐文物大系》总编辑部《中国音乐文物大系 II·河北卷》，大象出版社2008年版，第140页。图2-99·2见《中国音乐文物大系》总编辑部《中国音乐文物大系·上海卷·江苏卷》，大象出版社1996年版，第288页。图2-99·3见《中国音乐文物大系》总编辑部《中国音乐文物大系·山东卷》，大象出版社，2001年版，第261页。图2-99·4见《中国音乐文物大系》总编辑部《中国音乐文物大系·四川卷》，大象出版社1996年版，第174页。图2-99·5见《中国音乐文物大系·四川卷》，第176页。图2-99·6见《中国音乐文物大系·山东卷》，第297页。图2-99·7见《中国音乐文物大系》总编辑部《中国音乐文物大系·北京卷》，大象出版社1999年版，第183页。图2-99·8见《中国音乐文物大系·上海卷·江苏卷》，第284页。图2-99·9见《中国音乐文物大系》总编辑部《中国音乐文物大系·河南卷》，大象出版社1996年版，第204页。

料中,断代为汉时的图像共计2处,西汉仅1处,东汉共计25处,可知此种演奏形式出现较晚,且在东汉所见的25处排箫吹奏图中,有23处为乐舞图,2处为鼓吹乐图,可知此时排箫已经应用于鼓吹行列之中。综上所述,通过留存图像分析可知,排箫在两汉时期音乐中使用广泛,西汉时期较为盛行的演奏方式为吹箫播鼗,运用于宴飨乐舞伴奏之中,东汉时期吹箫播鼗、单独吹奏排箫的两种演奏方式并行,并且排箫的演奏场合除了宴飨奏乐之外,更应用于鼓吹行列之中。

魏晋南北朝时期排箫演奏图像资料约63处,其中较为清晰者约48处,北朝、南朝均有见到排箫演奏图像、北朝居多,且以石窟寺中所见居多。其形制分为A、B两型。

第一类,A型(单翼型)。魏晋南北朝时期A型排箫图像约包括39处,根据乐器演奏场合可以分为伎乐飞天及佛教造像图和世俗奏乐图两类。第一类,伎乐飞天及佛教造像图。共计约33处,包括伎乐天、伎乐人、佛教石刻造像等,主要分布于今甘肃、四川、山西、河南、山东等地,其中以甘肃、山西所见为最,按产生时代可知,其中包括西秦时期炳灵寺第169窟第6龛飞天伎乐(图2-100·1),北凉莫高窟第275窟伎乐人图(图2-100·2)和文殊山石窟千佛洞飞天伎乐图(图2-100·3),东魏时期章丘王官庄造像(图2-100·4)、西魏时期北石窟寺第135窟伎乐天(图2-100·5)等4处,北魏时期北石窟寺第165窟吹奏伎乐图(图2-100·6)、洛阳升仙伎乐图石棺(图2-100·7)等21处,北周西千佛洞第9窟飞天伎乐图(图2-100·8)等3处和南朝梁时成都万佛寺观音造像伎乐石刻(图2-100·9)。第二类，世俗奏乐图。相较于本时期的佛教造像伎乐飞天图像，目前所知魏晋南北朝时期排箫的世俗演奏图像主要包括6处，其中3处见于世俗乐舞、奏乐图，均见于今陕西地区，包括夏侯董祭乐舞造像碑胡人舞乐图（图2-100·10）、乐舞杂技石雕（图2-100·11）和西安草场坡吹奏陶俑（图2-100·12）；另3处为鼓吹行列图，包括江苏丹阳金家村骑乐画像砖（图2-100·13）、河南邓县横吹画像砖（图2-100·14）、河南邓县乐舞画像砖（图2-100·15）和偃师南蔡庄击鼓吹箫俑（图2-100·16）。由此可知，南朝鼓吹行列之中应用了A型排箫。

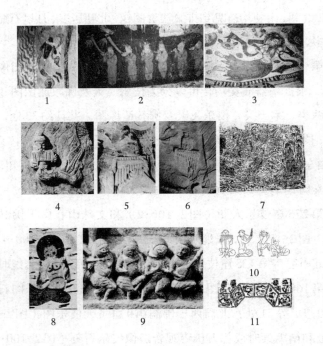

1   2   3

4   5   6   7

8   9   10

11

12　　　　　　　　　13　　　　　　　　　14

15　　　　　　　　　16

图2-100　魏晋南北朝时期单翼型排箫举例①

① 图2-100·1见《中国音乐文物大系》总编辑部《中国音乐文物大系·甘肃卷》，大象出版社1998年版，第228页。图2-100·2见《中国音乐文物大系·甘肃卷》，第79页。图2-100·3见《中国音乐文物大系·甘肃卷》，第221页。图2-100·4见《中国音乐文物大系》总编辑部《中国音乐文物大系·山东卷》，大象出版社2001年版，第244页。图2-100·5见《中国音乐文物大系·甘肃卷》，第239页。图2-100·6见《中国音乐文物大系·甘肃卷》，第238页。图2-100·7见《中国音乐文物大系》总编辑部《中国音乐文物大系·河南卷》，大象出版社1996年版，第266页。图2-100·8见《中国音乐文物大系·甘肃卷》，第213页。图2-100·9见《中国音乐文物大系》总编辑部《中国音乐文物大系·四川卷》，大象出版社1996年版，第183页。图2-100·10见《中国音乐文物大系》总编辑部《中国音乐文物大系·陕西卷·天津卷》，大象出版社1999年版，第132页。图2-100·11见《中国音乐文物大系·陕西卷·天津卷》，第130页。图2-100·12见《中国音乐文物大系·陕西卷·天津卷》，第150页。图2-100·13见《中国音乐文物大系》总编辑部《中国音乐文物大系·上海卷·江苏卷》，大象出版社1996年版，第302页。图2-100·14、图2-100·15见《中国音乐文物大系》总编辑部《中国音乐文物大系·北京卷》，大象出版社1999年版，第184、185页。图2-100·16见《中国音乐文物大系·河南卷》，第212页。

第二类,B型（等长型）。魏晋南北朝时期B型排箫图像及乐俑共有9处,其中8处见于新疆地区,1处见于河南地区。见于新疆地区的8处之中,7处见于新疆克孜尔石窟伎乐天人图中, 且所处时代均较早,如新疆克孜尔第38窟天宫伎乐图（图2-101·1）、克孜尔第76窟伎乐图（图2-101·2）、克孜尔第77窟伎乐天人图（图2-101·3）、库木吐拉第46窟伎乐天人图（图2-101·4）等,1处见于苏巴什佛寺伎乐图（图2-101·5）,新疆所见等长型排箫图像出现时间均较早,在公元4—5世纪左右；见于河南1处为洛阳元邵墓鼓吹乐俑（图2-101·6）。

1　　　　　2　　　　　3

4　　　　　5　　　　　6

图2-101　魏晋南北朝时期等长型排箫举例①

①　图2-101·1见《中国音乐文物大系》总编辑部《中国音乐文物大系·新疆卷》,大象出版社1999年版版,第40页。图2-101·2见《中国音乐文物大系·新疆卷》,第63页。图2-101·3见《中国音乐文物大系·新疆卷》,第52页。图2-101·4见《中国音乐文物大系·新疆卷》,第132页。图2-101·5见《中国音乐文物大系·新疆卷》,第156页。图2-101·6见《中国音乐文物大系》总编辑部《中国音乐文物大系·河南卷》,大象出版社1996年版,第211页。

由此可知，魏晋南北朝时期的排箫形制分为A型和B型两种。A型（单翼型）排箫图像约39处，其中33处为伎乐飞天及佛教造像，主要分布于今甘肃、四川、山西、河南、山东等地，其中北朝居多，南朝仅1处；另6处A型排箫图像为世俗奏乐图：3处为世俗乐舞图，均见于今陕西地区，3处为鼓吹行列图，见于江苏、河南地区。B型（等长型）排箫图像共有9处，其中8处见于新疆地区，1处见于河南地区，见于新疆地区的B型排箫图像多见于新疆克孜尔石窟伎乐天人图中，整体来看新疆出现的等长型排箫图像时间较早，在公元4—5世纪之间，而本时期唯一一处应用等长型排箫的鼓吹乐俑见于北魏洛阳元邵墓，其所处时代为北魏武泰元年（公元528年）[①]，由此可知，公元6世纪之时，B型排箫可能已经用于北魏鼓吹行列乐队之中，而从前述图像来看，南朝则更多承袭了汉制而在鼓吹行列中使用了A型排箫。

隋唐五代时期排箫图像的数量是历代最多者，共计约101处，其中较为清晰者约80处，可以按照排箫的乐器形制分为A型、B型和C型三类。

第一类，A型（单翼型）。隋唐时期A型排箫图像及乐俑等资料约49处，分布于今新疆、河南、山西、陕西、甘肃、湖北、四川、河北等地区。此一时期的A型排箫又可分为两式：

III式。编管以从小到大排列，约后三分之一部分编管长度突出。III式与前述汉代、魏晋南北朝时期所见A型排箫形制

---

① 洛阳博物馆《洛阳北魏元邵墓》，《考古》，1973年第4期。

相一致。按照表演场合又可分为佛教伎乐石刻、鼓吹行列、宴飨奏乐图等三类，其中佛教伎乐石刻类别图像较多。本部分包括的图像共计33处，包括莫高窟第321窟不鼓自鸣乐器图（图2-102·1）、莫高窟第359窟乐舞图（图2-102·2）、新疆克孜尔尕哈第30窟伎乐天人图（图2-102·3）、河南安阳张盛墓乐舞俑（图2-102·4）、山西太原沙沟斛律彻墓乐俑（图2-102·5）、陕西郑仁泰墓彩绘骑马乐俑（图2-102·6）、唐李寿墓石椁坐部伎奏乐图（图2-102·7）等。

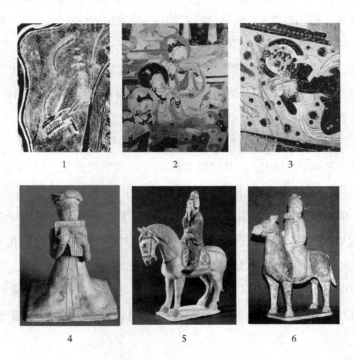

1   2   3

4   5   6

7

图2-102 隋唐五代时期单翼型III式排箫图像举例①

IV式。编管自小到大排列，逐渐加长，无编管突然变长处。IV式
与III式最大的不同在于IV式的编管为单方向逐渐加长，过渡缓慢。
此类排箫乐器图像分布于今甘肃、山西、陕西、新疆、河北、四川等地
区，按照绘制题材可分为佛教伎乐石刻、鼓吹行列、宴飨奏乐图等三
类，其中佛教伎乐石刻所见较多。本部分包括图像16处，包括陕西长
安县隋墓骑马奏乐俑（图2-103·1）、石刻奏乐图佛座（图2-103·2）、
新疆克孜尔第8窟伎乐天人图（图2-103·3）、河北廊坊隆福寺灯楼伎
乐石刻（图2-103·4）等。

① 图2-102·1见《中国音乐文物大系》总编辑部《中国音乐文物大系·甘肃卷》，大
象出版社1998年版，第120页。图2-102·2见《中国音乐文物大系·甘肃卷》，第154页。图
2-102·3见《中国音乐文物大系》总编辑部《中国音乐文物大系·新疆卷》，大象出版社1999
年版，第154页。图2-102·4见《中国音乐文物大系》总编辑部《中国音乐文物大系·河南卷》，
大象出版社1996年版，第214页。图2-102·5见《中国音乐文物大系》总编辑部《中国音乐
文物大系·山西卷》，大象出版社2000年版，第218页。图2-102·6见《中国音乐文物大系·北
京卷》，大象出版社1999年版，第200页。图2-102·7见《中国音乐文物大系》总编辑部《中
国音乐文物大系·陕西卷·天津卷》，大象出版社1999年版，第141页。

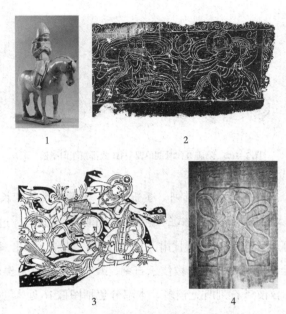

图2-103　隋唐五代时期单翼型Ⅳ式排箫图像举例[①]

　　诚然，由于绘画工艺的水平限制，上述两式 A 型排箫的分类只是相对的概念，有些排箫图像的样式介于两者之间，因此上述两式分类并不一定是此时 A 型排箫的形制分类，而是为了便于之后讨论、限于所见排箫图像进行的两式区分，这种区分是否适用于隋唐时期的 A 型排箫实物还有待进一步的检验。

---

　　① 图2-103·1见《中国音乐文物大系》总编辑部《中国音乐文物大系·陕西卷·天津卷》，大象出版社1999年版，第152页。图2-103·2见《中国音乐文物大系·陕西卷·天津卷》，第134页。图2-103·3见《中国音乐文物大系》总编辑部《中国音乐文物大系·新疆卷》，大象出版社1999年版，第57页。图2-103·4见《中国音乐文物大系》总编辑部《中国音乐文物大系Ⅱ·河北卷》，大象出版社2008年版，第206页。

中国音乐考古丛书·集安高句丽墓壁画的音乐考古学研究　　　　　　374

第二类,B型(等长型)。隋唐时期B型排箫图像及乐俑等资料约22处,分布于今新疆、甘肃、河北、山西、河南、四川、湖南、陕西等地区。从演奏场合而言,佛教伎乐石刻、鼓吹行列、宴飨奏乐图中亦均有见到。隋唐时期B型排箫图像见于盛唐女乐俑(图2-104·1)、莫高窟第220窟乐舞图(图2-104·2)、新疆和田约特干伎乐陶片(图2-104·3)、湖南岳阳桃花山乐舞俑(图2-104·4)、山西潞城辛安原起寺伎乐人经幢(图2-104·5)、河南龙门八作司佛坛伎乐人石刻(图2-104·6)等。

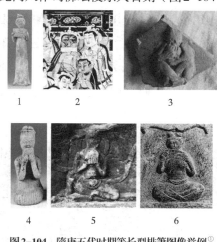

1 2 3

4 5 6

图2-104　隋唐五代时期等长型排箫图像举例①

---

① 图2-104·1见《中国音乐文物大系》总编辑部《中国音乐文物大系·北京卷》,大象出版社1999年版,第203页。图2-104·2见《中国音乐文物大系》总编辑部《中国音乐文物大系·甘肃卷》,大象出版社1998年版,第117页。图2-104·3见《中国音乐文物大系》总编辑部《中国音乐文物大系·新疆卷》,大象出版社1999年版,第193页。图2-104·4见《中国音乐文物大系》总编辑部《中国音乐文物大系II,湖南卷》,大象出版社2006年版,第266页。图2-104·5见《中国音乐文物大系》总编辑部《中国音乐文物大系·山西卷》,大象出版社2000年版,第194页。图2-104·6见《中国音乐文物大系》总编辑部《中国音乐文物大系·河南卷》,大象出版社1996年版,第254页。

第三类,C型I式排箫。此种类型的排箫图像为首次出现,其特点在于排箫编管形成两端对称结构,主要为排箫编管长度自中部开始向两侧递增、两端出现了便于执奏的对称式把手,使乐器形状似鸟之双翼展翅之形,故称双翼型,本文称C型。由于此种双翼型排箫较前述清时期双翼型排箫出现早,且形制与其稍有区别,因此将隋唐时期所见C型排箫图像类型称为CI式排箫,清时期C型排箫实物称为CII式。隋唐时期CI式排箫图像及乐俑等资料约7处,分布于北京、陕西、山东、山西、四川、甘肃、河南等地区,见于佛教石刻奏乐图和乐舞图等图像之中,见于陕西苏思勖墓乐舞壁画(图2-105·1)、北京万佛堂石雕伎乐人(图2-105·2)、前蜀王建墓乐舞伎石刻(图2-105·3)、山西晋城青莲寺慧峰和尚塔伎乐石刻(图2-105·4)等。

1   2

3   4

图2-105　隋唐五代时期双翼型I式排箫图像举例[①]

　　C型排箫的形制可以说是A型和B型排箫形制相结合产生的变体。在目前所知的隋唐五代时期7处C型排箫图像中，有三处有明确纪年，其一为沁阳佛顶尊胜陀罗尼经幢伎乐人，雕刻年代为开元十八年（公元730年）[②]；其二为苏思勖墓乐舞图，产生年代为天宝四年（公元745年）[③]；其三为王建墓伎乐石刻，产生年代约为公元918年[④]。上述3处明确纪年的排箫图像均出现于公元8世纪之后，由此可知，C型排

---

　　① 图2-105·1见《中国音乐文物大系》总编辑部《中国音乐文物大系·陕西卷·天津卷》，大象出版社1999年版，第148页。图2-105·2见《中国文物大系》总编辑部《中国音乐文物大系·北京卷》，大象出版社1999年版，第216页。图2-105·3见《中国音乐文物大系》总编辑部《中国音乐文物大系·四川卷》，大象出版社1996年版，第190页。图2-105·4见《中国音乐文物大系》总编辑部《中国音乐文物大系·山西卷》，大象出版社2000年版，第192页。

　　②《中国音乐文物大系》总编辑部《中国音乐文物大系·河南卷》，大象出版社1996年版，第259页。

　　③ 山西考古所唐墓工作组《西安东郊唐苏思勖墓清理简报》，《考古》1960年第Z1期。

　　④《中国音乐文物大系》总编辑部《中国音乐文物大系·四川卷》，大象出版社1996年版，第189页。

第二章　集安高句丽墓伎乐仙人图研究

箫可能是受A型、B型排箫影响产生的新形制。

　　此外，目前所见宋元明清时期排箫实物、乐器图像及乐俑资料共计约41处，其中实物5处，图像资料36处。其中的图像主要见于辽、金、西夏、宋、元、明时期中，分布于今内蒙古、河北、山西、河南、北京、甘肃、陕西等地。图像资料中较为清晰者共计31处，其中包括A型排箫3处，B型排箫3处，C型排箫25处。其中的C型排箫形制基本与隋唐五代时期所见C型排箫相一致，如河南开封北宋繁塔散乐雕砖（图2-106·1）、内蒙古敖汉大甸子辽不鼓自鸣纹镜（图2-106·2）、河南焦作西冯封散乐俑（图2-106·3）等。

1　　　　　　　　　2　　　　　　　　　3

图2-106　宋元明清时期双翼型I式排箫图像举例①

　　由此可知，CI式排箫在存见的辽、金、西夏、宋、元、明时期图像资料中占有较大的数量比例，可能此时CI式排箫已经成为排箫乐器形

---

① 图2-106·1见《中国音乐文物大系》总编辑部《中国音乐文物大系·河南卷》，大象出版社1996年版，第276页。图2-106·2见《中国音乐文物大系II·内蒙古卷》，大象出版社2007年版，第249页。图2-106·3见《中国音乐文物大系·河南卷》，第222页。

制的主流。其后清时期留存的排箫实物亦为C型,然已发展为II式。

（3）小结

通过对如上排箫乐器实物及图像资料的分析,我们可知,排箫至迟在两周时期已经在中国境内流传,目前所知两周时期排箫为单翼型,本文称A型。

两汉时期排箫亦为A型,根据演奏方式可以分为两式,I式为吹箫播鼗,并与其他乐器进行组合,多见于宴飨乐舞百戏图之中。此种演奏方式出现较早,见于西汉、东汉时期;II式为演奏者单独吹奏乐器排箫,并可能与其他乐器组合,演奏场合包括乐舞百戏图和鼓吹两种,此种演奏形式出现较晚。

魏晋南北朝时期排箫形制分为两种,A型（单翼型）和B型（等长型）。A型排箫图像主要见于伎乐飞天及佛教造像中,另见于世俗乐舞图、鼓吹行列图之中;B型排箫多见于新疆地区克孜尔石窟伎乐天人图中,整体来看新疆出现的B型排箫时间较早,在公元4—5世纪之间,另有一处应用B型排箫的鼓吹乐俑见于北魏洛阳元邵墓,其所处时代为北魏武泰元年（公元528年）[1],由此可知,公元6世纪之时,B型排箫可能已经用于北魏鼓吹行列乐队之中,而南朝则更多承袭了汉制而在鼓吹行列中使用A型排箫。

隋唐五代时期的排箫图像数量是历代最多者,按照排箫的乐器形制分为A型（单翼型）、B型（等长型）和C型（双翼型）三类。此一时期的A型排箫可分为两式:III式,编管以从小到大排列,约后三分之

---

① 洛阳博物馆《洛阳北魏元邵墓》,《考古》1973年第4期。

一部分编管长度突出。Ⅲ式与前述汉代、魏晋南北朝时期所见A型排箫形制相一致。按照绘画题材又可分为佛教伎乐石刻、鼓吹行列、宴飨奏乐图等三类，其中佛教伎乐石刻类别图像较多。Ⅳ式，编管自小到大排列，逐渐加长，无编管突然变长处；Ⅳ式与Ⅲ式最大的不同在于Ⅳ式的编管为单方向逐渐加长，过渡缓慢。按照绘画题材可分为佛教伎乐石刻、鼓吹行列、宴飨奏乐图等三类，其中佛教伎乐石刻类别图像较多。第二类，B型排箫。见于佛教伎乐石刻、鼓吹行列、宴飨奏乐图中。日本正仓院所见排箫实物为B型。第三类，CI式排箫。此种类型的排箫图像为首次出现，其特点在于排箫编管形成两端对称结构，主要为排箫编管长度自中部开始向两侧递增、两端出现了便于执奏的对称式把手，使乐器形状似鸟之双翼展翅之形，故称C型。由于此种C型排箫较前述清时期C型排箫出现早，且形制与留存清时期C型排箫有一定差异，因此将其称为Ⅰ式，清时期C型排箫实物称为CII式。隋唐时期CI式排箫图像资料见于佛教石刻奏乐图和乐舞图之中，本文认为，C型排箫可能是公元8世纪之后受A型、B型排箫影响产生的新形制。

宋元明清时期图像中的排箫形制包括A型、B型、C型三种，其中的C型排箫形制基本与隋唐五代时期所见C型排箫相一致，且数量最多。可能此时CI式排箫已经成为排箫乐器形制的主流。其后清时期留存的排箫亦为C型，然已发展为Ⅱ式。

由此，我们可列出存见中国境内排箫实物及图像所见形制类型列表，如下：

表2-38　存见中国境内排箫实物及图像形制类型列表

类型　　　时期	A型（单翼型）				B型（等长型）	C型（双翼型）	
	I式	II式	III式	IV式		I式	II式
两周时期		√					
两汉时期	√	√					
魏晋南北朝时期		√			√		
隋唐五代时期			√	√	√	√	
宋元明清时期		√			√	√	√

　　根据上表可知，本文所要讨论的集安高句丽壁画墓所见排箫图像约产生于公元6世纪中叶至7世纪初，正处于魏晋南北朝末期和隋唐初期。一方面，如前所述，魏晋南北朝时期目前所见排箫分为A型和B型，而B型排箫主要见于此时期的新疆地区和公元6世纪的北魏，此时期的北朝鼓吹、南朝鼓吹乐中多应用A型排箫。集安高句丽壁画墓所见伎乐仙人图中的吹奏排箫为A型，且与此时期排箫图像多见于伎乐造像之说相符；另一方面，若以隋唐时期排箫乐器分类来看，集安高句丽壁画墓所见排箫属于A型中的III式，即承袭自汉魏晋时期的单翼型排箫。

　　3. 公元4—7世纪朝鲜半岛大同江、载宁江流域排箫的流传及发展

　　在目前所知的朝鲜半岛壁画墓资料中，仅有安岳3号墓大行列图（图2-107·1）中有排箫图像（图2-107·2）的出现。

图2-107　安岳3号墓大行列图、局部图①

　　安岳3号墓大行列图见于前室后壁和后室的回廊之中，图2-107·1所见为位于后室回廊的大行列图部分，其中可见队列前方有步行乐队，后方有骑吹乐队，组成完整的鼓吹行列仪仗。在前方步行乐队中可见钟、鼓乐器，后方骑吹乐队中可见建鼓、排箫、铙等乐器。吹排箫者见于骑吹乐队下方（图2-107·2），然其吹奏排箫乐器形制不甚清晰，仅可知为单翼型排箫，本文称为A型。安岳3号墓产生年代为公元357年，是较为典型的汉魏形制墓葬，墓主人冬寿是前燕慕容皝的司马，后投慕容仁兵败，奔高句丽②。该墓中出现的大行列图亦反映了墓主人的身份等级，其中使用的乐器排箫、铙、建鼓、钟等也体现了公元4世纪时鼓吹乐队的具体编制。根据前文我们分析的中国境内排箫的发展情况，单翼型排箫亦符合该时期鼓吹乐队的使用排箫形制。

　　在朝鲜半岛壁画墓之中，德兴里壁画墓前室的左壁、前壁均存

<hr />

　　① 图2-107·1、图2-107·2见〔朝〕全畴农、奚传绩译《关于高句丽古坟壁画上乐器的研究》，《音乐研究》1959年第3期。

　　② 宿白《朝鲜安岳所发现的冬寿墓》，《文物参考资料》，1952年第1期。

有行列图，药水里壁画墓的左壁、前壁和后壁亦有大型的行列图（图2-108），其中不乏角、鼓等乐器，然而目前尚未见到排箫[①]。

公元4世纪上半叶，高句丽尚未获得朝鲜半岛北部的政治领导权，此时该地区既有本地文化，又有外来的汉魏新移民文化和高句丽文化[②]，安岳3号墓中的鼓吹行列图具有较为鲜明的汉魏文化特征，因此其中出现了鼓吹用器排箫，可以视为排箫等乐器传入朝鲜半岛北部地区的图像例证。然而安岳3号墓并非高句丽壁画墓，因此不可将其作为公元4世纪高句丽地区已有排箫乐器流传的证明，但公元4世纪上半叶A型I式排箫图像在朝鲜半岛的出现增加了高句丽集安地区于公元6世纪之前传入此型排箫的可能性。

图2-108　药水里壁画墓行列图[③]

朝鲜时代音乐书籍《乐学轨范》中载，雅乐部所用乐器中有"箫"（图2-110），按其文中所载，图中十六管者为小，另有二十四管者为

---

① 参见本文第一章表1-14《中国集安地区、朝鲜半岛壁画墓音乐壁画类型对比表》。

② 赵俊杰《4—7世纪大同江、载宁江流域封土石室墓研究》，吉林大学2009年博士学位论文。

③ 图2-108见〔朝〕朱荣宪《药水里壁画墓发掘报告》，载《考古学资料集第3集——各地遗迹整理报告》，科学院出版社1963年版，图21。

大，共两种制式，可知皆为排箫。根据前述中国境内的排箫制式分析，《乐学轨范》所见之排箫属于CII式，与清时期留存排箫制式相同。

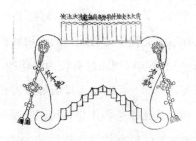

图2-109 《乐学轨范》排箫图[①]

通过上述分析可知，安岳3号墓中排箫图像的出现增加了公元4世纪之时朝鲜半岛流传A型排箫的可能性，这亦可能成为该时期高句丽集安地区流传A型排箫的旁证。

（三）小结

在集安高句丽墓音乐壁画中，仙人吹奏排箫图像见于禹山贵族墓地的五盔坟4号墓、5号墓天井壁画之中，这两座墓的产生年代在公元6世纪中叶至7世纪初。两墓壁画主题以四神为主，同见于两座墓葬的音乐壁画均为伎乐仙人图，除排箫图像外，另见细腰鼓[②]、琴筝类乐器、卧箜篌、角、横笛、阮咸等。两墓所见排箫图像形制相当，均为A型。此种排箫形制历史久远，目前所见的实物、图像资料中，最早实物见于

---

① 图2-109见［朝鲜］成伣等《乐学轨范·雅部乐器图说》，蓬左文库本，第16页。

② 相关研究参见王希丹《论集安高句丽墓壁画中的细腰鼓》，《音乐研究》，2016年第2期。

两周时期,汉代以此种形制排箫为常制,广泛应用于宴飨乐舞之中,东汉时期见于鼓吹行列图像;魏晋南北朝时期A型I式排箫仍占据排箫乐器使用主流,图像资料多见于佛教石窟寺造像之中,另有B型排箫图像见于新疆石窟寺壁画及北朝鼓吹乐俑之中;隋唐五代时期A型排箫图像数量渐少,约占据目前搜集资料总数的三分之一,B型排箫应用增多,CI式排箫出现;宋元明清时期C型排箫逐渐成为排箫乐器的形制主流,A型排箫图像几乎消失不见。

高句丽使用乐器排箫的记载首见于《隋书》,其时名为"箫"。此外,《隋书》俗乐部高丽伎中亦记载了乐器排箫的使用[1]。由此可知,至迟在公元6世纪末,高句丽集安地区已经流传乐器排箫。然而,乐器排箫传入高句丽的时间可能更早。一方面,通过《三国志》等记载可知,鼓吹乐在汉代已经传入高句丽,排箫很可能在汉时已经随鼓吹乐传入,然具体时间目前尚不可知;另一方面,集安高句丽壁画墓所见皆为A型I式排箫图像,此类排箫在鼓吹乐中应用的历史至少可追溯至东汉,也与文献所记高句丽传入鼓吹乐之记载有相合之处。

集安高句丽壁画墓所见之排箫图像为目前所知高句丽音乐壁画遗存中唯一的两处排箫图像。在朝鲜半岛壁画墓中,鼓吹行列图在多处墓葬均有见到,然而鼓吹行列图中存见排箫者仅见于安岳3号墓,其排箫形制为A型I式。集安高句丽墓音乐壁画以乐舞图像、伎乐仙人图为主,朝鲜半岛壁画墓图像中大量出现的行列图并未在集安地区出现,可知两处壁画墓存在文化属性的差异,因此不可将见于安岳3

---

① [唐]魏征等《隋书·音乐志》,中华书局1973年版,第380页。

号墓中的骑吹排箫图像看作公元4世纪排箫传入高句丽的例证,但增加了公元6世纪之前高句丽集安地区传入A型排箫的可能性。

综上所述,鼓吹乐在汉代已经传入高句丽,排箫很可能在汉时已经随鼓吹乐传入。此时该乐器称为"箫"。至迟在公元6世纪末,高句丽集安地区已经流传乐器排箫,隋唐宫廷俗乐部高丽伎中已经使用排箫作为演奏乐器,然其并非高句丽音乐中的特色乐器。公元6世纪中叶至7世纪初,集安高句丽壁画墓五盔坟4号墓、5号墓所见之排箫图像为目前所知高句丽音乐图像遗存中唯一两处仙人奏排箫图像,为高句丽集安地区使用单翼型排箫提供了图像例证。朝鲜半岛安岳3号墓所见排箫图像增加了公元6世纪之前高句丽集安地区传入该种排箫的可能性。

四、其他吹奏乐器

以集安高句丽壁画墓所见吹奏乐器图像为对象,我们已经分析了角、笛和排箫在公元4—7世纪高句丽集安地区的流传,在文献记载的高句丽音乐使用乐器中,尚涉及三种吹奏乐器,分别为笙、葫芦笙和贝,本部分将探讨它们在高句丽本地流传的可能性,现分而述之。

(一)笙

笙的历史悠久,《世本》《礼记》中便有关于笙的记载。目前所见最早的出土笙类乐器实物便是曾侯乙墓出土的笙①。笙、竽为同类乐

---

① 湖北省博物馆《随县曾侯乙墓》,文物出版社1980年版。

器,筝较笙形制更大①。乐器笙在高丽乐中的使用记载首见于《隋书》,另可见于《唐六典》《通典》等文献。然而在隋唐俗乐乐部中,并非只有高丽乐使用了乐器笙,兹将《隋书》等五种文献中俗乐乐部使用乐器笙的记载列表如下:

表2-39　五种文献中俗乐乐部笙使用表②

乐部 文献	俗乐	清乐	西凉乐	高丽乐	龟兹乐	礼毕	高昌乐
《隋书》		●	●	●	●	●	
《唐六典》	● 2②	● 2	●	●	●		●
《通典》	● 2	● 2	●	●	●		●
《旧唐书》	● 2	● 2	●	●	●		
《新唐书》	● 2	● 2	●	●	●		

由上表可知,笙主要运用于俗乐、清乐、西凉乐、高丽乐、龟兹乐、礼毕等乐部的乐器组合之中。在上述五种文献记载中,清乐、西凉乐、高丽乐和龟兹乐均使用了笙;唐时出现的"俗乐"乐部中使用了大笙、小笙,其记载也贯穿《唐六典》《通典》《旧唐书》和《新唐书》之中;《隋书》所载的"礼毕"乐中使用了笙,唐时去礼毕,因此后述四种文献不载;《唐六典》中载高昌乐使用了笙,高昌乐为唐时加入,因此《隋书》不载,《通典》中亦载其使用笙,《旧唐书》《新唐书》不载。由上述分析可知,隋唐俗乐乐部中的外来乐部中,笙广泛应用于西凉乐、龟兹乐、

---

① 王子初《中国音乐考古学》,福建教育出版社2003年版,第232页。

② 引用资料来源参见《隋书》卷十五、《唐六典》卷十四、《通典》卷一百四十六、《旧唐书》卷二十九、《新唐书》卷二十一、《乐书》卷一百五十八。相关版本见本文末参考文献,此处不再赘述。

③《唐六典》《通典》《旧唐书》《新唐书》中均记做大笙、小笙,共计两件。

高丽乐的乐器组合之中，偶见于高昌乐之中。那么是否可以认为西凉等地区本地的音乐中已经使用了笙？以此推断此结论为时尚早，隋唐宫廷乐部中，笙作为编配中较为常见的乐器出现在西凉、龟兹和高丽乐部之中，亦可能是乐器编配需要产生的结果。集安高句丽壁画墓中尚未发现笙的图像，与其密切相关的朝鲜半岛壁画墓资料中亦没有发现笙的身影，因此本文认为，高句丽集安地区流行笙的可能性较小。

（二）葫芦笙

高丽乐中使用葫芦笙的记载仅见于《新唐书》之中。对比《隋书》《唐六典》《通典》《旧唐书》和《新唐书》关于高丽乐的记载可知，葫芦笙仅在《新唐书》的高丽乐使用乐器中出现，且名称并不见于文献中关于高句丽音乐风俗的记写之中。《文献通考》中对高丽乐使用乐器的记载承自《新唐书》，因此其载"葫芦笙"[①]。

"葫芦笙"之名并非最早见于《新唐书》。《乐府杂录·俳优》载："大别有夷部乐，即有扶南、高丽、高昌、骠国、龟兹、康国、疏勒、西凉、安国；乐即有单龟头鼓及筝、蛇皮琵琶——盖以蛇皮为槽，厚一寸余，鳞介具焉，亦以楸木为面，其捍拨以象牙为之，画其国王骑象，极精妙也——凤头箜篌、卧箜篌——其工颇奇巧，三头鼓、铁拍板、葫芦笙。"[②]关于上述文献的分析在本章琵琶类乐器分析中已经提及，此条文献之意并非说明上述所列夷部乐中均使用了以下包括蛇皮琵琶、葫芦笙在

---

① 引用资料来源参见本文附录三《八种文献中高丽乐使用乐器表》。
② 中国戏曲研究院编《中国古典戏曲论著集成（一）》，中国戏剧出版社1959年版，第49页。

内的乐器，因此不应看作是高丽乐使用葫芦笙的明确记载。对比《隋书》《唐六典》《通典》《旧唐书》《新唐书》中高丽乐使用乐器的记载可知，葫芦笙记载仅见于《新唐书》一处。《乐书》曾经提及："唐九部夷乐有葫芦笙。圣朝至道初，西南蕃诸蛮入贡，吹瓢笙，岂胡芦笙耶？"[①]此条文献认为葫芦笙的名称体现了其制作材质的特殊性，因此将宋时西南藩献乐中的瓢笙与《文献通考》所载的葫芦笙联系起来。综上所述，本文认为，宫廷高丽乐中使用葫芦笙的可能性较小，它在高句丽集安地区流传的可能性也较低。

（三）贝

贝，又称蠡、海螺。《旧唐书》载："贝，蠡也，容可数升，并吹之以节乐，亦出南蛮。"[②]《乐书》进一步指出："贝之为物，其大可容数升，蠡之大者也。南蛮之国取而吹之，所以节乐也。今之梵乐用之，以和铜钹，释氏所谓'法螺'。赤土国吹螺以迎隋使是也。梁武帝之乐，有童子伎倚歌梵呗，岂不几夏变于夷乎？故孟子曰：'吾闻用夏变夷，未闻变于夷者也。'"[③]由上述文献可知，乐器贝由体型较大的海螺制成，出于南蛮，用于节乐，在佛教音乐中也有使用。《新唐书》中骠国献乐一事中亦曾谈及其使用了螺贝，其载："螺贝四，大者可受一升，饰缕纷。"[④]《旧

---

① [宋]陈旸《乐书·葫芦笙》，影印文渊阁四库全书第211册，(台湾)商务印书馆。第589页。

② [后晋]刘昫等《旧唐书·音乐志》，中华书局1975年版，第1079页。

③ [宋]陈旸《乐书·梵贝》，影印文渊阁四库全书第211册，(台湾)商务印书馆。第622页。

④ [宋]欧阳修、宋祁等《新唐书·南蛮列传》，中华书局1975年版，第6312页。

唐书》亦指出："骠国乐，贞元中，其王来献本国乐，凡一十二曲，以乐工三十五人来朝。乐曲皆演释氏经论之辞。"[1] 由此可知，骠国乐的乐曲内容多与佛教相关，因此其使用乐器中包括了螺贝亦是可以理解的。

在隋唐俗乐乐部之中，贝的使用主要见于以下乐部之中，如下表：

表2-40　五种文献中俗乐乐部贝使用表[2]

乐部 文献	俗乐	西凉乐	天竺乐	高丽乐	龟兹乐
《隋书》		●	●	●	●
《唐六典》	● 2	●	●	●	●
《通典》		●	●	●	●
《旧唐书》		●	●	●	●
《新唐书》	● 2	●	●	●	●

由上表可知，《隋书》等五种文献之中，《唐六典》《新唐书》所列俗乐中使用了贝，另《隋书》等五种文献均记载西凉乐、天竺乐、高丽乐和龟兹乐中使用了贝。上述西凉乐、天竺乐、高丽乐、龟兹乐之中，天竺乐因其与佛教内容密切相关，可能会使用贝。那么为何西凉、高丽和龟兹乐中亦出现了贝？西凉、龟兹地区受到佛教影响深厚，在目前所见的乐器图像资料中，均可见到贝的身影，由此可知，随着佛教的传入，贝随着佛教音乐传入也是可以理解的，甚至在其后的宫廷乐部西凉乐、龟兹乐中得以体现。那么高丽乐中出现了贝，是否说明高句

---

① ［后晋］刘昫等《旧唐书·音乐志》，中华书局1975年版，第1070页。
② 引用资料来源参见《隋书》卷十五、《唐六典》卷十四、《通典》卷一百四十六、《旧唐书》卷二十九、《新唐书》卷二十一、《乐书》卷一百五十八。相关版本见本文末参考文献，此处不再赘述。

丽地区也传入了此件乐器?

《通沟》载:"西壁者,左手携有细长螺形物,似乐器,并当是护墓之神人。"[①]朝鲜学者全畴农认为此图可能是文献中高丽乐记载的乐器"贝"[②]。四神墓西壁持物神人摹写图(图2-110)如下:

图2-110　四神墓持物神人摹写图[③]

目前朝鲜半岛壁画墓中并没有发现传入此件乐器的资料,追溯前述隋唐宫廷乐部中高丽乐的来源,我们提到其来自北朝地区、南朝地区流行的高丽乐,因此这种传入隋唐宫廷的高丽乐经过了北朝宫廷乐工的加工、融入北朝音乐特色也是有可能的。因此,综上所述,本文认为高丽乐中出现的贝并非宫廷高丽伎中的特色乐器,在高句丽集安地区流传的可能性也较小。

---

①[日]池内宏、梅原末治《通沟:"满洲国"通化省辑安县高句丽遗迹(下)》,"日满文化协会"1940年版,第77页。

②"这种乐器是在四神冢羡道西壁上发现的,它的形状像一种长长的海螺。……这似乎就是文献中所说的'贝'。"([朝]全畴农著、奚传绩译:《关于高句丽古坟壁画上乐器的研究》,《音乐研究》,1959年第3期,第94页注释③。)

③图2-110见[日]《朝鲜古文化综鉴》第4卷,养德社,昭和41年(1966)版,图版20,第39页。

第三节　打击乐器

高句丽音乐中使用了打击乐器。

《三国志》有言："汉时赐鼓吹伎人，常从玄菟郡受朝服衣帻，高句丽令主其名籍。"[①] 由此可知，汉时鼓吹乐已经传入高句丽，使得部分打击乐器、吹奏乐器传入高句丽成为可能。《隋书》载高句丽"乐有五弦、琴、筝、筚篥、横吹、箫、鼓之属，吹芦以和曲。"[②] 其中谈到的"横吹""箫鼓"与《三国志》所言的鼓吹乐传入相契合。"横吹""箫鼓"都是鼓吹乐的形式，"横吹"又可指为横笛，"箫"可指为排箫，"鼓"具体形制不详。隋唐宫廷乐部高丽乐中使用了多种乐器，其中的打击乐器类型多样，多种记载略有出入，以《隋书》记载为最早，其言："高丽，歌曲有芝栖，舞曲有歌芝栖。乐器有弹筝、卧箜篌、竖箜篌、琵琶、五弦、笛、笙、箫、小筚篥、桃皮筚篥、腰鼓、齐鼓、担鼓、贝等十四种，为一部。工十八人。"[③] 其中提到宫廷高丽乐使用的打击乐器包括腰鼓、齐鼓、担鼓三种。《三国史记·高句丽本纪·琉璃明王》载："十一年（前9年），夏四月，……王举旗鸣鼓而前。鲜卑首尾受敌，计屈力穷，降为属国。"[④] 其中所说的"举旗鸣鼓"，可知"鼓"为重要的功能性乐器，

---

① [晋]陈寿撰，[宋]裴松之注《三国志·乌丸鲜卑东夷传》，中华书局1959年版，第843页。

② [唐]魏征等《隋书·东夷列传》，中华书局1973年版，第1814—1815页。

③ [唐]魏征等《隋书·音乐志》，中华书局1973年版，第376—380页。

④ [高丽]金富轼撰、孙文范等校勘《三国史记·高句丽本纪·琉璃明王》，吉林文史出版社2003年版，第177页。

作为在战争中使用的乐器具有较为鲜明的信号功能,并兼具鼓舞士气的作用,但其乐器形制已不可知。在角类乐器分析部分我们提及,《三国史记·高句丽本纪·大武神王》所载文献中亦将鼓、角作为功能性乐器被赋予了非常重要的地位,乃至能够决定国家的命运①。该条文献中所指乐浪国的两件乐器鼓与角具有护国神力,若有兵至乐浪,则两器不击自鸣,高句丽王子好童设计将两器破坏,使得乐浪土地收归高句丽版图之内。关于此段记载的另一种简短说法指出乃为乐浪女子"坏兵物"使得乐浪兵败似乎更为可信,然而好童之故事恰恰说明了当时高句丽、乐浪地区对于鼓、角乐器在战争中使用功能的理解,可以说以颇具神话色彩的形式强调了两器在战争中的重要作用,这自然首先是证明了鼓类乐器在早期高句丽的流传。

在集安高句丽墓壁画中,世俗音乐图景中并未出现打击乐器,而伎乐仙人图中却出现了细腰鼓,为这件乐器在高句丽的流传提供了重要线索,通过对公元2—7世纪中原地区、朝鲜半岛地区细腰鼓乐器流传情况的分析,我们可以获得细腰鼓在高句丽地区流传的多重线索。同时,高句丽是否还存在其他打击乐器,也是本部分想要讨论的内容。

---

① "十五年(32)夏四月,王子好童游于沃沮。乐浪王崔理出行,因见之,问曰:'观君颜色,非常人,岂非北国神王之子乎?'遂同归,以女妻之。后好童还国,潜遣人告崔氏女曰:'若能入而国武库,割破鼓角,则我以礼迎,不然则否。'先是,乐浪有鼓角,若有敌兵则自鸣,故令破之。于是,崔女将利刀潜入库中,割破鼓面角口,以报好童。好童劝王。袭乐浪,崔理以鼓角不鸣,不备,我兵掩至城下,然后知鼓角皆破,遂杀女子出降。(或云,欲灭乐浪遂请婚,娶其女为子妻,后使归本国,坏其兵物)"。[高丽] 金富轼撰、孙文范等校勘《三国史记·高句丽本纪·大武神王》,吉林文史出版社2003年版,第186页。

　　　　　第二章　集安高句丽墓伎乐仙人图研究

一、细腰鼓

集安高句丽壁画墓中描绘了两处"广首纤腹"的打击乐器,研究者们多将其称为"腰鼓"[①],本文将其称为"细腰鼓"。

当今的《中国音乐词典》中,"腰鼓"乃指形似圆筒、两端略细而中间鼓腹的打击乐器,以带悬于腰间,双手以木槌击之,并伴有舞蹈动作[②]。为了避免研究中的词汇混淆,本文将上述文献中"广首纤腹"之细腰鼓类型乐器,统一以宽泛的"细腰鼓"名称一以贯之,作为该类乐器的统称。集安高句丽壁画墓伎乐仙人图中所见细腰鼓见于五盔坟4号墓、5号墓壁画之中,共2幅。壁画中,细腰鼓由仙人所持,描绘于墓室顶部的叠涩抹角之中。

（一）集安高句丽壁画墓中的仙人击细腰鼓图

五盔坟4号墓、5号墓壁画所见的两件细腰鼓形制基本相当。

1. 五盔坟4号墓击细腰鼓图

五盔坟4号墓墓室第二重顶石北面有仙人击细腰鼓图。仙人位于中间位置,细腰鼓挂于胸前,该细腰鼓周身以黑色为底,上有四道红色弦纹,外廓亦以红色勾出。鼓身自中间最细处起,向两端逐渐变

---

① 参见吉林省博物馆《吉林集安五盔坟四号和五号墓清理略记》,《考古》1964年第2期,第59—66页;吉林省文物工作队《吉林集安五盔坟四号墓》,《考古学报》1984年第1期,第121—136页;

② 中国艺术研究院音乐研究所《中国音乐词典》编辑部《中国音乐词典》,人民音乐出版社1985年版,第455页。

粗，呈对称的沙漏型。细腰鼓两侧约二分之一处各系一端红色鼓绳，着淡黄色袍服的仙人将鼓绳挂于颈部，使细腰鼓垂于腰际。仙人左手欲击鼓面，右手高高扬起，似刚击奏完毕，或似正欲挥臂向下击奏（图2-111）。此外，五盔坟4号墓还绘有其他的伎乐仙人，均位于第二重顶石之上，包括位于北面的弹卧箜篌仙人、西面的吹角仙人、东面的吹排箫仙人和吹横笛仙人。

图2-111　4号墓击细腰鼓图①　　　图2-112　5号墓击细腰鼓图②

2. 五盔坟5号墓击细腰鼓图

五盔坟5号墓墓室第二重顶石西南面有仙人击细腰鼓图。只见左侧一位乘龙仙人左手拍打鼓面，右手扬起。该仙人击鼓动作与五盔坟4号墓击细腰鼓仙人一致。乐器亦以黑色为底，以鼓中心处为轴心，两侧绘有对称的红色弦纹，至两侧外部有较宽的红色弦纹，之后有向外侧延展的黑色边框。鼓身自中间最细处，向两端逐渐变粗，呈对称的沙漏型。细腰鼓同样以红绳系于两端，由仙人将鼓绳挂于颈部，使

① 图2-111见徐光冀主编《中国出土壁画全集·辽宁吉林黑龙江卷》，科学出版社2012年版，第194页。

② 图2-112同注释①，第210页。

　　第二章　集安高句丽墓伎乐仙人图研究

鼓垂于腰际（图2-112）。此外,五盔坟5号墓还绘有其他的乘龙伎乐仙人,均位于第二重顶石之上,包括位于西南面的弹卧箜篌仙人,东北面的吹角仙人、吹排箫仙人,东南面的吹横笛仙人和西北面的弹阮咸仙人。

由此,可将集安高句丽壁画墓仙人击细腰鼓图列表如下:

表2-41　集安高句丽墓仙人奏细腰鼓图像表

年代	墓葬名	图像位置	乐器形制	演奏方法	同墓所见乐器图像
6世纪中叶至7世纪初	五盔坟4号墓	第二重顶石	鼓身自中间最细处起,向两端逐渐变粗,呈对称的沙漏型。	双手拍打两侧鼓面	卧箜篌、排箫、横笛、角
6世纪中叶至7世纪初	五盔坟5号墓	第二重顶石	鼓身自中间最细处,向两端逐渐变粗,呈对称的沙漏型,乐器两侧有向外侧延展的黑色边框。	双手拍打两侧鼓面	卧箜篌、排箫,横笛、角、阮咸

通过上述分析可知,集安高句丽墓壁画中出现的细腰鼓图像均在公元6世纪中叶至7世纪初的墓葬壁画之中,图像位置均位于主墓室第二重顶石,乐器形制略有不同,演奏方法均为两手拍击,同墓第二重顶石另有其他伎乐仙人,两墓所见仙人使用乐器基本相似,均包括细腰鼓、卧箜篌、排箫、横笛和角,唯五盔坟5号墓多出一幅伎乐仙人弹阮咸图。

（二）细腰鼓在高句丽的出现及流传

本部分中将从细腰鼓乐器名称考辩、公元2—7世纪中原地区细腰鼓的流传、朝鲜半岛公元4—9世纪细腰鼓的流传三方面对细腰鼓在高句丽的出现及流传问题进行探讨。

1. 细腰鼓乐器名称考辨

细腰鼓是一种打击乐器，以鼓腰较细而得名[①]。"细腰鼓"一词首见于《宋书·肖思话传》。其文曰："思话年十许岁，未知书，以博诞游邀为事，好骑屋栋，打细腰鼓，侵暴邻曲，莫不患毒之"[②]。萧思话卒于刘宋建孝二年（公元454年），终年五十岁[③]，推知其十许岁时，约为公元415年前后。《宋书》由梁朝沈约完成于梁永明六年（公元488年）[④]，于刘宋政权覆灭相去时间不远，其所见刘宋时期资料较为详实。由此可知，至迟公元5世纪上半叶，"细腰鼓"作为一种乐器已在南朝地区为人所知。

《文献通考》"腰鼓"一条，其言："腰鼓之制，大者瓦，小者木，皆广首纤腹。沈约《宋书》萧思话好打细腰鼓，岂谓此欤？"[⑤]此条道出细腰鼓的制作材料、形制特点，亦点名了"细腰鼓"的相关记载。上述《文献通考》所引条目中指出，"腰鼓"以"广首纤腹"为特点，但有大小之别。较大的腰鼓，以瓦为制作材料；较小的腰鼓则以木为制作材料。此条中将此类鼓称为"腰鼓"，属该书中

---

① 中国艺术研究院音乐研究所《中国音乐词典》编辑部《中国音乐词典》，人民音乐出版社1985年版，第419页。

② ［梁］沈约《宋书·萧思话传》，中华书局1974年版，第2011页。

③ 同注释②，第2016页。

④ ［梁］沈约《宋书》，中华书局1974年版，出版说明，第2页。

⑤ ［元］马端临《文献通考·乐考》，中华书局1986年版，第1203页。

八音分类中之"土之属俗部"，可知为俗乐所用乐器。也由此可知，《文献通考》该条目中所说的"腰鼓"即为《宋书》所说"细腰鼓"，且此名称为一类"广首纤腹"打击乐器的总称。那么历史上，以"广首纤腹"为特点的鼓类乐器，是否仅有"腰鼓""细腰鼓"之称呢？

《文献通考》"腰鼓"条中载有多种"广首纤腹"的细腰鼓类型名称，兹将该条目中细腰鼓类乐器列表如下：

表2-42 《文献通考》所载细腰鼓类乐器列表①

类别	名称	别名	形制	演奏方法	使用场合、乐部
土之属俗乐	腰鼓	细腰鼓	广首纤腹，大者以瓦，小者以木		
革之属胡乐	都昙鼓		似腰鼓而小	以小槌击之	扶南乐、天竺乐
	毛员鼓		类都昙鼓而大		扶南乐、天竺乐
	汉鼓	震鼓	广首纤腹		汉人所用
	魏鼓	杖鼓，相鼓，细腰鼓，正鼓，和鼓，拍鼓	广首纤腹，大者以瓦，小者以木	右击以杖，左拍以手	每奏大曲入破时，与羯鼓、大鼓并用

由上表可知，中国史籍记载中，"广首纤腹"的细腰鼓类乐器并

---

① 参考资料见《文献通考·乐考》，其载："都昙鼓：都昙鼓，扶南、天竺之器也，其状似腰鼓而小，以小槌击之。毛员鼓：毛员鼓，其制类昙而大，扶南、天竺之乐器也。……汉鼓（震鼓）：震鼓之制，广首而纤腹（即杖鼓也），汉人所用之鼓。魏鼓（杖鼓，相鼓，细腰鼓，正鼓，和鼓）昔苻坚破龟兹国，获羯鼓、鼓、杖鼓、腰鼓。汉魏用之，大者以瓦，小者以木，类皆广首纤腰，宋萧思话所谓细腰鼓是也。唐有正鼓、和鼓之别，后周有三等之制。右击以杖，左拍以手，后世谓之杖鼓、拍鼓，亦谓之魏鼓，每奏大曲入破时，与羯鼓、大鼓同震作，其声和壮而有节也。今契丹拍鼓如震鼓而小。"（《文献通考·乐考》，中华书局1986年版，第1208页。）

非一种，其形制和名称都随着历史更迭而发生变化。仅以上表列出，即包括腰鼓、都昙鼓、毛员鼓、汉鼓、震鼓、魏鼓、杖鼓、相鼓、细腰鼓、正鼓、和鼓、拍鼓等，既有属于俗乐部乐器，也有属于胡乐部乐器，且演奏的方式、使用的场合也有所不同。

其中"魏鼓"条目尤为引人注目，不但因其记载颇为详尽，更因其提供了关于细腰鼓的多种信息。由此条文献可知：首先，本条指出了细腰鼓传入中原的契机，乃是苻坚破龟兹而得，可谓自西域而来；其二，汉、魏时期，细腰鼓在中原地区广为流行；其三，细腰鼓的形制皆为广首纤腹，但有大小之别，材质上亦有所区分，大细腰鼓以瓦为制，小细腰鼓以木制作；其四，《宋书》中萧思话传所说的细腰鼓就即指此类型鼓；其五，指出了细腰鼓类乐器在唐、后周的名称、形制变迁；其六，指出细腰鼓的演奏方式是右手执杖敲击，左手以手掌拍打鼓面；其七，指出后周之后，细腰鼓类型乐器被称为杖鼓、拍鼓、魏鼓等名称；其八，指出后周之后细腰鼓的演奏场合，是在大曲进入高潮阶段时与羯鼓、大鼓同时使用，声音壮阔而富于节奏；其九，指出契丹民族所用的"拍鼓"也是细腰鼓类型乐器，但比"震鼓"小，应为体型稍小一些的细腰鼓类型乐器。由此可见，"魏鼓"条目中包含了非常丰富的细腰鼓乐器信息。

目前已知在中国史籍记载的细腰鼓有着不同的形制和名称，根据《文献通考》"魏鼓"条目的记载，本文搜集整理了正史中细腰鼓类型乐器可能相关的鼓名、形制、使用场合等讯息，列表如下：

表2-43　正史所见细腰鼓类乐器表①

文献名	名称	形制	使用场合	所在卷册
《宋书》	细腰鼓			卷七十八·萧思话传
《南史》	细腰鼓			卷十八·萧思话传
《隋书》	腰鼓		俗乐：西凉、龟兹、疏勒、高丽、礼毕	卷十五·乐志
	正鼓		俗乐：康国、安国	卷十五·乐志
	和鼓		俗乐：康国、安国	卷十五·乐志
	都昙鼓		俗乐：高昌、天竺	卷十五·乐志
	毛员鼓		俗乐：高昌、天竺	卷十五·乐志
《旧唐书》	腰鼓	腰鼓，大者瓦，小者木，皆广首而纤腹，本胡鼓也。石遵好之，与横笛不去左右。	俗乐：西凉、高丽、高昌、龟兹、疏勒；散乐	卷二十九·乐志
	正鼓	正鼓、和鼓者，一以正，一以和，皆腰鼓也。	俗乐：康国、安国	卷二十九·乐志
	和鼓		俗乐：康国、安国	卷二十九·乐志
	都昙鼓	都昙鼓，似腰鼓而小，以槌击之。	俗乐：扶南、天竺、龟兹	卷二十九·乐志
	毛员鼓	毛员鼓，似都昙鼓而稍大。	俗乐：扶南、天竺、龟兹	卷二十九·乐志
《新唐书》	腰鼓		俗乐：西凉、高丽、龟兹、疏勒、高昌	卷二十一；卷二十二；卷二百二十二下
	正鼓	正鼓、和鼓者，一以正，一以和，皆腰鼓也。	俗乐：康国、安国	卷二十一·礼乐
	和鼓		俗乐：康国、安国	卷二十一·礼乐
	杖鼓	杖鼓、第二鼓、第三鼓。	俗乐	卷二十二·礼乐
	都昙鼓		俗乐：天竺、龟兹	卷二十一·礼乐
	毛员鼓		俗乐：天竺、龟兹；俗乐：景云河清歌	卷二十一·礼乐

① 相关使用版本参见本文文末参考文献，此处不再赘述。——笔者注

文献名	名称	形制	使用场合	所在卷册
《宋史》	腰鼓		龟兹部	卷一百四十二·乐志十七
	杖鼓		大曲、法曲部、云韶部	卷一百四十二·乐志十七
	相鼓	相所以辅相于乐，今用节舞者之步，故曰相鼓。		卷一百二十九·乐志
			大礼用乐	卷一百三十·乐志
《辽史》	腰鼓		散乐器	卷五十四·乐志
	杖鼓、第二鼓、第三鼓		散乐器	卷五十四·乐志
	毛员鼓			卷五十四·乐志
《金史》	相鼓		乐舞	卷三十九·乐志
《元史》	和鼓		安和乐	卷六十七；卷七十九；卷八十
		制如大鼓而小，左持而右击之。	寿星对	卷七十一·礼乐
	杖鼓		奉旨，搜访旧教坊乐工，得杖鼓色杨皓……	卷六十七·礼乐
		制以木为匡，细腰，以皮冒之，上施五彩绣带，右击以杖，左拍以手。	乐音王队、礼乐队、说法队	卷七十一·礼乐
			云和乐	卷七十七；卷七十九；卷八十
	札鼓		安和乐	卷六十七；卷七十九；卷八十
		制如杖鼓而小，左持而右击之。		卷七十一·礼乐
	相鼓	相鼓二，制如搏拊，以韦为表，实之以糠。拊其两端，以相乐舞节。	武舞	卷六十八·礼乐
			武舞	卷七十一；卷七十三
《明史》	腰鼓		四夷舞乐	卷六十一·乐志
	杖鼓		丹陛大乐	卷六十一·乐志

文献名	名称	形制	使用场合	所在卷册
《清史稿》	花匡鼓	花匡鼓，即腰鼓，木匡冒革，面径一尺五寸二分，匡高一尺六寸，绘花文。座以檀，四柱交趺，以铜环悬鼓而击之。	铙歌	卷一百一·乐志
			皇太子仪仗	卷一百五·舆服
	杖鼓		先蚕乐章	卷九十四·乐志
		杖鼓，上下二面，铁圈冒革，复楦以木匡，细腰。匡高一尺九寸四分四釐，腰径二寸八分八釐，两端径各八寸一分，上下面径各一尺二寸九分六釐。面匡俱鬃黄，绘五采云龙，缘以绿皮掩钱。上下边缀金钩各六，以黄绒紃交络之。腰加束焉。腰饰绿皮焦叶文。以鬃朱竹片击之。	丹陛大乐	卷一百一·乐志
		杖鼓同丹陛大乐而小，或半之，或为三之二。	中和清乐	
		乐器均与中和清乐同。	丹陛清乐	
		杖鼓，同丹陛大乐，惟面绘流云，中为太极。	铙歌鼓吹	
		杖鼓同丹陛大乐。	凯歌	

首先，上表涉及史籍包括《宋书》《南史》《隋书》《旧唐书》《新唐书》《宋史》《辽史》《元史》《金史》《明史》《清史稿》约11种。其中所见细腰鼓类乐器之名最早者为《宋书》所载"细腰鼓"；细腰鼓类型记载最多的正史为《新唐书》，达6种之多。其次，上表涉及鼓名包括细腰鼓、腰鼓、正鼓、和鼓、都昙鼓、毛员鼓、杖鼓、第二鼓、第三鼓、相鼓、

札鼓、花匡鼓共12种。现将12种鼓名及形制、使用场合分析如下:

其一,细腰鼓。名称首见于《宋书》,亦见于《南史》,均载《萧思话传》中,记载略同。其后两书中未再提起这一名称。《荆楚岁时记》载:"谚云:'腊鼓鸣,春草生。'村人并击细腰鼓,戴胡公头,及作金刚力士以逐疫。"①该书约完成于公元6世纪上半叶,由此可知该时期两湖地区已经有细腰鼓乐器的流传。上述记载中虽均未说明乐器形制,然而其"细腰"二字即可推知,"细腰鼓"即为后世所谓"广首纤腹"的鼓类乐器。《文献通考》中亦有此看法②。"细腰鼓"之名在《南史》之后的正史中不见记载,可能为后世减缩的名称"腰鼓"及更多具体的细腰鼓类乐器名称如"都昙鼓""正鼓"等所取代。

其二,腰鼓。名称首见于《隋书·音乐志》,另《旧唐书》《新唐书》《宋史》《辽史》《明史》中皆有该乐器名称出现。腰鼓形制记载首见于《旧唐书》,其言:"腰鼓,大者瓦,小者木,皆广首而纤腹,本胡鼓也。石遵好之,与横笛不去左右"③。这条记载指出,首先,腰鼓乃"胡鼓",即非中原所出,而自西域而来;其次,腰鼓的形制为"广首纤腹",且有大小之别,所用材质亦非单一,大腰鼓以瓦为材料,小腰鼓以木为材料;第三,石遵喜欢演奏此种腰鼓,且常将腰鼓与横笛合奏。石遵为东晋时人,本为贵戚,其于永和五年(公元349年)自立为王,同年被杀,因此《晋书》中不见其传,仅有零星记载。《旧唐

---

① [梁]宗懔撰、宋金龙校注《荆楚岁时记》,山西人民出版社1987年版,第64页。

② [元]马端临《文献通考·乐考》,中华书局1986年版,第1208页。

③ 以下12种细腰鼓类型打击乐器名称分析中,包含于表2-43《正史所见细腰鼓类乐器表》中的文献出处不再赘述,没有包含于其中的引用文献出处会在注释中逐一标明。——笔者注

书·音乐志》载:"汉灵帝好胡笛,五胡乱华,石遵玩之不绝音。"① 由此可知,《旧唐书》的两处记载皆言石遵对胡乐器的喜爱。石遵所处时代比前述所提萧思话生活时间早一百余年,随着五胡乱华的历史更迭,西域地区使用的乐器流入中原是可以理解的,那么公元4世纪中期之时,"腰鼓"是否已传入南朝地域?《文献通考》"魏鼓"条指出,苻坚破龟兹获腰鼓等乐器。前秦建元十八年(公元382年),大将吕光奉苻坚之命破龟兹等国,这被认为是龟兹乐传入中原的时间起点,而石遵所在的时间尚比此时还要早几十年。尽管关于石遵好腰鼓、苻坚破龟兹得腰鼓的记载均载于后世文献,然而亦说明在公元4世纪、5世纪之时,腰鼓已经具备了传入中原地区的渠道。隋唐时期,腰鼓被广泛应用于俗乐之中,但具体应用的乐部类型在《隋书》《旧唐书》《新唐书》中有所差别,如下表所示:

表2-44 《隋书》《新唐书》《旧唐书》俗乐乐部腰鼓使用表②

乐器名 文献名	《隋书》	《旧唐书》	《新唐书》
腰鼓	西凉、龟兹、疏勒 高丽、礼毕	西凉、龟兹、疏勒 高昌、高丽;散乐③	西凉、龟兹、疏勒 高昌、高丽

由上表可知,隋唐时期腰鼓广泛地应用于俗乐之中,主要见于西凉乐、龟兹乐、疏勒乐、高丽乐、高昌乐和礼毕之中,亦见于散乐演奏中。

---

① [后晋]刘昫等《旧唐书·音乐志》,中华书局1975年版,第1075页。

② 引用资料来源参见《隋书》卷十五《旧唐书》卷二十九《新唐书》卷二十一《乐书》卷一百五十八。相关版本见本文末参考文献,此处不再赘述。

③《旧唐书·音乐志》载:"散乐,用横笛一,拍板一,腰鼓三。"([后晋]刘昫等《旧唐书·音乐志》,中华书局1975年版,第1074页。)可见这是五件乐器的组合演奏形式。而腰鼓与横笛相伴的演奏形式,又与同书所载石遵喜爱的腰鼓"与横笛不去左右"相合。——笔者注

其三,正鼓、和鼓。鼓名记载首见于《隋书·音乐志》,又见于《旧唐书》《新唐书》。"和鼓"之名另见《元史》。正鼓、和鼓亦应用于隋唐俗乐乐部中,如下:

表2-45 《隋书》《旧唐书》《新唐书》俗乐乐部正鼓、和鼓使用表[①]

文献名 乐器名	《隋书》	《旧唐书	《新唐书》
正鼓	康国、安国	康国、安国	康国、安国
和鼓	安国	康国、安国	康国、安国

由上表可知,正鼓、和鼓多用于康国、安国[②]两部俗乐乐部之中,这两种鼓不同于《隋书》等载的乐器"腰鼓",应为其他的细腰鼓类型。《旧唐书》一句"正鼓、和鼓者,一以正,一以和,皆腰鼓也。"[③]点明了两鼓的关系和形制,亦可知两者皆为"广首纤腹"的细腰鼓类型,且属于《隋书》所记"腰鼓"的同类乐器,演奏方法可推知与腰鼓有相近之处。

另《元史》中所记"和鼓",指出其形制"制如大鼓而小,左持而右击之。"同书记载有杖鼓、札鼓。其中札鼓记载类型与和鼓相仿,"制如杖鼓而小,左持而右击之。"两者均用于安和乐中。"大鼓"之名颇为笼统,通观《元史》中不见对于"大鼓"的明确解释,但有关于"鼓"的明确解释。其载:"鼓,制以木为匡,冒以革,朱漆杂花,面绘复身龙,长竿二。廷中设,则有大木架,又有击拉高座。"[④]本文认为,《元史》中"和鼓"的解释,有两种可能:第一种,和鼓为"鼓"之较小者,

① 引用资料来源参见《隋书》卷十五《旧唐书》卷二十九《新唐书》卷二十一《乐书》卷一百五十八。相关版本见本文末参考文献,此处不再赘述。

② 两国均位于今中亚乌兹别克斯共和国坦境内。(刘再生《中国古代音乐史简述(修订版)》,人民音乐出版社2006年版,第276—277页。)

③ [后晋]刘昫等《旧唐书·音乐志》,中华书局1975年版,第1079页。

④ [明]宋濂等《元史·礼乐志》,中华书局1976年版,第1772—1773页。

第二章 集安高句丽墓伎乐仙人图研究

且能单手"持"而另一手击奏。"鼓"之形制虽未说明，但即使较小的"鼓"，想要仅仅依靠单手拿住还是比较困难的，除非有可以相握的地方，因此第一种可能性较小。第二种，"和鼓"条目中的"制如大鼓"之"大"字有误。"鼓""杖鼓""札鼓""和鼓"条目在《元史》中顺次出现、紧密连接，且札鼓与和鼓的记载仅一"大"字不同，札鼓比杖鼓小些，和鼓比大鼓小些，两者皆是左手持鼓右手敲击。那么是否可能两种鼓属于同种类型的鼓？如果是同种类型为何单独列出？由表2-43可知，《元史》记载中的杖鼓、札鼓均为细腰鼓类型，因此本文认为，《元史》中"和鼓"此条可能为"制如扎鼓而小，左持而右击之"，此时的"和鼓"可能也为细腰鼓类型打击乐器。

其四，都昙鼓、毛员鼓。鼓名记载首见于《隋书·音乐志》，形制记载首见《旧唐书》。另《新唐书》中也有两鼓记载，《辽史》中有毛员鼓记载。《旧唐书》指出，都昙鼓"似腰鼓而小，以槌击之。"而毛员鼓则"似都昙鼓而稍大。"由此可知，都昙鼓、毛员鼓均为细腰鼓类型乐器，两者的形制均小于腰鼓，其中都昙鼓最小，毛员鼓形制与都昙鼓相似但形制略大，两者的演奏方式均为以槌敲击进行演奏。都昙鼓、毛员鼓均运用于俗乐乐部之中，列表如下：

表2-46 《隋书》《旧唐书》《新唐书》俗乐乐部都昙鼓、毛员鼓使用表[1]

乐器名＼文献名	《隋书》	《旧唐书》	《新唐书》
都昙鼓	高昌、天竺	扶南、天竺、龟兹	天竺、龟兹
毛员鼓	高昌、天竺	扶南、天竺、龟兹	天竺、龟兹、景云河清歌[2]

---

① 引用资料来源参见《隋书》卷十五《旧唐书》卷二十九《新唐书》卷二十一《乐书》卷一百五十八。相关版本见本文末参考文献，此处不再赘述。

由上表可知，都昙鼓、毛员鼓在隋唐俗乐中主要应用于高昌乐、天竺乐、扶南乐和龟兹乐之中。《新唐书》所载，俗乐《景云河清歌》中使用了毛员鼓。《辽史·乐志》大乐器中有"毛员鼓"，并指其"大乐"源自唐代《景云》四部乐舞①。由此可知，两者所说《景云河清歌》与《景云》可能为同一俗乐作品的传承，而毛员鼓也可能随着《景云》乐舞的流传在辽代尚可见到。

其五，杖鼓、第二鼓、第三鼓。鼓名首见于《新唐书》，"杖鼓"之名另见《宋史》《元史》《明史》《清史》，"杖鼓、第二鼓、第三鼓"同出的名称又见于《辽史》，用于散乐之中②。《新唐书·礼乐志》载："丝有琵琶、五弦、箜篌、筝，竹有觱篥、箫、笛，匏有笙，革有杖鼓、第二鼓、第三鼓、腰鼓、大鼓，土则附革而为鞉，木有拍板、方响，以体金应石而备八音。"③其中只见"杖鼓"名称，用于俗乐，但并未指出其形制。《宋史·乐志》中有杖鼓之名，并指明其用于大曲、法曲部和云韶部④。《梦溪笔谈》卷五载："唐之杖鼓，本谓之'两杖鼓'。两头皆用杖，今之杖鼓一头以手拊之，则唐之'汉震第二鼓'也。明帝、宋开府皆善此鼓，其曲多独奏，如鼓笛曲是也。今时杖鼓，常时只是打拍，鲜有专门独奏之妙。古曲悉皆散亡，顷年王师南征，得《黄帝炎》一曲于交趾，乃杖鼓曲也。唐曲有《突厥盐》《阿鹊盐》。施肩吾诗云：'颠狂楚客歌成

---

① [元]脱脱等《辽史·乐志》，中华书局1974年版，第886—888页。

② 同注释③，第893页。

③ [宋]欧阳修、宋祁等《新唐书·礼乐志》，中华书局1975年版，第473—471页。

④ [元]脱脱等《宋史·乐志》，中华书局1977年版，第3349—3360页。

雪,妩媚吴娘笑是盐.'盖当时语也。今杖鼓谱中有炎杖声。"① 由上条
文献可知,《梦溪笔谈》中所说的"汉震第二鼓"形制与杖鼓相近,
由此可知为细腰鼓类型,从名称来看可能是《新唐书》中所说的"第
二鼓",因此可推知《新唐书》中的"第二鼓""第三鼓"亦应为细腰
鼓类型,且与杖鼓关系密切。沈括认为,唐代杖鼓为两头以杖敲击,而
宋时的杖鼓演奏方法则与唐时的"汉震第二鼓"相同,为"右击以杖,
左拍以手"的演奏方式,由此可知,《新唐书》所记的第二鼓、第三鼓
可能均为一手击杖、一手拍击的演奏方法。

其六,相鼓。名称首见于《宋史·乐志》,其载:"相所以辅相于乐,
今用节舞者之步,故曰相鼓"。《金史》《元史》中亦有提到。《元史》
载:"相鼓二,制如搏拊,以韦为表,实之以糠。拊其两端,以相乐舞节。"
据《文献通考》指其为细腰鼓类型。

其七,札鼓。亦作紥鼓,名称首见于《元史·乐志》。前文中已经
提到,《元史》载札鼓"制如杖鼓而小,左持而右击之",《元史》中所
说杖鼓为细腰鼓类型乐器,由此可知札鼓亦为此类型打击乐器,且比
杖鼓形制小。

其八,花匡鼓。名称首见于《清史稿·乐志》,其载:"花匡鼓,即
腰鼓,木匡冒革,面径一尺五寸二分,匡高一尺六寸,绘花文。座以檀,
四柱交跌,以铜环悬鼓而击之。"《清史稿》中未出现"腰鼓"一专有
乐器名称,书中所载"杖鼓"形制描绘详尽,为细腰鼓类型。花匡鼓
被解为"腰鼓",然从其描述可知,非本文所述细腰鼓类型。

---

① [宋]沈括著、胡道静校正《梦溪笔谈校证·乐律》,上海古籍出版社1987年版,第220页。

由此可知，二十四史中属于细腰鼓类型的名称包括"细腰鼓""腰鼓""正鼓""和鼓""都昙鼓""毛员鼓""杖鼓""第二鼓""第三鼓""相鼓""札鼓"，共计11种。结合前述《文献通考》相关条目分析（参表2-42）可知，至元代所用细腰鼓类型打击乐器名称还包括：魏鼓、汉鼓、震鼓、拍鼓。由此，中国古典文献中的细腰鼓类型乐器名称得以粗疏梳理。

综上所述，高句丽政权存在期间历经中国汉魏晋隋唐时期，在这一时期中细腰鼓类型的乐器名称主要包括细腰鼓、腰鼓、正鼓、和鼓、都昙鼓、毛员鼓、杖鼓、第二鼓（汉震第二鼓）、第三鼓等，其中，细腰鼓之名首见于《宋书》，为所知最早的细腰鼓类乐器名称；腰鼓、正鼓、和鼓、都昙鼓、毛员鼓之名首见于《隋书》，腰鼓主要应用于西凉、龟兹、疏勒、高昌、高丽、礼毕等隋唐俗乐之中；正鼓、和鼓主要应用于康国乐、安国乐之中，两鼓相和，在乐队中同时出现，其演奏方法与腰鼓相同；都昙鼓、毛员鼓主要应用于高昌、天竺、扶南、龟兹等乐部，都昙鼓、毛员鼓皆小于腰鼓，都昙鼓最小，毛员鼓稍大，两者的演奏方法与腰鼓不同，为一手击杖，一手击奏；杖鼓、第二鼓、第三鼓名称首见于《新唐书》，杖鼓为两头以杖击奏，第二鼓、第三鼓演奏方法与都昙鼓、毛员鼓相同。

由此可知，至迟在公元5世纪上半叶，细腰鼓类乐器已经传入中原，在逐渐发展流传的过程中，不同种类、形制和演奏方法的细腰鼓类乐器并存发展，它们被应用于不同的音乐之中，并存在着演奏方式的差异。文献中所载的高丽乐中使用的细腰鼓类乐器为"腰鼓"，见于《隋书》《旧唐书》《新唐书》《唐六典》《通典》等文献之中。腰鼓在隋唐俗乐乐部中不仅应用于高丽乐，还应用于龟兹、西凉、疏勒等乐部之中，由此可知腰鼓并非高丽乐部中的特色乐器，结合腰鼓"本胡鼓也"的记载，可知腰鼓乃是自西向东流传而来的打击乐器。

2. 公元4—10世纪细腰鼓在中国境内的流传

细腰鼓是汉魏时期自西域传入中国的胡乐乐器，以"广首纤腹"为特点。早在公元4世纪的克孜尔第171窟伎乐图中已有细腰鼓的身影，而目前所见的细腰鼓实物留存则要推至唐代。由于目前所知中国境内最早的细腰鼓图像出现于公元4世纪，因此本文以公元4世纪为起点，将魏晋南北朝时期、隋唐五代时期放入一起进行讨论，梳理公元4—10世纪这一时间跨度内中国境内细腰鼓的图像及特点，从而探讨高句丽音乐中细腰鼓乐器的使用及流传问题。

以已出版的《中国音乐文物大系》为基础，以《中国出土壁画全集》、多种发掘报告等资料为辅，本文对细腰鼓图像进行了粗疏整理，由此获知，目前所知中国境内的细腰鼓图像最早出现于公元4世纪的新疆克孜尔第171窟伎乐图（图2-113·1）中，直至明清时期仍有细腰鼓类乐器图像的存在，在已知省份的相关资料中统计，截止明清时期，细腰鼓图像可达到160处以上，涉及图像的数量又超过这一数字[①]。细腰鼓类乐器图像主要见于佛教石窟寺壁画及造像、墓葬壁画及乐俑、石棺床雕刻和其他装饰品雕刻之中，按所属年代可以分为魏晋南北朝时期、隋唐五代时期、宋元明清时期三个阶段，在每个阶段中，

---

① 主要包括已经出版《中国音乐文物大系》覆盖省份，包括北京、天津、福建、甘肃、河南、湖北、湖南、江苏、江西、内蒙古、山东、陕西、山西、上海、四川、新疆、广东和河北；《中国出土壁画全集》覆盖省份包括：河北、山西、内蒙古、山东、河南、陕西、辽宁、吉林、黑龙江、甘肃、宁夏、新疆、北京和江苏；及其他部分发掘报告等资料。

细腰鼓图像的来源、演奏方法、乐器形制等也有所不同： 魏晋南北朝时期细腰鼓图像主要见于佛教石窟寺飞天伎乐、墓葬壁画乐伎图像之中，其中佛教石窟寺飞天伎乐图像占据绝大多数，此一时期，细腰鼓的演奏方式以横悬或斜悬鼓身、两手拍击鼓面为主；隋唐五代时期细

图2-113　存见公元2—10世纪击细腰鼓图像举例①

腰鼓图像主要见于佛教石窟寺飞天伎乐及不鼓自鸣乐器、墓葬壁画及乐俑、石棺床雕刻、装饰品雕刻之中，此一时期，细腰鼓图像的来源变得广泛，墓葬壁画、乐俑比重加大，图像中的细腰鼓种类也在增多，演奏方式以横悬或斜悬鼓身、两手拍击鼓面为主（图2-113·2为甘肃敦煌莫高窟第112窟乐舞图中击细腰鼓图）；宋元明清时期细腰鼓图像主要见于石窟寺壁画及造像、墓葬砖雕、墓葬壁画、绘画等之中，数量在三个时期为最，其中石窟寺壁画比例较小，仅见于西夏石窟寺之中，

---

① 图2-113·1见《中国音乐文物大系》总编辑部《中国音乐文物大系·新疆卷》，大象出版社1999年版，第91页。图2-113·2见《中国音乐文物大系》总编辑部《中国音乐文物大系·甘肃卷》，大象出版社1998年版，第142页。图2-113·3见《中国音乐文物大系》总编辑部《中国音乐文物大系·河北卷》，大象出版社2008年版，第196页。

　　　　　　　　第二章　集安高句丽墓伎乐仙人图研究

墓葬砖雕、壁画占有较多比例,此一时期,细腰鼓的演奏方式以横悬、右手击杖、左手拍鼓为主(图2-113·3为河北宣化张匡正墓散乐壁画局部之击细腰鼓图)。

目前所知,公元4—10世纪留存的细腰鼓图像及实物主要见于河南、甘肃、陕西、山西、山东、宁夏、新疆、湖南、四川、吉林、河北等省份的图像文物之中,其中新疆、甘肃、陕西、山西、河南图像数量较多,以甘肃为最。可制分布图如下:

图2-114 中国境内存见公元4—10世纪主要细腰鼓图像省份分布图[①]

① 该分布图由笔者根据前述《中国音乐文物大系》《中国出土壁画全集》及相关报告等资料搜集整理的材料绘制而成。主要包括已经出版的《中国音乐文物大系》覆盖省份包括北京、天津、福建、甘肃、河南、湖北、湖南、江苏、江西、内蒙古、山东、陕西、山西、上海、四川、新疆、广东和河北;《中国出土壁画全集》覆盖省份包括河北、山西、内蒙古、山东、河南、陕西、辽宁、吉林、黑龙江、甘肃、宁夏、新疆、北京和江苏;及其他部分发掘报告等资料。

这些留存的音乐图像在一定程度上展示了乐器的演奏方法。根据乐器执奏方式和演奏方法的综合分析，上述细腰鼓图像可以分为A型（悬挂演奏）和B型（执鼓演奏）两型，其中A型图像数量较多，又可以分为Aa型、Ab型两个亚型，Aa型又包括了I式、II式两式（图7）。

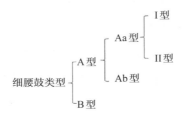

图2-115　公元4—10世纪存见细腰鼓形制分类图

（1）A型，悬挂演奏。悬挂演奏是指将细腰鼓上部接近两端口径处系绳，将绳悬于人体颈部，使鼓置于约身前腹部处，运用手掌或执杖进行演奏。这种悬挂演奏的细腰鼓体型多偏大，细腰鼓最早的图像克孜尔石窟第171窟击细腰鼓伎乐即为悬挂演奏，且这类演奏方式的图像数量较多。悬挂演奏类型中，根据细腰鼓悬挂的姿态，可以分为横悬类和竖悬类两个亚型。

1）Aa型：横悬类指细腰鼓以水平方向（横悬或者接近于横悬的斜悬[①]）悬挂于身前进行演奏。这一类型的细腰鼓演奏图像在公元4—

[①] 在细腰鼓演奏图像中，悬挂于身前的腰鼓呈现出水平横悬、斜悬两种样式，特别是斜悬还具有角度上的不同，在对两种悬挂样式的图像是否具有确定的演奏方法区别尚不明确的情况下，本文中将这两种悬挂样式归为一类。

　　　　　　　　　　　第二章　集安高句丽墓伎乐仙人图研究

10世纪数量最多。根据演奏方式不同，Aa型可以分为两式：Ⅰ式和Ⅱ式。

A. Ⅰ式。演奏方式为两手拍击鼓面演奏。此种演奏方式的细腰鼓图像在公元4—10世纪出现最多，克孜尔石窟第171窟击细腰鼓伎乐即为此种演奏方式，也是目前所见图像中出现最早的演奏方式，其后多见于石窟寺壁画、造像、雕刻之中（图2-116·1为敦煌莫高窟第288窟天宫伎乐图西壁击细腰鼓图）。目前所知公元4—10世纪细腰鼓演奏图像中，出现最多的为Aa型中的Ⅰ式，即横悬双手拍鼓演奏的类型，初步统计达到70处以上，在本文搜集的90余处公元4—10世纪细腰鼓图像中占据了近百分之八十。由此可见，AaⅠ式可能是公元4—10世纪细腰鼓演奏较为常见的演奏方式。

B. Ⅱ式。一手执杖击奏、一手拍击鼓面演奏。此种演奏方式的图像目前首见于隋唐时期河南安阳灵泉寺石塔伎乐人浮雕中，其后在宋、辽、金乃至明清的细腰鼓演奏图像中，此种细腰鼓演奏方式图像逐渐增多。但在公元4—10世纪图像中较少，还见于唐浮山天圣宫乐舞人经幢（图2-116·2）和五代冯晖墓伎乐砖雕之中。

2）Ab型：竖悬类是指将细腰鼓以竖直方向悬挂或放置于身前进行演奏。此种演奏方式的图像较少出现，目前所知包括北魏中期的云冈石窟第六窟第十二组、内蒙古辽代庆州白塔乐舞砖雕和天津辽代独乐寺塔乐舞砖雕（图2-116·3）等。

（2）B型，执鼓演奏。执鼓演奏主要指单手执鼓、另一只手进行演奏，此种类型演奏的细腰鼓体型多偏小，目前可见此种类型中最早的图像见于北魏中期的云冈石窟第六窟第一组（图2-116·4）、第十一窟第六组伎乐天人浮雕中，这一演奏方式的图像为数不多，但亦贯穿至明朝时期图像。

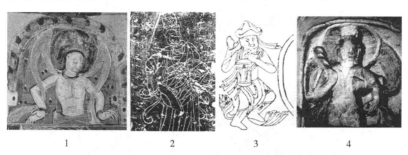

1   2   3   4

图2-116　存见公元4—10世纪细腰鼓演奏方式[①]

　　集安伎乐仙人图中存在的细腰鼓图像符合公元4—10世纪较多出现的AaI式,即横悬双手拍鼓的演奏方式,在公元4—10世纪的细腰鼓演奏图像中,AaI式不仅广泛出现于伎乐仙人图中,亦在世俗演奏形式中出现,如唐李寿墓石椁女乐击细腰鼓、西安灞桥镇乐舞砖雕中见到演奏细腰鼓的形象。

　　如果说图像在一定程度上体现了乐器的演奏方法,那么实物则可以获得乐器的真实数据。以"广首"为特点的鼓腔出土实物最早是见于夏家店上层文化的三件鼓形器。内蒙古自治区赤峰市宁城县甸子乡小黑石沟遗址发现房址、窖穴、灰坑、墓葬等遗迹,在多座土坑石椁墓中出土了多种随葬品,包括青铜兵器、装饰品、车马器具、礼器

---

　　① 图2-116·1见《中国音乐文物大系》总编辑部《中国音乐文物大系·甘肃卷》,大象出版社1998年版,第97页。图2-116·2见《中国音乐文物大系》总编辑部《中国音乐文物大系·山西卷》,大象出版社2000年版,第188页。图2-116·3见《中国音乐文物大系》总编辑部《中国音乐文物大系·陕西天津卷》,大象出版社1999年版,第239页。图2-116·4见《中国音乐文物大系》总编辑部《中国音乐文物大系·山西卷》,大象出版社2000年版,第312页。

等,其中亦出土了陶制鼓形器1件（图2-117·1）,铜制鼓形器2件（图2-117·2）。三者形制相近,均为素面,通长25.8厘米,两端口径14.8厘米,中径7.5厘米。

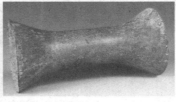

图2-117 内蒙古小黑石沟鼓形器实物[①]

　　虽然宁城小黑石沟鼓形器的形制符合"广首"之姿,然其与细腰鼓类乐器的"纤腹"之态相距较远,因此不能看作是集安高句丽壁画墓所见细腰鼓类乐器的实物鼓腔,但或可看作其较为久远的发展源头。目前所知公元4—10世纪较为完整的细腰鼓鼓腔实物见于唐代,约包括以下6种,可以分为两类:第一类黑釉花斑瓷细腰鼓,包括西安大明宫瓷腰鼓（图2-118·1）、黑釉蓝斑细腰鼓（图2-118·2）、黑釉彩斑细腰鼓（图2-118·3）和鲁山段花瓷细腰鼓（图2-118·4）;第二类陶制细腰鼓,主要见于李宪墓细腰鼓（图2-118·5）和沁阳张庄细腰鼓（图2-118·6）两种,其纹饰颜色也有所不同,如下:

---

　　① 图2-117·1、图2-117·2见《中国音乐文物大系》总编辑部《中国音乐文物大系 II·内蒙古卷》,大象出版社2007年版,第91页、第92页。

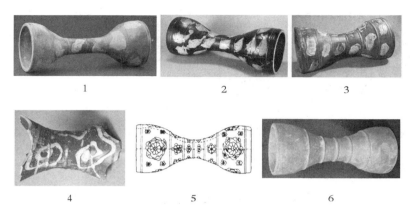

图2－118　存见唐细腰鼓鼓腔实物[①]

　　为了更好地进行对比，现将存见唐代细腰鼓鼓腔形制数据列表
如下：

表2-47　存见唐代细腰鼓鼓腔实物形制数据表[②]

年代	名称	通长（cm）	腰径（cm）	口径（cm）	鼓腔壁厚（cm）	弦纹数量（道）	数量（个）
唐	西安大明宫瓷腰鼓	56.0	8.1	21.5		7	1
唐	黑釉蓝斑细腰鼓	58.9		22.2		7	1
唐	黑釉彩斑细腰鼓	35.6		17.8	0.6	7	1

　　① 图2-118·1自《中国音乐文物大系》总编辑部《中国音乐文物大系·陕西卷·天津卷》，大象出版社1999年版，第120页。图2-118·2自《中国音乐文物大系》总编辑部《中国音乐文物大系·北京卷》，大象出版社1999年版，第125页。图2-118·3自《中国音乐文物大系》总编辑部《中国音乐文物大系·甘肃卷》，大象出版社1998年版，第27页。图2-118·4自《中国音乐文物大系》总编辑部《中国音乐文物大系·河南卷》，大象出版社1996年版，第41页。图2-118·5自陕西省考古研究所《唐李宪墓发掘报告》，科学出版社2005年版，第98页，K1：2。图2-118·6自《中国音乐文物大系》总编辑部《中国音乐文物大系·河南卷》，第32页。

　　② 表2-47《存见唐代细腰鼓鼓腔实物形制数据表》引用资料同注释①。

第二章　集安高句丽墓伎乐仙人图研究

年代	名称		通长（cm）	腰径（cm）	口径（cm）	鼓腔壁厚（cm）	弦纹数量（道）	数量（个）
唐	鲁山段花瓷细腰鼓		大：70.0 中：59.0 小：35.0-40.0	大：11 中：8.8 小：9.5	中：22.2 小：20.0		不清	很多（残片）
唐①	李宪墓陶细腰鼓	K1:1	39.7	7.2	17.0		7	1
		K1:2	35.5	5.8	14.5-15		7	1
唐	沁阳张庄细腰鼓		25.7	5.4	10.4-10.5		7	

由此可知，目前所见唐时细腰鼓鼓腔，按照材质可以分为瓷腔和陶腔两类，其中瓷腔基本为产自河南鲁山段店及禹县下白峪的黑釉花瓷，通体施黑釉，上有灰白或蓝白斑点；陶腔则两种均为红泥陶质，上施红色，一为素面，一为多色团花图案，陶腔产地目前不详。由上表可知，唐时细腰鼓鼓腔大小形状不等，通常从约26厘米到70厘米，具有多种大小，鼓身凸起弦纹多为7道。上述鼓身出土或收藏之时多已不见鼓皮，然李宪墓细腰鼓腔出土时，仍余铁箍圈和铁环钩等小件，可知其为用铁箍将鼓皮固定，用绳挂于表演者身上进行演奏。

此外，新疆阿斯塔那墓地第336号墓出土细腰鼓明器两件，也成为了解公元7—9世纪高昌地区细腰鼓乐器的重要考古材料（图2-119）。

---

① 李宪葬于唐开元二十九年（公元741年），可作为两件陶细腰鼓产生时间的下限。（陕西省考古研究所《唐李宪墓发掘报告》，科学出版社2005年版，第251页。）

图2-119　新疆阿斯塔那墓细腰鼓明器[①]

仔细观察两件细腰鼓，虽然两件细腰鼓明器中段直径相近，然而1号细腰鼓两端口径偏小，通体偏长，呈现出较为"细长"的细腰鼓形式，而2号细腰鼓则口径偏大，通体偏短，其形制特点与前述细腰鼓鼓腔实物相近。由此可知，公元4—10世纪的细腰鼓可能存在形制上的区别，通过对实物、明器的形制分析，结合图像资料的参考，可能可以细化细腰鼓类乐器中相对应的乐器形制与名称。

3. 公元4—10世纪细腰鼓在朝鲜半岛的流传

前文中我们提到，以公元427年高句丽迁都平壤为标志，朝鲜半岛北部地区经历了高句丽化的过程。这从前述分析的壁画墓形制、图像题材内容的变化均会有所体现。据目前搜集到的资料来看，朝鲜半岛壁画墓中尚未发现细腰鼓图像。

新罗、百济、高句丽在朝鲜半岛历史上被并称为"三国时代"，自公元前延续至公元7世纪，是朝鲜半岛重要的中古历史时期，高句丽发源于中国东北，其后建立了横跨中国东北与朝鲜半岛北部的地方政

---

① 图2-119见《中国音乐考古文物大系》总编辑部《中国音乐文物大系·新疆卷》，大象出版社1999年版，第23页。

　　　　　　　第二章　集安高句丽墓伎乐仙人图研究

权（公元5世纪之后改称高丽）；新罗在汉江流域于高句丽接壤，西于百济相邻，东南疆域发展至半岛海岸；百济偏于西部一隅，为三国之中地域最小者（图2-120）。三者互有影响，风俗略同，以高句丽具有最为强大的政治与文化影响力。进入公元7世纪，新罗与唐联军联合灭百济、高句丽，一举成为朝鲜半岛统一国家，被称为"统一新罗"。公元918年，新罗贵族王建建立高丽政权，至公元935年，新罗为高丽所灭，朝鲜半岛进入高丽王朝时代。

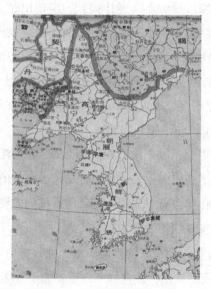

图2-120　隋时朝鲜半岛三国图[①]

---

　　① 图2-120见谭其骧主编《中国历史地图集·隋唐五代十国时期》，中国地图出版社1982年版，第19—20页。

目前留存的资料中，新罗时期留存为数不少的细腰鼓图像资料，近年来亦有鼓腔实物残片出土，为了解新罗国家细腰鼓乐器的流传提供了重要资料，同时也为我们探讨公元4—7世纪朝鲜半岛北部高句丽境内细腰鼓的流传提供了新的思路。

《旧唐书》载："新罗国，……其风俗、刑法、衣服，与高丽、百济略同，而朝服尚白。好祭山神。其食器作柳杯，亦以铜及瓦。国人多金、朴两姓，异姓不为婚。重元日，相庆贺燕飨，每以其日拜日月神。又重八月十五日，设乐饮宴，赉群臣，射其庭。"[1] 由此条文献可对唐时期新罗风俗有一定了解。《三国史记·乐志》有言："新罗乐，三竹、三弦、拍板、大鼓。歌舞：舞二人，放角幞头，紫大袖，公襕红鞓，镀金钑腰带，乌皮靴。三弦：一玄琴，二加耶琴，三琵琶。三竹：一大笒，二中笒，三小笒。"[2] 从中可知，高丽王朝时期所知的新罗乐乐器组合包括弦乐器、管乐器和打击乐器，并有歌舞，然而其中并未提到鼓类乐器。目前留存的考古资料中，新罗的弦乐器较早出现，1974年庆州黄南洞出土一长颈壶，被推断为新罗味邹王时期（公元262—284）的文物，其上有弹奏琴类乐器（似今伽倻琴）的乐人形象[3]（图2-121），另发现的新罗土偶也有弹奏琴类乐器的形象[4]。由此可知，公元3世纪之时，新罗境内已使用弦乐器了。

---

① [后晋]刘昫等《旧唐书·东夷列传》，中华书局1975年版，第5334页。

② [高丽]金富轼撰、孙文范等校勘《三国史记·乐志》，吉林文史出版社2003年版，第407页。

③ [韩]张师勋著、朴春妮译《韩国音乐史》，中央音乐学院出版社2008年版，第51页。

④ [韩]金圣惠《新罗土偶中的音乐和舞蹈》，韩国民俗馆2009年版。

据文献记载，新罗亦有鼓类乐器流传，特别是运用于军乐鼓吹之中的鼓类乐器。《三国史记·金庾信传》载："时丽人伏兵，欲要击我军于归路，庾信以鼓及桴系群牛腰尾，使挥击有声。"①这件事情虽是记载新罗大将金庾信（约公元595—673）与高句丽人交战之事，然透露出此时新罗地区已有用桴敲击发声的鼓类乐器，然形制不详。另该传记载："至秋七月一日，薨于私第之正寝。享年七十有九。大王问讣震恸，赠赙彩帛一千匹。租二千石，以供丧事。给军乐鼓吹一百人，出葬于金山原，命有司立碑以纪功名。又定人民户以守墓焉。"②上条文献中所载"军乐鼓吹"之句，同样说明公元7世纪之时，新罗已具备卤簿鼓吹用乐，其中当然存在鼓类乐器。此外，《三国史记》卷八载："（孝昭王）八年（699）九月，东海水战，声闻王都。兵库中鼓角自鸣。"③虽然其描写事件颇具神话色彩，然可说明公元7世纪之时新罗国存有鼓、角乐器。综上所述我们可知，公元7世纪之时，新罗境内已有鼓类乐器流传，然而文献所载的"鼓"应为具有卤簿鼓吹功能的鼓类乐器，其中包括细腰鼓的可能性不大。

---

① ［高丽］金富轼撰、孙文范等校勘《三国史记·金庾信传》，吉林文史出版社2003年版，第497页。

② 同注释①，第501页。

③ ［高丽］金富轼撰、孙文范等校勘《三国史记·新罗本纪·孝昭王》，吉林文史出版社2003年版，第109页。

由于地域的限制，新罗对"唐乐"①的系统学习可能时间较晚。《三国史记》载："（文武王）四年（664）三月，百济残众据泗沘山城叛，熊津都督发兵，攻破之。地震。遣星川、丘日等二十八人于府城，学唐乐"②。这是目前所知新罗学习"唐乐"的最早记载，然而"唐乐"的学习内容仍不得而知，因此其中是否有俗乐乐部中常用的细腰鼓类乐器也无从知晓。

图2-121　庆州长颈壶局部图③　　　　图2-122　日本社钟局部图④

新罗佛教盛行，《三国遗事》中曾有"寺寺星张，塔塔雁行"⑤之

---

① 张师勋指出，"唐乐指新罗以后传入的唐、宋、元、明时期的中国系统的音乐。是相对于乡乐而言的概念。"（［韩］张师勋著，朴春妮译《韩国音乐史（增补）》，中央音乐学院出版社2008年版，第107页。）

② ［高丽］金富轼撰、孙文范等校勘《三国史记·新罗本纪·文武王》，吉林文史出版社2003年版，第82页。

③ 图2-121为笔者2014年摄于韩国庆州国立博物馆。

④ 图2-122见朝鲜总督府《朝鲜古迹图谱》第4册，青云堂（东京），大正五年（1916）发行，图1670，第517页。

⑤ ［高丽］一然著，孙文范等校勘《三国遗事·原宗兴法厌髑灭身》，吉林文史出版社2003年版，第113页。

说，其繁盛程度可见一斑。在佛教遗存中，可以看到伎乐天人演奏细腰鼓的身影，韩国学者张师勋指出，感恩寺遗址塔形基坛上有铜钹、细腰鼓、横笛、曲项琵琶等乐器；燕歧郡碑岩寺石碑上刻有细腰鼓、洞箫、筝、箫、横笛、鼓、曲项琵琶等乐器；癸西铭阿弥陀佛三尊石像上雕刻的乐器有曲项琵琶、筝、笙、箫、横笛、洞箫、细腰鼓等，这些约产生于公元7—9世纪之间的佛教寺院雕刻中均明确地存在着细腰鼓的形象[①]。此外，在日本也发现新罗钟，其上有细腰鼓图，图2-122为日本福井县越前国敦贺郡松原村越前常宫神社钟上的击细腰鼓伎乐仙人图，该钟铸造于新罗兴德王七年（公元833年）。

如果说佛教图像的存在为我们提供了文献资料之外新罗境内细腰鼓类乐器的流传新证，那么朝鲜半岛公元6—7世纪的新罗腰鼓残片出土则使我们确知新罗境内有细腰鼓的流传。2000年，韩国京畿道二圣山城的第8次挖掘中出土了一件细腰鼓鼓腔。该细腰鼓发现于二圣山城C区的蓄水池部分，为木制腰鼓。整体长42.8厘米，有破损。其中一侧直径17厘米，另一侧17.5厘米，腰鼓中间部分凹处部分直径为7.5厘米[②]，该细腰鼓鼓腔被认为约产生于公元6—7世纪的新罗（图2-123）。经与前述存见唐代细腰鼓鼓腔实物形制数据表对比可知，这件细腰鼓鼓腔的形制与鲁山段花瓷细腰鼓中的小型细腰鼓形制数据相近，这与《旧唐书》等文献所载"腰鼓，大者瓦，小者木"之句亦相

---

① ［韩］张师勋著，朴春妮译《韩国音乐史（增补）》，中央音乐学院出版社2008年版，第94页。

② ［韩］权五圣《韩国最近发掘的高句丽打击乐器"相鼓"和"腰鼓"》，《第二届东亚音乐考古学国际研讨会论文集》，第198—202页。

互印证。由于鼓腔有破损，因此鼓腔两侧直径相距0.5厘米的差异并不具有代表性，结合图像我们可知，两端口径原本应为同样大小，即对称性结构，这与目前国内存见的唐时细腰鼓鼓腔实物、正仓院所藏细腰鼓实物也相吻合。

 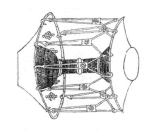

图2-123　二圣山城木腰鼓残件[①]　　图2-124　《乐学轨范》杖鼓图[②]

　　结合文献、图像、实物三者信息，我们可知，公元6—7世纪的新罗已经存在细腰鼓类乐器的流传，进一步我们可以将结论称为：公元6—7世纪的朝鲜半岛大同江以南地区已经传入细腰鼓类乐器。前述新罗学习"唐乐"的时间较晚，最早的记载见于公元664年，即为公元7世纪中后期。二圣山城所见细腰鼓鼓腔实物时间约为公元6—7世纪，略早于记载，但也可说基本相当。参考集安高句丽壁画墓中仙人击细腰鼓图像皆出现在公元6世纪末至世纪初的墓葬中，我们无法对新罗的细腰鼓乐器是否一定是由高句丽传入得出结论，但是通过上述分析我们可知，公元6—7世纪新罗国内细腰鼓类乐器的流传增加了

　　① 图2-123见［韩］宋惠真《二圣山城木制腰鼓的研究：以东北亚腰鼓遗物和图像资料为中心》，《梨花音乐论集》2006年第10辑。
　　② 图2-124见［朝鲜］成伣等《乐学轨范·唐部乐器图说》，蓬左文库本，第3页。

高句丽在该时期存在细腰鼓类乐器的可能性，甚至这可能与隋唐时期宫廷乐部中的"高丽乐"加入"腰鼓"存在一定的联系。

关于新罗留存细腰鼓的演奏方式，参考越前常宫神社钟上的击细腰鼓伎乐仙人图可知，公元7—9世纪新罗流传的细腰鼓应为横悬两手拍击鼓面进行演奏，亦为AaI式。而《高丽史》《乐学轨范》之中提及的杖鼓则为一手击杖、一手拍击鼓面进行演奏，与中原五代、宋以后的细腰鼓类乐器演奏方式相近，且形制上也与新罗流传的细腰鼓有所区别（图2-124）[1]。

综上所述，通过对公元7—9世纪新罗留存的细腰鼓类乐器材料的分析，我们认为细腰鼓在此时期已经在新罗国内流传，结合公元4—9世纪高句丽、百济、新罗的互动及与中原政权的交流情况，我们认为，公元7—9世纪的新罗存在细腰鼓类乐器的事实增加了高句丽在该时期流传细腰鼓的可能性，使得集安高句丽壁画墓中两幅细腰鼓图像更具有说服力，因此我们认为，在公元4世纪左右，细腰鼓类乐器已在西域地区流传，其后流传与北方诸国，至迟在公元6世纪末至7世纪初高句丽已传入细腰鼓类乐器。

4. 公元4—10世纪细腰鼓在日本的流传

在日本的正仓院、东京国立博物馆中有日本平安时代细腰鼓鼓腔保存，根据形制可以分为两种类型。

其一，腰鼓。又作吴鼓，使用于伎乐之中。日本正仓院藏"腰鼓"共计22件，其中19件大者，通长41—42.4厘米；2件小者，通长39.3厘

---

① [朝鲜]郑麟趾等《高丽史·乐志》，奎章阁本，第1页；《乐学轨范》卷七，蓬左文库本，第3—4页。

米；另有一件彩绘，通长41厘米，上施黑色漆，并会有绿青花卉纹样①，另有鼓皮、麻绳、铁箍等残件。这种类型的细腰鼓形体细长，中部有三条环状物（图2-125·1），这种形制与吐鲁番阿斯塔那第336号墓1号细腰鼓明器较为相似。

其二，一鼓、二鼓、三鼓。林谦三先生指出，一鼓、二鼓、三鼓在日本的使用始于奈良时代（公元710—794）的唐乐传入，《和名类聚抄》载："今按细腰鼓有一二三之名，皆以应节次第取名也。"②，由此可知一鼓、二鼓、三鼓属于同种样式的细腰鼓，与日本流传的"腰鼓"相比，一鼓、二鼓、三鼓两侧的开口弧度更大，鼓身具凸起的弦纹，与中国境内出土的瓷腰鼓鼓腔形制相近。正仓院藏有三彩细腰鼓腔（图2-125·2），东京国立博物馆亦收藏二鼓鼓腔（图2-125·3）、三鼓鼓腔（图2-125·4）。

1   2   3   4

图2-125　日本存见细腰鼓鼓腔举例③

---

① ［日］林谦三著，钱稻孙译，曾维德、张思睿校注《东亚乐器考》，上海书店出版社2013年版，第527—528页。

② 同注释①，第128页，注释52。

③ 图2-125·1见［日］林谦三著，钱稻孙译，曾维德、张思睿校注《东亚乐器考》，上海书店出版社2013年版，第128页。图2-125·2见该书第528页。图2-125·3、图2-125·4见该书第129页。

日本文献中细腰鼓类乐器一鼓、二鼓、三鼓的名称与《新唐书》所载"杖鼓、第二鼓、第三鼓"之记载有相似之处，亦与《文献通考》所言"后周有三等之制"相合。林谦三先生认为，"三鼓"可能在唐时与腰鼓奏法相同，即两手俱以手打。三鼓形制似两碗对合，按《新唐书》之意，则杖鼓、第二鼓则皆应为此种形制，与腰鼓有所不同。图2—125中的三鼓鼓腔仍能看到留存的铁环，可知三鼓的最初演奏方法是穿绳悬之于颈部，两手拍击蒙皮鼓面进行演奏的。平安时代之后，三鼓的演奏音乐、演奏方法均发生了变化[①]。

（三）小结

　　五盔坟4号墓、5号墓的产生时期为高句丽晚期，此时高句丽的政权中心虽然已经移至朝鲜半岛的平壤地区，然而集安作为"三京"之一，仍然具有举足轻重的经济文化地位，特别是对来自中原地区的多元文化的吸收，具有明显的地理优势。目前考古学界研究认为，这两座壁画墓的产生时期约为公元6世纪末至7世纪初，此时正值南北朝后期及隋唐初期，以此时间为中心点，我们对该时期中国境内、朝鲜半岛、日本的细腰鼓类乐器实物、图像、文献记载进行了综合分析，将集安高句丽壁画墓仙人击细腰鼓图像置于公元4—10世纪的东亚音乐文化背景之下进行了探讨，现总结如下：

　　通过分析可知，中国古代典籍中属于细腰鼓类型乐器的名称包括

---

　　① 〔日〕林谦三著，钱稻孙译，曾维德、张思睿校注《东亚乐器考》，上海书店出版社2013年版，第129页。

"细腰鼓""腰鼓""正鼓""和鼓""都昙鼓""毛员鼓""杖鼓""第二鼓（汉震第二鼓）""第三鼓""相鼓""札鼓""魏鼓""汉鼓""震鼓"及"拍鼓"等多种。由此可知，"广首纤腹"的细腰鼓乐器亦包括多种形制，目前所见的记载中，"细腰鼓"这一名称最早见于《宋书·萧思话传》，由此可知，至迟在公元5世纪上半叶，细腰鼓类乐器已经在南朝地区流传。据《荆楚岁时记》记载可知，公元6世纪上半叶两湖地区已经流行细腰鼓，并用于腊月逐疫活动之中。由此可知，细腰鼓类乐器在公元6世纪上半叶流传地域已经较为广泛，这增加了其在公元6世纪传入高句丽的可能性。高句丽政权存在期间历经中国汉魏晋隋唐时期，这一时期中细腰鼓类型的乐器名称主要包括细腰鼓、腰鼓、正鼓、和鼓、都昙鼓、毛员鼓、杖鼓、第二鼓（汉震第二鼓）、第三鼓等约9种，文献中高丽乐提到的细腰鼓类乐器名称主要见于宫廷高丽乐中，名为"腰鼓"，见于《隋书》《旧唐书》《新唐书》《唐六典》《通典》等文献之中。

目前存见中国境内的细腰鼓图像最早见于公元4世纪的克孜尔石窟壁画之中，其后在西凉、西秦、北魏、西魏、北周、南朝的石窟寺或墓葬遗存中均有发现。由此可知，细腰鼓在西域流行，后传入北朝，南朝亦可能出现了细腰鼓演奏乐曲。至隋唐时期细腰鼓演奏图像仍流行于石窟寺、佛教造像及墓葬图像之中，在唐五代时期，细腰鼓图像出现于湖南、四川地区，由此可知，这件乐器的流传范围可能更加广泛。以此图像为证，结合北朝与高句丽的文化交流频繁，可知细腰鼓传入高句丽是十分可能的，其下限在集安高句丽壁画墓细腰鼓形象出现的时间，约为公元6世纪末至7世纪初。对比目前所知的唐代细腰鼓鼓腔实物，可以对集安高句丽墓壁画中细腰鼓的形制进行分析，可知其通体为黑色，上有红色弦纹状物，与留存唐代瓷细腰鼓形制特点相似，与日本正仓院所藏"腰鼓"也较为相近。公元4—10世纪细腰鼓的演奏方法可以分为A型、B型两种，其中A型又分为Aa型、Ab型两个亚型，Aa型又可分为I式和II式。集安所见细腰鼓图像呈现的演奏方式为Aa型中的I式，即横悬两手拍击鼓面的演奏形式，这也是公元4世纪克孜尔石窟击鼓图中呈现的演奏方式，同时也是公元4—10世纪图像中最为常见的细腰鼓演奏方式，因本文认为集安伎乐仙人图中所反映的可能是高句丽流传细腰鼓的真实演奏情态。此外，隋唐时期，宫廷高丽乐中使用了"腰鼓"，可能可以作为高句丽集安地区流传的音乐中使用细腰鼓的一个旁证。

通过对公元7—9世纪新罗留存的细腰鼓乐器材料的分析，我们认为细腰鼓乐器在公元7—9世纪时在新罗国内流传，结合公元4—9世纪高句丽、百济、新罗的互动及与中原政权的交流情况，我们认为，公元7—9世纪新罗流传细腰鼓类乐器的事实增加了高句丽流传细腰鼓的可能性，使得集安高句丽壁画墓中两幅细腰鼓图像更具有说服力，因此我们认为，在公元4世纪左右，细腰鼓类乐器已在西域地区流传，其后流传与北方诸国，至迟在公元6世纪末至7世纪初已经在高句丽流传。

本文所讨论的细腰鼓类乐器虽然名称多样、大小有别，但某些形制特征具有一定一致性，如腰部纤细，自腰部至两端口径逐渐加粗，且自腰部至鼓身两端呈对称结构。在印度公元2—3世纪的雕刻中可以看到此种细腰鼓类乐器的身影，另根据相关鼓名的分析，有学者指出中国西域流传的细腰鼓类乐器可能来源于印度①。这一类型的细腰鼓图像广泛存在于公元4—9世纪的中国、朝鲜半岛壁画之中，亦有隋唐时期的乐器实物留存。宋代以后流行的"杖鼓"等细腰鼓类型乐器，有在形制上继承了隋唐时期细腰鼓的对称性特点，亦有两端口径大小不等的形制出现，特别是后者，在宋时期南方烧制广泛②，目前仍能在广西、福建等地看到它们的身影③。按照霍恩博斯特尔和萨克斯提出的乐器分类法，细腰鼓类型的乐器被归类为沙漏形鼓（hourglass drum），属于膜鸣乐器（membranophones），《新格罗夫音乐和音乐家词典》中沙漏形鼓（hourglass drum）条中指出："沙漏形鼓广泛流传，从北纬40°到南纬15°，自西边的非洲到东边的日本、太平洋岛。"④但是查阅《世界乐器》我们可知，本文中所特指的"蜂腰、两端口径呈对称形结构"式细腰鼓主要见于印度、中国、朝鲜、日本的流传乐器之中⑤，按照目前所知乐器图像的存见时间，增加了此种类型的细腰鼓发源于印度

---

① 〔日〕林谦三著，钱稻孙译，曾维德、张思睿校注《东亚乐器考》，上海书店出版社2013年版，第116页。

② 探讨宋代烧制腰鼓的文章如黄启善《宋代花腔腰鼓》，《乐器》1983年第3期。温其洲《宋代广西烧造腰鼓的瓷窑及定窑、磁州窑腰鼓》，《广西社会科学》1997年第5期，第80—91页。叶倩《陶瓷腰鼓考》，《上海博物馆集刊》2008年第0期，第233—249页。

③ 伍国栋《长鼓研究——兼论细腰鼓之起源》，《中国音乐学》1987年第4期。

④ "Hourglass-shaped drums are found in a wide area stretching from about 40° north of the equator to 15° south, from Africa in the west to Japan and the Pacific islands in the east."Edited by Stanley Sadie/Executive editor John Tyrrell:*The New Grove Dictionary of Music and Musicians*, 2001, Volume Seven, p605

⑤ 〔英〕鲁思·米德格雷等编著、关肇元译《世界乐器》，中国青年出版社2004年版，第271—273页。

的可能性。

　　综上所述,本文认为集安高句丽壁画墓伎乐仙人所击细腰鼓乐器名为"腰鼓",可能是发源于印度的细腰鼓类型乐器,其呈现的特点为两端鼓身呈对称型结构,横悬两手击奏,公元4世纪左右已流行于西域地区,并可能存在多种大小、形制,运用于不同的音乐类型之中。至迟在公元6末至7世纪初,"腰鼓"已在高句丽集安地区流行,集安五盔坟4号墓、5号墓伎乐仙人击细腰鼓图像正是传递了这一音乐历史讯息。

二、其他打击乐器

　　除细腰鼓之外,高句丽音乐中是否还使用了其他打击乐器?《三国志·高句丽》有"汉时赐鼓吹伎人"[①]之句,其中之鼓吹乐应包含了其他打击乐器。《隋书》载:"乐有五弦、琴、筝、筚篥、横吹、箫、鼓之属,吹芦以和曲。每年初,聚戏于浿水之上,王乘腰舆,列羽仪以观之。……死者殡于屋内,经三年,择吉日而葬。居父母及夫之丧,服皆三年,兄弟三月。初终哭泣,葬则鼓舞作乐以送之。"[②]其中谈到高句丽地区有打击乐器"鼓",同时谈到高句丽葬俗中使用了"鼓"。《隋书·音乐志》高丽乐条言:"高丽,歌曲有芝栖,舞曲有歌芝栖。乐器有弹筝、卧箜篌、

---

　　① [晋]陈寿撰,[宋]裴松之注《三国志·乌丸鲜卑东夷传》,中华书局1959年版,第843页。

　　② [唐]魏征等《隋书·东夷列传》,中华书局1973年版,第1814—1815页。

竖箜篌、琵琶、五弦、笛、笙、箫、小筚篥、桃皮筚篥、腰鼓、齐鼓、担鼓、贝等十四种，为一部。工十八人。"[1] 其中指出，隋时高丽伎使用的打击乐器有腰鼓、齐鼓、担鼓三种。如前所述，隋唐时期高丽乐中使用乐器的记载在不同文献中略有出入，兹将《隋书》等六种文献中高丽伎使用打击乐器列表如下：

表2-48　六种文献中高丽伎使用打击乐器表[2]

文献 乐器	《隋书·音乐志》	《旧唐书·音乐志》	《新唐书·礼乐志》	《唐六典·太常寺》	《通典·四方乐》	《乐书》
腰鼓	●	●	●	●	●	●
齐鼓	●	●	●	●	●	●
担鼓（檐鼓、擔鼓）	●	●	●	●	●	●
龟头鼓			●			
铁版			●			
铜钹						●
共计种类	3	3	5	3	3	4

如上表所示，六种文献中记载高丽乐使用的打击乐器约为3至5种，其中腰鼓、齐鼓、担鼓均有记载，《新唐书》中加入龟头鼓、铁板2种，《乐书》中加入铜钹1种。

综上所述，文献中所见高句丽音乐中可能使用的打击乐器包括民俗记写中的"鼓"高丽伎乐部记载中的"腰鼓"、"齐鼓"、"担鼓"（擔鼓、檐鼓）、"龟头鼓"、"铁版"、"铜钹"，共计约7种。腰鼓已经在上一

---

① ［唐］魏征等《隋书·音乐志》，中华书局1973年版，第380页。

② 引用资料来源参见本文附录三《八种文献中高丽乐使用乐器表》。

部分中进行了详细探讨，本部分主要侧重于对其他6种打击乐器的探讨，现分而述之。

（一）鼓

高句丽使用乐器"鼓"的记载首见于《隋书》，其言："《隋书》载："乐有五弦、琴、筝、筚篥、横吹、箫、鼓之属，吹芦以和曲。"[①]然而对于"鼓"之来源、形制种类，皆不可知。上一部分我们已经论述过，从集安高句丽壁画墓图像中我们可知，至迟在公元6世纪末至7世纪初之时，细腰鼓可能已经在高句丽流传。那么高句丽风俗记写中所说的"鼓"，还有可能是哪些种类的鼓呢?《三国志·高句丽》中有"汉时赐鼓吹伎人"之句，汉时鼓吹乐乃是由吹奏乐器与打击乐器组合而成，虽不知汉时赐哪些鼓吹伎人给高句丽，但是由此条文献可知，汉朝时候鼓吹乐已经传入高句丽，其使用的乐器应包括鼓类乐器，鼓吹乐传入后的功能可能也是用于卤簿、行列等内容，相似的记载还见于《后汉书》《梁书》《北史》等文献之中，然其具体形制尚不可知。而在《隋书·音乐志》中出现的高丽乐使用乐器包括几种不同的鼓种类型，是否是公元6世纪之后高句丽本地流传的新乐器，还是宫廷俗乐乐器编制加入的乐器，尚需进一步进行讨论。

（二）齐鼓

"齐鼓"一词最早见于《隋书·音乐志》，其载西凉、高丽乐中使

---

① [唐] 魏征等《隋书·东夷列传》，中华书局1973年版，第1814页。

用了这一乐器[1]。关于齐鼓的形制，《旧唐书·音乐志》载："齐鼓，如漆桶，大一头，设齐于鼓面如麝脐，故曰齐。"[2]。这条史料中指出，齐鼓形状如漆桶，其两端一大一小，其中较大的一头设"齐"于鼓面之上，此"齐"与麝脐相似，所以名之为"齐"。可以说，齐鼓的最大特点在于其较大一段鼓面上有一个"脐"状物，这也是这一鼓名的由来。类似的齐鼓形制记载还见于《通志》《通典》《乐书》《文献通考》之中。在乐器图像研究中，目前认为敦煌莫高窟第285窟伎乐天人有击奏齐鼓的图像[3]（图2-126）。

图2-126　莫高窟第285窟击鼓图[4]

莫高窟第285窟北壁上方题有西魏大统四年及五年的墨书题记，

---

① [唐]魏征等《隋书·音乐志》，中华书局1973年版，第378—380页。
② [后晋]刘昫等《旧唐书·音乐志》，中华书局1975年版，第1079页。
③ 庄壮《敦煌壁画上的打击乐器》，《交响》2002年第4期。
④ 图2-126见《中国音乐文物大系》总编辑部《中国音乐文物大系·甘肃卷》，大象出版社1998年版，第91页。

可知此窟开创于公元538—539年前后，窟内南壁上方绘12身伎乐飞天，所持乐器有齐鼓、细腰鼓、竖笛、横笛、排箫、笙、四弦琵琶、曲项琵琶、阮咸琵琶、竖箜篌等[①]。由上图可知，伎乐天人所奏乐器呈桶状，悬挂于胸前，乐器两头一大一小，大头一面中间确有脐状物，因此这可能就是《隋书》以降文献中所说的"齐鼓"。

那么齐鼓应用于哪些音乐之中，又与高丽乐有何种关系？兹将《隋书》等六种文献中的齐鼓使用情况列表如下：

表2-49　六种文献中俗乐乐部齐鼓使用表[②]

文献名称	《隋书》	《旧唐书》	《新唐书》	《唐六典》	《通典》	《乐书》
乐部 / 音乐	西凉	西凉	西凉	西凉	西凉	西凉
	高丽	高丽	高丽	高丽	高丽	高丽
			龟兹			
						安国
		婆罗门乐			婆罗门乐	弄婆罗门
						乘舆国门外作胡部

由上表可知，齐鼓主要应用于隋唐俗乐乐部的西凉乐、高丽乐中，亦应用于婆罗门乐之中。而《新唐书》所载龟兹乐使用齐鼓、《乐书》所载安国乐使用齐鼓等均属记载个案，本文中不将其作为齐鼓的常用

---

①《中国音乐文物大系》总编辑部《中国音乐文物大系·甘肃卷》，大象出版社1998年版，第90页。

② 引用资料来源参见《隋书》卷十五、《旧唐书》卷二十九、《新唐书》卷二十一、《唐六典》卷十四、《通典》卷一百四十六、《乐书》卷一百五十八、卷一百七十三和卷一百八十九。相关版本见本文末参考文献，此处不再赘述。

使用乐部进行探讨。

综上所述，齐鼓基本形制呈桶状，悬挂于胸前，乐器两头一大一小，大头一面中间有脐状物，其乐器来源不详，公元6世纪中叶出现于西魏伎乐天人图中，其后出现于隋唐宫廷乐部记载之中，主要用于隋唐乐部西凉乐、高丽乐的使用乐器。

(三)担鼓（擔鼓、檐鼓）

担鼓之名首见于《隋书》，古典文献中担鼓的名称记写有"擔鼓""檐鼓"之别，可能是鲁鱼亥豕之误。关于此鼓的形制记载正史首见于《旧唐书》，其载："檐鼓，如小瓮，先冒以革而漆之"[1]。据此条文献所讲，担鼓形状似一小瓮，则可能有小口广腹之形状特点，先蒙皮，然后以漆涂之。类似记载见于《通典》《乐书》《通志》等之中。敦煌莫高窟第288窟天宫伎乐图中有演奏乐器似担鼓[2]。莫高窟第228窟约开凿于西魏时期，石窟四壁上方的天宫伎乐为西魏时期原作。南壁上层天宫伎乐绘有演奏排箫、阮咸、竖箜篌、横笛等天宫伎乐，北壁绘有演奏横笛、细腰鼓、琵琶等，东壁绘有演奏横笛、担鼓（图2-127·1）等天宫伎乐，西壁绘有演奏曲项琵琶、贝、担鼓（图2-127·2）、细腰鼓等天宫伎乐。由图中所见，该鼓呈小瓮状、两头蒙皮、鼓身涂漆，鼓身两侧系绳，悬挂于胸前，演奏者两手拍击两侧鼓面进行演奏。

---

① ［后晋］刘昫等《旧唐书·音乐志》，中华书局1975年版，第1079页。

② 持此观点者如庄壮《敦煌壁画上的打击乐器》，《交响》2002年第4期，第15—22页。

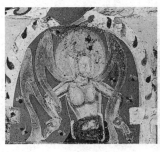

1   2

图2-127　莫高窟第228窟击鼓图[①]

那么担鼓应用于哪些音乐之中，又与高丽乐有何种关系？兹将《隋书》等六种文献中的齐鼓使用情况列表如下：

表2-50　六种文献中俗乐乐部担（擔、檐）鼓使用表[②]

文献名称	《隋书》	《旧唐书》	《新唐书》	《唐六典》	《通典》	《乐书》
乐器名称	擔鼓	檐鼓	檐鼓	擔鼓	擔鼓	檐鼓、擔鼓
乐部/音乐	西凉	西凉	西凉	西凉	西凉	西凉（檐鼓）
	高丽	高丽	高丽	高丽	高丽	高丽（擔鼓）
			龟兹			
						安国（檐鼓）
						乘舆国门外作胡部（擔鼓）

---

① 图2-127·1、图2-127·2见《中国音乐文物大系》总编辑部《中国文物大系·甘肃卷》，大象出版社1998年版，第96页。

② 引用资料来源参见《隋书》卷十五、《旧唐书》卷二十九、《新唐书》卷二十一、《唐六典》卷十四、《通典》卷一百四十六、《乐书》卷一百二十七、卷一百五十八和卷一百八十九。相关版本见本文末参考文献，此处不再赘述。

由上表可知，担鼓主要应用于西凉、高丽乐之中。《新唐书》所载龟兹乐使用担鼓、《乐书》所载安国乐使用担鼓等均属记载个案，本文中不将其作为担鼓的常用使用乐部进行探讨。由此我们可知，担鼓形似小瓮，悬挂于胸前，乐器两头一大一小，鼓面蒙皮之后以漆涂鼓身制作而成，其乐器来源不详，公元6世纪中叶出现于西魏伎乐天人图中，其后出现于隋唐宫廷音乐记载之中，主要用于隋唐乐部西凉乐、高丽乐。

由上表亦可发现，隋唐乐部文献中对齐鼓、担鼓的使用记载颇为相似，因此以下将两者放在一起进行讨论。齐鼓、担鼓在隋唐俗乐乐部之中的使用具有怎样的特点？现以《唐六典》为例，将《唐六典》载十部乐使用鼓类乐器列举如下：

表2-51 《唐六典·太常寺》载十部乐使用鼓类乐器表①

乐器 ＼ 乐部	俗乐伎	清乐伎	西凉伎	天竺伎	高丽伎	龟兹伎	安国伎	疏勒伎	高昌伎	康国伎
揩鼓	● 2									
连鼓	● 2									
鞉鼓	● 2									
桴鼓	● 2									
节鼓		●								
腰鼓			●		●	●			●	
齐鼓			●			●				
担鼓			●			●				
铜鼓				●						

---

① 引用资料来源参见本文附录四《〈唐六典·太常寺〉载十部乐使用乐器表》。

乐部 \ 乐器	俗乐伎	清乐伎	西凉伎	天竺伎	高丽伎	龟兹伎	安国伎	疏勒伎	高昌伎	康国伎
都昙鼓			●			●				
毛员鼓			●			●				
答腊鼓						●		●		
羯鼓						●		●		
侯提鼓						●		●		
鸡娄鼓						●		●	●	
正鼓							●			●
和鼓							●			●
共计										
种类	4	1	3	3	3	7	2	4	2	2
数量	8	1	3	3	3	7	2	4	2	2

由上表可知，《唐六典》所载十部乐使用鼓类乐器包括揩鼓、连鼓、鼗鼓、桴鼓、节鼓、腰鼓、齐鼓、担鼓、铜鼓、都昙鼓、毛员鼓、答腊鼓、羯鼓、侯提鼓、鸡娄鼓、正鼓、和鼓，共计17种，其中齐鼓、担鼓各自出现两次，且总是同时出现，见于西凉、高丽乐部之中。

齐鼓、担鼓的来源均不详，目前我们所见的关于两件乐器的图像都是来自敦煌莫高窟西魏时期石窟，由此可知，齐鼓、担鼓这两件乐器在公元6世纪中叶是有可能流传于北朝地区的。隋唐宫廷乐部中的西凉乐本身即是融合产生的乐部。《隋书》卷十五，"西凉者，起苻氏之末，吕光、沮渠蒙逊等，据有凉州，变龟兹声为之，号为秦汉伎。魏太武既平河西得之，谓之西凉乐。至魏、周之际，遂谓之国伎。今曲项琵琶、竖头箜篌之徒，并出自西域，非华夏旧器。杨泽新声、神白马之类，生于胡戎。胡戎歌非汉魏遗曲，故其乐器声调，悉与书史不同。……其乐器有钟、磬、弹筝、搊筝、卧箜篌、竖箜篌、琵琶、五弦、笙、箫、大筚篥、长笛、小筚篥、横笛、腰鼓、齐鼓、担鼓、铜拔、贝等十九种,为一部,工二十七人。"① 从中我们可知,西凉乐"变龟兹声为之",号"秦汉伎",即说明了其具有融合风格的特点。从西凉伎使用的乐器来看,其中既有钟、磬、弹筝、卧箜篌、笙、箫这样的中原"华夏旧器",又有竖箜篌、五弦、腰鼓、铜钹、贝等外来乐器,也恰恰说明了西凉乐部具有的融合性特点。其中西凉乐部所用的"齐鼓、担鼓",非中原地区固有乐器,则有可能是自西域而来的外来乐器。

观察表2-51中所示十部乐使用鼓类乐器种类,我们可知,除了西凉乐,齐鼓、担鼓没有在其他的西域乐部中出现,而是出现在东夷高丽乐之中。这是否说明齐鼓、担鼓可能在公元6世纪成为高句丽音乐使用的固有打击乐器? 这要从隋唐宫廷高丽乐的来源谈起。《隋书·音乐志》载:"疏勒、安国、高丽,并起自后魏平冯氏及通西域,因得其伎。后渐繁会其声,以别于太乐。"② 首先,这条记载中指出高句丽音乐在约公元5世纪上半叶已经在北燕、北魏地区流行。依《隋书》所载,北魏灭北燕冯氏(公元436年)、并与西域地区相通,因此获得了疏勒乐、安国乐和高丽乐。疏勒、安国皆位于中原以西,而高句丽位于东部。北燕与高句丽互有征战、关系密切,其文化上的互通与交流也是不争的事实。因此,北燕地区有高丽乐的流传是可以理解的。其后北魏破北燕,高丽乐随之获得更加广泛的流传。其次,宫廷中的高丽乐经历了

---

① [唐] 魏征等《隋书·音乐志》,中华书局1973年版,第378页。
② 同注释①,第380页。

逐渐发展的过程。前述"后渐繁会其声,以别于太乐"①正是说明了这一问题。随着外来音乐的增多,对这些音乐形式进行相应的调整是可以理解的,可以想见"繁会"的重要方面可能是为了更好的演奏效果,因此乐器的编配、舞者的规模都可能会进行相应的改变。在这个过程中,宫廷俗乐"七部伎""九部伎""十部伎"逐渐登上历史舞台。虽然这些乐部保留了原来的名称,但是已经是经过加工改造过的新的宫廷乐部,因此已经不是单纯的外来音乐,而是融合体了。《旧唐书·音乐志》的记载也值得注意。其载:"宋世有高丽、百济乐。魏平冯跋,亦得之而未具。周师灭齐,二国献其乐。隋文帝平陈,得清乐及文康礼毕曲,列九部伎,百济伎不预焉。"②首先,该条文献指出,南朝宋(公元420—479年)即有高丽、百济音乐流传;其次,该条文献指出,北魏平北燕之时所得高丽、百济乐并未齐备,而北周灭北齐之时(公元577年),高丽、百济来献乐,始得较为完备的二国音乐。通过上述两处文献记载我们可知,高丽乐在进入隋唐俗乐部之前已经在北朝、南朝地区得以流行,在公元5世纪至6世纪的百年时光中,流传于北朝、南朝的高丽乐出于表演的需要而经过加工改造是有着较大可能性的。《通典》载:"自周、隋以来,管弦杂曲将数百曲,多用西凉乐,鼓舞曲多用龟兹乐,其曲度皆时俗所知也。"③其中谈到,西凉伎、龟兹伎在诸外族乐部中具有较大影响,因此齐鼓、担鼓作为乐器编配的需要加入高丽

---

① 关于"以别于太乐",岸边成雄认为是"以列于太乐"之误,参见[日]岸边成雄著,梁在平、黄志炯译《唐代音乐史的研究》,台湾中华书局1973年版,第533页。

② [后晋]刘昫等《旧唐书·音乐志》,中华书局1975年版,第1069页。

③ [唐]杜佑《通典·乐典》,中华书局1988年版,第3718页。

乐的演奏乐器之中是有可能的。因此本文认为,隋唐高丽乐部中使用的齐鼓、担鼓在高句丽集安地区流行的可能性较低。

（四）龟头鼓

高丽乐中首次出现"龟头鼓"的记载见于《新唐书》[①],《文献通考》之中也有类似的记载。查阅文献,对龟头鼓的来源、形制均无记载。"龟头鼓"之名首见于《乐府杂录》,其"俳优"条载:"大别有夷部乐,即有扶南、高丽、高昌、骠国、龟兹、康国、疏勒、西凉、安国;乐即有单龟头鼓及筝、蛇皮琵琶——盖以蛇皮为槽,厚一寸余,鳞介具焉,亦以楸木为面,其捍拨以象牙为之,画其国王骑象,极精妙也——凤头箜篌、卧箜篌——其工颇奇巧,三头鼓、铁拍板、葫芦笙。"[②]该条文献中提到了"单龟头鼓"的乐器名称,然而联系上下文,此条文献之意并未说明上述所列夷部乐中均使用了以下包括单龟头鼓在内的诸乐器,因此不能作为高丽乐使用"龟头鼓"的例证。参考其他文献,本文认为,唐代高丽乐中使用"龟头鼓"的可能性较小,而高句丽集安地区使用龟头鼓的可能性则更低。

（五）铁版

《新唐书》中所记高丽乐有"铁版"一件,《文献通考》中亦有

---

① [宋] 欧阳修、宋祁等《新唐书·礼乐志》,中华书局1975年版,第470页。
② 中国戏曲研究院编《中国古典戏曲论著集成（一）》,中国戏剧出版社1959年版,第49页。

类似记载。查阅文献，亦没有关于"铁版"来源、形制的记载，《乐府杂录》"俳优"条中有"铁拍板"之名[①]。作为使用乐器，《乐书》"乘舆国门外作胡部"[②]中也使用了铁拍板。因此本文认为，《新唐书》中所记之"铁版"可能为《乐府杂录》《乐书》所言之"铁拍板"。《乐府杂录》载："拍板本无谱。明皇遣黄幡绰造谱，乃于纸上画两耳以进。上问其故，对：'但有耳道，则无失节奏也。'韩文公因为乐句。"[③]由此可知，铁版在唐宫廷中出现的时间至迟在公元7世纪上半叶，且最初的拍板演奏并无乐谱。《乐书·胡部》载："胡部夷乐有拍板以节乐句，盖亦无谱也。明皇令黄幡绰造谱，乃于纸上画两耳进之。上问故，对曰：'聪听则无失节奏矣。'韩文公自为乐句。大周正乐□秋，今教坊所用连六枚，盖古今异制也。"[④]该处记载附有铁拍板图（图2-128·1）。《乐书·胡部》此条记载中首先指出，拍板用在胡部夷乐之中，用来掌握节奏；其次，《乐书》引用了《乐府杂录》中所讲唐玄宗与乐工黄幡绰之间关于"为拍板造谱"的故事；第三，《乐书》指出，宋教坊所用的拍板结构与唐时拍板不同。《乐书·俗部》载："拍板，长阔如手掌，大者九板，小者六板，以韦编之。胡部以为乐节，盖所以代抃也。唐人或用之为乐句。明皇尝令黄幡绰撰谱，幡绰乃画一耳进之，明皇问其故，

---

① 见本页"龟头鼓"段落中引用《乐府杂录》"俳优"条。——笔者注

② [宋]陈旸《乐书·乘舆国门外作胡部》，影印文渊阁四库全书第211册，（台湾）商务印书馆，第853页。

③《乐府杂录·拍板》（中国戏曲研究院编《中国古典戏曲论著集成（一）》中国戏剧出版社1959年版，第58页。）

④ [宋]陈旸《乐书·铁拍板》，影印文渊阁四库全书第211册，（台湾）商务印书馆，第546页。

对曰：'但能聪听则无失节奏。'可谓善讽谏矣。圣朝教坊所用六板，长寸，上锐薄而下圆厚，以檀若桑木为之，岂亦柷敔之变体欤？"[①]《乐书》中"拍板"条的记载与"铁拍板"有相似之处，比如其中均讲到拍板为"胡部"所用、唐明皇命黄幡绰记谱之轶事，不同之处在于"拍板"条中记述了宋朝拍板的尺寸、功能，按照《乐书·俗部》所记，拍板有大小之分，大拍板可以达到九片板（图2-128·2），小拍板有六片板（图2-128·3），其作用是代替击掌来为胡乐掌握节奏，陈旸生活时期教坊拍板为六板，以檀木或桑木制作而成，陈旸认为是柷敔之类乐器的变体，其功能相近。上述图中的铁拍板除板片上端未磨为圆形外，与大拍板、小拍板并无形制上的太大区别，图中铁拍板板片数量为8片，但文献条目中并未记载铁拍板有8片的形制，因此仅作参考，不认为是常制。

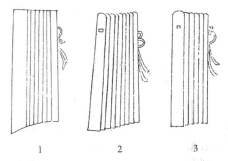

图2-128 《乐书》铁拍板、大拍板、小拍板图[①]

---

① [宋]陈旸《乐书·大拍板、小拍板》，影印文渊阁四库全书第211册，（台湾）商务印书馆，第591页。

② 图2-128·1见[宋]陈旸《乐书·铁拍板》，影印文渊阁四库全书第211册，（台湾）商务印书馆。第546页。图2-128·2、图2-128·3见《乐书·大拍板、小拍板》，第590页。

以《中国音乐文物大系》《中国出土壁画全集》及相关考古资料对拍板实物及图像进行整理,目前所知最早的拍板图像见于北魏太和造像背光浮雕伎乐天之中[①],然魏晋南北朝时期拍板图像目前仅知这一处;隋唐五代时期拍板实物一处,见于邗江蔡庄五代墓出土拍板[②],拍板图像约68处;宋元明清拍板实物约10处,图像约124处。由此我们可知,拍板在隋唐时期音乐图像中大规模出现,如莫高窟第220窟乐舞图(图2-129·1、2-129·2、2-129·3)开凿于唐贞观十六年,其中的三件拍板(4片)清晰可辨;初唐的武昌钵盂山401号墓乐俑中亦有俑人执拍板(9片)演奏(图2-129·4),将《乐书》所载玄宗朝时使用拍板的记载时间提前;此外,拍板图像见于初唐、中唐、盛唐、晚唐诸时期的资料之中,可见其流行时间之长[③]。

---

① 《中国音乐文物大系》总编辑部《中国音乐文物大系·北京卷》,大象出版社1999年版,第213页。文字说明有"拍板",目前图片不详,待查。另大系四川卷有彩绘乐伎纹陶灯,文字说明指出其中有拍板,据笔者观察且此彩绘乐伎形象意向性较强,所说"拍板"更类似竖吹笛类乐器,因此不作为拍板图像的首次出现资料。(《中国音乐文物大系》总编辑部《中国音乐文物大系·四川卷》,大象出版社1996年版,第159页)。

② 《中国音乐文物大系》总编辑部《中国音乐文物大系·上海卷·江苏卷》,大象出版社1996年版,第238—239页。

③ 由于本部分重点在于讨论乐器"铁版"的名称、基本形制、是否应用于隋唐乐部高丽乐之中,是否可能流行于高句丽集安地区,由于篇幅所限,拍板图像中拍板数的研究将不在本文中进行讨论。

1   2   3   4

图2-129   隋唐五代时期拍板图像举例[①]

    诚如《乐书》所载,唐宋以降,以"拍板"之名流传的乐器在形制上发生着变化,以留存的11件实物即可以看出这样的特点:

表2-52   存见11件拍板实物形制比较表

年代	名称	板尺寸	板数量（片）	板长度（厘米）	材质	穿绳方式	资料来源
五代	拍板	大小相近	6片（残5片）	34.0-38.0	木质	狭窄一端各有2圆孔,为穿绳之用	①
元	象牙曲板	大小相同	3片	长 19.3 上宽 3.1 下宽 3.8 厚 0.8	象牙	狭窄一端各有2圆孔,为穿绳之用	②

---

    ① 图2-129·1、2-129·2、2-129·3见《中国音乐文物大系》总编辑部《中国音乐文物大系·甘肃卷》,大象出版社1998年版,第116—117页。图2-129·4见《中国音乐文物大系》总编辑部《中国音乐文物大系·湖北卷》,大象出版社1999年版,第176页。

    ②《中国音乐文物大系》总编辑部《中国音乐文物大系·上海卷·江苏卷》,大象出版社1996年版,第238—239页。

    ③ 同注释②,第239页。

（续表）

年代	名称	板尺寸	板数量（片）	板长度（厘米）	材质	穿绳方式	资料来源
清	洪昇紫檀拍板	大小相同	2片	长 24.7 上宽 4.9 下宽 5.6	紫檀	狭窄一端各有2圆孔，为穿绳之用	①
清	紫檀拍板	大小相同	6片	长 40.5 上宽 8.0 下宽 8.4 中宽 6.5 厚 1.2	紫檀	狭窄一端各有2圆孔，为穿绳之用	②
清	广灵拍板	大小相同他	6片	长 21.0 宽 4.8 厚 0.5	木质	狭窄一端各有2圆孔，为穿绳之用，板间以铜钱间隔	③
清	黄杨拍板	大小相同	3片	长 26.7 上宽 5.3 下宽 6.1 厚 0.4-0.9	黄杨	狭窄一端各有2圆孔，为穿绳之用	④
清光绪八年	三盛唐拍板	大小相同	3片	长 27.5 宽 6.0 厚 0.5-1.2	檀木	狭窄一端各有2圆孔，为穿绳之用	⑤
清	南音拍板	大小相同	3片	长 15.8-16.5 宽 2.9-4.4	檀木	狭窄一端各有2圆孔，为穿绳之用	⑥

① 《中国音乐文物大系》总编辑部《中国音乐文物大系·北京卷》，大象出版社1999年版，第129页。

② 同注释①，第130页。

③ 《中国音乐文物大系》总编辑部《中国音乐文物大系·山西卷》，大象出版社2000年版，第128页。

④ 《中国音乐文物大系》总编辑部《中国音乐文物大系·上海卷·江苏卷》，大象出版社1996年版，第240页。

⑤ 《中国音乐文物大系》总编辑部《中国音乐文物大系·河南卷》，大象出版社1996年版，第138页。

⑥ 《中国音乐文物大系》总编辑部《中国音乐文物大系II·福建卷》，大象出版社2011年版，第83页。

年代	名称	板尺寸	板数量（片）	板长度（厘米）	材质	穿绳方式	资料来源
清	东山御乐轩拍板	大小相似	5 片	左右 2 片：长 27.0 宽 4.0—6.0 中间 3 片：长 26.5—27.0 宽 4.0—5.7	木制	一端钻孔穿绳，孔数不详	①
清	菲律宾拍板	大小相似	5 片	前后两片：长 32.2，宽 3.8—4.8 中间三片：通长 28.3 宽 3.9—4.8	木制	一端钻孔穿绳，孔数不详	②
清	南音拍板	大小相似	5 片	外面 2 片：长 27.6 宽 4.5—5.6 里面 3 片：长 26.0 宽 4.2—5.3	荔枝木	一端钻孔穿绳，孔数不详	③

  由上表可知，拍板的形制、使用场合等均在发生着变化。现存最早的五代时期拍板实物为6片，可知在五代之时拍板已有6片形制，与其墓中同出的乐器还有五弦琵琶、曲项琵琶等乐器及明器等[④]；元代留存拍板实物亦为6片，说明宋元流行拍板形制相近，可能均以6片拍板较为常见。清时期留存的9种拍板形制有2片、3片、5片、6片之别，可

---

① 《中国音乐文物大系》总编辑部《中国音乐文物大系II·福建卷》，大象出版社2011年版，第84页。

② 同注释①，第84页。

③ 同注释①，第84页。

④ 扬州博物馆《江苏邗江蔡庄五代墓清理简报》，《文物》1980年第8期。

能是乐器功能的变化演变而来。

综上所述,《新唐书》中所记高丽乐使用的乐器"铁版"即为"铁拍板",其来源不详,至迟在公元8世纪上半叶运用于宫廷俗乐演奏之中,用来掌握节奏,最初没有乐谱,后来逐渐发展添加。铁版可能是唐代宫廷乐部中后来较为常见的使用乐器,同时流行的拍板亦有木制,并在后世使用中更为广泛。宋代以后拍板流传更为广泛,存在九块板、六块板等不同形制,其后经历明清时期发展,又出现了多种形制。由上述分析可知,"铁版"并非隋唐宫廷高丽乐部的特色乐器,其在高句丽集安地区流行的可能性也较低。

（六）铜钹

铜钹,文献中又作"铜拔",其名首见于《隋书》。正史记载中,《隋书》《旧唐书》称"铜拔",《新唐书》《唐六典》《通典》和《乐书》中称为"铜钹",《乐书》中首次提出高丽乐使用了铜钹。《旧唐书》首次对铜钹进行了名称、来源、形制等方面的论述,其载:"铜拔,亦谓之铜盘,出西戎及南蛮。其圆数寸,隐起若浮沤,贯之以韦皮,相击以和乐也。南蛮国大者圆数尺,或谓南齐穆士素所造,非也。"[1]由此我们可知,铜钹亦名"铜盘",从中原以西和以南地区传入中原,铜钹为圆形,直径数寸,其中部有水泡状的凸起,用韦皮将两只铜拔相连接,从而形成一副乐器,演奏方式为两只铜拔击奏。中原以南地区大的铜拔可以达到直径数尺。《旧唐书》同时提出并不赞同这种铜拔为南齐穆

---

① [后晋] 刘昫等《旧唐书·音乐志》,中华书局1975年版,第1078页。

士素所制造这一观点。下面我们将《隋书》等六种文献所载隋唐俗乐乐部中铜钹的使用情况列举如下：

表2-53　六种文献中俗乐乐部铜钹使用表[①]

文献名称	《隋书》	《旧唐书》	《新唐书》	《唐六典》	《通典》	《乐书》
乐器名称	铜拔	铜拔	铜钹	铜钹	铜钹	铜钹
乐部／音乐		燕乐（正铜拔、和铜拔）	燕乐	燕乐（正铜钹、和铜钹）	燕乐	
	西凉	西凉	西凉	西凉	西凉	西凉
	龟兹	龟兹	龟兹	龟兹	龟兹	龟兹
	天竺	天竺	天竺	天竺	天竺	天竺
	康国	康国	康国	康国	康国	康国
	安国	安国	安国	安国	安国	安国
		扶南			扶南	
						高昌
						高丽

由上表可知，铜钹在西凉乐、龟兹乐、天竺乐、康国乐和安国乐中均有使用，在上述五个乐部使用乐器铜钹的记载中，六种文献记载趋于一致，由此可知所载应较为可信；《旧唐书》《通典》载扶南乐中亦使用了铜钹；而《乐书》中记载高昌、高丽乐中使用了铜钹。那么扶南乐、高昌乐、高丽乐确实使用了铜钹么？现分而述之。首先，扶南乐之所以有铜钹，因隋唐乐部中的扶南乐来自天竺乐。《旧唐书》卷二十九载："扶南乐，舞二人，朝霞行缠，赤皮靴。隋世全用天竺乐，今其存者，有羯鼓、都昙鼓、毛员鼓、箫、笛、筚篥、铜拔、贝。"[②] 由此我们

---

① 引用资料来源参见《隋书》卷十五《旧唐书》卷二十九《新唐书》卷二十一《唐六典》卷十四、《通典》卷一百四十六、《乐书》卷一百五十八。相关版本见本文末参考文献，此处不再赘述。其中《旧唐书》燕乐所用为正铜拔、和铜拔，《唐六典》燕乐所用为正铜钹、和铜钹。

② ［后晋］刘昫等《旧唐书·音乐志》，中华书局1975年版，第1070页。

451　　　　　　　　　　　　　　第二章　集安高句丽墓伎乐仙人图研究

可知，扶南乐之所以使用了"铜拔"乃是由于自隋代以来俗乐乐部中"扶南乐"的使用乐器、乐曲实际上用的都是"天竺乐"，因此自然包含了天竺乐使用乐器中的"铜钹"。其次，高昌伎、高丽伎中使用"铜钹"乐器的记载仅见于《乐书》一处。《旧唐书》卷二十九载："西魏与高昌通，始有高昌伎。我太宗平高昌，尽收其乐，……"[①]可知，公元6世纪上半叶，高昌乐传入西魏，自此高昌伎开始传入宫廷。唐太宗平定高昌，也随之可能带回了高昌乐工，使得唐时高昌乐得以成型。高昌位于今新疆吐鲁番市，说其位于中原之西尚可，这符合《旧唐书》所载铜拔流行之地的记载，然而高昌伎中使用铜钹仅见于《乐书》一处，故暂存疑。上述六种文献之中，高丽伎中使用铜钹的记载亦仅见于《乐书》之中，高句丽位于中原以东，与铜钹流行的地域相悖，且此记载亦仅见于《乐书》之中，因此高丽伎中使用是否使用了"铜钹"这一问题仍需进一步分析。那么进一步来说，铜钹是否可能在公元6—7世纪之时流传至高句丽地区，成为实用乐器呢，接下来我们将运用图像资料对此问题进行探讨。

在进行图像、实物资料整理之前，我们将首先对涉及资料中的乐器名称、形制进行界定。《乐书》中有正铜钹、和铜钹、铜盘、铜铙之名，其中"正铜钹""和铜钹"之分，可能与"正鼓、和鼓"之理相同，可能在形制上相近，大小上有所区分。铜盘之名《旧唐书》中已有记载，不再赘述。铜铙，《乐书》载："浮屠氏所用浮沤器，小而声清，世俗谓之铙。其名虽与四金之铙同，其实固异矣。"[②]由此可知，铜铙主要用于佛教仪

---

① ［后晋］刘昫等《旧唐书·音乐志》，中华书局1975年版，第1069页。

② ［宋］陈旸《乐书·铜铙》，影印文渊阁四库全书第211册，（台湾）商务印书馆，第543页。

礼之中,其乐器中部的水泡形凸起较铜钹为小。由此我们可知,至迟在宋代,铜铙、铜钹已经并存。在实物乐器中尚较容易区分铜钹、铜铙,然而乐器图像中则不易分得十分清楚,因此在整理铜钹资料的过程中,本文将铜钹、铜铙作为整体的整理对象,称为"铙钹"。以已出版的《中国音乐文物大系》《中国出土壁画全集》、相关考古报告等为基础,本文整理的铙钹乐器实物、图像共计约112处,其中魏晋隋唐时期共计约42处,宋元明清时期约70处。其中目前所见最早的击奏铙钹图像为克孜尔第38窟天宫伎乐图(图2-130),目前所知最早的实物铜钹乐器见于唐代,图2-131为存见唐代铙钹的9件实物之一。

图2-130　克孜尔第38窟击铙图①　　　　图2-131　存见唐代铙钹举例②

本部分中,侧重于公元4—10世纪铙钹乐器的流传与发展情况,旨在探讨隋唐宫廷乐部高丽伎、高句丽集安地区使用铜钹的可能性。前述隋唐时期铙钹乐器实物、图像资料遗存约42处,再进一步划分,其中的实物乐器主要为见于唐代,为9处,包括铜铙、铜钹、兴化寺官

　　① 图2-130见《中国音乐文物大系》总编辑部《中国音乐文物大系·新疆卷》,大象出版社1999年版,第39页。
　　② 图2-131见《中国音乐文物大系》总编辑部《中国音乐文物大系·北京卷》,大象出版社1999年版,第109页。

押铙、铜院关口铜钹、蕃莲纹铜钹等；铙钹图像遗存，见于新疆、甘肃、内蒙古、山东、山西、陕西、四川、河南、北京等地[①]，主要见于石窟寺壁画、伎乐石刻、墓葬壁画等图像资料之中，共计约33处，下图为公元4—10世纪现存铙钹乐器实物、图像省份分布图如下：

图2-132　中国境内存见公元4—10世纪铙钹实物、图像省份分布图[②]

---

① 江苏卷所见铙钹购自河南。(《中国音乐文物大系》总编辑部《中国音乐文物大系·上海卷·江苏卷》，大象出版社1996年版，第233页)，因此未将江苏算在分布地域。

② 该分布图由笔者根据前述《中国音乐文物大系》《中国出土壁画全集》及相关报告等资料搜集整理的材料绘制而成。主要包括已经出版的《中国音乐文物大系》覆盖省份包括北京、天津、福建、甘肃、河南、湖北、湖南、江苏、江西、内蒙古、山东、陕西、山西、上海、四川、新疆、广东和河北；《中国出土壁画全集》覆盖省份包括河北、山西、内蒙古、山东、河南、陕西、辽宁、吉林、黑龙江、甘肃、宁夏、新疆、北京和江苏；及其他部分发掘报告等资料。

据本文所整理，目前所见公元4—10世纪铙钹图像及实物资料中，魏晋时期约17处，均为图像资料，主要见于新疆、甘肃、山西、河南、四川等省；隋唐五代时期铙钹实物、图像共计约27处，其中铙钹图像主要见于河南、山西、陕西、四川、内蒙古、山东等地，共计约16处。由此可知，铙钹在公元4—10世纪发展中经历了逐渐发展的过程，自最初所见的新疆地区、甘肃地区逐渐向东传播。前述宋元明清时期搜集铙钹实物、图像多达约70处，可知铙钹在公元10世纪之后继续发展，且使用更为广泛，这在中国传统器乐打击乐、鼓吹乐等的发展中都可见一斑。

　　在公元4—7世纪的发展阶段中，铙钹图像出现于北魏时期的麦积山第127窟石雕佛背光伎乐图、大同司马金龙墓伎乐人石棺床（图2-133·1、）云冈石窟第6窟、第11窟、第16窟、第38窟伎乐雕刻，西魏时期的莫高窟第259窟伎乐图、北石窟寺第135窟伎乐图、北齐徐显秀壁画墓奏乐图（图2-133·2）之中，亦见于邓县彩色画像砖（图2-133·3）之中。

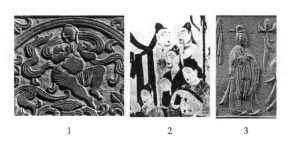

1　　　　　　　2　　　　　　　3

图2-133　公元4—7世纪铙钹图像举要①

---

　　① 图2-133·1见《中国音乐文物大系》总编辑部《中国音乐文物大系·山西卷》，大象出版社2000年版，第178页。图2-133·2见山西省考古研究所、太原市文物考古研究所：《太原北齐徐显秀发掘简报》，《文物》2003年第10期，图二九局部。图2-·133·3见《中国音乐文物大系》总编辑部《中国音乐文物大系·北京卷》，大象出版社1999年，第184页。

由此可知，在公元4—7世纪之时，北魏、西魏、北齐均有铙钹流传，南朝亦传入了铙钹，这些讯息增加了集安地区高句丽传入铙钹的可能性。然而，查阅朝鲜半岛壁画墓资料，我们并未见到铙钹的图像，因此无法从这一角度获知相关高句丽地区是否流传铙钹的历史讯息。

　　综上所述，公元4—10世纪的时光中，铙钹实物主要见于唐代遗物，约9件；图像资料主要见于石窟寺壁画、伎乐石刻、墓葬壁画等图像资料之中，分布于新疆、甘肃、内蒙古、山东、山西、陕西、四川、河南、北京等地。正史中铜钹用于隋唐俗乐部的记载首见于《隋书》，虽有"铜拔""铜钹"之名的区分，然而均指同类乐器，类似记载还见于《旧唐书》《新唐书》《唐六典》《通典》《乐书》之中，高丽乐中使用铜钹的记载首见于《乐书》。在公元4—7世纪留存的铙钹图像中，北魏、北齐、西魏、南朝均有铙钹演奏图像存世，这增加了高句丽集安地区传入铙钹的可能性，然而目前留存的集安高句丽墓壁画中并未出现铙钹图像，在朝鲜半岛壁画墓资料中也没有相关图像，因此目前没有明确的资料表明公元4—7世纪之时高句丽集安地区传入了铙钹类乐器，同时考虑到隋唐乐部高丽伎的宫廷乐队编制因素、《乐书》的成书年代与高丽乐流传时间有一定距离等因素，本文认为，铙钹可能为《乐书》误加入高丽乐中的乐器名称，隋唐时期高丽乐中使用铜钹的可能性不大，集安地区高句丽音乐中使用了铜钹的可能性也较低。

第四节　乐器组合

在集安高句丽壁画墓中,乐器的图形并非孤立存在,它可能融入舞蹈、宴飨、百戏等图景之中,也有隐身于日月星云之间。在目前所知的乐舞图中,乐器均以单件的形式存在,然而在伎乐仙人图中,则有数幅乐器同出一墓的场景,最初它们可能位于天井的不同顶石之上,其后则基本位于同一层顶石之上,形成合围之势。这些同出于一墓天井中的乐器,是否可以看作乐器的组合形式? 从哪些途径还能获知关于高句丽乐器组合的讯息,这是本部分想要讨论的问题。

一、伎乐仙人图中的乐器组合

在集安高句丽壁画墓中,目前所知绘有伎乐仙人图的墓葬包括舞踊墓、三室墓、长川1号墓、五盔坟4号墓和五盔坟5号墓。在上述5座壁画墓的伎乐仙人图中,均出现了多种乐器,可列表如下:

表2-54　集安高句丽墓伎乐仙人图使用乐器组合形式表

年代	4世纪中叶至5世纪初	5世纪末至6世纪中叶	5世纪末至6世纪中叶	6世纪中叶至7世纪初	6世纪中叶至7世纪初
墓葬名	舞踊墓	三室墓	长川1号墓	五盔坟4号墓	五盔坟5号墓
图像位置	主室天井第三、四、六重顶石	第二室天井第一重顶石	天井第六重顶石	墓室天井第二重顶石	天井第二重顶石

乐器组合形式	弹拨乐器	卧箜篌；卧箜篌			卧箜篌	卧箜篌
				琴筝类乐器		
			阮咸	阮咸		阮咸
				琵琶类乐器		
	吹奏乐器	角；角	角	角	角	角
				横笛；横笛	横笛	横笛
				竖笛类乐器		
	打击乐器				排箫	排箫
					细腰鼓	细腰鼓

　　根据上表中所呈现的墓葬年代特点，可以将其中伎乐仙人图所体现的乐器组合进行三个分期：

　　第一期，公元4世纪中叶至5世纪初，代表墓葬为舞踊墓。伎乐天人图体现为以弹拨乐器、吹奏乐器为主，其中涉及的乐器包括卧箜篌、角。

　　第二期，公元5世纪末至6世纪中叶，代表墓葬为三室墓、长川1号墓。伎乐仙人图中的乐器亦以弹拨乐器和吹奏乐器为主，然而种类有所增加，包括卧箜篌、其他琴筝类乐器、阮咸、其他琵琶类乐器、角、横笛、竖笛类乐器等，其中笛类乐器、琵琶类乐器均为新出现的乐器类型。

　　第三期，公元6世纪中叶至7世纪初，代表墓葬为五盔坟4号墓、五盔坟5号墓。此一时期的两座墓葬伎乐仙人图中出现了打击乐器，构成了弹拨乐器、吹奏乐器和打击乐器的综合组合形式，涉及具体乐器包括卧箜篌、阮咸、角、横笛、排箫和细腰鼓。

此外，在朝鲜半岛壁画墓中，处于公元6世纪末至7世纪初的江西大墓伎乐仙人图中可以见到弹拨乐器和吹奏乐器的组合形式，涉及乐器包括琴筝类乐器、角、阮咸和横笛。江西大墓可以确认为朝鲜半岛地区的高句丽壁画墓，从其所涉乐器的种类和组合来看它应介于集安高句丽壁画墓乐器组合分期的第二期和第三期之间，偏向于第二期。

这些不同时期的新乐器在集安高句丽壁画墓伎乐天人图中的出现可能有多重原因，包括新乐器的流传、绘画粉本的描摹等多种可能，同时壁画墓保存的不完整性、模糊性也是继续了解伎乐天人图使用乐器的困难之处，但是这些图像仍然为我们提供了高句丽地区乐器组合形式的可能，至少在此时期，这些乐器是可能同时流传于高句丽地区的，对每一件乐器的流传时间及可能性我们已经在本章中进行了分别探讨，本部分中将重点放在它们共同出现所体现的组织关系上。然而，作为对非世俗图像的伎乐仙人图中乐器组合的讨论是要考虑诸多因素的，还需要多重材料加以综合对比与证实。

二、高丽伎中的乐器组合

高丽伎的使用乐器记载最早见于《隋书》，其载乐器包括弹拨乐器、吹奏乐器、打击乐器三类，其中弹拨乐器包括弹筝、卧箜篌、竖箜篌、琵琶、五弦共5种；吹奏乐器包括笛、笙、箫、小筚篥、桃皮筚篥、贝共6种；打击乐器有腰鼓、齐鼓、担鼓共3种，共计14种。其他载有高丽伎使用乐器的文献还有《旧唐书·音乐志》《新唐书·礼乐志》《唐六典·太常寺》《通典·四方乐》《乐书》等，所记乐器略有出入。如果将上述文献中记载的高丽伎使用乐器全部囊括到分析范围之内，则其中包括弹拨乐器、吹奏乐器和打击乐器三类，涉及弹拨乐器有弹筝、搊筝、卧箜篌、竖箜篌、凤首箜篌、琵琶、五弦，共7种；吹奏乐器包括笛、横笛、义嘴笛、笙、葫芦笙、箫、小筚篥、大筚篥、桃皮筚篥、贝，共10种；打击乐器包括腰鼓、齐鼓、担鼓（檐鼓、擔鼓）、龟头鼓、铁版、铜钹，共6种；由此可知，自《隋书》以降，高丽伎中出现的乐器名称共计约三类23种。在前述的弹拨乐器、吹奏乐器、打击乐器分析中，我们已经分析了其中相关乐器名称的名实关系、在高句丽音乐中使用的可能性等问题。由此，我们可以列出高丽伎常用乐器组合列表如下：

表2-55　隋唐时期高丽伎常用乐器组合表[①]

乐器	文献	《隋书·音乐志》	《唐六典·太常寺》	《通典·四方乐》	《旧唐书·音乐志》	《新唐书·礼乐志》
弹拨乐器	弹筝	●	●	●	●	●
	搊筝			●	●	●
	卧箜篌	●	●	●	●	●
	竖箜篌	●	●	●	●	●
	琵琶	●	●	●	●	●
	五弦	●	●	●		●

---

① 引用资料来源参见本文附录三《八种文献中高丽乐使用乐器表》。

乐器 \ 文献		《隋书·音乐志》	《唐六典·太常寺》	《通典·四方乐》	《旧唐书·音乐志》	《新唐书·礼乐志》
吹奏乐器	笛（横笛）	●	●	●		
	义嘴笛			●	●	●
	笙	●	●	●	●	●
	箫	●	●	●	●	●
	小筚篥	●	●	●	●	●
	大筚篥			●	●	●
	桃皮筚篥	●	●	●	●	●
	贝	●	●	●	●	●
打击乐器	腰鼓	●	●	●	●	●
	齐鼓	●	●	●	●	●
	担鼓	●		●	●	●
共计	17 种	14	14	17	15	16

根据前述的具体乐器分析，与原表相比，表2-55中弹拨乐器部分包括弹筝、搊筝、卧箜篌、竖箜篌、琵琶和五弦，共计6种弹拨乐器，省去了凤首箜篌；吹奏乐器部分包括笛（横笛）、义嘴笛、笙、箫、小筚篥、大筚篥、桃皮筚篥和贝，共计8种吹奏乐器，省去了葫芦笙；打击乐器部分包括腰鼓、齐鼓和担鼓（檐鼓、擔鼓），共计3种，省去了龟头鼓、铁版和铜钹。由此可知，高丽伎常用乐器包括弹拨乐器、吹奏乐器和打击乐器三类，共计17种。

在上述乐器中，有的乐器属于宫廷高丽乐的特色乐器，比如桃皮筚篥、义嘴笛；有的可能是宫廷乐器编配中的常用乐器，比如笙、箫。因此在分析高丽伎的乐器组合问题时，需要充分考虑到其作为隋唐宫廷乐部的来源、功能等方面因素。兹将上表中的乐器与集安伎乐仙人图所见乐器对比如下：

表2-56　集安高句丽壁画墓伎乐仙人图所见乐器与高丽伎常见乐器比较表

乐器种类	来源	集安伎乐仙人图所见乐器	高丽伎常用乐器
弹拨乐器	弹筝	●	●
	搊筝	琴筝类乐器	●
	卧箜篌	●	●
	竖箜篌		●
	阮咸	●	●
	琵琶	●	●
	五弦	琵琶类乐器	●
吹奏乐器	笛（横笛）	●	●
	义嘴笛	横笛类乐器（2种）	●
	笙		●
	箫	●	●
	小筚篥		●
	大筚篥	竖笛类乐器	●
	桃皮筚篥		●
	贝		●
	角	●	
打击乐器	腰鼓	●	●
	齐鼓		●
	担鼓		●
共计	19 种	10	17

　　如上表所列，集安高句丽壁画墓伎乐仙人图和文献记载高丽伎常用乐器共涉及乐器19种，分为弹拨乐器、吹奏乐器和打击乐器三类，其中相互对应的乐器包括卧箜篌、琴筝类乐器、琵琶类乐器、横笛、排箫、竖笛类乐器和细腰鼓。由此可知，上述七种乐器是两类乐器对比后可获知的高句丽集安地区最有可能使用和流传的乐器。然而这并不能说明无法对应的乐器便不可能是高句丽的实际使用乐器了，比如

壁画中频繁出现的阮咸和角,应是当地较为流行的乐器。同样对俗乐部高丽伎中记载的高句丽乐器也不能马上进行否定,比如义嘴笛、桃皮筚篥,都是使高丽乐区别于其他乐部的重要特色乐器,因此也可能是高句丽当地流传的乐器类型。进一步结合《隋书》风俗记写中的记载:"乐有五弦、琴、筝、筚篥、横吹、箫、鼓之属,吹芦以和曲。"[①] 其中提到了五弦、琴、筝、筚篥、横吹、箫和鼓。经本章分析可知,五弦应指梨形音箱琵琶类乐器;琴即指今之七弦琴;筝具体形制不清;筚篥属竖吹笛类乐器,可能包括筚篥和桃皮筚篥;横吹指横笛;箫指排箫;鼓具体种类不清,应包括细腰鼓;芦具体形制不清。此外,集安高句丽墓乐舞图中所见的伴奏乐器还包括阮咸、琴筝类乐器和五弦琴。

综上所述,我们可知高句丽集安地区的使用乐器可能包括琴、筝、卧箜篌、五弦琴、五弦、阮咸、横笛、义嘴笛、筚篥、桃皮筚篥、排箫、角、鼓、细腰鼓等种类,共计约14种,另有部分乐器存在的可能性较低,包括竖箜篌、笙、贝、齐鼓、担鼓,共计约4种,两部分乐器共计约18种。在乐器组合中,文献记载高丽乐的乐器组合呈现出了弹拨乐器、吹奏乐器和打击乐器三类并存的局面,其中出现了特色乐器桃皮筚篥、义嘴笛等,与集安高句丽壁画墓伎乐仙人图使用乐器相比,乐器数量较多,类型更为多样,但没有出现壁画墓中较为常见的阮咸和角。文献记载中高丽乐使用乐器的特点一方面呈现出了宫廷高丽乐的特色,另一方面也有整体乐器编配方面的原因,因此需要两方面结合进行讨论,但是通过将集安高句丽墓伎乐仙人图所见乐器与高丽乐乐器组

---

① [唐] 魏征等《隋书·东夷列传》,中华书局1973年版,第1814页。

合、高句丽音乐风俗记写条目的对比，我们已经可以获知更为准确的高句丽可能使用乐器的相关讯息。

三、鼓吹乐中的乐器组合

汉代时，鼓吹乐已经传入高句丽，然所记乐器编配情况不详。《三国志·高句丽》中载"汉时赐鼓吹伎人"之句，这表明具有等级身份标志的鼓吹乐可能已由官方传入高句丽，因其表明是"赐"的身份，可知此时高句丽已经建立地方政权，因此能够接受册封。目前研究认为，公元前37年高句丽建国，此前高句丽属汉代玄菟郡，在其建国后，高句丽接受了汉朝的册封，因此鼓吹乐作为重要的卤簿乐代表进入高句丽。《梁书·高句骊》中载："汉时赐衣帻、朝服、鼓吹，常从玄菟郡受之"①一条更为具体地说明了此问题。相关记载还见于《后汉书·高句骊》《北史·高丽传》《通典·高句丽》《通志·高句丽》《文献通考》之中。关于《后汉书·高句骊》中所载"汉武帝"时赐高句丽鼓吹乐的问题还可进一步进行讨论。汉武帝在位期间（公元前156—公元前87年）高句丽尚未建国，因此无法谈"赐鼓乐伎人"之问题，因此本文认为鼓吹乐是否自汉武帝时便已传入高句丽仍有待商榷，但汉时高句丽已经接受了鼓吹乐是可以基本肯定的事实。

前述《隋书》以降对高句丽音乐的风俗记写中可能已经隐含了鼓吹乐使用乐器类型的历史讯息。《隋书》载："乐有五弦、琴、筝、筚

---

① ［唐］姚思廉《梁书·诸夷列传》，中华书局1973年版，第801—802页。

篪、横吹、箫、鼓之属,吹芦以和曲。"其中的筚篥、横吹、箫、鼓、芦均可能与鼓吹乐的流传有关。而集安伎乐仙人图中频繁出现的角更是鼓吹乐中的重要乐器。高句丽、乐浪、新罗等国历史中对"鼓角自鸣"传说的记载亦可说明这些乐器在当地可能具有重要的功能性作用,这可能也与最初具有礼乐功能性的鼓吹乐进入这些地区有一定的关系。因此,尽管目前我们无法从文献中确知高句丽集安地区公元4—7世纪流行的鼓吹乐究竟使用了哪些乐器,但从上述的乐器资料综合分析可知,其中可能包括筚篥、横笛、排箫、角等乐器。

第五节　从伎乐仙人图看公元4—7世纪高句丽的使用乐器

本节中将探讨高句丽的思想信仰与伎乐仙人图的关系,并进一步梳理高句丽使用乐器及乐器的流传、发展历程。

一、高句丽的思想信仰与伎乐仙人图

集安高句丽壁画墓中的伎乐仙人图,既是高句丽思想信仰的蕴藉依托,又是当地音乐生活的隐性展现,在本部分中着重探讨高句丽思想信仰与集安伎乐仙人图之间的关系,并探讨集安伎乐仙人图的音乐史学价值与局限。

（一）高句丽思想信仰与集安伎乐仙人图的关系

　　高句丽的思想信仰是一个变化的文化载体，在高句丽民族、国家发展的过程中逐渐变化着内容。目前研究认为，高句丽的思想信仰中包括了原始宗教、佛教、儒家思想、道教等成分[①]。

　　《三国志·高句丽》载："其国东有大穴，名隧穴，十月国中大会，迎隧神还于国东上祭之，置木隧于神座。"[②]可知高句丽国家祭祀的原是隧神。《隋书》载高句丽人"敬鬼神，多淫祠"[③]，《新唐书》载高句丽"俗多淫祠，祀零星及日、箕子、可汗等神"[④]，可见至此时高句丽的信仰已经十分多元。除了前述隧神之外，高句丽的原始宗教信仰包括日月崇拜、星辰崇拜、上天崇拜等天神崇拜，社稷崇拜、河神崇拜等地祇崇拜，人鬼崇拜以及巫术等[⑤]。佛、道的传入也都有着明确的记载。公元372年（小兽林王时期），"秦王苻坚遣使及浮屠顺道送佛像、经文。"[⑥]这是佛教传入高句丽的最早记载。公元392年，故国壤王"下教，崇信佛法求福"。翌年，广开土王时期"创九寺于平壤"[⑦]。由此可知，至迟在公元4世纪中后期，高句丽已有佛教传入；据学者

---

　　① 相关研究如李乐营《高句丽的宗教信仰研究》，东北师范大学2008年博士学位论文。

　　② ［晋］陈寿撰、［宋］裴松之注《三国志·乌丸鲜卑东夷传》，中华书局1959年版，第844页。

　　③ ［唐］魏征等《隋书·东夷列传》，中华书局1973年版，第1815页。

　　④ ［宋］欧阳修、宋祁《新唐书·东夷列传》，中华书局1975年版，第6186页。

　　⑤ 李乐营《高句丽的宗教信仰研究》，东北师范大学2008年博士学位论文，第9页。

　　⑥ ［高丽］金富轼撰、孙文范等校勘《三国史记·高句丽本纪·小兽林王》，吉林文史出版社2003年版，第221页。

　　⑦ 同注释⑥，第223页。

研究认为，佛教在高句丽的发展经历了三个阶段。第一阶段为传入期，约在公元4世纪中晚期。第二阶段为兴盛期，约在公元4世纪末至6世纪中后期。此阶段高句丽广修佛寺，众多普通民众崇佛、拜佛，知识精英开始探讨佛理、教义。第三阶段为衰落期，约在公元6世纪中叶至7世纪中叶。此时佛教衰落，道教兴起，民间固有的原始宗教信仰也日益风行[①]。公元624年，唐"遣前刑部尚书沈叔安策王为上柱国辽东郡公高句丽国王，命道士以天尊像及道法，往为之讲老子，王及国人听之。"[②]这是道教传入高句丽的最早记载。翌年，荣留王建武"遣人入唐，求学佛老教法，帝许之"[③]。由此可知至迟在公元7世纪上半叶，高句丽已有道教传入。除此之外，儒家的伦理、政治、阴阳灾异、天人感应、宗法等思想也影响着高句丽[④]，仅举一例，公元372年，小兽林王"立太学，教育子弟"[⑤]，可知高句丽已有儒学经典传入、教习，《新唐书·高丽传》载："人喜学，至穷里厮家，亦相矜勉，衢侧悉构严屋，号局堂，子弟未婚者曹处，诵经习射。"[⑥]可知后世高句丽平民子弟已有读汉文诗书之风尚。

---

① 李海涛《略论高句丽的佛教及影响》，《世界宗教文化》2011年第6期，第53—54页。另李乐营有相似的看法，见李乐营博士学位论文《高句丽宗教信仰研究》，东北师范大学2008年博士学位论文，第51—63页。

② ［高丽］金富轼撰、孙文范等校勘《三国史记·高句丽本纪·荣留王》，吉林文史出版社2003年版，第251—252页。

③ 同注释②，第252页。

④ 刘伟《儒家思想在高句丽前期的传播原因及影响》，《东北史地》2006年第1期。

⑤ ［高丽］金富轼撰、孙文范等校勘《三国史记·高句丽本纪·小兽林王》，吉林文史出版社2003年版，第221页。

⑥ ［宋］欧阳修、宋祁《新唐书·东夷列传》，中华书局1975年版，第6186页。

高句丽人喜厚葬。《三国志·高句丽》载:"男女已嫁娶,便稍作送终之衣。厚葬,金银财币,尽于送死,积石为封,列种松柏。"[1]正因于此,高句丽有大量墓葬留存于世,其中包括为数不少的壁画墓及相关出土文物,通过对墓葬材料的分析,使得今人有机会更形象化的了解高句丽人的现实生活与思想世界。本节所论述的"伎乐仙人图"便是在乐舞图之外,解读高句丽人音乐文化的重要资料。

　　如前所述,高句丽的思想信仰经历了自身的发展阶段,公元4—7世纪这一时段中,儒家思想已经传入、佛寺兴起,同时至迟在公元7世纪初期,道教已经传入高句丽。因此可以说,集安高句丽壁画墓产生的时期,是高句丽信仰文化中本土信仰与儒、释、道等多种外来思想交流、融合的时期。魏晋时期,中原地区传统的神仙思想与佛、道思想在交流中不断融合,体现在墓葬图像中,即是神仙思想与佛、道思想的混合图像出现。也是在此一时期,佛教图像中开始出现"飞天伎乐"。关于中国境内佛教飞天的渊源有多种说法,包括随佛教由印度传入、出自印度神话及佛经、表现帝释天宫伎乐、兜率天宫之乐舞活动等[2]。"飞天伎乐"一语首见于《洛阳伽蓝记》,其载:"石桥南道□有景兴尼寺,亦阉官等所共立也。有金像辇,去地三丈,施宝盖,四面垂金铃七宝珠,飞天伎乐,望之云表。"[3]飞天伎乐的形象是佛教绘画人物造型

---

　　① [晋]陈寿撰、[宋]裴松之注《三国志·乌丸鲜卑东夷传》,中华书局1959年版,第844页。

　　② 郑汝中《飞天艺术纵论》,见郑汝中《敦煌壁画乐舞研究》,甘肃教育出版社2002年版,第159—193页。

　　③ [北魏]杨衒之著、杨勇校笺《洛阳伽蓝记校笺》,中华书局2006年版,第82页。

的三类之一，属于图案人物画，其来源可能是天龙八部中的乾达婆与紧那罗，而汉地原有的神仙思想氛围与之相结合，使得魏晋时期墓葬中显示出了神仙与佛教思想融合的图像特点①。高句丽墓中受到佛教思想影响的墓葬壁画以长川1号墓最为典型，其中有目前所见集安高句丽壁画墓中唯一的礼佛图，因此部分研究文章称其中的伎乐仙人为"飞天伎乐"。因飞天伎乐已经具有较为特定的宗教内涵，而本章所涉及高句丽墓葬不只一处，且所涉及相关伎乐图像皆有或多或少的神仙思想、佛教思想融合成分，因此本文统称为伎乐仙人。伎乐仙人图像具有丰富的文化内涵，它体现了高句丽民族固有信仰与外来信仰文化的交流与融合。反映于集安墓葬中的"仙人图"既带有着多重的思想文化成分，也可能有着自身的发展阶段。因此本文中针对具体墓葬伎乐仙人图的分析逐步区分其思想信仰成分的倾向性以及对音乐史问题探讨的价值。

（二）集安伎乐仙人图的音乐史学价值与局限

伎乐仙人图的出现不是为了描绘现实生活中的音乐场景，而是作为宗教信仰、天界幻想等形式出现，紧紧围绕着人们的葬俗而存在。因此在讨论伎乐仙人图的使用乐器时，将其与墓葬中生活场景描绘的使用乐器作为两类分别进行探讨是比较合适的。但是，伎乐仙人图也与乐舞图一样具有音乐研究的意义，这也正是音乐考古学中音乐图像

---

① 杨莹沁《汉末魏晋南北朝时期墓葬中神仙与佛教混合图像分析》，《石窟寺研究》2012年年刊。

研究的重要内容。

　　首先，伎乐仙人图中的使用乐器图像具有一定的可靠性。中国古代音乐历史丰富而漫长，虽然理想化的认为各个历史时期留存的音乐材料都可以分为民间音乐、宫廷音乐、音乐思想、音乐制度、乐器、乐律等几方面来进行探讨，但是现实中却往往是集腋成裘的写作状态。面对不同时期的研究对象，所遇到的音乐材料会有所不同。以高句丽音乐研究为例，目前所面对的资料主要为文献资料和考古资料两种。考古资料中可以依托的绝大多数都是来自墓葬壁画的图像资料。这些资料的特点决定了研究的范围与方法。集安高句丽墓中的音乐壁画资料涉及两种，一为乐舞图，一为伎乐仙人图。其中伎乐仙人图中描绘了为数不少的乐器。这使得对高句丽的音乐历史研究中，集安壁画墓中的伎乐仙人图成为了重要的研究资料，这些图像为高句丽人亲手所绘，大多未经涂改，因此这些图像具有可靠性。说其具有一定的可靠性，乃是因为伎乐仙人图毕竟不是生活图景描写，其中所使用的乐器是否都是高句丽人现实生活中所使用仍需进一步分析，但首先可以肯定的是，这些出现于墓葬壁画中的乐器形象又成为探讨这些乐器在高句丽流传、发展的重要研究起点。因此，从这一层面来说，伎乐仙人图中的乐器图像具有一定的可靠性。

　　其次，伎乐仙人图中的乐器演奏图像具有一定的参考性。伎乐仙人图中描绘的仙人手持乐器演奏，自然涉及乐器的演奏姿势。而从这一方面来说，图像具有一定的参考性。出土的乐器不会自说自话，无法从其本身得知最初的演奏法，然而通过诸多间接资料的分析，音乐考古学者们依然可以获得乐器演奏的历史讯息，其中图像依托是重要的方面之一。例如乐器"筑"的演奏法曾经引起许多学者的关注，而长沙马王堆1号墓彩绘馆左侧的神人击筑图成为探讨筑的造型与演奏方法的重要依据^①。因此集安伎乐仙人图中的乐器演奏图像也具有一定的参考性，特别是对同种乐器的演奏图像进行量化比较的过程中，可以提供该时期乐器形制与演奏方法的基本参考依据。

第三，伎乐仙人图研究中不能忽视墓葬壁画的全景描述环境及功能性分析问题。音乐史学学者比较关心伎乐仙人图中仙人手中的乐器和所执乐器的姿态，但是仅仅依据此类分析，将搜集到的乐器相同或相近的图像进行归纳、分类和比较，还是远远不够的。集安高句丽墓壁画中的伎乐仙人图是墓葬壁画中的一个部分，在对其所反映的社会文化内涵进行探讨的同时，也不能忽略它最初的功能性意义。因此对伎乐仙人图的研究亦需要考虑到，首先这是描绘于高句丽人墓葬中的壁画，因此首先它反映的是葬俗观念，具有很强的功能性，在此基础上对仙人的使用乐器进行探讨就不会纠结于一些违反常规的情况了。比如舞踊墓两位仙人弹卧箜篌图中，女仙人所奏卧箜篌为四或五弦，上有通品约10个，而男仙人所奏卧箜篌为四弦，上有通品约17个。这些具体的数字是否是乐器的真实描绘仍然需要再做进一步的分析，但是首先我们已经可以肯定两者所使用的乐器都是卧箜篌，而其弦数、通品数量等问题则已经超出了伎乐仙人图作为功能性的葬俗绘画的表达范围，因此是音乐史学研究者需要加以谨慎延伸的内容。长川1号墓备舞图中所见的五弦琴，其琴头部有弦

---

① 黄翔鹏《均钟考》（上、下），《黄钟》1989年第1、2期，第38—51页、第83—91页。

轴五个，琴面却绘有琴弦四根，对该乐器名称、形制的判定亦是无法"望图生义"的。

集安高句丽墓伎乐仙人图壁画的价值是特殊的，它具有神仙、佛教思想融合的丰富内涵，是高句丽宗教信仰思想的宝贵资料。"仙乐飘飘"表达的是人们对于宗教世界的浪漫幻想，然而却仍是为表达信仰而作。因此曾有学者将高句丽佛教壁画与同期的敦煌佛教壁画相比较，希望找到信仰演变的佐证[①]。但是作为丧葬壁画的存在，以伎乐仙人图所代表的壁画体现的宗教信仰内涵是融合的乃至多元的，这也是其丰富文化内涵的体现。对于音乐史学家来说，伎乐仙人图所体现的音乐资料价值亦不容忽视，其中描绘的大量乐器是高句丽音乐研究的重要资料，是向高句丽音乐历史的进一步靠近。因此在谨慎的分析之后，我们可以获得一定程度的公元4—7世纪高句丽集安地区乐器流传相关讯息，从而对高句丽使用乐器及乐器的流传、发展历程进行梳理。在此基础上，将伎乐仙人图与乐舞图的研究结论放在一处，进入对公元4—7世纪高句丽音乐历史的综合探讨。

二、高句丽使用乐器的发展历程

在本章中，我们分析的考古资料、文献资料本身即带有着记述或描画的时间性，通过对这些材料的逐步梳理我们可知，高句丽接受了汉朝的赐封，有鼓吹乐的流传；高句丽人喜爱歌舞，集安墓葬壁画中

---

① 温玉成《集安长川高句丽一号墓的佛教壁画》，《敦煌研究》2001年第1期。

充分展现了他们群聚歌舞的场面;高句丽的丧葬仪式中亦有歌舞的环节,使用了鼓;目前所知,高句丽可能使用的乐器分为弹拨乐器、吹奏乐器和打击乐器三类,包括琴、筝、卧箜篌、五弦琴、阮咸、五弦、横笛、义嘴笛、筚篥、桃皮筚篥、排箫、角、鼓、细腰鼓等种类,共计约14种。另有部分乐器存在的可能性较低,包括竖箜篌、笙、贝、齐鼓、担鼓,共计约4种,两部分乐器共计约18种。高句丽的乐器发展并非一蹴而就,在目前所知的材料分析中,我们可以大致梳理出公元4世纪之前、公元4—7世纪和公元7世纪之后高句丽使用乐器及乐器的流传情况,这些材料主要依据于集安高句丽壁画墓所见资料和文献中的记载,使得我们可以一窥高句丽自建国至灭亡这8个世纪之中使用乐器及乐器流传的大致状况。

(一)公元4世纪之前高句丽使用乐器及乐器的流传

高句丽民族是发源于中国东北地区的古老民族,汉武帝时设立玄菟郡,其中的高句丽县便有高句丽人居住。公元前37年高句丽建国,接受中原王朝的册封,开始了地方政权发展的历史。《三国志》中最早出现对高句丽音乐风俗的记写,其载"汉时赐鼓吹伎人,……其民喜歌舞,国中邑落,暮夜男女群聚,相就歌戏。"①其中基本描述了公元4世纪之前高句丽的音乐风俗。虽未提及具体乐器,然而歌舞可能需要伴奏,在舞踊墓中体现的阮咸伴奏群舞等画面可能为我们提供了公

---

① [晋]陈寿撰,[宋]裴松之注《三国志·乌丸鲜卑东夷传》,中华书局1959年版,第843页。

元4世纪之前高句丽歌舞场景的想象空间。汉代时，鼓吹乐已经传入高句丽，然所记乐器种类及编配情况不详。尽管目前我们无法从文献中确知高句丽集安地区公元4—7世纪流行的鼓吹乐究竟使用了哪些乐器，但从上述的乐器资料综合分析可知，其中可能包括筚篥、横笛、排箫、角等乐器。此一时期，可称为萌芽期。

（二）公元4—7世纪高句丽使用乐器及乐器的流传

公元4—7世纪之间，高句丽壁画墓中保留了丰富的乐舞图和伎乐仙人图，其中有为数不少的乐器图像。

乐舞图具有较为鲜明的高句丽文化特色，其中的伴奏乐器包括阮咸、五弦琴和琴筝类乐器，见于舞踊墓、通沟十二号墓和长川1号墓之中。伎乐仙人图所展现的乐器组合分为三个时期：第一期，公元4世纪中叶至5世纪初，代表墓葬舞踊墓。伎乐天人图体现为以弹拨乐器、吹奏乐器为主，其中涉及的乐器包括卧箜篌、角。第二期，公元5世纪末至6世纪中叶，代表墓葬三室墓、长川1号墓，伎乐仙人图中的乐器亦以弹拨乐器和吹奏乐器为主，然而种类有所增加，包括卧箜篌、其他琴筝类乐器、阮咸、其他琵琶类乐器、角、横笛、竖笛类乐器，其中的笛类乐器、琵琶类乐器均为新出现的乐器类型。第三期，公元6世纪中叶至7世纪初，代表墓葬五盔坟4号墓、五盔坟5号墓。此一时期的两座墓葬伎乐仙人图中出现了打击乐器，构成了弹拨乐器、吹奏乐器和打击乐器的组合形式，涉及乐器包括卧箜篌、阮咸、角、横笛、排箫和细腰鼓。

通过对文献记载的分析我们可知，高丽伎的常用乐器包括弹拨乐器、吹奏乐器、打击乐器三类，共计17种。弹拨乐器包括弹筝、搊筝、卧箜篌、竖箜篌、琵琶和五弦，共计6种；吹奏乐器包括笛（横笛）、义嘴笛、笙、箫、小筚篥、大筚篥、桃皮筚篥和贝，共计8种；打击乐器包括腰鼓、齐鼓和担鼓（檐鼓、擔鼓），共计3种。

结合高句丽音乐风俗记写、集安高句丽墓葬壁画所见乐器的综合分析，我们可知公元4—7世纪高句丽集安地区的使用乐器可能包括琴、筝、卧箜篌、五弦琴、阮咸、五弦琵琶、横笛、义嘴笛、筚篥、桃皮筚篥、排箫、角、鼓、细腰鼓等种类，共计约14种，另有部分乐器存在的可能性较低，包括竖箜篌、笙、贝、齐鼓、担鼓，共计约4种，两部分乐器共计约18种。此一时期，可称为全盛期。

（三）公元7世纪之后高句丽使用乐器及乐器的流传

公元668年高句丽灭国，但是高句丽音乐并未一举失传，隋唐宫廷乐部中的高丽伎仍然存在，到武太后时仅剩一曲，并逐渐衰微；朝鲜半岛高丽时代的史籍中载有公元7世纪表演高句丽音乐的事件，然而并未提到具体的使用乐器，新罗国流传的细腰鼓等乐器可能仍体现着多年前高句丽文化的影响；日本宫廷中有高句丽乐师的流入，亦保留着部分高句丽的使用乐器、乐舞，其中提到了莫目、筚篥、笛的流传。其后，流入日本的高句丽音乐逐渐融入三韩乐之中，成为日本雅乐的一部分。此一时期，可称为衰退期。

第三章
集安高句丽墓音乐壁画的学术价值

在前文中，我们分别对集安高句丽壁画墓中的乐舞图和伎乐仙人图进行了探讨。在第一章中分析了乐舞图的分类、特点、舞蹈源流等方面问题，第二章分析了伎乐仙人图中使用乐器的分类、发展及流传等方面问题。乐舞图和伎乐仙人图作为两种包含音乐历史讯息的壁画图像在前两章中得以进行较为详尽的探讨，这两种图像在一定程度上客观反映了高句丽的音乐历史讯息，然而它们首先依托于集安高句丽墓葬壁画内容的整体表达，在墓室壁画中形成一个完整的情境，因此墓葬中的整体图像组合与音乐图像之间的关系也是需要讨论的。在此基础上，壁画墓中音乐图像的音乐史学价值才能得以更为明确的凸显。本章中将首先从集安高句丽壁画墓的整体图像组合来探讨其中音乐图像的演变及功能意义，继而分析音乐史研究中高句丽音乐研究的现状，从而提出集安高句丽墓音乐壁画研究的多维学术意义。

第一节　音乐壁画的演变

迄今为止发现的30座集安高句丽壁画墓中，目前所知有音乐壁画的墓葬包括7个，分别为舞踊墓、麻线沟1号墓、通沟12号墓、长川1号墓、三室墓、五盔坟4号墓和五盔坟5号墓。这些墓葬的产生年代集中于公元4世纪至7世纪之间，反映了该时期高句丽世俗生活、思想信仰等多方面的讯息。从壁画内容来说，包含宴饮、庖厨、对坐、舞蹈、百戏、狩猎、仙人、四神、日月星辰等诸多方面。以音乐壁画来说，乐舞图反映了高句丽世俗音乐生活的样态，伎乐仙人图则体现着信仰生活中的理想与追求，因此这些音乐图像不仅传递着高句丽的音乐历史讯息，它们更是墓葬壁画整体空间中的一个部分，与其他的内容构成整体的墓葬内容表达。因此，本节中将从集安高句丽墓葬壁画中的整体组合重新审视其中的音乐图像，在剥离其功能性之外，进一步探讨集安高句丽墓音乐壁画的学术价值。

一、图像的组合

本部分中对舞踊墓等7座集安高句丽壁画墓的图像组合进行分析，进而探讨音乐图像在其中的功能性作用和演变过程。当然，目前所见的壁画墓图像并非均为完好无缺，有些墓葬壁画缺失较为严重，只能通过目前残存的壁画内容来进行判断。在本文绪论中已经对上述墓室壁画的内容有所叙述，这里将按其墓室壁画方位图进行描摹、并比较如下：

（一）舞踊墓壁画图像组合图

舞踊墓由前室、后室和两耳室组成，以甬道连接，其壁画以人物风俗为主，墓内留存壁画如下所示（图3-1）：

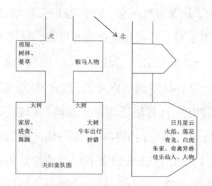

图3-1　舞踊墓壁画内容空间布局图（平面图、剖面图）[①]

由上图可知，舞踊墓的耳室、主室中均以影作木结构、一斗三升结构将墓室内分割成不同的空间画面。从存见的图像来看，前室、耳室之中的描绘为室外情景，目前可见的内容包括树林、房屋、蔓草、鞍马人物，甬道所见有猎犬图，可能这里原有门吏或卫士形象。穿过甬道到达主墓室，主室前壁两侧的大树点明此处仍为室外空间，与前室、耳室内容相衔接；主室左壁右部分描绘的是室外群舞场景，包括表演者、

---

① 耳室和主室四隅有影作木结构、一斗三升。本章中图3-1至图3-17由笔者根据相关考古报告内容绘制而成，主要参考资料包括：〔日〕池内宏、梅原末治《通沟：“满洲国”通化省辑安县高句丽遗迹（下）》，“日满文化协会”1940年版；魏存成《高句丽遗迹》，文物出版社2002年版；吉林省文物考古研究所：《吉林集安高句丽墓葬报告集》，科学出版社2009年版。后文不再赘述。——笔者注

欣赏者多人,主室右壁左部分的描绘包括家居进食等图景,与主室主壁左部的进食图相呼应,似乎将左壁与主壁画面连接起来;主室主壁在影作木结构之内,绘有帷帐,可知所绘为室内场景,其中主壁右侧为进食图案,左侧及中心部位为一男子、两女子对坐饮食图,可能为墓主人及妻、妾像;主室右壁右侧有一牛车出行图,左侧及中心部分为狩猎图,其间山峦迭起、射手骑马逐兽,可知此处亦为室外场景。在主室影作木结构、一斗三升上部,依次出现火焰纹、莲花纹,天井之中可见青龙、白虎、朱雀、日月星云、奇禽异兽、伎乐仙人、人物等,以莲花纹、云纹点缀其中,由此可知,墓道、前室四壁、主室四壁所表现的均为世俗生活场景,而主室天井之上所描绘的则为非世俗场景,乃为体现思想信仰的精神世界。

舞踊墓中包含的音乐图像包括群舞图和伎乐天人图。

群舞图位于主墓室左壁右侧,融汇于主室左壁所表现的室外场景之中,同时与右壁的室外狩猎图空间相呼应,从墓道、前室、到甬道、主室,形成了一个以主室主壁为中心的室外空间,只有主室主壁描绘的为处于世俗场景中核心地位的室内场景,因此在其中出现了墓主人像。群舞图位于主室左壁,在左壁壁画的中心位置靠下方,一骑马伫立的男子形成画面的中心,在他左侧一位男子侍立,右侧有一犬,骑马男子与侍从均将目光看向壁面右方,在主室左壁画面右侧,一队包含5人的群舞队伍正面向骑马男子而舞,在群舞者左上部一男子与群舞队伍相向而舞、一人伴奏,下部有7人似歌唱,由此在主壁左侧画面组成了一幅完整的舞蹈者、歌唱者、伴奏者、欣赏者的画面,虽然舞者的人数、性别组合等画面内容并不一定准确反映了公元5世纪高句丽群舞的内容,但是基本展现了高句丽群舞的风貌。

伎乐仙人图包括吹角仙人图、弹卧箜篌仙人图,他们与其他人物、星云、白虎、朱雀、莲花纹饰等共同组成了天井中层层叠叠的精神世界。其中,两幅吹角仙人图位于主壁上方,分别位于天井第四重与第六重顶石之上;两幅弹卧箜篌图位于右壁上方,均处于天井第三重顶石之上,两者以树相隔,但身姿却有呼应之势。从服饰角度来看,伎乐仙人着广袖长袍,梳高髻,与同墓所见群舞图中窄筒袖、大口裤、以点状纹饰多见的服饰有着明显的区别,由此可知,主室天井中的音乐描绘亦与四壁中的音乐描绘分属于不同的世界。虽然无需一一链接天井之中诸多人物、形象之间的关系,然而整体上其体现了一个缥缈的非世俗空间,在其中的伎乐仙人当然更多承载的是思想信仰的内涵。然而它们使用的乐器,却仍然可能与高句丽本土的文化具有密切的关系。正如前述第二章分析中指出,卧箜篌、角均为在高句丽集安地区伎乐仙人图中出现频率较高的乐器,同时通过分析我们也可知,两者在公元4—7世纪高句丽集安地区流行的可能性非常大。因此,尽管在舞踊墓中,卧箜篌和角形象处于天井之中的想象世界,然而它们却是高句丽社会音乐生活的隐性体现,传递着当地乐器使用的历史讯息。

(二)麻线沟1号墓

麻线沟1号墓由前室、后室和两耳室组成,以甬道连接,其壁画以人物风俗为主,墓内留存壁画如下所示(图3-2):

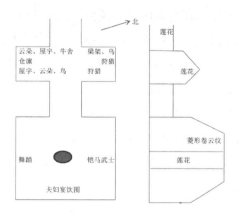

图3-2　麻线沟1号墓壁画内容空间布局图（平面图、剖面图）[①]

　　麻线沟1号墓壁画损毁较严重，许多地方仅留存起稿线，或起稿线脱落后发白的影迹。通过存留的壁画内容我们可知，前室及南北室的四壁内容以室外场景为主，均以四隅影作木结构将画面分开。其中南侧室中留存的壁画包括左壁的仓廪，前壁的云朵、屋宇、牛舍，后壁的屋宇、云朵、飞鸟；北侧室留存的壁画包括前壁的梁架、鸟，右壁的狩猎图和后壁部分狩猎图。前室天井处墙皮剥落严重，仅见部分莲花图案，墓道部分存留天井壁画中可见莲花、云纹等图案。主室中心位置有石柱，其上绘莲花图案，主室四壁留存的壁画中，左壁存舞蹈图，为二人对舞，主壁存夫妇宴饮图，有侍从若干，右壁存铠马武士图，主室天井壁画几乎剥落殆尽，仅见少部分莲花及菱形卷云纹。

---

① 耳室四隅绘影作木结构，主室四隅绘影作木结构简化，上绘菱形卷云纹。

麻线沟1号墓留存的壁画内容较少，天井壁画主体内容几乎不存。在前室、南北侧室及主室四壁的壁画中，其构建空间的方式与舞踊墓较为相似，整个墓葬壁画内容空间以主室主壁的室内图景为核心，展示了较为开阔的室外场景，其中主室留存壁画的左舞踊、右狩猎的内容构成与舞踊墓主室壁画内容构成较为一致，前室及两侧室的内容以仓廪、狩猎、屋宇、牛舍、鸟为主，亦可知均为室外场景。两室及甬道上方留存的莲花内容可知麻线沟一号墓天井处原有的绘画内容可能亦非世俗场景，而是以莲花、火焰等过渡、描绘精神信仰的图像，但目前已经无法见到。

麻线沟1号墓目前留存的壁画内容中，主室左壁留存双人舞图，跳舞者为二男子，相对而舞，由于其余左壁壁画几乎不存，因此是否原本仅为二人舞蹈，现在亦不可知。首先从壁画内容布局上，麻线沟1号墓主室左壁舞蹈图像的出现与右壁狩猎图同样，符合与舞踊墓相一致的"舞蹈图—墓主夫妇坐像—狩猎图"的主室画面设计逻辑，天井处所见的残留莲花也说明原本的天井壁画描绘中可能出现飞天伎乐的图像。然而目前所见，麻线沟一号墓中留存的高句丽音乐材料便只有主壁左侧残留的男子双人舞图了，尽管它未必是原有画面中完整的舞蹈图，但是高句丽二男子对舞的舞蹈组合形式与文献所载的"双双并立而舞"却找到了契合之处。

（三）通沟12号墓

通沟12号墓由前室、后室和两耳室组成，以甬道连接，其壁画以人物风俗为主，墓室内留存壁画如下所示（图3-3）：

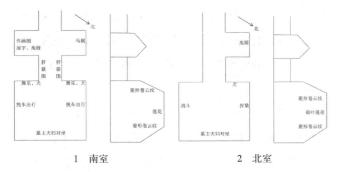

图3-3　通沟12号墓壁画内容空间布局图（平面图、剖面图）①

通沟12号墓是由南北二室组成的双室墓，其中南室略大，包括前室、两耳室和后室部分，由甬道连接；北室略小，包括前室、右耳室两部分，由甬道连接。通沟12号墓壁画大部分剥落或不清晰，从存见的壁画内容布局来看，南室、左室的壁画布局基本相近，主室主壁的墓主人对坐图仍为墓室壁画的核心，表现为室内情景，以此展开，在主室其他三壁、甬道、耳室等结构中形成丰富的室外描述图景。其中，音乐图像出现在南室壁画之中。

南室的壁画空间布局之中，主室主壁为墓主夫妇对坐；主室左壁、右壁分别为挽车出行图，内容相近；主室前壁左、右两侧分别绘有舞乐和猎犬图。在主室前壁图像中，左侧存见舞者2人，其下绘猎犬，右侧存见舞者1人、伴奏者1人，其下绘猎犬。甬道两侧绘狩猎图，似与主室前壁的猎犬图相呼应。主室前壁左右两耳室分别绘有作画图、屋宇、庖厨、马厩等内容，可知表现主要为室外活动场景，但从绘画题材上也

① 南、北室四隅绘影作木结构简化，上绘菱形卷云纹。

　　　第三章　集安高句丽墓音乐壁画的学术价值

与舞踊墓前室及两耳室注重室外自然景物描绘的内容有所不同。与舞踊墓、麻线沟1号墓所见不同，舞乐图在通沟12号墓南室之中并未位于主室左壁，而是出现与主室前壁，并形成了两侧在题材上的对称结构。

在北室留存的壁画之中，主室主壁为墓主夫妇对坐，左壁为战斗图，右壁为狩猎图，前壁右侧绘有猎犬，前室右耳室绘有庖厨。由此可知，通沟12号墓南室、北室的壁画内容布局具有较强的一致性，由于北室壁画留存不多，由壁画内容布局推知，在北室前壁两侧可能也绘有对称的乐舞图。从通沟12号墓南室、北室壁画布局可知，在两室的主墓室壁画之中，挽车出行、战斗等题材的比重有所增加。

两室的天井部分主要以菱形卷云纹、荷叶莲花纹饰装饰，并没有如舞踊墓中出现日月星云、神仙人物、奇禽异兽等内容，因此并未绘有伎乐仙人图。

因此，目前通沟12号墓存见的音乐图像为乐舞图，共计2幅，位于主室前壁的墓门两侧。与舞踊墓、麻线沟1号墓所见不同的是，墓门两侧描绘舞蹈图出现了明确的琴筝类伴奏乐器，为高句丽乐舞提供了新的讯息。

（四）长川1号墓

长川1号墓由前室、后室和两耳室组成，以甬道连接，其壁画以人物风俗为主，墓内留存壁画如下所示（图3-4）：

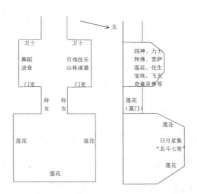

图3-4　长川1号墓壁画内容空间布局图（平面图、剖面图）①

　　长川1号墓前室、后室、甬道、石门等部分均绘有壁画，由于多绘于灰皮之上，有部分脱落，但是大部分壁画保存完好、形象清晰，基本可以了解长川1号墓壁画内容布局的全貌。诚如分析报告所言，长川1号墓前室与后室之间形成了从厅堂到居室的室内布局结构，以甬道相连。墓道两侧各有通壁门吏，表明自此处开始进入了室内空间。

　　前室前壁左右分绘一通壁卫士；后壁左右分绘一门吏；左壁分为四个界栏，其中第一、二层界栏绘舞蹈图、墓主夫妇观乐图（跨越第一、第二界栏），第三层界栏绘进食图；右壁无界栏，大致可以分为上部百戏伎乐图和下部山林逐猎图，中间饰以莲花纹饰，将图像连成一体，其中上部百戏伎乐图中包括单人乐舞图和备舞图。前室墓室藻井处分为六重顶石，区别于四壁的世俗图景，主要以精神世界为中心，突出的特点是出现了具有佛教信仰意识的佛陀像、礼佛、飞天伎乐等内

---

① 前室四隅绘影作木结构简化、梁枋，四壁上方多以界栏与顶部藻井隔开。

容，其中飞天伎乐现存第六重顶石东、南和北侧，前室盖顶石灰皮脱落，所绘壁画已不存。主室与前室以甬道相连，两侧各绘通壁侍女，表明进入内室，石棺置于主室，四壁与藻井均绘莲花纹，盖顶石绘日月星象，并于正中绘"北斗七青"朱书题记。

长川1号墓壁画的空间结构较舞踊墓、麻线沟1号墓、通沟12号墓均有所扩大，主要从壁画内容上体现出了前室与后室表达空间的变化，尽管自舞踊墓开始均为前后室结构，然而其前室与后室多表现同类型主题空间，长川1号墓将厅堂与居室划分为明显的空间内容，并以甬道、墓门等处的门吏、侍女、卫士进行空间功能意义上的分割，主室墓门亦与后室绘画浑然一体，以莲花相绘，由此使得主室获得了较为完整的私密空间。长川1号墓主室通绘莲花纹的方式还见于集安地区的冉牟墓、长川2号墓等墓葬的主室壁画描绘之中。

在音乐内容上，长川1号墓所见的音乐图像均位于前室壁画之中，包括前室左壁的群舞图，右壁的单人乐舞图、备舞图，以及位于第六重顶石的飞天伎乐。

左壁的群舞图与墓主人观赏图、进食图融为一体，这一内容描述与舞踊墓主室左壁具有一定的相似之处，且从舞蹈图像来看，均为描绘室外的群舞场面。

前室右壁的百戏伎乐图与狩猎图以上下结构分绘、亦互为交融，描绘内容丰富；其中音乐图像位于右壁左侧中上部，一男子独舞、一女子弹琴筝类乐器伴奏，其后有准备舞蹈的女舞者一人、可能为男舞者或侍者一人，伴奏者一人；百戏伎乐图中所见的两件琴筝类乐器属于同类乐器，通过本文的分析定名为"五弦琴"，这件乐器在目前所见的其他集安高句丽壁画墓中并未出现。乐舞百戏图在目前存见并公开发表的集安高句丽壁画墓图像中亦仅此一幅，其于狩猎图共绘一壁面，与左壁、主壁共同构成了乐舞—墓主坐像—进食—狩猎的内容布局，虽然因为绘于前室使得墓主人像挪到了左壁、与观舞者像相重合，然而其形成的壁画内容布局却与舞踊墓主室壁画、麻线沟一号墓主室壁画具有相似之处，但百戏伎乐为新出现的内容，与前述3座壁画墓中出现的世俗舞蹈图像均有所不同。百戏伎乐图的出现可能是集安高句丽壁画墓受到汉魏壁画墓乐舞百戏图的影响而出现的壁画内容，并融入了高句丽人独特的文化内涵。

位于第六重顶石的飞天伎乐图目前存见三面，可能原为四面。这些飞天伎乐之所以未宽泛的称为伎乐仙人乃是因为它们的着装与前述舞踊墓所见的长袍广袖有很大不同，这些天人头戴珠冠、头部亦有项光、赤裸上身、身带披帛，由此可知是具有明确佛教信仰内涵的飞天伎乐图像（图3-5 长川1号墓第六重顶石壁画空间内容平面图）。

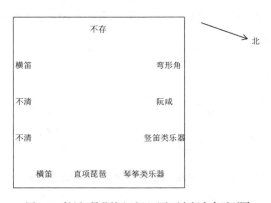

图3-5　长川1号墓第六重顶石壁画空间内容平面图

　　　　　　　　　第三章　集安高句丽墓音乐壁画的学术价值

长川1号墓飞天伎乐使用乐器包括横笛、角、阮咸、竖笛类乐器、直项琵琶类乐器、琴筝类乐器等,乐器种类多样,其中阮咸、角、琴筝类乐器在集安高句丽其他壁画墓中均有出现,竖笛类乐器是目前所见集安高句丽壁画墓中唯一出现的该类乐器图像。作为具有较为明确的信仰意识体现的图像,这些飞天伎乐使用乐器在高句丽集安地区存在的可能性需要通过结合其他音乐史料进一步进行分析,探讨其存在的可能性,在前述第二章中我们已经一一论述。

长川1号墓是目前公开发表的集安高句丽壁画墓中音乐图像最为丰富者,其中包含了多幅舞蹈图和飞天伎乐图,囊括了群舞、独舞及多种乐器演奏的图像,这些图像集中体现了公元5世纪末至6世纪中叶高句丽舞蹈、乐器流传的新发展,同时又与较早出现的音乐图像内容相互衔接。

(五)三室墓

三室墓由三间墓室顺次组成,以甬道连接,呈曲尺型,其中的壁画为人物风俗、四神混合主题。墓内留存壁画如下所示(图3-6):

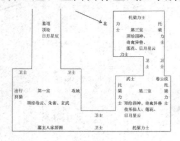

图3-6 三室墓壁画内容空间布局图(平面图、剖面图)①

---

① 三室四隅绘影作木结构简化、梁枋,第一室四壁上端绘幔帐。

三间墓室之中，以第一室为最大，第二室、第三室大小相当、均略小于第一室。墓道旁侧为卫士像、顶部绘日月星辰。

第一室主壁绘墓主人家居图，其中绘一男性主人、二女性主人，可能为男子及妻妾，另绘侍女、屋宇等；第一室左壁按照绘画内容可分为上下两部分，上部为出行图，下部为狩猎图；右壁留存攻城图；前壁两侧各绘卫士；第一室藻井绘卷云纹、朱雀、玄武、凤鸟等图案。

第一室与第二室以甬道相接，甬道两侧皆绘卫士。第二室主壁、左壁、右壁皆绘托梁力士，前壁左侧绘武士，右侧绘卷云纹。天井部分壁画内容按结构分为多个层次：其中第一重顶石绘双四神图；第一抹角绘仙人、牛首人身等图；第二重顶石绘莲花；东、西、南第三重顶石与北第二重顶石接合，绘卷云纹；东、西、南第四重顶石与北第三重顶石相接合，绘朱雀、独角兽、梅花鹿等。其中第一重顶石抹角处东南面绘吹角仙人、弹阮咸仙人，两位仙人头戴珠冠、上身戴披帛，头顶有项光，可知为飞天伎乐。

第二室、第三室相接甬道两壁绘卫士，第三室主壁、左壁、前壁均绘力士，右壁绘卫士，天井部分绘四神、奇禽异兽、莲花和日月星云等图案。

三室墓的结构近似于三个单室的相连，从绘画内容上看，以卫士图像为界限分为三个相对独立的室内布局空间。第一室为三个墓室中最为重要者，其主壁主题的墓主人家居图是三室墓壁画内容布局的核心，左壁、右壁的出行、狩猎、攻城等内容相联系，舞踊墓、麻线沟1号墓、长川1号墓、通沟12号墓所见的世俗舞蹈图在三室墓中并没有出现。第二室、第三室的四壁绘画内容相近，均为托梁力士或武士、卫士,并未提供太多世俗生活的讯息,前述壁画中所常见的进食、树木等图像亦未出现,描绘的重点似乎更倾向于天井之中的内容。

在三室墓的天井描绘之中,第一室天井壁画脱落较严重,留存内容包括卷云纹、朱雀、玄武、凤鸟等。第二室、第三室天井壁画保存相对较好,所绘内容以四神、奇禽异兽、莲花、日月星云等为主,其中第二室第一重抹角留存两幅飞天伎乐。

三室墓中通壁卫士的图像布局及功能与长川1号墓有相通之处。在三室墓的内容布局之中,世俗图像的描绘仅留存于第一室四壁壁画之中,而自墓道始便以顶绘的日月星云等内容与后两室天井中的信仰世界相连接,将第一室四壁内容表现的世俗世界与天井壁画所表现的精神世界完整的分割。因此在这样的功能意义上来说,第二室、第三室四壁的托梁力士描绘与通壁卫士图像描绘具有相通之处,更多的具有守卫、保护的含义,而并未再现墓主人曾经的世俗生活。第二室中出现的伎乐仙人并不多,仅见于第一重抹角东南壁,留存的第一重抹角图像内容中,东北壁绘莲花仙子两人,一男一女,西南壁绘牛首人身、莲花仙子,东南壁即为飞天伎乐。结合相关图像,此处手持乐器的仙人更接近于具有佛教信仰内涵的飞天伎乐形象,然而其描绘的角、阮咸,以本文的研究认为,均为高句丽较为常见的使用乐器。因此可以说,三室墓中依托于精神信仰世界内涵的飞天伎乐形象,其所演奏的乐器却较为真实地传递了高句丽乐器流传的历史讯息。尽管《通沟》中有关于舞踊墓群舞图使用伴奏乐器阮咸的记载,长川1号墓中有我们认为是弹奏阮咸的飞天伎乐形象(依托线描图判断,且不甚清晰),三室墓飞天伎乐中的阮咸图像是集安高句丽壁画墓中第一次出现较为清晰完整的阮咸形制及演奏方式。角在舞踊墓仙人图中有所描绘,三室墓中再次出现的角与舞踊墓中所见形制上有所区别,这不仅使集安高句丽音乐探讨中角的形制、种类讯息获得了丰富,同时成为公元5世纪末至6世纪中叶高句丽壁画墓角图像的重要环接,使得公元6世纪中叶后出现于五盔坟4号墓、5号墓中的角并不显得突兀,也使角在高句丽流传发展的历史讯息更为完整。

（六）五盔坟4号墓

五盔坟4号墓由墓道、甬道和墓室组成,以甬道连接,其中的壁画以四神为主,墓内留存壁画如下所示（图3-7）:

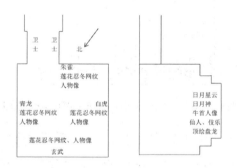

图3-7　五盔坟4号墓壁画内容空间布局图（平面图、剖面图）①

五盔坟4号墓壁画直接绘制于墙壁之上,壁画保存较为完整,色泽依然明亮鲜艳。它的墓室结构较前述壁画墓更为简洁,呈单一墓室结构,并已将世俗世界描绘排除在外,自甬道两侧卫士图像开始,便进

---

① 墓室四隅绘怪兽托龙顶梁,梁枋绘缠龙。

入了一个长眠的精神世界。墓室四壁以方位分别绘四神，并以莲花忍冬网纹相连，间隔出现人物绘像，画面设计充实、主题突出；天井部分为二重顶石叠涩结构，第一重顶石抹角绘日月神、飞仙、冶铁、制轮人等，第二重顶石绘日月星象、伎乐仙人，盖顶石绘龙纹。其中，第二重顶石北面、东面、西面均绘有仙人执奏乐器图像。天井第二重顶石壁画内容平面图（图3-8）如下：

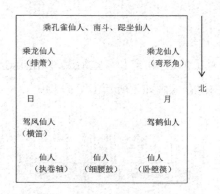

图3-8　五盔坟4号墓天井第二重顶石壁画内容平面图

如上图所见，五盔坟4号墓天井中第二重顶石壁画以仙人、日月星象为主，并饰以云纹。与舞踊墓、麻线沟一号墓、长川1号墓等出现的仙人图像不同，五盔坟4号墓中所见的仙人为头梳顶髻或戴莲花冠，身着宽袖袍服，或有披帛，既不同于早期舞踊墓中所见的羽衣形象，也与长川1号墓、三室墓所见的头带项光、身戴披帛的飞天伎乐有所区别，同时五盔坟4号墓中所见的仙人开始出现乘龙、乘孔雀、驾凤、驾鹤等形象，这在之前的舞踊墓、长川1号墓、三室墓仙人图中亦没有出现，由此可知这是一种融入新的思想元素的仙人图像，这与四壁中出现的新型人物像也形成呼应。由上图所见,东、西两面的仙人图像基本构成对称模式,以日、月图像为中心,两侧为乘龙、乘凤、驾鹤仙人;若以坐骑的朝向来看,东、西两面的坐骑均朝向南面顶石方向飞翔,南侧乘孔雀仙人亦朝向南斗飞翔,位于北侧的三位仙人以击细腰鼓仙人为中心,两侧仙人向中间飞升,画面背景以北斗、云纹装饰。由此可知,第二重顶石壁画的空间设计是以星象形成方位结构,仙人整体表现的是自北而南的飞升,其中有仙人执卷轴、执幡,亦有演奏卧箜篌、细腰鼓、角、排箫和横笛者。通过前文分析我们可知,其中出现的卧箜篌、角均为公元6世纪之前在高句丽集安地区存在及流传的乐器,而细腰鼓、排箫图像则是在集安高句丽壁画墓中首次出现。细腰鼓类乐器在公元6世纪至7世纪之时有多种形制类型,宫廷高丽乐记载中使用的细腰鼓乐器称为"腰鼓",是高丽乐中使用的特色乐器之一,通过本文的分析可知,公元6世纪之后,细腰鼓在高句丽集安地区可能为实际存在的使用乐器,并对朝鲜半岛细腰鼓类乐器的流传与发展产生了影响。排箫乐器历史久远,在公元6世纪之时中原地区同时存在两种类型的排箫,即中原地区原有的单翼型排箫和外来的等长型排箫,五盔坟4号墓伎乐仙人图所见的排箫为单翼型,它的文化渊源更接近于汉魏文化,因此本文认为它可能与高句丽自汉代开始接受鼓吹乐的历史有关。

综上所述,相较于前述5座带有音乐图像的壁画墓,五盔坟4号墓的壁画空间布局已经有了根本的转变,最初见于天井壁画的四神图等内容已经获得更为重要的地位,完全取代了舞踊墓、麻线沟1号墓等四壁壁画构图中的"舞蹈、进食—墓主人夫妇坐像—狩猎"的基本形式,墙壁四隅的影作木结构等也不再出现,代之以怪兽托龙顶梁、梁枋绘缠龙这样的更具精神意识的内容,使得整间墓室体现出更为浓郁的超脱于现实世界的自有空间。其中,前期可见的群舞图、乐舞图等图像均无存,天井中的伎乐仙人图也不似舞踊墓中所见般结构松散,而是以更为有序的方式联缀出现在仙人图中,与执幡、持卷轴等仙人一起组成了一个灵魂飞升的精神世界。

（七）五盔坟5号墓

五盔坟5号墓由墓道、甬道和墓室组成,以甬道连接,其壁画以四神为主,墓内留存壁画如下所示（图3-9）:

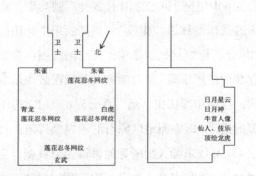

图3-9　五盔坟5号墓壁画内容空间布局图（平面图、剖面图）①

五盔坟5号墓的壁画内容空间布局与五盔坟4号墓基本一致,但亦有一些区别。在四壁壁画中,墓室前壁两侧分绘两只朱雀,这与4号

---

① 墓室四隅绘怪兽托龙顶梁,梁枋绘缠龙。

墓所见略有不同；此外四壁虽仍以四神为中心，并以莲花忍冬网纹装饰，然而4号墓所见的人物像均已不见，使得四壁主题更为简洁突出。5号墓仍以日月星云、日月神、牛首人像、伎乐仙人等为主，盖顶石绘龙虎。

天井部分分为两重顶石，为抹角叠涩结构。第一重顶石四面各绘一龙，第一重顶石抹角绘日月神、仙人、冶轮、牛首人、飞天等；第二重顶石四面绘乘龙伎乐天人，其壁画内容平面图如下（图3-10）：

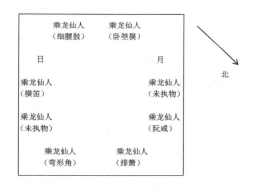

图3-10　五盔坟5号墓天井第二重顶石壁画内容平面图

其中东南面为奏横笛仙人、乘龙仙人、日；东北面为吹排箫仙人、吹长角仙人；西北面为月、未执物乘龙仙人、奏阮咸仙人；西南面为击细腰鼓仙人、奏卧箜篌仙人。四面仙人均乘龙，风格统一，东南与西北两面的日、月亦形成稳定的方位组合。四壁的仙人坐骑形成自北奔向南方的飞升之势，与五盔坟4号墓所呈现的内容布局相一致，在两位未执物乘龙仙人中，东南面乘龙仙人与其余持乐器仙人同样为顶髻，其长袖飘舞，似舞蹈状；而西北面未执物仙人则是上述乘龙仙人中唯一着莲花冠者,可能具有其他的象征意义;其余乘龙仙人皆持乐器,包括细腰鼓、卧箜篌、横笛、阮咸、角和排箫。其中,细腰鼓和排箫亦见于五盔坟4号墓壁画之中,为五盔坟墓葬壁画中出现的两件新乐器,在4号墓部分我们已经分析过,它们在公元6世纪之后的高句丽集安地区流传并使用的可能性较大。

五盔坟包含5座墓葬,其中的4号、5号墓壁画内容较为相似,4号墓的四壁壁画绘有诸多人物像,而5号墓则在不同处曾镶嵌许多珍贵宝石,两者均被认为是目前所见集安高句丽壁画墓葬中艺术价值较高之作。其中的音乐图像以伎乐仙人图为主,并出现了前期壁画中所没有出现的新乐器,同时服务于四神主题的墓室壁画内容布局,前期所见的乐舞图等世俗音乐图像均不存。五盔坟1、2、3号墓尚未发掘,按照目前的推断可能其中也具有相似的伎乐仙人图像。

高句丽壁画墓经历了自身的变化发展,从墓室结构、壁画主题到特定图像描绘等方面均可以看出公元4—7世纪之间发生的变迁。丧葬习俗是生人观念意识的体现,随着高句丽自身文化的包容与发展,集安高句丽壁画墓中也随之体现着与以往不同的内容,这充分显示在壁画内容的空间布局之中。音乐图像作为墓葬壁画的一部分,首先依托于壁画墓的中心与主题,并间接的反映当时的社会音乐生活与精神信仰交流。因此,集安高句丽壁画墓中音乐图像的演变,首先反映了集安高句丽壁画墓整体内容的变迁,同时也隐含着为数不少的不同时期高句丽集安地区音乐历史的相关讯息,区别于远在南朝、北朝以及隋唐宫廷流传的高丽伎,集安高句丽壁画墓中所描绘的音乐图像更接近于高句丽人本身的社会音乐生活与音乐思想意识,是目前所知最为直接的高句丽音乐历史资料。

二、图像的演变

集安高句丽壁画墓中的音乐图像依托于墓室整体的壁画内容布局，首先具有葬俗中的功能意义，上述第一部分的分析中我们对目前所见绘有音乐图像的7座集安壁画墓进行了逐一分析。在此基础上，本部分我们探讨集安高句丽壁画墓中音乐图像的演变。

本部分所指的演变，并非指其具有独立发展的脉络，而是指在壁画内容空间布局、墓葬形制等演变的背景下，看待其中音乐图像内容、布局、在空间中的作用等方面所发生的变化，探讨这一问题的中心在于，壁画中出现的世俗舞蹈音乐图像基本真实反映了高句丽集安地区音乐文化生活的内容，而当这一类图像消失的时候，是意味着这些类型的音乐文化活动消失了？还是主要取决于墓葬壁画内容布局的设计而不再加入这些类型的音乐图像；同样，在分析伎乐仙人图的时候，我们的中心点在于其所执的乐器，其中当然有部分乐器可以确定为高句丽集安地区流传的乐器类型，但是作为具有思想信仰意识的壁画内容，我们不可能先验性的认为伎乐仙人图中出现的乐器便一定是当时高句丽集安地区真实流传并使用的乐器，而需要结合其他材料加以综合分析。在这样的前提之下，我们对集安壁画墓中音乐图像的演变进行探讨，并将其与公元4—7世纪朝鲜半岛壁画墓中的部分音乐图像进行对比，探讨它们与集安壁画墓音乐图像之间的关系。

根据本文所依据的高句丽考古学者魏存成先生对集安壁画墓的

年代分析,本文中所涉及的壁画墓葬的年代在公元4—7世纪之间,依据这些基本年代的判定,我们可以对这7座壁画墓中音乐图像的变化进行整体思考。

第一,舞踊墓。在舞踊墓的音乐图像内容中既包含了世俗音乐场景,又出现了伎乐仙人图。其中的世俗音乐场景为群舞图,在主室内构成了"舞蹈、家居、进食—夫妇宴饮图—出行、狩猎图"的主室四壁结构;伎乐仙人图散见于天井之中,有局部的宏观设计,但并没有对天井壁画内容完整的构思。舞踊墓的年代判定一般认为较早,为公元4中叶至5世纪初,也有学者提出应为公元5世纪中叶[①]。

第二,麻线沟1号墓和通沟12号墓。麻线沟1号墓、通沟12号墓一般认为均出现于公元5世纪,两座墓葬的主室壁画布局与舞踊墓基本相近,从天井壁画的内容来看,麻线沟1号墓与通沟12号墓较为相近,与舞踊墓不同的是目前并未发现伎乐仙人图,当然这与两座墓葬壁画剥落严重有关,因此不能作为绝对的探讨标准。在麻线沟1号墓留存壁画中,主室左壁留存有一幅双人舞图像,其在主室亦形成"舞蹈—夫妇宴饮—铠马武士"的主室布局,与舞踊墓内的布局基本一致,由于主室左壁墙壁剥落严重,因此是否最初为"双人舞"或"群舞"已无法知晓,本文认为存在这种可能。通沟12号墓是双室墓,实际上相当于两座内容布局相对独立的墓葬以甬道相连而成。从墓葬壁画内容布局的上下分割来说,墓室四壁与天井壁画的人间、非人间内容区分与舞踊墓、麻线沟1号墓没有太大差异,然而在四壁世俗生

---

① 见本文第一章。

活的内容布局上却有新的架构。通沟12号墓中，音乐图像出现于南室，南室主室壁画的布局已不再以"舞蹈、进食—夫妇宴饮—狩猎"为内容，而是以墓主夫妇坐像为核心，左右两壁以挽车出行图为主，舞乐被放置于主室前壁的两侧，下方有守门犬，进一步分析可以发现，舞踊墓等墓葬内容构图中的狩猎图在通沟12号墓南室中被放于甬道两侧。由于空间的变化，乐舞图不可能再像舞踊墓中那样描绘多人的场景，因此在通沟12号墓南室主室前壁所见的乐舞图被分割成两块，分列于墓门两侧，以单人舞图（一人独舞、一人伴奏）、双人舞图的形式出现。

第三，三室墓与长川1号墓。三室墓与长川1号墓的年代判断相近，一般认为出现于公元5世纪末至6世纪中叶。在这两座墓葬中所见的音乐图像呈现出了新的变化。

三室墓由三座单室贯穿而成，其中第一室四壁出现了"出行、狩猎—墓主人家居图—攻城"的内容布局，第二室、第三室则以托梁力士分绘四壁，再无世俗描绘体裁出现。三室墓中，三座墓室的天井中均描绘有卷云、四神等内容，其中第二室第一重抹角出现了伎乐仙人，从着装可知具有佛教思想因素，其中使用的角、阮咸均为可知高句丽集安地区较为常见的使用乐器。

长川1号墓的前室结构布局保留了舞踊墓以来的世俗图像布局，左壁为舞蹈、进食图，右壁为狩猎图，并加入了百戏伎乐，而墓主夫妇像则不再出现，前室后壁位置被分割成两面，中间以甬道通向主室，从整体布局来看原有墓主人夫妇像的位置被整个后室所取代，而墓主夫妇即安眠于此；甬道两侧绘以侍女，整座后室壁画通绘莲花，并不继续进行世俗场景的描述，而是创造了一个完整的隐秘空间。前室天井处绘有多重内容，其中包括具有明确佛教思想内涵的礼佛图、化生等内容，同时在顶石第六重出现了飞天伎乐，其中所持乐器出现了前述集安壁画墓所不见的新乐器。由此可知，长川1号墓中的音乐图像首先见于前室，左壁有群舞图，可以看到运用界栏的方式进行空间区分，使得群舞图的描绘与舞踊墓有所不同；右壁有单人舞图和备舞图，与其余百戏图、狩猎图等内容融为一体；此外，天井中出现了飞天伎乐。长川1号墓中壁画相对保存较好，音乐图像亦是目前所知高句丽壁画墓中最为丰富的一座，其中所见的伴奏乐器五弦琴、飞天伎乐所见的直项琵琶、竖笛类乐器都显示着公元6世纪左右高句丽集安地区音乐文明的新发展。

第四，五盔坟4号墓和五盔坟5号墓。五盔坟4号、5号壁画墓出现的年代约在公元6世纪中叶至7世纪初。与前述壁画墓壁画布局的最大不同在于四神成为主室四壁的绘画主题，使得整座墓室呈现出非世俗描绘的景象，营造了完整的精神信仰世界。前述壁画墓所见的墓室四隅影作木结构不见，取而代之的是怪兽托龙顶梁，四神按照方位分绘于墓室四壁，衬以莲花忍冬纹饰，天井处颇有章法的逐层进行描绘，盖顶石处以龙或龙虎图像描绘。其中两墓天井第二重顶石处均描绘了乘坐骑仙人，其中包括为数不少的持乐器仙人。五盔坟4号墓所见的仙人有乘龙、乘孔雀、乘凤、驾鹤等图景，五盔坟5号墓所见均为乘龙仙人，两墓天井第二重顶石的仙人坐骑均从南向北飞升，具有整体的布局设计，其中出现的乐器包括角、排箫、细腰鼓、卧箜篌、横笛等。虽然现在留存的三面顶石壁画之中，长川1号墓第六重顶石均有飞天伎乐，但是五盔坟4号墓、5号墓伎乐仙人图要比长川1号墓呈现出更为强烈的布局设计，这意味着绘画内容具有更强的表意性，整体感也有所加强；同时，五盔坟4号、5号墓所见的伎乐仙人图均乘坐骑，其所着服装也较长川1号墓相比有所不同，因此可知其被赋予的思想意义也有所区别。作为集安高句丽壁画墓中出现于第四期的五盔坟4号墓、5号墓，其壁画内容布局已经舍弃了前期的世俗世界描绘，而是将整座墓室化身为封闭的想象空间，在这样的内容选择之下，舞蹈图像已经随之消失，取而代之的是功能意义得到加强的伎乐仙人图，它们有序的围绕于天井第二重顶石四壁，自北向南飞升。

综上所述，集安壁画墓中的音乐图像中包括世俗音乐图像和思想信仰音乐图像两种。

第一种，世俗音乐图像主要为乐舞图，包括群舞图、双人舞图、单人舞图、备舞图等，见于舞踊墓、麻线沟1号墓、通沟12号墓和长川1号墓之中。最初乐舞图的位置位于主室左壁，构成"舞蹈、进食—墓主人宴饮—狩猎"的构图模式，这种类型的舞蹈图见于舞踊墓、麻线沟一号墓之中；其后舞蹈图逐渐让位、缩小于主室前壁两侧，内容有所减少，这种类型的舞蹈图见于通沟12号墓南室壁画；晚些出现的长川1号墓壁画中群舞图、单人舞图均出现，群舞图位于前室左壁，单人舞图及其他百戏图与狩猎图共融描绘于前室右壁，似乎是舞踊墓墓室壁画布局的再次体现。

第二种，思想信仰音乐图像主要为伎乐仙人图，包括伎乐仙人、飞天伎乐等多种图像，本文统称为"伎乐仙人"，见于舞踊墓、三室墓、长川1号墓、五盔坟4号墓和五盔坟5号墓之中。舞踊墓所见多为着宽袍广袖仙人，4处伎乐仙人分列天井三个位置，并无严格的程式设计；三室墓伎乐仙人目前留存1处，从其所着服饰明确可知其为飞天伎乐；长川1号墓所见亦为飞天伎乐，位于天井第六重顶石，现存三壁，推知可能为四壁，形成完整的结构；五盔坟4号墓、5号墓中的伎乐仙人多为乘坐骑仙人，均出现于天井第二重顶石，且与其他乘坐骑仙人共同组成自北向南的飞升之势，颇具象征意味。伎乐仙人图中出现的乐器种类多样，包括弹拨乐器、吹奏乐器和打击乐器三类，壁画墓的断代分期成为重要的讨论线索，使得探讨不同时段高句丽集安地区是否存在这些乐器成为可能，从而进一步通过乐器流传发展史的梳理来探讨这些乐器在不同时段的高句丽集安地区出现的可能性，这些部分在本文第二章中已有详细探讨。

三、朝鲜半岛壁画墓中的图像组合及演变

公元427年高句丽迁都平壤，在此之后的朝鲜半岛壁画墓中可能存在高句丽墓葬。前文中我们已经有所涉及，比如玉桃里壁画墓、江西大墓，均与集安高句丽壁画墓具有一定的相似性。对这些朝鲜半岛壁画墓中的音乐图像组合及演变的讨论，将有助于我们更为完整的了解公元5世纪之后的高句丽音乐发展。通过目前本文的资料整理可

知[①]，公元4—7世纪朝鲜半岛大同江、载宁江流域壁画墓中可知有乐舞图或伎乐仙人图的墓葬包括5座，为安岳3号墓、玉桃里壁画墓、东岩里壁画墓、高山洞10号墓和江西大墓。其中乐舞图见于安岳3号墓、玉桃里壁画墓、高山洞10号墓和东岩里壁画墓之中；伎乐仙人图见于江西大墓之中，另本部分中亦将非乐舞类世俗音乐图像的德兴里壁画墓和八清里壁画墓纳入了对比范围，共计涉及墓葬7座。

（一）图像的组合

首先我们对上述朝鲜半岛壁画墓中的图像组合问题进行探讨，如下：

1. 安岳3号墓和德兴里壁画墓

安岳3号墓的产生年代在公元357年，德兴里壁画墓的产生年代为公元408年，两墓均产生于高句丽获取朝鲜半岛北部的政治主权之前，且墓主人均为汉人。从两座壁画墓的墓室形制来说，安岳3号墓为多室结构，且有大型回廊，整座墓室形制较为繁复（图3-11为安岳3号墓壁画内容布局图）；德兴里壁画墓分为前室、后室，以甬道相连接，相对于安岳3号墓，墓室形制较为简洁（图3-12为德兴里壁画墓壁画

---

① 主要参考资料包括赵俊杰《4—7世纪大同江、载宁江流域封土石室墓研究》，吉林大学2009年博士学位论文。赵俊杰、梁建军《朝鲜境内高句丽壁画墓的分布、形制与壁画主题》，《边疆考古研究》2013年第13期。[日]《朝鲜古文化综鉴》，养德社。[朝]科学院考古学与民俗学研究所《考古学资料集第1集——大同江流域古坟发掘报告》，朝鲜科学院出版社1958年版。[朝]科学院考古学与民俗学研究所《遗迹发掘调查报告第3集——安岳第三号坟发掘报告》，科学出版社1958年版等等。

内容布局图)。

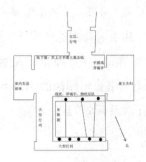 

图3-11　安岳3号墓壁画内容布局图①　　图3-12　德兴里壁画墓壁画内容布局图②

　　从壁画内容布局来看，安岳3号墓的壁画内容丰富多样，包含仪
仗、行列、家内生活、墓主夫妇坐像、乐舞、鼓吹、斧钺手等多种内容，由
于空间分割较多，形成了许多不同的场景布局，从整体上来看，以主墓
室为中心，前、后、左、右四小室的四壁描绘均以世俗生活为主，前后室
连接的甬道绘云气、日月、莲花，后室天井绘莲花，可知其原有内容表
现的为非世俗生活的精神世界。安岳3号墓与集安高句丽壁画墓所展
现的不同不仅在于墓室形制，其乐舞图的表现内容亦有较大区别，从
舞蹈者的表演姿态、服饰，到伴奏乐器的组合形式均有所不同，因此本
文在第一章中曾经指出，不认为安岳3号墓所见的乐舞图可称为高句
丽乐舞图，联系安岳3号墓的产生年代、墓主人身份，可以确知这座壁

---

　　① 前室整体多墨书题记，前室天井柱头绘饕餮纹；甬道绘云气、日月、莲花；后室后侧回
廊绘大型行列，后室天井绘莲花。

　　② 前室、后室均为四隅绘影作木结构，图像旁墨书题记较多。

画墓的建造者并非高句丽人，而是公元4世纪迁移至朝鲜半岛北部地区的汉人。

德兴里壁画墓的壁画内容以人物风俗为主，根据壁画内容可以分为两部分，前室壁画以"行列—墓主人帐房生活—十三郡太守"构成空间设计，天井绘有狩猎、日月星象、仙人、云气等；后室壁画以"七宝供养、莲池—墓主家内生活—楼阁、马射戏—牛舍"等构成空间设计，天井绘云气、莲花、火焰纹等内容。其中出现的音乐图像仅见于前室墓主人帐房生活图，在墓主人坐像的身后两侧各有一弹奏乐器者，分别演奏阮咸和横笛。这种墓主人坐像身后出现乐人的图像目前并未在集安高句丽壁画墓中见到，且墓主人所着服饰也与集安墓主所着的高句丽特色服饰有所差异，这与墓主某镇为汉人的身份相契合。结合德兴里壁画墓的产生年代可知，此时高句丽亦尚未获得朝鲜半岛北部地区的政治经济主权，因此前室主壁所描绘的乐器演奏图像应体现了当地或者随墓主人迁移而来的音乐文化属性特点。集安高句丽墓壁画中的横笛出现于长川1号墓天井壁画之中，时代为公元5世纪末至6世纪中叶，其后的五盔坟4号墓、5号墓中均出现横笛，根据第二章笛类乐器的综合分析可知，高句丽文献记载中出现的横笛类乐器包括横笛、横吹、义嘴笛等，其中义嘴笛更是宫廷高丽伎的特色乐器。这些关于高句丽使用横笛类使用乐器的记载最早见于《隋书》中的"横吹"，"义嘴笛"之名在《旧唐书》中首次出现。由此可知，对高句丽有明确的横笛类乐器使用的记载是在公元6世纪之后的宫廷高丽乐使用乐器中，其中义嘴笛有可能是高句丽本地流行的特色横笛类乐器，根据《旧唐书》《新唐书》《通典》

等文献中的记写，它仅使用于高丽乐部之中。阮咸在集安壁画墓中最早见于舞踊墓群舞图的伴奏乐器，惜仅见于《通沟》记载，图像已无存，其后阮咸图像见于长川1号墓、三室墓的伎乐飞天图像之中。德兴里壁画墓中出现的演奏阮咸图像见于世俗音乐场景，与安岳3号墓乐舞图中的弹奏阮咸图具有相近之处。总体来说，德兴里壁画墓的产生年代与安岳3号墓同样均早于高句丽真正向朝鲜半岛北部转移经济、政治中心的时代，通过如上分析也可获知，两座墓葬中描绘的音乐图像更多体现了公元5世纪之前朝鲜半岛北部汉人移民的音乐文化生活。

2. 八清里壁画墓

八清里壁画墓的产生年代约在公元5世纪末至6世纪初，其墓室内壁画以人物风俗、四神兼有为主题。由于天井部分壁画已不存，目前我们所能看到的主要为墓室四壁壁画。该墓前室壁画的内容构成了"骑马行列、鼓吹、百戏—牛车、马匹—墓主屋宇内接受觐见图"的布局，甬道左壁留存肉库壁画，后室壁画内容构成了"屋宇、人物、青龙—墓主人家内生活情景—牛棚、人物"的布局。由此可知，八清里壁画墓四壁的绘画内容以室外场景为主，同时由前室右壁存留的云气纹、后室左壁留存的青龙可知其融入了非世俗世界的描绘因素（图3-13为八清里壁画墓壁画内容布局图）。

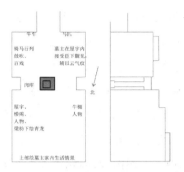

图3-13　八清里壁画墓壁画内容布局图^①

本文第二章已经指出，八清里壁画墓的音乐壁画见于前室左壁，包括鼓吹行列和百戏图两种。其中鼓吹行列图中出现了角、鼓，百戏图中出现了阮咸演奏者。行列图在朝鲜半岛壁画墓中颇为多见，然而在集安高句丽墓壁画中却尚未见到；百戏图在集安高句丽墓壁画中仅见于长川1号墓一例，而其中的音乐表演形式则为乐舞，伴奏乐器为五弦琴，这与八清里壁画墓中所见到的弹阮咸演奏有所不同。观察八清里壁画墓中的这位演奏者，他的服饰与长川1号墓所见乐舞表演者服饰亦有所不同，不具有高句丽的典型服饰特征，同时其左侧图像已经较为模糊，目前不知是否有舞蹈表演者出现。集安高句丽壁画墓所见世俗音乐图像中绘有阮咸乐器图像的部分出现于时代较早的舞踊墓群舞图中，亦为舞蹈伴奏乐器，这与八清里壁画墓所见也不相同。综上所述，虽然八清里壁画墓的产生年代与长川1号墓基本相当，但

---

① 前室四隅绘影作木结构,莲花柱头、其上绘云纹与怪兽;后室四隅绘影作木结构,梁枋降至四壁中部,其上有火焰纹。

是从音乐壁画所反映的内容来看,两者所体现的音乐内容具有较为明显的差异,反映了公元5世纪末至6世纪初朝鲜半岛北部地区与集安高句丽地区音乐文化生活可能存在的不同。

3. 玉桃里壁画墓、东岩里壁画墓和高山洞10号墓

玉桃里壁画墓、东岩里壁画墓的产生年代约在公元5世纪,高山洞10号墓晚于两者,约在公元5世纪末至6世纪中叶。由于三者所处时代略靠近,且均出现了舞蹈图像,因此放入一处进行讨论。

图3-14　玉桃里壁画墓①　　图3-15　东岩里壁画墓②　　图3-16　高山洞10号墓③

玉桃里壁画墓的前室壁画留存较少,右壁残存影作木结构;主室主壁可见墓主家内生活图,左壁为墓主行列、歌舞,右壁为狩猎图,天井为火焰、四神、云气等内容（图3-14为玉桃里壁画墓壁画内容布局图）。由此可知,玉桃里壁画墓主室壁画的空间布局与舞踊墓、麻线沟1号墓均较为接近。该墓主室左壁壁画亦以界栏划分,其中第二界栏

---

① 前室、后室四隅绘影作木结构。

② 前室四隅可辨影作木结构。

③ 后室四隅绘影作木结构,四壁高80厘米处绘横向纹饰带。

绘有群舞图,通过第一章分析,我们可对舞踊墓群舞图、长川1号墓群舞图与玉桃里群舞图的舞姿及组合形式对比如下:

表3-1　舞踊墓、玉桃里壁画墓、长川一号墓群舞图舞姿组合表

墓葬名称	图像类型	舞姿排列图示
舞踊墓	群舞图	I式　II式　II式 II式 II式 II式 领舞者 共舞者(5人)
玉桃里壁画墓	群舞图	VI式 VII式 II式 不清 II式 II式 II式 II式 不清 领舞者 共舞者(8人)
长川 1 号墓	群舞图	IV式 不清 II式 不清 II式 II式 II式 领舞者 共舞者(约6人)

由第一章分析可知,玉桃里壁画墓所见的舞姿中,除了VII式舞姿在集安壁画墓中没有出现过之外,其余均出现过;从舞者服饰上来说,三幅群舞图趋于一致;同时,玉桃里壁画墓主室左壁壁画采用的界栏分割方式也与长川1号墓前室左壁采用的方式基本相当。因此本文在第一章曾经提出,从群舞图的内容及壁画内容的布局方式上来说,玉桃里壁画墓的群舞图与舞踊墓、长川1号墓均有相似之处。

东岩里壁画墓和高山洞10号墓的壁画保存情况均不佳。东岩里壁画墓壁画形象基本不存,前室剥落的壁画残片中可知有墓主、男女侍从、家内生活、庖厨、骑马、舞蹈、狩猎等;后室壁画残片仅可辨装饰纹样与星象(图3-15为东岩里壁画墓壁画内容布局图)。通过这些残片可知东岩里壁画墓的前室壁画以世俗世界描绘为主,前室天井及后室壁画整体内容均不详,整体布局设计亦不详,由于目前没有看到其中的舞蹈残片,因此亦不知其中的舞蹈图像属于何种类型。

高山洞10号墓壁画亦几乎不存，仅留存后室前壁左侧有纹饰带和舞蹈图（图3-16为高山洞10号墓壁画内容布局图），然而其中的舞蹈图像尤其珍贵。其中描绘的三人身着高句丽民族服饰，舞姿却是集安高句丽壁画墓中没有出现过的新姿态，结合高山洞10号墓的产生年代，我们至少可以推断此座墓葬的舞蹈图像中已经结合了高句丽舞蹈的因素。

综上所述，处于公元5世纪至公元6世纪之间的朝鲜半岛壁画中，玉桃里壁画墓、东岩里壁画墓和高山洞10号墓中均包含有舞蹈图像。其中玉桃里壁画墓、高山洞10号墓中的舞蹈图像与集安壁画墓中的舞蹈图像存在密切的联系，或者可能就是表现的高句丽舞蹈场景，因壁画内容不全，为了谨慎推论，本文认为这些舞蹈图像至少已经融入了高句丽舞蹈的因素。通过比较也可知，两者与安岳3号墓所见乐舞图有较大差异，除了体现文化归属的不同，亦反映了公元4—6世纪之间朝鲜半岛北部舞蹈文化的变迁与交融。

4. 江西大墓

江西大墓的出现时间为公元6世纪末至7世纪初，约与五盔坟4号墓、5号墓同时。其壁画内容亦以四神为主题，墓室四壁按方位绘四神，并无其他装饰图案，天井中描绘了瑞兽、伎乐仙人、火焰、云气等纹饰，顶石绘蟠龙（图3-17为江西大墓壁画内容布局图）。

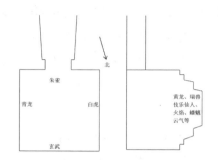

图3-17　江西大墓壁画内容布局图

　　江西大墓中的伎乐仙人图位于天井第一重顶石，仙人着宽袖
广袍，不乘坐骑，绘画风格与三室墓相似。然而从绘画手法来说，
三室墓壁画为绘于白灰之上，而江西大墓则与五盔坟4号墓、5号
墓同样直接将壁画绘于墙壁之上。目前所见江西大墓中出现的伎
乐仙人图包括位于西壁的弹琴筝类乐器仙人，位于北壁的吹角仙
人、吹横笛仙人和弹阮咸仙人。集安壁画墓中出现的伎乐仙人图
见于舞踊墓、长川1号墓、三室墓、五盔坟4号墓和五盔坟5号墓之
中，其中除舞踊墓之外，其他4座壁画墓中的伎乐仙人均位于同一
重顶石之上，江西大墓所绘伎乐仙人的诸多特点均介于三室墓、五
盔坟4号墓和五盔坟5号墓之间；从图像特点判断其应早于带有
乘坐坐骑的五盔坟4号墓和5号墓伎乐仙人图；从使用乐器来看，
其中未见细腰鼓、排箫等乐器，而是多与长川1号墓、三室墓所见
乐器相近。

　　综上所述，江西大墓中的音乐图像见于天井中的伎乐仙人图，目
前所知其中包括的使用乐器有阮咸、琴筝类乐器、角和横笛。从壁画

内容布局来说，江西大墓已经与前述墓葬完全不同，以四神为主题完全摒弃了前述的世俗世界题材，这与集安壁画墓中处于同时期的五盔坟4号墓、五盔坟5号墓所见壁画相近，然而与之不同的是，江西大墓四壁的四神图并未有太多装饰，画面素净，仙人不乘坐骑，且没有五盔坟4号墓、5号墓中所出现的新乐器细腰鼓和排箫，由此可知，此一时期，江西大墓中的音乐图像已与集安地区壁画墓中的音乐图像基本一致，依托于两地壁画墓墓室结构、壁画主题的整体统一，在一定程度上反映了公元6世纪末至7世纪初集安地区与朝鲜半岛大同江、载宁江流域地区文化的交融与整合。

（二）图像的演变

在第一章第三节我们曾经提到，集安高句丽壁画墓与朝鲜半岛壁画墓所见的音乐图像在题材上有不小的差异，集安壁画墓音乐图像以乐舞图和伎乐仙人图为主，其中伎乐仙人图数量最多；而朝鲜半岛壁画墓中则以行列图占据比例最大，世俗音乐生活（含乐舞图）次之，伎乐仙人图较少。在第一章中我们分析指出，这与公元5世纪前后朝鲜半岛地区对本地文化的保留、对高句丽文化的接纳均有着密切的关系。需要指出的是，本部分所探讨的音乐图像演变并不涉及朝鲜半岛壁画墓中所见的全部音乐图像，而是与集安高句丽壁画墓音乐图像相关的乐舞图和伎乐仙人图，行列图则不在探讨之列。

目前所知的朝鲜半岛壁画墓乐舞图见于安岳3号墓、玉桃里壁画墓、东岩里壁画墓和高山洞10号墓之中。通过前述分析我们可知，安岳3号墓所见的乐舞图像与玉桃里壁画墓、高山洞10号墓所见有所不同，后两者在风格上多体现出与集安高句丽墓乐舞图相似或相近的风格特征，可能是融合了高句丽舞蹈的因素，或者表现的即是流行于朝鲜半岛北部的高句丽乐舞。目前所知的朝鲜半岛壁画墓中，江西大墓是较为典型的以四神为壁画主题、天井壁画中有伎乐仙人图的朝鲜半岛壁画墓。通过分析可知，以四神为主题的壁画墓在朝鲜半岛壁画墓中数量相对较少，包括真坡里1号墓、江西大墓等，真坡里壁画墓的产生年代约为公元5世纪末至6世纪中叶，略早于江西大墓；而天井壁画中包含仙人图的壁画墓数量亦不多见，如伏狮里壁画墓，其产生年代与真坡里1号墓同时。[①] 由此可知，公元5世纪末开始，朝鲜半岛壁画墓中逐渐出现四神主题壁画墓，目前所见直到公元6世纪末至7世纪初的江西大墓中，伎乐仙人图才得以出现，且其风格、乐器使用种类介于集安地区壁画墓中长川1号墓、三室墓与五盔坟4号墓、5号墓之间，总体上表现出了集安地区与朝鲜半岛北部地区壁画墓内容布局与音乐图像的趋同性，亦可视为两地音乐图像在表现题材上出现的统一。

　　此外，德兴里壁画墓、八清里壁画墓中包括了非乐舞图的世俗音乐场景描绘，这些图像在目前所见的集安高句丽壁画墓中均没有出现过。德兴里壁画墓的出现年代较早，其前室墓主人坐像中出现两位奏乐侍者。八清里壁画墓的出现年代稍晚，其前室左壁壁画中绘有鼓吹行列、百戏图等内容，其中百戏图中包含一位演奏阮咸的人物形象。集安高句丽壁画墓中的百戏图像见于长川1号墓之中，这座

---

① 参考资料见赵俊杰、梁建军《朝鲜境内高句丽壁画墓的分布、形制与壁画主题》，《边疆考古研究》2013年第13期。

墓葬的产生年代与八清里壁画墓基本相当，然而长川1号墓出现的百戏图像中并没有阮咸，而是出现了作为舞蹈伴奏乐器的琴筝类乐器"五弦琴"，同时长川1号墓中亦没有出现八清里壁画墓中所见的鼓吹行列图。

由此可知，朝鲜半岛大同江、载宁江流域壁画墓中的音乐图像出现题材与集安高句丽壁画墓音乐图像有所重合，均包括乐舞图、伎乐仙人图，但朝鲜半岛壁画墓中出现较多的行列图在集安高句丽壁画墓音乐图像中却没有见到。此外，朝鲜半岛壁画墓中还出现了非乐舞题材的世俗音乐图像，而集安高句丽壁画墓中的音乐图像则集中于乐舞图和伎乐仙人图两种，分别指向世俗生活与精神世界。这些音乐图像的组合及演变首先服务于本地丧葬文化习俗的整体内核，同时又直接和部分地反映了该时期的音乐文化生活，蕴含了重要的音乐历史讯息。

高句丽是中国东北地区历史上一个重要的民族，他们建立了自己的地方政权，在公元前37年至公元668年的时光中开邦建国、创造了属于自己的高句丽文化，在当时的东亚具有不小的影响力。公元5世纪左右，高句丽的音乐开始在北朝、南朝地区流传，至隋唐时期更被列为宫廷俗乐乐部，盛极一时。可以说，中国古代音乐史视域下的高句丽音乐研究是值得重视的，并具有独特的学术价值。在本节分析的基础上，我们来回顾中国古代音乐史视域下的高句丽音乐现状，从而使得集安高句丽壁画墓音乐考古学研究的学术价值更为明晰。

第二节　音乐史中的高句丽音乐研究

中国治史传统绵长、佳作辈出，然而现代学科意义上的中国古代音乐史研究则开始于20世纪初。自叶伯和、许之衡、郑觐文、王光祈等诸位先生开始，开中国古代音乐史研究之先河；杨荫浏先生所著《中国古代音乐史稿》是学科领域中的丰碑之作；进入20世纪80年代以后，中国古代音乐史研究愈加活跃，逐渐形成了诸多具有特色的研究方法和研究阵营，音乐考古学、音乐文献学、历史民族音乐学、音乐图像学等分支学科逐步发展，至今，中国古代音乐史研究已经成为较为活跃的音乐学学科之一。随着研究的逐步深入，学者们对于音乐历史中各个时段的音乐事象探讨更为细致和深入，在治史材料的选择、史观的定位等方面亦发生着不小的变化，其中以王子初、方建军等为代表的音乐考古学研究将以青铜乐钟为代表的先秦钟磬文化研究推向了一个新的高峰；音乐图像学、音乐文献学等方面研究亦展现了不同的阶段性研究成果。在这些方面研究的日益推进下，以高句丽等为代表的古代少数民族音乐历史研究成为逐渐受到关注的领域，既具有着不小的研究空间，又存在着积极的学术价值。在中国古代音乐史研究领域中，以往对集安高句丽墓音乐壁画研究的展开较为薄弱，但对高句丽音乐的整体研究尚有部分成果问世，因此本节中着重分析中国古代音乐史视域下的高句丽音乐研究现状，并进一步探讨中国学者对其研究的得与失。

一、中国古代音乐史中的高句丽音乐研究现状

自公元前37年开始，高句丽成为独立存在的政权，于公元668年覆国，因此在中国历史的时间脉络中，高句丽具有自己的存在生命，历时705年的历史发展持续不断，并与周边地区、国家形成了相对独立的交往关系。因此，探讨高句丽的音乐发展必然需要依托于高句丽自身政权独立的发展历史，当然也不可忽略不同时期的周边音乐文化对其的影响。由于本文的研究对象是集安高句丽墓中的音乐壁画，基于所涉墓葬的产生年代，本文将对高句丽的断代音乐研究基本设定于公元4—7世纪之间，这一时期基本历经中原地区的东晋及十六国时期、南北朝时期和隋唐初期，在这段时光之中，中原地区历经朝代更迭、文化交融，特别是十六国时期的北方多元文化发展、南北朝时期的南北文化繁荣，均是与之关系密切的高句丽音乐文化生存发展的重要环境与影响因素。公元4—7世纪的音乐历史研究在中国古代音乐史研究领域获得一定的重视、成果颇丰，然而当今的中国古代音乐史内容中，高句丽音乐的身影虽时有闪现，却尚未体现出其音乐发展的独立性与连续性，特别是作为重要的高句丽音乐图像留存，集安高句丽墓音乐壁画的学术价值还没有得到充分的挖掘。

自叶伯和《中国音乐史》[①]开始，郑觐文[②]、许之衡[③]、王光祈[④]、

---

① 叶伯和《中国音乐史》上卷（1922年版）、下卷（1929年版）。
② 郑觐文《中国音乐史》，上海山东路望平印刷所1929年版。
③ 许之衡《中国音乐小史》，商务印书馆1931年版。
④ 王光祈《中国音乐史》，中华书局1934年版。

杨荫浏①等诸位先生均有中国古代音乐史著作问世,20世纪80年代之后,中国音乐史著作继续增多,如吴钊《中国音乐史略》②、黄翔鹏《中国古代音乐史》③、刘再生《中国古代音乐史简述》④、郑祖襄《中国古代音乐史》⑤等,其中以杨荫浏先生的《中国古代音乐史稿》为代表性的丰碑之作。此外,冯文慈先生的《中外音乐交流史》亦为中国古代音乐史专著中对特定领域着力颇深的难得之作。在本文绪论中已经提及,大部分的中国古代音乐史书籍中均对高句丽音乐的文献记载进行了阐述,即在谈及隋唐宫廷俗乐乐部时提及高丽乐,然而着墨不多,探讨相对充分的代表性著作便是《中国古代音乐史稿》和《中外音乐交流史》。

（一）《中国古代音乐史稿》中的高句丽音乐研究

在本文绪论中我们已经提到,杨荫浏先生的《中国古代音乐史稿》⑥（以下简称"史稿"）在秦汉部分的论述中已经涉及了集安高句丽壁画墓的乐器图像。在该书第五章中论述阮咸的历史时提及"辽宁辑安古墓壁画中的汉琵琶",并附图⑦。通过本文第二章分析我们可

---

① 杨荫浏《中国古代音乐史纲》,万叶书店1952年版。

② 吴钊、刘东升《中国古代音乐史略》(第2版),人民音乐出版社1993年版。

③ 中国艺术研究院音乐研究所编《黄翔鹏文存》下,山东文艺出版社2007年版,第778—849页。另见黄翔鹏《中国古代音乐史》,(台湾)汉唐乐府1997年版。

④ 刘再生《中国古代音乐史简述》(修订版),人民音乐出版社2006年版。

⑤ 郑祖襄《中国古代音乐史》,高等教育出版社2008年版。

⑥ 杨荫浏《中国古代音乐史稿》(上、下),人民音乐出版社1981年版。

⑦ 同注释⑥,第131页,附图见该书图55。

知，这幅图是五盔坟5号墓中所见的弹阮咸仙人图。本文绪论里已经指出，"史稿"所说的"辽宁辑安古墓"就是集安高句丽壁画墓，但是可能由于掌握材料的缺乏，"史稿"虽然在此处引用了这幅伎乐仙人图，却并未对其所归属的墓葬进行进一步的分析，亦未将其与后文中的"高丽乐"研究联系起来。其后，当"史稿"中再次提到高句丽音乐之时，便已将它归入"外国音乐"的行列，在第六章三国、两晋、南北朝部分中，"史稿"谈到了"各族音乐文化的大融合"问题，其中指出公元436年左右，少数民族音乐疏勒乐、外国音乐安国乐、高丽乐传入中原[①]。在第九章、第十章隋唐俗乐的探讨中，高句丽音乐内容再次出现。在对隋唐俗乐部的性质进行分析中，"史稿"指出，安国乐、天竺乐、扶南乐和高丽乐均为外国音乐，并指出，西凉乐与高丽乐均受到了龟兹乐的影响[②]。由此可知，在"史稿"第六章、第九章、第十章所提到的高句丽音乐均指传入中原、在宫廷中流传的宫廷乐部"高丽乐"，并已经将其定位为外国音乐了。

"史稿"作为20世纪中国古代音乐史著作中的集大成之作，最为全面、丰富的展现了中国古代音乐历史研究的阶段性成果，其中对高句丽音乐的研究在通史著作中具有较强的代表性。尽管该书卷帙浩繁，然而限于多重原因，其对以集安高句丽墓音乐壁画为代表的高句丽音乐资料的使用及研究显得较为薄弱。一方面，尽管集安高句丽壁画墓的发现、研究在20世纪初已经开始，然而考古、历史方面的研究

---

① 杨荫浏《中国古代音乐史稿》（上），人民音乐出版社1981年版，第161页。
② 同注释①，第215页、第254—256页。

成果却并未较快的在以"史稿"为代表的中国古代音乐史学著作中得以吸收,这体现于"史稿"中集安高句丽墓音乐壁画与魏晋隋唐时期的高丽乐的内容没有联系起来看待。另一方面,对隋唐俗乐乐部高丽乐的性质直接归于外国音乐也有待商榷。通过本文第一、第二章分析可知,直到公元427年高句丽迁都之前,高句丽都是一个建立、发展于中国境内的少数民族政权,其国内的音乐文化与中原地区、周边相邻地区交流频繁,此一时期其音乐属于少数民族音乐的范畴;自公元5世纪上半叶高句丽迁都朝鲜半岛北部的平壤,正式成为横跨今中国东北地区和朝鲜半岛北部地区的国家,其后的高句丽音乐文化发展除了继续与中原地区交流、触碰之外,增多了与朝鲜半岛地区乃至日本的文化交流机会,此一时期其音乐属于外国音乐的范畴。对于以上两个时期音乐性质的划分主要取决于其政权的性质变化,并不一定说明两个时期的音乐发展发生了断裂式的剧变,然而通过前述集安高句丽墓音乐壁画与朝鲜半岛大同江、载宁江流域墓葬音乐壁画的内容对比我们可知,迁都平壤前后的高句丽国内音乐的确可能发生了不小的变化。因此本文认为,在三国两晋南北朝时期,传入北朝的高丽乐仍然属于少数民族音乐,而隋唐时期的俗乐乐部高丽乐,则可以理解为外国音乐了。

(二)《中外音乐交流史》中的高句丽音乐研究

冯文慈先生的《中外音乐交流史》[①]（以下简称"交流史"）是一

———

① 冯文慈《中外音乐交流史：先秦—清末》,人民音乐出版社2013年版。

部专门探讨中国与历史上其他地区、国家音乐交流历史的专著,该书中对西域乐伎的传入、与高句丽、百济、新罗、日本乃至东南亚地区的音乐交流均有分述,是首次对中原地区与高句丽的音乐交流进行单篇论述的中国古代音乐史著作。

在该书第二章"与东邻、南邻音乐交流的端绪"中谈到了汉时玄菟郡下设高句骊县的音乐风俗,并将汉武帝赐高句丽鼓吹伎人的文献记载与朝鲜半岛安岳3号墓所见的行列图联系起来讨论,指出该壁画反映了汉代鼓吹乐对高句骊的影响①。在谈到卧箜篌乐器发展之时,"交流史"引用了集安高句丽第17号古坟所见的弹卧箜篌图,并以此说明"根据为数不少的古代朝鲜壁画等可知,卧箜篌在古代朝鲜是相当流行的。"②

"交流史"的第四章"繁花似锦的胡乐根植中原"中谈到,隋朝建国初期的宫廷七部乐中有三部外国乐伎,"西域的安国伎、天竺伎和东方邻国的高丽伎"③。该书在隋唐宫廷乐部七部乐、九部乐和十部乐列表部分亦有相似表述④。"交流史"第五章"与东邻、南邻音乐交流的鼎盛辉煌"的第一节专门探讨了中国与高句丽、百济、新罗的音乐交流,其中的"中国和高句丽的音乐文化交流"部分,便是专门对中国与高句丽的音乐交流问题进行了探讨⑤。文中运用的文献资料主

---

① 冯文慈《中外音乐交流史:先秦—清末》,人民音乐出版社2013年版,第23页。

② 同注释①,第26—27页。

③ 同注释①,第56页。

④ 同注释①,第64页。

⑤ 同注释①,第107—108页。

要包括《隋书·音乐志》等中国史籍中的高句丽使用乐器记载；朝鲜半岛史籍《三国史记》中的《黄鸟歌》、玄琴制造传说记载等；考古资料方面主要是援引了朝鲜学者全畴农文章中对集安高句丽壁画墓、朝鲜半岛安岳3号墓等所见图像所做的乐器研究结论[①]，但并没有进行具体的分析。

由此可知，"交流史"是国内出版的中国古代音乐史著作中首次较为充分的对高句丽音乐资料加以综合分析的著作，其对文献、考古资料均给予了一定重视，并注意了对其他学科研究成果的吸收。然而由于"交流史"写作的特点，该书并非试图单独梳理高句丽音乐史，因此在资料的拣择上多为承袭既有观点。一方面，"交流史"虽然在第二章对汉时的高句骊县音乐风俗有所描述，但是并未说明其与后世高句丽国之间的关系，而在其后的章节中，均将高丽乐的性质定位于外国音乐了；另一方面，在考古资料的使用上，对集安高句丽壁画墓的墓葬情况引用不甚清晰、集安高句丽壁画墓与公元4—7世纪朝鲜半岛大同江、载宁江流域壁画墓之间的关系也并未加以厘清，从文中观点可知这一部分的材料和观点主要承袭自朝鲜学者全畴农先生、日本学者林谦三先生的相关文章和著作，因此还有进一步深入探讨的空间。

综上所述，尽管高句丽壁画墓的发现与研究在20世纪上半叶已经展开，在历史与考古研究方面取得了诸多成果，然而在中国古代音

[①] ［朝］全畴农撰、奚传绩译《关于高句丽古坟壁画上乐器的研究（续）》，《音乐研究》1959年第3—4期。

乐史学研究中的吸收是较为缓慢的。一方面，受到20世纪50年代将高句丽作为古代朝鲜历史的观点影响，[①]高句丽音乐被直接以"外国音乐"的身份进行探讨；另一方面，早期译成中文的朝鲜学者、日本学者在音乐领域的研究对中国古代音乐史视域下的高句丽音乐研究具有一定影响。纵观20世纪以来中国学者的高句丽墓音乐壁画研究可知，直到1980年，考古学者方起东先生开始了对集安高句丽壁画墓乐舞图的分析，随后，以集安高句丽墓音乐壁画为代表的高句丽音乐研究逐渐获得了考古、历史、音乐史学等领域专家、学者的更多关注。

二、高句丽音乐研究的得与失

高句丽是发源于中国古代东北地区的民族，它建立的同名政权"高句丽"在7个世纪的时间里雄踞中国东北，在公元4—7世纪的中国历史上留下了不可磨灭的身影。绪论中我们已经提到，高句丽音乐研究从对集安高句丽墓音乐壁画的研究开始。目前所见的最早文章为日本学者岸边成雄发表的《鸭绿江畔高句丽遗迹壁画上所见的歌舞音乐资料》[②]，其后朝鲜学者宋锡夏发表论文《辑安高句丽古坟和乐器》[③]。中国学者中最早对高句丽音乐进行展开性研究的学者是方

---

① 马大正《中国学者的高句丽归属研究评析》，《东北史地》2004年第1期。

② 〔日〕岸边成雄《鸭绿江畔高句丽遗迹壁画上所见的歌舞音乐资料》，《东洋音乐研究》1937年第1期。

③ 〔朝〕宋锡夏《辑安高句丽古坟和乐器》，《春秋》第2卷，1941年，第439—442页。

起东先生,他于1980年发表《集安高句丽墓壁画中的舞乐》[①]。回首三十余年,中国的高句丽音乐研究有所收获,亦有所缺失,存在着进一步的研究空间。

（一）中国高句丽音乐研究之所得

中国的高句丽音乐研究虽然起步较日本、朝鲜半岛国家为晚,但是在最初的研究过程中便注重开启多国研究视野、吸收最新的研究成果,并在乐舞研究方面获得了较为充分的展开,近年来随着高句丽考古、历史研究的整体发展,高句丽音乐研究也在多方面、多层次的展开,具备了深入研究的基础。总结来说,中国高句丽音乐研究之所得,可以从如下三方面进行论述:

1. 较早注重多国学术视野

虽然中国学者对高句丽音乐进行的研究开始于20世纪80年代方起东先生的《集安高句丽壁画中的舞乐》,然而在日本、朝韩学者的高句丽音乐研究开展之初,中国学界便较早的关注这一领域的研究状况,既具备了开阔的多国学术视野,又获得了通畅的学术讯息。1959年,《音乐研究》创刊伊始便翻译发表了朝鲜学者全畴农的文章《关于高句丽古坟壁画上乐器的研究》[②]。全文分为"序论""提供音乐资料的壁画的种类及其性质""乐器类别论""乐器的编制和它的年

[①] 方起东《集安高句丽墓壁画中的舞乐》,《文物》1980年第7期,第33—38页。

[②] [朝]全畴农撰、奚传绩译《关于高句丽古坟壁画上乐器的研究（续）》,《音乐研究》1959年第3—4期。

代""从音乐资料看高句丽音乐的源流"五部分，并在"乐器类别论"部分重点探讨了玄琴、琵琶、角、长笛、横笛、箫、螺贝、建鼓、齐鼓、悬鼓、腰鼓等多种乐器。该文中提到的高句丽墓葬共计11个，包括吉林省集安地区的舞踊墓、三室墓、通沟十七号墓（即五盔坟5号墓）和四神墓，朝鲜半岛地区的安岳1号墓、安岳3号墓、平壤车站前古坟、台城里古坟、双楹塚、甈神塚和江西大墓，涉及乐器图像约70余幅。全氏一文最初发表于朝鲜《文化遗产》1957年第1期，该文篇幅较长、内容丰富，《音乐研究》于1959年分两期连载。中国历史研究内容丰富，高句丽音乐研究虽未成为持续被关注的热点，但是在研究中一直具有一席之地，境外有关高句丽音乐研究的成果也不断被介绍到中国学界。1990年，高洁翻译的《高句丽的音乐、舞蹈和杂技》[①]一文发表于《历史与考古信息（东北亚）》，该文译自朝鲜民主主义人民共和国社会科学院考古研究所编《高句丽文化》的日文版第六章，文中主要结合朝鲜地区的安岳三号墓、药水里墓、平壤站前壁画墓、集安地区的舞踊墓壁画和相关文献资料进行了探讨。2002年，顾学铭翻译的韩国学者宋芳松先生文章《从音乐史上考察长川1号坟——以壁画的乐器为中心》[②]发表于《东北亚考古资料译文集》，该文分为五个部分："前言""长川1号坟壁画概观""长川1号坟壁画乐器探讨""西域乐器的接受"和"长川1号坟之音乐史的意义"。宋芳松先生在该文中

---

① 高洁译《高句丽的音乐、舞蹈和杂技》，《历史与考古信息（东北亚）》，1990年第1期。
② ［韩］宋芳松、顾铭学《从音乐史上考察长川1号坟——以壁画的乐器为中心》，《东北亚考古资料译文集》第4辑，北方文物杂志社2002年版，第113—127页。

指出，长川1号墓中所见乐器包括横笛、五弦琵琶、玄琴、大角、阮咸、长箫、筚篥等8种，并将高句丽的乐器发展分为公元5世纪之前、5世纪之后两个时期进行探讨。该文1985年发表于《韩国古代音乐史研究》一书，1991年宋芳松自译的英文版发表于《亚洲音乐》，其观点有所修正，所述乐器增加为10种[①]。该文首次对长川1号墓乐器进行了专门的综合探讨。2004、2005年，宫宏宇翻译的韩国学者李惠求文章《朝鲜安岳第3号坟壁画中的奏乐图（上、下）》[②]发表，该文对安岳3号墓的前室跽坐乐队、回廊行列图和后室乐舞图分别进行了探讨，其中涉及乐器包括角、排箫、大立鼓、二重鼓、枫鼓、铎形乐器、琴筝类乐器、阮咸、洞箫等。作者认为，安岳3号墓的前室壁画乐人图来自汉代宫廷宴飨的黄门鼓吹乐；回廊行列图展现的是汉代另一种鼓吹乐，即武舞铙歌鼓吹，乐队中描绘的都是中国乐器；后室东壁的舞乐图中舞者为来自西域的胡人，然而伴奏乐器都不是来自西域。同时作者指出，该墓的奏乐图意义重大。李惠求先生的韩文原文在1962年发表于《震檀学报》，其后1974年由美国民族音乐学家普罗汉译成英文发表于《韩国杂志》（Korea Journal），宫宏宇先生的中文译本翻译自英文版、并对照韩文原文，其后发表于2004、2005年的《黄钟》。

除此之外，在相关的中国、韩国、东亚音乐译文中，亦有不少高句丽音乐研究内容被介绍到中国学界。如［日］岸边成雄著《唐代音

---

① Song, Bang-song. "Koguryo Instruments in Tomb No. 1 at Ch'ang-ch'uan, Manchuria", *Musica asiatica*, 1991, 6, pp1-17.

② ［韩］李惠求著、宫宏宇译《朝鲜安岳第三号坟壁画中的奏乐图（上、下）》，《黄钟》，2004年第4期、2005年第1期。

乐史的研究》①中有较详尽的对于高丽伎的讨论，以丝绸之路研究视角看待高句丽音乐遗迹的研究如〔日〕岸边成雄著《古代丝绸之路的音乐》②、〔日〕岸边成雄著、樊一译:《古代朝鲜的乐器（续）》③、〔日〕林谦三《东亚乐器考》④，韩国学者张师勋的《韩国音乐史》⑤等等。

　　基于历史、地域等多方面的原因，高句丽音乐研究是中国、朝鲜半岛、日本等国家学者共同关注的研究领域，自中国的高句丽音乐研究开展以来，便已融入这样的国际视野之中。全畴农、李惠求、宋芳松三位学者关于高句丽音乐研究的论文均颇有分量，代表了一定时期朝鲜半岛地区高句丽音乐研究的发展水平。日本学者岸边成雄、林谦三具有的东亚学术视野亦开阔了中国学者的研究思路。因此可以说，中国的高句丽音乐研究从发展的最初便关注到了多国的学术发展状况，获得了较高的起点。

　　2. 较为充分的乐舞研究

　　在高句丽音乐研究中，中国学者对乐舞的研究较为充分。1980年方起东写作的《集安高句丽壁画中的舞乐》⑥是国内学者写作的首篇高句丽音乐研究文章，影响较大。该篇文章中探讨了舞踊墓群舞

---

① 〔日〕岸边成雄著，梁在平、黄志炯译《唐代音乐史的研究》，台湾中华书局1973年版。
② 〔日〕岸边成雄著、王耀华译《古代丝绸之路的音乐》，人民音乐出版社1988年版。
③ 〔日〕岸边成雄著、樊一译《古代朝鲜的乐器（续）》，《乐器》1989年第1、2期。
④ 〔日〕林谦三著，钱稻孙译，曾维德、张思睿校注《东亚乐器考》，上海书店出版社2013年版。
⑤ 〔韩〕张师勋著、朴春妮译《韩国音乐史（增补）》，中央音乐学院出版社2008年版。
⑥ 方起东《集安高句丽墓壁画中的舞乐》，《文物》1980第7期。

图、长川1号墓群舞图和独舞图、麻线沟1号墓乐舞图、通沟12号墓乐舞图,较为充分的展开了集安高句丽壁画墓中的乐舞图像材料,作者有意将其与朝鲜族舞蹈进行比较研究,并认为高句丽乐舞壁画体现了高句丽舞蹈的五个特点:其一,古代高句丽民族民间舞蹈极其兴盛;其二,高句丽的专业舞蹈队已具有相当大的规模;其三,高句丽在公元4、5世纪有男子独舞、男子双人舞、男女群舞多种形式;其四,挥舞长袖是高句丽舞蹈一个鲜明的特色;其五,长袖特色影响并生发了高句丽舞蹈的基本形态。方起东先生在文中指出,根据壁画所知的是公元4、5世纪高句丽舞蹈的印象,而《隋书》《旧唐书》等文献中记载的高句丽伎乐是稍后公元7—9世纪的高句丽伎乐,两者所反映的时代有所不同。1986年,耿铁华的《高句丽民俗概述》[①]一文分六个部分介绍了高句丽民俗,其中在"歌舞习俗"中结合文献和集安舞踊墓群舞图进行了探讨。1987年,方起东《唐高句丽乐舞札记》[②]一文是作者对中国史籍中高句丽音乐相关史料的梳理。作者指出高句丽音乐记载的史料主要见于正史高丽乐记载、李白诗歌和杨再思传中。在对《旧唐书》《新唐书》《通典》中的高句丽音乐记载分析中作者指出,史料中的高丽乐乐队庞大、具有较强表现力;乐队使用乐器多为中原或西域乐器;隋代高丽乐应有专门为舞蹈伴奏的舞曲;舞人有自己的独特妆扮;高丽乐的节目非常丰富。在对李白诗歌《高句骊》的考释中作者指出,"白马小迟回"中的"马"当

---

① 耿铁华《高句丽民俗概述》,《求是学刊》,1986年第5期。
② 方起东《唐高句丽乐舞札记》,《博物馆研究》1987年第1期。

527　　　　第三章　集安高句丽墓音乐壁画的学术价值

为"舄"之误，因此该诗句形容的是舞者的舞蹈脚步。关于《旧唐书》等材料记载的杨再思跳高丽舞一事，作者分析认为其舞容可能与现代朝鲜族农乐舞中的舞"象毛"具有一定的相似性。方起东先生的两篇关于高句丽舞蹈的研究文章是中国学者研究集安高句丽壁画墓乐舞图、高句丽舞蹈研究方面的力作。1990年，耿铁华发表《高句丽民族的长袖舞》[①]一文，以集安四座高句丽墓壁画为主要材料进行高句丽民族长袖舞的研究，该文探讨了壁画墓的分期、高句丽长袖舞的特点和高句丽长袖舞的发展阶段。杨育《谈高句丽壁画中的舞蹈》[②]一文从"高句丽壁画中舞蹈的产生与发展""社会特征"和"艺术特征"三个方面探讨了高句丽乐舞。该文在集安四座壁画墓基础上加入了安岳3号墓的探讨。王丽萍《浅析高句丽舞乐在历史上的地位和作用》[③]一文探讨了高句丽舞乐的历史地位、对高句丽社会文化生活的影响和在历史上的作用。赵霞《高句丽乐舞与吴越文化的渊源窥探》[④]一文对高句丽乐舞"极长其袖"的特点与汉代长袖舞进行了比较分析，作者认为高句丽乐舞受到了吴越"白纻舞"的影响。孙作东、李树林《论"高丽乐舞"产生的历史条件》[⑤]一文探讨了高句丽乐舞产生历史因素的文献学分析和考古学依据。该文指出绘有

① 耿铁华《高句丽民族的长袖舞》，载《古民俗研究》第1集，吉林文史出版社1990年版，第125—137页。

② 杨育《谈高句丽壁画中的舞蹈》，载《高句丽历史与文化研究》，吉林文史出版社1997年版，第277—286页。

③ 王丽萍《浅析高句丽舞乐在历史上的地位和作用》，《社会科学战线》2001年第6期。

④ 赵霞《高句丽乐舞与吴越文化的渊源窥探》，《绍兴文理学院学报》2002年第6期。

⑤ 孙作东、李树林《论"高丽乐舞"产生的历史条件》，《音乐创作》2013年第8期。

高句丽乐舞的壁画墓包括舞踊墓、通沟12号墓、三室墓、长川1号墓、麻线沟1号墓和五盔坟4号墓。李晓燕《高句丽宫廷舞蹈的历史文化》^①一文中指出，高句丽的宫廷舞蹈包括长袖舞、胡旋舞和舞象帽三种。王希丹《论集安高句丽墓乐舞图中的舞姿》^②一文分为集安高句丽墓乐舞图概述、舞姿分类、文献记载中的高句丽舞姿和结论四个部分，该文将集安高句丽壁画墓中所见乐舞图的舞姿分为六式，并探讨了舞姿之间的关系及在壁画中的组合方式。

综上所述，20世纪80年代以后，中国高句丽音乐研究中的高句丽乐舞研究得到了较为充分的关注，以方起东先生为代表。一方面，方先生的文章首次对集安高句丽墓中的音乐壁画进行了统合分析，其对壁画材料与文献材料进行时代区分的方式亦是较为严谨合理的研究方法；另一方面，方先生的《唐高丽乐舞札记》一文亦对涉及高句丽音乐的主要史料进行了梳理和分析，其对"白马小迟回"诗句的考证是中国高句丽音乐研究中史料考证的亮点，这一见解对分析高句丽舞姿形态尤为重要。在其后的高句丽乐舞研究中，集安高句丽壁画墓成为研究中的主要材料，中国学者对壁画墓的分期、高句丽舞蹈的艺术特点、历史地位和作用、与其他文化的渊源等方面均进行了探索。随着近年来研究的细化与展开，出现了对高句丽乐舞中特定类别的探讨（如宫廷舞），同时亦有部分学者在文章中引入了朝鲜

---

① 李晓燕《高句丽宫廷舞蹈的历史文化》，《乐府新声》2015年第2期。

② 王希丹《论集安高句丽墓乐舞图中的舞姿》，《乐舞研究》（第2卷），陕西师范大学出版总社2016年版，第60—74页。

半岛地区壁画墓的材料,在舞姿的进一步探讨中,对集安高句丽壁画墓乐舞图中的舞姿进行分式及组合形式探讨突破了以往文字描述的界限,获得了进一步的规范与量化,为与其他乐舞图的比较研究提供了基础。

3. 近年来逐步展开的多视角多层次研究

尽管在高句丽音乐研究开展之初,中国的音乐学者、考古学者均有所关注,但是多视角、多层次研究的逐步展开是近年来的事情,特别是自2004年集安高句丽王城、王陵及贵族墓葬获准列入世界文化遗产名录以后,更有力地促进了高句丽相关研究成果的问世,其中音乐方面的研究也逐年增加。除前述乐舞研究之外,在壁画内容综合研究、乐器研究、比较研究、价值与意义研究等方面均有新的进展。第一,高句丽音乐综合研究。田小书的《高句丽乐刍议》[1]梳理并分析了高句丽墓中的音乐壁画和文献中的高丽乐记载,其中提到了朝鲜半岛高山洞10号墓的舞蹈壁画;王希丹《集安高句丽音乐文化研究》[2]一文从舞蹈、乐器、伎乐天人图三个方面对集安地区的高句丽墓音乐壁画进行了探讨。第二,乐器研究。武家昌《冬寿墓壁画中的乐器及相关问题》[3]试图对冬寿墓中所出现的乐器做专门的考释,作者指出冬寿墓(即安岳3号墓)中涉及的乐器包括鼓、钟、笛、铙、瑟、阮咸、排箫、胡角等多种;王放歌《高句丽古墓壁画中的乐器》[4]中探讨了文献所载的

---

① 田小书《高句丽乐刍议》,《通化师范学院学报》,2016年第6期。
② 王希丹《集安高句丽音乐文化研究》,《乐府新声》2014年第1期。
③ 武家昌《冬寿墓壁画中的乐器及相关问题》,《博物馆研究》,2006年第1期。
④ 王放歌《高句丽古墓壁画中的乐器》,《社会科学战线》2014年第6期。

高句丽乐器、高句丽古墓壁画中的高句丽乐器及高句丽乐器的源流和影响；宋娟《长白山鼓吹乐初探——以高句丽鼓吹乐为中心》[1]是在鼓吹乐这一单一乐种发展历史的背景之下，结合文献与考古的高句丽鼓吹乐资料进行的研究；王希丹《论集安高句丽墓壁画中的细腰鼓》一文从"高句丽使用细腰鼓类乐器名称考辩"和"从4—10世纪周边细腰鼓实物、图像看其在高句丽的流传"两方面入手，探讨了高句丽使用细腰鼓类乐器的名称、形制和传入时间[2]。第三，壁画内容比较研究。李殿福《唐代渤海贞孝公主墓壁画与高句丽壁画比较研究》[3]一文中谈到了壁画中乐器的比较，该文指出，渤海贞孝公主墓所见的乐器与集安高句丽壁画墓中所见具有较大不同。第四，研究意义及价值研究。包括徐杰《高句丽音乐研究及其价值》[4]、田小书《长川一号墓壁画在高句丽音乐史上的价值》[5]等。

综上所述，中国的高句丽音乐研究自20世纪80年代后予以展开，最初便具备了宽阔的多国学术视野，在乐舞方面研究较为充分，近年来在多层次、多视角的高句丽音乐研究方面也取得了较大进展。

（二）中国高句丽音乐研究之缺失

在本节中我们指出，中国音乐史学论著中的高句丽音乐研究仍较

---

① 宋娟《长白山鼓吹乐初探——以高句丽鼓吹乐为中心》，《东北史地》，2009 年第 1 期。

② 王希丹《论集安高句丽墓壁画中的细腰鼓》，《音乐研究》，2016 年第 2 期。

③ 李殿福《唐代渤海贞孝公主墓壁画与高句丽壁画比较研究》，《黑龙江文物丛刊》1983 年第 2 期。

④ 徐杰《高句丽音乐研究及其价值》，《通化师范学院学报》，2008 年第 5 期，第 26—28 页。

⑤ 田小书《长川一号墓壁画在高句丽音乐史上的价值》，《交响》2015 年第 4 期。

为薄弱，从研究阵营来说，历史、考古学者与中国音乐史学者在此课题方面的沟通也显得不足。本文认为，中国的高句丽音乐研究目前所见的不足之处主要由于对其研究资料整理不足、分析不清所致，高句丽音乐研究资料主要见于文献资料和壁画图像两方面，均可进行进一步的整理和分析。由此，本文指出中国高句丽音乐研究的缺失主要体现在以下三点：

1. 高句丽音乐文献整理、辨析不足

以目前的研究所见，并未发现高句丽使用自己的语言，也并未发现留存的高句丽自有文献资料，因此记载高句丽的音乐文献多来自中国史籍记载和朝鲜半岛、日本的后世史籍之中。其中，中国史籍中对高句丽音乐的记载首见于《三国志》，其后有《后汉书》《梁书》《魏书》等，自《隋书》开始有俗乐高丽伎的记载，《旧唐书》中始有杨再思跳高丽舞的记载，《乐府诗集》中收有王褒、李白关于高句丽歌舞的诗作，后世类书中也多有关于高句丽音乐的记载；朝鲜半岛史籍所载高句丽音乐内容主要见于《三国史记》《高丽史》之中，《三国史记》中主要包括高句丽琉璃明王《黄鸟歌》、鼓角自鸣神话、玄琴来源等方面的记写，《高丽史》中记载了留存于王氏高丽时期的三国俗乐中高句丽乐的曲名与解题；日本古籍中记载了高句丽乐师在日本的活动情况。这些文献从不同角度留下了关于高句丽音乐的相关记载，其中涉及音乐风俗、使用乐器、诗歌、歌词、乐曲名称、舞蹈服饰、乐器来源等多方面的内容，通过对这些文献的系统整理与分析，可以获得对不同时期高句丽音乐的多方面认识。

2. 集安高句丽壁画墓与朝鲜半岛壁画墓音乐图像关系不清

在以往的高句丽音乐研究中,集安高句丽壁画墓与朝鲜半岛壁画墓的关系问题并未引起太多关注。随着高句丽考古、历史研究的逐步深入发展,中、韩、朝部分学者对朝鲜半岛"高句丽壁画墓"概念提出了质疑,并根据墓葬形制、墓室壁画、出土文物等方面特点对公元4—7世纪朝鲜半岛大同江、载宁江流域壁画墓进行了文化归属分析,中国学者赵俊杰指出,在这些壁画墓中,有相当一部分可能是汉人墓葬,或者汉化的高句丽人墓葬①。公元427年高句丽迁都平壤是高句丽政治文化迁移的重要标志,在此之前,朝鲜半岛北部地区存在着不同的权力集团与自治领,即使在高句丽迁都之后,朝鲜半岛北部地区的文化也并非在短时间内趋同,亦经过了逐渐交融的过程。因此本文认为,集安高句丽壁画墓是较为明确的高句丽墓葬,其墓葬形制、壁画内容、出土文物反映了高句丽人的世俗生活与精神信仰意识,公元4—7世纪朝鲜半岛大同江、载宁江流域壁画墓中存在高句丽壁画墓,但是也有不属于高句丽壁画墓的墓葬类型,因此不可笼统的将集安高句丽墓音乐壁画与朝鲜半岛壁画墓的音乐内容放在一起,全部当做高句丽墓音乐壁画进行讨论。

例如,在以往高句丽音乐研究讨论中经常出现的安岳3号墓便是汉人墓葬,因此这也可以解释为何其中描绘的行列图、乐舞图与集安高句丽壁画墓所见内容迥异;再如德兴里壁画墓,亦为有墨书题记可寻的汉人墓葬;安岳3号墓与德兴里壁画墓均产生于公元427年高句

---

① 赵俊杰、梁建军《朝鲜境内高句丽壁画墓的分布、形制与壁画主题》,《边疆考古研究》2013年第13期。

丽迁都之前,可以说反映了公元4世纪中叶至公元5世纪初朝鲜半岛北部地区汉人移民可能存在的音乐文化生活内容,而并非该时期的高句丽音乐生活情态。公元5世纪中叶以降,朝鲜半岛壁画墓经历了逐渐高句丽化的过程,其中出现了与集安高句丽墓相近的音乐壁画,比如玉桃里壁画墓群舞图、高山洞10号墓舞蹈图、江西大墓伎乐仙人图等,这些公元5世纪晚期至公元7世纪初的音乐壁画体现了朝鲜半岛大同江、载宁江流域壁画墓内容与集安高句丽壁画墓内容的趋同性,而集安高句丽墓的音乐壁画作为较为典型的高句丽音乐图像,成为解析朝鲜半岛壁画墓音乐图像的重要标尺,也是研究朝鲜半岛壁画墓音乐图像的基础与前提。两者关系的厘清,有助于对高句丽音乐全史、公元4—7世纪朝鲜半岛音乐历史研究的推进。

3. 集安高句丽壁画墓音乐图像分类不明

中国的高句丽音乐研究中对集安高句丽壁画墓的材料尤为重视,研究亦多以此为基础。在前述学者的研究中,集安壁画墓乐舞图的研究可谓较为充分。截至2017年6月,目前公开发表的考古资料所见,绘有舞蹈图像的集安高句丽壁画墓包括舞踊墓、麻线沟1号墓、通沟12号墓和长川1号墓,对这4座墓葬舞蹈图像的描述和研究自方起东先生的《集安高句丽墓壁画中的舞乐》一文便已展开。然而集安高句丽墓中的音乐壁画并不止舞蹈场景,而是包括乐舞图和伎乐仙人图两类,乐舞图反映了高句丽的世俗音乐生活,其中出现了舞蹈的伴奏乐器,反映了高句丽人的舞姿、舞者组合形式等内容,集安壁画墓中绘有乐舞图的墓葬产生年代整体上较绘有伎乐仙人图的墓葬为早,且该类乐舞图具有较为独特的高句丽民族风格;伎乐仙人图中描绘的使用乐器包括吹奏乐器、弹拨乐器和打击乐器三大类，涉及墓葬包括舞踊墓、三室墓、长川1号墓、五盔坟4号墓和五盔坟5号墓，共计5座墓葬，以往的研究中多将这些乐器与乐舞图中所见乐器、文献所见乐器混为一处进行探讨，本书认为，伎乐仙人使用乐器可能为高句丽实用乐器，但作为代表信仰世界的音乐图像，需要与代表世俗世界的乐舞图像分开进行探讨，在两类乐器图像进行分别探讨之后，再将其共同归于一处、进行高句丽使用乐器的解析。

此外，集安高句丽墓音乐壁画的分类探讨亦有助于对朝鲜半岛墓葬音乐壁画的进一步研究。集安高句丽壁画墓是目前所知最为典型的高句丽墓葬，其中的音乐图像分为乐舞图、伎乐仙人图两类。朝鲜半岛壁画墓中的音乐图像包括乐舞图、百戏奏乐图、伎乐仙人图和大量的行列图，这与集安高句丽壁画墓所见的音乐图像有较大差距，可知两者可能存在文化归属的差异性。由此可知，对集安高句丽墓音乐壁画进行明晰的分类研究，是其壁画材料得以获得充分解析的前提。

4. 从音乐文献、音乐图像到音乐史的距离

如前所述，在以往的高句丽使用乐器研究中，曾经出现将文献记载、图像（乐舞和伎乐仙人图）所见的乐器进行叠加、之后进行重新分类的研究方式。通过分析我们可知，文献、图像的资料既分别指向着高句丽音乐发展的不同时期，同时又带有着原有史料的视角与意义功能。从这些文献、音乐图像到音乐史，还需要用审慎的分析建立起一道桥梁。

以文献为例，高句丽音乐记写主要出现于中国正史中的风俗记写和隋唐俗乐的记载之中，风俗记写中的高句丽音乐记载被一笔带过，

较为模糊,但通过对比其他东夷民族的风俗记载,又可知其言简意赅、并非言之无物;隋唐俗乐中的高丽乐是从南朝、北朝流入隋唐宫廷,是经过了历次加工和润色的"宫廷"高丽乐,因此在使用乐器上更多体现了隋唐宫廷俗乐的乐器编配,方起东先生曾指出高丽乐使用乐器多为中原或西域乐器[①],然而通过对高丽乐部与其他俗乐部使用乐器的对比分析可知,其中仍然存在高句丽使用的特色乐器,比如桃皮筚篥、义嘴笛等,这些乐器的使用讯息又是风俗记写和音乐图像中所没有出现的内容。

以壁画为例,通过考古学界对集安高句丽壁画墓的研究可知,该地区公开发表的资料中包含音乐壁画的7座高句丽墓主要产生于公元4—7世纪之间,由此可知这些音乐内容所反映的讯息主要集中于公元4—7世纪的4百年间。从反映的题材来说,集安高句丽壁画墓中的内容布局具有整体上的功能性,音乐图像作为其中的内容之一必然承担着一定的功能性意义,因为其中的音乐图像并不是为了反映高句丽的音乐历史而描绘,而是首先服务于丧葬文化的意义与内涵。由此可知,音乐图像也与文献同样具有自己的视角和功能意义。目前所知的高句丽音乐研究材料中尚未发现乐谱或者活态音乐留存,因此所知的文献、音乐图像材料便是了解高句丽音乐的主要方式,从这些材料的分析到高句丽音乐史的辨识,其中需要经历许多谨慎的分析才能架起通向高句丽音乐历史的桥梁、解开高句丽音乐的谜之面纱。

综上所述,中国的高句丽音乐研究起步较日本、朝鲜半岛国家为

---

① 方起东《集安高句丽墓壁画中的舞乐》,《文物》1980年第7期。

晚，但最初便具备了国际化的学术视野，其中对以集安高句丽壁画墓为主的高句丽乐舞研究展开得较为充分。近年来高句丽音乐研究逐步获得了更多的关注，在以往的研究中，相关高句丽音乐记载的文献可以进一步进行整理和分析，集安高句丽壁画墓与公元4—7世纪朝鲜半岛大同江、载宁江流域壁画墓的关系尚需厘清，集安高句丽壁画墓的音乐图像亦需进行重新分类研究，在对这些材料进行汇总的基础上，高句丽音乐研究还有许多进一步的研究空间。

第三节　集安高句丽墓音乐壁画的史学价值

自集安高句丽好太王碑发现以来已逾百年，集安高句丽墓壁画的学术价值日益获得重视，依托高句丽考古成果的不断完善，集安高句丽墓壁画展开了多维度的研究，不断推进着高句丽史的发展。本文认为，集安高句丽墓的音乐壁画具有多方面的史学价值，它是对公元4—7世纪高句丽音乐史研究的推进，是对中国古代少数民族音乐历史研究的尝试，亦是对东亚音乐历史研究的深化，是图像类音乐文物研究方法的探讨。此外，当前中外学者对高句丽研究的诸多方面具有一定程度的争议，从音乐历史视角的逐层分析，可以成为分析高句丽文化归属问题的又一维度，希望能够对高句丽历史文化的整体研究有所裨益。

一、公元4—7世纪高句丽音乐史的推进

集安高句丽墓音乐壁画研究对高句丽音乐历史研究具有重要意义,是对公元4—7世纪高句丽音乐史的有力推进。

高句丽定都集安附近的时期在高句丽历时最长,因此对该地区古墓壁画中音乐图像的研究具有重要意义,也为高句丽的音乐全史研究提供了有力的基础。集安是高句丽王族桂娄部的中心,它与桓仁同为高句丽民族早期的重要活动地区。高句丽政权于汉平帝元始三年(公元3年)自桓仁迁都集安,在此定都历425年,公元427年迁都平壤城,可以说,定都"国内城"(集安附近)这一时间是高句丽政权的发展盛期,其后高句丽政权虽然迁都到平壤,但是集安作为"别都",仍列高句丽"三京"[①]之一。因此,魏存成指出,分布于集安的高句丽文化遗产最为集中、齐全和典型[②]。由此可知,集安高句丽墓的音乐壁画研究在高句丽音乐历史研究中具有重要的学术价值,是高句丽音乐全史研究的坚实基础。

集安高句丽墓音乐壁画是目前所知高句丽留存的最为直接的音乐资料,在一定程度上反映了公元4—7世纪高句丽集安地区的社会

---

① 高句丽三京为"长安城""国内城""汉城"。《隋书》载:"其国东西二千里,南北千余里。都于平壤城,亦曰长安城,东西六里,随山屈曲,南临浿水。复有国内城、汉城,并其都会之所,其国中呼为'三京'。"([唐]魏征等《隋书·东夷列传》,中华书局1973年版,第1814页。)

② 魏存成《集安在高句丽历史上的重要地位及其遗产表现》,《吉林大学社会科学学报》,2004年第2期。

音乐生活。我们已知，关于高句丽音乐的资料主要来自文献资料和壁画墓中的音乐图像，无论是中国史籍中的风俗记写还是隋唐俗乐的描绘，或者朝鲜半岛后世的追记与日本史籍的记载，有关高句丽音乐的记载均非出于高句丽人自己之手，而集安墓葬壁画则实实在在是高句丽人自己所描绘，乐舞图再现了世俗生活中高句丽舞蹈的表演场景，伎乐仙人图反映了公元4—7世纪高句丽可能流传和使用的乐器，虽然需要对两类图像的功能性意义进行剥离，但是它们是目前所知最为直接的高句丽音乐资料留存，因此具有重要的高句丽音乐史学价值，对其进行充分的研究与解析是对公元4—7世纪高句丽音乐史的有力推进。

二、古代少数民族音乐史的尝试

集安高句丽墓音乐壁画研究是对公元4—7世纪东北音乐历史的推进，是对中国古代音乐历史中少数民族音乐历史研究的尝试。

公元4—7世纪的时光中，高句丽是东北地区重要的地方政权，亦是横跨中国东北地区、朝鲜半岛北部地区的重要政权，其与魏晋、北朝、南朝均有往来，高句丽音乐在公元5世纪上半叶传入北朝与南朝地区，可以想见这种音乐文化的交流并非单向，集安高句丽墓音乐壁画的研究促进了公元4—7世纪高句丽与其他国家、地区音乐交流历史研究的进行，使得公元4—7世纪的中国音乐历史研究更为完整。

高句丽是发源于中国东北地区的古老少数民族，他与其他民族一起为中华文明的创造做出了自己的贡献。历史上在当今中国的疆域内曾生活着许多不同的民族，他们共同创造了辉煌灿烂的中华文明。同样，中国的音乐历史也并非是单一的汉民族音乐历史，亦是由多民族人民共同创造发展而来。高句丽民族作为重要的东北古代少数民族之一，在汉魏乃至隋唐时期发展、壮大，建立了自己的民族政权、创造了既与汉文化相联系又独具特色的高句丽音乐文化。虽然其后它消失于历史舞台，但是它的文化基因融入了中国音乐历史长河、传承于东亚艺术文化之中。我们应该重视、承认它从过去到现在、对整个中华民族的音乐历史的贡献，并站在这样的学术立场之上，推进中国古代音乐历史中的少数民族音乐历史研究。

三、东亚音乐历史的深化

高句丽政权的发展历史在中国乃至世界历史上具有一定的特殊性，同时又存在一定的普遍性。一方面，在其发展中，它从一个少数民族政权逐渐发展成为横跨中国东北地区和朝鲜半岛的重要国家，具有存在的特殊性；另一方面，跨界民族、国家的存在在中国乃至世界历史上并非单一，又具有研究意义上的普遍性。魏存成指出，以中国历史视角来看，高句丽是发源于中国东北地区的古老少数民族，其建立的政权高句丽亦是中国历史上的边疆民族政权；就朝鲜半岛发展历史而言，高句丽族亦是朝鲜半岛民族的来源之一，高句丽政权是其北部历史上的一个重要政权，因此两国历史中有区别地写入高句丽历史是从现实出发的[①]。由此可知,集安高句丽墓音乐壁画研究在推进中国少数民族音乐历史研究的同时,也对朝鲜半岛三国时期音乐历史研究具有重要意义,是对东亚音乐交流史研究的深入细化。

公元5世纪之后,作为横跨中国东北部地区与朝鲜半岛的政权,高句丽具有重要的政治与文化影响力,一方面,其与北朝政权、南朝政权保持着密切的文化交流,并以独树一帜的文化特色与强大的军事力量受到关注;另一方面,作为朝鲜半岛三国时期的最为兴盛者,在公元4—7世纪保持着重要的领导地位,以绝对的经济和文化优势对百济、新罗两国产生着深远的影响,甚至远渡扶桑,余波仍存。特别是公元427年之后,高句丽迁都平壤,此时的政治中心转移直接影响到了朝鲜半岛北部地区文化生活的变化,即高句丽文化与乐浪地区固有文化的融合"高句丽化"的确立等等。诚然,高句丽音乐全史研究是中国、朝鲜半岛国家共同关注的学术课题,然而集安高句丽墓音乐壁画研究是中国音乐学者应该做出的学术贡献,同时作为古代东亚音乐文化交流的重要枢纽,集安高句丽墓音乐壁画研究同样也是对4—7世纪东亚地区乃至亚洲地区音乐历史研究的深化。

四、图像类音乐文物研究的探讨

图像材料作为一种重要的历史研究材料,已经逐渐进入历史学

---

① 魏存成《如何处理和确定高句丽的历史定位》,《吉林大学社会科学学报》2011年第51卷第4期。

家的视野之中。"图像如同文本和口述证词一样，也是历史证据的一种重要形式。"①图像传递的讯息往往具有文本、口述证词等不可替代的内容，以图像作为研究材料的情况在历史学界出现得越来越普遍，对图像研究的方法也在进行着新的探索。葛兆光先生指出，图像的解说不能停留在对内容描述说明的阶段，而是需要一些新的解释方法，"当你能够在图像之外的历史文献中找到一些资料来印证、配合和解说图像时，图像才能不再沉默，才有可能从图像变成文献。"②考古学与美术史学之间的亲密关系以美术考古为桥梁，使得历史研究、美术史研究均获得了不同程度的进益，这一交叉学科的发展正是说明了图像材料在历史学科发展中日益成为获得重视的研究材料，并促进姊妹历史学科研究的推进。

中国古代音乐历史研究中，图像类文物亦是不可或缺的研究内容。一方面，图像类文物数量庞大，以已出版的《中国音乐文物大系》为例，诸卷之中都有为数不少的图像类文物部分，特别是一些省份的卷册中以图像类文物为主，如《中国音乐文物大系·甘肃卷》《中国音乐文物大系·新疆卷》等。王子初曾在《中国音乐考古学》中指出，"'音乐图像'是指直接或间接反映了人类音乐艺术生活的图像类作品或遗存。绘画、画像砖、雕砖、编织图、乐舞俑、洞窟壁画、器皿饰绘、墓葬壁画、画像石、石刻等作品或遗迹可以直接表现古人音乐生活的

---

① 〔英〕彼得·伯克著、杨豫译《图像证史》北京大学出版社2008年版，第14页。
② 葛兆光《成为文献：从图像看传统中国之"外"与"内"——葛兆光在上海博物馆的讲演》，《文汇报》第W11版，2015年11月13日。

情貌；乐书、乐谱则用特殊的符号系统，如文字、谱字，间接地记录了古人音乐生活的内容。"①这亦说明了音乐图像类文物的包罗万象与丰富多彩。当今学界，音乐图像研究在中国音乐历史研究领域日益活跃起来，正是基于中国音乐图像文物的丰富性与多样性发展而来②。另一方面，音乐图像不仅是某些特定音乐历史时期的主要研究资料，同时也对其他音乐时期的研究具有不可替代的作用。首先，在中国古代音乐特定历史阶段的探讨中，音乐图像具有颇为重要的分量。以魏晋南北朝时期研究为例，尽管有描绘该时期的琴曲流传，但是除了《幽兰》，我们并不能说明琴曲《广陵散》《酒狂》所奏的版本真实反映了魏晋时期的琴曲风貌，而在文献记写之外，大量留存于世的壁画墓、画像砖、画像石、石窟寺壁画、乐俑等材料成为我们认识当时音乐发展的重要依据，通过这些材料与文献资料的结合分析，北朝、南朝诸时期的音乐发展逐渐变得清晰起来；其次，即便是有出土乐器、乐谱存世的时期，音乐图像所表现的内容亦非其他材料可以取代。以明清时期为例，尽管该时期有较多的实物乐器、乐谱留存，但是留存的诸多行乐图对研究该时期礼仪用乐的编制具有较为重要的意义。

因此，集安高句丽墓音乐壁画研究是对音乐图像类文物研究的有

---

① 王子初《中国音乐考古学》，福建教育出版社2003年版，第36页。

② 相关文章如韩国鐄《音乐图像学的范围和意义》，《中国音乐学》1988年第4期；王玲《西方音乐图像学的发展历史及国内外音乐舞蹈图像研究现状述评》，《民族艺术研究》2015年第5期；李荣有《中国图像学释义——〈中国音乐图像学概论〉导言》，《人民音乐》2015年第8期；李荣有《图像学的历史传统及其与现代的接轨》，《艺术百家》2012年第6期；洛秦《视觉艺术中的可视性声音文化维度及其意义——音乐图像学的独特性与不可替代性》，《音乐艺术》2012年第4期。

益尝试。集安高句丽墓壁画的产生时期约在公元4—7世纪,跨越魏晋至隋唐初期,该时期我国留存有大量的墓葬壁画、石窟寺壁画及造像等相关图像资料,针对这一时期的资料特点,对图像类文物的音乐考古学研究成为该时期的重要研究内容,以集安高句丽壁画墓的音乐考古学研究为切入点,可以进行该时期图像类文物音乐考古学研究方法的相关探讨。

五、高句丽整体研究的补充

集安高句丽墓音乐壁画研究试图补充高句丽研究中学科交叉的新内容,从音乐历史视角探讨高句丽文化归属问题,对高句丽整体研究起到积极的推进作用。

中国高句丽考古与历史研究成果丰硕。自我国第一部高句丽相关著作《高句丽的足迹》[1]出版至今,已有论著90余部;硕博士论文40余篇。据学者统计,1950年至2010年期间,中国学者发表的高句丽研究论文有1347篇之多,其中改革开放后发表的论文达到1315篇,分为考古综述、历史研究、文献研究、古城遗址研究、古墓研究、壁画研究、碑碣石刻研究、文物研究等多种类型[2]。如今高句丽研究正在向集成化、专门化发展。随着高句丽研究的不断深入,近几年我

---

① 姜孟山《高句丽的足迹》,延边人民出版社1982年版。
② 耿铁华、李乐营主编《高句丽研究史》,吉林大学出版社2012年版。参见该书第十章"高句丽研究成果统计与说明",第325—358页。

国出现了高句丽研究的集成性著作,如孙仁杰、迟勇《集安高句丽墓葬》①、张福有等《高句丽王陵通考》②、吉林省文物考古研究所出版的《吉林集安高句丽墓葬报告集》③《集安出土高句丽文物集粹》④,耿铁华、李乐营《高句丽研究史》⑤等;亦有专论研究性质的硕博士论文问世,如《高句丽宗教信仰研究》⑥《〈三国史记·高句丽本纪〉研究》⑦《高句丽兵器研究》⑧《高句丽遗存所见服饰研究》⑨《从高句丽语看高句丽与周边民族关系》⑩《高句丽玉陶器》⑪《高句丽瓦当研究》⑫研究等。除此之外,新发现的高句丽文物也使研究持续升温。试举一例,2012年7月,集安地区麻线村新出土一方高句丽时期刻有铭文的石碑,被多数学者称为集安高句丽碑。在此之前,集安地区仅有一方刻有铭文的高句丽石碑,即19世纪发现的好太王碑,由此足见这方新发现石碑的珍贵。自集安高句丽碑发现以来,仅在中国知网以"篇名"为"集安高句丽碑"做搜索,2013—2017年间发

---

① 孙仁杰、迟勇《集安高句丽墓葬》,香港亚洲出版社2007年版。
② 张福有等《高句丽王陵通考》,香港亚洲出版社2007年版。
③ 吉林省文物考古研究所《吉林集安高句丽墓葬报告集》,科学出版社2009年版。
④ 吉林省文物考古研究所《集安出土高句丽文物集粹》,科学出版社2010年版。
⑤ 耿铁华、李乐营《高句丽研究史》,吉林大学出版社2012年版。
⑥ 李乐营《高句丽宗教信仰研究》,东北师范大学2008年博士学位论文。
⑦ 李大龙《〈三国史记·高句丽本纪〉研究》,中央民族大学2009年博士学位论文。
⑧ 陈爽《高句丽兵器研究》,吉林大学2010年硕士学位论文。
⑨ 郑春颖《高句丽遗存所见服饰研究》,吉林大学2011年博士学位论文。
⑩ 张士东《从高句丽语看高句丽与周边民族关系》,吉林大学2012年博士学位论文。
⑪ 孙颢《高句丽玉陶器研究》,吉林大学2012年博士学位论文。
⑫ 王飞峰《高句丽瓦当研究》,高丽大学2013年博士学位论文。

表文章13篇^①，既可见其研究价值的重要性，亦可见高句丽历史研究不断推进的迅速性和研究热度的持续性。

中国学者的高句丽研究已逾百年，亦不断有学者对国内的高句丽研究进行总结，如马大正《中国学者高句骊历史研究的百年历程》^②、付百臣《改革开放以来中国高句丽史研究述评》^③，耿铁华、李乐营《高句丽研究史》；亦有《高句丽渤海研究集成》^④《中国学者高句丽研究文献叙录》^⑤《高句丽研究文献目录（1952—2012）》^⑥出版。一批以高句丽等古代边疆少数民族研究为中心的科研单位、院校涌现，以中国社会科学院中国边疆史地研究中心、吉林大学边疆考古研究中心、东北师范大学历史文化学院、吉林省高句丽研究中心、通化师范学院高句丽与东北民族研究中心为代表的科研机构在高句丽王城、王陵、历史、风俗、民族构成及美术等方面的研究都有着质的推进，可谓做出了卓越贡献。其中涌现出了一批高句丽研究的学者。如方起东、魏存成、刘子敏、孙文范、耿铁华、李乐营等，这些学者多供职于上述科研单位、院校，同时也为培养青年科研人才做出了卓越贡献，使得高句丽研究的科研梯队逐步形成。

---

① 资料来源网址 http://epub.cnki.net/kns/brief/default_result.aspx 查阅时间2017年8月18日。
② 马大正《中国学者高句骊历史研究的百年历程》，《中国边疆史地研究》2000年第1期。
③ 付百臣《改革开放以来中国高句丽史研究述评》，《东北史地》2009年第2期。
④ 孙进已、孙海主编《高句丽渤海研究集成》，哈尔滨出版社，1997年版。
⑤ 倪军民等主编《中国学者高句丽研究文献叙录》，吉林人民出版社，1998年版。
⑥ 耿铁华、李乐营主编《高句丽研究文献目录（1952—2012）》，吉林大学出版社2013年版。

由此可知,高句丽的考古与历史研究成果已经为高句丽音乐研究奠定了良好的基础,在这样的基础之上,高句丽音乐研究的展开成为可能而且必要,以集安高句丽墓音乐壁画为基础的高句丽音乐研究是其重要开端和基础,同时架起沟通高句丽音乐历史研究与其他研究的桥梁,对高句丽整体研究进行有益补充。

此外,高句丽的政权归属问题一直是近年来的研究热点,[①]通过对集安高句丽墓音乐壁画的研究我们亦可对此方面进行思考。首先,集安高句丽墓音乐壁画具有自身的特点,在题材上分为乐舞图和伎乐天人图两类,从内容上反映了高句丽舞蹈、使用乐器的特色;通过与朝鲜半岛壁画墓音乐图像进行题材、内容的对比我们可知,朝鲜半岛壁画墓经历了"高句丽化"的过程。就民族起源与构成来说,高句丽族主要源于中国北方地区的秽貊族系,而高句丽建国后,其国内民族构成也不仅限于高句丽人,亦有古朝鲜人、汉人、鲜卑人、契丹人、百济人等[②],由此我们可知,高句丽本身即是一个多民族构成的地方政权,其国内的王族为高句丽族。目前我们所见的集安高句丽墓音乐壁画所反映的是公元4—7世纪的高句丽音乐文化特色,可以看出其与北朝、南朝等所见乐舞、乐器流传的区别与联系,其与朝鲜半岛北部墓葬所见音乐图像也存在相异之处。综上所述,从对集安高句丽墓音乐壁画的分析我们可知,公元4—7世纪高句丽具有较为独特的音乐文化特

---

① 相关文章如李宗勋《韩国的高句丽研究及其史观——以高句丽归属问题为中心》,《史学集刊》2004年第4期;马大正《中国学者的高句丽归属研究评析》,《东北史地》2004年第1期;张威威《韩国对"高句丽史"问题评论综述》,《国际资料信息》2004年第9期等。

② 杨保隆《高句骊族族源与高句骊人流向》,《民族研究》1998年第4期。

征。作为公元5世纪上半叶开始横跨中国东北地区和朝鲜半岛北部地区的政权，高句丽对百济、新罗均产生了一定的文化影响，这使得公元5世纪之后的百济、新罗音乐文化可以看到与高句丽的相通之处。在中国、朝韩等学者的研究中，都会将高句丽音乐与当今朝鲜族音乐进行对比，主要体现在对舞蹈姿态、舞蹈形式的对比，以及使用乐器源流的探索之中，然而跨越数百年相隔的对比，其可信性需要审慎的进行分析。总而言之，当今的高句丽考古、历史研究已经从多维度展开，从音乐历史角度来说，集安高句丽墓音乐壁画研究对高句丽政权的归属问题探讨亦具有一定的学术意义。

第四章
古代高句丽音乐的影响

我们生活的世界,从来都不是一个孤立的世界。在欧亚大陆的东端,在漫漫的时光之中,不同地域、不同民族的人们从未停止彼此之间的接触,高句丽亦在其中。无论是汉武帝赐予高句丽的朝服衣帻、鼓吹伎人,还是高句丽献于北朝王室的舞人伎乐,无论是隋时三征高丽的征战杀伐,还是唐时朝堂上出现的高丽武臣,古代高句丽与周边地区、国家之间一直存在着不同程度、不同性质的多重接触,在相互影响之中发展、完善着各自的文化,在共生中完成着自身的成熟。

高句丽自公元前37年建国,成为由高句丽民族建立的多民族共存地方政权,归属于汉玄菟郡;公元427年高句丽迁都朝鲜半岛北部的平壤,此时期距离汉朝结束四百年的玄菟郡、乐浪郡统治已有经年,公元427年之后的高句丽已经成为地跨今中国东北地区与朝鲜半岛北部地区的地方政权,成为两国历史中各自独立存在的政权。高句丽的历史发展有着自身的特殊性,以集安为中心的早中期经济文化发展时期与以平壤为中心的晚期经济文化发展时期形成了高句丽历史发展中的两个重要阶段,联系紧密而又区别鲜明。

诚然,古代的高句丽文化是一个整体,它自身经历了萌生、发展的过程。这一过程并非孤立存在,高句丽自身文化的发展过程与周边地区、国家的文化发展融为一体:它与中原地区的多种文化多元共存,构成了丰富厚重的中国历史文化;公元5世纪之后,高句丽对朝鲜半岛的文化影响力加强,它与半岛南部的多种文化交融,为朝鲜半岛文化的发展做出了自己的贡献;同时,高句丽与日本之间亦存在交往,隔海相望并未阻断两者文化互动的脚步。在交融互动中,高句丽吸收、融合着周边文化带来的养分、成就了自身;在交融互动中,独特的高句丽文化走出养育它的山水,影响着周边的世界。舞踊墓中的弹琴仙人、长川1号墓中的欢乐歌舞,冲破二维的静态世界,推开通向高句丽音乐的古老门扉,仿佛回到千年前的大地之上,古代高句丽音乐随着朝贡使者的脚步、跟从东行大海的同胞,在东亚的土地上翩舞广袖、弦管和鸣。

以前文中的集安高句丽墓音乐壁画分析为基础,本章将对公元4—7世纪高句丽音乐史进行梳理,进而探讨古代高句丽对中国、朝鲜半岛国家乃至日本的音乐影响。

第一节　公元4—7世纪高句丽音乐史

高句丽民族自古便生活在中国的东北地区,并于公元5世纪之时发展成为横跨中国东北与朝鲜半岛北部地区的政权。《汉书·地理志》

云："玄菟、乐浪，武帝时置，皆朝鲜、涉貉、句骊蛮夷。"[①]此时提到的"句骊"，是指高句丽民族。公元前37年，高句丽建国，定都纥升骨城（今辽宁省桓仁县附近），王室以"高"为姓，国号为"高句丽"。公元5世纪左右，高句丽改称"高丽"[②]，直至公元668年，高句丽政权为唐王朝和新罗联军所灭。至此，作为政权名称的"高句丽"消失。由此我们可知，高句丽民族在汉时已经与朝鲜、涉貉等民族杂居，生活在玄菟、乐浪地区，至公元前37年高句丽建国之时，其国内王族为高句丽，但是国内仍然杂居着不同的民族[③]，至高句丽国灭亡后，高句丽国内居民四散、被迁居各地。因此在本文绪论中曾经界定，本文中所指"高句丽音乐"乃指高句丽政权存在期间在其疆域内流行的音乐文化形态，既包括高句丽王族的音乐文化，也包括高句丽政权疆域内的音乐制度、民俗音乐、宗教音乐等内容。由此可知，本文中的"高句丽音乐"并非狭义指为高句丽民族的音乐，而是高句丽政权存在期间其疆域内的多种音乐文化形态的综合体。在这一界定的基础上，通过前文中对集安高句丽墓音乐壁画的综合分析，我们得以对公元4—7世纪的高句丽音乐史进行梳理，并兼及公元4世纪之前、公元7世纪之后的高句丽音乐发展历史。

---

① ［汉］班固撰，［唐］颜师古注《汉书·地理志》，中华书局1962年版，第1658页。

② 魏存成《中原、南方政权对高句丽的管辖册封及高句丽改称高丽时间考》，《史学集刊》2004年第1期。

③ 杨保隆《高句骊族族源与高句骊人流向》，《民族研究》1998年第4期。

一、公元 4 世纪之前的高句丽音乐

高句丽民族至迟在汉代已经生活在中国的东北地区，与其他民族杂居。从《三国志》记载我们可以管窥公元 3 世纪左右高句丽及其周边民族、国家的音乐风貌。据《三国志》载，此时期生活在中国东北地区及朝鲜半岛地区的民族和国家包括夫余、高句丽、东沃沮、挹娄、涉南与辰韩、韩、弁辰等。夫余"以殷正月祭天，国中大会，连日饮食歌舞。"涉南与辰韩"常用十月节祭天，昼夜饮酒歌舞，名之为舞天，又祭虎以为神。"韩国"常以五月下种讫，祭鬼神，群聚歌舞，饮酒昼夜无休。其舞，数十人俱起相随，踏地低昂，手足相应，节奏有似铎舞。"弁辰"俗喜歌舞饮酒。有瑟，其形似筑，弹之亦有音曲。"[①] 而据《三国志》同卷所载，高句丽身居这些民族、国家之中，"高句丽在辽东之东千里，南与朝鲜、涉貊，东与沃沮，北与夫余接"，其民俗之中亦展现出了喜爱歌舞的风俗，"其民喜歌舞，国中邑落，暮夜男女群聚，相就歌戏。"由此可知，据《三国志》记载，公元 4 世纪之前，生活在中国东北地区、朝鲜半岛地区的民族、国家之中，有为数不少者喜爱歌舞或有饮酒、歌舞习俗。高句丽与这些民族、国家长期杂居，亦表现出了相似的音乐文化风貌。此外，后世文献《三国史记·高句丽本纪·琉璃明王》中的《黄鸟歌》，可能是公元 4 世纪之前高句丽流传下来的诗歌，是否为歌词目前尚不明确。

---

① 本段中自夫余至弁辰等所引音乐风俗诸文字皆见《三国志·乌丸鲜卑东夷传》。（［晋］陈寿等撰 ［宋］裴松之注《三国志·乌丸鲜卑东夷传》，中华书局 1959 年版，第 841—853 页。）

（一）鼓吹乐的传入以及可能带来的乐器流传

《三国志》载："汉时赐鼓吹伎人，常从玄菟郡受朝服衣帻，高句丽令主其名籍。"[①]由此可知，汉代鼓吹乐已经传入高句丽。通过上述记载也可以知道，高句丽在相邻民族、国家之中具有较为不同的地位，因其是《三国志》东夷政权记载中唯一一个接受汉赐鼓吹乐人的政权，表明它与汉朝具有更为亲密的关系，同时亦可能表示其政治经济文化等诸多方面较他者更为发达。可惜目前并没有对于汉代传入高句丽鼓吹乐具体时间的资料，或者关于汉代传入高句丽的鼓吹乐等级制式方面的内容，因此我们仅可知汉时鼓吹乐传入了高句丽，这可能带来了该政权卤簿用乐的变化和部分乐器的传入。

鼓吹乐传入的记载说明部分乐器在高句丽的传入和使用成为可能，比如鼓、角、排箫等。《三国史记·高句丽本纪·大武神王》所载关于乐浪国鼓、角乐器具有护国神力的传说既可看到时人对于军事所用乐器的理解，同时亦增加了公元4世纪之前高句丽地区使用鼓、角乐器的可能性。集安高句丽壁画墓常见的角演奏图像说明公元4世纪之后角为高句丽集安地区常见的使用乐器，而这件乐器的传入可能在公元4世纪之前已经完成，可能与汉时鼓吹乐的传入密切相关。

（二）音乐被赋予的思想内涵

由于没有高句丽自身留下的文字留存，因此对于高句丽的记载多

---

① [晋]陈寿撰，[宋]裴松之注《三国志·乌丸鲜卑东夷传》，中华书局1959年版，第843页。

来自于外族或后世的记写。对高句丽国具有功能性意义的音乐、乐器及相关带有神话性质的记载，见于《三国史记》和《日本书纪》之中。这些内容反映了音乐或乐器在高句丽被赋予的思想内涵和功能性作用。

《三国史记·高句丽本纪·大武神王》[1]记载中指出乐浪国的两件乐器鼓与角具有护国神力，若有兵至乐浪，则两器不击自鸣，高句丽王子好童设计将两器破坏，因此使得乐浪土地收归高句丽版图之内。本段记载中的另一种简短说法指出乃为乐浪女子"坏兵物"使得乐浪兵败似乎更为可信，然而好童之故事恰恰说明了当时的高句丽、乐浪地区对于鼓、角乐器在战争中使用功能的理解，可以说以颇具神话色彩的形式强调了两器在战争中的重要作用。《三国史记·高句丽本纪·西川王》中记："西川王五年（296）秋八月，慕容廆来侵，至故国原，见西川王墓，使人发之。役者有暴死者，亦闻圹内有乐声，恐有神，乃引退。"[2]其中指出，因高句丽王西川王墓中有音乐之声，使得慕容廆因惧怕神灵而有退兵之举。这则故事中的音乐记载对于分析音乐历史似无太多意义，其史料中蕴含的更多是对于高句丽神灵观念、高句丽与燕国战争等的历史讯息，但是由此条文献亦可知，在时人的观念之中，神灵与音乐可能有着紧密的联系。

---

① 〔高丽〕金富轼撰、孙文范等校勘《三国史记·高句丽本纪·大武神王》，吉林文史出版社2003年版，第186页。

② 〔高丽〕金富轼撰、孙文范等校勘《三国史记·高句丽本纪·西川王》，吉林文史出版社2003年版，第214页。

二、公元4世纪至灭国前的高句丽音乐

本部分所界定的历史时间为公元4世纪至公元668年之前，即主要探讨公元4世纪至高句丽灭国前的音乐发展历史，约与集安高句丽壁画墓的产生年代公元4—7世纪基本相当。公元前37年，高句丽建国，定都纥升骨城（今辽宁省桓仁县附近）；公元前18年，高句丽迁都国内城（今吉林省集安市附近）；公元427年，迁都平壤（今朝鲜共和国平壤附近）；公元586年迁都长安城（今朝鲜共和国平壤附近）[①]。由此可知，自公元前18年开始，高句丽便定都吉林省集安市附近，作为政权的政治经济文化中心，至公元4世纪之时这里在高句丽政权经济文化方面的中心地位可想而知；公元5世纪上半叶，高句丽迁都朝鲜半岛北部的平壤，此时高句丽已经基本获得了朝鲜半岛北部地区的政治控制权，直至公元7世纪高句丽灭国，其政权的中心都在朝鲜半岛北部。然而，值得注意的是，公元4—7世纪之间，集安留下了30余座壁画墓，其规格等级之高、绘制之精美、表达文化特色之鲜明，均昭示着集安特殊的政治文化地位，因此高句丽考古学者魏存成指出，集安作为"三京"之一，在高句丽迁都之后一直还保持着重要的地位[②]。从壁画墓中的音乐图像来说，集安高句丽壁画墓中丰富的舞蹈语言、多样的乐器演奏描绘是我们了解高句丽音乐风貌的直接证据，反观公

[①] 魏存成《高句丽遗迹》，文物出版社2002年版，第22—66页。

[②] 魏存成《集安在高句历史上的重要地位及其遗产表现》，《吉林大学社会科学学报》2004年第2期。

元5世纪上半叶至公元7世纪朝鲜半岛大同江、载宁江流域壁画墓中的音乐图像，其包含的音乐历史讯息却不如集安高句丽壁画墓中所见的文化特征鲜明，因此本文认为，集安高句丽壁画墓是获得公元4—7世纪高句丽音乐文化讯息的重要之匙，其反映的高句丽音乐风貌具有一定的丰富性和典型性。当然，公元5世纪至7世纪朝鲜半岛壁画墓中的音乐图像也是探讨公元4—7世纪高句丽音乐历史发展中不可或缺的材料，是对公元5至7世纪高句丽音乐历史资料的完善与补充，然而对其进行研究的基础和前提是对集安高句丽墓音乐壁画的分析与解读。

自公元前37年高句丽建国，历经300余年的发展壮大，公元4—7世纪是高句丽自身经济、文化最为鼎盛至走向衰落的时期，这一时期的音乐文化风貌也是最能够代表高句丽特点的时段。经过前文的具体分析，以集安高句丽墓壁画的音乐考古学研究为基础，我们在本部分中对公元4—7世纪的高句丽音乐发展历史进行梳理，其中包括歌舞习俗、歌曲、舞蹈、鼓吹乐、乐器的流传、民俗活动中的音乐及音乐图像遗存、音乐交流等方面内容。

（一）歌舞风俗

高句丽喜爱歌舞的风俗在公元4世纪之后的文献记载中有更为详尽的描写。自《后汉书》以降，《梁书》《隋书》《南史》中皆记载了高句丽喜爱歌舞的习俗，隋唐时期宫廷高丽乐部成为东夷诸乐中唯一进入常制的乐部，亦可见高句丽歌舞文化之发达。《日本书纪》卷十四载："八年（公元463年）……高丽王即发军兵，屯聚筑足流城，

（或本云，都久斯歧城。）逐歌舞兴乐。于是，新罗王夜闻高丽军四面歌舞，知贼尽入新罗地，……"①其中所记虽为高丽与新罗战争之事，然而其描述的高丽军队"歌舞兴乐"，亦可反映出此民族对歌舞的喜爱与热忱之情。

（二）歌曲

前文中谈到的《黄鸟歌》被认为可能是公元4世纪之前留存的高句丽诗歌，然而是否为歌词目前不详。在公元4世纪之后，所知的高句丽歌曲名称变得更为具体，并与舞蹈关系密切。

《隋书》中首次出现了高句丽歌曲名称《芝栖》，应用于隋时宫廷俗乐高丽乐部中，其歌曲的具体内容已不详。由此可知，高句丽歌曲《芝栖》在公元7世纪之前便流行于隋宫廷之中，然而其乐曲的内容、来源以及加工改编程度等问题目前尚不可知。此外，高丽乐部中有舞曲《歌芝栖》，可知其与歌曲《芝栖》有一定的渊源关系。在集安高句丽墓壁画中，舞踊墓、长川1号墓群舞舞者的旁边均有一部分类似歌唱者的观者，但是目前只是推论，无法进行确凿的认定。回顾高句丽民族久远的歌舞习俗，其音乐中包含且歌且舞的形式是可以理解的，然而上述文献记载、壁画描绘中是舞者兼歌者，还是舞者与歌者由不同的人担当，目前尚不可知。总之，在公元4—7世纪的时光中，我们可知高句丽歌曲《芝栖》已经在隋朝宫廷中得以演出，而集安高句丽壁画墓中的群舞图亦可能反映了高句丽人载歌载舞的场景。

----

① ［日］舍人亲王等《日本书纪·雄略天皇》，岩波书店新日本古典文学大系本。

（三）舞蹈

这一时期表现高句丽舞蹈的相关资料形式多样、内容丰富，包括诗歌、舞曲名称、乐人组合及服饰、伴奏乐器、壁画图像等多方面内容，也是我们所知高句丽乐舞资料最为丰富的时段，亦是高句丽乐舞流传广泛、对外影响较大的时期。

王褒曾在公元6世纪中叶于北周宫廷中一睹高句丽的舞蹈风采，并写下了"倾杯覆碗漼漼，垂手奋袖婆娑"之佳句。《隋书》所载的舞曲《芝栖》是目前我们所知公元7世纪高句丽乐舞中唯一的曲名，可知此时在隋朝宫廷中流传。《隋书》所载的高丽乐使用乐器中吹奏乐器、弹拨乐器、打击乐器齐备，包括弹筝、卧箜篌、竖箜篌、琵琶、五弦、笛、笙、箫、小筚篥、桃皮筚篥、腰鼓、齐鼓、担鼓、贝共计14种乐器，通过分析可知，其中为数不少的乐器在高句丽本地流行的可能性并不大，可能是宫廷乐部的编配和流传地域广泛进行的乐器添加等原因所致的结果。集安高句丽壁画墓所见的舞蹈伴奏乐器主要包括阮咸、琴筝类乐器、五弦琴三种，皆为单独演奏，不见合奏形式，可能更接近于公元4—7世纪高句丽本土音乐的舞蹈伴奏形式。

此一时期中，最多的舞蹈讯息来自集安高句丽壁画墓乐舞图，其次为朝鲜半岛壁画墓舞蹈图。集安舞踊墓、麻线沟1号墓、通沟12号墓、长川1号墓、朝鲜半岛玉桃里壁画墓、高山洞10号墓所见诸种形式的舞蹈图像提供了目前所知最为直接的高句丽乐舞讯息，静态的二维展现足以超越字里行间的单纯遐想，流传在高句丽本地的舞蹈形式再次走到人间。通过这些材料我们可知，公元4—7世纪的高句丽舞蹈形式包括群舞、双人舞、单人舞等多种形式，目前所见包括舞姿八种（图

4-1），其中前六种首见于集安高句丽墓壁画，后两种首见于朝鲜半岛高句丽墓壁画；所使用的伴奏乐器主要包括阮咸、琴筝类乐器、五弦琴三种，均见于集安高句丽墓壁画，且均为单一乐器伴奏，未见乐器组合伴奏的形式；从舞者、伴奏者的性别组合来看，男舞者、女舞者皆有；舞者、伴奏者所着服饰为高句丽的民族服饰，男子头上或戴帻冠，或插鸟羽，上身着黑点纹长袖短襦，下身着点纹大口裤，脚穿皮靴，女子则身着点纹合衽褶裙，脚穿皮靴，虽然服饰颜色有所区别，但是基本形制囊括在以上描述之中，可知所着为高句丽民族服饰；此外，部分女舞者可能带有妆容。高句丽舞者的服饰特征使得其舞蹈姿态显示出了一个重要的特色，"极长其袖"，对比《旧唐书》十部乐中舞者服饰衣袖的特点，只有高句丽舞蹈服饰具备了这一特色。

图4-1　高句丽壁画墓所见公元4—7世纪高句丽八种舞姿

通过与辽阳汉魏壁画墓乐舞图、十六国北朝时期乐舞图的对比，本文认为高句丽的乐舞与两者没有密切的渊源关系，以"极长其袖"为特色的高句丽乐舞可能与中原长袖舞具有一定的渊源关系。

在公元4—7世纪的时光之中，高句丽舞蹈留下了具体的形象资料，描绘于泛黄的史籍之中，它流传于北朝、南朝等诸多地区，在公元7世纪之时成为隋唐时期俗乐舞蹈中的重要组成部分，以其富于民族特色的舞蹈风貌赢得了较为广泛的喜爱。

（四）鼓吹乐

公元4世纪之前，鼓吹乐已经传入高句丽，但是具体传入时间及使用乐器我们并无所知。《隋书》载高句丽"乐有五弦、琴、筝、筚篥、横吹、箫、鼓之属，吹芦以和曲。"[1]其中提到了此时期高句丽流行的具体乐器，其中的箫（排箫）、鼓、横吹、筚篥都可能与鼓吹乐的传入有关。除了上述文献中记载的乐器，常见于集安舞踊墓、三室墓、长川1号墓、五盔坟4号墓和五盔坟5号墓伎乐仙人图中的角也可能是源于鼓吹乐传入高句丽的乐器。

在集安高句丽壁画墓中，并没有发现世俗鼓吹乐的场景，因此我们无法从中获知鼓吹乐在公元4—7世纪高句丽集安地区的发展状况。朝鲜半岛壁画墓的音乐图像中有相当一部分绘有不同规模的行列图，其中以安岳3号墓中所见的大行列图为最。然而在前文分析中我们指出，公元4—7朝鲜半岛大同江、载宁江流域壁画墓并非均为高

---

① [唐] 魏征等《隋书·东夷列传》，中华书局1973年版，第1814页。

句丽壁画墓，而是经历了"高句丽化"的过程，因此其中出现最早的安岳3号墓（公元357年）中所绘的行列图并非反映了传入高句丽的鼓吹行列图景，而可能体现了迁入朝鲜半岛北部地区的汉族移民的生活方式。在目前所知的朝鲜半岛壁画墓中，绘有鼓吹行列图的墓葬包括安岳3号墓、平壤驿前二室墓、龛神塚、德兴里壁画墓、安岳1号墓、药水里古墓、八清里壁画墓、大安里1号墓、水山里壁画墓等，主要见于公元4世纪下半叶至公元6世纪初的墓葬之中，其中大多数墓葬可能并非典型的高句丽壁画墓；产生于公元6世纪上半叶至7世纪初的江西大墓中则与时期大体相当的集安五盔坟4号墓、5号墓一样出现了围绕于顶石之上的伎乐仙人图。

朝鲜半岛壁画墓鼓吹行列图说明了该时期当地鼓吹乐的流传与发展，但行列图在集安高句丽壁画墓中一直未曾得见。公元6世纪之后两地壁画墓绘画内容的逐渐趋同再次表明，公元5世纪之后，虽然高句丽取得了朝鲜半岛北部的政治主导权，但是该地区的文化发展仍然经历了一个漫长的融合过程。由此可知，朝鲜半岛壁画墓中的行列图不能直接作为研究高句丽公元4—7世纪鼓吹乐发展的材料，但是公元5世纪之后，高句丽的行列礼仪、流传乐器可能受到了朝鲜半岛北部地区鼓吹行列礼仪传统的影响，而这亦主要是当地及外来新移民带来的汉魏鼓吹行列礼仪与制式。

（五）乐器的流传
公元4—7世纪是我们所知的高句丽音乐资料中乐器内容较为丰富、集中的时段，通过对文献、图像等资料的分析，我们可以获知，这一时期高句丽流传着为数不少的弹拨乐器、吹奏乐器和打击乐器,并可能具有合奏形式。

此时期可能流传于高句丽的弹拨乐器包括卧箜篌、琴、筝、五弦琴、阮咸、五弦琵琶(图4-2),共计约6种。

1、卧箜篌   2、五弦琴   3、阮咸

图4-2 公元4—7世纪高句丽使用弹拨乐器(部分)①

卧箜篌在公元2世纪便可能流传在辽东地区;公元4世纪之前,我们可知卧箜篌流传于今甘肃、湖南、江苏等地;公元4、5世纪之时,卧箜篌在今山西、吉林集安地区流传,此时卧箜篌仍是中原地区较为常见的乐器。本文认为,在公元4—7世纪之间,高句丽本地流传有卧箜篌。从墓葬壁画中可知,高句丽本地流传的卧箜篌琴弦可能达到4至5根不等,通品约10—20之间,是否用拨子弹奏尚不可知,可能与卧箜篌同时进行演奏的乐器包括排箫、横笛、角、阮咸等。此外,古琴、筝在此时期也已在高句丽地区流传。公元6、7世纪之时可能还出现了一

① 图4-2·1为舞踊墓女仙人弹卧箜篌图;图4-2·2为长川1号墓备舞图五弦琴图;图4-2·3为三室墓弹阮咸仙人图。图4-3·1为舞踊墓仙人吹角图;图4-3·2为长川1号墓仙人吹横笛图;图4-3·3为五盔坟5号墓仙人吹排箫图。图4-4为五盔坟4号墓仙人击细腰鼓图。所引图片在本文第二章中已注明出处,此处不再赘述。——笔者注

种五弦琴,属琴筝类乐器,其琴体为横卧长方形,琴面张弦,上有通品若干,琴尾处有弦轴约五个,这件乐器出现于长川1号墓壁画之中,用于舞蹈伴奏。阮咸至迟在公元4世纪中叶已经传入高句丽,并成为较为流行的弹拨乐器,其弹奏方法以手指弹奏为主,可用于舞蹈的伴奏之中。"阮咸"之名出现在公元7—8世纪之间,因此传入高句丽之后,"阮咸"时称"琵琶"。此外,具有梨形音箱的五弦琵琶在公元4—7世纪之间盛行于北朝,南朝亦有流传,它可能在公元6世纪之后传入了高句丽。

此时期可能流传于高句丽的吹奏乐器主要包括角、横笛、义嘴笛、筚篥、桃皮筚篥、排箫等(图4-3),共计约6种。

1、角　　　　　　　2、横笛　　　　3、排箫

图4-3　公元4—7世纪高句丽使用吹奏乐器(部分)

高句丽出现的角为弯角形乐器,较细且长,属于AI式。目前所知,这种角类乐器在公元4—10世纪见于今吉林、山东、山西、陕西、甘肃、宁夏、湖北、四川、新疆等地,可能为中原固有乐器,在南朝、北朝均有流传;公元4—7世纪朝鲜半岛壁画墓中,AI式角的使用亦较为常见,见于鼓吹行列图之中,可知这种角可能是汉魏鼓吹乐中重要的乐器。横笛类乐器中在此时流传的主要包括横笛、义嘴笛等,竖笛类乐器主要包括筚篥、桃皮筚篥。此时期高句丽流传排箫为AI式,属单翼型排箫,这种排箫至迟在两周时期已经在中国境内流传,其主要特点是编

管自单侧顺次逐渐加长，如鸟之单翼。AI式排箫可能在汉时已经传入高句丽，但尚缺乏明确材料，目前所知至迟在公元6世纪中叶，排箫已经在高句丽流传。

此时期可能流传于高句丽的打击乐器主要包括鼓、腰鼓（图4-4），共计约2种。

图4-4　公元4—7世纪高句丽使用的细腰鼓

汉时随鼓吹乐传入乐器鼓，然其形制不可考。高句丽传入细腰鼓类乐器的时间至迟在公元6世纪中叶至7世纪初，其传入的细腰鼓类型为AaI式，名为"腰鼓"，悬挂身前以两手拍击进行演奏。

（六）其他民俗活动中的音乐及音乐图像遗存

此时期，高句丽葬俗中已经运用了音乐，墓葬壁画中出现了音乐图像。丧葬文化是人类文明中重要的部分。中国史籍中对高句丽葬俗的记写首见于《三国志·高句丽》，其载："男女已嫁娶，便稍作送终之衣。厚葬，金银财币，尽于送死，积石为封，列种松柏。"[①]而于高句丽

---

① ［晋］陈寿撰［宋］裴松之注《三国志·乌丸鲜卑东夷传》，中华书局1959年版，第844页。

葬俗用乐的记载则首见《隋书·高丽》，其中提到"死者殡于屋内，经三年，择吉日而葬。居父母及夫之丧，服皆三年，兄弟三月。初终哭泣，葬则鼓舞作乐以送之。"①由此可知，高句丽人用击鼓、舞蹈的方式追念逝者。文献中所提鼓的形制种类、舞蹈的样式皆不可知，因此无法判断其音乐的形态、风格，但是可以肯定高句丽葬俗中使用了音乐，亦可知该种音乐具有较强的功能性，乃是为了"送"逝者而表演和演奏。相似记载还见于《北史》《文献通考》《太平御览》等文献之中。公元4—7世纪，集安地区留存了近30座高句丽壁画墓，其中存有乐舞图和伎乐仙人图共计20余处，这些图像服务于墓葬壁画描绘的整体内容，反映了高句丽的舞蹈风俗、思想信仰，体现了高句丽人对音乐的热爱。多种乐舞图反映了具有高句丽特色的舞蹈内容、丰富的仙人奏乐图体现了音乐被赋予的思想信仰内涵，这些音乐壁画既是丧葬习俗中的重要组成部分，又是该时期重要的音乐文化遗存。公元5—7世纪之间朝鲜半岛大同江、载宁江流域留存的部分墓葬音乐壁画与集安高句丽墓音乐壁画具有同样类型的意义，其反映的内容共同展现了公元5—7世纪之间高句丽乐舞、乐器的发展历程。

此时期，高句丽本地已传入傀儡戏，并使用了音乐进行伴奏。《旧唐书·音乐志》载："窟礧子，亦云魁礧子，作偶人以戏。善歌舞，本丧家乐也。汉末始用之于嘉会。齐后主高纬尤所好。高丽国亦有之。"②

---

① ［唐］魏征等《隋书·东夷列传》，中华书局1973年版，第1814—1815页。
② ［后晋］刘昫等《旧唐书·音乐志》，中华书局1975年版，第1074页。

偶人的出现在中国历史上颇为悠久，战国时候可能便已出现[①]。《旧唐书》本条记载包含了傀儡戏的多方面信息：第一，傀儡戏在唐时称"窟礧子"，或"魁礧子"；第二，傀儡戏的表演形式是以偶人表演故事，其中包含偶人歌唱、舞蹈的内容；第三，傀儡戏的表演功能随着历史变化而变迁，最初傀儡戏运用于丧事之中，因此称丧家乐，但自汉朝末年开始其功能发生了变化，也用于宴会表演之中；第四，傀儡戏在北朝获得传播。北齐后主高纬（公元556—577）非常喜爱傀儡戏，可以说明傀儡戏至迟在公元6世纪中叶已经在北朝传播与发展；第五，傀儡戏已经传播到了高句丽，而传播的途径很可能是自北朝而来，传播进入的时间暂无可考。相似记载还见于《通典》《乐书》《文献通考》等文献之中。本书要说明的是，傀儡戏中包含表演歌唱、舞蹈的部分，传入北齐和高句丽的傀儡戏是否会编创新的歌唱、舞蹈样式，是值得考虑的问题。尽管目前没有进一步的材料可以讨论，但是对傀儡戏传入的认知丰富了我们对高句丽国内民俗活动中音乐运用的认识，同时也增加了高句丽国内存有其他百戏种类的可能性。集安长川1号墓中即绘有百戏场面，其中备舞、乐舞、跳丸、舞轮等艺人共绘一壁，可能是公元5世纪末至6世纪中叶高句丽国内流行百戏的场景再现。

（七）公元4—7世纪高句丽与其他国家、地区的音乐交流

汉时鼓吹乐的传入，傀儡戏的流行均说明高句丽与周边国家地区存在着音乐方面的交流与互动，乐器的流传更是一部鲜活的音乐交流

---

① 杨荫浏《中国古代音乐史稿》上册，人民音乐出版社1981年版，第125页。

史。公元4—7世纪之间，已渐发展成熟的高丽乐流传于北朝、南朝诸地区，更在隋时成为俗乐乐部之一。流传于本国地区之外的高丽乐，已经逐渐成为融合多地风格的音乐形式，与本地流行的音乐可能有着不小的区别，但仍保留了较为重要的高句丽音乐因素，如特色乐器（义嘴笛、桃皮筚篥、腰鼓）、乐曲和舞蹈形式。

此一时期，高句丽与北朝、南朝、隋唐的音乐交流主要体现在高句丽音乐在北朝、南朝及隋唐宫廷中的流传。《隋书·音乐志》载："疏勒、安国、高丽，并起自后魏平冯氏及通西域，因得其伎。后渐繁会其声，以别于太乐。"[1]《旧唐书·音乐志》载："宋世有高丽、百济乐。魏平冯跋，亦得之而未具。周师灭齐，二国献其乐。隋文帝平陈，得清乐及文康礼毕曲，列九部伎，百济伎不预焉。"[2] 由此可知，一方面，高句丽音乐在约公元5世纪上半叶已经在北燕、北魏地区流行，北魏平北燕之时所得高丽、百济乐并未齐备，而北周灭北齐之时（公元577年），高丽、百济来献乐，始得较为完备的二国音乐；另一方面，南朝宋（公元420—479年）即有高丽、百济音乐流传。至迟在公元5世纪中叶，高句丽音乐已经在中原地区获得了较为广泛的流传，北方与之交往密切的北燕、南方的宋地区可以作为目前所知高句丽音乐外传的最早历史定点。北周王褒所做《高句丽》诗中写道："萧萧易水声波，燕赵佳人自多。倾杯覆碗潅潅，垂手奋袖婆娑。不惜黄金散尽，只畏白日

---

① ［唐］魏征等《隋书·音乐志》，中华书局1973年版，第380页。
② ［后晋］刘昫等《旧唐书·音乐志》，中华书局1975年版，第1069页。

蹉跎。"[①]该诗写作于公元6世纪中叶左右，王褒在北周为官期间欣赏到的高句丽乐舞，使得我们可以一窥高句丽音乐在北朝流传的历史细节。隋时宫廷俗乐中，高丽乐位列七部乐、九部乐之一，已经成为弹拨乐器、吹奏乐器、打击乐器齐备的宫廷乐部，使用乐器达14种，乐工十八人，其使用乐器数量及乐工数仅次于西凉乐、龟兹乐、清乐而位居第5，由此亦可知隋时宫廷高丽乐具备较高的艺术性与丰富性，《芝栖》《歌芝栖》均为隋时流传的高句丽歌曲、舞曲名称。

公元4—7世纪，高句丽自身经历了扩大版图的过程，逐渐发展为中国东北地区影响较大的地方政权，同时在公元5世纪之后成为朝鲜半岛具有影响力的政权之一。由此可知，无论是对逐渐成为其疆域的朝鲜半岛北部地区，还是朝鲜半岛南部的新罗、百济等国，它们均可能与高句丽存在不同程度的音乐文化交融。公元5—7世纪朝鲜半岛壁画墓中体现了较为鲜明的高句丽化过程，这同时也是一个当地文化与外来文化的交融时期，其中所见的舞蹈图、鼓吹行列图和伎乐仙人图等音乐壁画，使我们可以了解朝鲜半岛北部地区音乐文化与高句丽音乐文化的交融过程。此外，公元4—7世纪朝鲜半岛壁画墓中出现的乐器包括角、排箫、竖笛类乐器、琴筝类乐器、阮咸、横笛等，亦为高句丽集安地区与朝鲜半岛北部地区该类乐器的流传时间、应用场合等方面提供了历史讯息。前述《新唐书》中载刘宋时期流行有高丽、百济音乐，由此可知至迟在公元5世纪下半叶，高丽、百济音乐已经传入南朝地区。《隋书》载，开皇年间（公元581—600年）除设置了七部乐外，

---

① [宋] 郭茂倩编《乐府诗集·高句丽》，中华书局1979年版，第1095页。

还有疏勒、扶南、康国、百济、突厥、新罗、倭国等伎乐[①]。由此可知，公元6世纪下半叶至7世纪初，新罗、百济音乐已经传入隋唐宫廷，然而隋书中对新罗、百济音乐并没有具体介绍。公元5世纪之后，高句丽南与新罗接壤，可以推知两者的交流与触碰增多，发现于新罗北部地区的公元6—7世纪细腰鼓鼓腔残件表明该时期的新罗已有细腰鼓类乐器流传，尽管目前的资料表明，这件细腰鼓的形制更接近于现存唐时的磁腰鼓鼓腔，与集安壁画墓中所见的细腰鼓形制有所区别，但亦可能为两地流行的细腰鼓类乐器。

三、政权覆灭后的高句丽音乐

"总章元年十月癸丑，文武官献食，贺破高丽。帝御玄武门之观德殿，宴百官，设九部乐，极欢而罢，赐帛各有差。"[②]公元668年，高句丽为唐王朝、新罗联军所灭，作为独立政权的高句丽消失不见，然而高句丽音乐却并未因此停止流传，高丽乐在唐王朝的宫廷里、在新罗、日本的庭院中继续现身，乐舞仍在表演，乐师仍在演奏，直到继续经历了数百年的时光，终于寝废而亡。原本流传于原高句丽地区的音乐，随着国破家变、移风易俗而逐渐融入了历史长卷，蜕变为一行行泛黄文字，凝结成一幅幅斑驳画像。

---

① [唐] 魏征等《隋书·音乐志》中华书局1973年版，第377页。

② [宋] 王钦若等编撰、周勋初等校订《册府元龟·帝王部·宴享》，凤凰出版社2006年版，第1196页。

（一）乐曲

高句丽灭国后，唐王朝获得了颇具规模的百济、高丽乐师及乐曲，在公元7世纪下半叶至公元8世纪上半叶之时，唐王朝宫廷中还有25首高句丽乐曲流传；至公元8世纪下半叶至9世纪初时，仅剩一曲，可见高丽乐在唐王朝宫廷中的衰败之势。目前所知公元8世纪中叶流传于唐朝宫廷的高句丽乐曲名称仅为一首，名为《高丽》，其于公元754年在改诸乐名中改称《来宾引》，后世文献又称为《高丽曲》《夷宾引》《宜宾曲》，皆为同一乐曲。此外，部分高句丽乐师可能在灭国后进入了新罗，惜无具体材料可考，成书于公元15世纪的《高丽史》中记载，王氏高丽时代（公元918—1392年）留存有高句丽乐曲《来远城》《溟州》《延阳》三曲，皆有曲有词，惜已不存。具体如下：

《唐会要·东夷二国乐》载："高丽、百济乐，宋朝初得之。……贞观中灭二国，尽得其乐。至天后时，高丽乐犹二十五曲。贞元末，唯能习一曲，衣服亦渐失其本风矣。"[1] 由此可知，高句丽灭国之时，唐王朝获得了为数不少的高句丽乐曲、乐工。关于高句丽音乐的衰落，记载亦见于《旧唐书·音乐志》，其云："武太后时尚二十五曲，今惟习一曲，衣服亦寝衰败，失其本风。"[2] 由前述两条文献可知，约在公元7世纪下半叶至8世纪上半叶之时，唐朝宫廷中的高句丽音乐仍有25曲留存，这25曲完整的乐曲名称已不可知。在此期间，公元668年高句丽灭国。《旧唐书》中所说"今惟习一曲"不知所指，参《唐会

---

① ［宋］王溥《唐会要·东夷二国乐》，上海古籍出版社2006年版，第723页。
② ［后晋］刘昫等《旧唐书·音乐志》，中华书局1975年版，第1070页。

要·四夷乐》中记载，其中所指"贞元"年末，乃为唐德宗年号（公元785—805年），据此可知至公元9世纪初，宫廷中的高丽伎已经仅有一曲留存，且已失去了本来的风貌，衰落殆尽，此时已经距离高句丽灭国近一百五十年，因此言其音乐流散也较为可信。相似的记载还见于《文献通考》《太平御览》《三国史记》中。《唐会要·诸乐》指出，天宝十三年（公元754年）太乐署改诸乐名，其中《高丽》改为《来宾引》①。《乐书》所说之《宜宾曲》《乐府诗集》所言之《高丽曲》《夷宾引》，所指均为同一乐曲。《乐书》指出，"傀儡并越调夷宾曲，英公破高丽所進也。"②由此可知，这首《高丽曲》乃是与高句丽的战争中所得，由此亦可推知，可能有部分高句丽乐工进入唐朝宫廷及贵胄家中。

尽管流入新罗的部分高句丽人中可能存在高句丽乐师，但是目前我们并没有明确的资料可以加以具体说明。所知关于高句丽乐曲的记载要到《高丽史》里才得以出现。《高丽史》载："新罗、百济、高勾丽之乐，高丽并用之，编之乐谱，故附著于此，词皆俚语。"③由此可知，文中所写高句丽等国音乐都是有曲、有词的，但目前《高丽史》中所见只有解题，曲谱、歌词均已不存。由此可知，公元10世纪之后的王氏高丽可能还留存有高句丽的音乐，这可能来源于对统一新罗（公元668—901年）音乐的传承。

---

① ［宋］王溥《唐会要·诸乐》，上海古籍出版社2006年版，第718—720页。
② ［宋］陈旸《乐书·东夷》，影印文渊阁四全书第211册，（台湾）商务印书馆，第728页。
③ ［朝鲜］郑麟趾等《高丽史·乐志》，奎章阁藏本，第43页。

（二）乐舞

由前述《唐会要·东夷二国乐》记载可知，公元668年之后，唐王朝宫廷中的高丽乐由于高句丽乐师、乐曲的获得而进一步充实起来，这不仅体现在特色乐器桃皮筚篥、义嘴笛的使用上，更为重要的是，高丽乐舞的具体描绘在中国史书中出现。

《旧唐书》载："高丽乐，……二人黄裙襦，赤黄袴，极长其袖，乌皮靴，双双并立而舞。"[①]比较《旧唐书》所列十部乐舞蹈人数可知[②]，唐时俗乐舞人数目并不多，以偶数组合常见，多为2人，只有西凉乐的方舞、高丽乐和龟兹乐的表演舞者为4人，可见唐朝宫廷中的高句丽舞蹈是乐部中较为丰富的一种。

尽管《旧唐书》中有"极长其袖"的描绘，对于公元7世纪之后的高句丽舞姿我们已无法一睹风采，然而对于时人来说，高句丽的舞蹈不仅可以见到，更是达官贵胄可以信手拈来模仿的舞蹈，足见高句丽舞蹈的颇具特色及普及程度。公元7世纪下半叶的一次酒宴之上，杨再思"请剪纸自帖于巾，欲披紫袍，为高丽舞，萦头舒手，举动合节，满座嗤笑"[③]，此一举动正说明了模仿者与在场者对高句丽舞蹈的熟悉，"萦头舒手、举动合节"的文字描绘比"极长其袖"的"并立而舞"具有更为强烈的画面感。

唐朝宫廷中的高丽乐到公元9世纪初仅存一曲，因此可知公元8

---

① ［后晋］刘昫等《旧唐书·音乐志》，中华书局1975年版，第1069-1070页。
② 见本文第一章表1-6《〈旧唐书〉俗乐十部乐中舞蹈人数比较表》。
③ ［后晋］刘昫等《旧唐书·杨再思传》，中华书局1975年版，第2919页。

世纪之时，尽管距离高句丽灭国已逾百年，高丽乐在唐朝宫廷中仍然继续流传，对公元8世纪中叶高句丽舞蹈的描绘得益于青莲居士的神来之笔。"金花折风帽，白鸟小迟回。翩翩舞广袖，似鸟海东来。"①文字描绘中挥舞双袖、如鸟飞翔的样态跃然纸上，不禁使人联想起公元4—7世纪高句丽壁画墓中留存的舞蹈风姿（图4-5）。

图4-5 舞踊墓和高山洞10号墓舞姿举例

公元7世纪之前，高句丽音乐已经传入日本，在公元668年之后，高句丽音乐、舞蹈在日本仍然得以传承。《日本书纪》载，天武天皇十二年（公元684年），奏"高丽、百济、新罗三国乐于庭中"②，此时与高句丽灭国时间相去并不久远。自公元8世纪初开始，雅乐寮中便有高句丽乐师、乐生供职，天平三年（公元731年）、大同四年（公元809年）、嘉祥元年（公元848年）等均有高句丽乐师、乐生的记载③。《日

---

① [清] 王琦注《李太白全集·高句骊》，中华书局1977年版，第346页。（"马"已改做"鸟"——笔者注）

② [日] 舍人亲王等《日本书纪·天武天皇》，岩波书店新日本古典文学大系本、

③ [韩] 张师勋著、朴春妮译《韩国音乐史（增补）》，中央音乐学院出版社2008年版，第35—36页。

本后纪·平城天皇》载："高丽乐师四人，横笛、箪篌、莫目、舞等师也。百济乐师4人，横笛、箪篌、莫目、舞等师也。新罗乐师二人，琴、舞等师也。"[①] 由此条文献可知，在雅乐寮所属高丽乐的4位乐师中，包括了一位舞者。由此可知，在公元8世纪下半叶至9世纪上半叶的时间里，高句丽舞蹈仍然在日本宫廷中演出并流传。当然，灭国后，高句丽乐师数量有限、来源更是匮乏，因此在后世的学习中，对高句丽音乐、舞蹈进行传承的很可能是日本本土的乐师与乐生，但是高句丽的音乐及舞蹈的确并没有随着国家的覆亡而消失不见，而是继续以其独特的艺术魅力得以传承。以此为依据，部分学者提出了现存的日本音乐中可能存在高句丽音乐及舞蹈遗存的假设。韩国学者李惠求指出，在日本仁明朝（公元834—846）时期，以高句丽、新罗、百济为代表的"三韩乐"与渤海乐合并，统称高丽乐。据《舞乐图·右方》记载，高丽乐有24种舞蹈。田边尚雄认为日本古乐中流传的"高丽舞"就是高句丽乐舞，其中四人的"新鸟苏"，六人的"古鸟苏"，四人的"敷手"和六人的"贵德"都可以看到高句丽舞蹈的痕迹[②]。

（三）乐器

流传在中国、朝鲜半岛和日本的高句丽音乐中，部分高句丽音乐中使用的特色乐器得以继续传承，如中国记载中的义嘴笛、桃皮筚篥，

---

① 〔日〕藤原冬嗣等《日本后纪·平城天皇》，集英社译注本。
② 〔朝〕全畴农撰、奚传绩译《关于高句丽古坟壁画上乐器的研究》，《音乐研究》1959年第3期，注释⑤。本文观点及讨论将在本章第四节中进一步展开。——笔者注

日本记载中的篳篌、莫目等。

在本书第二章中，我们对《隋书》《唐六典》《通典》《旧唐书》《新唐书》《乐书》《文献通考》和《三国史记》中高丽乐的使用乐器进行了比较，并对其中涉及的乐器在高句丽出现的可能性作了探讨。高句丽灭国以后，唐王朝曾"尽得其乐"，因此自《唐六典》以降记载的高丽乐乐器与《隋书》中记载的使用乐器在数量上有所增加、种类上也有所变化，这其中可能包含了高句丽本地特色乐器的加入与流传。义嘴笛，《通典》《旧唐书》《新唐书》中高丽乐部出现的新乐器，且在上述八种较有代表性的隋唐俗乐乐部记载中，只有高丽乐中出现了此件乐器。通过前文分析可知，义嘴笛可能是灭国后传入唐宫廷的高句丽特色乐器。桃皮筚篥，在《隋书》的记载中高丽乐便使用了这件特色乐器，《旧唐书》载，百济乐中亦使用了桃皮筚篥①，由此可知，桃皮筚篥在朝鲜半岛得以流传，关于此种乐器的起源地目前并不可知。

前述《日本后纪》中记载，大同四年（公元809年）雅乐寮中有高句丽乐师四人，其中包括横笛、篳篌、莫目乐师。韩国学者张师勋认为，莫目可能就是桃皮筚篥②。

---

① "百济乐，中宗之代，工人死散。岐王范为太常卿，复奏置之，是以音伎多阙。舞二人，紫大袖裙襦，章甫冠，皮履。乐之存者，筝、笛、桃皮筚篥、箜篌、歌。"（［后晋］刘昫等《旧唐书·音乐志》，中华书局，1975年版，第1070页。）
② ［韩］张师勋著、朴春妮译《韩国音乐史（增补）》，中央音乐学院出版社2008年版，第24页。

（四）公元668年之后的高句丽音乐交流

高句丽政权的消亡并没有直接带来高句丽音乐的消失，流入隋唐宫廷的高丽乐在继续表演，甚至可以说，直到高句丽灭国之时，唐王朝才真正获得了较为丰富而准确的高句丽音乐，并拥有了初具规模的高句丽乐师，这些"亡国之乐"在唐朝宫廷中继续演出，直到公元9世纪时逐渐衰败。流入日本的高句丽乐师在国家覆亡后继续传承着高句丽音乐，亦在公元9世纪左右，高句丽音乐融入新的"高丽乐"之中。虽然我们看不到新罗时期对高句丽音乐传承的记载，但是到了高丽时代仍然留存有高句丽的乐曲曲名及乐谱，可知高句丽音乐在朝鲜半岛统一新罗时期也有所传承。在这些音乐交融的时光中，公元668年之后的高句丽音乐传承不仅包括乐曲、乐舞，亦包括使用的特色乐器。目前的资料表明，大约在公元9世纪左右，高句丽音乐逐渐遗失，少数的音乐可能融入新的音乐形式之中，它主要可能存在于东亚地区的中国、朝鲜半岛国家和日本的文化血液之中。

第二节　对中原地区的影响

高句丽民族在中国东北地区生存发展、与周边民族杂居共融，高句丽音乐在这样的文化土壤之中生根发芽。可以说，自古代高句丽音乐的产生之时，便与周边民族音乐有着密不可分的关系。公元前37年高句丽建国之后，古代高句丽音乐逐渐作为一个音乐文化整体，向外流传发展。文化繁荣强盛的汉朝固然对高句丽的文化发展有着重要的影响，然而高句丽也对汉以降的中原地区存在着文化的互动交融。从时间上来说，至迟在公元5世纪上半叶，高句丽音乐已经在北朝和南朝地区流行；从途径上来说，官方的献乐朝贡与战争中的乐人俘获均为高句丽音乐流传发展的方式与途径。在这样的交流互动中，高句丽音乐不断的确认着自身，并影响着周边；在这样的交流互动中，部分高句丽音乐传入中原，逐渐融合成中原地区音乐文化的一部分。

一、汉朝时期是否传入高句丽音乐

《三国志》载汉时赐高句丽鼓吹伎人，这是目前我们所知外来音乐进入高句丽的最早记载。那么高句丽音乐是否在汉时已经传入中原地区？汉时高句丽遣史朝贡的记载最早见于东汉时期。《三国志》载："汉光武帝八年，高句丽王遣史朝贡，始见称王。"[①]由于没有关于高句丽所献方物内容的记载，因此汉时是否有进献的乐人尚不可知。从前文所述《新唐书》载北周时期高句丽、百济朝贡献乐一事，可知公元32年高句丽向汉朝的朝贡中亦可能包括献乐事宜，但目前尚无法确定。

在这一时期中，外部的音乐文化对高句丽的影响较为强势；这一时期鼓吹乐的流入，必然带来新的使用乐器、新的音乐表演与音乐演奏场合的变化。后世集安高句丽墓壁画中所见的角、排箫、横笛等乐

---

① [晋] 陈寿撰、[宋] 裴松之注《三国志·乌丸鲜卑东夷传》，中华书局1959年版，第844页。

器在高句丽的流传都可能与汉时鼓吹乐的传人有关。但是从整体上来看，汉时可能主要是高句丽音乐自身萌芽、形成的时期，由于史籍的缺乏，图像之不存，我们无法得知当时高句丽音乐发展的状况，但可以确定的是，高句丽音乐并未大规模的进入中原地区。随着其后高句丽与中原地区诸多政权的朝贡、征战增多，高句丽音乐随着文化的交融进入中原。

二、高句丽音乐对魏晋南北朝时期音乐的影响

虽然目前我们对高句丽音乐是否在汉时已经传人中原地区尚不可知，但是至迟在公元5世纪上半叶，北朝及南朝地区均有高丽乐流传。

（一）高句丽音乐在魏晋南北朝时期的传入

在北方地区，公元5世纪上半叶之时，北魏、北燕地区已经流行高丽乐，其来源可能主要为官方朝贡。北周灭北齐之后，高句丽、百济献乐，由此可知，至公元6世纪下半叶，高丽乐已经成为高句丽对外交往中的重要媒介，在北周地区得以流传。尽管文献中没有记载献入北周的高句丽乐人规模如何、包含的曲目怎样，但是通过在北周为官的王褒留存诗作《高句丽》我们可知，高句丽所献乐人中包含了舞者，由"献乐"之说，亦可知应包含一定数量的乐人，惜其具体使用乐器及规模已不可知；从表演场合来看，北周时期，由官方献乐而来的初具规模的高丽乐在宫廷、宴飨等正式场合进行表演。在南方地区，刘宋时期即有高丽、百济音乐流传,惜其记载不详。

事实上如果以官方献乐作为高句丽音乐在中原地区传播的途径之一来看,高丽乐传入中原地区的时间可能会早于公元5世纪上半叶。魏晋南北朝时期高句丽向中原地区政权朝贡情况可统计如下:

表4-1　魏晋南北朝时期高句丽向中原地区政权朝贡数目统计表[①]

五胡十六国	北魏		东魏	北齐	北周	合计
12	79		15	6	1	113
东晋	宋	齐	梁	陈		
3	22	5	11	6		47

由上表可以看出,在魏晋南北朝时期,高句丽与北朝之间保持着更为紧密的朝贡关系,尤其与北魏的关系颇为密切。按《新唐书》所载,高句丽曾向北周献乐,由表4—1中所见,高句丽向北周朝贡仅1次;那么由此可知,在以往的朝贡历史中,占据获得高句丽朝贡次数最多的北魏,可能亦曾接纳高句丽的献乐。《隋书》指出,高丽乐是北魏平冯跋时候所得,其中所指的时间节点为公元5世纪上半叶,那么由此可知,北燕地区在这个时间之前已经有高丽乐流传。《魏书》言:"太祖初兴,置皇始之舞,复有吴夷、东夷、西戎之舞。"[②]又"太和初,……然方乐之制及四夷歌舞,稍增列于太乐。"[③]其中所提及的东夷之舞可能包含了高丽乐,如果是这样,那么高丽乐传入北魏的时间可能会提前

---

① 韩昇《"魏伐百济"与南北朝时期东亚国际关系》,《历史研究》1995年。
② [北齐] 魏收《魏书·乐志》,中华书局1974年版,第2831页。
③ 同注释②,第2828页。

至公元4世纪下半叶，但此时间点尚需进一步证明。目前我们仍持保留意见，即认为至迟在公元5世纪下半叶，高丽乐已经在北燕、北魏流传。而从南朝时期来看，《新唐书》所言"宋世有高丽百济乐"与上表所见的朝贡数目统计亦相契合，作为获得高句丽朝贡数目最多的南朝政权，刘宋时期的朝贡方物中可能包含了高句丽音乐。由此我们可知，在公元5世纪上半叶之前，高句丽音乐已经在北燕地区流传；至迟在公元5世纪上半叶，北魏地区开始传入高丽乐，其后的东魏、北齐、北周均有高丽乐的流传；亦至迟在公元5世纪上半叶，南朝刘宋已经传入高丽乐，其后的齐、梁、陈均有高丽乐流传，其传播的途径包括战争掠夺、遣史朝贡等多种方式。

（二）高句丽音乐对魏晋南北朝时期中原地区音乐的影响

魏晋南北朝时期是一个文化交融、多元共存的时期，高句丽音乐作为东夷之乐的代表传入中原地区，在北朝和南朝均有所流传。由此我们可知，高句丽音乐在此时期已经形成较为独特的风格。公元4—7世纪之间，高句丽乐舞、乐器发展均趋于成熟，从集安和朝鲜半岛高句丽壁画墓中可以清晰地看到该时期高句丽舞蹈表演的8式舞姿，具备了群舞、双人舞等表演形式，并存在阮咸、琴筝类乐器等伴奏乐器，可能存在歌者；公元4—7世纪之间高句丽流行的乐器包括卧箜篌、琴、筝、五弦琴、阮咸、五弦琵琶、角、横笛、义嘴笛、筚篥、桃皮筚篥、排箫、鼓、腰鼓等。通过前文分析我们可知，高句丽舞蹈与汉魏时期中原地区流行的长袖舞存在渊源关系；从高句丽流行的乐器来看，外来乐器增多，亦有本地特色乐器出现，共同融入高句丽自身的音乐文化之中。

在高丽乐成熟发展的同时，高句丽乐舞传入中原，并在北朝、南朝占得一席之地，成为中原地区多元音乐融合景象中的一抹亮色。

三、高句丽音乐对隋唐时期音乐的影响

隋唐时期是高句丽音乐发展由盛及衰的阶段，其音乐文化逐渐消失的主要原因是高句丽政权的覆灭。失去生长根基的高句丽文化丧失了鲜活的生命力、逐渐凝结消失，高句丽音乐亦无法摆脱相同的厄运。然而在公元668年之后，高句丽音乐并非迅速销声匿迹，而是在后世二百年的时光中逐渐"寝废而亡"，一部分高丽乐的因子可能融入唐朝多元并举的音乐文化风貌之中，为中国古代音乐文明的发展做出了自己的贡献。

隋唐时期，北朝、南朝流行的高丽乐传入宫廷，随着高句丽与隋、唐王朝间断性的朝贡纳物，其中可能也包含了献乐的部分。隋唐时期（至高句丽灭国）高句丽朝贡次数统计可统计如下：

表4–2　隋唐时期高句丽朝贡次数统计表[①]

隋（公元581–618年）	唐（公元618–668）	共计
14	23	37

[①] 本表由笔者参考《高句丽史籍汇要》的史事编年部分、姜清波博士学位论文《入唐三韩人研究》中的《入唐高丽使者表》（第21—23页）整理而成。（杨春吉等《高句丽史籍汇要》，吉林人民出版社1998年版。姜清波《入唐三韩人研究》，暨南大学2005年博士学位论文。）

查阅上表资料可知，以上朝贡的内容记载中并未提及献乐的部分，但是不排除具有这种可能。另据《唐会要》载，唐破高丽之后才"尽得其乐"，由此可知，即便隋唐时期高句丽有纳贡献乐之举，然而真正较具规模的高句丽音乐传入中原乃是源于战败之后的乐工入唐。此外，入唐高句丽遗民带来的音乐风俗可能使得高句丽音乐在唐朝宫廷之外亦得到了一定程度的流传。

高句丽灭国之后，人口四散，大量的高句丽人迁入唐朝境内，其中既包括原有的王族亲贵，亦有将士、平民，乃至为战争所掠而为奴者，如进入唐朝的高句丽贵族泉男产，入唐蕃将泉男生、高仙芝、王毛仲、李正已等，亦有入唐后为奴为婢的原高句丽平民[1]。《唐诗纪事》载有高丽坊[2]，然其所言不详;《游城南记》载唐都长安县有高丽曲，为高丽人在唐的一处聚居地[3]; 拜根兴指出，入唐的高句丽遗民主要安置于京师长安及东都洛阳、陇右一带、辽东一带、流落于突厥、安置于江南道、山南道山区、流落新罗、渤海等地[4]。虽然史书中并没有关于这些人表演歌舞或演奏乐器的记载，然而可知高句丽人在逐步融入大唐血脉的步伐中，高句丽的音乐文化亦分散融入了唐王朝的文化洪流。诚然，作为正史中鲜有关

---

① 相关研究见姜清波《入唐三韩人研究》，暨南大学2005年博士学位论文。

②［宋］计有功《唐诗纪事》卷80，四部丛刊本。(转引自姜清波《入唐三韩人研究》，暨南大学2005年博士学位论文，第191页。)

③［宋］张礼《游城南记》，上海古籍出版社1993年版。(转引自姜清波《入唐三韩人研究》，暨南大学2005年博士学位论文，第191页。)

④ 拜根兴《高句丽、百济遗民关联问题研究的现状与展望》，《中国历史地理论丛》2006年第2辑。

注的部分，入唐以后民间高句丽音乐的留存我们所知不多，主要的留存记载是来源于宫廷中高丽乐的内容，其中记载了俗乐乐部高丽乐的使用乐器、乐人服饰、舞者数目、舞姿及组合等方面内容，"尽得其乐"所指的高句丽音乐当然主要是指进入唐王朝宫廷中的高丽乐。然而在贵胄仕宦的宴席上，在街巷里坊的空地间，高句丽的歌曲、舞蹈亦不断在唐王朝的土地上表演，融入唐朝的社会文化生活、成为唐时音乐文化的一部分，或许这便是高句丽音乐再历二百年而亡的根本原因。

在公元6—7世纪的集安和朝鲜半岛高句丽墓壁画中，舞蹈图像已经消失不见，壁画中出现的音乐图像为规则描绘于天井处的伎乐仙人，一众仙人手持乐器，或飞升、或驾兽，自北向南飞升。经过前文分析我们可知，伎乐仙人图出现的乐器中，在此时期高句丽可能使用的乐器包括卧箜篌、琴筝类乐器、阮咸、横笛、竖笛类乐器、排箫、角和细腰鼓等，这些讯息与文献记载一起构成了我们对公元6—7世纪高句丽音乐文化的基本认识。公元668年之后，高句丽灭国，作为较完整体系留存的高丽乐主要见于唐朝、新罗和日本的宫廷之中，而其中的记载以唐朝典籍最为详尽。

（一）高句丽乐舞对隋唐时期乐舞的影响

隋唐时期，宫廷俗乐包含了诸多乐部，高丽乐位列其中，为东夷乐的代表。《旧唐书》指出高丽乐中包括舞者4人，且表演者皆为女性，"极长其袖"，以两人为一组、两组共同进行表演。杨再思所模仿的"紫头舒手、举动和节"显然具有高句丽舞姿的某些特点,李白所见的"金花折风帽,白鸟小迟回。翩翩舞广袖,似鸟海东来"是我们所知公元6世纪之后为数不多的对于高句丽舞姿的描绘,同时也是传入唐代宫廷、并在公元8世纪仍在表演的高句丽舞蹈。如果说,仅仅作为唐朝宫廷俗乐的高丽乐部在公元668年以后仍旧获得了官方近200年的传承,不如说由于高句丽贵族、蕃将、奴隶及婢女的存在,原有的高句丽音乐风俗随着他们散入了唐朝文化的大潮之中,成为异彩斑斓的独特之处,并在二百年左右的时光中,随着高句丽民族的融入,高句丽乐舞也逐步他融入唐朝多元的舞蹈文化之中,成为中原音乐文化的组成部分。

(二)高句丽使用乐器对隋唐时期乐器的影响

经过前文分析我们可知,高句丽本地使用的乐器并没有隋唐俗乐部中列举的那么多,隋唐时期高丽乐乐部中包含的乐器有20余种,其中大部分与集安所见的实用乐器相符,然而集安壁画中常见的乐器角却并未在其中出现,由此亦可知,隋唐宫廷俗乐高丽乐中所见的乐器并非全部为高句丽当地流传的乐器,有一部分可能由于乐器编配的原因而加入其中,这一过程应开始于高丽乐外传北朝、南朝之时。将《唐六典》中的西凉乐、高丽乐、龟兹乐使用乐器进行比较,可知高丽乐使用的乐器编配中与西凉乐有较多重合之处,如下(表4-3):

表4-3 《唐六典·太常寺》载西凉伎、高丽伎使用乐器比较表[①]

乐器＼乐部	西凉伎	高丽伎
编钟	●	
编磬	●	
弹筝	●	●
搊筝	●	
卧箜篌	●	●
竖箜篌	●	●
琵琶	●	●
五弦	●	●
笙	●	●
横笛		●
长笛	●	
短笛	●	
箫	●	●
筚篥		
大筚篥	●	
小筚篥	●	●
桃皮筚篥		●
贝	●	●
腰鼓	●	●
齐鼓	●	●
担鼓	●	●
都昙鼓		
毛员鼓		
答腊鼓		
羯鼓		
侯提鼓		
鸡娄鼓		
铜钹	● 2	
共计种类	19	14
共计数量	20	14

---

① [唐]李林甫等撰、陈仲夫点校《唐六典·太常寺》，中华书局1992年版，第404页。

结合第二章具体分析,本文认为高丽乐中出现的贝、齐鼓、担鼓在高句丽当地流行的可能性均较低,这三件乐器可能来自参照西凉乐对高丽乐进行的乐器编配改造,特别是贝在西凉乐、天竺乐、龟兹乐中均有所使用,[①]体现了高丽乐在乐器编配上的吸收。

高丽乐中出现的义嘴笛、桃皮筚篥是高句丽音乐中的特色乐器,其中义嘴笛记载见于《通典》《旧唐书》《新唐书》《文献通考》等史籍之中,为高丽乐部的特色乐器。《隋书》所载,桃皮筚篥为高丽乐中使用的特色乐器,隋代大横吹、小横吹中亦使用了桃皮筚篥;而《旧唐书》指出,桃皮筚篥亦用于百济乐之中,可知此件乐器可能亦流传于朝鲜半岛其他地区;隋代横吹中使用桃皮筚篥的传统可能传承自北朝,而百济乐中使用的桃皮筚篥可能是流传自高句丽。

综上所述,高句丽音乐经历了一个萌芽、发展、成熟到融合消失的过程,这与高句丽政权的建立、发展以及灭亡息息相关。脱胎于汉朝高句丽县的地方政权在公元前37年自主一方,它与周边的民族文化接触融合、接受汉朝文化的强势影响;在公元4—7世纪之间,高句丽音乐已经形成了独特的魅力,作为一方东夷之乐,它流传于北燕、北魏、北周、南朝刘宋等地区,同时在高句丽本地的集安地区留下了丰富的音乐壁画,包含乐舞、乐器等多种图像资料,此一时期是高句丽音乐的成熟期,集安高句丽墓音乐壁画是其辉煌音乐文明的重要见证;公元7世纪之后,灭国后的高句丽音乐在唐朝、新罗、日本等国的宫廷音乐中得以继续传承,其中以唐朝的记载所见最为丰富,然而灭国后的

---

① 见本文附录四《〈唐六典·太常寺〉载十部乐使用乐器比较表》。

高句丽音乐在唐朝的流传并不仅限于宫廷之中，通过对高句丽国民入唐生活的分析可知，杨再思信手拈来的高丽舞、李白于公元8世纪所见的广袖之姿均非偶然，高句丽国民以不同的身份、方式逐步融入唐朝的社会生活里，高句丽音乐风俗亦影响着宫廷之外的世俗音乐风貌。随着时移世易，高句丽音乐的因子在经历了200年之后逐渐消融于新的唐朝音乐文化之中，作为原有国家特色音乐存在的"高丽乐"，消失不见。

第三节 对朝鲜半岛的影响

高句丽在公元5世纪中叶曾经东扩疆域至朝鲜半岛北部地区，并迁都平壤，成为跨中国东北地区与朝鲜半岛北部地区的地方政权。它对朝鲜半岛的新罗、百济、迦耶等国均有不同程度的影响，在朝鲜半岛公元4—7世纪历史文化的发展过程中具有较大影响力。公元668年高句丽灭国后，统一新罗流入了部分高句丽人；朝鲜半岛高丽王朝时期学者金富轼（1075—1151）根据中国史籍及朝鲜半岛留存史籍撰写了《三国史记》，自此高句丽被作为朝鲜半岛"三国时代"的国家之一正式纳入典籍之中，其中关于高句丽音乐的记载主要采自《通典》；朝鲜王朝时期编撰的《高丽史》中载有三国时代留存俗曲，其中提及高句丽音乐；时至今日，高句丽音乐被朝鲜半岛音乐史学家认为是其古代音乐文化发展中重要的组成部分。本节中将对古代高句丽音乐对朝鲜半岛音乐的共时性、历时性影响进行分析。

一、公元4世纪之前的朝鲜半岛音乐文化

朝鲜半岛古人类生活的历史久远。1966年发现的平壤市祥原郡黑隅里遗址,是属于旧石器时代前期遗址,约相当于公元60—40万年前[①]。由于地域特点、移民迁徙、文化交融等方面原因,朝鲜半岛的文明发展一直与中国大陆地区存在着紧密的联系。蒋非非、王小甫指出,早在石器时代,中国大陆地区与朝鲜半岛居住的人类已经有了交流活动,从而使其文化具有相近或相似的特点[②]。

战国晚期,中国北方住民开始不断向朝鲜半岛北部移居,秦汉时期移民人数剧增。《后汉书·东夷列传》载:"汉初大乱,燕、齐、赵人往避地者数万口,而燕人卫满击破准而自王朝鲜,传国至孙右渠。"[③]由此可知,汉初在朝鲜半岛北部建立的卫氏朝鲜乃为燕移民所建。《汉书·武帝纪》载:"(元封三年)夏,朝鲜斩其王右渠降,以其地为乐浪、临屯、玄菟、真番郡。"[④]由此可知,公元前108年,汉武帝时在中国东北及朝鲜半岛北部地区设立玄菟、乐浪、临屯、真番郡。高句丽县即在玄菟郡之中(图4—6)。

---

① 朝鲜民主主义人民共和国社会科学院考古研究所编,李云铎译,顾铭学、方起东校《朝鲜考古学概要》,黑龙江省文化出版社编辑室1983年版,第7页。
② 蒋非非、王小甫《中韩关系史(古代卷)》,社会科学文献出版社1998年版,第3—4页。
③ [南朝刘宋]范晔撰、[唐]李贤等注《后汉书·东夷列传》,中华书局1965年版,第2817页。
④ [汉]班固撰,[唐]颜师古注《汉书·武帝纪》,中华书局1962年版,第194页。

图4-6　西汉玄菟郡、乐浪郡图①

　　王培新指出，乐浪郡设于卫氏朝鲜故地，辖境相当于今朝鲜平壤市、南浦市、平安南道、黄海南北道北部一带①。其后乐浪郡的存在疆域时有变化。公元3世纪左右，割据辽东的公孙氏曾在乐浪南部地区设带方郡；直至公元313年以后，自原汉玄菟郡兴起的高句丽政权逐渐壮大自立，攻占乐浪、带方二郡②。《三国史记·高句丽本纪·长寿王》载："（长寿王）元年（公元413年），遣长史高翼入晋奉表，献赭白马。安帝封王高句丽王、乐浪郡公。"③由此可知，此时高句丽已经长久占领了原乐浪郡地区。公元427年，高句丽移都平壤，可知为其政治文化中

---

　　① 王培新《乐浪文化——以墓葬为中心的考古学研究》，科学出版社2007年版，第1页。
　　② "十四年（313），冬十月，侵乐浪郡，虏获男女二千余石。……十五年（314）秋九月，南侵带方郡。十六年（315）春二月，攻破玄菟城，杀获甚众。"（［高丽］金富轼撰、孙文范等校勘《三国史记·高句丽本纪·美川王》，吉林文史出版社2003年版，第216页。）
　　③ ［高丽］金富轼撰、孙文范等校勘《三国史记·高句丽本纪·长寿王》，吉林文史出版社2003年版，第225页。

心向朝鲜半岛北部转移的一项重大变化,同时亦是原朝鲜半岛地区乐浪文化与高句丽文化交融的标志之一。与此同时,朝鲜半岛的南部地区,也经历了辰韩、马韩、弁韩到百济、迦耶、新罗等国的盛衰变迁。

从考古发现来看,公元4世纪之前的朝鲜半岛北部地区已经呈现出了汉魏晋文化系统的特点。王培新指出,乐浪文化墓葬与中国内地同期墓葬有着高度的同一性或近似性,这与以内地移居汉民为主体的乐浪社会与内地之间的紧密联系有关,从总体上看,乐浪文化属于汉魏晋文化系统,同时具有自身的特征[2]。惜目前并未发现乐浪音乐文化的相关实物遗存,然从留存于《三国史记》中高句丽王子好童与乐浪公主的故事却可窥其一斑[3],其中说明了当时的高句丽、乐浪地区对于鼓、角乐器在战争中使用功能的理解,可以说以颇具神话色彩的形式强调了两器在战争中的重要作用,也说明乐浪地区存在鼓、角的流传。产生于公元357年的安岳3号墓中绘有多处行列图,其中出现了鼓、角、排箫等乐器,是目前所知朝鲜半岛大同江、载宁江流域出现最早的

---

① 图4-6见谭其骧主编《中国历史地图集·秦、西汉、东汉时期》,中国地图出版社1982年版,第28页。

② 王培新《乐浪文化——以墓葬为中心的考古学研究》,科学出版社2007年版,第115—116页。

③ "十五年(32)夏四月,王子好童游于沃沮。乐浪王崔理出行,因见之,问曰:'观君颜色,非常人,岂非北国神王之子乎?'遂同归,以女妻之。后好童还国,潜遣人告崔氏女曰:'若能入而国武库,割破鼓角,则我以礼迎,不然则否。'先是,乐浪有鼓角,若有敌兵则自鸣,故令破之。于是,崔女将利刀潜入库中,割破鼓面角口,以报好童。好童劝王。袭乐浪,崔理以鼓角不鸣,不备,我兵掩至城下,然后知鼓角皆破,遂杀女子出降。(或云,欲灭乐浪遂请婚,娶其女为子妻,后使归本国,坏其兵物)"。([高丽]金富轼撰、孙文范等校勘《三国史记·高句丽本纪·大武神王》,吉林文史出版社2003年版,第186页。)

壁画墓音乐图像，其中所反映的乐器使用习俗代表了汉魏晋文化系统的乐器使用特点。由此可知，公元4世纪之前的朝鲜半岛北部地区音乐文化风貌可能主要体现了汉魏晋的文化主体特征，同时兼具乐浪地区的特点。

公元4世纪之前的朝鲜半岛南部地区，有马韩、辰韩、弁韩等族，《晋书》中归为"东夷"。马韩族建立小国五十六所，居于山海之间；马韩俗信鬼神，常在五月耕种结束的时候，群聚歌舞来祭祀神灵；马韩亦有"别邑"，名为"苏涂"，立大木，悬铃鼓。辰韩在马韩东侧，自谓是秦时逃避战乱迁徙至此，因此又称为秦韩。辰韩风俗与马韩相类似，但喜舞蹈，善弹瑟，瑟形似筑。《晋书》所提"弁辰"可能即为前文所述之"弁韩"，言其属于辰韩，对于音乐风俗并无记载[①]。

本章第一节中我们提到，高句丽的统治民族虽为高句丽族，然而在建立之初它便是多民族杂居的地方政权。高句丽族与夫余、东沃沮、挹娄、涉南等民族长期杂居，其风俗也具有一定的相近之处，高句丽音乐便是在这样的地域风貌之下发展而来。公元前18年始，直到4世纪，高句丽的都城一直位于吉林省集安市附近，这里是高句丽文化风貌集中表现之所在，也是公元4世纪之前高句丽的文化重心。目前所知，公元4世纪之前，高句丽自身的音乐文化尚在发展之中，此时的统治疆域亦尚未达到朝鲜半岛北部地区，虽然其与朝鲜半岛北部地区的民族、政权有所接触，然而通过稍晚期的集安舞踊墓、麻线沟1号墓乐舞图与朝鲜半岛安岳3号墓、德兴里壁画墓乐舞图、奏乐图对比可知，两

----

① [唐] 房玄龄等《晋书·东夷列传》，中华书局1974年版，第2532—2534页。

者具有较大的区别。以较为典型的集安高句丽墓音乐壁画为分析基础，本文认为，公元4世纪之前的高句丽音乐对朝鲜半岛北部地区音乐发展的影响尚不明显，从留存资料来看，此时朝鲜半岛北部地区更多体现了汉魏晋的音乐文化特征；受到地域、交通等因素的限制，此一时期朝鲜半岛南部地区受到高句丽音乐文化影响的可能性较低。

二、高句丽音乐对百济、新罗音乐的影响

公元4世纪之后，高句丽逐渐占领朝鲜半岛北部地区，至公元427年，高句丽迁都平壤，完成了政治文化中心的转移，自此高句丽正式成为跨越中国东北地区与朝鲜半岛北部地区的政权。此一时期，朝鲜半岛的主要国家包括高句丽、百济、新罗、迦耶等国，其中以高句丽、百济、新罗三国最为强大（图4-7）。

图4-7　南北朝时期朝鲜半岛地图[①]

---

① 图4-7见谭其骧主编《中国历史地图集·东晋十六国、南北朝时期》，中国地图出版社1982年版，第24页局部。

尽管《三国史记》中记载新罗为出现最早的国家，但是据学者研究认为恰恰"新罗"国号为三国中出现之最晚者。据《三国史记》记载，公元前57年，朴赫立国，号"徐那伐"。其后新罗在中国史书中又称"斯罗""斯卢"等，公元503年才正式定国号为"新罗"，取其"德业日新，纲罗四方"之意①。公元前37年，朱蒙立国，号"高句丽"。公元前18年，温祚王立国，号"百济"（公元前18—公元660年）。诚如前文所言，建国之初，新罗、百济皆位于朝鲜半岛南部地区，属于典型的朝鲜半岛国家。而从建国乃至公元5世纪上半叶，高句丽的主要疆域及所在都城均位于中国东北地区，为地方政权；直到公元5世纪之后，高句丽才成为横跨中国东北及朝鲜半岛北部地区的国家。作为三国中之疆域最大者，高句丽的经济文化实力较为发达，对百济、新罗有着一定的影响，在音乐上亦是如此。

（一）高句丽音乐对百济音乐的影响
　　尽管《晋书》中已经出现了百济之名，然而正史列传中出现百济的记载还要到《魏书》之中。《魏书·百济》载："百济国，其先出自夫余。其国北去高句丽千余里，处小海之南。其民土著，地多下湿，率皆山居。有五谷，其衣服饮食与高句丽同。"②由此可知，最初百济与高句丽在文化风俗上较为接近。

---

　　①［高丽］金富轼撰、孙文范等校勘《三国史记·新罗本纪·智证麻立干》，吉林文史出版社2003年版，第49页。
　　②［北齐］魏收《魏书·百济传》，中华书局1997年版，第2217页。

中国史籍中，百济音乐方面的记写首见于《隋书·百济》，其载百济"有僧尼，多寺塔。有鼓、角、箜篌、筝、竽、篪、笛之乐，……婚娶之礼，略同于华。丧制如高丽。"①其中谈到百济国使用的乐器包括弹拨乐器、吹奏乐器和打击乐器三类：弹拨乐器有箜篌、筝；吹奏乐器有角、竽、篪、笛；打击乐器有鼓。《隋书》指出百济丧制如高丽，则依同篇记载，高句丽"死者殡于屋内，经三年，择吉日而葬。居父母及夫之丧，服皆三年，兄弟三月。初终哭泣，葬则鼓舞作乐以送之。埋讫，悉取死者生时服玩车马置于墓侧，会葬者争取而去。"②由此可知，百济葬俗中也可能包含了鼓舞送葬的习俗。

与高句丽音乐情况相近，百济乐亦至迟在公元5世纪上半叶在北朝和南朝地区流行。《旧唐书·音乐志》指出："宋世有高丽、百济伎乐。魏平拓跋，亦得之而未具。周师灭齐，二国献其乐。隋文帝平陈，得清乐及文康礼毕曲，列九部伎，百济伎不预焉。"③《隋书》亦指出："始开皇初定令，置七部乐：一曰国伎，二曰清商伎，三曰高丽伎，四曰天竺伎，五曰安国伎，六曰龟兹伎，七曰文康伎。又杂有疏勒、扶南、康国、百济、突厥、新罗、倭国等伎。"④由此可知，至迟在公元6世纪下半叶，百济、新罗音乐均已传入隋朝宫廷，而百济乐的传入时间则可以根据前述文献推至公元5世纪上半叶。传入隋唐宫廷的百济乐经历了自己的发展过程。《旧唐书》指出，"百济乐，中宗之代，工人死散。岐王

---

① ［唐］魏征等《隋书·东夷列传》，中华书局1973年版，第1818页。
② 同注释①，第1814—1815页。
③ ［后晋］刘昫等《旧唐书·音乐志》，中华书局1975年版，第1069页。
④ ［唐］魏征等《隋书·音乐志》，中华书局1973年版，第376—377页。

范为太常卿，复奏置之，是以音伎多阙。舞二人，紫大袖裙襦，章甫冠，皮履。乐之存者，筝、笛、桃皮筚篥、箜篌、歌。"①另见于《新唐书》《通典》的记载与之相似。虽然高丽乐与百济乐同为东夷乐，但是关于二者的记载却颇为不同，现对比如下：

表4-4 《旧唐书·音乐志》载俗乐乐部高丽乐、百济乐比较表②

内容 乐部	歌	舞者及服饰	使用乐器		
			弹拨乐器	吹奏乐器	打击乐器
高丽乐	歌	舞者四人，锥髻于后，以绛抹额，饰以金珰。二人黄裙襦，赤黄袴，极长其袖，乌皮靴，双双并立而舞。	弹筝一、搊筝一、卧箜篌一、竖箜篌一、琵琶一、	义嘴笛一、笙一、箫一、小筚篥一、大筚篥一、桃皮筚篥一	腰鼓一、齐鼓一、檐鼓一、贝一
百济乐	歌	舞二人，紫大袖裙襦，章甫冠，皮履	筝、箜篌	笛、桃皮筚篥	

由于《旧唐书》中所记的百济乐为中宗时期复置，因此"音伎多阙"，留存的舞者包括二人，留存的使用乐器仅包括4种。从舞者及服饰方面来看，高丽乐包含舞者四人，百济舞者二人，从舞蹈规模上来说，百济乐规模与《旧唐书》所载天竺乐、高昌乐、疏勒乐、康国乐等舞者人数相当；从舞者服饰来看，舞者"大袖裙襦、章甫冠"等装束与清乐、庆善乐舞者服饰有相近之处，而高句丽舞者服饰则为"极长其

---

① [后晋] 刘昫等《旧唐书·音乐志》，中华书局1975年版，第1070页。

② 同注释①，第1069—1070页。

袖"，与百济舞者装束有所不同①；从使用乐器来看，因百济乐使用乐器已不全，尚留存的4种乐器均可与高丽乐的使用乐器相对应，可见宫廷俗乐高丽乐、百济乐在使用乐器上具有相通之处。从魏晋南北朝时期高句丽、百济与南北朝的朝贡次数来说，高句丽的确与北朝保持着更为密切的联系，而百济则与中国南朝交流密切②。从上述唐时留存的高丽乐、百济乐记载来看，百济乐所体现的舞者装束的确更多体现为受到南朝文化的影响；然而从使用乐器上来说，桃皮筚篥为隋唐俗乐部中仅见于高丽乐、百济乐的使用乐器，由此可知是具有地方特色的吹奏乐器。

1993年出土于扶余陵山里寺址的百济金铜大香炉，被认为是百济文化的重要考古实物，该香炉的产生年代目前学界观点不一，主要观点集中在公元6—7世纪之间，即百济的扶余时期③。百济金铜大香炉由承座、炉体和炉盖三部分组成，其中炉盖部分绘有多重山峰，在第三层山峰上坐5位乐人，分别弹琴、吹奏竖笛类乐器、弹阮咸、击鼓和吹奏排箫。这些乐人皆为女性，皆为头部右侧梳一髻，着长袖袍服，身戴披帛（图4-8）。

---

① 相关资料参见本文第一章表1-9《〈旧唐书·音乐志〉中十部乐舞蹈服饰、人数比较表》。

② 参见韩昇《"魏伐百济"与南北朝时期东亚国际关系》，《历史研究》1995年第3期。张日善《百济与中国的关系》，延边大学2001年硕士学位论文。

③ 栾国琴《试析百济金铜大香炉中的中国文化因素》，《哈尔滨师范大学社会科学学报》2013年第3期。

图4-8　百济金铜大香炉①

集安高句丽壁画墓中的五盔坟4号墓、5号墓产生年代与百济金铜大香炉的产生年代较为接近,现将两墓伎乐仙人图所见乐器图像与百济大香炉所见乐人塑像使用乐器比较如下(表4-5):

表4-5　五盔坟4号墓、5号墓与百济金铜大香炉所见乐器图像比较表

墓葬／文物　乐器图像	弹拨乐器			吹奏乐器			打击乐器	
五盔坟4号墓	卧箜篌			角	横笛		排箫	细腰鼓	
五盔坟5号墓	卧箜篌		阮咸	角	横笛		排箫	细腰鼓	
百济金铜大香炉		琴	阮咸			竖笛	排箫		扁鼓

———————————

① 图4-8见〔韩〕金圣惠:《三国时代音乐史研究》,韩国民俗馆,2009年版,第164—165页。

　　　　　　　　第四章　古代高句丽音乐的影响

由上表对比可知，集安五盔坟4号墓、5号墓伎乐仙人图所见乐器与百济金铜大香炉乐人塑像所见乐器具有一定的联系，均具备了弹拨乐器、吹奏乐器和打击乐器的组合形式，然而在具体使用乐器上却具有相异之处。首先，从弹拨乐器来看，集安五盔坟4号墓、5号墓所见伎乐仙人图中使用了琴筝类乐器卧箜篌和琵琶类乐器阮咸，百济金铜大香炉乐人塑像所见弹拨乐器亦包括琴筝类乐器和琵琶类乐器两类，亦出现了阮咸，然而所见的琴筝类乐器却并无通品结构，形体亦非横卧类长方形，可知可能不是卧箜篌，此件琴筝类乐器的形制、名称还可进一步进行分析；其次，从吹奏乐器来看，五盔坟4号墓、5号墓所见为角、横笛、排箫图像，而百济大香炉乐人所持为排箫和竖笛类乐器，从使用排箫来看亦为AI式，与五盔坟4号墓、5号墓所见一致，然而笛类乐器使用上则有所区别；第三，从打击乐器来看，五盔坟4号墓、5号墓所见为细腰鼓图像，而百济大香炉所见为扁状圆鼓，以单手击奏，可见两者使用的鼓类乐器也相异。因此从同时期集安高句丽壁画墓所见乐器图像与百济金铜大香炉伎乐塑像所持乐器及组合形式的比较可知，两者所反映的使用乐器、乐器组合具有一定的相异之处，在一定程度上显示了两地音乐风貌的差异。

诚然，百济音乐历史研究本身便是一个不断进展的学术课题，探讨高句丽与百济之间的音乐交流问题自然是随着两者独立音乐历史研究的发展而不断推进。南北朝时期，高句丽与北朝过从甚密、百济与南朝交往较多的情况与两者所处的地理便利位置有关，而从朝贡记载来看，百济与北朝亦多有交往，高句丽也与南朝保持接触，因此《旧唐书》中才会记写北朝、南朝均有高句丽、百济音乐的流传，百济乐亦因此传入隋朝宫廷。唐时百济灭国（公元660年），可能有部分乐工进入唐朝宫廷，作为隋唐俗乐乐部进行表演，然而有关百济乐的记载并未如高句丽般多样，目前亦没有找到相关诗歌等记载，至唐中宗时期（公元656—710年）虽然复置百济乐，然其所存乐器不过4种、舞者2人了。尽管有学者提出百济可能更多的亲近于南朝文化[①]，然而作为与高句丽同出一族发展而来的百济，在其建国发展的7个世纪之中，其文化当然经历了诸多变迁。结合前文所引《魏书》记载，最初百济的文化风俗可能与高句丽相近，这当然也可能包括了音乐风俗；其后《隋书》中记载的百济使用乐器已与高句丽所见有所不同，然而其丧制相同，由此可知百济的丧葬习俗中亦可能有鼓舞送葬的部分；从《旧唐书》记写的百济乐舞蹈、使用乐器来看，百济乐中的舞蹈应与高句丽舞蹈风格有所不同，然而使用乐器中的桃皮筚篥，则是隋唐俗乐中只有高丽乐、百济乐才使用的地方特色乐器。约产生于公元6—7世纪之间的百济金铜大香炉，其上塑有5位奏乐女伎，她们使用的乐器包括琴、阮咸、排箫、竖笛类乐器和鼓，其中阮咸、排箫、竖笛类乐器在集安高句丽墓壁画中均可以找到，其中的琴类乐器由于塑造形制较为抽象因此尚不可知其具体类型，仅可知为琴筝类乐器，鼓则可能为右手执杖演奏的圆筒状扁鼓，这种鼓的形制在集安高句丽墓壁画中并未得见。

综上所述，在百济文化发展的7个世纪之中，其音乐与高句丽音

---

① ［韩］张师勋著、朴春妮译《韩国音乐史（增补）》，中央音乐学院出版社2008年版，第43页。

乐具有密不可分的关系,两者产生自同一母体音乐文化,同时保持着相近的音乐功能作用;在其后各自的音乐发展中,百济音乐既发展出了区别于高句丽的乐舞文化,同时亦在使用乐器上体现着与高句丽音乐文化的联系。《日本后纪》中记载,大同四年(公元809年)雅乐寮的高丽乐乐师包括4人、横笛、筚篥、莫目和舞等,百济乐师亦包括4人,同样为横笛、筚篥、莫目和舞等,新罗乐师则为琴、舞等师2人[①]。由此可知,公元9世纪留存于日本的百济乐,其音乐形式、内容均与高句丽音乐有着密切的联系,而两者均与新罗音乐有着较大的区别。

(二)高句丽音乐对新罗音乐的影响

新罗的历史可以划分为两个部分,其一,统一朝鲜半岛之前的"新罗"时代(公元前57—公元668年);其二"统一新罗"时代(公元668—935年)。公元668年之前的新罗是朝鲜半岛东南部的一个国家,至公元7世纪,新罗与高句丽、百济相毗邻,成为朝鲜半岛最具影响力的三个政权之一;其后,唐朝与新罗联合攻打高句丽、百济,公元660年百济灭国,公元668年高句丽灭国,朝鲜半岛进入统一新罗时代[②]。

由于多重原因,百济与高句丽亲和,新罗与高句丽不合,征战多于

---

① 〔日〕藤原冬嗣等《日本后纪·平城天皇》,集英社译注本。

② 亦有学者认为该时期是统一新罗与不久后建立的渤海国(公元698—926年)共同构成的"南北朝时代"(如〔韩〕宋芳松撰、金成俊译《从音乐史学角度探渤海国音乐——以日本六国史为在中心》,《乐府新声》1993年第3期,第56页。)本文取"统一新罗时代"一说(如〔韩〕张师勋著、朴春妮译《韩国音乐史(增补)》)中央音乐学院出版社2008年版)。

往来。虽然《三国史记·乐志》中有关于新罗乐及相关乐器的记载，然而并不容易区分这些讯息是否反映的是公元668年之前的新罗音乐，而更有可能是高丽时代所保留的新罗乐。考古发现的新罗土偶[①]能够部分反映公元4—5世纪左右新罗曾经流传的乐器情况，这些土偶有奏弹拨乐器者、吹奏乐器者、舞蹈者等多种形态，是新罗时代的殉葬俑人，有的附于器皿之上，有的单独成组。较为著名的如出土于庆州鸡林路30号墓的土偶装饰长颈壶，其上有弹奏琴筝类乐器者（图4-9·1），其中弹奏者演奏的乐器（图4-9·2）与今朝鲜半岛所见的加耶琴（图4-10）形制具有相似之处。

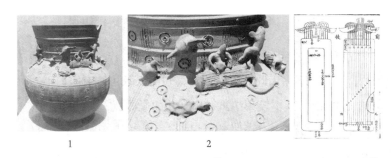

1 　　　　　　　　　　2

图4-9　庆州长颈壶及局部图[②]　　　　图4-10　加耶琴[③]

本文第二章中曾提及，朝鲜半岛二圣山城地区曾出土公元6—7世纪的新罗木腰鼓鼓腔残件，其乐器形制与集安高句丽墓壁画所见细

---

① [韩]金圣惠《新罗土偶中的音乐和舞蹈》，韩国民俗馆2009年版。
② 图4-9·1、图4-9·2由笔者2014年8月摄于韩国庆州国立博物馆。
③ 图4-10见[朝鲜]成俔等《乐学轨范·乡部乐器图说》，蓬左文库本，第24页。

腰鼓有所区别（图4-11），与中国境内存见的唐时细腰鼓鼓腔实物、正仓院所藏细腰鼓实物有相似之处，但亦不排除集安壁画墓所见细腰鼓与二圣山城所见细腰鼓两种类型均在高句丽及新罗两地流传的可能。

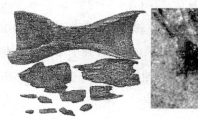

图4-11　二圣山城木腰鼓鼓腔与五盔坟4号墓细腰鼓对比图

公元668年之后，朝鲜半岛进入统一新罗时代，原有高句丽故地迅速崛起了渤海国，因此流入新罗的高句丽人数可知有限。面对朝鲜半岛的短暂统一，新罗较为注重对唐文化的吸收。《三国史记》载："文武王四年（664年）三月……谴星川、丘日等28人于府城，学唐乐。"[①]统一新罗时期留下的佛教遗存中我们可以看到多处留存的伎乐场景，其中的演奏乐器包括铜钹、腰鼓、横笛、曲项琵琶、拍板、筚篥、竖箜篌、笙等[②]，这些均为研究统一新罗时期流传乐器的重要材料。另《三国史记》中载新罗乐的情况，其言"新罗乐，三竹、三弦、拍板、大鼓。歌

---

①［高丽］金富轼撰、孙文范等校勘《三国史记·新罗本纪·文武王》，吉林文史出版社2003年版，第82页。

②［韩］张师勋著、朴春妮译《韩国音乐史（增补）》，中央音乐学院出版社2008年版，第94页

舞：舞二人，放角幞头，紫大袖，公襴红鞓，镀金銙腰带，乌皮靴。三弦：一玄琴，二加耶琴，三琵琶。三竹：一大笒，二中笒，三小笒。"①《三国史记》所载的新罗乐使用乐器包括8件，其中弹拨乐器包括玄琴、加耶琴和琵琶；吹奏乐器包括大笒、中笒和小笒；另有打击乐器两件，包括拍板和大鼓。其中所载的新罗乐使用乐器与寺庙遗存的飞天伎乐使用乐器有诸多不同，这与流行时代、应用场合等均有较大关系。前述谈及百济乐的时候我们曾经提到，《日本书纪》中曾经提到在公元809年供职于日本的新罗乐师包括琴师、舞师等二人，与高句丽、百济乐师在使用乐器上有较大区别，新罗乐师所使用的琴可能即为上文所提的"加耶琴"，在传入日本后称为"新罗琴"，《三国史记》"新罗乐"中仍称为"加耶琴"。《三国史记》中记载新罗乐使用的玄琴是传自高句丽的乐器，然而目前在高句丽音乐研究中并没有发现与玄琴相对应的转变过程，集安高句丽墓壁画中所见到的琴筝类乐器包括三种，其中与玄琴同样带有通品类结构的乐器为卧箜篌，因此在前文讨论中我们曾经指出玄琴可能与卧箜篌乐器存在渊源关系，这可能说明了高句丽与新罗在乐器使用上存在交流的可能。

综上所述，与百济音乐文化不同，新罗的音乐文化与高句丽的音乐文化有着较为明显的差异，但从流传乐器等方面可知两者存在音乐交流的可能。公元668年之后高句丽灭国，新罗的音乐文化更多的汲取了唐代音乐文化的营养，这一观点主要来自于对留存佛教遗存飞天

① ［高丽］金富轼撰、孙文范等校勘《三国史记·乐志》，吉林文史出版社2003年版，第407页。

伎乐使用乐器和《三国史记》所载新罗乐使用乐器的分析。诚然，在公元前37—公元668年的7个世纪时光中，高句丽周边的国家不断发生变化，除了上述我们提到的百济、新罗，高句丽与周边诸多国家存在来往，百济、新罗等朝鲜半岛国家亦与中国北方地区的靺鞨、慕容诸燕等有相所接触[①]，朝鲜半岛的存在国家亦不止百济、新罗，另有迦耶、后百济等政权出现、消亡，它们彼此之间、与中国大陆国家之间存在频繁互动，整个朝鲜半岛的音乐文化发展正是在这样多元融合的状况下发展而来。其中，统一新罗在公元7—10世纪之中对朝鲜半岛音乐文化的融合发展起着至关重要的作用，虽然目前我们对新罗时期流传的高句丽音乐情况所知甚少，然而通过后世《高丽史》留存的三国俗乐记载我们可知，新罗时期应保存有一部分的高句丽音乐，并一直流传至王氏高丽时代。

三、高句丽音乐对后世朝鲜半岛音乐的影响

公元918年，新罗贵族王建建立"高丽"政权，虽名称与公元5世纪之后的高句丽相同，但两政权之间并不存在继承关系，中国学界多称王建所立政权为王氏高丽。公元1392年，李氏朝鲜王朝建立，朝鲜半岛继续维持统一状态，直至20世纪初的近现代历史时期。在公元10世纪之后，古代高句丽音乐在朝鲜半岛仍具有着一定的影响力，如《高丽史》载，高丽时期仍留存有高句丽、百济、新罗的音乐；后世朝鲜

---

① 参见〔高丽〕金富轼撰、孙文范等校勘《三国史记》，吉林文史出版社2003年版。

半岛流传的玄琴与卧箜篌为同源乐器等，本部分将会探讨古代高句丽音乐对后世朝鲜半岛音乐的影响。

（一）《高丽史》中的高句丽音乐

《高丽史·乐志》中载，高丽时期仍然留存有三国俗乐，其载："新罗、百济、高句丽之乐，高丽并用之，编之乐谱，故附著于此，词皆俚语。"[①] 其中提到的三国俗乐中，新罗乐包括《东京》（鸡林府）、《东京》《木州》《余那山》《长汉城》《利见台》；百济乐包括《禅云山》《无等山》《方等山》《井邑》《智异山》；高句丽乐包括《来远城》《延阳》（延山府）、《溟州》[②]。《高丽史》中所列上述乐曲均仅有曲名及解题，其乐谱、歌词皆不得见。然而通过留存曲名我们可知，高丽时期留存的新罗乐曲包括6首、百济乐5首、高句丽乐3首，其中新罗乐留存较多，由此可知这些三国音乐承袭自新罗，而其中高句丽乐的曲目最少，这也与本文前述分析中指出的新罗与高句丽音乐风格相异、交流有限的情况相契合。由此可知，王氏高丽时代仍有高句丽音乐流传，这些音乐可能承袭自新罗，但曲目相较于同属"三国时代"的新罗、百济流传曲目均少，可知其对王氏时期高丽音乐发展的影响亦有限。

（二）高句丽流传乐器对后世朝鲜半岛乐器发展的影响

经过本文的分析可知，公元4—7世纪高句丽可能流传的乐器包

---

① [朝鲜] 郑麟趾等《高丽史·乐志》，奎章阁本，第43页。

② 同注释①，第43—47页。

括弹拨乐器、吹奏乐器和打击乐器三类，其中弹拨乐器包括卧箜篌、琴、筝、五弦琴、阮咸、五弦琵琶；吹奏乐器包括角、横笛、义嘴笛、筚篥、桃皮筚篥、排箫；打击乐器包括细腰鼓、鼓。其中见于集安高句丽墓壁画中的卧箜篌、细腰鼓与后世朝鲜半岛的玄琴、杖鼓乐器是否具有传承性，是本部分所要重点讨论的内容。

　　玄琴作为横卧类长方形琴筝类乐器，其上的通品结构与中国历史上的卧箜篌形制特点有相近之处，然而玄琴的通品仅为中间三弦共用，其外部三弦各有一雁柱（图4-12）；而目前所见的集安高句丽墓卧箜篌图像中，通品贯穿全部琴弦（图4-13）。通品并非全部六根琴弦通用丰富了乐音，外三弦雁柱的使用更加方便琴弦音高的调节，有利于调性的转换。由此可知玄琴在形制上具有复合型的特点，这可能是后世演奏中发展而来的特征。《三国史记》中已经记载"玄琴"之名，由此可知玄琴之名至迟在公元12世纪已经使用，虽然《三国史记》中所载的高句丽人按照古琴的构造创制玄琴之说并不可信，但由此可知，传入高句丽的卧箜篌可能在高句丽或新罗的流传期间发生了转变，从而产生了新的乐器，然而这一转变的时间、地点目前尚不可知。由《三国史记》该条记载亦可知，新罗时期可能存在带有通品的琴筝类乐器，称为"玄琴"，且见于统一新罗时期可能性更大。因此本文认为，目前所见高句丽音乐资料中所体现的乐器是卧箜篌，统一新罗时代可能存在带有通品的琴筝类乐器，称为"玄琴"，其与卧箜篌具有一定的渊源关系，然而乐器流传发生的转变完成于高句丽或新罗时期目前尚不可知。综上所述，流传至今的朝鲜半岛弹拨乐器玄琴的流传发展可能与高句丽流传的卧箜篌具有渊源关系。

图4-12　玄琴① 　　　　　图4-13　卧箜篌② 　　　　图4-14　杖鼓③

　　朝鲜半岛后世流传的乐器"杖鼓"虽为"广首纤腹"的细腰鼓类乐器，然而在名称、形制和演奏方法上均与高句丽流传的"腰鼓"有较大区别：集安高句丽墓壁画中所见的细腰鼓类乐器鼓腔两端呈对称性结构，演奏者以两手拍击鼓面，根据文献分析我们可知，此种形制及演奏方法的细腰鼓类乐器在公元4—7世纪称为"腰鼓"（图4-11）；见于后世朝鲜半岛书籍《乐学轨范》中的杖鼓形制则与集安高句丽壁画墓所见腰鼓有所不同，其两头鼓腔并非对称性结构，鼓面一大一小，且为一手执杖、一手拍击鼓面进行表演（图4-14），由此可知，无论在乐器形制还是演奏方法上，杖鼓均与高句丽流行的腰鼓有所区别。中国正史史籍中，"杖鼓"之名最早见于《新唐书》，在《元史》中指出其演奏方法为"右击以杖，左拍以手"④，这种演奏方法的

　　① 图4-12图片来源http://terms.naver.com/entry.nhn?docId=1023984&cid=42581&categoryId=42581，查阅时间2017年8月18日。

　　② 图4-13见徐光冀主编《中国出土壁画全集·辽宁吉林黑龙江卷》，科学出版社2012年版，第137页。

　　③ 图4-14见［朝鲜］成伣等《乐学轨范·唐部乐器图说》，蓬左文库本，第3页。

　　④ ［明］宋濂等《元史·礼乐志》，中华书局1976年版，第1773页。

图像在隋唐时期已经看到[①]，并在宋元之后大量出现[②]。因此，以集安高句丽墓音乐壁画研究为基础可知，朝鲜半岛后世流传的"杖鼓"虽属于细腰鼓类乐器，但是与目前所知高句丽流传的"腰鼓"在乐器形制、演奏方法方面并不相同。朝鲜半岛发现为数不少的高丽时期细腰鼓鼓腔[③]，从这些鼓腔形制来看，其与高句丽流传的腰鼓亦不属于同种类型，而与二圣山城新罗细腰鼓鼓腔残件、中国境内唐代瓷腰鼓鼓腔具有一定的相近之处，然而这些所见鼓腔均为对称性结构，这与杖鼓鼓腔有所不同，由此可知，朝鲜半岛目前所见杖鼓形制的形成时间可能晚于高丽时代，而可能要到14世纪之后的朝鲜王朝时代。由本文第二章《正史所见细腰鼓类乐器表》可知[④]，《清史稿》所载"杖鼓"形制仍为对称性结构，因此朝鲜半岛流行的"杖鼓"形制可能经过了本地的演变过程。综上所述，本文认为，虽然朝鲜半岛后世流行的杖鼓与高句丽流行的腰鼓同属于细腰鼓类乐器，但并不具备直接的传承关系。

（三）高句丽舞蹈对后世朝鲜半岛舞蹈的影响

通过对集安高句丽墓乐舞图及相关资料的分析我们可知，公元4—7世纪的高句丽舞蹈至少包含8式舞姿，其舞蹈表演之中既有男舞

---

① 如河南安阳灵泉寺石塔伎乐人、山西浮山天圣宫乐舞人经幢等。

② 如天水南集伎乐画像砖、河南安阳天禧镇散乐壁画、河南林州赵处墓散乐壁画等。

③ 参［韩］韩基博：《高丽时代杖鼓鼓腔研究》，韩国牧园大学研究生院韩国音乐系2002年硕士学位论文。

④ 本文第二章表2-43《正史所见细腰鼓类乐器表》。

者、又有女舞者，表演组合形式包括群舞、双人舞、单人舞等多种样式，伴奏乐器主要包括阮咸、琴筝类乐器、五弦琴等，其中群舞场景中可能包含了歌唱者，舞蹈中也可能出现了道具。尽管我们获得了上述对于高句丽舞蹈的认识，然而通过静态的舞姿图像、舞者组合方式及伴奏乐器等方面内容都不容易探讨高句丽舞蹈与后世朝鲜半岛舞蹈之间的关系。尽管中国的方起东、韩国的权五圣等学者在对高句丽乐舞进行研究的过程中均不同程度的将其与当今朝鲜族舞蹈进行比较[①]，然而仅仅通过关于高句丽舞蹈的文字、图像来与跨越千年时空的动态舞蹈种类进行对比探讨确非易事。本文认为，以同时期来看，集安高句丽墓壁画中所反映的高句丽舞蹈特征具有较强的独特性，与中原、朝鲜半岛等地区留存的舞蹈图像均有所不同；隋唐宫廷中，高句丽乐舞"极长其袖"等特点可能是其与中原袖舞具有渊源关系的表现，唐朝宫廷中的高丽舞与百济舞在使用乐器、表演服装方面均有不小的差异，由此可知其舞蹈特点上亦应有所区分。由于时代久远，从集安高句丽墓音乐壁画中所展现的高句丽舞蹈特点，去探寻其对朝鲜半岛后世舞蹈的影响较难成行，《高丽史》以降对于高句丽乐舞的记载几乎不见，目前本文认为，高句丽舞蹈对后世朝鲜半岛舞蹈的影响可能较小，但尚需更多关于高句丽舞蹈的材料进行进一步的证明。

---

① 见本文绪论部分。

第四节　对日本的影响

在古代日本与东亚大陆的交往中，与朝鲜半岛的交往较早出现。公元6世纪下半叶，高句丽已与日本有所往来，高句丽音乐至迟在公元7世纪下半叶已传入日本。其后，高句丽音乐与新罗乐、百济乐并称"三韩乐"，在约公元9世纪之时并入右方乐之中。

一、传入日本的高句丽音乐

目前所知日本与朝鲜半岛国家的音乐交往，最早见于公元5世纪与新罗的音乐交往。《日本书纪·允恭天皇》载："四十二年，春正月乙亥朔戊子，天皇崩。时年若干。于是，新罗王闻天皇既崩，惊愁之，贡上调船八十艘及种种乐人八十。是泊对马而大哭。到筑紫，亦大哭。泊于难波津，则皆素服之，希捧御调，且张种种乐器。自难波至于京，或哭泣，或歌舞，遂参会于殡宫也。"[①]由此可知，约在公元453年，新罗曾派出乐人八十，以对允恭天皇的去世表示哀悼。其中的八十乐人，是否全为新罗乐乐人目前尚不可知，但根据记载可知其中包含了乐师、舞师，它们来到日本以后亦以演奏丧葬乐舞为主。由此可知，至迟在公元5世纪中叶，日本已与朝鲜半岛国家有了音乐往来，从目前记载来看，以新罗为最早。《日本书纪·钦明天皇》载："钦明天皇十五年二月，百济谴部下杆率将军三贵、上部奈率物部乌等，乞救兵。仍贡，

---

① [日] 舍人亲王等《日本书纪·允恭天皇》，岩波书店新日本古典文学大系本。

德率东城子莫古，代前番奈率东城子言。五经博士王柳贵，代固德马丁安。僧昙慧等九人，代僧道深等七人。别奉敕，贡易博士施德王道良、历博士固德王保孙、医博士奈率王有棱陀，采药师施德潘量丰、固德丁有陀，乐人施德三斤、季德已麻次、季德进奴、对德进陀。皆依请代之。"① 由此可知，至迟在公元553年，百济乐人正式进入日本。

　　高句丽与日本往来的记载要到公元6世纪下半叶才出现。《日本书纪》卷十九载："钦明天皇三十一年（公元570）秋七月壬子朔，高丽使到于近江。……更飨高丽使者于相乐馆。"② 由此可知，公元570年，高句丽已与日本有所往来。而关于高句丽音乐在日本演出的记载，要到公元7世纪之后。《日本书纪·天武天皇》载："天武天皇十二年春正月，……是日，奏小垦田舞③及高丽、百济、新罗三国乐于庭中。"④ 由此可知，至迟在公元684年，高句丽音乐已经在日本流传；同时，此时在日本流传的朝鲜半岛音乐还有百济乐、新罗乐。天武天皇十二年距离高句丽、百济灭国已有经年，然而高句丽、百济、新罗的音乐仍然在日本宫廷中进行表演。虽然日本文献中对高句丽音乐的记载出现于高句丽灭国之后，但这不能直接说明高句丽音乐传入日本是在公元668年之后，其音乐传入的途径可能为公元6世纪之后与日本的往来，

① 〔日〕舍人亲王等《日本书纪·钦明天皇》，岩波书店新日本古典文学大系本。
② 同注释①。
③ 推古天皇（公元554—628年）居住的地方称为小垦田，因此他又被称为小垦天天皇，该舞蹈可能产生于此时期。（转引自〔日〕伊庭孝著、郎樱译《日本音乐史》，人民音乐出版社1982年版，第60页。）
④ 〔日〕舍人亲王等《日本书纪·天武天皇》，岩波书店新日本古典文学大系本。

也可能包括其他的途径。诚然,公元684年在日本表演的高句丽音乐的具体内容,目前尚不可知。

在日本史籍中,多处对高句丽乐师有所记载,从中我们可以了解公元8—9世纪高句丽音乐在日本流传的状况。如《令集解·职员令》中载大宝年间(公元701—703年),雅乐寮中已将高句丽、百济、新罗乐并称为三韩乐,此时雅乐寮中有唐乐、吴乐、和乐、三韩乐等乐师和乐生,其中唐乐乐师12人、乐生60人;吴乐伎乐师1人、伎乐生、腰鼓师2人;使部20人、直丁2人;和乐歌人三十人、歌女一百人、舞师四人、舞生一百人、笛师二人、笛生六人、笛工八人;三韩乐中高丽乐师4人、乐生20人,百济乐师4人、乐生20人,新罗乐师4人,乐生20人[①]。由此可知,大宝年间,雅乐寮中本地音乐和乐乐师数量居首,其次唐乐乐师、乐生较多,三韩乐次之;而在三韩乐的乐人数量中,高句丽与百济、新罗乐师数量相当。

《续日本记》载,天平三年(公元731年)雅乐寮有大唐乐39人;三韩乐中百济乐26人,高句丽乐8人,新罗乐4人;度罗乐[②]62人[③]。由此可知,至公元731年,雅乐寮中的大唐乐人数量减少,度罗乐乐人数

---

① 《令集解·职员令》(转引自〔韩〕张师勋著、朴春妮译《韩国音乐史(增补)》,中央音乐学院出版社2008年版,第33、36页。)另参见〔日〕伊庭孝著、郎樱译《日本音乐史》,人民音乐出版社1982年版,第53—54页。

② 度罗乐又称吐罗乐,吐罗为今济州岛地区,脱落月为齐明天皇时期(公元594—661年)朝贡。(转引自〔日〕伊庭孝著、郎樱译《日本音乐史》,人民音乐出版社1982年版,第57页。)

③ 〔日〕藤原继绳等《续日本纪·圣武天皇》,岩波书店新日本古典文学大系本。

量明显增加,而三韩乐中百济乐人数量增加①,高句丽乐、新罗乐乐人均减少。

《日本后纪》载,大同四年（公元809年）雅乐寮的乐师包括大唐乐12人,横笛师2人;高句丽乐4人,横笛、筚篥、莫目、舞等师;百济乐师4人,横笛、筚篥、莫目、舞等师;新罗乐师2人,琴、舞等师②。其中首次对高句丽乐的乐师进行了详述,由此我们可知高句丽乐师4人中,包括横笛、筚篥、莫目乐师和舞师;百济乐师使用的乐器与高句丽乐师相同,新罗乐师的使用乐器则有所不同。由此可知,公元9世纪在日本流行的三韩乐中,高句丽乐的使用乐器、数量与百济乐相同,而新罗乐则与之相异,可知高句丽乐与百济乐在乐曲、舞蹈上可能具有一定的相近之处,两者均与新罗乐具有一定的风格差异。

《古事类苑》载,嘉祥元年（公元848年）,有百济乐生20人,有横笛生、筚篥生、莫目生;高丽乐生20人,有横笛生、筚篥生、莫目生;新罗乐生20人,有琴生、舞生③。也是在仁明天皇时期（公元810—850年）,日本重新校订音乐,分为左方乐、右方乐两部,其中左方乐包括唐乐和林邑乐,右方乐包括三韩乐、渤海乐和日本本国的新作品④。其后,随着公元918年之后的高丽乐⑤传入日本, 右方乐中的三韩乐逐渐与

---

① 此时之百济乐人,可能是后百济的音乐传承者。——笔者注

② 〔日〕藤原冬嗣等《日本后纪·平城天皇》,集英社译注本。

③ 《古事类苑》（转引自〔韩〕张师勋著、朴春妮译《韩国音乐史（增补）》,中央音乐学院出版社2008年版,第36—37页。）

④ 〔日〕伊庭孝著、郎樱译《日本音乐史》,人民音乐出版社1982年版,第66页。

⑤ 此"高丽"指公元918年之后建立的王氏高丽政权,其音乐亦称为"高丽乐"。——笔者注

此种高丽乐归为一处。

神龟五年（公元728年），渤海乐传入日本①。可以知道，相较于不断传入日本的他国音乐，高句丽音乐、百济音乐因为灭国而缺少了音乐流传的源头，在公元8—9世纪之间虽然在日本仍然有所流传，但是不断受到外来新音乐、本地创作音乐的冲击。随着渤海音乐、王氏高丽音乐的传入，唐乐、林邑乐的传入及和乐的发展，包含高句丽音乐的三韩乐表演逐渐为新的外来音乐所取代，这一事件具体反映在仁明朝的乐部调整之中。此后，在左方乐、右方乐的分类中，三韩乐逐渐与渤海乐、日本本国音乐共同归入"高丽乐"之中。此时所说的"高丽乐"，并非指高句丽音乐，亦不能说其确指王氏高丽传入日本的音乐，而是一个特殊的日本音乐名词，仁明朝以来的"高丽乐"中，既包含过去的高句丽、百济、新罗音乐留存，亦包含渤海乐、后世朝鲜半岛音乐、日本新创作音乐等内容。

二、日本雅乐中的高丽笛、高丽舞乐

日本学者伊庭孝指出，平安朝（公元794—1185年）初期，雅乐留存的曲目中，唐乐和天竺乐130首、三韩乐和渤海乐30首，共计160首，亦有日本创作的新作品②。由此我们可知，在平安朝时期流传的乐曲中，三韩乐与渤海乐共计30首，然而其中哪些为高句丽乐曲，目前

---

① 〔日〕伊庭孝著、郎樱译《日本音乐史》，人民音乐出版社1982年版，第56页。
② 同注释①，第69页。

尚不可知。

日本现存的雅乐中，使用的乐器主要包括弹拨乐器、吹奏乐器和打击乐器三类，其中弹拨乐器包括筝（和琴、乐筝）、琵琶等；吹奏乐器包括笛（和笛、横笛、高丽笛）、筚篥、笙等；打击乐器包括太鼓、鞨鼓、三鼓、钲鼓等。从使用乐器来说，日本右方乐的使用乐器与左方乐使用乐器有较大不同，右方乐使用乐器包括高丽笛、三鼓、和笛、和琴等，其中高丽笛为横吹管乐器，用于高丽乐、东游等表演之中；左方乐的使用乐器主要包括笛、筚篥、笙和鞨鼓[①]。

由本文第二章分析可知，日本雅乐中所使用的三鼓为细腰鼓类乐器（图4-15），细腰鼓类乐器至迟在公元5世纪之后于中国中原地区流行，至迟在公元6世纪末至7世纪初传入高句丽。右方乐中出现的乐器"三鼓"可能与三韩乐的传入乐器有关，但是从前述日本史籍记载所见，高句丽音乐使用乐器并未出现三鼓或鼓类乐器名称；从演奏方法上来看，目前我们所知的高句丽使用"腰鼓"也与"三鼓"有所不同，集安高句丽墓壁画所见细腰鼓类型的鼓名为"腰鼓"，由两手拍击两侧鼓面进行演奏（图4-16）；日本右方乐中的三鼓曾经与腰鼓运用同样的演奏法，平安时代之后则逐渐变为一手执杖击奏、一手握绦进行演奏[②]；从两者形制上来看，本文第二章中我们指出，高句丽所用腰鼓与日本留存的"腰鼓"形制相近，而三鼓"似两碗底相扣"的

---

① ［日］伊庭孝著，郎樱译《日本音乐史》，人民音乐出版社1982年版，第70页。

② ［日］林谦三著，钱稻孙译，曾维德、张思睿校注《东亚乐器考》，人民音乐出版社2013年版，第129页。

形制样式则与高句丽所见腰鼓图像有一定区别。由此可知，右方乐中的三鼓与高句丽流行的腰鼓虽然同为细腰鼓类型乐器，但并不具备直接的渊源关系，这也与日本记载中高句丽音乐无鼓类乐器的记载相契合。

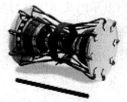

图4-15　三鼓图①

4-16　五盔坟4号墓击细腰鼓图②

《日本后纪》《古事类苑》中出现的横笛、箪篌、莫目三件乐器为公元8—9世纪在日本流传的高句丽音乐使用乐器，亦为在日本流传的百济乐中使用，根据本文第二章分析可知，其中箪篌可能为集安高句丽墓壁画以及《隋书》以降记载所见的卧箜篌，莫目可能为《隋书》以降所记的桃皮筚篥。那么，右方乐中的"高丽笛"是否可能是高句丽乐中使用的横笛（图4-17）？现存高丽笛（图4-18）为竹制，上有1个吹孔、6个按孔，笛长约33厘米，其音高在#F5—E7之间，如下（图4-19）：

①　图4-15图片来源http://www.d2.dion.ne.jp/~kaz/gagaku/word/word3.htm#koma 查阅日期2017年8月18日。
②　图4-16见徐光冀主编《中国出土壁画全集·辽宁吉林黑龙江卷》，科学出版社2012年版，第194页。

图4-17　五盔坟4号墓吹横笛图[①]　　　图4-18　高丽笛[②]　　　图4-19　高丽笛音域[③]

　　诚然,高句丽流传的横笛类乐器可能包括横笛、义嘴笛等,日本雅乐中使用的高丽笛亦为横笛类乐器,然而由于没有高句丽横笛实物留存,我们无法将其与日本流传的"高丽笛"进行较为准确的比较分析;同时,横笛类乐器属于流传较为广泛的笛类乐器,仅凭这种乐器类别的使用和流传无法判定两种音乐之间的直接联系。此外,日本雅乐中的"高丽笛",其"高丽"之意指用于右方乐"高丽乐"演奏之意,并非特指高句丽音乐使用的笛类乐器,而前述三韩乐之中,高句丽音乐、百济音乐中均使用了横笛。由此可知,传入日本的高句丽、百济音乐中确实使用了横笛类乐器,后世右方乐中使用的"高丽笛"与其可能具有一定的渊源关系,但目前无法进行进一步的判断。

　　现存的右方舞乐"高丽乐"中,包括壹越调、平调、双调,其中包括的舞乐名称如下:

---

　　① 图4-17见吉林省文物工作队《吉林集安五盔坟四号墓》,《考古学报》1984年第1期。

　　② 图4-18图片来源https://ja.wikipedia.org/wiki/%E9%AB%98%E9%BA%97%E7%AC%9B#/media/File:Komabue_fue.jpg查阅日期2017年8月18日。

　　③ 图4-19图片来源http://www.d2.dion.ne.jp/~kaz/gagaku/word/word3.htm#koma查阅日期2017年8月18日。

　　　　　　　　　　　第四章　古代高句丽音乐的影响

表4-6　日本雅乐右方乐高丽乐中舞乐名列表[①]

乐曲名 调名	
壹越调	新鸟苏、古鸟苏、进走秃、退走秃、狛鉾、埴破、贵德、绫切、新靺鞨、王仁庭、昆仑八仙、长保乐、胡德乐、纳苏利、敷手、苏利古
平调	林歌
双调	白滨、地久

　　从舞乐方面来说，日本雅乐中，依据左方乐、右方乐的制度设置，舞蹈也分成了左方、右方，被称为左舞、右舞，并制定了将左舞、右舞以组合形式进行表演的"番舞"制度，形成一应一答的程式结构。成为组合的左舞与右舞，在舞蹈形态、面具使用、服装等方面均具有一定的相似性，如唐乐中的《迦陵频》与高丽乐中的《胡蝶》，唐乐中的《兰陵王》与高丽乐中的《纳兽利》，唐乐中的《散手》与高丽乐中的《贵德》等[②]。前面已经指出，日本右方乐中包含了三韩乐、渤海乐、日本新创作音乐等多种内容，那么右方舞乐中可能也包含了高句丽舞乐的内容。朝鲜学者全畴农认为，《新鸟苏》《古鸟苏》《敷手》《贵德》等"有参考了高句丽舞蹈形式的痕迹"，他还认为日本右方乐"高丽舞"所具有的"假面"特征也与高句丽乐舞有相似之处[③]。韩国学者

---

① 表内引用资料见［日］伊庭孝著、郎樱译《日本音乐史》，人民音乐出版社1982年版，第72页。

②［日］星旭著、李星光译《日本音乐简史》，北京大学出版社1986年版，第17页。另参考维基百科 https://ja.wikipedia.org/wiki/%E9%9B%85%E6%A5%BD#.E7.95.AA.E8.88.9E.E4.B8.80.E8.A6.A7 查阅日期2017年8月18日。

③［朝］全畴农撰、奚传绩译《关于高句丽古坟壁画上乐器的研究》，《音乐研究》1959年第3期。

张师勋指出,高丽乐中共有24种右舞,其中4种可能形成于日本,其余以《新鸟苏》、《新走德》(进走秃)为代表的20种舞蹈中,有10种是假面舞[①]。日本学者星旭认为,《新靺鞨》《绫切》《新鸟苏》《古鸟苏》可能是渤海乐[②],同时他指出,"雅乐中称为右方乐(高丽乐)的音乐,虽然以三韩乐为母体,但是,经过平安时代的乐制改革,已有很大改变,乐器编制和音乐本身,较之这个时期,其面貌已经发生很大变化了。"[③]日本雅乐中右舞的舞乐来源多样,本文认为其中有可能存在高句丽舞乐,然而即便有所留存,也已经发生了很大的改变,显示着平安时代改革后的新面貌。通过本文第一章分析可知,集安高句丽墓音乐壁画中呈现出了高句丽舞蹈的多种形式,有群舞、双人舞、单人舞等,并体现了舞姿特征、伴奏乐器特点及服饰特征等;留存的高句丽舞蹈名称目前所知较少,隋时的《歌芝栖》是其一,高丽时期留存的《来远城》《延阳》《溟州》可能亦包含了乐舞的内容。由于时代湮远、多地流传、语言翻译等多重因素,上述乐曲名称与右方乐中的舞蹈名称之间是否存在联系,我们较难获知[④]。综上所述,高句丽的舞蹈的确曾经对公元6—8世纪的日本舞蹈发展产生了一定影响,至公元8世纪的雅乐改革之后,高句丽舞蹈逐渐融入、变化成为日本音乐舞蹈文化的

---

① 〔韩〕张师勋著、朴春妮译《韩国音乐史(增补)》,中央音乐学院出版社2008年版,第37页。

② 〔日〕星旭著、李星光译《日本音乐简史》,北京大学出版社1986年版,第10页。

③ 同注释②,第8页。

④ 限于笔者对日文文献及研究现状的掌握情况,这方面的研究期待在未来有进一步的展开。——笔者注

一部分。

三、高句丽音乐在日本

日本与朝鲜半岛隔海相望，相较于遥远的中国大陆，与朝鲜半岛的交流显得更为便利。因此，历史上日本与朝鲜半岛政权之间或战或和，以多种方式彼此接触，朝鲜半岛地区的音乐也随之传入日本，日本音乐亦可能对朝鲜半岛地区的音乐发展产生一定影响。目前所知，至迟在公元5世纪中叶，新罗音乐已经传入日本；至迟在公元6世纪中叶，百济音乐传入日本。作为公元5世纪之后横跨中国东北地区与朝鲜半岛北部地区的强大政权，高句丽与日本的往来至迟在公元6世纪下半叶已经展开。关于高句丽音乐在日本流传的记载，要在公元684年天武天皇时期才出现，此时高句丽已经灭国十余年，我们不能认为记载的迟迟出现说明高句丽音乐在日本的流传乃是由于战争时期乐师的避难所致，更为可能的是在公元6世纪下半叶至公元7世纪下半叶之间，高句丽音乐已经传入日本。随后，高句丽音乐、百济音乐、新罗音乐被并称为"三韩乐"，在公元8—9世纪之间继续在日本流传。我们已知，日本流传的高句丽音乐表演中使用了横笛、箜篌和莫目，并有舞蹈表演。此外，传入日本的高句丽音乐使用乐器与百济乐基本相同，表明两者的音乐具有同源性，而新罗乐与之相异。仁明朝时期，日本雅乐制度设置发生变化，高句丽音乐与其他三韩乐一起被并入右方乐之中，舞蹈并入右舞，右方乐又被称为"高丽乐"，这一名称的出现可能与公元10世纪之后朝鲜半岛王氏高丽音乐的传入有关，日本雅乐中的"高丽乐"包含了高句丽音乐、百济音乐、新罗音乐、渤海乐、日本仁明朝时期创作音乐等多种内容，其中可能继承了部分原高句丽音乐，但目前所知尚不明晰；右舞中可能保存了高句丽乐舞，然而经过仁明朝时期的改制，可能已经改变了原有面貌。总体上来说，公元6—9世纪之间，高句丽的音乐、舞蹈文化对日本音乐文化的发展产生了一定影响，其后则逐渐保留融入日本的雅乐之中。

雅乐在日本音乐历史上具有重要的地位，其发展过程中也不断的吸收诸多外来音乐，并创造了属于日本的独特音乐文化。高句丽音乐约在公元6—7世纪之时传入日本，成为三韩乐中的一部分，乐师、乐生属雅乐寮掌管；公元7世纪高句丽灭国后，高句丽音乐仍然在日本继续传承，直到公元9世纪中叶，随着日本自身雅乐制度的变迁，部分高句丽音乐留存于右方乐"高丽乐"和右舞之中，并随着改制呈现出了新的面貌，逐渐融入日本雅乐新的"高丽乐"之中。

结论

　　集安高句丽墓壁画是高句丽考古、历史研究中的重要资料，它反映了高句丽墓葬文化的变迁，亦是高句丽社会生活的直观体现，从日常生活、社会风俗到神明意识，它多方面、多视角的展现着公元4—7世纪之间高句丽的社会文化生活，其中也蕴藏着高句丽音乐的历史讯息。

　　集安高句丽墓音乐壁画是该时期高句丽音乐发展状况的镜像展现，是中国音乐史视域下高句丽音乐研究最为直接、典型的材料，在高句丽音乐历史研究中具有重要的史料价值，尚未获得足够的重视。尽管集安高句丽壁画墓研究在20世纪上半叶已经展开，其历史与考古研究取得了诸多成果，然而在中国古代音乐史学领域的吸收则较为缓慢，直到20世纪80年代，以集安高句丽墓音乐壁画为代表的高句丽音乐研究才逐渐获得诸领域专家、学者的关注。本书在以往研究的基础之上，对集安高句丽墓音乐壁画进行了较为全面而深入的分析。通过本书的研究可知：目前所见的集安高句丽墓中，绘有音乐壁画的墓葬共计7座，包括舞踊墓、麻线沟1号墓、通沟12号墓、三室墓、长川1号墓、五盔坟4号墓和五盔坟5号墓,所见音乐壁画分为乐舞图和伎乐仙人图两种题材,反映了公元4—7世纪高句丽集安地区的舞蹈、乐器流传等音乐文化风貌。在此基础上,本书对公元4—7世纪的高句丽音乐历史进行了梳理,同时探讨了高句丽音乐对中国中原地区、朝鲜半岛和日本音乐发展的影响。兹总结如下:

其一,乐舞图视域下的高句丽舞蹈史。集安高句丽墓壁画中的乐舞图见于舞踊墓、通沟12号墓、麻线沟1号墓和长川1号墓之中。乐舞图是高句丽世俗音乐生活的体现,比较忠实地反映了高句丽本地乐舞的原貌。通过分析可知:乐舞图分为群舞图、双人舞图和单人舞图等类型;其中包含了六式舞姿;伴奏乐器包括阮咸、五弦琴、琴筝类乐器三种;群舞中可能存在歌者;舞蹈者中男、女舞者皆有;表演者的服饰为高句丽的民族服饰;舞者"极长其袖"的服饰特点与舞姿特点密切相关;女舞者绘有妆容;舞蹈中使用了道具。集安高句丽墓壁画中的乐舞图显示了文化上的独特性,公元4—7世纪朝鲜半岛大同江、载宁江流域壁画墓中留存有高句丽壁画墓舞蹈图,其中所见的两式新舞姿是对集安高句丽墓所见乐舞图的补充。集安高句丽壁画墓所反映的高句丽乐舞与中原袖舞具有一定的渊源关系,它经历了四个发展阶段:第一阶段,高句丽建国之前(公元前37年),为风俗期;第二阶段,建国至公元5世纪上半叶,为初盛期;第三阶段,公元5世纪中叶至公元7世纪中叶,为全盛期;第四阶段,高句丽灭国后(公元668年之后),为衰退期。

其二,伎乐仙人图视域下的乐器流传历史。集安高句丽墓壁画中的伎乐仙人图见于舞踊墓、三室墓、长川1号墓、五盔坟4号墓和五盔坟5号墓之中。手持乐器的仙人图景既是宝贵的音乐研究材料，又是重要的思想信仰依托，具有研究上的特殊性与含义的丰富性。通过分析可知：其中所见乐器包括弹拨乐器、吹奏乐器和打击乐器三大类，有卧箜篌、其他琴筝类乐器、阮咸、其他琵琶类乐器、角、横笛类乐器（2种）、竖笛类乐器、排箫和细腰鼓，共计约10种；所见的乐器组合体现了以弹拨乐器、吹奏乐器为主到弹拨乐器、吹奏乐器和打击乐器三类齐备的组合形式。经过综合分析可知，公元4—7世纪流传于高句丽集安地区的乐器包括琴、筝、卧箜篌、五弦琴、阮咸、五弦琵琶、角、横笛、义嘴笛、筚篥、桃皮筚篥、排箫、鼓和细腰鼓，共计约14种。高句丽的使用乐器及乐器流传、发展历史分为三个阶段：第一阶段，公元4世纪之前，为萌芽期；第二阶段，公元4世纪至7世纪下半叶，为全盛期；第三阶段，公元668年之后（灭国之后），为衰退期。

其三，公元4—7世纪高句丽音乐史。集安高句丽墓音乐壁画集中反映了公元4—7世纪之间高句丽的社会音乐生活，本文结合前述研究对公元4世纪至7世纪下半叶（灭国前）的高句丽音乐历史进行了梳理，同时兼及公元4世纪之前、灭国后的高句丽音乐历史。本书指出，公元4世纪之前，生活在中国东北地区、朝鲜半岛地区的民族、国家之中，有为数不少者喜爱歌舞，或有饮酒、歌舞风俗。高句丽民族与这些民族、国家长期杂居，亦展现出了相似的文化风貌；汉时鼓吹乐的传入使部分乐器在高句丽的流传成为可能。公元4—7世纪是高句丽经济文化最为鼎盛乃至走向衰落的时期，这一时期的音乐风貌最能够体现高句丽的文化特色，具体体现在歌舞风俗、歌唱记载、乐舞、鼓吹乐、乐器、其他民俗活动中的音乐、音乐图像遗存及音乐交流等方面。

公元668年，高句丽为唐王朝、新罗联军所灭，作为独立政权的高句丽消失不见，然而高句丽音乐并未停止流传，直到经历了数百年的时光才寝废而亡，具体体现于乐曲、乐舞、乐器及音乐交流等方面。

其四，高句丽音乐对中原地区、朝鲜半岛国家及日本音乐发展的影响。汉时是高句丽音乐自身萌芽、形成的时期。在公元4—6世纪之间，高句丽的乐舞、乐器演奏发展均趋于成熟，形成了独特的音乐风格，并流传于北燕、北魏、北周、南朝刘宋等中原地区。隋唐时期是高句丽音乐发展由盛及衰的阶段，在公元668年之后，作为唐朝宫廷俗乐的高丽乐部获得了近二百年的传承，高句丽音乐亦随着迁入的原高句丽遗民逐渐融入唐朝多元的音乐文化之中。公元5世纪之后，高句丽完成了政治中心的转移，与百济和新罗并列成为朝鲜半岛的三个主要国家。百济音乐与高句丽音乐产生自同一母体音乐文化，与高句丽音乐保持着紧密的联系；新罗音乐与高句丽音乐有着明显的差异，然而两者存在音乐交流的可能。高丽时期仍留存有高句丽、百济、新罗的音乐，然而后世朝鲜半岛流传的乐器、舞蹈与高句丽的使用乐器、舞蹈已不具有直接的继承关系。高句丽音乐在公元6—7世纪之时传入日本，成为三韩乐中的一部分。公元7世纪高句丽灭国后，其音乐仍然在日本继续传承，直到公元9世纪中叶，随着日本自身雅乐制度的变迁，高句丽音乐逐渐融入日本雅乐"高丽乐"之中。

综上所述，通过对集安高句丽墓音乐壁画中乐舞图、伎乐仙人图的具体分析，我们得以对公元4—7世纪高句丽的音乐历史获得了一定认知。此一时期为高句丽音乐全盛至衰落的重要阶段，是高句丽音乐历史中最为重要的历史时期。集安高句丽墓中的音乐壁画是目前所知最为典型的高句丽壁画墓音乐图像，凸显了高句丽音乐文化特征。通过音乐壁画的对比可知，朝鲜半岛公元4—7世纪大同江、载宁江流域壁画墓具有"高句丽化"的过程，并非简单的"高句丽壁画墓"。由此可知，集安高句丽墓壁画的音乐考古学研究是公元4—7世纪高句丽音乐历史研究中的重要内容，亦是未来高句丽音乐全史研究的有力基础，具有多方面的学术价值：首先，它对目前所知最为直接、典型的高句丽音乐史料进行剖析，具有高句丽历史研究的重要意义。其次，它是对公元4—7世纪东北音乐历史的推进，亦是对中国古代少数民族音乐历史研究的尝试。第三，它对朝鲜半岛三国时期音乐历史研究具有重要意义，是对东亚音乐历史的深入细化。第四，它是对图像类音乐文物的实验研究，探讨图像类音乐文物的研究方法。第五，它补充高句丽研究中学科交叉的研究内容，进而对高句丽的整体研究有所裨益。

搁笔于此，深知本书有许多不完善之处，如与朝鲜半岛音乐发展的关系、高丽乐在日本右方乐中的遗存等问题还可以进一步深入挖掘。本书仅以目前所得恳请方家不吝斧正，日新又新，以期在未来的研究中更进一步。从某种意义上说，是集安高句丽壁画墓让高句丽音乐变得触手可及，它是一个历史的定点，让我们得以一窥公元4—7世纪高句丽的音乐风貌。尽管最终消失融入于东亚音乐长河，高句丽音乐以其绽放的独特光彩拥有中国古代音乐历史乃至东亚音乐历史的一席之地，曾经的袖舞飘转、流逝的弦管和鸣，凝结在集安高句丽墓音乐壁画的点点斑驳之中，冰冷的墙壁在手掌的轻抚下渐有温度，倾诉着一代先民的古老传奇。

结论

参考文献

一、中文参考文献

(一) 古籍

1.[战国] 韩非《韩非子》,上海古籍出版社1989年版。

2.[汉] 司马迁《史记》,中华书局1959年版。

3.[汉] 班固撰、[唐] 颜师古注《汉书》,中华书局1962年版。

4.[汉] 毛亨传、[汉] 郑玄笺、[唐] 孔颖达疏、龚抗云等整理《毛诗正义》(上中下),北京大学出版社1999年版。

5.[汉] 刘歆撰,[晋] 葛洪集,向新阳、刘克任校注《西京杂记校注》,上海古籍出版社1991年版,

6.[晋] 崔豹《古今注》,中华书局1985年版。

7.[晋] 陈寿撰、[宋] 裴松之注《三国志》,中华书局1959年版。

8.[南朝刘宋] 范晔撰、[唐] 李贤等注《后汉书》,中华书局1965年版。

9.[梁] 沈约《宋书》,中华书局1974年版。

10.[北魏] 杨衒之著、杨勇校笺《洛阳伽蓝记校笺》,中华书局2006年版。

11.[北齐] 魏收《魏书》,中华书局1974年版。

12.[唐] 李百药《北齐书》,中华书局1972年版。

13.[唐] 令狐德棻等《周书》,中华书局1971年版。

14.[唐] 房玄龄等《晋书》,中华书局1974年版。

15. ［唐］姚思廉《梁书》，中华书局1973年版。

16. ［唐］李延寿《北史》，中华书局1974年版。

17. ［唐］李延寿《南史》，中华书局1975年版。

18. ［唐］魏征等《隋书》，中华书局1973年版。

19. ［唐］李林甫等撰、陈仲夫点校《唐六典》，中华书局1992年版。

20. ［唐］杜佑撰、王文锦等点校《通典》，中华书局1988年版。

21. ［唐］南卓、［唐］段安节、［宋］王灼《羯鼓录·乐府杂录·碧鸡漫志》，古典文学次出版社1957年版。

22. ［后晋］刘昫等《旧唐书》，中华书局1975年版。

23. ［宋］欧阳修、宋祁《新唐书》，中华书局1975年版。

24. ［宋］王溥《唐会要》，上海古籍出版社2006年版。

25. ［宋］郑樵《通志》，中华书局1987年版，万有文库十通本影印本。

26. ［宋］司马光编著、［元］胡三省音注《资治通鉴》，中华书局1956年版。

27. ［宋］王钦若等编撰、周勋初等校订《册府元龟》，凤凰出版社2006年版。

28. ［宋］郭茂倩《乐府诗集》，中华书局1979年版。

29. ［宋］沈括著、胡道静校正《梦溪笔谈校证》，上海古籍出版社1987年版。

30. ［宋］张礼《游城南记》，上海古籍出版社1993年版。

31. ［宋］陈旸《乐书》，影印文渊阁四库全书第211册，（台湾）商务印书馆。

32. ［宋］李昉等《太平御览》，影印文渊阁四库全书第898、899、900册，（台湾）商务印书馆。

33. ［元］脱脱等《辽史》，中华书局1974年版。

34. ［元］脱脱等《金史》，中华书局1975年版。

35. ［元］脱脱等《宋史》，中华书局1977年版。

36. ［元］马端临《文献通考》（上、下），中华书局1986年版。

37. ［明］宋濂等《元史》，中华书局1976年版。

38. ［清］王琦注《李太白全集》，中华书局1977年版。

39. ［清］孙诒让《周礼正义》，中华书局1987年版。

40. ［清］张廷玉等《明史》，中华书局1974年版。

41. ［清］允禄等《御制律吕正义后编》，影印文渊阁四库全书第217册，（台湾）商务印书馆。

42. [清]陈元龙等编《御定历代赋彙》,影印文渊阁四库全书第1421册,(台湾)商务印书馆。

43. 赵尔巽等《清史稿》,中华书局1977年版。

(二)著作

1. 叶伯和《中国音乐史》,上卷(1922年版)、下卷(1929年版)。

2. 郑觐文《中国音乐史》,上海山东路望平印刷所1929年版。

3. 许之衡《中国音乐小史》,商务印书馆1931年版。

4. 王光祈《中国音乐史》,中华书局1934年版。

5. [日]田边尚雄著、陈清泉译《中国音乐史》,商务印书馆1937年版。

6. 杨荫浏《中国音乐史纲》,上海万叶书店1952年版。

7. 河南省文物局文物工作队《河南邓县彩色画像砖》,文物出版社1958年版。

8. 中国音乐研究所《中国音乐史参考图片·第8辑》,音乐出版社1959年版。

9. 中国戏曲研究院编《中国古典戏曲论著集成(一)》,中国戏剧出版社1959年版。

10. [朝]文河源、文钟祥著,柳修彰等译《朝鲜音乐》,音乐出版社1962年版。

11. 吉联抗辑译《〈吕氏春秋〉中的音乐史料》,上海文艺出版社1963年版。

12. 廖辅叔《中国古代音乐简史》,人民音乐出版社1964年版。

13. [日]岸边成雄著,梁在平、黄志炯译《唐代音乐史的研究》,台湾中华书局1973年版。

14. 山西省图书馆《中国、日本、朝鲜、越南四国历史年代对照表(公元前660—公元1918年)》,山西省图书馆编印,1979年版。

15. 湖北省博物馆《随县曾侯乙墓》,文物出版社1980年版。

16. 杨荫浏《中国古代音乐史稿》,人民音乐出版社1981版。

17. 姜孟山《高句丽的足迹》,延边人民出版社1982年版。

18. 谭其骧主编《中国历史地图集·秦、西汉、东汉时期》,中国地图出版社1982年版。

19. 谭其骧主编《中国历史地图集·东晋十六国、南北朝时期》,中国地图出版社1982年版。

20. 谭其骧主编《中国历史地图集·隋唐五代十国时期》，中国地图出版社1982年版。

21. ［日］伊庭孝著、郎樱译《日本音乐史》，人民音乐出版社1982年版。

22. 中国硅酸盐学会主编《中国陶瓷史》，文物出版社1982年版。

23. 逯钦立辑校《汉魏晋南北朝诗》，中华书局1983年版。

24. 朝鲜民主主义人民共和国社会科学院考古研究所编，李云铎译，顾铭学、方起东校《朝鲜考古学概要》，黑龙江省文化出版社编辑室，1983年版。

25. 薛宗明《中国音乐史·乐器篇》（上），（台湾）商务印书馆1983年版。

26. 吉林省文物志编委会《集安县文物志》1984年版。

27. 郑德渊《中国乐器学：中国乐器的艺术性与科学理论》，台湾声韵出版社1984年版。

28. 甘肃省文物队、甘肃省博物馆、嘉峪关文物管理所《嘉峪关壁画墓发掘报告》，文物出版社1985年版。

29. 中国艺术研究院音乐研究所《中国音乐词典》编辑部《中国音乐词典》，人民音乐出版社1985年版。

30. ［日］星旭著、李星光译《日本音乐简史》，北京大学出版社1986年版。

31. 文化部文物局、故宫博物院《全国出土文物珍品选（1976—1984）》，文物出版社1987年版。

32. ［日］岸边成雄著、王耀华译《古代丝绸之路的音乐》，人民音乐出版社1988年版。

33. 谭其骧主编《中国历史地图集》释文汇编·东北卷，中央民族学院出版社1988年版。

34. 中国艺术研究院音乐研究所《中国音乐史图鉴》，人民音乐出版社1988年版。

35. 甘肃省文物考古研究所编《酒泉十六国墓壁画》，文物出版社1989年版。

36. 中国考古学会《中国考古学年鉴·1988》，文物出版社1989年版。

37. 夏野《中国古代音乐史简编》，上海音乐出版社1989年版。

38. 湖北省博物馆《曾侯乙墓》，文物出版社1989年版。

39. 黄翔鹏《传统是一条河流》，人民音乐出版社1990年版。

40. 吴钊、刘东升《中国古代音乐史略》（第2版），人民音乐出版社1993年版。

41. 魏存成《高句丽考古》，吉林大学出版社1994年版。

42. 金文达《中国古代音乐史》,人民音乐出版社1994年版。

43. 中国舞蹈艺术研究会舞蹈史研究组编《全唐诗中的乐舞资料》,人民音乐出版社1996年版。

44. 方建军《中国古代乐器概论(远古—汉代)》,陕西人民出版社1996年版。

45.《中国音乐文物大系》总编辑部《中国音乐文物大系·河南卷》,大象出版社1996年版。

46.《中国音乐文物大系》总编辑部《中国音乐文物大系·上海卷·江苏卷》,大象出版社1996年版。

47.《中国音乐文物大系》总编辑部《中国音乐文物大系·四川卷》,大象出版社1996年版。

48. 李纯一《中国上古出土乐器综论》,文物出版社1996年版。

49. 黄翔鹏《中国古代音乐史》,(台湾)汉唐乐府1997年版。

50. 孙进已、孙海主编《高句丽渤海研究集成》,哈尔滨出版社1997年版。

51. 蒋非非、王小甫等《中韩关系史(古代卷)》,社会科学文献出版社1998年版。

52. 杨春吉等《高句丽史籍汇要》,吉林人民出版社1998年版。

53. 倪军民等《中国学者高句丽研究文献叙录》,吉林人民出版社1998年版。

54.《中国音乐文物大系》总编辑部《中国音乐文物大系·甘肃卷》,大象出版社1998年版。

55. 郑祖襄《中国古代音乐史学概论》,人民音乐出版社1998年版。

56. 张博泉、魏存成主编《东北古代民族考古与疆域》,吉林大学出版社1998年版。

57.《中国音乐文物大系》总编辑部《中国音乐文物大系·北京卷》,大象出版社1999年版。

58.《中国音乐文物大系》总编辑部《中国音乐文物大系·陕西卷·天津卷》,大象出版社1999年版。

59.《中国音乐文物大系》总编辑部《中国音乐文物大系·湖北卷》,大象出版社1999年版。

60.《中国音乐文物大系》总编辑部《中国音乐文物大系·新疆卷》,大象出版社1999年版。

61.《中国音乐文物大系》总编辑部《中国音乐文物大系·山西卷》,大象出版社2000年版。

62. 河南省文物考古研究所、周口市文化局编《鹿邑太清宫长子口墓》,中州古籍出版社2000年版。

63. 《中国音乐文物大系》总编辑部《中国音乐文物大系·山东卷》,大象出版社2001年版。

64. 魏存成《高句丽遗迹》,文物出版社2002年版。

65. 吉林省文物考古研究所、集安市博物馆《洞沟古墓群1997年调查测绘报告》,科学出版社2002年版。

66. 冯汉骥《前蜀王建墓发掘报告》,文物出版社2002年版。

67. 郑汝中《敦煌壁画乐舞研究》,甘肃教育出版社2002年版。

68. 王子初《中国音乐考古学》,福建教育出版社2003年版。

69. 马大正、李大龙、耿铁华、权赫秀《古代中国高句丽历史续论》,中国社会科学出版社2003年版。

70. 中国社会科学院考古研究所、河北省文物研究所《磁县湾漳北朝壁画墓》,中国科学出版社2003年版。

71. 蔡仲德《中国音乐美学史》(上、下),人民音乐出版社2003年版。

72. [英]鲁斯·米德格雷等编著、关肇元译《世界乐器》,中国青年出版社2004年版。

73. 陕西省考古研究所《唐李宪墓发掘报告》,科学出版社2005年版。

74. 太原市文物考古研究所《隋代虞弘墓》,文物出版社2005年版。

75. 山西省考古研究所、太原市文物考古研究所《北齐东安王娄睿墓》,文物出版社2006年版。

76. 杨军、张乃和《东亚史》,长春出版社2006年版。

77. 刘再生《中国古代音乐史简述(修订版)》,人民音乐出版社2006年版。

78. 《中国音乐文物大系》总编辑部《中国音乐文物大系Ⅱ·湖南卷》,大象出版社2006年版。

79. 孙仁杰、迟勇《集安高句丽墓葬》,香港亚洲出版社2007年版。

80. 张福有《高句王陵通考》,香港亚洲出版社2007年版。

81. 韩昇《正仓院》,上海人民出版社2007年版。

82. 王培新《乐浪文化——以墓葬为中心的考古学研究》,科学出版社2007年版。

83. 《中国音乐文物大系》总编辑部《中国音乐文物大系Ⅱ·内蒙古卷》,大象出版社2007年版。

84. 中国艺术研究院音乐研究所编《黄翔鹏文存》，山东文艺出版社2007年版。

85. 耿铁华《高句丽古墓壁画研究》，吉林大学出版社2008年版。

86.〔韩〕张师勋著、朴春妮译《韩国音乐史》，中央音乐学院出版社2008年版。

87. 郑祖襄《中国古代音乐史》，高等教育出版社，2008年版。

88.〔英〕彼得·伯克著、杨豫译《图像证史》，北京大学出版社，2008年版。

89.《中国音乐文物大系》总编辑部《中国音乐文物大系Ⅱ·河北卷》，大象出版社2008年版。

90. 吉林省文物考古研究所《吉林集安高句丽墓葬报告集》，科学出版社2009年版。

91.《中国音乐文物大系》总编辑部《中国音乐文物大系Ⅱ·江西卷·续河南卷》，大象出版社2009年版。

92.《中国音乐文物大系》总编辑部《中国音乐文物大系Ⅱ·广东卷》，大象出版社2010年版。

93. 吉林省文物考古研究所《集安出土高句丽文物集粹》，科学出版社2010年版。

94. 萧亢达《汉代乐舞百戏艺术研究（修订版）》，文物出版社2010年版。

95. 朴灿奎等《朝鲜南浦市龙冈郡玉桃里一带历史遗迹》，亚洲出版社2011年版。

96.《中国音乐文物大系》总编辑部《中国音乐文物大系Ⅱ·福建卷》，大象出版社2011年版。

97. 徐光冀主编《中国出土壁画全集·辽宁吉林黑龙江卷》，科学出版社2012年版。

98. 耿铁华、李乐营《高句丽研究史》，吉林大学出版社2012年版。

99. 王子初等《中国音乐考古80年》，上海音乐学院出版社2012年版。

100. 耿铁华、李乐营《高句丽研究文献目录（1952—2012）》，吉林大学出版社2013年版。

101.〔日〕林谦三著，钱稻孙译，曾维德、张思睿校注《东亚乐器考》，上海书店出版社2013年版。

102. 冯文慈《中外音乐交流史：先秦—清末》，人民音乐出版社2013年版。

103.《古代汉语词典编写组》编《古代汉语词典》（第2版），商务印书馆2014年版。

104. 郑春颖《高句丽服饰研究》，中国社会科学出版社2015年版。

105.〔韩〕徐海淮《〈乐学轨范〉唐部乐器图说之研究》，华中师范大学出版社2015年版。

（三）学位论文

硕士学位论文

1. 张日善《百济与中国的关系》，延边大学2001年硕士学位论文。

2. 李娜《关于卧箜篌几个问题的探讨》，天津音乐学院2007年硕士学位论文。

3. 彭洁波《宋前袖舞流变考》，湖南师范大学2009年硕士学位论文。

4. 陈爽《高句丽兵器研究》，吉林大学2010年硕士学位论文。

5. 黎家棣《古代阮与现代阮的比较——阮的身份、定位和发展》，上海音乐学院2011年硕士学位论文。

6. 白玉梅《日本高句丽研究史综述》，东北师范大学2013级硕士学位论文。

7. 王策《朝鲜玉桃里高句丽墓葬研究》，吉林大学2013年硕士学位论文。

博士学位论文

1. 贺志凌《新疆出土箜篌的音乐考古学研究》，中国艺术研究院2005年博士学位论文。

2. 姜清波《入唐三韩人研究》，暨南大学2005年博士学位论文。

3. 孙力楠《东北地区2—6世纪墓葬壁画研究》，吉林大学2008年博士学位论文。

4. 刘洋《唐代宫廷乐器组合研究》，中国艺术研究院2008年博士学位论文。

5. 李乐营《高句丽宗教信仰研究》，东北师范大学2009年博士学位论文。

6. 李大龙《〈三国史记·高句丽本纪〉研究》，中央民族大学2009年博士学位论文。

7. 赵俊杰《4—7世纪大同江、载宁江流域封土石室墓研究》，吉林大学2009年博士学位论文。

8. 郑春颖《高句丽遗存所见服饰研究》，吉林大学2011年博士学位论文。

9. 李林《石室丹青——辽东汉魏墓室壁画研究》，中央美术学院2011年博士学位论文。

10. 张士东《从高句丽语看高句丽与周边民族关系》，吉林大学2012年博士学位论文。

11. 孙颢《高句丽玉陶器研究》，吉林大学2012年博士学位论文。

（四）期刊论文

1. 宿白《朝鲜安岳所发现的冬寿墓》,《文物参考资料》1952年第1期。

2. 李文信《辽阳发现的三座壁画古墓》,《文物参考资料》1955年第5期。

3. 湖南省文物管理委员会《长沙出土的三座大型木椁墓》,《考古学报》1957年第1期。

4. ［朝］全畴农撰、奚传绩译《关于高句丽古坟壁画上乐器的研究》,《音乐研究》1959年第3—4期。

5. 陕西省文物管理委员会《西安南郊草厂坡村北朝墓的发掘》,《考古》1959年第6期。

6. 山西考古所唐墓工作组《西安东郊唐苏思勖墓清理简报》,《考古》1960年第增刊。

7. 熊培庚《唐苏思勖墓壁画舞乐图》,《文物》1960年增刊。

8. 吉林省博物馆《吉林辑安五盔坟四号和五号墓清理略记》,《考古》1964年第2期。

9. 王承礼、韩淑华《吉林辑安通沟第十二号高句丽壁画墓》,《考古》1964年第2期。

10. 吉林省博物馆集安考古研究队《吉林集安麻线沟1号壁画墓》,《考古》1964年第10期。

11. 河南省博物馆《河南安阳北齐范粹墓发掘简报》,《文物》1972年第1期。

12. 洛阳市博物馆《洛阳北魏元邵墓》,《考古》1973年第4期。

13. 磁县文化馆《河北磁县东陈村东魏墓》,《考古》1977年第6期。

14. 青海省文物管理处考古队《青海大通县上孙家寨出土的舞蹈纹彩陶盆》,《文物》1978年第3期。

15. 随县擂鼓墩一号墓考古发掘队《湖北随县曾侯乙墓发掘简报》,《文物》1979年第7期。

16. 吉联抗《〈世本·作篇〉乐事类钞》,《音乐研究》1980年第4期,第101—109页。

17. 方起东《集安高句丽墓壁画中的舞乐》,《文物》1980第7期。

18. 扬州博物馆《江苏邗江蔡庄五代墓清理简报》,《文物》1980年第8期。

19. 淅川文管会、信阳地区文管会《河南淅川下寺一号墓发掘简报》,《考古》

1981年第2期。

20. 集安县文物保管所、吉林省文物工作队《吉林集安洞沟三室墓清理记》,《考古与文物》1981年第3期。

21. 李殿福《集安洞沟三室墓壁画著录补正》,《考古与文物》1981年第3期。

22. 吉林省文物工作队等《集安长川一号壁画墓》,《东北考古与历史》1982年第1期。

23. 李殿福《唐代渤海贞孝公主墓壁画与高句丽壁画比较研究》,《黑龙江文物丛刊》1983年第2期。

24. 黄启善《宋代花腔腰鼓》,《乐器》1983年第3期。

25. 吉林省文物工作队《吉林集安五盔坟四号墓》,《考古学报》1984第1期。

26. 吉林省考古研究室、集安县博物馆《集安高句丽考古的新收获》,《文物》1984年第1期。

27. 洛阳市文物工作队《洛阳近几年来搜集的珍贵历史文物》,《中原文物》1984年第3期。

28. 磁县文化馆《河北磁县东魏茹茹公主墓发掘简报》,《文物》1984年第4期。

29. 山西省考古研究所《山西长子县东周墓》,《考古学报》1984年第4期。

30. 河南信阳地区文管会、光山县文管会《春秋早期黄君孟夫妇墓发掘报告》,《考古》1984年第4期。

31. 春明亮《"两头笛"和"双音笛"剖析》,《乐器》1984年第5期。

32. 屠式璠《双音笛与两头笛、叉手笛——谈古代管乐器对我们的启发》,《乐器》1984年第6期。

33. 耿铁华《高句丽民俗概述》,《求是学刊》1986年第5期。

34. 方起东《唐高丽乐舞札记》,《博物馆研究》1987年第1期。

35. 伍国栋《长鼓研究——兼论细腰鼓之起源》,《中国音乐学》1987年第4期。

36. 河南省文物研究所,鲁山县人民文化馆《河南鲁山段店窑的新发现》,《华夏考古》1988年第1期。

37. 韩国鐄《音乐图像学的范围和意义》,《中国音乐学》1988年第4期。

38. 黄翔鹏《均钟考》(上、下),《黄钟》1989年第1、2期。

39. [日]岸边成雄著、樊一译《古代朝鲜的乐器(续)》,《乐器》1989年第1、2期。

40. 杨荫浏《国乐的前途及其研究》,《中国音乐学》1989年第4期。

41. 高洁译《高句丽的音乐、舞蹈和杂技》,《历史与考古信息》,1990年第1期。

42. 耿铁华《高句丽民族的长袖舞》,载《古民俗研究》第1集,吉林文史出版社1990年版,第125—137页。

43. 庄壮《唐代"武氏阮咸"》,《中国音乐》1990年第4期。

44. 黎大祥《武威出土的唐代乐器》,《乐器》1991年第2期。

45. 张志立《高句丽风俗研究》,张志文、王宏刚主编《东北亚历史与文化》,辽沈书社1991年版。

46. 李随林、刘航宇《绿釉乐舞扁壶时代考》,《中州古今》1993年第4期。

47. 〔韩〕宋芳松撰、金成俊译《从音乐史学角度探渤海国音乐——以日本六国史为在中心》,《乐府新声》1993年第3期。

48. 凌瑞兰《东北古代音乐传入中原的文化考察》,《乐府新声》1994年第4期。

49. 洛阳市文物工作队《洛阳孟津北陈村北魏壁画墓》,《文物》1995年第8期。

50. 韩昇《"魏伐百济"与南北朝时期东亚国际关系》,《历史研究》1995年第3期。

51. 甘肃省文物考古研究所《甘肃酒泉西沟村魏晋墓发掘报告》,《文物》1996年第7期。

52. 杨育《谈高句丽壁画中的舞蹈》,载《高句丽历史与文化研究》,吉林文史出版社,1997年版,第227—286页。

53. 温其洲《宋代广西烧造腰鼓的瓷窑及定窑、磁州窑腰鼓》,《广西社会科学》1997年第5期。

54. 杨保隆《高句骊族族源与高句骊人流向》,《民族研究》1998年第4期。

55. 王纯信《高句丽民族"爱莲尚莲"滥觞考论》,《吉林艺术学院学报》1999年第4期。

56. 郑祖襄《一部仍具学术价值的"旧著"——谈杨荫浏先生的〈中国音乐史纲〉》,《中国音乐学》1999年第4期。

57. 王子初《且末扎滚鲁克箜篌的形制结构及其复原研究》,《文物》1999年第7期。

58. 马大正《中国学者高句骊历史研究的百年历程》,《中国边疆史地研究》2000年第1期。

59. 温玉成《集安长川高句丽一号墓的佛教壁画》,《敦煌研究》,2001年第1期。

60. 王丽萍《浅析高句丽舞乐在历史上的地位和作用》,《社会科学战线》2001年第6期。

61. 庄壮《敦煌壁画上的打击乐器》,《交响》2002年第4期。

62. 赵霞《高句丽乐舞与吴越文化的渊源窥探》,《绍兴文理学院学报》2002年第6期。

63. [韩] 宋芳松著、顾铭学译《从音乐史上考察长川1号坟——以壁画的乐器为中心》,《东北亚考古资料译文集》第4辑,北方文物杂志社2002年版。

64. 刘未《辽阳汉魏晋壁画墓研究》,《边疆考古研究》2003年第2期。

65. 陈海涛《胡旋舞、胡腾舞与柘枝舞——对安伽墓与虞弘墓中舞蹈归属的浅析》,《考古与文物》2003年第3期。

66. 孔培培《杨荫浏著〈中国音乐史纲〉和〈中国古代音乐史稿〉比较研究》,《中国音乐学》2003年第3期。

67. 山西省考古研究所、太原市文物考古研究所《太原北齐徐显秀发掘简报》,《文物》2003年第10期。

68. 孙海《德国出土的 "万年骨笛"》,《人民音乐》2003年第10期。

69. 魏存成《中原、南方政权对高句丽的管辖册封及高句丽改称高丽时间考》,《史学集刊》2004年第1期,第73—79页。

70. 马大正《中国学者的高句丽归属研究评析》,《东北史地》2004年第1期。

71. 魏存成《集安在高句丽历史上的重要地位及其遗产表现》,《吉林大学社会科学学报》2004年第2期。

72. 李宗勋《韩国的高句丽研究及其史观——以高句丽归属问题为中心》,《史学集刊》2004年第4期。

73. 张威威《韩国对 "高句丽史" 问题评论综述》,《国际资料信息》2004年第9期。

74. 李惠求、宫宏宇《朝鲜安岳第三号坟壁画中的奏乐图(上、下)》,《黄钟》,2004年第4期、2005年第1期。

75. 林林《从民族音乐学的视角看东北与中原音乐文化交流》,《乐府新声》2005年第4期。

76. 武家昌《冬寿墓壁画中的乐器及相关问题》,《博物馆研究》2006年第1期。

77. 刘伟《儒家思想在高句丽前期的传播原因及影响》,《东北史地》2006年第1期。

78. 李德山《高句丽族人口去向考》,载《社会科学辑刊》2006年第1期。

79. 拜根兴《高句丽、百济移民关系问题研究的现状与展望》,《中国历史地理论丛》2006年第2辑。

80. 赵昆雨《云冈石窟乐舞雕刻研究》,《敦煌研究》2007年第2期。

81. 徐杰《高句丽音乐研究及其价值》,《通化师范学院学报》2008年第5期。

82. 南京市博物馆、南京市江宁区博物馆《南京江宁上坊孙吴墓发掘简报》,《文物》2008年第12期。

83. 叶倩《陶瓷腰鼓考》,《上海博物馆集刊》2008年年刊。

84. 宋娟《长白山鼓吹乐初探——以高句丽鼓吹乐为中心》,《东北史地》2009年第1期。

85. 付百臣《改革开放以来中国高句丽史研究述评》,《东北史地》2009年第2期。

86. 李娜《卧箜篌起源探微》,《天籁》2009年第3期。

87. 杨民康《唐代进入长安的缅甸佛教乐舞〈骠国乐〉——乐器篇》,《交响》2010年第3期。

88. 王希丹《集安高句丽音乐文化研究》,《第三届东亚音乐考古学国际研讨会论文集》,2011年。(后修改发表于《乐府新声》2014年第1期)

89. 周菁葆《德国发现了世界最早的骨笛》,《乐器》2011年第3期。

90. 朱国伟《南京江宁上坊孙吴墓所出"抚琴俑"辨析》,《交响》2011年第4期。

91. 韦正《试谈酒泉丁家闸5号壁画墓的时代》,《文物》2011年第4期。

92. 魏存成《如何处理和确定高句丽的历史地位》,《吉林大学社会科学学报》2011年第4期。

93. 李海涛《略论高句丽的佛教及影响》,《世界宗教文化》2011年第6期。

94. 杨莹沁《汉末魏晋南北朝时期墓葬中神仙与佛教混合图像分析》,《石窟寺研究》2012年年刊。

95. 郑祖襄《谈杨荫浏对田边尚雄"中国音乐外来说"的批评》,《音乐研究》2012年第1期。

96. 赵俊杰《从壁画中轺车图像的演变看三座高句丽壁画墓的编年》,《北方文物》2012年第2期。

97. 郑祖襄《明道救世与近代中国音乐史学》,《艺术百家》2012年第3期。

98. 洛秦《视觉艺术中的可视性声音文化维度及其意义——音乐图像学的独特性与不可替代性》,《音乐艺术》2012年第4期。

99. 李荣有《图像学的历史传统及其与现代的接轨》,《艺术百家》2012年第6期。

100. 栾国琴《试析百济金铜大香炉中的中国文化因素》,《哈尔滨师范大学社会科学学报》2013年第3期。

101. 孙作东、李树林的文章《论"高丽乐舞"产生的历史条件》,《音乐创作》2013年第8期。

102. 刘伟《高句丽乐文化考》,《社会科学战线》2013年第11期。

103. 赵俊杰、梁建军《朝鲜境内高句丽壁画墓的分布、形制与壁画主题》,《边疆考古研究》2013年第13期。

104. 张哲俊《高句丽琉璃王〈黄鸟歌〉:汉诗还是汉译诗?》,《外国文学评论》2014年第1期。

105. 魏存成《新中国成立以来高句丽考古的主要发现与研究》,《社会科学战线》2014年第2期。

106. 李娜《卧箜篌音乐特性探析》,《齐鲁艺苑》2014年第5期。

107. 王放歌《高句丽古墓壁画中的乐器》,《社会科学战线》2014年第6期。

108.《考古与文物》编辑部《"唐韩休墓出土壁画学术研讨会"纪要》,《考古与文物》2014年第6期。

109. 王子初《说有容易说无难——对舞阳出土骨笛的再认识》,《音乐研究》2014年第2期。

110. 赵欣《西方学者的高句丽研究》,《东北史地》2015年第1期。

111. 李晓燕《高句丽宫廷舞蹈的历史文化》,《乐府新声》2015年第2期。

112. 田小书《长川一号墓壁画在高句丽音乐史上的价值》,《交响》2015年第4期。

113. 王玲《西方音乐图像学的发展历史及国内外音乐舞蹈图像研究现状述评》,《民族艺术研究》2015年第6期。

114. 李荣有《中国图像学释义——〈中国音乐图像学概论〉导言》,《人民音乐》2015年第8期。

115. 葛兆光《成为文献:从图像看传统中国之"外"与"内"——葛兆光在上海博物馆的讲演》,《文汇报》第W11版,2015年11月13日。

116. 王希丹《论集安高句丽墓壁画中的细腰鼓》,《音乐研究》,2016年第2期。

117. 王希丹《论集安高句丽墓乐舞图中的舞姿》,《乐舞研究》第2卷,陕西师范大学出版总社2016年版。

118. 田小书《高句丽乐刍议》,《通化师范学院学报》,2016年第6期。

二、外文文献

(一)古籍

1.〔高丽〕金富轼著、孙文范等校勘《三国史记》,吉林文史出版社2003年版。

2.〔朝鲜〕郑麟趾等《高丽史》,奎章阁藏本。

3.〔朝鲜〕成伣等《乐学轨范》,蓬左文库本。

4.〔日〕舍人亲王等《日本书纪》,岩波书店新日本古典文学大系本。

5.〔日〕藤原冬嗣等《日本后纪》,集英社译注本。

6.〔日〕藤原继绳等《续日本纪》,岩波书店新日本古典文学大系本。

(二)著作

1.〔日〕朝鲜总督府《朝鲜古迹图谱》二,1915年版。

2.〔日〕池内宏、梅原末治《通沟:"满洲国"通化省辑安县高句丽遗迹(上、下)》,"日满文化协会"1938、1940年版。

3.〔日〕关野贞《朝鲜建筑芸術》,岩波书店1941年版。

4.〔日〕《朝鲜古文化综鉴》第2卷,养德社,昭和23年(1948)版。

5.〔朝〕科学院考古学与民俗学研究所《考古学资料集第1集—大同江流域古坟发掘报告》,科学院出版社1958年版。

6.〔朝〕科学院考古学与民俗学研究所《遗迹发掘调查报告第3集—安岳第3号坟发掘报告》,科学院出版社1958年版。

7.〔朝〕科学院考古学与民俗学研究所《遗迹发掘报告第5集—台城里古坟群发掘报告》,科学院出版社1959年版。

8.〔朝〕科学院考古学与民俗学研究所《考古学资料集第2集—大同江与载宁江流域古坟发掘报告》,科学院出版社1959年版。

9.〔朝〕科学院考古学与民俗学研究所《考古学资料集第3集——各地遗迹整理报告》,科学院出版社1963年版。

10.〔日〕《朝鲜古文化综鉴》第4卷,养德社,昭和41年（1966）版。

11.〔朝鲜〕朝鲜民主主义人民共和国文物保存指导局画册编辑室《高句丽壁画》,朝鲜中央历史博物馆1979年版。

12.〔韩〕宋芳松《韩国音乐通史》,韩国一潮阁1984年版。

13.〔日〕朝鲜画报社《高句丽古坟壁画》,朝鲜画报社出版部1985年版。

14.〔韩〕张师勋《韩国音乐史》,世光音乐出版社1986年版。

15. Edited by Stanley Sadie/Executive editor John Tyrrell: The New Grove Dictionary of Music and Musicians, 2001.

16.〔日〕平山郁夫、早乙女雅博《高句丽壁画古坟》,共同通信社2005年版。

17.〔韩〕金圣惠《新罗土偶中的音乐和舞蹈》,韩国民俗馆2009年版。

18.〔韩〕金圣惠《三国时代音乐史研究》,韩国民俗馆2009年版。

19.〔韩〕东北亚历史财团《玉桃里高句丽壁画墓》,2011年版。

（三）学位论文

1.〔韩〕韩基博《高丽时代杖鼓鼓腔研究》,韩国牧园大学研究生院韩国音乐系2012年硕士学位论文。

2. 王飞峰《高句丽瓦当研究》,高丽大学2013年博士学位论文。

（四）期刊论文

1.〔日〕关野贞《满洲集安县及平壤附近高句丽时代遗迹》,《考古学杂志》第五卷第三号,1914年。

2.〔日〕岸边成雄《鸭绿江畔高句丽遗迹壁画上所见的歌舞音乐资料》,《东洋音乐研究》1937年第1期。

3.〔朝〕宋锡夏《集安高句丽古坟和乐器》,《春秋》第2卷,1941年。

4.〔朝〕全畴农《关于高句丽壁画中出现的乐器研究（1）（2）》,《文化遗产》1957年第1—2期。

5.〔韩〕李惠求《韩国音乐研究》,国民音乐研究会,1957年版。

6.〔韩〕宋芳松《长川1号坟的音乐史学检讨》,《韩国古代音乐史研究》,韩国一志社,1985年。

7. Song Bang—Song, "KoguryoInstruments in Tomb No. 1 at Ch'ang—ch'uan, Manchuria", *Musica asiatica* 6, Cambrigde University Press, 1991, pp1—17.

8.〔韩〕孙英姬《对五弦琴的名称和演奏姿势的考察》,《韩国音乐学论集》,韩国音乐史学会,1994年,第589—603页。

9.〔韩〕昔贤珠《乐浪高地和集安的高句丽音乐——以句丽古坟壁画的乐器为中心》,《艺术论文集》第11辑,釜山大学校,1996年。

10.〔韩〕黄美衍《对于集安五盔坟4号墓的奏乐图研究》,《民族音乐学报》10号,韩国民族音会,1997年。

11.〔韩〕李爱珠《高句丽舞蹈民俗学的研究》,韩国学术振兴财团,1997年,第3期。

12.〔韩〕金源文《长川1号坟五弦乐器上"对"的在考察》,《韶岩权五圣博士花甲纪念音乐学论丛》,首尔:论丛刊行委员会,2000年。

13.〔韩〕李晋源《关于高句丽横吹管乐器的研究》,《韩国音乐研究》第30辑,首尔:韩国国乐学会,2001年。

14.〔韩〕李晋源《壁画中看到的高句丽音乐和乐器》,《高句丽研究》第17辑,首尔:高句丽研究会,2004年。

15.〔韩〕李晋源《高句丽音乐研究的难题》,首尔国立大学亚洲音乐研究学会期刊,2006年第28卷。

16.〔韩〕宋惠真《二圣山城木制腰鼓的研究:以东北亚腰鼓遗物和图像资料为中心》,《梨花音乐论集》2006年第10辑。

17.〔韩〕权五圣《韩国最近发掘的高句丽打击乐器"相鼓"和"腰鼓"》,《第二届东亚音乐考古学国际研讨会论文集》,2009年。

18.〔韩〕郑花顺《关于玄琴的原型的再考查》,《汉唐音乐史国际研讨会》,2009年10月,第340—356页。

19.〔日〕中安真理《卧箜篌小考》,《汉唐音乐史国际研讨会》,2009年10月,第679—683页。

20.〔日〕Nakayasu Mori(中安真理):A study of kangon(韩琴)in the Gagakuryo,第三届东亚音乐考古学国际会议论文集,2011年。

21.〔韩〕权五圣《高句丽安岳第3号坟和舞俑冢壁画舞乐图的音乐图像学再检讨》,《第5届东亚细亚音乐考古学国际学术会议论文集》2013年。

附录

附录一　集安高句丽墓音乐壁画总表

壁画墓	壁画主题	壁画内容													
		墓道甬道	侧室、耳室（龛）	前室						甬道				后室	
				整体	左壁	右壁	前壁	后壁	天井	整体	左壁	右壁	前壁	后壁	天井
舞踊墓	人物风俗			群舞图											第三重顶右： 左壁： 男仙人弹卧箜篌 女仙人弹卧箜篌 第四重顶右： 主壁：仙人吹角 第六重顶右： 主壁：仙人吹角
麻线沟1号墓	人物风俗									双人舞图					
通沟12号墓	人物风俗											左侧：双人舞图	右侧：单人舞图		

① 三室墓因三件墓室并相通而得名，音乐图像见于第二室。——笔者注

壁画墓	壁画主题	墓道 甬道	侧室、耳室（龛）	前室 整体	前室 左壁	前室 右壁	前室 前壁	前室 后壁	前室 天井	甬道 整体	甬道 左壁	甬道 右壁	甬道 前壁	后室 后壁	后室 天井
长川1号墓	人物 风俗				群舞图	百戏伎乐图（单人舞图、备舞图）			第六重顶石：东面：仙人吹横笛 仙人弹琵琶类乐器 仙人弹筝类乐器 北面：仙人吹角 仙人弹阮咸 仙人吹竖笛类乐器 南面：仙人吹横笛						
三室墓①	人物 风俗 四神														
五盔坟4号墓	四神														第一重顶石：东南：仙人弹阮咸 仙人吹角 第二重顶石：北面：仙人击细腰鼓 仙人弹卧箜篌 东面：仙人吹排箫 仙人吹横笛 西面：仙人吹角

壁画墓	壁画主题	壁画内容														
		墓道甬道	侧室、耳室（龛）	前室						甬道	后室					
				整体	左壁	右壁	前壁	后壁	天井		整体	左壁	右壁	前壁	后壁	天井
五盔坟5号墓	四神															第二重顶右： 东南：仙人吹横笛 东北：仙人吹排箫， 仙人吹角 西北：仙人弹阮咸 西南：仙人击细腰鼓 仙人弹阮咸箜篌

附录二　中日韩高句丽音乐史籍汇要

典籍名称	所属卷册	内容
《三国志》	卷三十·乌丸鲜卑东夷传·高句丽	汉时赐鼓吹伎人,……其民喜歌舞,国中邑落,暮夜男女群聚,相就歌戏。①
《后汉书》	卷八十五·东夷列传·高句骊	武帝灭朝鲜,以高句骊为县,使属玄菟,赐鼓吹伎人。其俗淫,皆洁净自熹,暮夜辄男女聚为倡乐。②
《梁书》	卷五十四·诸夷列传·东夷·高句骊	汉时赐衣帻、朝服、鼓吹、常从玄菟郡受之。……其俗喜歌舞,国中邑落男女,每夜群聚歌戏。③
《魏书》	卷一百·高句丽传	其俗淫,好歌舞,夜则男女群聚而戏,无贵贱之节,然洁净自喜。④
《隋书》	卷十五·音乐志	始开皇初定令,置七部乐:一曰国伎,二曰清商伎,三曰高丽伎,四曰天竺伎,五曰安国伎,六曰龟兹伎,七曰文康伎。又杂有疏勒、扶南、康国、百济、突厥、新罗、倭国等伎。……及大业中,炀帝乃定清乐、西凉、龟兹、天竺、康国、疏勒、安国、高丽、礼毕,以为九部。乐器工衣创造既成,大备于兹矣。……疏勒、安国、高丽,并起自后魏平冯氏及通西域,因得其伎。后渐繁会其声,以别于太乐。……高丽,歌曲有芝栖,舞曲有歌芝栖。乐器有弹筝、卧箜篌、竖箜篌、琵琶、五弦、笛、笙、箫、小筚篥、桃皮筚篥、腰鼓、齐鼓、担鼓、贝等十四种,为一部。工十八人。⑤

---

①［晋］陈寿撰,［宋］裴注之注《三国志·乌丸鲜卑东夷传》,中华书局1959年版,第843页。

②［南朝刘宋］范晔,［西晋］司马彪《后汉书·东夷列传》,中华书局1965年版,第2813页。

③［唐］姚思廉《梁书·诸夷列传》,中华书局1973年版,第801—802页。

④［北齐］魏收《魏书·高句丽传》,中华书局1974年版,第2215页。

⑤［唐］魏征等《隋书·音乐志》,中华书局1975年版,第376—380页。

典籍名称	所属卷册	内容
	卷八十一·东夷列传·高丽	乐有五弦、琴、筝、筚篥、横吹、箫、鼓之属，吹芦以和曲。每年初，聚戏于淢水之上，王乘腰舆，列羽仪以观之。……死者殡于屋内，经三年，择吉日而葬。居父母及夫之丧，服皆三年，兄弟三月。初终哭泣，葬则鼓舞作乐以送之。①
《南史》	卷七十九·夷貊列传·东夷·高句丽	……俗喜歌舞，国中邑落，男女每夜群聚歌戏。②
《北史》	卷九十四·高丽传	汉武帝元封四年，灭朝鲜，置玄菟郡，以高句丽为县以属之。汉时赐衣帻朝服鼓吹，常从玄菟郡受之。……乐有五弦、琴、筝、筚篥、横吹、箫、鼓之属，吹芦以和曲。每年初，聚戏淢水上，王乘腰舆，列羽仪以观之。……好歌舞，常以十月祭天，……夜则男女群聚而戏，无有贵贱之节。……死者，殡在屋内，经三年，择吉日而葬。居父母及夫丧，服皆三年，兄弟三月。初终哭泣，葬则鼓舞作乐以送之。③
《旧唐书》	卷二十九·音乐志	宋世有高丽、百济乐。魏平冯跋，亦得之而未具。周师灭齐，二国献其乐。隋文帝平陈，得清乐及文康礼毕曲，列九部伎，百济伎不预焉。……高丽乐，工人紫罗帽，饰以鸟羽，黄大袖，紫罗带，大口袴，赤皮靴，五色绦绳。舞者四人，椎髻于后，以绛抹额，饰以金珰。二人黄裙襦，赤黄袴，极长其袖，乌皮靴，双双并立而舞。乐用弹筝一、搊筝一、卧箜篌一、竖箜篌一、琵琶一、义嘴笛一、笙一、箫一、小筚篥一、大筚篥一、桃皮筚篥一、腰鼓一、齐鼓一、檐鼓一、贝一。武太后时尚二十五曲，今惟习一曲，衣服亦寖衰败，失其本风。……歌舞戏，有大面、拨头、踏摇娘、窟礧子戏。……窟礧子，亦云魁礧子，作偶人以戏。善歌舞，本丧家乐也。汉末始用之于嘉会。齐后主高纬尤所好。高丽国亦有之。④

① ［唐］魏征等《隋书·东夷列传》，中华书局1973年版，第1814—1815页。

② ［唐］李延寿《南史·夷貊列传》，中华书局1975年版，第1970页。

③ ［唐］李延寿《北史·高丽传》，中华书局1974年版，第3111—3116页。

④ ［后晋］刘昫等《旧唐书·音乐志》，中华书局1975年版，第1069—1074页。

典籍名称	所属卷册	内容
《旧唐书》	卷九十·杨再思传	再思为御史大夫时，张易之兄司礼少卿同休尝奏请公卿大臣宴于司礼寺，预其会者皆尽醉极欢。同休戏曰："杨内史面似高丽。"再思欣然，请剪纸自帖于巾，欲披紫袍，为高丽舞，紫头舒手，举动合节，满座嗤笑。[①]
《新唐书》	卷二十一·礼乐志	高丽伎，有弹筝、搊筝、凤首箜篌、卧箜篌、竖箜篌、琵琶，以蛇皮为槽，厚寸余，有鳞甲，楸木为面，象牙为捍拨，画国王形。又有五弦、义嘴笛、笙、葫芦笙、箫、小筚篥、桃皮筚篥、腰鼓、齐鼓、檐鼓、龟头鼓、铁版、贝、大觱篥。胡旋舞，舞者立毯上，旋转如风。[②]
	卷二十二·礼乐志	周、隋与北齐、陈接壤，故歌舞杂有四方之乐。至唐，东夷乐有高丽、百济，北狄有鲜卑、吐谷浑、部落稽，南蛮有扶南、天竺、南诏、骠国，西戎有高昌、龟兹、疏勒、康国、安国，凡十四国之乐，而八国之伎，列于十部乐。[③]
	卷一百九·杨再思传	易之兄司礼少卿同休，请公卿宴其寺，酒酣，戏曰"公面似高丽。"再思欣然，剪縠缀巾上，反披紫袍，为高丽舞，举动合节，满座鄙笑。[④]
	卷二百二十·东夷列传·高丽	至元和末，遣使者献乐工云。[⑤]
《魏略辑本》	高句丽	俗好歌舞[⑥]

---

① [后晋] 刘昫等《旧唐书·杨再思传》，中华书局1975年版，第2919页。

② [宋] 欧阳修、宋祁《新唐书·礼乐志》，中华书局1975年版，第470页。

③ [宋] 欧阳修、宋祁《新唐书·礼乐志》，中华书局1975年版，第478—479页。

④ [宋] 欧阳修、宋祁《新唐书·杨再思传》，中华书局1975年版，第4099页。

⑤ [宋] 欧阳修、宋祁《新唐书·东夷列传·高丽》，中华书局1975年版，第6198页。

⑥ [清] 张鹏一《魏略辑本·高句丽》，第2页。

典籍名称	所属卷册	内容
《唐六典》	卷十四·太常寺	（太乐署教乐：雅乐大曲，三十日成；小曲，二十日。清乐大曲，六十日；文曲，三十日；小曲，十日。燕乐、西凉、龟兹、疏勒、安国、天竺、高昌大曲，各三十日；次曲，各二十日；小曲，各十日。高丽、康国一曲。……）凡大燕会，则设十部之伎于庭，以备华夷：一曰燕乐伎，有景云乐之舞、庆善乐之舞、破阵乐之舞、承天乐之舞；（玉磬、方响、搊筝、筑、卧箜篌、小箜篌、大琵琶、小琵琶、大五弦、小五弦、吹叶、大笙、小笙、长笛、尺八、大觱篥、小觱篥、大箫、小箫、正铜钹、和铜钹各一，歌二人，揩鼓、连鼓、鼗鼓、桴鼓、贝各二。）二曰清乐伎；（编锺、编磬各一架、瑟、弹琴、击琴、琵琶、箜篌、筝、筑、节鼓各一，歌二人，笙、长笛、箫、篪各二，吹叶一人，舞四人。）三曰西凉伎；（编锺、编磬各一架、歌二人，弹筝、搊筝、卧箜篌、竖箜篌、琵琶、五弦、笙、长笛、短笛、大觱篥、小觱篥、箫、腰鼓、齐鼓、担鼓各一，铜钹二，贝一，白舞一人，方舞四人。）四曰天竺伎；（凤首箜篌、琵琶、五弦、横笛、铜鼓、都昙鼓、毛员鼓各一，铜钹二，贝一，舞二人。）五曰高丽伎；（弹筝、卧箜篌、竖箜篌、琵琶，五弦、笙、横笛、小觱篥、箫、桃皮觱篥、腰鼓、齐鼓、担鼓、贝各一，舞四人。）六曰龟兹伎；（竖箜篌、琵琶、五弦、笙、箫、横笛、觱篥各一，铜钹二，荅腊鼓、毛贝鼓、都昙鼓、羯鼓、侯提鼓、腰鼓、鸡娄鼓、贝各一，舞四人。）七曰安国伎；（竖箜篌、琵琶、五弦、横笛、大觱篥、双觱篥、正鼓、和鼓各一，铜钹二，舞二人。）八曰疏勒伎；（竖箜篌、琵琶、五弦，横笛、箫、觱篥、荅腊鼓、羯鼓、侯提鼓、鸡娄鼓各一，舞二人。）九曰高昌伎（竖箜篌、琵琶、五弦、笙、横笛、箫、觱篥、腰鼓、鸡娄鼓各一，铜角一，舞二人。）十曰康国伎。（笛二，正鼓、和鼓各一，铜钹二，舞二人。）

① ［唐］李林甫等撰、陈仲夫点校《唐六典·太常寺》，中华书局1992年版，第404—405页。

典籍名称	所属卷册	内容
《通典》	卷一百四十四·乐典·八音	八音之外又有三。一、桃皮。东夷有卷桃皮,似筚篥也。……凡大燕会,设十部之伎于庭,以备华夷:一曰燕乐伎,有景云之舞,庆善乐之舞,破阵乐之舞,承天乐之舞;二曰清乐伎;三曰西凉伎;四曰天竺伎;五曰高丽伎;六曰龟兹伎;七曰安国伎;八曰疏勒伎;九曰高昌伎;十曰康国伎。①
	卷一百四十六·乐典	东夷二国。(高丽、百济。)高丽乐,工人紫罗帽,饰以鸟羽,黄大袖,紫罗带,大口袴,赤皮靴,五色绦绳。舞者四人,椎髻于后,以绛抹额,饰以金珰。二人黄裙襦,赤黄袴,二人赤黄裙,襦袴。极长其袖,乌皮靴,双双并立而舞。乐用弹筝一,搊筝一,卧箜篌一,竖箜篌一,琵琶一,五弦琵琶一,义嘴笛一,笙一,横笛一,箫一,小筚篥一,大筚篥一,桃皮筚篥一,腰鼓一,齐鼓一,担鼓一,贝一。大唐武太后时尚二十五曲,今唯能习一曲,衣服亦寖衰败,失其本风。……宋代得高丽、百济伎。魏平冯跋,亦得之而未具。周师灭齐,二国献其乐,合西凉乐,凡七部,通谓之国伎。隋文帝平陈,得清乐及文康礼毕曲,而黜百济。至炀帝,乃立清乐、龟兹、西凉、天竺、康国、疏勒、安国、高丽、礼毕为九部。……大唐平高昌,尽收其乐,又进宴乐而去礼毕曲。今著令者,唯十部。(龟兹、疏勒、安国、康国、高丽、西凉、高昌、燕乐、清乐伎、天竺,凡十部)。……窟礧子,亦曰魁礧子,作偶人以戏,善歌舞。本丧乐也,汉末始用之于嘉会。北齐后主高纬尤所好。高丽之国亦有之。今闾市盛行焉。②

---

① ［唐］杜佑《通典·乐典》,中华书局1988年版,第3683—3688页。

② ［唐］杜佑《通典·乐典》,中华书局1988年版,第3722—3730页。

典籍名称	所属卷册	内容
《通典》	卷一百八十六·边防典·东夷·高句丽	及汉武灭朝鲜，以高句丽为县，属元菟郡。赐以衣帻、朝服、鼓吹，常从玄菟郡受之。……国中邑落男女，每夜群聚为倡乐。……乐有五弦琴、筝、筚篥、横吹、箫、鼓之属。①
《通志》	卷四十九·乐略	清商曲七曲（附五十曲，并夷乐四十一曲，除内七曲同，实计八十四曲）。……大业中，炀帝乃定清乐、西凉、龟兹、天竺、康国、疏勒、安国、高丽、礼毕，以为九部。……高丽二曲：芝栖歌、芝栖舞。……礼毕者，九部乐终则陈之。唐高祖即位，仍隋制，亦设九部乐，曰燕乐伎，曰清商伎，曰西凉伎，曰天竺伎，曰高丽伎，曰龟兹伎，曰安国伎，曰疏勒伎，曰康国伎，其实皆主于清商焉。……蕃胡四曲，于阗采花、高句丽、纪辽东（隋炀帝为辽东之役而作是诗）、出蕃曲。②
	卷一百九十四·四夷传·东夷·高句丽	武帝灭朝鲜，以高句丽为县，使属玄菟。赐以衣帻、朝服、鼓吹、伎人，常从玄菟郡受之。……其民喜歌舞，国中邑落，暮夜男女群聚，相就歌戏。……乐有五弦、琴、筝、筚篥、横吹、箫、鼓之属。③
《乐府诗集》	卷七十八·杂曲歌辞·高句丽	高句丽　北周·王褒 《通典》曰："高句丽，东夷之国也。其先曰朱蒙，本出于夫余。朱蒙善射，国人欲杀之，遂弃夫余，东南走，渡普述水，至纥升骨城居焉。号曰句丽，以高为氏。按：唐亦有《丽高曲》，李勣破高丽所进，后改《夷宾引》者是也。 萧萧易水生波，燕赵佳人自多。倾杯覆碗灌灌，垂手奋袖娑娑。不惜黄金散尽，只畏白日蹉跎。 高句骊　唐·李白 金花折风帽，白马小迟回。翩翩舞广袖，似鸟海东来。④

---

① ［唐］杜佑《通典·边防典》，中华书局1988年版，第5010—5011页。

② ［宋］郑樵《通志·乐略》，中华书局1987年版，万有文库十通本影印本，第629—633页。

③ ［宋］郑樵《通志·四夷传》，中华书局1987年版，万有文库十通本影印本，第3112页。

④ ［宋］郭茂倩编《乐府诗集·杂曲歌辞》，中华书局1979年版，第1095页。

典籍名称	所属卷册	内容
《册府元龟》	卷第一百一十·帝王部·宴享	总章元年十月癸丑，文武官献食，贺破高丽。帝御玄武门之观德殿，宴百官，设九部乐，极欢而罢，赐帛各有差。[1]
	卷第九百五十九·外臣部·土风·高句骊	其俗淫，皆洁净自熹，暮夜辄男女群聚为倡乐。……乐有五弦琴、筝、筚、篥、横吹、箫、鼓之属。吹芦以和曲。……死者殡于屋内，经二年，择吉日而葬。居父母及夫人之丧，服皆三年，兄弟三月。初终哭泣，葬则鼓舞作乐以送之……[2]
《资治通鉴》	卷二百七·唐纪·则天顺圣皇后	再思为相，专以谄媚取容。司礼少卿张同休，易之兄也，尝召公卿宴集，酒酣，戏再思曰："杨内史面似高丽。"再思欣然，即剪纸帖巾，反披紫袍，为高丽舞，（唐十部乐有高丽伎，舞者四人；杨再思盖仿之为此舞。）举坐大笑。[3]
《太平寰宇记》	东夷·高句丽	其俗淫，而形貌洁净，国中邑落男女，每夜群众为倡乐，……乐有五弦琴、筝、筚篥、横吹、箫、鼓之属。[4]
《乐书》	卷一百二十七	檐鼓，西凉、高丽之器也，状如瓮而小，先冒以革而漆之，是其制也。 齐鼓，状如漆桶，一头差大，设齐于鼓面，如□高丽之器也。
	卷一百二十八	竖箜篌，胡乐也。其体曲而长，其弦二十有三，植抱于怀，用两手齐之，俗谓之擘箜篌，亦谓之胡箜篌。高丽等国有竖箜篌、卧箜篌之乐，其引则朝鲜津卒霍里子高所作也。

---

① ［宋］王钦若等编撰、周勋初等校订《册府元龟·帝王部》，凤凰出版社2006年版，第1196页。

② ［宋］王钦若等编撰、周勋初等校订《册府元龟·外臣部》，凤凰出版社2006年版，第11108页。

③ ［宋］司马光编著、［元］胡三省音注《资治通鉴·唐纪》，中华书局1956年版，第6572页。

④ 杨春吉等《高句丽史籍汇要》，吉林人民出版社1998年版，第85、91页。

典籍名称	所属卷册	内容
《乐书》	卷一百二十九	扶南高丽龟兹疏勒西凉等国，其乐皆有蛇皮琵琶，以蛇皮为槽，厚一寸余，鳞介具焉，亦以楸木为面，其掉拨以象皮为之，图其国王骑象，象其精妙也。近代以琵琶旋宫，但历均调不分，清浊倍纮，应律多非，正声华音所不取也。 高丽乐器用弹筝一，搊筝一，卧筝一，自魏至隋并存其器，至于制度之详，不可得而知也。唐平人女以容色选入内者教习琵琶五弦箜篌筝者，谓之搊弹家。开元初制圣寿乐，令诸女衣五方色衣歌舞之，宜春院为首尾，搊弹家在行间效之而已。
	卷一百三十	义嘴笛，如横笛而加嘴，西梁乐也，今高丽亦用焉。
	卷一百三十二	桃皮卷而吹之，古谓之管，本亦谓之桃皮觱篥，其声应箫、笳、横吹之，南蛮、高丽之乐也。今鼓吹部其器亦存焉。
	卷一百五十八	日本　日本国本倭奴国也。自唐以来，屡遣贡使。三月三日有桃花曲水宴，八月十五日放生会，呈百戏。其乐有中国、高丽二部，然夷人歌词，虽甚雕刻，肤浅无足取焉。 高丽　汉武帝灭朝鲜，以高丽为县，属元菟，赐以鼓吹伎人。其俗好群聚为倡乐。祠鬼神、社稷、零星，以十月祭天大会，名曰东盟。至李唐时有品库乐、乡乐之品，其器有卧箜篌、竖箜篌、琵琶、弹筝、五弦、笙、箫、横笛、小觱篥、桃皮觱篥、腰鼓、齐鼓、担鼓、铜钹、贝等十四种为一部，二十八人。武后时歌曲尚二十五章，正元末惟能习一曲而已，其衣服亦浸失其制矣。傀儡并越调夷宾曲，英公破高丽所进也。

典籍名称	所属卷册	内容
《乐书》	卷一百五十九	九部乐　隋大业中备作六代之乐，华夷交错，其器千百。炀帝分为九部，以汉乐坐部为首，外以陈国乐舞玉树后庭花也。西凉与清乐及龟兹五天竺国之乐并合佛曲、法曲也。安国、百济、南蛮、东夷之乐，并合野音之曲。胡旋之舞也。乐苑又以清乐、西梁、龟兹、天竺、康国、疏勒、安国、高丽、礼毕为九部。必当损益不同，始末异制，不可得而知也。观开皇中，颜之推上言："今太常雅乐尽用胡声，请凭梁国旧事考寻古曲。"高祖曰："梁亡国之音，奈何遣我用邪？"由此观之，隋唐之乐虽有雅、胡、俗三者之别，实不离胡声也。历代沿袭，其失如此。圣朝宜讲制作删去而厘正之，实万世利也。十部乐　唐分九部伎乐，以汉部燕乐为首，外以清乐、西凉、天竺、高丽、龟兹、安国、疏勒、高昌、康国合为十部也。
	卷一百七十四	高丽舞　高丽国乐工紫罗帽，饰以鸟羽，黄大袖，紫罗带，大口袴，赤皮靴，五色绦绳。舞者四人，椎髻于后，以绛袜额，饰以金珰。二人黄裙襦，赤黄袴，长其袖，乌皮靴，双双并立而舞。东夷之乐也。（唐之时高丽伎乐有十四种，而罢擞筝、义嘴笛、蓍篥三种也。）
	卷一百八十五	偶人戏　窟礧子，亦谓之魁礧子，又谓之傀儡子。盖偶人以戏喜歌舞，本丧家乐也，盖出于偃师献穆王之伎。高丽国亦有之，至汉末用之于嘉会。齐后主高纬好之，真失其所乐矣。[①]
《太平御览》	卷五百六十七·乐部	《乐志》曰，……又曰，高丽乐、百济乐，贞观中灭二国，尽得其乐。至天后时，高丽犹二十五曲。贞元末，唯能习一曲，衣服亦渐失其大风矣。

---

① ［宋］陈旸《乐书》，影印文渊阁四库全书第211册，（台湾）商务印书馆，第555，559；565；571，572；585；592；728；739；800；833页。

典籍名称	所属卷册	内容
《太平御览》	卷五百六十八·乐部	《乐志》曰，……又隋开皇中定令，置七部乐曲：一曰国伎，二曰清商伎，三曰高丽伎，四曰天竺伎，五曰安国伎，六曰龟兹伎，七曰文康伎。 《唐会要》，……又曰：高丽、百济乐，宋朝初得之，至后魏太武灭北燕以得之而未具。周武灭齐，威振海外，二国各献其乐，周人列于乐部，谓之国伎。隋文平陈得清乐及文康礼俱得之。
	卷六百八十七·服章部	《唐书》曰：张易之兄昌宗尝请王公大臣宴于司礼寺，因谓御史大夫杨再思曰："公面似高丽，请作高丽舞。"再思忻然，剪纸自帖其巾，反紫袍，遂作之。
	卷七百八十三·四夷部	范晔《后汉书》曰，高句骊国，节于饮食，而好治宫室。其俗淫，皆洁净自喜，夜辄男女群聚为倡乐。
		……《魏略》曰，……俗好歌舞，其人自喜。 ……《北史》曰，……汉时赐之衣帻、朝服、鼓吹，常从玄菟郡受之。……乐有五弦、琴、筝、筚篥、横吹、箫、鼓之属。吹芦以和曲。……好歌舞。……风俗尚淫，不以为愧，俗多游女，夫无常人，夜则男女群聚而戏，无有贵贱之节。……死者殡在屋内，三年，择吉日而葬。居父母及夫丧皆三年，兄弟三月。初终哭泣，葬则鼓舞作乐以送之，埋讫取死者生时玩好、车马，置墓侧，会葬者争取而去。①
《文献通考》	卷一百三十六·乐考	檐鼓　檐鼓，西凉、高丽之器也，状如瓮而小，先冒以革而漆之，是其制也。 齐鼓上　齐鼓，状如漆桶，一头差大，设齐于鼓面，如麝脐然，西凉、高丽之器也。

---

① ［宋］李昉等《太平御览》，影印文渊阁四库全书，（台湾）商务印书馆，第898册第299；301—302页，第899册第229页，第900册第20—23页。

典籍名称	所属卷册	内容
《文献通考》	卷一百三十七·乐考	蛇皮琵琶　扶南、高丽、龟兹、疏勒、西凉等国，其乐皆有蛇皮琵琶。以蛇皮为槽，厚一寸余，鳞介具焉。亦以楸木为面，其掉拨以象皮为之，图其国王骑象，象其精妙也。…… 卧筝　搊筝　弹筝　筝，秦声也。傅元《筝赋》序曰："世以为蒙恬所造。"今观其器，上崇似天，下平似地，中空准六合，弦柱拟十二月。设之则四象在，鼓之则五音发，斯乃仁智之器，岂蒙恬亡国之臣能之哉？……高丽乐器用弹筝一，搊筝一，卧筝一。自魏至隋，并存其器。至于制度之详，不可得而知。
	卷一百三十八·乐考	义觜笛　如横笛而加嘴，西梁乐也，而今高丽亦有用焉。
	卷一百三十九·乐考	桃皮管　桃皮觱篥　桃皮卷而吹之，古谓之管木，亦谓之桃皮觱篥，其声应箫、筱、横吹之。南蛮、高丽之乐也。今鼓吹部其器亦存。
	卷一百四十·乐考	凡大宴会，设十部之伎于庭，以备华夷，一曰燕乐伎，有景云之舞，庆善之舞，破阵乐之舞，承天乐之舞；二曰清乐伎；三曰西凉伎；四曰天竺伎；五曰高丽伎；六曰龟兹伎；七曰安国伎；八曰疏勒伎；九曰高昌伎；十曰康国伎（共十部，所用工人、乐器在清乐及四方乐篇中）。
	卷一百四十六·乐考	隋开皇时初定令，置七部乐：一曰国伎，二曰清商伎，三曰高丽伎，四曰天竺伎，五曰安国伎，六曰龟兹伎，七曰文康伎（即礼毕也）。又杂有疏勒、扶南、康国、百济、突厥、新罗、倭国等伎。其后牛宏请存鞞、铎、巾、拂等四舞，与新伎并陈，因称四舞。……炀帝大业中，定清乐、西凉、龟兹、天竺、康国、疏勒、安国、高丽、礼毕，以为九部。乐器、工衣创造成，大备于兹。 唐高祖即位，仍隋制设九部乐：……高丽伎，有弹筝、搊筝、凤首箜篌、卧箜篌、竖箜篌、琵琶，以蛇皮为槽，厚寸余，有鳞甲，楸木为面，象牙为捍拨，画国王形。又有五弦、义觜笛、笙、葫芦笙、箫、小觱篥、桃皮觱篥、腰鼓、齐鼓、龟头鼓、铁板具、大觱篥。胡旋舞，舞者立毯上，旋转如风。

典籍名称	所属卷册	内容
《文献通考》	卷一百四十七·乐考	窟礧子　亦曰魁礧子。作偶人以戏,善歌舞。本丧乐也,汉末始用之于嘉会。北齐后主高纬尤所好,高丽之国亦有之,今闾市盛行焉。
	卷一百四十八·乐考	高丽　其国乐工人紫罗帽,饰以鸟羽,黄大袖,紫罗带,大口袴,赤皮靴,五色縚绳。舞者四人,椎髻于后,有绛抹额,饰以金铛。二人黄裙襦,赤黄袴;二人赤黄裙,襦袴。极长其袖,乌皮靴,双双并立而舞。隋唐九部乐有高丽伎(其乐器已见俗乐门,此不详具)。唐武后时尚余二十五曲。贞元末,唯能集一曲,衣服亦浸衰败,失其本风。傀儡并越调夷宾曲,李勣破高丽所进也。百济……宋朝初得之,至后魏太武灭北燕,亦得之而未具。周武灭齐,威振海外,二国各献其乐,周人列于乐部,谓之国伎。隋文平陈,并与文康、礼毕而得之。唐贞观中,尝灭百济国,尽得其乐。至中宗时,工人亡散。开元中,岐王范为太常卿,复奏置之。其器有筝、笛、桃皮觱篥、箜篌,其歌曲人般涉调。唐英公将薛仁贵破其国,得而进之也。歌者有五种焉,其舞用二人,紫大袖裙襦,章甫冠,皮履。章甫,商冠也,而东夷服之,岂亦得其遗制欤! 古人尝谓礼失求诸夷,信矣。……日本　自唐以来,屡遣贡使。三月三日,有桃花曲水宴,八月十五日放生会,呈百戏。其乐有中国、高丽二部,歌词虽甚雕刻而肤浅。
	卷三百二十五·四裔考	汉武帝灭朝鲜,以高句丽为县,使属元菟。赐鼓吹伎人。其俗淫,皆洁净自熹,暮夜辄男女群聚为倡乐。……自武帝、昭帝赐其人以衣帻、朝服、鼓吹,常从元菟郡受之。……乐有五弦、琴、筝、箪篥、横吹、箫、鼓之属,吹芦以和曲。……好歌舞,……风俗尚淫,不以为愧,俗多游女,夫无常人,夜则男女群聚为戏,无有贵贱之节。……死者殡在屋内,经三年,择吉日而葬。居父母及夫丧,服皆三年,兄弟三月。初哭泣,葬则鼓舞以送之,埋讫取死者生时服玩、车马,置墓前,会葬者争取而去。[①]

---

① [元] 马端临《文献通考》,中华书局1986年版,第1208;1215;1226;1232;1239;1281;1288;1293;2555—2556页。

典籍名称	所属卷册	内容
《三国史记》	卷第十三·高句丽本纪·琉璃明王	三年（前17）冬十月，王妃松氏薨。王更娶二女以继室，一曰禾姬，鹘川人之女也；一曰雉姬，汉人之女也，二女争宠不相和，王于凉谷造东西二宫，各置之。后，王田于箕山，七日不返。二女争斗，禾姬骂雉姬曰："汝汉家婢妾，何无礼之甚乎？"雉姬惭恨亡归。王闻之，策马追之，雉姬怒不还。王尝息树下，见黄鸟飞集，乃感而歌曰："翩翩黄鸟，雌雄相依。念我之独，谁其与归？"①
	卷第三十二·乐志	玄琴，象中国乐部琴而为之。按《琴操》曰："伏牺作琴以修身理性，反其天真也。"……新罗古记云：初，晋人以七弦琴送高句丽。丽人虽知其为乐器，而不知其声音及鼓之之法，购国人能识其音而鼓之者，厚赏。时，第二相王山岳存其本样，颇改易其法制而造之，兼制一百余曲以奏之。于时玄鹤来舞，遂名玄鹤琴。后但云玄琴。 ……《通典》云："乐工人紫罗帽，饰以鸟羽，黄大袖，紫罗带，大口裤，赤皮靴，五色绦绳。舞者四人，椎髻于后，以绛抹额，饰以金珰。二人黄裙襦，赤黄裤；二人赤黄裙襦裤，极长其袖，乌皮靴，双双并立而舞。乐用弹筝一，搊筝一，卧箜篌一，竖箜篌一，琵琶一，五弦一，义嘴笛一，笙一，横笛一，箫一，小筚篥一，大筚篥一，桃皮筚篥一，腰鼓一，齐鼓一，担鼓一，呗一。"大唐武太后时尚二十五曲，今唯能习一曲。衣服亦浸衰败，失其本风。《册府元龟》云："乐有五弦琴、筝、筚篥、横吹、箫、鼓之属，吹芦以和曲。"②
《日本书纪》	卷十四·雄略天皇	八年（公元463年）……高丽王即发军兵，屯聚筑足流城，（或本云，都久斯歧城。）逐歌舞兴乐。于是，新罗王夜闻高丽军四面歌舞，知贼尽入新罗地，……③

①〔高丽〕金富轼撰、孙文范等校勘《三国史记·高句丽本纪·琉璃明王》，吉林文史出版社2003年版，第177页。

②〔高丽〕金富轼原著、孙文范等校勘《三国史记·乐志》，吉林文史出版社2003年版，第408—411页。

③〔日〕舍人亲王等《日本书纪·雄略天皇》，岩波书店新日本古典文学大系本。

典籍名称	所属卷册	内容
	卷二十九·天武天皇	十二年（公元684年）春正月，……是日，奏小恳田舞及高丽、百济、新罗三国乐于庭中。①
《日本后纪》	卷十七·平城天皇	高丽乐师四人，横笛、箅篌、莫目、舞等师也。百济乐师4人，横笛、箅篌、莫目、舞等师也。新罗乐师二人，琴、舞等师也。②
《高丽史》	卷七十一·乐志	新罗、百济、高勾丽之乐，高丽并用之，编之乐谱，故附于此，词皆俚语。 高勾丽 来远城　来远城，在静州，即水中之地。狄人来投，置之于此。名其城曰来远，歌以纪之。 延阳（延山府）　延阳有为人所收用者，以死自效，比之于木，曰木之资火，必有戕贼之祸，然深以收用为幸，虽至于灰烬所不辞也。 溟州　世传书生游学至溟州，见一良家女，美姿色，颇知书。生每以诗桃之，女曰，妇人不妄从人，待生擢第，父母有命，则事可谐矣。生即归京师习举业，女家将纳婿，女平日临池养鱼，鱼闻警咳声必来就食。女食鱼，谓曰："吾养汝久，宜知我意。"将帛书投之，有一大鱼跳跃，舍书悠然而逝。生在京师，一日为父母具馔，市鱼而归，剥之得帛书，惊异，即持帛书及父书径诣女家，婚已及门矣。生以书示女家，遂歌此曲，父母异之，曰："此精诚所感，非人力所能为也。"遣其婿而纳生焉。③

---

① ［日］舍人亲王等《日本书纪·天武天皇》，岩波书店新日本古典文学大系本。

② ［日］藤原冬嗣等《日本后纪·平城天皇》，集英社译注本。

③ ［朝鲜］郑麟趾等《高丽史·乐志》，奎章阁藏本，第43—47页。

附录三　八种文献中高丽乐使用乐器表[①]

文献 / 乐器	《隋书·音乐志》	《唐六典·太常寺》	《通典·四方乐》	《旧唐书·音乐志》	《新唐书·音乐志》	《乐书》	《文献通考》	《三国史记》
弹筝	●	●	●	●	●	●	●	●
搊筝			●	●	●	●	●	
卧箜篌	●	●	●	●	●	●	●	
竖箜篌	●	●	●	●	●	●	●	
凤首箜篌					●		●	
琵琶	●	●	●	●	●	●	●	
五弦	●	●	●		●	●	●	
笛	●							
横笛		●	●			●		●
义嘴笛			●	●	●		●	
笙	●		●	●	●		●	
葫芦笙					●		●	
箫	●	●	●	●	●	●	●	●
小筚篥	●	●	●	●	●	●	●	●
大筚篥			●		●		●	
桃皮筚篥	●	●	●	●	●	●	●	●
贝	●	●	●	●	●	●	●	●
腰鼓	●	●	●	●	●	●	●	●
齐鼓	●	●	●	●	●	●	●	●
担鼓（檐鼓、擔鼓）	●	●	●	●	●	●		●
龟头鼓					●		●	
铁版					●		●	
铜钹						●		
共计种类	14	14	17	15	20	15	19	17

---

① 所引文献版本见本文参考文献部分，此处不再赘述。——笔者注

附录四 《唐六典·太常寺》载十部乐使用乐器表[①]

乐部 / 乐器	燕乐伎	清乐伎	西凉伎	天竺伎	高丽伎	龟兹伎	安国伎	疏勒伎	高昌伎	康国伎
编钟		●	●							
编磬		●	●							
玉磬	●									
方响	●									
筑	●	●								
瑟		●								
弹琴		●								
击琴		●								
筝		●								
弹筝			●		●					
搊筝	●		●							
箜篌		●								
卧箜篌	●		●		●					
小箜篌	●									
竖箜篌			●			●	●	●	●	
凤首箜篌				●						
琵琶		●	●	●	●	●	●	●	●	
大琵琶	●									
小琵琶	●									
五弦			●	●	●	●	●	●	●	
大五弦	●									
小五弦	●									
笙		●2	●		●	●			●	
大笙	●									
小笙	●									
吹叶	●	●								

---

① [唐]李林甫等撰、陈仲夫点校《唐六典·太常寺》，中华书局1992年版，第404—405页。

乐器 \ 乐部	燕乐伎	清乐伎	西凉伎	天竺伎	高丽伎	龟兹伎	安国伎	疏勒伎	高昌伎	康国伎
横笛				●	●	●	●	●	●	●2
长笛	●	●2	●							
短笛			●							
篪		●2								
尺八	●									
箫		●2	●		●	●		●	●	
大箫	●									
小箫	●									
筚篥						●		●	●	
大筚篥	●		●				●			
小筚篥	●		●		●					
双筚篥							●			
桃皮筚篥					●					
贝	●2		●	●	●	●				
铜角									●	
揩鼓	●2									
连鼓	●2									
鼗鼓	●2									
桴鼓	●2									
节鼓		●								
腰鼓			●		●				●	
齐鼓			●		●					
担鼓			●		●					
铜鼓				●						
都昙鼓				●		●				
毛员鼓				●		●				
答腊鼓						●		●		
羯鼓						●		●		
侯提鼓						●		●		
鸡娄鼓						●		●	●	
正鼓							●			●

乐器 \ 乐部	燕乐伎	清乐伎	西凉伎	天竺伎	高丽伎	龟兹伎	安国伎	疏勒伎	高昌伎	康国伎
和鼓							●			●
铜钹	●[①]2		● 2	● 2		● 2	● 2			● 2
种类	26	15	19	9	14	16	9	10	10	4
数量	31	19	20	10	14	17	10	10	10	6

---

① 原文作"正铜钹、和铜钹各一。"（[唐]李林甫等撰、陈仲夫点校《唐六典·太常寺》，第404页。）

后记

本书由我的博士学位论文《集安高句丽墓壁画的音乐考古学研究》修改而成，它的缘起有着多重因缘。

2005年，集安高句丽王城、王陵及贵族墓葬成功申报"世界物质文化遗产"，吉林大学魏存成教授在当年做过一个校级公开讲座，当时身为吉大学子的我对集安壁画墓中的音乐内容颇有兴趣，在此基础上写作小文作为本科毕业论文。2006年进入中央音乐学院学习之后，导师郑祖襄老师曾经希望我继续深入此课题，其后由于种种原因没有实现。2011年考入王子初老师门下，王老师认为此课题颇有可为，因此我重拾材料并投入到集安高句丽墓壁画的音乐考古学研究之中。

自2011年始，在王老师的引荐之下，我参加了国内外多次举办的东亚音乐考古会议，在学习与交流的过程中，初步对高句丽的音乐历史问题有所了解。在论文写作过程中，王老师的指导对本文的整体把握与顺利完成起到至关重要的作用，老师高屋建瓴之语常令我反复琢磨、不断思考，在数次不知所往的时候继续深入材料，在磨砺中揣摩学问之道。

　　吉林大学边疆考古研究中心是中国高句丽研究重镇，其中既有国内首席高句丽考古专家魏存成教授，又培养了诸多青年考古学者，特别感谢吉林大学赵俊杰老师，在他的热情帮助下，我获取了为数不少的高句丽壁画墓图册、书籍以及朝鲜半岛公元4—7世纪壁画墓考古发掘报告，并得以走入高句丽考古与历史研究领域，向高句丽研究的诸多专家请教相关问题，如郑春颖（高句丽服饰研究）、王飞峰（高句丽瓦当研究）等。

　　音乐图像研究与美术考古过从甚密，在国内的艺术史论发展中，美术考古亦先行一步，产生了许多优秀成果。非常感谢鲁迅美术学院的李林老师，在美术考古方面李老师对我指点颇多，慷慨赐予辽阳汉魏壁画墓资料并热情帮助我联系辽宁省博物馆资料室查阅相关内容。

　　中央音乐学院音乐学系中国音乐史教研室的陈荃有、章华英、吕钰秀、蒲方、李淑琴等各位老师在我开题、写作过程中提出了许多中肯而宝贵的意见，使我受益匪浅，特别感谢陈荃有老师一直以来的信任和帮助；2014年我获得了音乐学系王森论文基金资助，前往韩国搜集高句丽音乐历史研究资料，在韩期间，我获得了多位学者的热情帮助、并慷慨赠予资料，包括权五圣教授、朴恩玉、李晋源、申大澈等多位老师。其中新罗研究院的金圣惠老师对我帮助颇多、并将多年搜集整理的高句丽音乐研究论文集慷慨相赠。

　　2015年，在赵俊杰老师的引荐之下，我参加了中国高句丽研究会议，得到了耿铁华、李乐营、刘智文、范恩实、宋娟等诸多师长的帮助和肯定。耿老师、李老师热情的带我再入集安，对部分高句丽壁画墓进行了考察。

　　此外，留学于韩国学中央研究院的钟芳芳对我获取韩文论文、在韩期间与老师接触等方面提供了很多帮助；刚回国的姜成山博士曾为我搜集日本的高句丽研究资料；在韩生活的中国朝鲜族金秋子老师对我与金圣惠老师的交流提供了最大的语言支持；齐磊、张恒对本文的英文摘要修改提出了宝贵意见；朱国伟、隋郁、马国伟、曲文静、曹晓卿、贾伯男等同门及赵坚娣、王铭研、王丽君、王慧、刘莹、赵君、杨洁、董宸等好友对我的资料搜集、在京生活均提供了不同程度的帮助与支持。这些重要因素均促成了论文的完成。

2016年，我的博士学位论文《集安高句丽墓壁画的音乐考古学研究》获得第九届全国高校学生中国音乐史论文评选"上海音院出版社奖"博士组一等奖，并于同年获得我的所属单位郑州大学音乐学院出版资助，得以在人民音乐出版社修订出版，幸甚至哉！

言有尽而意无穷。感恩多年来对我的学业追求体谅理解并鼎力支持的父母、亲人。感谢在我生活中相惜相伴、互相鼓励的学友、朋友。感恩在中央音乐学院度过的每一天！最后，感谢我的爱人霍东峰，他在本书的修改阶段给予我许多意见和帮助，每天的散步聊天使我获得许多灵感。家里正在迎接新生命的到来，正值此时，本书得以问世，亦让人觉得心怀鼓舞、精神振奋。

谨以本书，向所有帮助过我的人们汇报，并期待日新又新，继续走在路上！

王希丹
丙申年正月初一
修改于丁酉年八月初一
于四平西苑小区